Grundrisse zum Alten Testament

8/1

V&R

Grundrisse zum Alten Testament

Das Alte Testament Deutsch · Ergänzungsreihe

Herausgegeben von Walter Beyerlin

Band 8/1

Religionsgeschichte Israels
in alttestamentlicher Zeit

Teil 1

Vandenhoeck & Ruprecht
in Göttingen

Religionsgeschichte Israels in alttestamentlicher Zeit

Teil 1:
Von den Anfängen bis zum Ende der Königszeit

von

Rainer Albertz

Mit zwei Schaubildern im Text

Vandenhoeck & Ruprecht
in Göttingen

MEINER FRAU

Die Deutsche Bibliothek - CIP-Einheitsaufnahme

Albertz, Rainer:
Religionsgeschichte Israels in alttestamentlicher Zeit / von Rainer Albertz. -
Göttingen: Vandenhoeck und Ruprecht.
(Grundrisse zum Alten Testament; Bd. 8)
NE: GT
Teil 1. Von den Anfängen bis zum Ende der Königszeit. - 1992
ISBN 3-525-51671-1

Gesetzt aus Garamond auf Digiset 200 T 2
Gesamtherstellung: Hubert & Co., Göttingen

Vorwort

Dieses Buch, das wegen seines Umfangs in zwei Bänden erscheint, hat eine längere Vorgeschichte. Angeregt durch meine Habilitationsschrift[1], in der ich auf das interessante Phänomen eines sozial bedingten „religionsinternen Pluralismus“ in den Religionen Israels und Mesopotamiens gestoßen war, entstand der Plan, eine Religionsgeschichte Israels zu entwerfen, die – im Vergleich zu den vorderorientalischen Hochkulturen – seine Sozialgeschichte integriert und das Wechselverhältnis zwischen beiden beschreibt. So lautete die erste Vorlesung, die ich als frisch gebackener Privatdozent im Wintersemester 1977/78 in Heidelberg hielt: „Sozialer Umbruch und religiöser Wandel in Israel“; und im Sommersemester 1981 wagte ich erstmals eine auf dieser Linie konzipierte „Religionsgeschichte Israels“ als Vorlesung anzubieten, die allerdings wegen der Stoffülle nur bis in die frühe Königszeit gedieh.

Der lebhafte Zuspruch der Studentinnen und Studenten, die damals spontan eine Arbeitsgruppe zur Vorlesung bildeten, zeigte mir, daß an dieser Stelle ein offensichtlich vernachlässigter Bedarf vorliegt, und bewog mich, an eine Buchveröffentlichung zu denken. Ich nahm den Plan mit an die Siegener Hochschule und trieb hier seine Realisierung mit einer Vielzahl von Lehrveranstaltungen über Teilaspekte des Projektes voran. Eine erste vorläufige – noch für ein weiteres Publikum verfaßte – Publikation erschien 1987 unter dem Titel „Religionsgeschichte Israels in vorexilischer Zeit“.[2]

Wenn es mehr als ein Jahrzehnt gedauert hat, bis ich hiermit die endgültige und bis in die Makkabäer-Zeit reichende Veröffentlichung vorlege, dann beruht das – neben den vielfachen anderweitigen Verpflichtungen, die ein Hochschullehrer nun einmal hat – auf dem Umfang des Stoffes, den es bei der angestrebten Konzeption zu bewältigen galt. Faktisch alle Bücher des hebräischen Kanons mußten grundlegend bearbeitet werden, unzählige Forschungsergebnisse auf fast allen Feldern der alttestamentlichen Wissenschaft, nicht nur denen der Religionsgeschichte und Theologie, sondern auch der Archäologie, der Geschichte, der Sozialgeschichte und Literaturgeschichte waren über die ganze Breite des Kanons und über

---

[1] Frömmigkeit, 1978.

[2] In: E.Lessing (Hrsg.), Die Bibel. Das Alte Testament in Bildern erzählt, 1987, 285–360; 400–402. Die Darstellung reicht bis zur josianischen Reform; sie wurde für die vorliegende Veröffentlichung grundlegend überarbeitet und stark erweitert.

einen Zeitraum von mehr als tausend Jahren zu berücksichtigen und in ein stimmiges Gesamtbild zu fügen. Wieweit mir diese angesichts der heutigen Publikationsfülle für einen einzelnen Forscher kaum noch leistbare Aufgabe gelungen ist, möge der Leser entscheiden. Ich bitte schon jetzt die Fachkollegen, deren zum Thema möglicherweise wichtige Beiträge ich übersehen haben sollte, um Nachsicht und bin für Hinweise und Anregungen dankbar.

Erschwerend kam natürlich hinzu, daß dieses Buch in einer Umbruchzeit der alttestamentlichen Wissenschaft geschrieben wurde, die man mit Th.S.Kuhn als „Paradigmenwechsel" bezeichnen kann. Und man kann fragen, ob angesichts der Tatsache, daß viele Textbereiche des Alten Testaments in ihrer literarischen Zuordnung und Datierung so umstritten sind wie heute, ein solches zusammenfassendes Werk überhaupt sinnvoll ist. Ich versuche, in den Kontroversen einen Mittelweg einzuhalten: An wichtigen Punkten habe ich mich „modernen" Lösungsvorschlägen, die mich überzeugt haben, weitgehend angeschlossen, so etwa dem überlieferungsgeschichtlichen Modell der Pentateuchentstehung von E.Blum,[3] das sich ganz hervorragend in meine sozialgeschichtliche Rekonstruktion der frühnachexilischen Zeit fügt. An anderen Stellen, etwa hinsichtlich der literarischen Bewertung und Datierung von Deuteronomium und DtrG beharre ich auf „konservativen" Positionen (W.M.L.de Wette, M.Noth), da mir ihre literarische Aufspaltung zu unsicher und deren heuristischer Wert gering erscheinen. Gegenüber mancher überkritischen Einschätzung, Texte oder Traditionen für pure literarische Erfindungen späterer Zeiten zu erklären, halte ich an dem Grundsatz fest, daß ohne irgendeinen Anlaß in der Realität eine Traditionsbildung in den meisten Fällen kaum stattgefunden haben wird. Und gegenüber der „modernen" Tendenz, immer mehr Texte oder Textteile in eine anonyme „späte Zeit" abzuschieben, mußte ich bei meiner detaillierten Untersuchung der Auseinandersetzungen in der nachexilischen Epoche häufig feststellen, daß sie dort von ihrer Tendenz her keineswegs hineinpassen und darum doch eher in frühere Zeiten gehören müssen. Insofern kann die vorgelegte Gesamtschau des sozial- und religionsgeschichtlichen Panoramas vielleicht dazu beitragen, die Wahrscheinlichkeit literarischer Thesen besser abschätzen zu können, neue Einzelforschungen anzuregen und die teilweise uferlose Hypothesenbildung auf ein dem besseren Verstehen dienendes Maß zu begrenzen.

Dieses Buch, das aus ständigem Kontakt mit Studenten in der Lehre entstanden ist, ist bewußt als Lehrbuch für Studenten, Pfarrer, Religionslehrer und interessierte Laien geschrieben. Angesichts der zunehmenden fachlichen Spezialisierung und methodischen Zersplitterung in der alttestamentlichen Forschung soll es ihnen eine Gesamtschau der geschichtlichen Entwicklung in allen ihren Aspekten vorführen, die ihnen das Verstehen

---

[3] S. Komposition (2.1); Studien (2.1).

erleichtert, Orientierung ermöglicht und zur eigenen Weiterarbeit anregt.[4] Viel Wert wurde darauf gelegt, diese Entwicklung so konkret und lebensnah wie möglich darzustellen, um damit dem Leser das Leiden und die Freude, den Kampf, das Scheitern und den Erfolg der israelitischen Menschen über Generationen hinweg nacherlebbar zu machen. Daß ich mich dazu nicht selten an den Rand des historisch noch Rekonstruierbaren begeben muß, wird keinem, der die Quellenlage kennt, verwunderlich sein. Doch schien mir diese Gefahr vertretbar angesichts des angestrebten Zieles, ein tieferes Verstehen zu erreichen, das es dem Leser ermöglicht, an den damaligen theologischen Kontroversen selber teilzunehmen.

Soweit wie möglich habe ich über die Quellen, ihre historische Verwertbarkeit und den Grad der Wahrscheinlichkeit meiner Auswertung Rechenschaft abgelegt, so daß der Leser in der Lage ist, meine Rekonstruktion kritisch zu beurteilen. Kontroversen in der Forschung zu wichtigen Fragen wurden soweit ausgeführt, daß er eine grobe Orientierung erhält und mühelos selber weiterarbeiten kann. Es lag mir daran, ihn nicht – wie heute zuweilen üblich – mit schwungvoll formulierten Fragesätzen alleinzulassen.

Das umfangreiche Buch braucht nicht im ganzen durchgelesen zu werden; die Kapitel und Unterkapitel sind so geschrieben, daß sie auch aus sich heraus verständlich sind. Reichliche Rück- und Vorverweise sollen den Leser schnell an die Stellen führen, wo im jeweiligen Text vorausgesetzte oder nur angetippte Sachverhalte genauer ausgeführt sind. Die Register sollen zusätzlich ein Lesen in thematischen Querschnitten ermöglichen. Die wichtigste Literatur wird jeweils am Kopf der betreffenden Unterkapitel angegeben. Um zu viele Wiederholungen zu vermeiden, findet sich in den Anmerkungen zuweilen hinter dem Kurztitel in Klammern (z.B. [5.3]) der Verweis auf das Literaturverzeichnis eines anderen Unterkapitels. Immer wieder zitierte Standardliteratur ist im vorangestellten Literaturverzeichnis aufgelistet. Ich hoffe, daß damit ein Höchstmaß an Übersichtlichkeit erreicht ist.

Abschließend möchte ich allen Dank sagen, die beim Entstehen dieses Buches mitgeholfen haben, meinen Assistenten Dr.Burkhard Engel und Dr.Ingo Kottsieper, die die Literaturkartei aufgebaut, mir unermüdlich Berge von Titeln herbeigeschafft und mir vielerlei fachliche Anregungen gegeben haben; dann meiner Sekretärin, Frau Rosemarie Reimann, die mit großer Sorgfalt den umfangreichen Text elektronisch erfaßt und mir zusammen mit meiner Hilfskraft, Frau Susanne Düsberg, bei den Korrekturarbeiten geholfen hat. Schließlich gilt mein Dank Herrn Kollegen Walter Beyerlin und dem Verleger Dr.Arndt Ruprecht für die Aufnahme des Werkes in die Ergänzungsreihe des ATD.

---

[4] In diesem Anliegen, ebensoviel Energie auf den Entwurf der großen Zusammenhänge wie auf die Detailforschung zu legen, folge ich meinem Lehrer C.Westermann. Es ist nicht nur aus didaktischen Gründen, sondern auch forschungsgeschichtlich gefordert.

Wenn dieses Buch seinem Leser Orientierung durch das Dickicht der alttestamentlichen Forschung verschafft, ihm diesen Teil der religiösen biblischen Tradition von ihrer ganz menschlichen Seite her aufschließt und in ihm solidarische Achtung vor dem ersten Gottesvolk Israel erweckt, dem wir diese hinreißende Religion verdanken, dann hat sich für mich die Mühe von zehn Jahren Arbeit schon gelohnt.

Hilchenbach, Weihnachten 1991 Rainer Albertz

Inhalt

Allgemeines Literaturverzeichnis

R.Albertz, Persönliche Frömmigkeit und offizielle Religion. Religionsinterner Pluralismus in Israel und Babylon, CTM A9, 1978.

W.Beyerlin (Hrsg.), Religionsgeschichtliches Textbuch zum Alten Testament, ATD Ergänzungsreihe 1, 1975; 2.Aufl. 1985 (= RT).

Biblical Archaeology Today. Proceedings of the International Congress on Biblical Archaeology. Jerusalem April 1984, 1985.

F.M.Cross, Canaanite Myth and Hebrew Epic. Essays in the History of the Religion of Israel, 1973.

H.Donner, Geschichte des Volkes Israel und seiner Nachbarn in Grundzügen, 2 Bde., ATD Ergänzungsreihe 4, 1984; 1986.

G.Fohrer, Geschichte der israelitischen Religion, 1969.

E.S.Gerstenberger, Der bittende Mensch. Bittritual und Klagelied des Einzelnen im Alten Testament, WMANT 51, 1980.

H.Gese/M.Höfner/K.Rudolph, Die Religion Altsyriens, Altarabiens und der Mandäer, RM 10,2, 1970.

H.Gunkel/J.Begrich, Einleitung in die Psalmen, HK II Ergänzungsband, 1933 = 2.Aufl. 1966.

A.H.J.Gunneweg, Geschichte Israels bis Bar Kochba, TW 2, 6.Aufl. 1989.

S.Herrmann, Geschichte Israels in alttestamentlicher Zeit, 1973.

M.Haran, Temples and Temple-Service in Ancient Israel, 1978.

S.T.Kimbrough, Israelite Religion in Sociological Perspective, Studies in Oriental Religions 4, 1978.

D.Kinet, Ugarit–Geschichte und Kultur einer Stadt in der Umwelt des Alten Testamentes, SBS 104, 1981.

O.Loretz, Ugarit und die Bibel. Kanaanäische Götter und Religion im Alten Testament, 1990.

M.Noth, Geschichte Israels, 5.Aufl. 1963.

M.Noth, Überlieferungsgeschichte des Pentateuch, 1948 (= ÜP).

G.Pettinato, Das altorientalische Menschenbild und die sumerischen und akkadischen Schöpfungsmythen, AHAW phil.-hist. 1971,1, 1972.

G.v.Rad, Theologie des Alten Testaments, 2 Bde., I 4.Aufl. 1962; II 4.Aufl. 1965.

H.Ringgren, Die Religionen des Alten Orients, ATD Ergänzungsreihe. Sonderband, 1979.

H.Ringgren, Israelitische Religion, RM 26, 1963; 2.Aufl. 1982.

W.H.Schmidt, Alttestamentlicher Glaube in seiner Geschichte, 4.Aufl. 1982.

J.J.Stamm, Die akkadische Namengebung, MVÄG 44, 1939 = 2.Aufl. 1968.

K.L.Tallqvist, Akkadische Götterepitheta, StOr 7, 1938 = 1974.

R.de Vaux, Das Alte Testament und seine Lebensordnungen, 2 Bde., 1960; 1962.

M.Weber, Das Antike Judentum, Gesammelte Aufsätze zur Religionssoziologie, Bd. III, 1921 = 4.Aufl. 1966.

H. Weippert, Palästina in vorhellenistischer Zeit. Handbuch der Archäologie. Vorderasien II/1, 1988.
J. Wellhausen, Israelitische und jüdische Geschichte, 9. Aufl. 1958.
J. Wellhausen, Prolegomena zur Geschichte Israels, 6. Aufl. 1927 = 1981.

Abkürzungsverzeichnis

Zu den Bibliographischen Abkürzungen vgl. S.Schwerter, Internationales Abkürzungsverzeichnis für Theologie und Grenzgebiete, 1974; zu den allgemeinen Abkürzungen RGG³ VI, XXXIIf.

äg.	ägyptisch
af.	'Afʿel
AHw	W.v.Soden, Akkadisches Handwörterbuch, 3 Bde., 1965–1981.
akk.	akkadisch
AOB²	H.Greßmann, Altorientalische Bilder zum Alten Testament, 2.Aufl. 1927.
ANEP	J.B.Pritchard, Ancient Near Eastern Pictures Relating to the Old Testament, 1969.
ANET³	J.B.Pritchard, Ancient Near Eastern Texts Relating to the Old Testament, 3.Aufl. 1969.
AP	A.E.Cowley, Aramaic Papyri of the Fifth Century B.C., 1923.
ARAB	D.D.Luckenbill, Ancient Records of Assyria and Babylonia, 2 Vol., 1927.
aram.	aramäisch
ARM	Archives royales de Mari
ass.	assyrisch
bab.	babylonisch
BATAJ	Beiträge zur Erforschung des Alten Testaments und des antiken Judentums
BHK	Biblica Hebraica, ed. R.Kittel, 3.Aufl. 1937 = 1951.
BHS	Biblica Hebraica Stuttgartensia, 3.Aufl. 1987.
BRL²	K.Galling (Hrsg.), Biblisches Reallexikon, HAT I,1, 2.Aufl. 1977.
BWL	W.G.Lambert, Babylonian Wisdom Literature, 1960 = 1975.
CAD	I.J.Gelb/A.Landsberger/L.Oppenheim (ed.), The Assyrian Dictionary of the University of Chicago, 1964 ff.
cj	konjizierter Text
CTA	A.Herdner, Corpus des tablettes en cunéiform alphabétiques. Decouvertes à Ras-Shamra-Ugarit de 1929–1939, 2 Bde., 1963.
D	Dopplungs-Stamm
dtn.	deuteronomisch
Dtn	Deuteromium, Deuteronomiker
dtr.	deuteronomistisch
Dtr	Deuteronomisten
DtrG	Deuteronomistisches Geschichtswerk
E	Eisen-Zeit
EAE	M.Avi-Yona/E.Stern (ed.), Encyclopedia of Archaeological Excavations in the Holy Land, 4 Bde., 1975–1978.
EdF	Erträge der Forschung
FB	Frühbronze-Zeit

FS	Festschrift
G	Grundstamm
Gadd	C.J.Gadd, Tablets from Kirkuk, RA 23, 1926, 49–161.
GN	Gottesname
hi.	Hif'il
hitp.	Hitpa'el
HSS	Havard Semitic Series
itp.	Itpa'el
itpa.	Itpa"al
JEN	Joint Expedition with the Iraq Museum at Nuzi. American Schools of Oriental Research. Publications of the Baghdad School. Texts, 6 Bde., 1927–1939.
JerD	dtr. Bearbeitung/Bearbeiter des Jeremiabuches
jun.	junior
KAI	H.Donner/W.Röllig, Kanaanäische und aramäische Inschriften, 3 Bde., I 4.Aufl. 1979; II 3.Aufl. 1973; III 3.Aufl. 1976.
KBL^3	L.Köhler/W.Baumgartner/J.J.Stamm u.a., Hebräisches und Aramäisches Lexikon zum Alten Testament, bisher 4 Bde., 3.Aufl. 1967–1990
K^D	vor-priesterliche Komposition des Pentateuch
K^P	priesterliche Komposition des Pentateuch
KTU	M.Dietrich/O.Loretz/J.Samartín, Die Keilalphabetischen Texte aus Ugarit, Teil I, AOAT 24, 1976.
LÄ	W.Helck/W.Westendorf, Lexikon für Ägyptologie, 1975 ff.
LXX	Septuaginta
MB	Mittelbronze-Zeit
MT	Masoretischer Text (Codex Leningradiensis)
N	N-Stamm
ni.	Nif'al
NTOA	Novum Testamentum et Orbis Antiquus
P	„Priesterschrift“
P.	Person
pa.	Pa"el
par	parallel dazu
phön.	phönizisch
pi.	Pi'el
plur.	Plural
PN	Personenname
pu.	Pu'al
pun.	punisch
q.	Qal
r.	revers
RLA	E.Ebeling u.a. (Hrsg.), Reallexikon für Assyriologie und vorderasiatische Archäologie, 1932 ff.
RS	Rückseite
RT	W.Beyerlin (Hrsg.), Religionsgeschichtliches Textbuch zum Alten Testament, ATD Ergänzungsreihe 1, 1975.
SAHG	A.Falkenstein/W.v.Soden, Sumerische und akkadische Hymnen und Gebete, 1953.
Sam.	Sameritanus
SB	Spätbronze-Zeit

SBA	Stuttgarter Biblische Aufsatzbände
SBL	Seminary of Biblical Literature
SBL.CP	Seminary of Biblical Literature. Centennial Publications
sen.	senior
sing.	Singular
syr.	syrisch
Syr.	Peschitta
Š	Š-Stamm
ŠD	ŠD-Stamm
Targ.	Targumim
TGI^2	K.Galling (Hrsg.), Texte zur Geschichte Israels, 2.Aufl. 1968.
TUAT	O.Kaiser u.a.(Hrsg.), Texte aus der Umwelt des Alten Testaments, 1982ff.
TWAT	G.J.Botterweck/H.Ringgren u.a.(Hrsg.), Theologisches Wörterbuch zum Alten Testament, 1970ff.
ÜP	M.Noth, Überlieferungsgeschichte des Pentateuch, 1948.
UBL	Ugaritisch-Biblische Literatur
ug.	ugaritisch
VAB	Vorderasiatische Bibliothek
Vulg.	Vulgata
YBC	Museumssignatur Yale Babylonian Collection, New Haven
ZB.AT	Zürcher Bibelkommentar, Altes Testament

1. Einführung

C.J.Bleeker, Comparing the Religio-Historical Method and the Theological Method, Numen 18, 1971, 9–29. – A.Causse, Du groupe éthnique à la communauté religieuse. Le Problème sociologique de la religion d'Israël, 1937. – B.S.Childs, Old Testament Theology in a Canonical Context, 1985. – W.Eichrodt, Hat die alttestamentliche Theologie noch selbständige Bedeutung innerhalb der alttestamentlichen Wissenschaft?, ZAW 47, 1929, 83–91. – Ders., Theologie des Alten Testaments, Teil I-III, 2 Bde., I 8.Aufl. 1968; II 7.Aufl. 1974. – O.Eissfeldt, Israelitisch-jüdische Religionsgeschichte und alttestamentliche Theologie (1926), Ders., Kleine Schriften I, 1962, 105–114. – Ders., Werden, Wesen und Wert geschichtlicher Betrachtung der israelitisch-jüdischen Religion (1931), a.a.O., 247–265. – G.Fohrer, Geschichte der israelitischen Religion, 1969. – Ders., Zur Einwirkung der gesellschaftlichen Struktur Israels auf seine Religion, ders., Studien zu alttestamentlichen Texten und Themen (1966–1972), BZAW 155, 1981, 117–131. – G.F.Hasel, Major Recent Issues in Old Testament Theology, JSOT 31, 1985, 31–53. – M.Hill, Social Approach (1), s. F.Whaling (ed.), Vol. II, 89–148. – G.Kehrer/B.Hardin, Social Approach (2), s. F.Whaling (ed.), Vol. II, 149–177. - S.T.Kimbrough, A Non-Weberian Sociological Approach to Israelite Religion, JNES 31, 1972, 195–202. – Ders., Israelite Religion in Sociological Perspective. The Work of Antonin Causse, Studies in Oriental Religions 4, 1978. – H.G.Kippenberg, Diskursive Religionswissenschaft. Gedanken über eine Religionswissenschaft, die weder auf einer allgemein gültigen Definition von Religion noch auf einer Überlegenheit von Wissenschaft basiert, B.Gladigow/Ders., Neue Ansätze in der Religionswissenschaft, Forum Religionswissenschaft 4, 1983, 9–28. – H.-J.Kraus, Die Anfänge der religionssoziologischen Forschungen in der alttestamentlichen Wissenschaft. Eine forschungsgeschichtliche Orientierung (1969), ders., Biblisch theologische Aufsätze, 1972, 296–310. – G.Lanczkowski, Begegnung und Wandel der Religionen, 1971. – Th.Luckmann, Das Problem der Religion in der modernen Gesellschaft. Institution, Person, Weltanschauung, 1963. – Ders., The Invisible Religion. The Problem of Religion in Modern Society, 1967. – J.Matthes, Religion und Gesellschaft. Einführung in die Religionssoziologie I, 2.Aufl. 1969. – G.Mensching, Religion, I. Erscheinungs- und Ideenwelt, RGG³ V, 1961, 961–964. – P.D.Miller, Israelite Religion, D.A.Knight/G.M.Tucker (ed.), The Hebrew Bible and Its Modern Interpreters, SBL.CP, 1985, 201–237. – H.Mol, Identity and the Sacred. A Sketch for a New Social-Scientific Theory of Religion, 1976. – L.Perlitt, Vatke und Wellhausen, BZAW 94, 1965. – H.D.Preuss, Theologie des Alten Testaments, Bd. I, 1991. – O.Procksch, Theologie des Alten Testaments, 1950. – G.v.Rad, Offene Fragen im Umkreis einer Theologie des Alten Testaments (1963), ders., Gesammelte Studien zum Alten Testament II, TB 48, 1973, 289–312. – R.Rendtorff, Alttestamentliche Theologie und israelitisch-jüdische Religionsgeschichte (1963), ders., Gesammelte Studien zum Alten Testament, TB 57, 1975, 137–151. – Ders., Theologie des Alten Testaments. Überlegungen zu einem Neuansatz, ders., Kanon und Theologie.

Vorarbeiten zu einer Theologie des Alten Testaments, 1991, 1–14. – H.RINGGREN, Israelitische Religion, RM 26, 1963; 2.Aufl. 1982. – CHR.SCHÄFER-LICHTENBERGER, The Pariah: Some Thoughts on the Genesis and Presuppositions of Max Weber's Ancient Judaism, JSOT 51, 1991, 85–113. – DIES., Vom Nebensatz zum Idealtypus. Zur Vorgeschichte des 'Antiken Judentums' von Max Weber, E.Blum/Chr.Macholz/ E.W.Stegemann (Hrsg.), Die Hebräische Bibel und ihre zweifache Nachgeschichte, FS R.Rendtorff, 1990, 419–433. – W.SCHLUCHTER (Hrsg.), Max Webers Sicht des antiken Christentums, 1985. – W.H.SCHMIDT, Alttestamentlicher Glaube und seine Geschichte, 4.Aufl. 1982. – R.SMEND (SEN.), Lehrbuch der alttestamentlichen Religionsgeschichte, 2.Aufl. 1899. – R.SMEND (JUN.), De Wette und das Verhältnis zwischen historischer Bibelkritik und philosophischem System im 19. Jahrhundert, ThZ 14, 1954, 107–119. – DERS., Johann Philipp Gablers Begründung der biblischen Theologie, EvTh 22, 1962, 345–357. – DERS., Universalismus und Partikularismus der Alttestamentlichen Theologie des 19. Jahrhunderts, EvTh 22, 1962, 169–179. – F.STOLZ, Probleme westsemitischer und israelitischer Religionsgeschichte, ThR 56, 1991, 1–26. – G.E.SWANSON, The Birth of the Gods. The Origin of Primitive Beliefs, 1974. – W.VATKE, Die biblische Theologie wissenschaftlich dargestellt, Bd. I: Die Religion des Alten Testaments, 1835. – TH.C.VRIEZEN, Theologie des Alten Testaments in Grundzügen, 1956. – F.WHALING (ed.), Contemporary Approaches to the Study of Religion, 2 Vol., J.Wardenburg (ed.), Religion and Reason 27, 1883; 28, 1985. – M.WEBER, Das antike Judentum, Ders., Gesammelte Aufsätze zur Religionssoziologie III, 1920–1966. – J.WELLHAUSEN, Israelitisch-jüdische Religion (1905), R.Smend (Hrsg.), Grundrisse zum Alten Testament, TB 27, 1965, 65–109. – C.WESTERMANN, Das Verhältnis des Jahweglaubens zu den außerisraelitischen Religionen (1964), Forschung am Alten Testament. Gesammelte Studien I, TB 24, 1964, 189–218. – DERS., Theologie des Alten Testaments in Grundzügen, 2.Aufl.1985. – W.M.L.DE WETTE, Lehrbuch der christlichen Dogmatik in historischer Entwickelung dargestellt, Bd. I: Biblische Dogmatik Alten und Neuen Testaments oder kritische Darstellung der Religionslehre des Hebraismus, des Judenthums und Urchristenthums, 1813; 3.Aufl. 1831. – W.ZIMMERLI, Biblische Theologie, TRE VI, 1980, 426–455. – DERS., Grundriß der alttestamentlichen Theologie, 6.Aufl. 1989.

Die „Religionsgeschichte Israels" ist heute an den meisten Theologischen Fakultäten keine Standard-Lehrveranstaltung mehr. In ihrer Funktion, die verschiedenen Aspekte der alttestamentlichen Forschung zusammenzufassen, wurde sie vielerorts durch die Vorlesung „Theologie des Alten Testaments" entweder ganz ersetzt oder doch als Spezialveranstaltung an den Rand gedrängt.[1] Den gleichen Eindruck vermittelt ein Überblick über die Publikationen seit dem Ende des Zweiten Weltkrieges: Während sich die in dieser fast fünfzigjährigen Periode geschriebenen „Religionsgeschichten Israels" an einer Hand abzählen lassen,[2] erscheinen immer neue „Theologien

---

[1] Während meiner Studienzeit gab es in Heidelberg überhaupt keine Vorlesung „Religionsgeschichte Israels" mehr. Bis auf sporadische Unternehmungen von J.Jeremias und C.Westermann war meine Vorlesung 1981 der erste Versuch seit G.Hölscher, eine Lehrveranstaltung dieses Typs wieder an der Heidelberger Fakultät heimisch zu machen.

[2] B.D.Eerdmans, The Religion of Israel, 1947; H.Ringgren, Religion, 1963; Th.C.Vriezen, De Godsdienst van Israel, 1963 (engl.1967); G.Fohrer, Geschichte, 1969; W.Eichrodt, Religionsgeschichte Israels, 1969; W.Kornfeld, Religion und Offenbarung in der Geschichte Israels,

des Alten Testaments" in regelmäßiger Folge und übersteigen deren Zahl inzwischen um das Dreifache.[3]

Dieser Tatbestand ist eine direkte Folge des theologiegeschichtlichen Umschwungs, der sich nach dem Ersten Weltkrieg in Deutschland vollzogen hat, des Bruchs mit der „Liberalen Theologie" des 19.Jhs. und des Siegeszuges der „Dialektischen Theologie."[4] Wenn heute die „Religionsgeschichte Israels" erneut als sinnvolle und theologisch notwendige Aufgabe erscheint, dann hat dies neben sachlichen Erfordernissen, die neuen Einsichten religionsgeschichtlicher und religionsvergleichender Detailstudien zu bündeln, nicht zuletzt mit der allgemeinen theologiegeschichtlichen Lage der Gegenwart zu tun, daß die großen systematischen Entwürfe R.Bultmanns und K.Barths und ihrer Nachfolger ihre alles beherrschende Faszination verloren haben. Wir finden uns – wenn auch auf anderer Ebene – zurückgeworfen auf Problemstellungen der Theologie des 19.Jhs.; auch diese umfassende Neukonzeption einer „Religionsgeschichte Israels", die diese Disziplin im

---

1970. Ein Buch, das zwischen „Theologie des Alten Testaments" und „Religionsgeschichte" steht, ist W.H.Schmidt, Glaube, 1968; (1982).

P.D.Miller meint in seinem klugen Forschungsbericht (Religion, 204), schon in den 60er Jahren einen gewissen Umschwung zugunsten der „Religionsgeschichte Israels" erkennen zu können; das mag aus amerikanischer Perspektive so erscheinen, insbesondere wenn man die Detailstudien mitberücksichtigt. Doch hat er – zumindest in Deutschland – die Vorherrschaft der „Theologie des Alten Testaments" nicht brechen können.

Nur ausgewählte religionsgeschichtliche Aspekte behandelt G.W.Anderson, The History and Religion of Israel, 1966. In Amerika signalisierte die ebenfalls nur selektive Darstellung von F.M.Cross, Canaanite Myth and Hebrew Epic, 1973, ein Wiedererstarken der religionsgeschichtlichen Arbeit.

[3] Vgl. die „Theologien des Alten Testaments" von W.Eichrodt (zwar noch vor dem Krieg geschrieben [Teil 1, 1933; Teil 2, 1935; Teil 3, 1938], aber voll erst nach ihm Wirkung entfaltend); O.Procksch, Theologie, 1950; E.Jacob, 1955; Th.C.Vriezen, Theologie, 1956; H.H.Rowley, 1956; G.v.Rad, Theologie, 1957; 1960; E.Jacob, 1970; G.Fohrer, 1972; A.Deissler, 1972; W.Zimmerli, Grundriß, 1972; C.Westermann, Theologie, 1978; R.E.Clements, 1978; B.S.Childs, Theology, 1985; H.D.Preuß, Theologie, 1991, s. dort S.1 die genauen bibliographischen Angaben. Mehr hierhin gehört auch W.H.Schmidt, Glaube. Als eine Art Prolegomena zu einer nie geschriebenen Theologie des Alten Testaments kann man das einflußreiche Buch von G.E.Wright, God Who Acts. Biblical Theology as Recital, SBT 8, 1952, ansehen.

[4] Ähnlich sieht P.D.Miller, Religion, 201–211, die Entwicklung, auch wenn in Amerika der durch K.Barth eingeleitete Umschwung nicht so radikal wie in Deutschland ausfiel. Barths Einfluß hielt sich hier auf der Ebene der Systematischen Theologie in Grenzen, stärkte aber auf der Ebene der Bibelwissenschaft das theologische Interesse auch und gerade am Alten Testament. Doch konnte dies das stark archäologisch-orientalistische Interesse der Albright-Schule nie verdrängen, vgl. W.F.Albright, From the Stone Age to Christianity. Monotheism and the Historical Process, 1940; Archaeology and the Religion of Israel, 1941, u.a. Selbst der der Barth'schen Richtung nahestehende G.E.Wright veröffentlichte eine religionsvergleichende, allerdings stark auf die Besonderheit der israelitischen Religion ausgerichtete Studie: The Old Testament Against Its Enviroment, SBT 2, 1950. Kontinuierlich weiter ging die religionsgeschichtliche Arbeit in England und Skandinavien, wo es in den 30er und 40er Jahren zu stark religionsvergleichend arbeitenden „kultgeschichtlichen Schulen" um S.H.Hooke und I.Engnell u.a. kam.

Fächerkanon der alttestamentlichen Wissenschaft wieder aufwerten möchte, ist dafür ein Beispiel.

1.1 Forschungsgeschichte

Der Weg, der zur Ausbildung der Religionsgeschichte Israels als alttestamentlicher Disziplin führte, ist verschlungen und mehrfach aus verschiedenster Perspektive dargestellt worden.[5] Ich kann mich darum auf einige Hauptlinien beschränken. O.Eißfeldt nannte 1931 fünf Quellen der geschichtlichen Betrachtung der israelitisch-jüdischen Religion: 1. Den Rationalismus des endenden 18. und beginnenden 19.Jhs., 2. Herder, 3. Einwirkungen der Hegelschen Geschichtsphilosophie insbesondere auf W.Vatke, 4. Forschungsergebnisse bezüglich der Nachbarreligionen aus der 2. Hälfte des 19.Jhs. und 5. die Religionsgeschichtliche Schule Ende des 19.Jhs. bis zum Ersten Weltkrieg.[6]

Der erste Ausgangspunkt, der Rationalismus, war „Alttestamentlicher Theologie" und „Religionsgeschichte Israels" durchaus noch gemeinsam. In ihm diente das Anliegen, die Religion des Alten und Neuen Testaments als eine gegenüber der Dogmatik eigenständige geschichtliche Größe anzusehen, einem klaren systematischen Interesse: Im Bestreben, das Christentum als Ideal der vernünftigen, natürlichen Religion nachzuweisen, wurden die Seiten der biblischen Religion, die zu diesem Ideal nicht paßten, entweder als Anpassung (Akkomodation) der großen Religionsmittler an die beschränkten Vorstellungen ihres Volkes[7] oder aber aus Einflüssen niedriger stehender Nachbarreligionen erklärt.[8] In seiner berühmten Altdorfer Antrittsrede, die heute häufig als Ausgangspunkt der „Alttestamentlichen Theologie" in Anspruch genommen wird,[9] klassifizierte J.Ph.Gabler die „Biblische Theologie" als „e genere historico", doch bedeutet „historisch" dabei vor allem Begriffs-, und d.h. Geistesgeschichte, und die historische Erforschung der biblischen Aussagen (interpretatio) ist nur eine Vorstufe zur philosophisch verknüpfenden Reflexion der biblischen Begriffe (comparatio) zu den wahren Grundideen biblischer Religion, die der Dogmatik zuarbeitet.[10]

---

[5] O.Eißfeldt, Werden, 246–261; W.Zimmerli, Theologie, 426–441; vgl. auch G.Fohrer, Geschichte, 1–7; R.Smend, Universalismus; R.Rendtorff, Überlegungen, 2–8.

[6] Werden, 247–258.

[7] Vgl. etwa J.S.Semler, Abhandlung von der freien Untersuchung des Kanons, 1771–1776.

[8] Vgl. etwa G.Ph.Chr.Kaiser, Die biblische Theologie oder Judaismus und Christianismus nach der grammatisch-historischen Interpretationsmethode und nach einer freymütigen Stellung in die kritisch vergleichende Universalgeschichte der Religionen und in die universale Religion, 1813/14.

[9] Oratio de justo discrimine theologiae biblicae et dogmaticae regundisque recte utriusque finibus, 1787; vgl. R.Smend, Begründung, 345ff.; W.Zimmerli, Theologie, 427f.

[10] Zur Problematik dieser zwischen der „wahren" (= grammatisch-historischen) und der Dogmatik stehenden „reinen biblischen Theologie", die alle zeitbedingten biblischen Vorstellungen abzustreifen habe, vgl. R.Smend, Begründung, 347ff.

So führte Gablers Programm keineswegs zu einer wirklich geschichtlichen Darstellung der biblischen bzw. der in der Folgezeit sich differenzierenden alttestamentlichen Religion. Ein Beispiel dafür ist die eigentümliche Starrheit der „Biblischen Dogmatik" von W.M.L.de Wette,[11] die trotz aller z.T. hervorragenden historischen Kritik, die ihr Autor auf vielerlei Feldern geleistet hatte, die biblischen Zeugnisse in eine dogmatische Gliederung und eine J.Fr.Fries entlehnte philosophische Hermeneutik einspannte. Für W.M.L.de Wette war die „Idee der Religion" im Alten Testament nur „in ihren mannichfaltigen und unreinen Erscheinungen in der Geschichte" zu erkennen,[12] und es galt deren „Partikularismus", der sich in z.T. entarteten „Symbolen" niedergeschlagen hatte, abzustreifen, um zu ihrem zeitlosen „Universalismus" emporzusteigen.[13] Eine kontinuierliche geschichtliche Entwicklung sah er nicht, gewisse Höhepunkte gab es nur bei Mose, den Propheten und in den Psalmen. Dagegen wirkten neben christlichen Vorurteilen frühromantische Einflüsse J.G.Herders nach, wenn er die nachexilische Periode als „Judenthum" gegenüber der vorexilischen, dem „Hebraismus", stark abwertete: „Während der Hebraismus Sache des Lebens und der Begeisterung war, ist das Judenthum Sache des Begriffs und des Buchstabenwesens".[14]

Der erste, der zu einer wirklich geschichtlichen Darstellung der Religion Israels durchstieß, war W.Vatke mit seiner „Religion des Alten Testaments" von 1835.[15] Die breit aufgenommene Hegelsche Geschichtsphilosophie bot ihm nicht nur die Möglichkeit, den Hiatus zwischen historischem und theologischem Zugang zu überwinden, sondern auch den hermeneutischen Rahmen, die Religionsgeschichte Israels als dialektisch fortschreitenden „geistigen Proceß" der Offenbarung des absoluten Geistes und dem Innewerden letztendlicher Identität des menschlichen Geistes mit ihm zu verstehen.[16] „Die ganze Geschichte der Alttestamentlichen Religion ist ... ein beständiger Kampf und Sieg des Gedankens über das Natürliche".[17]

Auch wenn aus heutiger Sicht zweifelhaft erscheint, ob damit die Triebkraft der Religion Israels zutreffend beschrieben ist, so wird der heuristische

---

[11] Sie erschien 1813 unter dem Titel: „Lehrbuch der christlichen Dogmatik, in historischer Entwickelung dargestellt, Bd. I: Biblische Dogmatik Alten und Neuen Testaments oder kritische Darstellung der Religionslehre des Hebraismus, des Judenthums und Urchristenthums."

[12] Dogmatik I, 2.

[13] Vgl. im einzelnen dazu die Untersuchungen R.Smends, Universalismus, 171ff.; De Wette, u.a.

[14] Dogmatik I, 114.

[15] Vgl. zum Folgenden L.Perlitt, Vatke, 86ff., und sein Urteil a.a.O., 132: „Daß er aber die biblische Theologie grundsätzlich geschichtlich konzipiert hat, ist sein bleibendes Verdienst."

[16] Vgl. sein Statement in der 175 Seiten füllenden geschichtsphilosophischen Grundlegung: „Dieser ganze geistige Proceß bildet eben sowohl das Selbstbewußtsein Gottes im Geiste des Menschen, als umgekehrt das Selbstbewußtsein des menschlichen Geistes in Gott; denn das Selbstbewußtsein setzt den Unterschied des Bewußtseins und seines Gegenstandes und eben so die Identität beider voraus" (Religion, 19).

[17] Religion, 231.

Wert dieses geschichtsphilosophischen Ansatzes doch daran deutlich, daß er W.Vatke dazu verhalf, die eigentümliche Präsentation des Alten Testaments, die die gesamte Religion schon in mosaischer Frühzeit ausgebildet sein läßt und jedes genetische Verständnis bis dahin verhindert hatte, noch vor dem Nachweis einer späten Entstehung des priesterlichen Gesetzesmaterials durch K.H.Graf und J.Wellhausen zu destruieren. Die Anfänge mußten in Wirklichkeit sehr viel schlichter aussehen, sollte die göttliche Weisheit nicht „mehrere nothwendige Entwicklungsmomente übersprungen" haben.[18] Mose ist für W.Vatke ein prophetisch begabter Nomadenführer, der in Antithese zur Naturreligion des Volkes die Verehrung Jehovas als des „Einen Nationalgottes" einführte.[19]

Der dialektische Prozeß, der mit Mose im kleinen begann, fand nach Vatke seinen ersten Höhepunkt in den Propheten des 8.Jhs.; sie haben gegen die National- und Naturreligion des Volkes erstmals die universalistische Gottesanschauung und Idee der Theokratie entscheidend ausgebildet (473ff.). Das dialektische Hegelsche Modell von These, Antithese und Synthese gab W.Vatke damit auch im großen ein Prinzip an die Hand, die Religion Israels in eine vorprophetische, prophetische und nachprophetische Epoche zu gliedern. Ja, sie befähigte W.Vatke, gegen W.M.L.de Wette und viele, die ihm nachfolgten, die nachexilische Epoche als „Synthese" positiv zu werten, als Versuch einer wohltätigen Umsetzung der Theokratie in der gesetzlichen Richtung, ihrer Universalisierung in der Weisheit und ihrer Verinnerlichung in der religiösen Lyrik (551–577). Erst die hellenistische Epoche führte für W.Vatke zu einem Niedergang, aus dem dann das Christentum zum endgültigen Höhepunkt emporstieg (577–590).

Obwohl W.Vatke mit diesem geschichtsphilosophischen Ansatz etwas von der lebendigen dialogischen Struktur der israelitischen Religionsgeschichte weitaus sachgemäßer als die ihm vorangegangenen begriffsgeschichtlichen und lehrhaften Ansätze einzufangen vermochte, bleibt er durch ihn doch viel zu sehr ideengeschichtlich verhaftet und wirkt seine Darstellung abstrakt, fast doketisch. Die Propheten etwa sind für ihn „Hauptorgane der Idee" (480), nicht wirklich Menschen aus Fleisch und Blut; Ereignisse der politischen Geschichte wie das Auftreten der assyrischen Weltmacht oder der Untergang der israelitischen Staaten sind für ihn „Accidenzien", die den dialektischen geistigen Prozeß wohl unterstützen können (Universalisierung, Entweltlichung), aber doch nicht hervorrufen und bestimmen.

Der nichtsdestoweniger geniale Entwurf W.Vatkes fand erst einmal keine Nachfolger. Seine schwer verständliche philosophische Diktion wirkte abschreckend, seine kritische Destruktion des „Mosaismus" brachte ihm nicht nur die wütenden Angriffe der Konservativen, sondern auch den Vorwurf eines kritischen Forschers wie W.M.L de Wette ein, er habe „in irreligiösem

---

18 A.a.O., 214.
19 A.a.O., 229.

und untheologischem Geiste geforscht",[20] was ihm den Weg auf ein Ordinariat verbaute.[21] Die Szene wurde weiter von mehr oder minder lehrhaften bzw. heilsgeschichtlichen Entwürfen beherrscht.[22]

Die „Religionsgeschichte Israels" kam erst zwei Generationen nach W.Vatke durch J.Wellhausen und seine Schule zu ihrer vollen Entfaltung. Nachdem J.Wellhausen – unabhängig von K.H.Graf – den „Priesterkodex" literarkritisch ausgrenzen und seine nachexilische Entstehung nachweisen konnte, griff er begeistert auf den diesem literargeschichtlichen Ergebnis kongenialen Entwurf Vatkes zurück, entkleidete ihn aber seines philosophischen Überbaus. Aller geschichtsphilosophischen Spekulation abhold, war für ihn, der in seinem Geschichtsverständnis der von Herder, Humboldt und Ranke ausgehenden Linie nahestand, Geschichte ein organischer Prozeß; und die Religionsgeschichte gehörte für ihn ganz in diesen Prozeß mit hinein. Von diesem Ansatz her war es J.Wellhausen möglich, Religionsgeschichte als fortlaufende Wechselwirkung zwischen politischer Geschichte und religiösen Anschauungen zu beschreiben, wobei nach ihm die Wirkung häufig von „großen Männern" ausging.[23] So kann er etwa formulieren: „Erst zur Zeit Moses' wurde Jahve der creator spiritus des Volkes Israel und bekam damit zugleich selber einen neuen, nationalen und geschichtlichen, Inhalt, während sein altes Naturwesen in den Hintergrund trat".[24]

J.Wellhausen hat selber keine ausgeführte „Religionsgeschichte" geschrieben, sondern sie nur als Aspekt seiner Ausführungen zur Geschichte Israels mitbehandelt;[25] aus dem Jahr 1905 stammt aber ein kleiner, immer noch lesenswerter Essay „Israelitisch-jüdische Religion", der erkennen läßt, wie der etwas „blutleere" Aufriß von W.Vatke unter seinen Händen zu einem prallen, wechselvollen und facettenreichen Geschichtsablauf wird.

Dafür erschien eine ganze Reihe von „Religionsgeschichten" aus dem Kreise seiner Schüler, von denen das „Lehrbuch der alttestamentlichen Religionsgeschichte" (1893; ^{2}1899) von R.Smend (senior) ein typisches und einflußreiches Beispiel ist. Dieses Buch war das erste, das auf den Titel „Biblische Theologie" o.ä. bewußt verzichtete. Programmatisch stellte R.Smend fest: „Die Darstellung der alttestamentlichen Religion darf keine systematische sein."[26]

Auch nach Auffassung von R.Smend hat die Religionsgeschichte ein Wechselverhältnis von politischer und religiöser Geschichte zu beschreiben:

---

20 Nachweis bei L.Perlitt, Vatke, 142.

21 Vgl. L.Perlitt, Vatke, 143ff.

22 Vgl. die Dogmatiken bzw. Theologien des Alten Testaments von J.Chr.F.Steudel, G.F.Oehler, H.Schultz, u.a., s. bei W.Zimmerli, Theologie, 433ff.

23 Vgl. dazu im einzelnen L.Perlitt, Vatke, 185ff.

24 Religion, 74.

25 Vor allem in den „Prolegomena zur Geschichte Israels" (1883), 1878 erstmals als Bd.1 der „Geschichte Israels" veröffentlicht, und in der „Israelitische(n) und Jüdische(n) Geschichte" (1894).

26 Lehrbuch, 6.

„Die alttestamentliche Religionsgeschichte will also im Anschluß an die Geschichte Israels zeigen, wie diese Religion mit dem Volk Israel entstand, in ihm lebte und von allen seinen Schicksalen die stärksten Einwirkungen erfuhr, wie sie aber auch umgekehrt das Volk Israel schuf und erhielt, sein Leben durchdrang und beherrschte, wie sie weiter den Untergang Israels forderte und dann aus den Trümmern des untergegangenen Volkes die jüdische Religionsgemeinschaft erstehen ließ. Allein aus dem geschichtlichen Leben der alttestamentlichen Religion erkennen wir ihre geschichtliche Wahrheit."[27]

Im Aufriß folgte R.Smend dem dreiteiligen Schema von W.Vatke und unterschied die Religion Altisraels, die der Propheten und die der Juden. Aber indem er die Religion des vorprophetischen Israels scharf von der des nachprophetischen Judentums abhob, führte er die Differenzierung W.M.L.de Wettes zwischen „Hebraismus" und „Judenthum" wieder ein, was eine Abwertung der nachexilischen Epoche nach sich zog.[28] Seiner Meinung nach stellte das Judentum „in hohem Masse einen Compromiss zwischen ihr (sc. der prophetischen Religion) und der volksthümlichen dar" (268). Dagegen bildete nun die prophetische Religion, die die ursprüngliche Nationalreligion Israels universalisierte, individualisierte, entweltlichte und zu hoher Sittlichkeit führte, für R.Smend eindeutig den Höhe- und Umschlagspunkt der Religionsgeschichte Israels; sie war einerseits „Begründerin der jüdischen Gemeinde", indem sie die Ausbildung des Gesetzes anstieß; andererseits sah er sie in direkter Beziehung zum Christentum (174).

Zweifellos wurde die Ausarbeitung des realgeschichtlichen Wellhausen'schen Ansatzes durch R.Smend an vielen Punkten dem geschichtlichen Verlauf der Religionsgeschichte Israels besser gerecht als der geschichtsphilosophische Entwurf Vatkes. Dennoch schlichen sich einerseits unangemessene christliche Wertungen ein, andererseits zeigte sich, daß der aus der Hegelschen Philosophie gewonnene Dreitakt mit den historischen Perioden Israels nicht in Übereinstimmung zu bringen war: Da die Ausbildung des Gesetzes, die R.Smend richtig als Antwort auf die Verkündigung der Propheten des 8.Jhs. deutete, schon in der Hiskianischen und Josianischen Re-

---

27 A.a.O., 7.

28 Vgl. jedoch das Bemühen um eine etwas positivere Bewertung zumindest der vormakkabäischen Periode in der 2.Aufl. des Lehrbuches, in deren Vorwort er schreibt: „Meine Absicht ging vor allem dahin, den Unterschied zwischen der vorprophetischen und der nachprophetischen Religion von der prophetischen aufzuzeigen. ... Inzwischen habe ich meine Auffassung des Judenthums ... nicht unwesentlich korrigiren müssen" (V). Bei dessen gängiger negativer Einschätzung „wird, wie ich glaube, das vormakkabäische Judenthum erheblich unterschätzt. Es entspricht durchaus nicht dem, was man gewöhnlich unter jüdischer Gesetzesreligion versteht. Die Psalmen beweisen, dass der prophetische Glaube, freilich in der von Deutero-Jesaja angebahnten Umbildung, im älteren Judenthum lebendig war. ... Dagegen empfand das nachmakkabäische Judenthum die Nothwendigkeit seiner Abgrenzung vom Hellenismus dahin, dass es sich im gesetzlichen Formalismus vergrub" (VI).

form einsetzt, war er gezwungen, „das Judenthum" schon mit dem Untergang des Nordreiches 721 beginnen zu lassen. Das ist natürlich historisch und sozialgeschichtlich Unsinn: Die Selbstbezeichnung *jĕhūd* „Juda" ist erst ab Ende des 6.Jhs. belegt, und natürlich war Juda bis 587 noch ein Staat. Außerdem konnte R.Smend aufgrund seiner Systematik die Propheten des 7. und 6.Jhs. nicht mehr angemessen würdigen, sondern mußte sie zu Gesetzeslehrern und Seelsorgern umdeuten.

Ein weiteres Defizit liegt in der fehlenden oder ungenauen Berücksichtigung sozialgeschichtlicher Gegebenheiten. Zwar erkannte R.Smend, daß zwischen der „prophetischen Religion", dem staatlichen Untergang Israels und der Sozialgestalt des nachexilischen Gemeinwesens eine Wechselwirkung besteht, aber dieses war keineswegs – wie er meinte – eine unpolitische „Gemeinde" im christlichen Verständnis und keineswegs Folge einer Individualisierung und Entweltlichung der Religion. Fraglich ist auch die Verwendung des im 19.Jh. so beliebten wie unscharfen Nation-Begriffs für das vorprophetische Israel; er verstellt R.Smend den Blick dafür, welchen Umbruch Staatenbildung und Königtum für die Religionsgeschichte Israels bedeuteten.

Schließlich fällt das fast vollständige Fehlen der religionsvergleichenden Perspektive auf. Nur für die Frühzeit läßt R.Smend Einflüsse von der „altsemitischen Religion", arabischen Stammesreligion und der „kanaanitischen Religion", die er schlicht als „Naturdienst" beschreibt, gelten; sonst ist für ihn die Religionsgeschichte Israels eine organische innerisraelitische Entwicklung,[29] die den „Baaldienst" nur als ständige Negativfolie braucht.

Doch trotz dieser Defizite waren die „Religionsgeschichten", die in der oder im Umkreis der Wellhausen-Schule erschienen,[30] ein gewaltiger Fortschritt. Sie übten einen so großen Einfluß aus, daß traditionelle Biblische Theologien entweder um einen religionsgeschichtlichen Teil ergänzt[31] oder in Religionsgeschichten umgeschrieben und umtituliert wurden.[32] Der Schritt

---

[29] Dies ist um so erstaunlicher, als Wellhausen selber intensiv über die vorislamische arabische Religion gearbeitet hatte (vgl. Ders., Reste arabischen Heidentums, 1887). Diese Beschränkung der Perspektive hängt wohl mit seinem Geschichtsverständnis zusammen, das dem „Nationalen" als dem Ursprünglichen Vorrang vor dem „Internationalen" als dem Abgeleiteten einräumte, so L.Perlitt, Vatke, 223ff.

[30] Vgl. K.Marti, Geschichte der israelitischen Religion, 1897; K.Budde, Die Religion des Volkes Israel bis zur Verbannung, 1900; in der 3.Aufl. 1912: „Die altisraelitische Religion"; B.Stade/A.Bertholet, Biblische Theologie des Alten Testaments, Bd. I: Die Religion Israels und die Entstehung des Judentums, 1905; Bd. II: Die jüdische Religion von der Zeit Esras bis zum Zeitalter Christi, 1911; E.Kautzsch, Biblische Theologie des Alten Testaments, 1911.

[31] Vgl. etwa die verbreitete, „Alttestamentliche Theologie" von H.Schultz (1869), die in ihrer 5.Aufl. von 1889 einen langen religionsgeschichtlichen Teil (59–309) erhielt.

[32] So sind die „Biblischen Theologien" von B.Stade und E.Kautzsch faktisch schon reine Religionsgeschichten. Während K.Marti die „Theologie des Alten Testaments" von A.Kayser in der 2.Aufl. noch unter diesem Titel neu bearbeitete, nannte er sie in der 3.Aufl. 1897 in „Geschichte der israelitischen Religion" um; vgl. im einzelnen W.Zimmerli, Theologie, 437f.

zu einer eindeutig geschichtlichen Zusammenfassung der Ergebnisse der alttestamentlichen Wissenschaft war gemacht.

Hinzu kam der Anstoß der religionsgeschichtlichen Schule um A.Eichhorn, H.Gunkel, W.Bousset u.a., die die religionsgeschichtliche Engführung der Wellhausen-Schule aufstieß und das inzwischen aufgehäufte Material der orientalischen Kulturen für die Erforschung der Religionsgeschichte Israels und des Christentums positiv nutzbar machen wollte. Beispielhaft hierfür ist das Buch H.Gunkels „Schöpfung und Chaos in Urzeit und Endzeit" (1895), das das Chaoskampfmotiv von den babylonischen Schöpfungsmythen über das Alte Testament bis in die Apokalyptik verfolgte. Leider wurde aus dieser Schule keine umfassende Religionsgeschichte verfaßt. Aber es sah vor dem Ersten Weltkrieg so aus, als könne die konsequent religionsgeschichtliche Betrachtung zu einem die alt- und neutestamentliche Forschung umgreifenden Band werden, ja sogar, denkt man an die Arbeiten von E. Troeltsch, zu einer einheitlich geschichtlich konstituierten Theologie führen, die auch die Dogmatik umgriff.

Doch kam es nicht dazu; der Erste Weltkrieg brachte einen ziemlich radikalen Abbruch der religionsgeschichtlichen Forschung in Deutschland, noch bevor eine voll überzeugende „Religionsgeschichte Israels" geschrieben werden konnte. O.Eißfeldt, selber junger Parteigänger der religionsgeschichtlichen Richtung, beschreibt diesen Umbruch aus der Rückschau im Jahre 1931 nicht ohne Trauer so: „Als der Krieg zu Ende gegangen, die erste Unruhe der Umsturzjahre sich gelegt und nun Wissenschaft und Theologie wieder mehr zu ihrem Recht kamen, war es nicht die religionsgeschichtliche Theologie, die ihren durch Krieg und Revolution etwa nur aufgehaltenen Siegesmarsch fortsetzte, sondern eine ganz andersartige Theologie kam auf und schritt von Erfolg zu Erfolg, die *dialektische Theologie,* auch *Theologie der Krisis* und des Wortes geheißen."[33]

Im Jahre 1926 hatte er die neue Lage so charakterisiert: „Des Historismus und Psychologismus und Relativismus der religionswissenschaftlichen Methode müde, sehnt man sich nach Offenbarung und fordert eine wissenschaftliche Behandlung der Bibel, die ihrem Anspruch, Offenbarung absoluter Werte zu sein, gerecht wird, eben die theologische. Am vernehmlichsten haben die Vertreter der dialektischen Theologie diese Forderung ausgesprochen."[34] Während eine ganze Anzahl von Alttestamentlern daranging, dieser Forderung zu entsprechen, um die „israelitisch-jüdische Religionsgeschichte" durch eine neue Form der „Theologie des Alten Testaments" zu ersetzen, suchte O.Eißfeldt die religionsgeschichtliche Erforschung des Alten Testaments dadurch zu retten, daß er beide klar trennte und auf zwei verschiedene methodische Zugänge verteilte: Die „Religionsgeschichte" habe es mit dem Erkennen, die „Theologie des AT" mit dem Glauben zu tun. Dadurch seien beide Formen der Zusammenschau nötig und könnten sich gegenseitig ergänzen: „Die historische Er-

---

[33] Werden, 261.

[34] Religionsgeschichte, 106.

fassung des AT vermag niemals über Relatives und Immanentes hinauszukommen, und andererseits ist der von einem Absoluten und Transzendenten ergriffene Glaube nicht das Organ, das die Religion des AT als eine geschichtliche Größe begreifen könnte."[35]

Im Sinne des hier angebotenen Kompromisses verfaßten einige Forscher in der Folgezeit sowohl eine „Religionsgeschichte" als auch eine „Theologie des Alten Testaments".[36] Andere wiederum fügten ihrer theologisch-systematischen Präsentation des Stoffes längere oder kürzere religionsgeschichtliche Abrisse vor[37] und gaben damit zu erkennen, daß auch sie ein genetisches Verstehen des Gesamtverlaufs der israelitischen Religion nicht für ganz überflüssig hielten.

Doch kann dieser Kompromiß nicht darüber hinwegtäuschen, daß das wissenschaftliche Interesse an der religionsgeschichtlichen Darstellungsweise erlahmt war. Die Innovationen und hermeneutisch-methodischen Diskussionen geschahen auf seiten der „Alttestamentlichen Theologie" und etablierten sie in der Zeit vor und nach dem Zweiten Weltkrieg als neue alttestamentliche Disziplin. Dagegen sind die seit dem Ersten Weltkrieg noch erschienenen „Religionsgeschichten Israels" bzw. religionsgeschichtlichen Abrisse weitgehend Reprisen[38] ohne Interesse, in der Methodik und historischen Systematik über die Entwürfe der Wellhausen- und die Ansätze der religionsgeschichtlichen Schule hinauszukommen. Ja, man muß sagen, daß die wenigen „Religionsgeschichten Israels", die nach dem Zweiten Weltkrieg unter der Vorherrschaft der „Alttestamentlichen Theologie" geschrieben wurden, in methodischer und systematischer Hinsicht eher Rückschritte darstellen, obwohl sie sachlich neue Forschungsergebnisse integrierten.

Dies gilt etwa für die „Israelitische Religion" von H.Ringgren von 1963, die nicht zufälligerweise von einem Autor aus Schweden stammt, wo es nie zu einer theologischen Ächtung der religionswissenschaftlichen Forschung wie in Deutschland gekommen ist. Forschungsgeschichtlich bietet H.Ring-

---

35 A.a.O., 109.

36 So E.König, Geschichte der Alttestamentlichen Religion, 1912; Ders., Theologie des Alten Testaments, 1922. E.Sellin, Alttestamentliche Theologie auf religionsgeschichtlicher Grundlage, Bd.I: Israelitisch-jüdische Religionsgeschichte; Bd.II: Theologie des Alten Testaments, 1933. Ähnliches gilt auch noch für G.Fohrer, der neben seiner „Geschichte der israelitischen Religion" (1969) mit dem Buch „Theologische Grundstrukturen des Alten Testaments" (1972) eine Art „Theologie" verfaßte. Die Religionsgeschichten, die Th.C.Vriezen und W.Eichrodt schrieben (s.o. Anm. 3), sind dagegen im Vergleich zu ihren Theologien unbedeutend.

37 So bei O.Procksch, Theologie, 48–419: „Die Geschichtswelt"; Th.C.Vriezen, Theologie, 27–37: „Der Weg des Glaubens Israels in der Geschichte"; G.v.Rad, Theologie I, 17–115: „Abriß der Geschichte des Jahweglaubens und der sakralen Institutionen in Israel".

38 Das gilt auch für G.Hölscher, Geschichte der israelitischen und jüdischen Religion, 1922, die sich von den Religionsgeschichten der Wellhausen-Schule nur durch die breitere Berücksichtigung der allgemeinen religionsgeschichtlichen Theorien von B.Tylor, J.G.Frazer und W.Wundt sowie durch eine etwas andere Datierung der Texte unterscheidet. Durch die Spätdatierung des Dtn um 500 gelangt z.B. G.Hölscher gegenüber R.Smend zu einer plausibleren Periodisierung zwischen der israelitischen und der jüdischen Epoche (116ff.).

gren eine durchaus sympathische Synthese zwischen dem skandinavischen Zweig der „Myth and Ritual School“ und der deutschen alttestamentlichen Forschung (M.Noth u.a.). Was diese „moderne“ Religionsgeschichte von der R.Smends sachlich unterscheidet, ist vor allem die Datierung der Texte: Über die Religion der Erzväter, Mose und die vorstaatliche Zeit werden sehr viel mehr und gewissere Aussagen gewagt als noch zu Wellhausens Zeiten, hier zeigt sich der Einfluß von A.Alt und M.Noth.[39] Das Hauptinteresse liegt auf der Königszeit, für die viele Texte in Anspruch genommen wurden (bes. Psalmen), die man früher für nachexilisch hielt. Dagegen macht die exilisch-nachexilische Zeit ganze 16% des Umfangs aus und signalisiert theologisches Desinteresse. Auch wenn im Buch religionsgeschichtliche Entwicklungen durchaus angesprochen werden, erfolgt die Präsentation der Religion Israels im Hauptteil (Königszeit) in dogmatischer Anordnung, handelt von Gott, seinen Erscheinungsformen, den Engeln und Geistern etc. Es scheint so, als haben die in alttestamentlichen Theologien zuweilen verwendeten Schemata die Religionsgeschichte eingeholt.[40] Neben Kult und König werden einfach die Schriftpropheten geordnet, wozu der Autor bemerkt: „Es ist eine erstaunliche Tatsache, daß ein großer Teil des Alten Testamentes aus Schriften besteht, die in mehrfacher Hinsicht einen von der 'offiziellen' Religion ihrer Zeit abweichenden Standpunkt vertreten.“[41] Doch der Kampf und Streit, der dahinter liegt, wird nicht entfaltet, sondern nur die religiösen und moralischen Inhalte prophetischer Verkündigung geboten. Von der Dialogstruktur der Religionsgeschichte und gar von dem Wechselspiel zwischen geschichtlichen und religiösen Veränderungen, die noch J.Wellhausen so faszinierten, ist bei H.Ringgren wenig zu spüren. Das genetische Verstehen ist erstarrt in nur notdürftig geschichtlich periodisierter gedanklicher Systematik.[42]

Ähnliches gilt auch für das Buch von W.H.Schmidt, Alttestamentlicher Glaube und seine Umwelt (1968), das ab der 2. Auflage 1975 unter dem Titel „Alttestamentlicher Glaube in seiner Geschichte“ erscheint. Das materialreiche und durchaus nützliche Buch „möchte nicht die 'israelitische Religionsgeschichte' insgesamt mit allen Formen der Volksfrömmigkeit, sondern vor allem die Eigenart und Geschichte des alttestamentlichen Gottesverständnisses darstellen.“[43] Die Nachzeichnung des Wandels des Gottesbildes von der nomadischen Vorzeit bis in die Königszeit füllt denn auch den größten Teil des Umfangs aus. W.H.Schmidt ist offensichtlich der

---

39 Vgl. A.Alt, Gott der Väter (2.1): rekonstruierbare „Väterreligion“; M.Noth, System (2.3): Amphiktyonie-These.

40 Seine Kategorien erinnern besonders an die von L.Köhler, Theologie des Alten Testaments, 1935, und W.Eichrodt, Theologie.

41 Religion, 226.

42 Wenn Ringgren die Nachträge zur 2.Aufl. seines sonst weitgehend unveränderten Buches 1982 mit dem Satz einleiten kann: „Auf dem Gebiet der israelitischen Religionsgeschichte sind in den letzten zwei Jahrzehnten kaum umwälzende Neuentdeckungen gemacht worden“ (319), dann charakterisiert dies weniger den forschungsgeschichtlichen Tatbestand als eine gewisse Müdigkeit seinerseits, neue Konzeptionen zu entwickeln.

43 Glaube, 4.Aufl. 1882, 7.

Meinung, als sei das Wesentliche einer Religion schon erfaßt, wenn man ihr Gottesverständnis kläre. Dadurch kommt die Wechselwirkung zwischen gesellschaftlicher und religiöser Entwicklung nur zur Hälfte in den Blick; die Auswirkung der Religion auf die gesellschaftliche Entwicklung etwa durch die Ausbildung des Gesetzes fehlt ganz. Die Aussonderung der „Volksfrömmigkeit" beschränkt das ganze noch einmal auf eine gedachte ideale Linie[44] und läßt einen Streit um das Gottesverständnis kaum zu. Selbst Königtum und Prophetie stehen schiedlich friedlich nebeneinander (§ 12 und 14). Aus der exilischen und nachexilischen Zeit wird nur knapp (gerade 11% des Gesamtumfangs!) das berücksichtigt, was christlich von Interesse ist.
Einen Fortschritt stellte beim Erscheinen des Buches die Berücksichtigung der Einflüsse aus der altorientalischen Umwelt, insbesondere aus Ugarit, dar, die die etwas früher erschienene Theologie des Alten Testaments von G.v.Rad ganz ausgeblendet hatte. Doch erhält der religionsgeschichtliche Vergleich in Schmidts Ansatz, der auf die Darstellung der „unverwechselbare(n) Einzigartigkeit Israels innerhalb der Religionen des Altertums" abzielt,[45] häufig eine apologetische Funktion. So zeigt dieser Entwurf, der sich selber „zwischen einer 'Religionsgeschichte' und einer 'Theologie des Alten Testaments'" ansiedelt (7), sehr deutlich, daß die Verwendung von Systematik, Auswahlkriterien und Wertungen, die aus letzterer stammen, den Blick für die realen religionsgeschichtlichen Entwicklungen zumindest teilweise verstellt.

Deutlich stärker ist G.Fohrer in seiner „Geschichte der israelitischen Religion" (1969) an der religionsgeschichtlichen Entwicklung in Korrelation zur politischen und sozialen Geschichte und in Auseinandersetzung mit den Religionen der Umwelt interessiert. Er unterscheidet etwa zwischen nomadischer Sippenreligion und kanaanäischer Religion der seßhaften Bevölkerung und beschreibt die religionsgeschichtlichen Folgen ihres Zusammentreffens (11–53). Doch die entscheidenden Wirkungen, die die Religionsgeschichte Israels voranbrachten, gingen seiner Meinung nach nicht von dieser gesellschaftlich-religiösen Korrelation aus, sondern von besonderen Impulsen. Er unterscheidet deren vier: die mosaische Jahwereligion, das Königtum, die Prophetie und die dtn. Theologie als deren Folge. Damit möchte G.Fohrer offensichtlich die kontingenten religiösen Anstöße bezeichnen, die sich nicht aus den gesellschaftlichen Strukturen ableiten lassen und ein Stück weit quer zu ihnen liegen. Doch ob dies ein wirklicher Fortschritt gegenüber der Wellhausen'schen Sicht, daß religiös inspirierte Männer Geschichte machen, ist, bleibt die Frage. Die „Impuls"-Theorie ermöglicht nämlich G.Fohrer, häufig von den Trägern der großen religiösen Innovationen abzusehen und nach ihrer sozialen Bedingtheit nicht mehr weiter zu fragen. So geraten die Impulse in Gefahr, zu einer abgelösten ideengeschichtlichen Ebene zu werden.

Ähnliches gilt auch von dem von G.Fohrer eingeführten Begriff der „Daseinshaltung"; er unterscheidet deren sechs: die restaurative, die magische,

---

44 A.a.O., 9; Maßstab der Darstellung ist für W.H.Schmidt das 1. und 2. Gebot des Dekalogs.

45 Glaube, 11, in Aufnahme eines Zitates von K.Koch.

die kultische, die national-religiöse, die weisheitliche und die prophetische (144ff.; 269ff.). Damit sind z.T. durchaus zutreffend unterschiedliche „Glaubensströmungen“ innerhalb der Religion Israels getroffen. Doch da G.Fohrer – wieder ideengeschichtlich orientiert – nicht nach den Trägern dieser Daseinshaltungen fragt, geraten sie zu nebeneinander existierenden beliebigen Optionen,[46] und der theologische Streit zwischen ihnen kommt nicht zur Darstellung. Die durchaus vorhandenen sozialgeschichtlichen Ansätze G.Fohrers, die Religion Israels im Wechselspiel mit seiner gesellschaftlichen Entwicklung zu sehen,[47] bleiben somit in Anfängen stecken.

Die exilisch-nachexilische Zeit findet in der Darstellung G.Fohrers mit 22% des Umfangs eine stärkere Berücksichtigung als bei H.Ringgren und W.H.Schmidt, aber längst noch nicht die ihrer Bedeutung für die Ausbildung der Religion Israels angemessene Würdigung.

Aus dem Überblick über die Forschungsgeschichte ergeben sich für eine Neukonzeption der Religionsgeschichte Israels folgende Forderungen:

1. Eine „Religionsgeschichte Israels“ muß konsequent geschichtlich aufgebaut sein und darf nicht heimlich oder offen doch wieder dogmatische Gliederungs- und Auswahlprinzipien einführen (H.Ringgren, W.H. Schmidt).

2. Eine „Religionsgeschichte Israels“ muß als offener Prozeß dargestellt werden, der sowohl auf das spätere Judentum als auch das spätere Christentum hinführt. Einteilungen, die Wertungen von hinten, d.h. besonders vom Christentum her einführen wie „Hebraismus“ und „Judenthum“ (W.M.L.de Wette) oder „israelitisch-jüdisch“ (J.Wellhausen u.a.), sind abzulehnen, und entsprechende Hervorhebungen bzw. Abwertungen, etwa der „prophetischen Religion“ gegenüber der „Gesetzesreligion“ (R.Smend u.a.), sind zu vermeiden.

3. Eine „Religionsgeschichte Israels“ darf nicht als bloße Ideen- oder Geistesgeschichte beschrieben werden (W.Vatke; z.T. G.Fohrer), sondern als ein Prozeß, der alle Aspekte der geschichtlichen Entwicklung umgreift. Sie hat die Wechselwirkung zwischen der politischen und sozialen Entwicklung auf der einen und der religiösen und kultischen Entwicklung auf der anderen Seite aufzuspüren und darzustellen (so ansatzweise schon J.Wellhausen; R.Smend u.a.). Der im Folgenden verwandte formale Religionsbegriff, der Religion als Wechselgeschehen zwischen Gott und Mensch auffaßt,[48] soll diesem Anliegen gerecht werden. Er ist allerdings dahingehend

---

[46] Vgl. die ähnliche Kritik von F.Stolz, Probleme, 9.

[47] Vgl. bes. seinen Aufsatz „Zur Einwirkung der gesellschaftlichen Struktur Israels auf seine Religion“.

[48] Vgl. G.Mensching, Religion, 961: „Wir definieren Religion als erlebnishafte Begegnung mit heiliger Wirklichkeit und als antwortendes Handeln des vom Heiligen existentiell bestimmten Menschen.“ Ähnlich C.Westermann, Verhältnis, 192, der diesen formalen Religionsbegriff auch zum Gliederungsprinzip seiner „Theologie des Alten Testaments“ gemacht hat: Teil II bis IV behandeln Gottes rettendes, segnendes, richtendes und erbarmendes Reden und Handeln, Teil V die menschliche Antwort in Reden und Tun. Ich halte diese Gliederung unter den vielen, die für die „Alttestamentliche Theologie“ vorgeschlagen worden sind, immer noch für die überzeugendste.

zu ergänzen, daß für den Religionshistoriker „Gott" nur in sprachlichen Äußerungen von Menschen, in religiösen Erfahrungen, von denen sie berichten, in religiösen Symbolwelten, die sie entwerfen, und in Worten, die sie zu ihm oder in seinem Namen sprechen, greifbar wird. Dies bedeutet methodisch, daß der Ort, von dem her der Religionshistoriker die Wechselwirkung beschreibt, nicht bei Gott, auch nicht in irgendeiner angemaßten „Vogelschau" zwischen Gott und Mensch, sondern allein an der Seite der israelitischen Menschen liegen kann.

4. Eine „Religionsgeschichte Israels" muß darum heute neben der politischen Geschichte (J.Wellhausen) endlich auch die Sozialgeschichte Israels mit einbeziehen. Sie muß – soweit das von den Quellen her irgend möglich ist – konsequent nach den menschlichen Trägern der verschiedenen religiösen Überlieferungen fragen, nach ihren wirtschaftlichen und sozialen Bedingungen und nach ihrer gesellschaftlichen Stellung zueinander. Sie kann nicht davon absehen, ob religiöse Aussagen oder Symbolwelten in bezug auf den einzelnen in seinen familiären Lebenskreis, in bezug auf die Ortsgemeinschaft oder in bezug auf das Volk oder den Staat hin gemacht bzw. entworfen werden. Und sie wird das überlieferte Material nach diesen sozialen Bezugsgrößen auf verschiedenen Ebenen zu ordnen versuchen.[49] Sie wird nicht davon absehen können, daß sich die Bezugsgröße „Israel" im Verlaufe ihrer Geschichte in ihrer sozialen Organisationsform stark gewandelt hat, woran „seine Religion" erheblichen Anteil hatte, und was umgekehrt die religiösen Aussagen und Entwürfe stark veränderte.

5. Eine „Religionsgeschichte Israels" hat die mannigfaltigen unterschiedlichen religiösen Aussagen und theologischen Entwürfe des Alten Testaments nicht nur an ihrem geschichtlichen und sozialgeschichtlichen Ort darzustellen, sondern sie wieder miteinander ins Gespräch zu bringen. Ihre Aufgabe ist es, den „gefrorenen Dialog" der alttestamentlichen Überlieferung wieder in eine lebendige theologische Auseinandersetzung unterschiedlicher Gruppen und Parteiungen zurückzuübersetzen. Das dialektische Modell, das W.Vatke von Hegel übernahm, war durchaus ein richtiger Ansatzpunkt, aber noch zu starr und zu wenig mit realem geschichtlichem Leben gefüllt. Religionsgeschichte Israels ist dann die Beschreibung eines fortlaufenden Diskurses unterschiedlicher israelitischer Gruppierungen darüber, wie bestimmte geschichtliche Entwicklungen von Gott her zu deuten seien und was angesichts dieser Herausforderungen nach seinem Willen zu tun sei.[50]

6. Eine „Religionsgeschichte Israels" muß religionsvergleichend orientiert sein. Der religiöse Diskurs Israels fand nicht in einem geschlossenen Raum statt, sondern in seiner mehr oder weniger offenen vorderorientalischen Umwelt, unter fortwährender Aufnahme, Abwandlung und Abstoßung dort

---

[49] Zu dem hier angesprochenen „religionsinternen Pluralismus" s.u. 40ff.

[50] Hier treffe ich mich mit H.G.Kippenberg, Religionswissenschaft, 23f., der für die Einführung des Diskursmodells in die Religionsgeschichte plädiert hat.

schon längst geprägter religiöser Deutungs- und Verhaltensmuster. Daß hier die Engführung der Wellhausen-Schule und die theologischen Vorbehalte, die im Gefolge der dialektischen Theologie zu einem Niedergang der religionswissenschaftlichen Forschung geführt haben, abgebaut werden müssen, ist heute weitgehender Konsens. Zu fordern bleibt nur, daß nicht nur vereinzelte religiöse Aussagen, sondern ähnliche gesellschaftlich-religiöse Komplexe miteinander verglichen werden und daß dieser Vergleich fair, d.h. ohne apologetisches Interesse geschieht. Gemeinsamkeiten sind genauso wichtig wie Unterschiede! Der religionsgeschichtliche Vergleich hat nicht die Aufgabe, die Einzigartigkeit der Religion Israels zu beweisen (gegen W.H.Schmidt), sondern ihrem besseren Verstehen zu dienen.

7. Eine „Religionsgeschichte Israels" muß die nachexilische Periode wieder angemessen würdigen.[51] Sie muß mit der heute vielfach geäußerten Ansicht, daß die exilisch-frühnachexilische Zeit die entscheidende Periode für die Ausbildung der Religion Israels gewesen ist, ernst machen und ihr zumindest das gleiche Interesse und den gleichen Raum zukommen lassen wie der vorexilischen Zeit, soweit es die Quellenlage nur eben zuläßt. Dies bedeutet allerdings eine Revision antijudaistischer christlicher Vorurteile.

1.2 Aufgabe, Methode und hermeneutische Überlegungen

Nachdem das forschungsgeschichtliche Ineinander und Gegeneinander von „Religionsgeschichte Israels" und „Theologie des Alten Testaments" dargestellt wurde, gilt es nun, Aufgabe und Methode ersterer im Vergleich zu letzterer zu bestimmen.

O.Eißfeldt hatte 1926 im Bemühen, der „Religionsgeschichte Israels" ihre Stellung innerhalb der alttestamentlichen Wissenschaft zu sichern, beide Disziplinen methodisch und konzeptionell klar zu differenzieren versucht:

Die israelitisch-jüdische Religionsgeschichte ist „eine historische Wissenschaft. Sie stellt die Religion des AT als eine sich in geschichtlicher Entwicklung entfaltende Größe dar und handhabt dabei das auch sonst gebräuchliche philologisch-historische Werkzeug... Dazu gehört das Mittel der Einfühlung, das auf diesem eigenartigen Gebiet sogar besonders wichtig ist. Aber das genügt dann auch zur Lösung der historischen Aufgabe; anderer Mittel bedarf es nicht. Die Frage nach dem absoluten Wert, nach der 'Wahrheit' des Gegenstandes beantwortet der Historiker nicht. Er muß sich an der Feststellung genügen lassen, daß er mit einer Größe zu tun hat, die beansprucht, Offenbarung und Wort Gottes zu sein...

[51] W.Vatke und selbst J.Wellhausen und R.Smend waren hier schon weiter als die „modernen" Religionsgeschichten. Eine ähnliche Forderung erhebt F.Stolz, Probleme, 10ff.

Anders die theologische Betrachtung der Religion des AT! Hier handelt es sich um die Darstellung dessen, was dem Darsteller und seiner Religionsgemeinschaft ... am AT Offenbarung, Gottes Wort geworden ist. Sie wird / daher, wiewohl durchaus wissenschaftlicher Art, Zeugnischarakter tragen und ihre Geltung ist auf den Kreis derer beschränkt, deren Frömmigkeit der des Darstellers gleich oder ähnlich ist, d.h. sie ist konfessionell-kirchlich bedingt... Weil es sich in der alttestamentlichen Theologie um die Beschreibung der dem Glauben am AT gewordenen und immer neu werdenden Offenbarung Gottes handelt, kann sie nicht die Form der Geschichtsdarstellung haben. ... Darum ist hier die systematische Art der Darstellung die gegebene."[52]

Doch kann heute eine solche Gegenüberstellung von einer historisch-objektiven relativistischen Disziplin auf der einen und einer theologisch-systematischen und normativ-kirchlichen auf der anderen Seite nicht mehr voll befriedigen.

Auf seiten der Religionsgeschichte ist festzustellen, daß es eine voraussetzungslose Geschichtsschreibung nicht gibt. Dies war auch O.Eißfeldt durchaus bewußt;[53] doch sein Ideal eines Religionshistorikers, „der unbeschadet seines persönlichen Glaubens und des Bekenntnisses seiner Kirche in abgeklärter Objektivität den Werdegang seiner Religion zu verfolgen und zu beurteilen vermag",[54] ist – spätestens seit Auschwitz – zutiefst fraglich geworden. Auch der Verfasser einer „Religionsgeschichte Israels" kann nicht davon absehen, daß die Religion, die er darstellt, Vorläufer zweier bestehender Weltreligionen ist, des Judentums und des Christentums, und ist gefordert, mit seiner Darstellung einen Beitrag zur Aufarbeitung dieser verhängnisvollen christlichen Schuldgeschichte zu leisten. Er wird – sofern Theologe – nicht davon absehen können, daß er Mitglied einer Kirche ist, die in internen und externen Auseinandersetzungen um die Bewältigung bedrängender Menschheitsprobleme steht. Insofern gehen in seine Darstellung durchaus eigene theologische Interessen ein und ist auch die Konzipierung der „Religionsgeschichte Israels" in weiterem Sinn eine auf die Kirche bezogene Aufgabe. Wenn etwas aus dem entschiedenen theologischen Bemühen um das Alte Testament, das von der Dialektischen Theologie initiiert wurde, für die Darstellung der Religionsgeschichte Israels zu lernen ist, dann ist es dies, daß sie nicht aus einer unverbindlichen „Einfühlung", sondern aus einer leidenschaftlichen Beteiligung an den Problemen und den theologischen Auseinandersetzungen der altisraelitischen Menschen heraus zu geschehen hat.[55] Daß ihr Ringen um die Gott

[52] Religionsgeschichte, 112f.

[53] Werden, 258.

[54] A.a.O, 259.

[55] H.G.Kippenberg, Religionswissenschaft, 23f., kommt in Übertragung ethnologischer Methodik auf die Religionsgeschichte zu einer ähnlichen Standortbestimmung des Religionshistorikers: „Die beiden Perspektiven als Beteiligter und Beobachter müssen darum im Prozeß des Begreifens ausgewechselt werden, wie dies für jedes Gespräch gilt." Auch R.Rendtorff, Überlegungen, 11, Anm. 19, forderte jüngst „Religionsgeschichten Israels", die „in einer weniger theologisch distanzierten Haltung geschrieben werden."

angemessenen Antworten und Entscheidungen für die Gegenwart Bedeutung hat, ist die Voraussetzung, unter der sich der Religionshistoriker, sofern er Theologe ist und bleiben will, an die Arbeit macht.

Auch wenn eine „Religionsgeschichte Israels" nach heutigem Verständnis weder „objektiv" sein kann noch „relativistisch" sein soll, ist sie doch auch nicht subjektiv und verfolgt kein unmittelbares normatives Interesse. Die theologischen Interessen, die ihr Autor einbringt, müssen sich am geschichtlichen Gegenstand, den er darzustellen hat, einer vielfältigen Kontrolle unterziehen. Die Auswahl des Stoffes, seine Akzentuierungen und Bewertungen müssen sich bewähren am Kriterium, eine kontinuierliche Geschichte rekonstruieren zu können, die möglichst alle alttestamentlichen Texte und archäologischen und historischen Daten zu einem plausiblen Gesamtbild fügt.

Auch wenn eine „Religionsgeschichte Israels" weder den Wahrheitsanspruch der Bibel beweisen noch die Überlegenheit „des Glaubens Israels" nachweisen kann – das sieht O.Eißfeldt ganz richtig –, kommt auch der Religionshistoriker nicht ohne Beurteilungsmaßstäbe aus, soll seine Rekonstruktion nicht völlig diffus und beliebig bleiben.[56] Aber er wird sie nicht von gegenwärtigen kirchlichen Dogmen oder Problemstellungen, sondern aus dem religiösen Diskurs, den er darzustellen hat, selber zu gewinnen suchen. Bei allem Verständnis und kritischer Sympathie, mit der er jede Position in der damaligen Auseinandersetzung darzustellen und ihr Anliegen zu würdigen hat, wird er doch nicht jede teilen und entschuldigen wollen. Offensichtliche Fehlentscheidungen und Fehlentwicklungen müssen von einem Überblick über den Gesamtverlauf als solche benannt werden. Nur so kann die Dramatik und Ernsthaftigkeit des religiösen Ringens der damaligen israelitischen Menschen heute wieder lebendig werden.

So ist die Aufgabe einer „Religionsgeschichte Israels" heute trotz konsequenter Anwendung historischer Methodik deutlich theologischer, als noch O.Eißfeldt meinte. Es geht ihr zwar nicht um den „absoluten Wert" und „die Wahrheit", aber doch um die in den jeweiligen geschichtlichen Situationen richtigen Bewertungen und Entscheidungen und um die geschichtliche Wahrheit, die im Streit darüber aufblitzt.

Auf seiten der Alttestamentlichen Theologie ist inzwischen deutlich geworden, daß die systematisch-theologische Methodik und die normativ-kirchliche Aufgabe, die O.Eißfeldt ihr zuschreiben wollte, nicht durchzuhalten sind. Schon 1929 warnte W.Eichrodt davor, die „Alttestamentliche Theologie" als „religionsdogmatische Disziplin" aufzufassen, und wies ihr einen „Platz innerhalb der empirisch-historischen AT-lichen Wissenschaft" zu.[57] Dagegen wollte ihr Th.C.Vriezen die Aufgabe geben, „das Offenba-

---

[56] Gegen C.J.Bleeker, Method, 28, der im Unterschied zum engagierten und wertenden Theologen vom Religionsgeschichtler fordert: „The historian of religions acknowledges the existence of religious values and tries to understand their significance. But his method should be completely free from any value judgement."

[57] Bedeutung, 89; im Vorwort zur 5.Aufl. seiner Theologie, Bd. I, fordert er nochmals

rungselement in der alttestamentlichen Predigt zu erkennen", was aufgrund eines bewußt „christlich-theologischen Ausgangspunktes" zu geschehen habe.[58] Noch konsequenter wollte B.S.Childs die „Theologie des Alten Testaments" als spezifisch „Christian discipline" bestimmen.[59] Doch kehrte nun H.D.Preuß jüngst wieder zur Sicht Eichrodts zurück: „Insgesamt jedoch bleibt eine 'Theologie des Alten Testaments' ein historisch orientiertes, damit deskriptives Unterfangen".[60] Ist sie dann aber mehr als eine „Religionsphänomenologie des Alten Testaments"?

Erwies sich schon die christlich-normative Ausrichtung der „Alttestamentlichen Theologie" als problematisch, so ebenso die Forderung nach ihrem systematischen Aufbau. W.Eichrodt sah ihn im Verhältnis zur „Religionsgeschichte Israels" noch folgendermaßen: „Kommt es der israelitisch-jüdischen Religionsgeschichte auf das genetische Verstehen der Atlichen Religion im Wechselspiel der geschichtlichen Kräfte an, so hat es die ATliche Theologie...mit der großen systematischen Aufgabe des Querschnitts durch das Gewordene zu tun, durch den die Lebensinhalte der Religion nach ihrer inneren Struktur aufgehellt und in ihrer Eigenart gegenüber der religiösen Umwelt, bzw. gegenüber Typen der Religionsgeschichte überhaupt erkannt werden sollen."[61] Doch es zeigte sich, daß diese „systematische Aufgabe", die „gewordene" israelitische Religion „nach ihrer inneren Struktur" darzustellen, keinesweg einfach zu lösen ist.

Einerseits zeigt die fortgesetzte Suche nach einem geeigneten Aufbau- und Gliederungsprinzip der „Theologie des Alten Testaments", wie schwierig es offenbar ist, eine der Religion Israels kongeniale Systematik zu finden.[62] Die nicht enden wollende Diskussion, ob das Alte Testament eine

---

dringlich „die Ablehnung aller Verlockungen, sie in das Gebiet der normativen Wissenschaften hineingreifen zu lassen" (VI).

58 Theologie, 98.

59 Theology, 7; seine durchaus zutreffende Beobachtung, daß sich bisher Juden an diesem Unternehmen nicht beteiligt haben, muß vielleicht doch kein notwendiger Zustand bleiben, vgl. R.Rendtorff, Überlegungen, 12-14.

60 Theologie, 23.

61 Bedeutung, 89.

62 Einig ist man sich bisher nur in der Ablehnung, fremde, aus der Dogmatik gewonnene Gliederungsprinzipien von außen auf das Alte Testament zu übertragen, wie es etwa L.Köhler getan hatte, vgl. W.Zimmerli, Grundriß, 9; H.D.Preuß, Theologie, 23. Da aber bisher bei der Suche nach internen Gliederungsprinzipien keine einzige „Alttestamentliche Theologie" in ihrem Aufbau mit einer anderen übereinstimmt (vgl. das Urteil von G.F.Hasel, Issues, 43, 1985: „As regards the organizing patterns for the OT theology there is today a greater variety than ever before without any decisive consensus or convergence of approaches."), muß man sich wohl mit dem subjektiven Standpunkt dieser Art der Präsentation zufrieden geben, den auch z.B. H.D.Preuß, a.a.O., 2, offen zugibt: „Wenn ein Alttestamentler seine 'Theologie des AT' vorträgt oder gar schreibt, dann ist dies der Ort, wo er sich und anderen zusammengefaßt Rechenschaft gibt über sein Verständnis des AT, 'd.h. vor allem über die theologischen Probleme, die dadurch entstehen, daß die Mannigfaltigkeit des alttestamentlichen Zeugnisses auf ihren Zusammenhang hin befragt wird'" (unter Aufnahme eines Zitats von E.Ebeling). Auch R.Rendtorff, Überlegungen, 7, notierte in bezug auf die bisherigen Entwürfe, in wie „hohen Maße (sie) von den individuellen Voraussetzungen des jeweiligen Autors abhängig" sind, ohne dies jedoch kritisch werten zu wollen.

„theologische Mitte" habe,[63] um die sich seine religiösen Aussagen gedanklich stringent gruppieren ließen, oder ob wir mit einer Mehrzahl von Vorstellungkreisen rechnen müßten,[64] zwingen zu dem Eingeständnis, daß sich das Alte Testament offenbar erfolgreich dem gedanklich-systematischen Zugriff entzieht.

Andererseits ist die Geschichte ein so wesentliches Element weiter Teile der israelitischen Religion und ihrer literarischen Präsentation, daß ein Ausblenden der geschichtlichen Dimension ihr etwas Entscheidendes nehmen würde. G.v.Rad erkannte: „Können wir die theologischen Gedanken Israels nicht von seiner Geschichtswelt lösen, weil deren Darstellung ja selbst ein kompliziertes Werk des Glaubens Israels war, so heißt das zugleich, daß wir uns der Abfolge der Ereignisse, wie sie der Glaube Israels gesehen hat, überlassen müssen." Und er folgerte daraus bekanntlich: „Die legitimste Form des theologischen Redens vom Alten Testament ist deshalb immer noch die Nacherzählung."[65] Doch ist damit W.Eichrodts Frage nach der einheitlichen „inneren Struktur" der Religion Israels, die die „Theologie des Alten Testaments" im Unterschied zur Religionsgeschichte leiten sollte, nicht aufgegeben? Ihr jüngstes Exemplar von H.D.Preuß versucht in Kenntnis dieses Dilemmas, einen Mittelweg einzuschlagen: Sie möchte die „Grundstrukturen des Zeugnisses und Glaubens aufdecken", die Systematik müsse „der zu erfassenden Sache gemäß sein", und „notwendige historische Differenzierung darf nicht unterblei/ben, sondern muß in diese systematisch orientierte Darstellung integriert werden, denn Gottes Weg mit seinem Volk war ein geschichtlicher, ein Stück Geschichte."[66]

So ist heute die Aufgabe der „Theologie des Alten Testaments" deutlich geschichtlicher ausgerichtetet, als noch O.Eißfeldt meinte. Wenn sich aber die beiden Disziplinen „Religionsgeschichte Israels" und „Theologie des Alten Testaments" gegenüber der Frontstellung der zwanziger Jahre deutlich angenähert haben, stellt sich die Frage, was sie noch unterscheidet, und ob es noch sinnvoll ist, beide weiter zu pflegen und mit nicht unerheblichem Forschungsaufwand weiterzuentwickeln.

R.Rendtorff plädierte schon 1963 für eine weitgehende Integration beider. Da sich die Offenbarung Gottes nicht jenseits, sondern innerhalb der Geschichte Israels vollzogen habe, erhob er im Anschluß an W.Vatke und

---

[63] Vgl. zusammenfassend dazu H.D.Preuß, Theologie, 25ff. Vorgeschlagen wurden unter anderem der „Bund" (W.Eichrodt), die „Bundesformel" (R.Smend), „Gottesgemeinschaft und Gottesherrschaft" (G.Fohrer), der offenbare Name „Jahwe" (W.Zimmerli), das erste Gebot (W.H.Schmidt) oder „JHWHs erwählendes und verpflichtendes Handeln" (H.D.Preuß). Wenn H.D.Preuß, a.a.O., 23, angesichts dieser Forschungslage formuliert, daß „das AT letztlich doch wohl eine Mitte hat", dann klingt das eher wie eine Beschwörung.

[64] So ein nachdenklicher G.v.Rad, Fragen, 290ff., nachdem er seine „Theologie des Alten Testaments" geschrieben hatte.

[65] Beide Zitate Theologie I, 134.

[66] Theologie, 23f.

J.Köberle die Forderung, „die theologische Betrachtung als historische Aufgabe zu verstehen und umgekehrt"[67] und „damit zugleich die religionsgeschichtliche Betrachtung des Alten Testaments als integrierenden Bestandteil der alttestamentlichen Theologie anzuerkennen."[68] Doch so sehr das Bemühen zu würdigen ist, den dem Alten Testament nicht angemessenen Bruch zwischen historischer und theologischer Methodik zu überwinden und der Religionsgeschichte Israels damit ein theologisch legitimes Heimatrecht unter dem Dach der „Alttestamentlichen Theologie" zu verschaffen, zeigt doch das einzig ausgeführte Beispiel seines Schülers W.H.Schmidt, auf dieser Linie den „Alttestamentlichen Glauben in seiner Geschichte" darzustellen, daß eine bloße Vermischung beider Disziplinen problematisch ist, weil zu viele unkontrollierte Vorentscheidungen und Wertungen in eine solche Darstellung eingehen.[69]

Wenn aber eine solche Integration der beiden Disziplinen zu keinem überzeugenden Ergebnis führt, treten sie nicht nur in ihrer Funktion, die Ergebnisse der alttestamentlichen Einzelforschungen zusammenzufassen, sondern auch von ihrer angenäherten Methodik her in ein direktes Konkurrenzverhältnis zueinander. Trotz der oben angedeuten konzeptionellen Probleme, in denen sich die Disziplin „Theologie des Alten Testaments" seit Anbeginn befindet, soll hier nicht ihr Abgesang angestimmt werden. Wer weiß, wie sie sich in Zukunft entwickeln wird.[70] Wenn die Disziplin „Religionsgeschichte Israels" an den Theologischen Fakultäten die echte Chance erhält, sich neu zu entfalten, wird die Zukunft klären, welche der beiden konkurrierenden Disziplinen dem Gegenstand „Altes Testament" angemessener ist und den Transfer alttestamentlicher Forschung in Theologie und Kirche besser zu leisten vermag.

Ich kann nicht verhehlen, daß ich in der heutigen Situation die Religionsgeschichte für die sinnvollere zusammenfassende alttestamentliche Disziplin halte,

- weil sie der geschichtlichen Struktur weiter Teile des Alten Testaments selber besser entspricht,
- weil sie Ernst macht mit der Einsicht, daß sich seine religiösen Aussagen nicht von dem geschichtlichen Hintergrund trennen lassen, aus dem sie stammen oder auf dem sie neu ausgelegt werden,

---

[67] Theologie, 150.

[68] A.a.O., 151.

[69] S.o. 28f.

[70] Vgl. etwa die Vorüberlegungen R.Rendtorffs für eine neue „Theologie des Alten Testaments", die einerseits die Theologie der alttestamentlichen Bücher in ihrer kanonischen Endgestalt und Abfolge darstellen, andererseits systematische Querschnitte zu bestimmten Themen und Begriffen bieten soll (Überlegungen 9–12). Auch wenn er leider noch offen läßt, nach welchen Kriterien letztere ausgewählt werden sollen, so hätte ein solches Unternehmen nicht nur neben einer „Religionsgeschichte Israels" Platz, sondern könnte auch seine Subjektivität zurückdrängen.

- weil sie nicht gezwungen ist, seine unterschiedlichen und z.T. widersprüchlichen religiösen Aussagen auf einer gedanklichen Abstraktionsebene zu nivellieren,
- weil sie den dialogischen Prozeß des Ringens um theologische Klärung, Abgrenzung und Konsensbildung selber zur Darstellung bringt, der durchaus dem heutigen synodalen bzw. konziliaren ökumenischen Lernprozeß der Kirchen und dem christlich-jüdischen Dialog entspricht,
- weil sie ihre Kontinuität nicht in irgendwelchen religiösen Ideen, die sie christlich beschlagnahmen müßte, sondern im Volk Israel selber sieht, zu dem die christlichen Kirchen über Jesus Christus in geschwisterlichem Verhältnis stehen,
- weil sie vom konsequent geschichtlichen Ansatz her auf jeden — auch verdeckten — Absolutheitsanspruch offen verzichtet und Theologie bewußt unter dem eschatologischen Vorbehalt betreibt, was einer Minderheitskirche in einer multireligiösen und teilweise säkularisierten Weltgemeinschaft gut ansteht,
- weil sie vom religionsvergleichenden Ansatz her das Gespräch mit den übrigen Religionen erleichtert.

Doch könnte ich mir durchaus vorstellen, daß neben einer solchen religionsgeschichtlichen Zusammenschau auch eine theologische einen wichtigen Platz behalten könnte, die es sich zur Aufgabe macht, ausgehend von den brennenden Problemen der Gegenwart und den theologisch-kirchlichen Kontroversen um einen christlichen Lösungsbeitrag, thematische Querschnitte durch die Religionsgeschichte Israels und des frühen Christentums zu legen, um darzulegen, was von den dort in analogen Problemstellungen und Kontroversen gefundenen theologischen Einsichten bzw. Verhaltensanweisungen für die Kirche heute wichtig, weiterhelfend und normativ sein kann. Dies wäre allerdings eine andere Art der „Theologie des Alten Testaments“, als sie bisher üblich ist.

1.3 Gliederungsmerkmale

Die Religionsgeschichte Israels, soweit sie uns in den Schriften des Alten Testaments bezeugt ist, erstreckt sich über eine Zeitspanne von rund tausend Jahren, vom ausgehenden 2.Jt.v.Chr. (ca. 1250) bis in die Mitte des 2. vorchristlichen Jahrhunderts. Die tiefgreifenden Umbrüche, die Israel während dieses langen Zeitraumes in seiner bewegten politischen Geschichte durchgemacht hat, die Staatenbildung unter David (um 1000), der Verlust der Eigenstaatlichkeit mit dem Exil (587) und die Bildung einer Tempelgemeinde in Jerusalem unter zuerst persischer (ab 538) und dann griechischer Oberhoheit (ab 332), bilden sich auch markant in der Geschichte seiner Religion ab. Eine Religionsgeschichte, die das Werden der Religion Israels nachzeichnen will, wird darum erst einmal zeitlich zu gliedern sein in eine

Religionsgeschichte der vorstaatlichen, staatlichen, exilischen, persischen und hellenistischen Epoche.

Doch eine solche zeitliche Gliederung reicht noch nicht aus. Schon die Vielfalt der von den alttestamentlichen Schriften bezeugten Glaubensvorstellungen, die nicht selten in ein und derselben Epoche miteinander konkurrieren, macht es unmöglich, eine Religionsgeschichte als eine – und noch dazu einlinige – Geschichte religiöser Gedanken und Vorstellungen zu entwerfen. Wir werden vielmehr unweigerlich auf die Frage nach den Trägern so unterschiedlicher Glaubensvorstellungen gestoßen: Welche Gruppen waren es, die sich auf bestimmte religiöse Erfahrungen beriefen und bestimmte theologische Konzeptionen entwickelten? Auf welche anderen Vorstellungen reagierten sie, und welche Interessen verfolgten sie damit? Religionsgeschichte Israels, das ist keine blutleere Ideengeschichte, sondern ein lebendiger Prozeß ständiger Auseinandersetzung, ein dauerndes Streitgespräch unterschiedlicher Gruppen der israelitischen Gesellschaft.[71] Erst im Verlauf dieses nicht enden wollenden Diskurses bildet sich – nach vielen Irrungen und Fehlschlägen unter Abstoßung und Adaption möglicher Vorstellungs- und Handlungsalternativen – ein Bündel gesellschaftlich breiter akzeptierter religiöser Traditionen heraus, die wir als „die" Religion Israels in ihrer unverwechselbaren Eigentümlichkeit bezeichnen können.

Ein religionsgeschichtlicher Entwurf, der wie der hier vorgelegte sich nicht darauf beschränken will, das Werden der Religion Israels als Ideengeschichte quasi aus der Vogelperspektive zu beschreiben, sondern der versucht, soweit dies aus den Quellen erhebbar, sie als soziale und theologische Auseinandersetzung unterschiedlicher Gruppen an seiner realen gesellschaftlichen Basis zu verfolgen, wird deswegen weitere Gliederungsmerkmale einführen müssen: regionale und vor allem soziologische.

Daß die Religion Israels regional differenziert betrachtet werden muß, ist in der Forschung weitgehend akzeptiert: Zu deutlich sind die Unterschiede zwischen den religiösen Traditionen des Nordens und des Südens, zu markant heben sich die kultischen und theologischen Konzeptionen bestimmter Heiligtümer, etwa Jerusalems oder Bethels, voneinander ab. Für die vorexilische Zeit werden wir darum mit regional recht unterschiedlichen Ausformungen der Jahwereligion durch die Priesterschaften der verschiedenen Heiligtümer zu rechnen haben, auch wenn diese Unterschiede in den Texten aus theologischem Interesse exilischer Reformgruppen weitgehend eingeebnet und aus der Perspektive des Südens polemisch verzerrt worden sind. Für die exilische und nachexilische Zeit werden wir die Differenzen zwischen dem judäischen Kernland und der Diaspora zu bedenken haben, auch wenn die Quellen aus letzterer nur spärlich fließen.

Weniger akzeptiert ist die Einführung soziologischer Differenzierungs-

---

[71] Vgl. den Vorschlag von H.G.Kippenberg, Religionswissenschaft, 24, „auch in der Religionsgeschichte das Element des Diskurses, der vermittelten indirekten reflektierten und auch bestrittenen Geltung von Tradition zu thematisieren."

kriterien in die Darstellung der Religionsgeschichte Israels. Das hat mehrfache Gründe: Zum einen steckt die Erforschung der Sozialgeschichte Israels und damit unsere Kenntnis innerisraelitischer Gruppierungen und Auseinandersetzungen noch immer in den Anfängen, zum anderen kamen religionssoziologische Modelle in der religionsgeschichtlichen Erforschung des alten Israel bisher nur selten zum Zuge (M.Weber, A.Causse).[72] Dazu muß man berücksichtigen, daß die allgemeine religionssoziologische Theoriebildung in der Vergangenheit weitgehend nur an der gesamtgesellschaftlichen Funktion von Religion interessiert war[73] und sich darum nur bedingt eignete, für die beobachtete Vielfalt religiöser Traditionen im Alten Testament einen soziologischen Schlüssel anzubieten. Immerhin sind auch hier in neuester Zeit Ansatzpunkte für eine innergesellschaftliche Differenzierung von Religion aufgetaucht: so etwa wenn Th.Luckmann zwischen einer tief im Anthropologischen verankerten „invisible religion" und der geschichtlich gewachsenen institutionalisierten Religion unterscheidet[74] oder wenn H.Mol erkennt, daß beim religiösen Prozeß der Schaffung und Sicherung von Identität durch Sakralisierung zwischen verschiedenen „foci of identity" – er nennt: Individuum, Gruppe, Gesellschaft – differenziert werden muß, die durchaus in Spannung zueinander treten können.[75]

Auch im alten Israel lassen sich zumindest zwei „Brennpunkte der Identität" erkennen: die Familie (das von der Familie abgelöste Individuum gab es noch nicht) und das Volk (die Gesamtgesellschaft). Wie ich an anderer Stelle gezeigt habe,[76] lassen sich diesen „Brennpunkten" zwei unterschiedliche Schichten der israelitischen Religion zuordnen: das Hauptstratum der „offiziellen Religion", funktional bezogen auf die Großgruppe des Volkes, und das Substratum der „persönlichen Frömmigkeit", bezogen auf den einzelnen in der Kleingruppe der Familie. Beide Strata stehen durchaus in einer geschichtlich sich wandelnden Beziehung zueinander, unterscheiden sich aber hinsichtlich ihres Inhalts,

---

[72] Vgl. nur ihre Hauptwerke zum Thema: M.Weber, Das antike Judentum, 1920, und A.Causse, Du groupe éthnique à la communauté religieuse, 1937. Sie sind in ihren Voraussetzungen und ihrer Bedeutung noch keineswegs voll in der alttestamentlichen Forschung rezipiert; vgl. die noch sehr vorläufige Orientierung von H.-J.Kraus, Anfänge. Speziell zu M.Weber vgl. bes. die Arbeiten von Chr.Schäfer-Lichtenberger, Nebensatz; Pariah, und den Sammelband von W.Schluchter, Max Webers Sicht des antiken Christentums; dort findet sich weitere Literatur zur Max-Weber-Rezeption. Um die Aufnahme der Arbeiten von A.Causse in die Forschung bemüht sich bes. S.T.Kimbrough, Approach; Religion.

[73] Vgl. die Ansätze von É.Durkheim bis hin zu P.L.Berger und Th.Luckmann in den nützlichen Forschungsüberblicken von J.Matthes, Religion; M.Hill, Approach; G.Kehrer/B.Hardin, Approach.

[74] Religion, 41–76; davor schon Problem, 32ff.; vgl. J.Matthes, Religion, 189–208.

[75] Identity, 142ff.; vgl. die Betonung der Wichtigkeit dieses neuen Aspekts durch G. Kehrer/B.Hardin, Approach, 172.

[76] Persönliche Frömmigkeit und offizielle Religion, 1978, 2ff.; ich versuche damit die verschiedentlich gemachten Annahmen einer „Volksfrömmigkeit" bzw. „popular religion" im Alten Testament (J.Crenshaw; M.Rose; H.Vorländer; E.Gerstenberger u.a.) aufzunehmen und soziologisch zu orten (a.a.O., 14ff.). P.D.Miller, Religion, 216f., gesteht trotz einiger Einwände zu: „Here is a fruitful avenue of investigation."

ihrer Funktion und des Ausmaßes ihrer Institutionalisierung. Im einzelnen wird dies im folgenden darzustellen sein. Ganz allgemein soll hier nur angedeutet werden: Die religiöse Symbolwelt der persönlichen Frömmigkeit orientiert sich an familiären Erfahrungen, insbesondere der Vater/Mutter-Kind-Beziehung, während für die offizielle Jahwereligion vor allem politische Erfahrungen, z.B. die Erfahrung der politischen Befreiung symbolbildend sind.[77] Funktional ist die persönliche Frömmigkeit primär stabilisierend und integrierend, während der offiziellen Jahwereligion immer auch ein stark dynamisches und dysfunktionales Element innewohnt. Und die offizielle Jahwereligion ist in weit höherem Ausmaß ritualisiert und institutionalisiert als die in den Familien lebendige Frömmigkeit.

Wir werden also in der religionsgeschichtlichen Darstellung grundsätzlich diese beiden Ebenen der israelitischen Religion zu berücksichtigen haben. Daneben kann man teilweise noch eine dritte Ebene unterscheiden, die Ortsebene, die, auf die dörfliche Gemeinschaft bezogen, zwischen Familien- und Volks- bzw. Staatsebene angesiedelt ist.[78] An dieser Stelle verbinden sich regionale und soziologische Differenzierungsmerkmale. Diese gesellschaftlich bedingte Schichtung innerhalb der Religion Israels bezeichne ich in Anlehnung an G.Lanczkowski[79] mit dem Begriff „religionsinterner Pluralismus".

Das Hauptstratum der auf das Volk bezogenen „offiziellen Religion" ist nun aber wiederum keine monolithische Einheit, genauso wenig wie die israelitische Gesellschaft eine solche Einheit bildete. Neben die Funktionsträger der religiösen und politischen Institutionen, die Priesterschaften der verschiedenen Heiligtümer, die Ältesten und das Königshaus, die ihrerseits schon recht unterschiedliche Konzeptionen dessen entwickelten, was als „offizielle Religion" zu gelten habe, traten religiöse und politische Oppositions- und Reformgruppen wie die Propheten oder Deuteronomiker, welche den vorgefundenen Ausprägungen der offiziellen Jahwereligion die Legitimation absprachen und ganz neue theologische und kultpolitische Konzeptionen entwickelten.[80] Das heißt aber: Es war unter den verschiedenen gesellschaft-

---

[77] Zur Korrelation zwischen gesellschaftlichen Autoritätsstrukturen und Gotteskonzeptionen vgl. die Untersuchung, die G.E.Swanson, Birth, zu einer Reihe von schriftlosen Kulturen vorgelegt hat.

[78] Ich übernehme damit eine Ergänzung, die B.Lang, Gott (2.3), und M.Weippert, Synkretismus (2.2), 153ff., an meinem Modell vorgenommen haben.

[79] Begegnung, 50–55. Der Begriff wurde inzwischen auch von M.Weippert, Synkretismus (2.2), 150, übernommen.

[80] Die Unschärfe des Begriffs „Volksfrömmigkeit" bestand vor allem darin, daß er einfach auf alle Positionen angewandt wurde, die von den Oppositions- und Reformgruppen bekämpft wurden, so etwa von M.Rose, Ausschließlichkeitsanspruch (2.2), 246ff., auf die in Jer 7,4 bekämpfte Zionstheologie. Doch da letztere sicher zur offiziellen Jahwereligion gehörte, macht der Begriff „Volksfrömmigkeit", der doch „irgendwo unterhalb" von ihr angesiedelt sein soll, keinen Sinn mehr. „Volksfrömmigkeit" kann nicht von irgendwelchen „falschen bzw. synkretistischen" Inhalten her, sondern muß von ihren Trägern her definiert werden. Als Religiosität der Familie verstanden, ist der Grad ihrer gesamtgesellschaftlichen Akzeptanz erst einmal eine offene Frage; und der „Synkretismus"-Vorwurf kann genauso gegen Positionen der offiziellen

lichen Gruppen in Israel durchaus strittig, welche Ausprägung der symbolischen Sinnwelt geeignet war, die Identität und das Überleben des Volkes als ganzes zu sichern. Die gesellschaftlichen Auseinandersetzungen spiegeln sich im Streit um die angemessene „offizielle Religion", und die Etablierung und Durchsetzung neuer religionspolitischer und theologischer Konzeptionen setzt gesellschaftliche Änderungen in Gang. Im Verlauf dieser Auseinandersetzungen kann es zu erheblichen Verschiebungen innerhalb der offiziellen Religion kommen: Was einmal die Alternativkonzeption weniger Außenseiter war, wie die Verkündigung der Gerichtspropheten, kann später, wie dann seit dem Exil, zu einem der Grundpfeiler der Gesamtgemeinschaft werden, während eine zuvor so beherrschende offizielle Tradition wie die Königstheologie mit dem Untergang dieser Institution fast ganz abbricht.

Die Religionsgeschichte Israels hat solche Veränderungen und Verschiebungen aufzudecken und in Korrelation mit Veränderungen und Verschiebungen in der israelitischen Gesellschaft zu setzen.

Zur geschichtlichen und sozialgeschichtlichen Ausrichtung dieses Entwurfs einer Religionsgeschichte Israels kommt schließlich noch die religionsvergleichende Perspektive: Israel, das als ein Spätling die Bühne des Vorderen Orients betrat, fand kein religiöses Vakuum vor, in dem es die religiöse Symbolwelt von Grund auf neu hätte schaffen müssen, sondern traf auf einen Raum, in dem alle Lebensvorgänge längst von religiösen Deutungsmustern besetzt waren. Israel hat am religiösen Erbe der sehr viel älteren Kulturen, Völker und Staaten des Vorderen Orients Anteil, es gibt nur ganz wenige Einzelelemente, die einzigartig sind, zu fast allen lassen sich Parallelen aus der Umwelt beibringen, sei es nun zu den Gebeten, den Opferbräuchen oder zur Königstheologie. Nicht die einzelnen Elemente, sondern das Gesamtgefüge machen die Besonderheit der Religion Israels aus.[81] Das heißt aber, der Prozeß der Auseinandersetzung zwischen konkurrierenden religiösen Konzeptionen läuft nicht nur innerisraelitisch, sondern bezieht auch viele der religiösen Konzeptionen der Nachbarvölker mit ein, ohne daß die Grenze zwischen innen und außen klar gezogen werden kann. In dem Prozeß von Aufnahme, Adaption und Ausgrenzung kommt es vielmehr immer wieder vor, daß Elemente, die jahrhundertelang als zur eigenen Religion gehörig betrachtet wurden, plötzlich von einer Gruppe als außerisraelitisch denunziert, bekämpft und schließlich ausgeschieden werden.[82] Es wird sich zeigen, daß auf der Ebene der persönlichen Frömmigkeit die Gemeinsamkeiten mit der vorderorientalischen Umwelt sehr viel größer sind als auf der Ebene der offiziellen Religion.

Eine Religionsgeschichte Israels wird diese Verbindungen und Abgrenzun-

---

oder lokalen Theologie und Kultpraxis erhoben werden wie gegen sie. Es ist also zu unterscheiden zwischen den verschiedenen theologischen Positionen auf der staatlichen oder lokalen Ebene und soziologisch bedingten religiösen Differenzen zwischen den verschiedenen Ebenen.

[81] So schon richtig C. Westermann, Verhältnis, 194f.

[82] So besonders in der mit Hosea einsetzenden Reformbewegung, s.u. 271ff.

gen zur vorderorientalischen Umwelt aufzudecken versuchen, aber auch aufzeigen, wo unabhängige parallele Entwicklungen vorliegen oder aber in den benachbarten Religionen alternative Möglichkeiten realisiert worden sind. Sie wird dabei die Frage zu stellen haben, wieweit dieser Adaptions- und Ausscheidungsprozeß rein zufällig ist oder wieweit darin eine Tendenz erkennbar wird, die in der besonderen Geschichte, Sozialgeschichte und Religionsgeschichte Israels gründet. Diese Frage berührt sich mit der Frage nach der „Mitte“ des Alten Testaments, die in der Diskussion um den sachgemäßen Aufbau einer „Alttestamentlichen Theologie“ gestellt wurde.[83] Doch es wird sich zeigen, daß die durchaus erkennbare Grundtendenz der israelitischen Religionsgeschichte nichts Statisches ist, was sich gedanklich-begrifflich festmachen ließe, sondern eine dynamische Kraft innerhalb der gesellschaftlichen Auseinandersetzungen, die unter ganz verschiedenen theologischen Vorstellungen auftaucht. Sie kann darum nicht Gliederungsmerkmal, sondern nur der Zielhorizont der religionsgeschichtlichen Darstellung sein.

Religionen der vorderorientalischen Umwelt

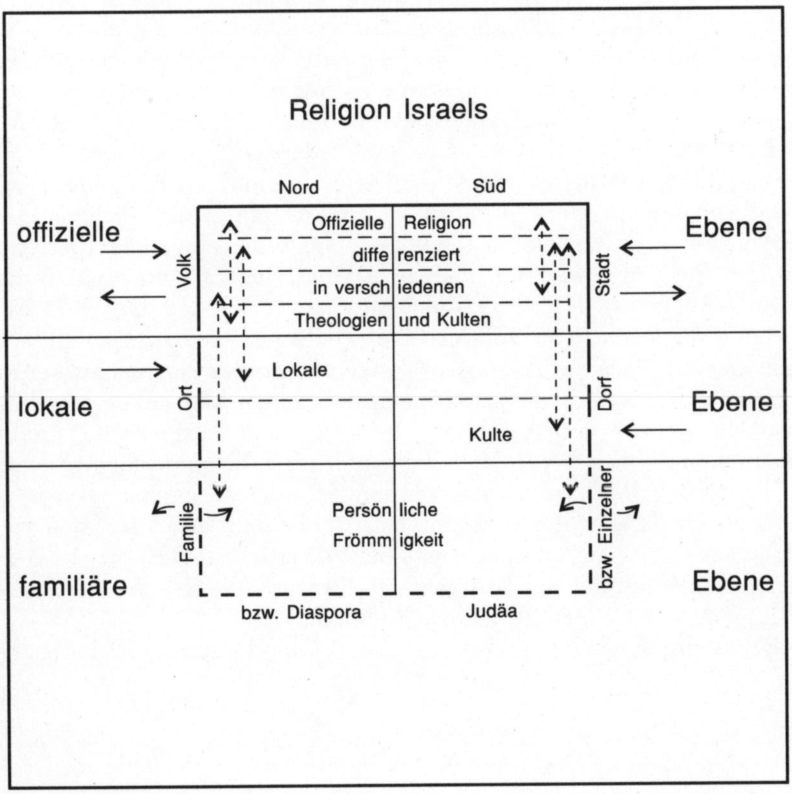

[83] S.o. 35f.

2. Die Religionsgeschichte der vorstaatlichen Zeit

Keine Phase der israelitischen Religionsgeschichte ist mit so vielen Unsicherheiten belastet wie die vorstaatliche Epoche (von ca.1250 bis 1000 v.Chr.). Das liegt nicht etwa daran, daß für diese Zeit keine Quellen zur Verfügung stünden, eher das Gegenteil ist der Fall: Die Tradenten des Alten Testaments haben für diese Epoche einen so gewaltigen Berg von Überlieferungsmaterial angehäuft wie für keine andere Epoche der Geschichte Israels. Die Frage ist nur, welcher religionsgeschichtliche Quellenwert ihm zukommt.

Die Sicht, die das monumentale Werk des Pentateuch (5 Bücher Mose) über die Anfänge der Religion Israels vermitteln will, ist grob folgende: Die Religion Israels begann mit einer Verheißung Jahwes an Mose, Israel aus der Fron Ägyptens zu befreien und nach Palästina zu führen. Sie wurde konsolidiert durch eine Offenbarung Jahwes am Sinai, in der er Israel alle Gebote und Gesetze gab, den Kult installierte und einen Bund mit Israel schloß. Und sie kam zum Ziel, indem Jahwe seinem Volk das verheißene Land schenkte. Bei allen Differenzen im einzelnen waren sich die Theologengruppen, welche dieses großangelegte Kompromißwerk des Pentateuch gestalteten, darüber einig, daß alle wesentlichen Elemente der Religion Israels schon in der Frühzeit vor der Einwanderung Israels nach Palästina ausgebildet worden seien.

Was ist von dieser Sicht zu halten? Sie hat in der Vergangenheit häufig die religionsgeschichtlichen Darstellungen beeinflußt, etwa wenn man die Religion Israels als Stifterreligion beschrieb[1] – wegen der prominenten Rolle, die Mose in der jetzigen Tradition zukommt –, oder wenn man – trotz aller kritischen Distanzierung – die Religionsgeschichte Israels als Dreischritt von mosaischer Religion, kanaanäischem Synkretismus und gereinigter prophetischer Religion darstellte.[2]

Neue Einsichten der Pentateuchkritik machen jedoch deutlich: Die im Pentateuch propagierte Konzeption der Frühzeit Israels stammt in der vorliegenden Form erst aus der frühen nachexilischen Zeit,[3] d.h. zwischen ihr und den realen religionsgeschichtlichen Abläufen liegt ein Zeitraum von gut 800 Jahren. Sie beruht auf der theologischen Konzeption, daß die Heilszeit

---

[1] So etwa noch G.Fohrer, Geschichte, 62; ähnlich H.Ringgren, Religion, 34, dazu s.u. 79.

[2] So schon W.M.L.de Wette, Dogmatik (1.) und noch G.Fohrer, Geschichte.

[3] Vgl. besonders E.Blum, Studien (2.1), 351ff., u.u. 500ff.

Israels die Wüstenzeit gewesen sei, während mit der Seßhaftwerdung in Kanaan der Abfall von Jahwe begonnen habe, der schließlich zum Exil führte. Diese Konzeption ist aber einigermaßen sicher überhaupt erst seit dem Propheten Hosea, d.h. dem ausgehenden 8.Jh. belegt und wird dann von den deuteronomischen Reformtheologen des 7.Jhs. breit ausgearbeitet.[4] Ihr Interesse war eindeutig: Sie wollten mit der Konstruktion einer idealen Frühzeit vor Seßhaftwerdung und Staatenbildung den gegenwärtigen kultischen, kulturellen und politischen Zuständen ihre religiöse Legitimation entziehen, sie als Fehlentwicklung aufdecken und die Basis für eine neue religiöse Identität in Abgrenzung von der kulturellen und politischen Umwelt Israels schaffen. Erst aufgrund dieser Konzeption wurde alles, was spätvorexilische, exilische und nachexilische Reformgruppen als unverzichtbar für die religiöse Identität Israels hielten, in der Frühzeit Israels verankert. Dies ist der Grund für die vorliegende Akkumulation des Traditionsmaterials im Pentateuch, die in dieser Form ganz sicher kein zutreffendes Bild der religionsgeschichtlichen Entwicklung vermittelt.

Dennoch ist es kaum möglich, die im Pentateuch projektierte Sicht der Anfänge der Religion Israels insgesamt als eine theologische Fiktion späterer Utopisten anzusehen. Wenn der Prophet Hosea[5] seinen Zeitgenossen Jahwe als „ihren Gott von Ägypten her" (Hos 12,10; 13,4) entfremdet, ihre gesamte gegenwärtige kultische und kulturelle Existenz als Abfall von der „wahren" Jahwereligion brandmarkt und nach 250 Jahren staatlicher Geschichte die Einrichtung des Königtums als Ausdruck des Zorns Gottes desavouiert (13,10f.), um statt dessen die anarchische Wüstenexistenz als die Idealzeit der Religionsgeschichte Israels zu propagieren, in die seine Zeitgenossen wieder zurück müßten, um ihre Identität wiederzufinden (2,16f.; 11,5), dann kann eine solche provozierende Sicht nicht völlig aus der Luft gegriffen sein. Sie muß einen Anhalt in den religiösen Traditionen des Volkes haben, die zuvor vielleicht nicht diese Bedeutung hatten, aber doch zumindest untergründig vorhanden waren. Vor allem das erhebliche antiherrschaftliche Potential, das der Jahwereligion innewohnt und das schon in der Gesellschaftsordnung der vorstaatlichen Zeit und den Oppositionsbewegungen der frühen Königszeit gesellschaftlich wirksam wird, verlangt nach einer Erklärung aus dem Verlauf der Religionsgeschichte Israels. Sie scheint mir in der Besonderheit gegeben, daß Israel, anders als die übrigen Kulturvölker des Vorderen Orients, seine Religion zu einem wesentlichen Teil nicht unter den Bedingungen der Staatlichkeit und der Ackerbaukultur ausgebildet hat, sondern in der Ausnahmesituation eines revolutionären Befreiungsprozesses und unter den extremen Lebensbedingungen der Wüste. Die immer wieder hervorbrechenden gesellschaftlich dys-

[4] S.u. 273f.; 355ff.
[5] Vgl. im einzelnen u. 266ff.

funktionalen Elemente der israelitischen Religion haben in den besonderen Entwicklungen der vorstaatlichen Epoche ihren Grund.[6]

Damit hängt auch die Besonderheit zusammen, daß im Alten Testament überhaupt ein geschichtlicher Anfang der Religion Israels festgehalten wird. Während nach sumerischer Tradition das Königtum gleich nach der Menschenschöpfung vom Himmel herabsteigt und die Städte Mesopotamiens noch vor der Flut gegründet und ihren Stadtgöttern übergeben werden[7] und während nach babylonischer Tradition die Weltschöpfung direkt auf die Gründung des Marduktempels *Esangila* zuläuft,[8] hat die israelitische Tradition nicht den Versuch gemacht, den Beginn der eigenen Religion in die Urzeit zurückzuverlegen und die politischen, kulturellen und kultischen Institutionen mythologisch zu verankern. In dieser im Rahmen der vorderorientalischen Religionsgeschichte überraschenden geschichtlichen Fixierung der „heiligen Gründungsgeschichte" wird nochmals die Distanz sichtbar, in welcher die späteren Tradenten ihre eigene Religion zur festgefügten staatlichen und kulturellen Ordnung von Anfang an sahen.

Unter religionsgeschichtlicher Perspektive ist ein solcher behaupteter Anfang ein Problem. Geschichtlich gibt es keine absoluten Anfänge; keine der uns bekannten Religionen fand eine religiöse *tabula rasa* vor, sondern baute auf älteren Religionsschichten auf. Das gilt für das Christentum, für den Buddhismus und den Islam, und das gilt natürlich auch für die israelitische Religion. Von den noch erkennbaren Vorstufen der Jahweverehrung soll später noch die Rede sein. Hier gilt es, sich erst einmal mit der Sicht der Tradenten des Pentateuch auseinanderzusetzen, daß die Religion Israels in der Religion der Erzväter eine Vorstufe gehabt habe.

2.1 Religiöse Elemente früher familiärer Kleingruppen („Väterreligion")

Y. Aharoni, Nothing early and nothing late. Re-writing Israel's conquest, BA 39, 1976, 55–76. – R. Albertz, Persönliche Frömmigkeit und offizielle Religion. Religionsinterner Pluralismus in Israel und Babylon, CTM A9, 1978. – A. Alt, Der Gott der Väter. Ein Beitrag zur Vorgeschichte der israelitischen Religion (1929), Kleine Schriften I, 1959, 1–78. – E. Blum, Die Komposition der Vätergeschichte, WMANT 57, 1984. – Ders., Studien zur Komposition des Pentateuch, BZAW 189, 1990. – K.H. Deller, Die Hausgötter der Familie *Šukrija S. Ḫuja*, M.A.Morri-

[6] Hier unterscheide ich mich von den neueren Ansichten, die ältere vorexilische Religion Israels sei nur „lokale Variante" des „vorderasiatischen Polytheismus" gewesen, die erst ab dem 9. und 8.Jh. eine Sonderentwicklung genommen habe, so B.Lang, Bewegung (2.2), 53; ähnlich M.Weippert, Synkretismus (2.2), 143ff., u.a., s.u. 97f. Sie lassen unerklärt, wie es zu dem antiherrschaftlichen vorstaatlichen Gesellschaftsmodell und den späteren radikalen religiösen Oppositionsbewegungen kommen konnte.

[7] So etwa in der sumerischen Sintfluterzählung, s. ANET[3] 43.

[8] So im Weltschöpfungs-Epos Enuma-elis V, 117ff., ANET[3] 502; 68f.

son/D.I.Owen (ed.), Studies on the Civilization and Culture of Nuzi and the Hurrians, FS R.Lachmann, 1981, 47-76. – B.Diebner, Die Götter des Vaters – Eine Kritik der „Vätergott"-Hypothese Albrecht Alts, DBAT 9, 1975, 21-51. – M.Dietrich/O.Loretz/J.Sanmartin, Ugaritisch ILIB und hebräisch '(W)B „Totengeist", UF 6, 1974, 450-451. – A.E.Draffkorn, Ilāni/Elohim, JBL 76, 1957, 216-224. – J.Ebach/U.Rüterswörden, Unterweltsbeschwörung im Alten Testament. Untersuchungen zur Begriffs- und Religionsgeschichte des 'ob, UF 9, 1977, 57-70; UF 12, 1980, 205-220. – M.Greenberg, Another Look at Rachel's Theft of the Teraphim, JBL 81, 1962, 239-248. – D.R.Hillers, paḥad yiṣḥaq, JBL 91, 1972, 90-92. – H.A.Hoffner, Teraphim – a new proposal for its etymology, VT 16, 1966, 115-117. – Ders., Second Millenium Antecedents to the Hebrew 'ÔB, JBL 86, 1967, 385-401. – Th.Jacobsen, The Treasures of Darkness. A History of Mesopotamian Religion, 1976. – K.Koch, Šaddaj. Zum Verhältnis zwischen israelitischer Monolatrie und nordwestsemitischem Polytheismus, VT 26, 1976, 299-332. – Ders., paḥad jiṣḥaq – eine Gottesbezeichnung?, R.Albertz u.a. (Hrsg.), Werden und Wirken des Alten Testaments, FS C.Westermann, 1980, 107-115. – M.Köckert, Vätergott und Väterverheißungen, FRLANT 142, 1988. – I.Kottsieper, Die Sprache der Aḥiqarsprüche, BZAW 194, 1990. – B.Lang, Life after Death in the Prophetic Promise, VT.S 40, 1988, 144-156. – N.P.Lemche, Ancient Israel. A New History of Israelite Society, 1988. – Th.J.Lewis, Cults of the Dead in Ancient Israel and Ugarit, HSM 39, 1989. – J.Lewy, Les textes paléo-assyriens et l'Ancien Testament, RHR 110, 1934, 29-65. – O.Loretz, Der kanaanäische Ursprung des biblischen Gottesnamens El Šaddaj, UF 12, 1980, 420-421. – Ders., Ugaritisch-biblisch mrzḥ „Kultmahl, Kultverein" in Jer 16,5 und Am 6,7. Bemerkungen zur Geschichte des Totenkults in Israel, FS J.Schreiner, 1982, 87-94. – Ders., Vom kanaanäischen Totenkult zur jüdischen Patriarchen- und Elternehrung, Jahrbuch für Anthropologie und Religionsgeschichte III, 1978, 149-204. – V.Maag, Der Hirte Israels. Eine Skizze von Wesen und Bedeutung der Väterreligion (1980), ders., Kultur, Kulturkontakt und Religion, Gesammelte Studien zur allgemeinen und alttestamentlichen Religionsgeschichte, 1980, 111-114. – Ders., Jahwäs Begegnung mit der kanaanäischen Kosmologie (1965), a.a.O., 203-220. – Ders., Malkût JHWH (1960), a.a.O., 145-169. – M.Malul, More on paḥad jiṣḥaq (Genesis XXX 42,53) and the oath by the thigh, VT 35, 1985, 192-200. – H.-P.Müller, Gott und die Götter in den Anfängen der biblischen Religion. Zur Vorgeschichte des Monotheismus, O.Keel (Hrsg.), Monotheismus im Alten Israel und in seiner Umwelt, Biblische Beiträge 14, 1980, 99-142. – E.Otto, Erwägungen zum überlieferungsgeschichtlichen Ursprung und 'Sitz im Leben' des jahwistischen Plagenzyklus, VT 26, 1976, 3-26. – Ders., pāsaḥ, TWAT VI, 1989, 659-682. – G.Pettinato, Culto ufficiale ad Ebla durante il regno di Ibbi-Sipiš, OrAn 18, 1979, 85-215. – F.Pomponio, I nomi divini nei testi di Ebla, UF 15, 1983, 141-156. – M.Rose, „Entmilitarisierung des Krieges?", BZ 20, 1976, 197-211. – L.Rost, Weidewechsel und alttestamentlicher Festkalender (1943), ders., Das Kleine Credo und andere Studien zum Alten Testament, 1969, 101-112. – H.Rouillard/J.Tropper, TRPYM, Rituels de guérions et culte des ancêtres d'après 1 Samuel XIX 11-17 et les textes parallèles d'Assur et du Nuzi, VT 37, 1987, 340-361. – Dies., Vom kanaanäischen Ahnenkult zur Zauberei. Eine Auslegungsgeschichte zu den hebräischen Begriffen 'WB und YD'NY, UF 19, 1987, 235-254. – E.Ruprecht, Die Religion der Väter. Hauptlinien der Forschungsgeschichte, DBAT 11, 1976, 2-29. – S.Schroer, In Israel gab es Bilder. Nachrichten von der darstellenden Kunst im Alten Testament, OBO 74, 1987. – S.Schwally, Das Leben nach dem Tode, 1892. – J.v.Seters, The Religion of the Patriarchs, Bib. 61, 1980, 220–233.- K.Spronk, Beatific Afterlife in Ancient Israel and the Ancient Near East, AOAT 219, 1986. – A.Tsukimoto, Untersuchungen zur Totenpflege im alten Mesopotamien, AOAT 216, 1985. – H.Vorländer, Mein Gott. Die Vorstellungen vom persönlichen Gott im Alten Orient und im Alten Testament, AOAT 23, 1975. – H.Weidmann, Die Patriarchen und ihre Religion im Lichte der Forschung seit Julius Wellhausen, FRLANT 94, 1968. – M.Weippert, Šaddaj (Gottesname), THAT II, 1976, 873–881. – J.Wellhausen, Reste arabischen Heidentums, 2.Aufl. 1897. – C.Westermann, Die Verheißungen an die Väter, ders., Die Verheißungen an die Väter, FRLANT 116, 1976, 92–150. – Ders., Genesis 12–15, EF 48, 1975. – Ders., Genesis, 2. Teilband, Genesis 12–36, BK I/2, 1981. –

In der Erzählung von der Berufung des Mose Ex 3f. wird betont, daß der Gott Jahwe, der sich Mose im Dornbusch offenbart, kein anderer gewesen ist als der Gott, den schon die Väter Isaak und Jakob verehrt haben (3,6.13.15). Nach dieser Version wird die Jahwereligion einfach nach vorne hin verlängert, Jahwe ist der Gott der Väter, wie es ja auch die Texte in Gen 12 – 50 weithin voraussetzen. Die Religion Israels beginnt somit eigentlich schon mit dem Befehl Jahwes an Abraham, seine mesopotamische Heimat zu verlassen. Dessen Vorväter, so fügt Jos 24,2, diese Sicht ergänzend, hinzu, dienten in Mesopotamien anderen Göttern.

Etwas anders stellt es die priesterliche Bearbeitungsschicht in Ex 6 dar: Danach erfolgt die Offenbarung des Jahwenamens erst an Mose; den Vätern hat sich Jahwe noch unter einem anderen Namen, *El-Šaddaj*, offenbart (Ex 6,2; Gen 17,1), der erst im nachhinein mit Jahwe identifiziert wird. Hier erscheint die Religion der Väter als eine Art Vorstufe zur „vollen" Jahwereligion Israels.

Angeregt durch diese theologischen Konzeptionen im Alten Testament selbst, hat die alttestamentliche Wissenschaft in den letzten 60 Jahren aus den Texten der Genesis eine religionsgeschichtliche Vorstufe zur Jahwereligion zu rekonstruieren versucht, was dazu führte, daß sich in den neueren Religionsgeschichten Israels Abschnitte über eine vorjahwistische „Väterreligion" finden.[1]

Ausgangspunkt dieser religionsgeschichtlichen Rekonstruktionen war die überaus einflußreiche Arbeit von A.Alt „Der Gott der Väter" von 1929.[2] Hatte noch J.Wellhausen aufgrund seines literarkritischen Modells von der Entstehung des Pentateuch den Vätersagen als idealisierend „verklärtem Luftbild" jeglichen geschichtlichen Wert abgesprochen[3] und die in ihnen zutage tretende Frömmigkeit als Rückprojektionen der späteren Jahwereligion bestimmt,[4] wobei er deren Vorstufe aus Resten der vorislamischen arabischen Religion als Ahnen- und Dämonenglaube meinte rekonstruieren zu können,[5] glaubte A.Alt, über den formgeschichtlichen Zugang zur münd-

[1] Vgl. H.Ringgren, Religion, 15–24; G.Fohrer, Religion, 20–27.
[2] Wiederabgedruckt in: Kleine Schriften, Bd. I, 1959, und danach zitiert.
[3] Prolegomena, 316.
[4] A.a.O., 318.
[5] Reste arabischen Heidentums; vgl. H.Weidmann, Patriarchen, 13ff.

lichen Vorgeschichte der in den Pentateuchquellen aufgenommenen Einzelsagen, den H.Gunkel eröffnet hatte, eine geschichtlich verläßliche Brücke gewonnen zu haben, um im Überlieferungsmaterial der Genesis zu authentischen Elementen einer vorjahwistischen Religionsstufe vorzustoßen. Ausgehend von den in den Genesistexten begegnenden Gottesbezeichnungen „Gott Abrahams" bzw. „Schrecken Isaaks" oder „Gott meines/deines/seines Vaters"[6] mit ihrem charakteristischen Bezug auf eine Menschengruppe schloß er auf eine ursprüngliche Ortsungebundenheit der Vätergötter im Unterschied zu den kanaanäischen „Lokalnumina" (*'elīm*)[7] und rekonstruierte die Väterreligion – abgestützt durch einen Vergleich mit ähnlichen Gottesbezeichnungen in allerdings viel späteren nabatäischen Inschriften – als einen spezifisch nomadischen Religionstyp. Ihre Charakteristika sah er in der Ortsungebundenheit der Vätergötter, deren enge Bindung an eine bestimmte Menschengruppe und deren „Fürsorge für das Ergehen des Verehrerkreises"[8] z.B. in den Mehrungs- und später auch in Landverheißungen. In diesem „Zug zum Sozialen und Historischen"[9] traf sich nach A.Alt die Väterreligion mit der späteren Jahwereligion und konnte zu deren Vorbereiter werden.[10]

Die hier nur in Grundzügen skizzierte Hypothese A.Alts ist von vielen anderen z.T. noch erheblich ausgebaut, z.T. auch erheblich modifiziert worden. Auf eine Darstellung der Forschungsgeschichte kann hier verzichtet werden, weil dazu eine ganze Anzahl guter Übersichten vorliegt.[11] Nachdem die Hypothese bis Ende der 60er Jahre eine fast ungebrochene Faszination ausübte, hat sie erstmals von B.Diebner 1975 eine vehemente Kritik[12] und von M.Köckert 1988 eine detaillierte Widerlegung erfahren.[13] Im Hintergrund steht dabei die Kritik an der Quellentheorie, die mit der Leugnung einer Quelle „J" aus der frühen oder mittleren Königszeit[14] auch die für

---

[6] A.Alt meinte, aus Gen 49,24 mit *'abīr ja'ăqob* „Starker Jakobs" eine alte Vätergottbezeichnung gewinnen (24f.) und aus Gen 15,1 vermutungsweise eine weitere (*magēn 'abrāhām* „Schild Abrahams") rekonstruieren zu können (67, Anm.4), doch ist das mit Recht schon früh zurückgewiesen worden: bei ersterem handelt es sich um ein Jahwe-Epitheton (vgl. Jes 49,26; 60,16b; Ps 132,2.5), bei letzterem um eine unzulässige Ausdeutung einer Aussage des Bekenntnisses der Zuversicht (Ps 3,4; 7,11; 18,3 u.ö.), vgl. dazu abschließend M.Köckert, Vätergott, 62f.

[7] A.a.O., 19ff.

[8] A.a.O., 61.

[9] A.a.O., 43.

[10] A.a.O., 63; Alt sprach in Anlehnung an Gal 3,24 von den Vätergöttern als *paidagogoí* auf Jahwe hin.

[11] Vgl. H.Weidmann, Patriarchen, 47ff.; C.Westermann, Genesis 12–50, 97–123; E.Ruprecht, Religion; M.Köckert, Vätergott.

[12] Götter, 23ff.; er warf ihm willkürliche Materialauswahl, unausgewiesene Behauptungen, fragwürdige Schlüsse und einen mit methodischen Mängeln behafteten religionsphänomenologischen Vergleich vor.

[13] Vätergott; die materialreiche Untersuchung ist in ihrer Kritik gelassener und überzeugender, allerdings auch nicht ohne Einseitigkeiten, vgl. etwa das methodisch fragwürdige Verfahren, in Gen 31,53a einen erkennbar glossierten hebräischen Text (vgl. die nachklappende Satzstellung von *'ělohē 'ăbīhem* und das pluralische Verb *jišpeṭū*) als lectio difficilior auszugeben, um einen der ältesten Belege für die Vätergottbezeichnung zu eliminieren (59).

[14] Vgl. den die Kritik von R.Rendtorff an der Quellentheorie aufnehmenden alternativen überlieferungsgeschichtlichen Entwurf von E.Blum, Komposition, den ich auch meinen folgenden Ausführungen zugrunde lege; dagegen kranken die überlieferungsgeschichtlichen Einord-

A.Alt noch sichere Basis einer geschichtlichen Rückfrage in die vorstaatliche Zeit weitgehend durchlöcherte. Dennoch bleibt es meiner Meinung nach noch eine offene Frage, ob wir nun einfach bei der total negativen Auskunft über den religionsgeschichtlichen Wert der Väterüberlieferung angekommen sind. Immerhin reichen auch nach neuerer überlieferungsgeschichtlicher Einsicht die ersten Erzählkompositionen in die frühe Königszeit,[15] ja, einige Traditionselemente sogar in die vorstaatliche Zeit zurück.[16] Wohl können wir nicht mehr damit rechnen, daß die wenigen religiösen Züge der ältesten Überlieferungen ein vollständiges Bild der Religion früher israelitischer Kleingruppen liefern, und wohl müssen wir in Rechnung stellen, daß manches durch die Interessen der Tradenten gefiltert oder gar unterdrückt wurde, dennoch verlangt der auch von E.Blum und M.Köckert nicht geleugnete Tatbestand,[17] daß das, was an religiösen Vorstellungen von den Vätern überliefert wird, sich an einer Reihe von Punkten gravierend von der Jahwereligion unterscheidet, nach einer Erklärung. Der hier vorgelegte religionssoziologische Erklärungsversuch nimmt einige berechtigte kritische Anfragen an früher gemachte Äußerungen des Verfassers auf.[18]

Die wichtigsten Argumente, die gegen die religionsgeschichtliche These von A.Alt ins Feld geführt werden müssen, sind folgende: Die Vätergottbezeichnung verweist mitnichten auf einen nomadischen Religionstyp, sondern ist auch aus seßhaften Kulturen belegt.[19] Die Vorväter werden uns in der Genesis zwar – wenn auch nicht konsequent – als Kleinviehzucht treibende Nomaden vorgestellt, doch sind spezifisch nomadische religiöse Vorgänge aus den Texten kaum noch zu erkennen.[20]

---

nungen von M.Köckert, Vätergott, daran, daß er die komplizierte Überlieferungsbildung von Gen 12–50 auf einen zu engen Zeitraum der exilisch-frühnachexilischen Zeit zusammenschiebt.

[15] Nach E.Blum, Komposition, gehört die Jakoberzählung Gen 25B*; 27–33* in die Zeit Jerobeams I. (202f.); ihre Vorstufen (25,21ff.; 27) reichen nachweislich in die Davidszeit zurück (192); ähnliches gilt für die Abraham-Lot-Erzählung (Gen 13,...5–13.18; 18,1–16.20–22a; 19), vgl. a.a.O., 504f. Anm.22.

[16] So einigermaßen sicher die Grenzvertragstradition aus Gilead, die sich noch in Gen 31,51–53* greifen läßt (vgl. E.Blum, Komposition, 138; 198f.); zu ihr gehört ein wichtiger Beleg für die Vätergötter (V.53); in die vorstaatliche Zeit gehört auch das genealogische System der Genesis, das in den ältesten Erzählungen (etwa Gen 18) schon vorausgesetzt wird (s. a.a.O., 483ff.).

[17] Komposition, 499f.; Vätergott, 309f.

[18] Vgl. bes. E.Blum, Komposition, 499ff.; M.Köckert, Vätergott, 141ff.; 307ff. gegen einen zu unkritischen Rückschluß auf eine familiäre Ausgangsbasis der Sozialgeschichte Israels.

[19] So schon G.Lewy, Textes, mit Verweis auf die altassyrischen Briefe; H.Vorländer, Mein Gott, 156; R.Albertz, Frömmigkeit, 88 (Anm.514–519); M.Köckert, Vätergott, 110–114. Die weit verstreuten, bisher geltend gemachten 16–17 Belege verteilen sich über den assyrischen, babylonischen und syrischen Raum im 2. und 1.Jt. Weitere 6 Belege kommen möglicherweise aus den Opferlisten aus Ebla (3.Jt.) hinzu, wenn der hier genannte *DINGIR A.MU-(sù)* als „Gott des/seines Vaters" (persönlicher Dynastiegott) zu interpretieren ist, vgl. G.Pettinato, Culto ufficiale, 148f.; 166; 178; 183.

[20] Vgl. M.Köckert, Vätergott, 137ff. gegen die spekulativen Versuche V.Maags, u.a. hinter Gen 12,1–4 den Vorgang einer „Transmigration" zu rekonstruieren (Malkût, 153ff.; Hirte, 123ff.).

Schließlich läßt sich heute mit einiger Sicherheit aufgrund unserer archäologischen Kenntnisse sagen, daß das kulturgeschichtliche Milieu Palästinas, das die Vätererzählungen Gen 12–50 voraussetzen, nicht über die Verhältnisse der Eisen I-Zeit (ab 1200 v.Chr.) zurückreichen, d.h. frühestens in eine Zeit weisen, in der auch die israelitischen Stämme im Lande siedelten.[21] Die Einordnung der Väter in eine „Zeit" vor dem Exodus ist Folge einer nachträglichen Systematisierung unterschiedlicher Gründungstraditionen. Es läßt sich weiter aufgrund ethnologischen Vergleichsmaterials sagen, daß die Konzeption, die Herkunft der eigenen Gruppe genealogisch auf Ahnväter zurückzuführen, tribalen Gesellschaften entspringt;[22] das bereits relativ entwickelte genealogische System der Vätergeschichte setzt dabei schon die stammesgeschichtlichen Verhältnisse Israels der späten vorstaatlichen Zeit bzw. der frühen Königszeit voraus.

Doch gerade wenn man erkennt, daß selbst die frühen Vätererzählungen schon aus einer Zeit stammen, in der es eine entwickelte Jahwereligion Israels gab, verlangt der Tatbestand, daß sich die religiöse Sinnenwelt, welche die Tradenten der Genesis für ihre Ahnväter entwarfen, deutlich von der Symbolwelt der Jahwereligion unterscheidet, eine religionswissenschaftliche Erklärung.

Wie ich an anderer Stelle ausgeführt habe,[23] hängt dieser Unterschied mit einer soziologischen Differenz zusammen: Die Jahwereligion ist von Hause aus funktional auf die Großgruppe des Stammes, des Stammesverbandes oder dann des Volkes bezogen, während die Tradenten der Genesis entsprechend der genealogischen Fiktion, daß das Volk aus den Familien der Ahnväter herausgewachsen sei, von der Kleingruppe der Familie und der auf sie bezogenen Religiosität erzählen wollen. Die Vätergeschichte Gen 12–50 erzählt von den Anfängen des Volkes Israel unter dem Aspekt der Familiengeschichte, und so kommen hier gehäuft solche religiösen Erlebnismuster und Deutungsschemata zum Tragen, die in der Familie üblich und heimisch waren. Die „Väterreligion" läßt sich somit weithin als eine Form der persönlichen Frömmigkeit verstehen, als eine typisch familiäre Frömmigkeit, wie sie sich auch aus anderen Texten nachweisen läßt. Dabei wird man vermuten dürfen, daß sich die Tradenten bei dem, was sie von religiösen Vorgängen und Inhalten in den Familien ihrer Ahnväter erzählten, zunächst einmal an dem orientierten, was sie an familiärer Frömmigkeit aus ihrer Zeit kannten und für wichtig erachteten; es ist aber durchaus anzunehmen, daß sie auch noch über zutreffende Kenntnisse darüber verfügten,

---

21 Vgl. nur die vorausgesetzte Ansiedlung der Philister in der südlichen Küstenebene (Gen 21,32.34; 26,1 ff.), die nicht vor Mitte des 12.Jhs. erfolgt sein kann, und die Gen 26,33 vorausgesetzte Stadt (!) Beeršeba, die – die Identifikation Y.Aharonis mit dem *Tell es-Seba'* vorausgesetzt – erst in der frühen Königszeit gebaut wurde und deren dörfliche Vorläufer nicht über die Eisen I-Zeit hinabreichen, vgl. Y.Aharoni, Nothing early, 71.

22 Vgl. E.Blum, Komposition, 485 ff.

23 S. Frömmigkeit, 77–89.

was für die Familien der vorstaatlichen Zeit typisch war. Die „Väterreligion" ist somit nicht als Vorstufe, sondern als Substratum der Jahwereligion zu bestimmen. Vorstufe ist diese Schicht familiärer Religiosität nur insofern, als sie sich in erstaunlicher Ähnlichkeit auch in anderen vorderorientalischen Religionen nachweisen läßt,[24] in der sumerisch-babylonischen Religion hinab bis spätestens in das beginnende 2.Jt.[25] Typologisch ist dies familiär religiöse Stratum sehr viel älter als die spezielle israelitische Religionsgeschichte; es ist die Basis, auf der auch die Jahwereligion Israels aufbaut.

2.11 Familiäre Gottesbezeichnung und familiäre Gottesvorstellung

Die Ahnväter Israels werden in Gen 12 – 50 als patriarchalisch organisierte Familienverbände (*bēt 'āb* „Vaterhaus") vorgestellt, die im palästinischen Bergland und dessen südlichen ariden Randzonen z.T. nomadische Viehzucht (Gen 26,19 ff.; 37,12 ff.), z.T. aber auch stationären Ackerbau betreiben (Gen 26,12 f.). Sie wirtschaften weitgehend eigenständig und sind nur locker in ein übergreifendes Verwandtschaftssystem (*mišpāḥā* „Sippe") einbezogen. Mag auch die „splendid isolation", in der sich die Väterfamilien durch Palästina bewegen, ein Stück weit der fiktionalen genealogischen Ursprungskonzeption entspringen, so vermittelt sie doch insofern ein durchaus zutreffendes Bild der sozialen Realität dieser Epoche, als familienübergreifende politische Strukturen zumindest in der frühen vorstaatlichen Zeit erst schwach entwickelt waren.[26] Die Familie ist in dieser Frühzeit, stärker noch als in den späteren Epochen, die tragende Wirtschafts- und Lebenseinheit unter der Hirten- und Bauernbevölkerung des Berglandes.

So darf man es ebenfalls als ein zutreffendes Bild ansehen, wenn die Familie in der frühen vorstaatlichen Zeit auch als der bestimmende Träger der Religion geschildert wird: Der Vater ist noch Priester (Gen 13,18; 35,7),[27] der Kult ist noch weitgehend Familienkult, und die religiösen Erfahrungen und Vorstellungen sind primär vom Horizont und den Bedürfnissen familiären Lebens bestimmt.

Dies zeigt sich schon an der Gottesvorstellung: Der in der Familie verehrte Gott gilt als Gott des Vaters bzw. des Vorvaters. Es tauchen in der älteren Genesisüberlieferung gehäuft drei verschiedene Typen diesbezüglicher Gottesbezeichnungen auf: „Gott meines/deines/eures Vaters" (Gen

---

[24] Vgl. das Material, das H.Vorländer, Mein Gott, 5–168, und der Verfasser, Frömmigkeit, 101–139, vor allem aus Mesopotamien zusammengetragen haben.

[25] Vgl. Th.Jacobsen, Treasures, 147–152.

[26] Auch die Texte des Richterbuches weisen noch darauf hin, daß die die Familie und Sippe übergreifende Großgruppenorganisation des Stammes in der vorstaatlichen Zeit eine recht instabile Größe war, die sich erst unter dem zunehmenden militärischen Druck von außen, besonders der Philister, ab dem 11. Jh. politisch verfestigte, vgl. N.P.Lemche, Ancient Israel, 88 ff.

[27] Vorausgesetzt werden diese Verhältnisse auch noch in Ri 17, wo Micha zuerst einen seiner Söhne zum Priester seines Heiligtums einsetzt (V.5), später jedoch einen Leviten mit den Worten: „Sei du mir Vater und Priester!" (V.10) engagiert.

31,5.42.29; 49,25; 50,17), „Gott Abrahams/Nahors" (Gen 31,42.53) und die altertümlich klingende „*paḥad* seines Vaters" bzw. „*paḥad* Isaaks" (Gen 31,53.42), wobei „*paḥad*" nicht sicher deutbar ist und vielleicht Gott als „numinosen Schrecken" bezeichnet.[28] Hinzu kommen Belege aus späteren redaktionellen Schichten (Gen 26,24; 28,13; 32,10; 46,1.3). Auch wenn diese Gottesvorstellung in Israel später noch begegnet (Ex 15,2; 18,4) und besonders in der davidischen Königsfamilie eine Rolle gespielt zu haben scheint (2.Kön 20,5; 1.Chr 28,9; 2.Chr 17,4; 32,17; 34,3), so ist sie doch so fest in der älteren, spätestens aus der frühen bzw. mittleren Königszeit stammenden Überlieferung verankert, daß sie als ein typischer Ausdruck familiärer Religiosität der vorstaatlichen Zeit angesehen werden kann. Am besten bezeugt und am ursprünglichsten ist dabei der persönliche Bezeichnungstyp „Gott meines Vaters" o.ä., während vom unpersönlichen Typ „Gott des NN" in der älteren Überlieferung nur da die Rede ist, wo der Gott der einen Familie von dem einer anderen unterschieden wird.[29] Damit gehört aber der Vatergott zum Typ des persönlichen Gottes („mein Gott" u.ä.), der späterhin für die Frömmigkeit in den israelitischen Familien charakteristisch ist.[30] Nur läuft der persönliche Bezug beim „Gott meines Vaters" ausdrücklich über den Vater bzw. den Vorvater der Familie, er wurde von der gegenwärtig lebenden Generation vom Vater oder den Generationen

---

[28] So schon A.Alt, Gott der Väter, 24–29, und wieder H.-P.Müller, Gott, 120; wohl ist K.Koch (paḥad, 108) zuzugeben, daß *paḥad* als Appellativ für einen Familiengott, dessen Charakteristikum die Fürsorge für eine Menschengruppe ist, nur schlecht paßt, doch scheitern alle alternativen sprachlichen Ableitungen neben teilweise sachlichen Schwierigkeiten an den Lautgesetzen. Aufgrund arab. *fahiḏ*, palm. *pḥd/z* „Clan, Teil eines Stammes" hatte W.F.Albright die Deutung „Verwandter Isaaks" vorgeschlagen, der ich mich aus sachlichen Erwägungen mit vielen anderen früher angeschlossen hatte (Frömmigkeit, 90). Dagegen hat D.R.Hillers gewichtige sprachgeschichtliche Gründe geltend gemacht; der ursemitische Laut /ḏ/ müßte nämlich zu hebr. /z/ werden (vgl. vielleicht im kan. Dialekt der Deir ʿAllā-Inschrift 2,8 *pḥz* „Clan, Stamm" [?]). Doch auch der Vorschlag von K.Koch, Gen 31,53b von dem nur Hi 40,17 belegten *paḥad* II „Schenkel, Keule" als Schwur „bei der Lende oder dem Zeugungsglied seines Vaters Isaak" zu erklären, stößt neben der Schwierigkeit zu erklären, wie die Tradenten in V.42 das Zeugungsglied als Gottesbezeichnung mißverstehen konnten, auf dieselben lautgeschichtlichen Bedenken. Denn *paḥad* II in Hi 40,17 erweist sich eindeutig als Aramaismus, da im Aramäischen ursem. /ḏ/ (vgl. arab. *faḫiḏ*) in /d/ (vgl. syr. *puḥdā*) übergeht. Die Auskunft von M.Malul, More on paḥad yirḥaq, 195ff., man könne *paḥad* in Gen 31,53 in Analogie zu V.42 als bewußten Gebrauch eines aramäischen Lehnwortes verstehen und das Zeugungsglied als Symbol für die Ahnengeister auffassen, scheint für M.Köckert, Vätergott, 65, alle Probleme der Koch'schen Deutung zu beseitigen und die Annahme eines Numen *paḥad jiṣḥaq* endgültig ins „Reich der Fabel" zu verweisen, doch scheitert sie wohl an der sprachgeschichtlichen Einsicht, daß der Übergang der Schreibung des ursem. /ḏ/ von /z/ zu /d/ im Aramäischen erst im Verlauf des 7.Jhs. erfolgte (vgl. I.Kottsieper, Sprache, 30). Eine Ansetzung von Gen 31 frühestens in das 6.Jh. widerspräche aber allen überlieferungsgeschichtlichen Einsichten; E.Blum setzt die ganze Komposition Gen 25–33* in das ausgehende 10.Jh. (Komposition, 203). Schließlich ist ein göttliches Appellativ *paḥad* wahrscheinlich in dem Personennamen *ṣelpaḥad* (vgl. LXX) „Schützender Schatten des *Paḥad*" (Nu 26,33; 27,1; 36,10; Jos 17,3) belegt. Zur Forschungsdiskussion vgl. M.Köckert, Vätergott, 63–65; H.-P.Müller, paḥad, 559–561.

[29] So Gen 31,53a, davon abhängig V.42.

[30] S.u. 153.

der Vorväter übernommen wie viele Kenntnisse und Fertigkeiten auch; seine bzw. ihre religiösen Erfahrungen mit ihm stiften auch für die Nachfahren die Vertrauensbeziehung zu ihm. Die Gottesbeziehung selbst ist somit Teil des innerfamiliären Traditionsprozesses.

Aus den religionsgeschichtlichen Vergleichstexten zeigt sich, daß die Vatergottbezeichnung Appellativ ist und die Familiengötter durchaus Namen tragen.[31] In den jetzigen Genesistexten wird Jahwe als Vatergott angesehen. Es gibt aber einige Hinweise dafür, daß dies in der frühen vorstaatlichen Zeit noch nicht der Fall war: Die Ahnväter werden mit einer Reihe von El-Gottheiten in Verbindung gebracht, so mit El-'Eljon in Jerusalem (Gen 14,19.22), El-Bethel in Bethel (Gen 31,13; 35,7 vgl. 28,11 ff.), El, der Gott Israels, in Sichem (Gen 33,20), El-'Olam in Beerscheba (Gen 21,33) und einem El-Ro'i im Negeb (Gen 16,13), die sich zumindest teilweise (El-'Eljon, El-Bethel, El-'Olam) als lokale Ausprägung des großen Himmelsgottes El verstehen lassen, der in Ugarit an der Spitze des Pantheons steht. In der Konzeption der Priesterschrift haben die Väter Jahwe unter dem Namen El-Šaddaj verehrt (Gen 17,1; 28,3; 35,11; 48,3; Ex 6,3), und es begegnen in der Vätergeschichte keine Jahwe-, wohl aber El-haltige Eigennamen (z.B. Jišma''el). Die einzelnen Tatbestände sind recht unterschiedlich zu bewerten. So weisen z.B. der El-Bethel und der El, der Gott Israels, sehr wahrscheinlich, der El-Eljon mit Sicherheit auf spätere religionsgeschichtliche Entwicklungen.[32] Dennoch machen sie – besonders die doch wohl kaum völlig frei erfundene Sicht der Priesterschrift – es wahrscheinlich, daß in den frühen vorstaatlichen israelitischen Familien verschiedene regionale Ausformungen des Gottes El als Familiengötter verehrt worden sind.[33] Darauf weist auch die Parallelisierung von Vatergott und 'El-Šaddaj in Gen 49,25. Besonders Šaddaj, der auch als theophores Element in drei alten Eigennamen begegnet,[34] könnte ein Name dieser frühen Familiengötter gewesen sein.

---

[31] Z.B. Ilabrat, Amurru oder Ištar-Stern in den altassyrischen Briefen.

[32] S.u. 223, 118 und 204.

[33] Dies ist schon häufiger vermutet worden, s. R.Albertz, Frömmigkeit, 90 f., vgl. auch die in einem poetischen Text belegte Wendung *'el 'ābīkā* „El/Gott deines Vaters". Die Polemik von M.Köckert, Vätergott, 75–91, gegen eine solche Annahme kann nicht erklären, warum sich die Tradenten überhaupt genötigt sahen, in der Väterüberlieferung neben Jahwe andere Gottesbezeichnungen zu verwenden. Die „Traditionslücke" zwischen der „angeblichen El-Verehrung" der Ahnen Israels und der Verwendung von El in späten Texten (Deuterojesaja, Hiob, Psalmen), die er moniert (a.a.O., 91), gibt es nicht, vielmehr zeigt noch der hohe Anteil von El-haltigen Personennamen in der frühen Königszeit, die erst in deren Verlauf zugunsten der Jahwe-haltigen zurückgehen (s.u. 146 f.), eine kontinuierliche religionsgeschichtliche Entwicklung der persönlichen Frömmigkeit.

[34] So *Ṣurī-Šaddaj* „Mein Schutz ist Šaddaj", *'Ammī-Šaddaj* „Mein göttlicher Onkel ist Šaddaj", *Šedē-'Ur* „Šaddaj ist (mein) Licht" in der P-Liste Nu 1,5–16; wohl läßt sich das Alter der ganzen Liste nicht beweisen, aber wenn sie keinen einzigen Jahwe-haltigen Namen, sondern durchweg alte Namenstypen (vergöttlichte Verwandtschaftsbezeichnungen, El) enthält, dann soll sie bewußt archaische Verhältnisse darstellen (gegen M.Köckert, Vätergott, 80 f.); eine Reminiszenz, daß Šaddaj in vorstaatlicher Zeit eine Rolle gespielt hat, findet sich auch in den Bileamsprüchen Nu 24,4.16.

Seine Etymologie und Herleitung sind allerdings noch immer nicht befriedigend geklärt, vgl. M.Weippert, Šaddaj, 875–881; H.Vorländer, 215–224; O.Loretz, Ursprung, 420f.; E.A.Knauf, El Šaddai, 20ff.; M.Köckert, Vätergott, 79–81. Die der masoretischen Punktation am nächsten kommende Ableitung von *šaddajim* „Brüste" scheidet wohl aus, da es sich bei *'el šaddaj* um eine männliche Gottheit handelt. So hält man denn meist die Verdopplung des Dalet für falsch und erwägt andere Ableitungen: Von akk. *šēdu* „Schutzgeist" wollte H.Vorländer den Gottesnamen herleiten, was zwar gut zur persönlichen Frömmigkeit passen würde, aber den langen Auslaut nicht erklärt und wohl daran scheitert, daß das Hebräische ein Lehnwort *šed* kennt (Dtn 32,17; Ps 106,37), dies aber hier eine eindeutig negative Bedeutung (Fremdgötter, böse Dämonen) bekommen hat. Mehr für sich hat die Ableitung von dem ursemitischen Wort *śd* „Feld, Berg", das im Ugaritischen als *šd*, im Akkadischen (mit Auslautlänge) als *šadû* und im Hebräischen – in Angleichung an die aramäische Lautentwicklung – als *śadē* erscheint. In Analogie zu ug. *'ṯtrt šd* hatte schon M.Weippert, Šaddaj, 879, den Gottesnamen als *'el śadē* rekonstruiert und als „El der Flur" gedeutet; einen entsprechenden Beleg scheint jetzt O.Loretz aus Ugarit beigebracht zu haben: *'il šd yṣd* „El des 'Feldes', der jagt" (KTU 1.108.12; UF 12, 421), allerdings ist der Kontext zerbrochen und die Interpretation nicht ganz sicher. Auch der Beleg aus einer nordaltarabischen Inschrift (*'lśdj*), den E.A.Knauf beigebracht hat, ließe sich hier anschließen. Wir hätten es dann wie beim *'el 'ōlām* mit einer weiteren regionalen Ausprägung des Himmelsgottes El zu tun. Da aber *ɯad/ɯadû* in verschiedenen vorderorientalischen Onomastika als theophores Element auftaucht,[35] sollte man vielleicht, da wir uns auf der Ebene familiärer Frömmigkeit bewegen, doch erwägen, ob *šad(d)aj* nicht als erstarrtes Appellativum im Sinne von „(mein) Berg", d.h. „(mein) Schutz" aufgefaßt werden sollte. Wenn K.Koch, Šaddaj, 316, noch in der Hiobdichtung mit Šaddaj einen „Aspekt Gottes" bezeichnet sehen kann, „der dem Menschen als Individuum zugeordnet ist, ihm körperlich nahkommend, beglückend oder tief verwundend... von fern dem persönlichen Schutzengel späterer Jahrhunderte vergleichbar", dann spricht das doch sehr dafür, daß dieser Gott der familiären Religiosität angehörte, bevor er in Jahwe aufging.

Aber ganz abgesehen von dieser Detailfrage, wichtiger ist, daß man in Israel auf der Ebene der Familie durchaus seine eigenen Götter hatte und haben konnte. Und dies ist nicht etwa nur in der frühen vorstaatlichen Zeit der Fall, als sich die Jahweverehrung auf der Ebene der Stämme noch nicht durchgesetzt hatte, sondern bleibt auch die ganze staatliche Epoche hindurch möglich (Jer 2,27). Noch in der frühen Königszeit ist es keineswegs üblich, seine Kinder mit Jahwe-haltigen Namen zu benennen, dies wird erst in der späten Königszeit anders.[36] Schon an dieser Stelle wird deutlich, die eigenständige Wirtschafts- und Lebenseinheit Familie besaß ihre eigene religiöse Symbolwelt, die keineswegs mit der der Gesamtgesellschaft identisch sein brauchte.

Doch wie auch immer die Götter hießen, die sich die Familien zu ihren Göttern erkoren, ihnen schwand auf der Ebene der familiären Frömmigkeit

---

[35] Zu den Namen aus Ebla s. F.Pomponio, Nomi, 152; weitere AHW 1125 Nr. 11b und J.J.Stamm, Namengebung, 82.

[36] S.u. 147; 292.

jede Spezifizierung. Ob die frühisraelitischen Familien El-Šaddaj oder El-'Olam oder einen anderen El verehrten, dieser hatte als Familiengott mit dem großen Himmelsgott des ugaritischen Pantheons nicht viel mehr als den Namen gemein. Die kultischen, lokalen, geschichtlichen und funktionalen Differenzierungen der Götterwelt, die ein Spiegelbild der politischen und gesellschaftlichen Differenzierung sind, spielen auf der Ebene der Familie mit ihrer relativ einfachen Sozialstruktur kaum eine Rolle: Wie der Familiengott auch heißen mag, in der Familie ist er funktional auf die zentralen Lebensbedürfnisse der Kleingruppe bezogen, und die bleiben in einem hohen Ausmaß konstant. Dies Phänomen zeigt sich am deutlichsten in der familiären Personennamengebung: Die theophoren Elemente können in den Namen wechseln – hier paßt sich die Familie den sich wandelnden religionsgeschichtlichen Gegebenheiten ihrer Umgebung an –, die Prädikate jedoch, die aussagen, was man von Gott erfuhr, bleiben weitgehend konstant.[37] Dies zeigt sich auf andere Weise an einer Besonderheit der Vätergeschichte: Es fehlt ihr fast jede religiöse Abgrenzung und Polemik. Nur in dem späten dtr. Text Gen 35,2ff. fordert Jakob seine Familie auf, die fremden, aus Mesopotamien mitgebrachten Götter zu beseitigen.

Angesichts dieser sonst für die spätere Jahwereligion so typischen Tendenz zur Unduldsamkeit ist aber der Tatbestand fast noch auffälliger, daß die Tradenten der Vätergeschichte die verschiedenen, ihnen überkommenen Gottesbezeichnungen ohne jede Polemik stehenlassen und sich ansonsten darauf beschränken, sie mit Jahwe zu identifizieren. Hier zeigt sich noch ein Wissen darum, daß auf der Ebene familiärer Frömmigkeit religiöse Abgrenzung kaum eine Rolle spielt, weil das, was hier von verschiedenen Göttern erwartet und erfahren wird, sowieso mehr oder weniger identisch ist. Der stark funktional bestimmte Gottesbegriff auf dieser Ebene verhindert eine tiefgreifende religiöse Differenzierung. Soweit erkennbar ist, war in den frühisraelitischen Familien die Verehrung ihres Familiengottes mehr oder minder monolatrisch, aber dieser praktischen Ein-Gott-Verehrung fehlten noch völlig die Ausschließlichkeit und Unduldsamkeit, die für die Jahwereligion später so charakteristisch werden sollten.[38]

---

37 Vgl. R.Albertz, Frömmigkeit, 71–74.

38 H.-P.Müller möchte aus der Vätergötter-Bezeichnung u.a. eine – wenn auch unpolemische – „Ausschließlichkeit der patriarchalischen Gottesbeziehung" herleiten, die er mit der „Geschlossenheit und Widerspruchsarmut" ihrer nomadischen Lebenswelt begründet und als einen Ausgangspunkt des späteren Monotheismus betrachtet (Gott, 126–128). Doch verkennt er damit die spezifische Charakteristik familiärer Frömmigkeit. Auch die persönliche Frömmigkeit in den altbabylonischen Briefen, die zum großen Teil aus städtischem Milieu stammen, zeichnet sich durch einen praktischen Mono- bzw. Dy-Theismus aus und führte dort keineswegs zu einem Monotheismus in der offiziellen Religion, s. R.Albertz, Frömmigkeit, 134–139.

2.12 Die auf die Familie bezogenen religiösen Vorgänge

Obgleich wir nicht damit rechnen können, daß uns die späteren Tradenten ein vollständiges Bild der frühisraelitischen Familienreligion überliefert haben, können wir doch noch eine ganze Reihe religiöser Vorgänge und Vorstellungen erkennen, die sich auf die zentralen Überlebensfragen der damaligen Familien beziehen. Ein typischer religiöser Vorgang war ganz offensichtlich die Verheißung eines Sohnes, der in den Abrahamerzählungen gleich mehrfach belegt ist.[39] Für die Wirtschaftseinheit Familie war es von entscheidender Bedeutung, daß Kinder – und d.h. bei der patriarchalischen Rechtsform der Familie vor allem Söhne – geboren wurden. Sie waren nicht nur nötig als Arbeitskräfte, um den familiären Wirtschaftsbetrieb in Gang zu halten, sondern Sicherer des Überlebens der Gruppe, die die Altersversorgung und das geordnete Begräbnis der Eltern zu übernehmen und den Betrieb in der nächsten Generation fortzuführen hatten. Bekam eine Frau keine Kinder, war damit die Identität der Familie aufs äußerste bedroht. Das antike vorderorientalische Eherecht versuchte, für diese Zwangslage Abhilfe zu schaffen, indem es verschiedene Formen der Polygamie und der stellvertretenden Geburt zuließ, was aber offensichtlich nicht selten zu schweren Familienkonflikten unter den Frauen führte (Gen 16,1–6; 21,8 ff.; 29,31 ff.; 1.Sam 1,2–8). Diese typisch familiäre Notsituation war zwar keineswegs auf die vorstaatliche Zeit beschränkt, auch in späteren Epochen ist noch die Klage der kinderlosen Frau (1.Sam 1; Jes 54,1–6) und die Sohnesverheißung belegt (Ri 13; 1.Sam 1; 2.Kön 4,8–17), aber sie war in dieser Zeit ganz besonders virulent, weil hier die familienübergreifenden gesellschaftlichen Strukturen nur schwach ausgebildet waren. So verwundert es nicht, daß in den frühisraelitischen Familien besonders an diesem neuralgischen Punkt das rettende Eingreifen ihres Gottes erwartet und erfahren wurde.

Am Vorgang „Verheißung eines Sohnes" läßt sich nun gleich eine ganze Reihe von Eigentümlichkeiten der familiären Frömmigkeit erkennen: Die Verheißung ist häufig mit einer spezifischen Form der Gotteserscheinung verbunden: sie ergeht durch einen Boten Gottes (*mal'ak jhwh* vgl. Gen 16,7.11; Ri 13,3 ff.); gemeint sind damit Menschen, häufig Fremde, die sich erst im nachhinein dadurch, daß das, was sie gesagt haben, Bedeu-

---

[39] So in zwei älteren Erzählungen Gen 18,1–16a; 16 und in zwei frühnachexilischen Neuformulierungen: Gen 15,1–6; 17,15 ff.; vgl. dazu C.Westermann, Verheißungen, 123–130. Die Einwände von E.Blum, Komposition, 279; 498, und M.Köckert, Vätergott, 236 ff., daß schon die älteren Erzählungen auf eine Ätiologie Israels bzw. der Ismaeliter hinauslaufen, schließen keineswegs aus, daß es sich um eine typisch familiäre religiöse Erfahrung handelt, kann doch, wie 2.Kön 4,8–17 zeigt, die Sohnesverheißung auch einer „ganz normalen" Familie zugesprochen werden. Wenn die Tradenten aber gerade dieses Motiv so auf die Familien der Stammväter häuften und an es ihre weitergehenden theologischen Überlegungen knüpften, dann muß zwischen ihnen und ihren Adressaten unstrittig gewesen sein, daß die Sohnesverheißung ein wichtiges Element gerade früher familiärer Frömmigkeit gewesen war.

tung gewinnt, als Beauftragte Gottes erweisen. Es handelt sich um eine außerkultische Gotteserscheinung, die sich von den exzeptionellen kultischen Theophanien deutlich unterscheidet (Gen 28,10ff.; Ex 19). Typisch für die familiäre Frömmigkeit ist die Ansicht, daß man Gott in der alltäglichen menschlichen Begegnung treffen kann. Damit hängt zusammen, daß die Sohnesverheißung nicht an einen institutionalisierten Mittler gebunden ist.

Anders als die an das Volk gerichteten Verheißungen ist der zeitliche Bogen, den die Sohnesverheißung überspannt, sehr klein; er überstreicht gerade ein Jahr und ist damit direkt auf einen Lebenszyklus in der Familie, die Schwangerschaftsperiode der Frau bezogen.[40] Die Frau ist auch der ursprüngliche Adressat der Verheißung (Gen 16,11; 18,9f.; Ri 13,3f.; 2.Kön 4,16), d.h. es handelt sich bei der Sohnesverheißung um eine typisch weibliche religiöse Erfahrung. Wenn man bedenkt, daß die Frau in Israel vom offiziellen Kult weitgehend ausgeschlossen war, dann ist um so erstaunlicher, welche zentrale Rolle ihrer religiösen Erlebniswelt in der Familienreligion zukam.

Schließlich zeichnet sich die Sohnesverheißung dadurch aus, daß sie ohne jede Bedingung ergeht. Wichtig ist allein, daß ein Nachkomme geboren wird, die moralische Qualität der Frau ist demgegenüber völlig gleichgültig (vgl. Gen 16,7ff.). An dieser Stelle wird eine Besonderheit der familiären Frömmigkeit sichtbar, die sich auch anderswo zeigt: Der Familiengott sorgt für das Überleben der Familie ganz unabhängig von dem moralischen Verhalten ihrer Mitglieder (vgl. Gen 12,10–20). Der Unbedingtheit göttlichen Handelns korrespondiert die hochgradige Gefährdung, der die Familien – vor allem in der Frühzeit – ausgeliefert waren.

Neben dem wichtigen Komplex Sohnesverheißung zeigt sich die unbedingte Fürsorge, die der Familiengott seiner Gruppe angedeihen ließ, weniger deutlich noch an einigen anderen Stellen: Er rettet kleine Kinder aus verschiedenen Bedrohungen: so vor der Bedrohung des Verdurstens (Gen 21,16ff.) oder vor der Bedrohung durch den Brauch des Kinderopfers (Gen 22), er steht ihnen in den Gefahren der Kindersterblichkeit bei (Gen 21,20). Er rettet die Frau vor den sexuellen Übergriffen fremder Machthaber (Gen 12,10–20). Auch wenn nicht in jedem Fall sicher ist, wieweit hier typische Gefährdungssituationen der frühisraelitischen Familien vorliegen, so wird

---

40 Der Ausdruck *kā'et ḥajjā* „entsprechend der Zeit der Lebens(periode), übers Jahr", der unabhängig voneinander in zwei Sohnesverheißungen (Gen 18,10.14; 2.Kön 4,16) begegnet, ist wahrscheinlich direkt von der Schwangerschaftsperiode abgeleitet und hat sich im Hebräischen, anders als die entsprechende Wendung *ana balāṭ* im Babylonischen, nur im konkreten Bezug auf die Geburt erhalten. Auch das spricht für einen geprägten religiösen Erfahrungsschatz der Familien, insbesondere der Frauen. Wenn M.Köckert, Vätergott, aus der Wendung schließt, nicht die Geburt, sondern deren Zeitpunkt sei das Wunder (237f.), dann verkennt er den Sinn der Zeitbestimmung, die bei der angesprochenen Frau Vertrauen schaffen will, daß es schon bald nach dem Ergehen dieses Wortes durch Gottes Hilfe zur langersehnten Empfängnis kommt (vgl. Ru 4,13).

doch deutlich, wie stark in dieser Religiosität das göttliche Handeln auf Nöte und Bedürfnisse der Familie bezogen wird.

2.13 Die auf die nomadische Lebensform bezogenen religiösen Vorgänge

In der Vergangenheit ist die „Väterreligion“ durchweg als nomadischer Religionstyp bestimmt worden (A.Alt), und im Anschluß daran meinte sogar eine Reihe von Forschern, in der Auseinandersetzung zwischen der Religion der Nomaden und der Religion der Seßhaften ein strukturelles Grundmuster der Religionsgeschichte Israels greifen zu können.[41] Doch beides läßt sich nicht halten. Neuere Forschungen zu gegenwärtigen und antiken Kleinviehnomaden haben gezeigt, daß diese in enger Symbiose mit der Bauernbevölkerung leben und lebten und zahlreiche Übergänge zwischen beiden Lebens- und Wirtschaftsformen möglich sind.[42] Aus den Texten des antiken Mari (ca.1800 v.Chr.) ist z.B. belegt, daß ein und dieselbe Sippe z.T. Ackerbau und z.T. nomadische Viehzucht betrieb.[43] So ist schon aus ethnologischer und soziologischer Sicht eine kulturelle und religiöse Opposition von Nomaden und Seßhaften ganz unwahrscheinlich. Für das vorstaatliche Israel läßt sich eine Opposition zwischen der Bauern- und Hirtenbevölkerung der Gebirgsregionen auf der einen Seite und den Stadtstaaten der Ebene auf der anderen Seite nachweisen, aber keine zwischen Bauern und Nomaden. Dem entspricht es, daß die Tradenten der Vätergeschichte die Ahnväter Israels zwar überwiegend als Kleinviehnomaden darstellen, aber in sich keineswegs stimmig und keineswegs konsequent: Die Väter besaßen ihrer Meinung nach auch Großvieh (*bāqār*), das eindeutig zur bäuerlichen Wirtschaftsform gehört (Gen 12,16; 13,5; 18,7; 26,14), und der Ahnvater Isaak betrieb nach ihrer Meinung sogar mit großem Erfolg Ackerbau (Gen 26,12 f.), bevor er wieder in eine nomadische Lebensform abgedrängt wurde. Das heißt aber: Beide Wirtschaftsformen lagen für die Tradenten eng beieinander, und es gibt keinen Anlaß, dies als Anachronismus anzuzweifeln.

Ja, man muß sogar sagen, daß die Tradenten nomadischen Lebensbedingungen offenbar schon relativ fern standen. Sieht man genauer hin, dann werden in Gen 12 – 50 nur relativ selten echte nomadische Lebensverhältnisse geschildert (Gen 13,5 ff.; 26,19 ff.; 37,12 ff.). Und das gleiche gilt auch für die Religion. Spezifische religiöse Vorgänge, die sich auf die nomadische Lebens- und Wirtschaftsform frühisraelitischer Familien bezögen, haben sich in Gen 12 – 50 kaum erhalten.

Vor allem fehlen in Gen 12 – 50 sichere Belege für den den nomadischen Lebensrhythmus so bestimmenden Weidewechsel (Transhumanz) und die damit ganz sicher verbundenen religiösen Begehungen. Texte, die bisher

[41] Vgl. etwa die Arbeiten von V.Maag im Literaturverzeichnis.

[42] Vgl. die Übersicht über die neuere Nomadenforschung bei C.Westermann, Genesis 12–50, 76–81, und bei M.Köckert, Vätergott, 115 ff.

[43] Vgl. das „Haus Awin“ in ARM VIII, 11.

teilweise dafür in Anspruch genommen wurden (Gen 12,1ff.; 26,2f.; 31,3; 46,2f.),[44] sind redaktionelle Bildungen und haben mit Weidewechsel nichts zu tun.[45] Nun hat allerdings L.Rost die These aufgestellt, daß das Passafest, das uns jetzt innerhalb der Exodustradition überliefert ist (Ex 12), ursprünglich eine solche religiöse Begehung des Wechsels von den Winter- auf die Sommerweiden gewesen ist.[46] Verschiedene Züge des Passaritus, der Termin im Frühjahr, das Essen in hastiger Eile, das Verbot, etwas vom geschlachteten Lamm übrigzulassen, und der Blutritus zur Abwehr des Verderbers, könnten in der Tat in diese Richtung weisen.[47] Dazu paßt, daß das Passafest trotz der späteren Verbindung mit dem bäuerlichen Fest der Gerstenernte (*maṣṣōt*), trotz der Beziehung auf die religiösen Befreiungstraditionen des Volkes (Ex 12) und trotz zeitweiliger Umorganisation zu einem Wallfahrtsfest in der dtn. Reform (Dtn 16) ein familiäres Fest geblieben ist. Seine Funktion war ursprünglich die Abwehr dämonischer Mächte, die beim Weidewechsel Mensch und Tier gefährden konnten. Daß man sich in der Tat besonders auf der Wanderung dem Überfall von Dämonen ausgesetzt sah, zeigen Texte wie Gen 32,23–33 und Ex 4,24–26.

Ebenfalls auf die Gefahren des Weges bezogen ist in der Vätergeschichte die Vorstellung vom Mit-Sein Gottes, die sowohl in der älteren Erzählüberlieferung (Gen 28,20; 26,3.28; 31,5.42) als auch in späteren Überarbeitungen

---

44 So V.Maag, Malkût, 153f. u.ö.; C.Westermann, Verheißungen. 129f.; auch ich hatte mich, wenn auch mit Vorbehalten, Maags Interpretation angeschlossen (Frömmigkeit, 80 Anm.453); der Nachweis von E.Blum, Komposition, 121; 152ff., daß Gen 31,3 nicht Bestandteil der Erzählung, sondern der D-Bearbeitung zuzurechnen ist, hat der These endgültig den Boden entzogen.

45 Vgl. E.Blum, Komposition, 297–301; M.Köckert, Vätergott, 138–140; die von V.Maag postulierte „Transmigration" (außergewöhnliche Fernwanderung) war sowieso nie ein echter Beleg für die Transhumanz (regelmäßiger kleinräumiger Weidewechsel) gewesen.

46 Weidewechsel, 103ff.; vgl. P.Laaf, Pascha-Feier, 156–158. E.Otto, pāsaḥ, 672, bestreitet zwar den Zusammenhang mit dem Weidewechsel, hält das Passa jedoch für einen Familienritus einer „im stationären Nomadisieren ortsgebundenen Hirtenkultur des Kulturlandes".

47 Vgl. Ex 12,3–11 und 12,21–22. Ob man in Ex 12,3–11 eine ältere Ritualbeschreibung (3.P.plur: V.3b*.6b*.7a.8a.11bβ) von einer jüngeren Ritualanweisung (2.P.plur) scheiden kann (so P.Laaf, 10–16; E.Otto, pāsaḥ, 669), wage ich zu bezweifeln, da auch erstere P-Formulierungen enthält (z.B. *bēt 'ābōt* V.3). Wenn 12,21–22 nur Anweisungen zum Blutritus enthält, so bedeutet dies nicht, daß dieser das älteste Element darstellt. Denn erstens ist 12,21–27 kein alter Bestandteil der Auszugserzählung, die auf die Begründung des Mazzot-Festes hinauslief (12,33f.39; s. E.Otto, Plagenzyklus, 18f.), zweitens ist das Textstück wohl erst in frühnachexilischer Zeit von K^D eingeschoben worden (vgl. V.24–27 und die Ältesten in V.21, s. 3,16; 4,29; s. E.Blum, Studien, 38f.), d.h. ist nicht „jahwistisch", und drittens gehen die Verse 22f. nur insoweit auf das Passaritual ein, wie es zu dessen historisierender Anbindung an den Exodus nötig erschien. So lassen sich auf literarkritischem Wege kaum ältere und jüngere Elemente des Passa voneinander scheiden. Deutlich ist nur, daß der Bezug des Passa auf den Exodus überlieferungsgeschichtlich sekundär (wohl kaum vordtn.) ist (12,12–14.23), da er nicht alle Elemente des Rituals ausdeutet. Wenn E.Otto, pāsaḥ, 673, aufgrund seiner Annahme einer frühen Verankerung der Exodustradition im familiären Passa-Ritus gegen meine Differenzierung von persönlicher Frömmigkeit und offizieller Religion polemisiert, dann tut er dies – gegen seine eigenen überlieferungsgeschichtlichen Einsichten! – allein auf der Grundlage der fragwürdig gewordenen Quellentheorie.

belegt ist (Gen 26,24; 28,15; 31,3; 48,21). Hier handelt es sich zwar nicht um eine speziell nomadische religiöse Erfahrung – die gleiche Vorstellung ist in Gen 21,20 in bezug auf die Gefahr der Kindersterblichkeit belegt und findet sich in späteren Texten auch in bezug auf Krankheit und andere Gefährdungen –, aber doch eine, die bei wandernden Gruppen, die sich häufig in einsamen Regionen oder in der Fremde befanden, eine besondere Rolle spielte.[48] Nach dieser Vorstellung wird Gott als einer erfahren, der ganz nah bei einem Menschen ist, ihn begleitet auf dem Weg, ihm beisteht in Gefahr und seine Unternehmungen glücken läßt. Gott wird als eine schützende Hülle angesehen, die alle Gefahren abprallen läßt und unter der das ihm anvertraute Leben gedeiht. Typisch an diesem urtümlichen Ausdruck persönlicher Frömmigkeit ist wiederum, daß diese Nähe Gottes stets positiv erfahren und von keinerlei Bedingung abhängig gemacht wird. Sie ist einfach da oder wird unbedingt zugesagt (26,3; 28,15;31,3). Und es fehlt ihr die numinose Gefährlichkeit kultischer Gottesnähe (Gen 28,16f.). Wieder wird hier die massiv stabilisierende Funktion sichtbar, die der Religion auf der Ebene familiärer Frömmigkeit für den einzelnen zukommt; sie ist ein Spiegelbild der hochgradigen Gefährdung, der sich die Menschen damals – auch und gerade in den nomadischen Familien – ausgesetzt sahen.

Eine typische Erfahrung gerade nomadischer Familien in der vorstaatlichen Zeit scheint es zu sein, daß ihr Gott sie vor den Übergriffen anderer überlegener Gruppen beschützt. Das gilt einmal im Gegenüber zu anderen Nomaden (Gen 30f.), vor allem aber im Gegenüber der staatlich organisierten Kulturlandbewohner, in deren Machtbereich sie bei Dürrenot ausweichen müssen (Gen 12,10–20; Gen 26). Doch so wie die nomadischen Familien zu klein sind, um sich militärisch verteidigen zu können, so ist auch das Eingreifen ihres Gottes völlig unkriegerisch. Typisch scheint hier das in Gen 26,19ff. gezeichnete Bild zu sein: Im Streit um Brunnenrechte mit den Hirten des Stadtkönigs von Gerar muß die Isaakfamilie immer wieder ausweichen. In diesen Streit greift ihr Gott nicht ein, er sichert das Leben seiner Gruppe nur dadurch, daß er sie neue Brunnen entdecken läßt (26,22). Der Beistand Gottes wirkt sich schließlich darin aus, daß es zu einem Vertrag mit dem Stadtkönig kommt (26,28). Im Streit zwischen den Nomadengruppen Jakobs und Labans haben deren Familiengötter allein die Funktion, den Vertrag zwischen beiden zu schützen (Gen 31,53). Das heißt aber: So wie die familiären nomadischen Gruppen militärisch viel zu verwundbar sind, um sich kriegerische Auseinandersetzungen leisten zu können, so wird auch das Handeln ihres Gottes nicht in kriegerischen Aktionen erfahren, wie dies beim Stammesgott Jahwe der Fall ist. Im deutlichen Kontrast zur vorstaatlichen Jahwereligion der israelitischen Stämme ist die familiäre Frömmigkeit dieser Zeit auffallend unkriegerisch.[49]

---

[48] Gegen M.Köckert, Vätergott, 145f.

[49] Daß dieser „pazifistische" Zug der „Väterreligion" nur Ergebnis einer idealisierenden Rückprojektion aus der Davidszeit (so J.Wellhausen, Prolegomena, 319) und der Josiazeit (so

Auf die Wanderungen der Ahnväter ist in der Vätergeschichte schließlich auch eine Reihe kultischer Verrichtungen bezogen: Mehrfach wird von Altarbauten der Väter berichtet, nachdem sie sich an einem neuen Ort niedergelassen haben (Gen 13,18, 33,20 vgl. 12,8; 13,4; 26,24f.), daneben errichten sie Kultsteine (*maṣṣēbā* Gen 28,18; 33,20 [cj]; 31,45) und pflanzen heilige Bäume (Gen 21,33). Z.T. wird es so dargestellt, daß sie heilige Orte entdecken und somit spätere Kulte begründen (Gen 28,10–22; 32,2f.), z.T. so, daß sie schon bestehende Kultorte aufsuchen (12,6; 21,33). Wegen des sich an dieser Stelle stark in den Vordergrund schiebenden ätiologischen Interesses der Tradenten ist der Realitätsgehalt dieser Angaben nur schwer abzuschätzen. Grundsätzlich wird man wohl mit beiden Möglichkeiten rechnen: daß sowohl die bäuerlichen als auch die nomadischen frühisraelitischen Familien in ihren Häusern bzw. bei ihren Zelten verschiedene Opferhandlungen vollzogen und daß sie heilige Stätten ihrer Region aufsuchten und dort ihre familiären Opfer darbrachten (z.B. Gelübdeopfer Gen 28,20ff.). Über Anlaß und Art dieser familiären Kultfeiern sind wir – abgesehen vom Passaritus – für die frühe vorstaatliche Zeit nicht informiert; sehr wahrscheinlich ist das Tieropfer vorauszusetzen, vielleicht in extremen Notlagen auch das Kinderopfer (Gen 22). Wahrscheinlich spielen Götterbilder darin eine nicht unerhebliche Rolle. Möglicherweise ist auch eine – z.T. mit ihnen verbundene – Ahnenverehrung vorauszusetzen.

Kleine Götterfigurinen im Besitz der Familie sind wahrscheinlich mit den Teraphim (*tĕrāpīm*) gemeint, die Rahel ihrem Vater Laban stiehlt und in einer Kamel-Satteltasche verstecken kann (Gen 31,19.34f.), da sie von den handelnden Personen „meine" bzw. „deine Götter" (*'ĕlōhaj/ēkā*: V.30.32) genannt werden. Sie erinnern an die *DINGIR(MEŠ)* = *ilāni* in familienrechtlichen Urkunden aus Nuzi,[50] mit denen offenbar Hausgötter-Figuren gemeint sind, die hier als Teile des väterlichen Erbes erwähnt wurden. Dabei war es in Nuzi nicht so – und ist wohl auch in Gen 31 nicht vorauszusetzen –, daß der Erbanspruch am Besitz der Götterfiguren hing,[51] vielmehr dienten sie der Sicherung der familiären Kontinuität und Solidarität von einer Generation zur nächsten: In Nuzi wurde dem Enterbten der Zutritt nicht nur

M.Rose, Entmilitarisierung, 210f.) ist, ist immer wieder angenommen worden. Doch erklärt eine solche Annahme nicht hinreichend, warum – obgleich auch eine Rückprojektion kriegerischer Motive, wie Gen 14; 34 (vgl. aber die Reflexion V.30!); 35,5; 48,22 zeigen, in späten Texten durchaus möglich war – eine solche so selten geschah. Gerade wenn man annimmt, daß die Frömmigkeit früher familiärer Kleingruppen etwa gleichzeitig zu den Fehden und Kriegen der Stämme der vorstaatlichen Zeit anzusiedeln ist, erhält eine religionssoziologische Erklärung wie die hier vorgelegte die größere Wahrscheinlichkeit; sie wurde immerhin auch schon von J.Wellhausen alternativ erwogen: „Kriege können nur Völker oder Stämme führen, aber nicht einzelne Männer" (Prolegomena, 319).

50 Vgl. HSS 14, 8,1–18; 108,23ff.; 19, 5,10f.21; 7,11f.; 27,11; JEN 478,6–8; Gadd 51,13–17; YBC 5142; Rs.30 und A.E.Draffkorn, Ilāni, 219–222; K.Deller, Hausgötter; A.Tsukimoto, Totenpflege, 98–105; H.Rouillard/J.Tropper, TRPYM, 352ff.

51 So die ältere Ansicht, die noch A.E.Draffkorn, Ilāni, 219f., vertritt; dagegen zu Recht M.Greenberg, Look, 241ff. Inzwischen konnte K.Deller aus HSS 19,5 deutlich machen, daß die Hausgötter auch zwischen Erst- und Zweitgeborenen aufgeteilt werden konnten (Hausgötter, 48–57); dagegen wird in HSS 14, 108,37 eine Aufteilung ausdrücklich untersagt.

zu den Häusern und Feldern der Familie, sondern auch zu ihren Hausgöttern verwehrt.[52] Und auf dieser Linie mag auch der Diebstahl der Rahel als entschlossener Versuch angesehen werden, die Kontinuität ihrer Familie über den Bruch und die Trennung der Familien wegen der Verweigerung eines angemessenen Erbes zu retten (vgl. V.16.19). Auch wenn sich der Erzähler der Jakob-Komposition mit der Drastik seiner Darstellung leicht ironisch von solchen familiären Götterfiguren distanziert, so läßt er doch noch erkennen, daß solche in der Frühzeit – ähnlich wie in Nuzi – für die Familien einen hohen, wenn nicht unbedingt materiellen, so doch emotionalen Wert darstellten, über die es zu einer Auseinandersetzung auf Leben und Tod kommen konnte (V.32).

Leider wird uns in Gen 31 über die religiöse und kultische Bedeutung der Teraphim nichts mitgeteilt. Und auch die übrigen zwölf Belege im Alten Testament geben kein klares Bild: In 1.Sam 19,13.16 ist wieder eine familiäre – wenn wohl auch etwas größere – Götterfigur gemeint,[53] die Michal in Davids Bett legt, um die Krankheit Davids vorzutäuschen. In Ri 17,5; 18,14.17f.20 gehören die Teraphim zur Grundausstattung eines regelrechten Hauskultes, sie sind hier klar vom eigentlichen kultischen Gottesbild (*maṣṣĕkā, pesel*) geschieden und stehen in einer Reihe mit dem Ephod, so daß manche Ausleger sie in Analogie zu letzterem als Kultmaske bestimmen wollten.[54] Doch ist wohl wahrscheinlicher, daß es sich um dem kostbaren Kultbild bei- und untergeordnete Figurinen handelt. Noch stärker in den Bereich des offiziellen Kults geraten wir in Hos 3,4, wo Teraphim neben Mahlopfer (*zebaḥ*) Mazzebe und Ephod auftaucht: An Funktionen läßt sich aus Ri 18,14 wahrscheinlich und aus Ez 21,26; Sach 10,2 eindeutig eine mantische Bedeutung erkennen: Teraphim konnten – ähnlich wie Ephod und das Losorakel – befragt werden (*šā'al bĕ*: Ez 26,26) und wie ein Wahrsager (*qōsem*) Auskunft über die Zukunft erteilen (Sach 10,2). In 1.Sam 19,13.16 steht möglicherweise eine heilende Funktion im Hintergrund.[55] Wenn bei all diesen Belegen mit Teraphim die gleichen Kultobjekte bezeichnet sind, was nicht über jeden Zweifel erhaben ist, dann müssen wir annehmen, daß ursprünglich innerhalb der Familien verwendete Götterfiguren auch in den offiziellen Kult Aufnahme fanden, bis sie der dtr. Fremdgötterpolemik anheimfielen (1.Sam 15,23; 2.Kön 23,24).

Die ursprüngliche familiäre Bedeutung der Teraphim läßt sich vielleicht noch durch weitere Rückschlüsse etwas erhellen: Aus Gen 31 kann man schließen, daß die Teraphim Labans, die Rahel stiehlt, nicht mit den persönlichen Schutzgöttern der Laban- bzw. Jakob-Familie identisch sind: Der Verlust der Götterfiguren stellt überhaupt nicht in Frage, daß er den Gott Nahors zum Vertragsabschluß anrufen kann (V.53).

Nun lassen die Verhältnisse im Hauskult des Micha (Ri 17f.) eher an niedrigere

---

52 So JEN 478,6–8 nach der Interpretation von K.Deller, Hausgötter, 72; ähnlich HSS 19, 27,11f. Meine Deutung liegt auf der Linie der Interpretation, die schon einmal M.Greenberg, Look, 246f., aufgrund der späten Parallele in Ant XVIII: 9,5 vorgeschlagen hat.

53 Wenn sie, wie man meist annimmt, David vortäuschen soll, muß sie mannsgroß gewesen sein; ist jedoch die Vortäuschung eines magischen Heilungsritus gemeint, bei dem die Krankheit auf die Götterfigur übergehen soll, wie H.Rouillard/J.Tropper, TRPYM, 340–351, vorgeschlagen haben, dann kann man auch an eine kleinere Figur denken.

54 Vgl. zur Forschungsdiskussion und der Unsicherheit der Festlegung KBL^3, 1651–1653, und S.Schroer, Bilder, 136–154.

55 So nach der bedenkenswerten Interpretation von H.Rouillard/J.Tropper, TRPYM, 346–351.

Gottheiten denken, die durch die Teraphim-Figuren repräsentiert werden. Und einen weiteren Fingerzeig könnten die Belege aus Nuzi geben: Hier werden teilweise parallel zu den *ilāni* („Hausgöttern") *eṭemmu* („Totengeister") genannt.[56] Die *ilāni* scheinen damit die deifizierten Ahnen der Familie zu repräsentieren.[57] Da nun auch einmal im AT, wenn auch in einem späten, pauschalisierend dtr. Kontext die Teraphim mit den *'ōbōt* und *jiddĕ'ōnīm* zusammen genannt werden (2.Kön 23,24), womit wahrscheinlich die Totengeister bezeichnet sind,[58] hat die alte These von F.Schwally[59] u.a., die jüngst von H.Rouillard und J.Tropper mit besseren Argumenten erneuert wurde,[60] einiges für sich, daß mit den Teraphim Bilder deifizierter Ahnen gemeint sind. Dafür könnte weiter sprechen, daß in 1.Sam 28,13 der Totengeist Samuels *'ĕlōhīm* („Gott") genannt werden kann wie die Teraphim in Gen 31,30.32 und daß die Totengeister (*'ōbōt*) noch eindeutiger als die Teraphim eine mantische Funktion hatten (Lev 19,31; 20,6; Dtn 18,11; Jes 8,19f.; 19,3 par zu *'iṭim* = *eṭemmu*; vgl. das ständige Epitheton *jiddĕ'ōnīm* = „Wissende"; vgl. 1.Sam 28,3).

Hat es also in den frühen israelitischen Familien einen Ahnenkult gegeben? O.Loretz hat diese Frage vehement bejaht;[61] nach ihm hatten die frühen Israeliten voll am „kanaanäischen Totenkult" Anteil, wie er sich noch aus den ugaritischen Texten rekonstruieren läßt; dieser wurde seiner Meinung nach erst durch den Jahwe-Monotheismus der exilisch-nachexilischen Zeit zurückgedrängt und durch die Verehrung der Erzväter ersetzt. Totenkult und Ahnenverehrung als „wesentlicher Bereich familiärer Frömmigkeit wurden auf diesem Wege vom Jahwismus her korrigiert und der offiziellen Religion eingegliedert."[62] So faszinierend diese Hypothese erscheint, so weist ihre weitläufig kombinierende Argumentation doch zu große Lücken auf, um voll überzeugen zu können. Zweifellos lassen sich vom ugaritischen Vergleichs-

---

[56] So JEN 478,6; HSS 19, 27,11; YBC 5142, r.30.

[57] A.Tsukimoto, Totenpflege, 104f., vermutet überdies aufgrund japanischer Ahnenverehrung, daß „*eṭemmu(m)* eines Toten dann in die Hausgötter sublimiert wird, wenn er mit der Zeit innerhalb der Familie seinen persönlichen Charakter verloren hat." Nach 33 bzw. 55 Jahren wird in Japan die familiäre Totenfeier aufgegeben, weil dann der Tote vollständig vergöttlicht sei; ähnlich möchten H.Rouillard/J.Tropper, TRPYM, 355, das Verhältnis von *'ōbōt* und tĕrāpīm bestimmen.

[58] So wieder mit Recht (vgl. nur Lev 20,27) M.Dietrich/O.Loretz/J.Sanmartin, ILIB, 451; H.Rouillard/J.Tropper, Ahnenkult, 236–238; K.Spronk, Afterlife, 251–257, nachdem zwischenzeitlich die Etymologie von H.A.Hoffner aus sumerisch *AB*, hurritisch-hethitisch *ajabi*, ugaritisch *'eb* mit der Bedeutung „Opfergrube" (als Zugang zur Unterwelt) an Einfluß gewonnen hatte (Antecedents, 401; vgl. J.Ebach/U.Rüterswörden, Unterweltsbeschwörung). Damit wird eine etymologische Herleitung von hebr. *'āb* „Vater, Vorvater" wieder wahrscheinlich (Vokalisierung nach *bōš* „Schande"?).

[59] Leben, 35ff.

[60] TRPYM, 351–360; sie setzen sich trotz des fehlenden auslautenden Alephs mit guten Gründen für eine Ableitung von *rp'* „heilen" ein und kommen zu der Funktionsbezeichnung *tarpā'īm/tarpī'īm* „Heiler" (vgl. die entsprechende Bezeichnung für die Totengeister *rĕpā'īm*, ursprünglich *rōpĕ'īm* „Heiler"). Die masoretische Punktation, die eine Ableitung von aram./mittelhebräisch *trp* „schändlich behandeln/verderben" nahelegt, ist sicher polemisch. Damit wird die Etymologie von hurritisch-hethitisch *tarpiš* „Erdgeist, Dämon", die H.A.Hoffner vorgeschlagen hat (Teraphim, 115ff.), eher unwahrscheinlich.

[61] Totenkult, 153ff.

[62] A.a.O., 188; vgl. die erstaunlich positive Würdigung der These beim sonst so kritischen M.Köckert, Vätergott, 311 Anm.31a.

material her die große Bedeutung der Ahnenverehrung im nordsyrischen Raum,[63] deren mythologische Einbettung in die chtontischen Aspekte des Gottes Baal[64] und manches zur Etymologie der hebräischen Begrifflichkeit aufhellen,[65] doch bleibt die Frage, wieweit dies alles auch für das alte Israel als aktuelle Realität vorausgesetzt werden kann.[66] Wohl gab es in Israel – und wohl bis in die frühnachexilische Zeit hinein[67] – den offenbar verbreiteten Brauch der Totengeistbefragung (Nekromantik), aber in dessen einzigem ausführlichem Beleg 1.Sam 28 ist er nicht mehr auf die Ahnen der eigenen Familie bezogen: Saul befragt den Totengeist Samuels, nicht den seiner Vorväter über seine Zukunft (V.15), was vielleicht als prominenter Ausnahmefall zu bewerten ist. Und wohl lassen die Bedeutung, die den Gräbern der Ahnväter/mütter in der Vätergeschichte gegeben werden[68] und Formulierungen wie „zu seinen Sippenangehörigen versammelt werden" (Gen 25,8f.17; 35,29; 49,29.33 u.ö.)[69] noch erkennen, daß es eine emotionale Solidaritätsbeziehung der lebenden Familienmitglieder zu ihren verstorbenen Ahnen gegeben hat, doch fehlen die Hinweise auf eine regelmäßige Totenpflege, wie sie etwa im *kispu*-Ritual Mesopotamiens greifbar ist, in der Vätergeschichte ganz und sind auch sonst eher kärglich (Dtn 26,14).[70]

Daß dieser weitgehend negative Befund zumindest teilweise Ergebnis späterer

---

[63] Vgl. die erstaunlich prominente Stelle des *'il'ib* in den ugaritischen Götterlisten und liturgischen Texten KTU 1.47,2; 1.91,5; 1.109,12(?).15.19.35; 1.148,1.10.23; zu den wichtigsten Sohnespflichten gehört es, dem *'il'ib* des verstorbenen Vaters eine Stele zu errichten; vgl. im Dan'il-Epos KTU 1.17 I,26.44; II, 16. Ugaritisch *'il'ib* ist häufig aufgrund der keilschriftlichen Schreibung *DINGIR a-bi* in RS 20.24,1 (mögliche Lesung „El/Gott des Vaters") mit dem Gott der Väter in Verbindung gebracht worden (so noch von H.-P.Müller, Gott, 118). Doch hängt er eindeutig mit Toten- bzw. Ahnenkult zusammen und ist als „el des (verstorbenen) Vaters" (Vokalassimilation aus *'il'ab*, so M.Dietrich/O.Loretz/J.Sanmartin, ILIB, 451) bzw. als „divinity of the ancestor/ancestral god" (K.Spronk, Afterlife, 146f.) zu interpretieren. Hebräisch *'ōb* kann durchaus damit zusammenhängen.

[64] Vgl. die *rp'um*-Texte KTU 1.20–22; 108; 161, und K.Spronk, Afterlife, 161–192; Th.J.Lewis, Cults, 5–98. Die *rp'um* „Heiler" besitzen als vergöttlichte königliche Ahnen heilende und schützende Macht; sie leben als Schatten in der Unterwelt, werden jedoch mit Baal, dem *rp'u* par exellence (KTU 1.21 II,5f.), zum Neujahrsfest alljährlich wieder zum Leben erweckt, erhalten Opfergaben und erscheinen als Vögel. Die damit sicher zusammenhängenden alttestamentlichen *rĕpā'īm* (wohl ursprünglich *rōpĕ'īm*) haben sich dagegen zu schattenhaften Helden in der Unterwelt verflüchtigt (Jes 14,9).

[65] So *'il'ib* zu *'ōb* (aus *'āb*), *rp'um* zu *rĕpā'īm* und wohl auch zu *tĕrāpīm* (zu *rp'* „heilen") vgl. o. Anm.60; 63; 64; vgl. R.Rouillard/J.Tropper, 357ff.

[66] Vgl. das zurückhaltende Urteil von K.Spronk, Afterlife, 248f., und Th.J.Lewis, Cults, 171–181.

[67] Vgl. die Verbote, die vom dtn. Gesetz (Dtn 18,11) bis zum Heiligkeitsgesetz reichen (Lev 19,31; 20,6.27).

[68] Vgl. Gen 23; 35,20; 50,1–14; die Betonung hängt natürlich jetzt mit dem Anspruch auf das Land zusammen.

[69] Vgl. „bei seinen Vätern liegen" Gen 47,30 u.ö.; „zu seinen Vätern gehen bzw. kommen" 1.Chr 17,11; Gen 15,15; vgl. 2.Sam 12,23.

[70] O.Loretz möchte noch Jer 16,5–7 als Beleg für den Totenkult in Anspruch nehmen, da *marzeăḥ* „Kultmahl/Kultverein" in Ugarit eine solche Konnotation habe. Doch muß er dazu V.7 den Text ändern, um die Toten an dem Mahl zu beteiligen (mrzḥ, 89). Gegen K.Spronk, Afterlife, 247, ist festzuhalten, daß *kispu* in Babylonien kein gemeinsames Mahl zwischen Lebenden und Toten, sondern eine einseitige „Verpflegung" des Toten war, vgl. A.Tsukimoto, Totenpflege, 231.

dogmatischer Korrekturen ist, kann angesichts der rigiden Zurückhaltung, welche die spätere offizielle Jahwereligion dem ganzen Komplex der Toten- und Unterwelt entgegenbrachte, kaum bestritten werden. Doch setzten die Vorbehalte gegen die Ahnenverehrung offensichtlich schon weit eher ein, als O.Loretz glauben machen will, wie die distanzierend-ironische Behandlung der Teraphim schon in Erzählungen aus der frühen bis mittleren Königszeit beweisen (Gen 31; 1.Sam 19). Wenn nicht das Bild der frühen familiären Frömmigkeit in Gen 12 – 50 völlig verzeichnet ist, dann hatte die persönliche Beziehung zum Gott der Väter die Bedeutung der vergöttlichten Ahnen auf Restbestände reduziert, etwa auf den Bereich der Sicherung familiärer Kontinuität, auf Orakel- und vielleicht auch auf Heilfunktionen.[71] Die „Ahnenreligion", die sich in der konservativen Personennamengebung noch direkter greifen läßt,[72] ist offenbar schon zu Beginn der Geschichte der persönlichen Frömmigkeit in Israel nur noch ein religiöses Substratum.[73]

Deutlich ist immerhin, daß dieser familiäre Kult noch fest auf den Lebensrhythmus der Gruppe bezogen ist und sich noch nicht zu einem eigenen, vom Alltag abgehobenen stetigen Geschehen verselbständigt hat. Es gibt in ihm noch kein spezialisiertes Kultpersonal, der Vater selber übte noch die priesterlichen Funktionen aus (vgl. noch die Vateranrede für den Priester Ri 17,10). Der Gottesdienst der frühisraelitischen Familie war generell noch nicht an heilige Orte, heilige Zeiten und an institutionelle Mittler des Heiligen gebunden.[74]

Es ist damit zu rechnen, daß längst nicht alle Vorgänge und Vorstellungen, welche die Religion der frühisraelitischen Familien bestimmten, überliefert sind, doch selbst die wenigen erkennbaren weisen eine eigentümliche, in sich konsistente Symbolwelt auf, die sie an vielen Stellen deutlich von der entstehenden Jahwereligion der israelitischen Stämme unterscheidet. Sie ist auf die zentralen Überlebensprobleme der bäuerlichen und nomadischen Familie bezogen und von deren Gruppenstrukturen inhaltlich bestimmt. Die engen persönlichen Beziehungen in der Familie sind auch für die Gottesbeziehung maßgebend. Kennzeichnend ist die große Direktheit und Unbedingtheit der Beziehung zum persönlichen Gott der Familie, der wie ein Vater die ihm anvertraute Kleingruppe vor allen Gefahren schützt. Dagegen fehlen wesentliche Elemente, die für die Jahwereligion der israelitischen Stämme so wichtig werden sollten: die kämpferische Ausschließlichkeit der Gottesbeziehung, ihre hochgradige ethische Durchdringung, die Einbeziehung des politischen Geschehensbereichs, die ausdifferenzierten kultischen Institutionen und jede Art von theologischer Reflexion. Die Frömmigkeit,

---

71 So in der Interpretation H.Rouillard und J.Tropper, TRPYM; vgl. 1.Sam 19,14.

72 Vgl. die Namen mit vergöttlichten Verwandtschaftsbezeichnungen, welche eine ältere Stufe gegenüber den Schutzgott-Namen darstellen, s.u. 147 ff.

73 Daß die familiäre Religiosität generell auf die Unterwelt, der offizielle Jahwekult auf den Himmel ausgerichtet sei, wie es B.Lang, Life, 145 ff., darstellt, kann man wohl nicht sagen; bestenfalls kann man von einer untergründigen Tendenz sprechen, die aber keineswegs mehr die aktuelle persönliche israelitische Frömmigkeit beherrscht.

74 So möchte ich meine Äußerung (Frömmigkeit, 79) angesichts der kritischen Anfragen von E.Blum, Komposition, 500, und M.Köckert, Vätergott, 161, verstanden wissen.

die in den frühisraelitischen Familien lebendig war, war, wenn man so will, eine vorkultische, vorpolitische und vormoralische Religion. Für den weiteren Verlauf der israelitischen Religionsgeschichte ist es wichtig, sich immer wieder zu vergegenwärtigen, daß nicht alle religiösen Beziehungen, die es in Israel gab, erst durch die Jahwereligion entstanden und geprägt worden sind. Es gab in ihr vielmehr ein Beziehungsfeld familiärer Religiosität, das schon vor ihr bestand, auf das sie aufbaute und das erst im Laufe der Geschichte fester in sie integriert wurde.

2.2 Die Religion der befreiten Großgruppe (Exodusgruppe)

G.W.Ahlström, An Israelite God Figurine from Hazor, OrSuec 19–20, 1970/71, 54–62. – Ders., Aspects of Syncretism in Israelite Religion, HSoed V, 1963. – B.Albrektson, History and the Gods. An Essay of the Idea of Historical Events as Divine Manifestations in the Ancient Near East and in Israel, ConB.OT 1, 1967. – E.Anati, Har Karkom, Montagna Sacra nel deserto dell'esodo, 1984. – E.Aurelius, Der Fürbitter Israels. Eine Studie zum Mosebild im Alten Testament, ConB.OT 27, 1988. – U.Avner, Ancient Cult Sites in the Negev and Sinai Deserts, TA 11, 1984, 115–131. – B.Balscheit, Alter und Aufkommen des Monotheismus in der israelitischen Religion, BZAW 69, 1938. – W.Beyerlin, Herkunft und Geschichte der ältesten Sinaitradition, 1961. – Th.Booij, Mountain and Theophany in Sinai Narrative, Bibl. 65, 1984, 1–26. – J.Bottéro, Ḫabiru, RLA IV, 1972–75, 14–27. – A.Brelich, Der Polytheismus, Numen 7, 1960, 123–136. – J.Bucholz, Die Ältesten Israels im Deuteronomium, Göttinger theologische Arbeiten 36, 1988. – D.J.McCarthy, Treaty and Covenant. A Study in Form in the Ancient Oriental Documents and in the Old Testament, AnBib 21A, 2.Aufl. 1981. – G.W.Coats, Moses in Midian, JBL 92, 1973, 3–10. – R.Cohen, The Mysterious MB I People. Does the Exodus tradition in the Bible preserve the memory ot their entry into Canaan?, BAR 9, 1983, 16–29. – F.M.Cross, Canaanite Myth and Hebrew Epic. Essays in the History of Religion of Israel, 1973. – Ders., Reuben, First-Born of Jacob, ZAW.S 100, 1988, 46–55. – F.Crüsemann, Bewahrung der Freiheit. Das Thema des Dekalogs in sozialgeschichtlicher Perspektive, Kaiser Traktate 78, 1983. – D.N.Friedman/P.O'Connor, JHWH, TWAT III, 1982, 533–554. – V.Fritz, Israel in der Wüste, MThSt 7, 1970. – Ders., Tempel und Zelt. Studien zum Tempelbau in Israel und zum Zeltheiligtum der Priesterschrift, WMANT 47, 1977. – W.Fuss, Die deuteronomistische Pentateuchredaktion in Ex 3–17, BZAW 126, 1972. – M.Görg, Ausweisung oder Befreiung? Neue Perspektiven zum sogenannten Exodus, Kairos 20, 1978, 272–280. – A.H.J.Gunneweg, Leviten und Priester. Hauptlinien der Traditionsbildung und Geschichte des israelitisch-jüdischen Kultpersonals, FRLANT 89, 1965. – Ders., Mose in Midian, ZThK 60, 1964, 1–9. – J.Halbe, Das Privilegienrecht Jahwes Ex 34,10–26. Gestalt und Wesen, Herkunft und Wirken in vordeuteronomischer Zeit, FRLANT 114, 1975. – W.Helck, Die Bedrohung Palästinas durch einwandernde Gruppen am Ende der 18. und am Anfang der 19. Dynastie, VT 18, 1968, 472–480. – Ders., Die Beziehungen Ägyptens zu Vorderasien im 3. und 2. Jahrtausend v.Chr., ÄA 5, 2.Aufl. 1971. – Ders., Rez.: S.Herrmann, Israels Aufenthalt in Ägypten, ThLZ 97, 1972, 178–182. – R.S.Hen-

DEL, The Social Origins of Early Aniconic Tradition, CBQ 50, 1988, 365-382. – S.HERRMANN, Israels Aufenthalt in Ägypten, SBS 40, 1970. – F.-L.HOSSFELD, Der Dekalog. Seine späten Fassungen, die originale Komposition und seine Vorstufen, OBO 45, 1982. – DERS., Du sollst dir kein Bildnis machen! Funktion des alttestamentlichen Bilderverbots, TThZ 98, 1989, 81-94. – DERS., Einheit und Einzigkeit des frühen Jahwismus, M.Böhnke/H.Heinz (Hrsg.), Im Gespräch mit dem dreieinigen Gott, FS W.Benning, 1985, 57-74. – M.HUTTER, Das Werden des Monotheismus im alten Israel, N.Brox (Hrsg.), Anfänge der Theologie, FS B.Bauer, 1987, 25-39. – E.JENNI, Jahwe, THAT I, 1971, 701-707. – O.KEEL, Jahwe-Visionen und Siegelkunst, SBS 84/85, 1975. – D.KELLERMANN, lēwī, TWAT IV, 1984, 499-521. – E.A.KNAUF, Eine nabatäische Parallele zum hebräischen Gottesnamen, BN 23, 1984, 21-28. – DERS., Jahwe, VT 34, 1984, 467-471. – R.KNIERIM, Das erste Gebot, ZAW 77, 1965, 20-39. – B.LANG, Die Jahwe-allein-Bewegung, Ders. (Hrsg.), Der einzige Gott: Die Geburt des biblischen Monotheismus, 1981, 47-83. – N.P.LEMCHE, 'Hebrew' as a National Name of Israel, StTh 33, 1979, 1-23. – N.LOHFINK, Zur Geschichte der Diskussion über den Monotheismus im alten Israel, E.Haag (Hrsg.), Gott, der einzige. Zur Entstehung des Monotheismus in Israel, Quaestions disputatae 104, 1985. – O.LORETZ, Habiru-Hebräer. Eine sozio-linguistische Studie über die Herkunft des Gentiliziums ʿibri vom Appellativum ḫabîru, BZAW 160, 1984. – J.MAIER, Das altisraelitische Ladeheiligtum, BZAW 93, 1965. – A.MAZOR, The „Bull-Site" – An Iron Age I open Cult Place, BASOR 247, 1982, 27-42. – T.N.D.METTINGER, The Elusive Essence. YHWH, El and Baal and the Distinctiveness of Israelite Faith, E.Blum/Chr.Macholz/E.W.Stegemann (Hrsg.), Die Hebräische Bibel und ihre zweifache Nachgeschichte, FS R.Rendtorff 1990, 393-417. – J.C.MOOR, Uw God is mijn God. Over de oorsprong van het geloof in de ene God, 1983. – H.-P.MÜLLER, Der Jahwename und seine Deutung Ex 3,14 im Licht der Textpublikationen aus Ebla, Bibl. 62, 1982, 305-327. – H.M.NIEMANN, Die Daniten. Studien zur Geschichte eines altisraelitischen Stammes, FRLANT 135, 1985. – E.v.NORDHEIM, Der Gott der Hebräer. Überlegungen zum Aufenthalt Israels in Ägypten, SAK 4, 1976, 255-271. – M.NOTH, Der Wallfahrtsweg zum Sinai (1940), ders., Aufsätze zur biblischen Landes- und Altertumskunde I, 1971, 55-74. – S.NYSTRÖM, Beduinentum und Jahwismus, 1946. – L.PERLITT, Sinai und Horeb, H.Donner/R.Haushart/R.Smend (Hrsg.), Alttestamentliche Beiträge zur Theologie, FS W.Zimmerli, 1977, 302-322. – G.v.RAD, Beobachtungen an der Moseerzählung Exodus 1-14 (1971) = ders., Gesammelte Studien zum Alten Testament II, TB 48, 1973, 189-198. – A.REICHERT, Der Jehowist und die sogenannten deuteronomistischen Erweiterungen im Buch Exodus, Diss.theol. (masch.) Tübingen 1972. – R.RENDTORFF, Mose als Religionsstifter? Ein Beitrag zur Diskussion über die Anfänge der israelitischen Religion (unveröffentlicht 1968), ders., Gesammelte Studien zum Alten Testament, ThB 57, 1975, 152-171. – M.ROSE, Der Ausschließlichkeitsanspruch Jahwes. Deuteronomische Schultheologie und die Volksfrömmigkeit in der späten Königszeit, BWANT 106, 1975. – DERS., Jahwe. Zum Streit um den alttestamentlichen Gottesnamen, ThSt 122, 1978. – E.RUPRECHT, Exodus 24,9-11 als Beispiel lebendiger Erzähltradition aus der Zeit des babylonischen Exils, R.Albertz u.a. (Hrsg.), Werden und Wirken des Alten Testaments, FS C.Westermann, 1980, 138-173. – H.SCHMID, Die Gestalt des Mose. Probleme alttestamentlicher Forschung unter Berücksichtigung der Pentateuchkrise, EdF 237, 1986. – H.H.SCHMID, Der sogenannte Jahwist. Beobachtungen und Fragen zur Pentateuchforschung, 1976. – W.H.SCHMIDT, Das erste Gebot. Seine Bedeutung für das Alte Testament, ThEx

165, 1969. – DERS., Exodus, Sinai, Wüste, EdF 181, 1983. – DERS., Exodus 1,1-6,30; BK II/1, 1988. – DERS., Jahwe in Ägypten. Unabgeschlossene historische Spekulationen über Moses Bedeutung für Israels Glauben, Kairos 18, 1976, 43-54. – DERS., „Jahwe und...". Anmerkungen zur sog. Monotheismusdebatte, FS Rendtorff (s. T.N.D.Mettinger), 435-447. – G.SCHMITT, Der Ursprung des Levitentums, ZAW 94, 1982, 575-599. – R.SCHMITT, Zelt und Lade als Thema alttestamentlicher Wissenschaft. Eine kritische forschungsgeschichtliche Darstellung, 1972. – H.SCHULT, Eine einheitliche Erklärung für den Ausdruck „Hebräer" in der israelitischen Literatur, DBAT 10, 1975, 22-40. – H.SCHULZ, Leviten im vorstaatlichen Israel und im Mittleren Osten, 1987. – J.v.SETERS, The Plagues of Egypt: Ancient Tradition or Literary Invention?, ZAW 98, 1986, 31-39. – W.v.SODEN, Jahwe „Er ist, Er erweist sich", WO 3, 1966, 177-187. – F.STOLZ, Monotheismus in Israel, O.Keel (Hrsg.), Monotheismus im Alten Israel und seiner Umwelt, BiBe 14, 1980, 143-189. – H.VORLÄNDER, Der Monotheismus als Antwort auf die Krise des Exils, s. B.Lang (Hrsg.), Der einzige Gott, 84-113. – P.WEIMAR/E.ZENGER, Exodus. Geschichten und Geschichte der Befreiung Israels, SBS 75, 1975. – M.WEIPPERT, Jahwe, RLA 5, 1980, 246-253. – DERS., Synkretismus und Monotheismus. Religionsinterne Konfliktbewältigung im alten Israel, J.Assmann/D.Harth (Hrsg.), Kultur und Konflikt, 1990, 143-179. – M.WEINFELD, Kuntillet 'Ajrud Inscriptions and their Significance, SEL 1, 1984, 121-130. – DERS., The Tribal League of Sinai, P.D.Miller/P.D.Hanson/S.D.McBride (ed.), Ancient Israelite Religion, FS F.M.Cross, 1987, 303-314. – E.ZENGER, Israel am Sinai. Analysen und Interpretationen zu Ex 17-34, 1982. – H.-J.ZOBEL, 'ārōn, TWAT I, 1973, 391-404. –

In der auf die Ahnväter projizierten Frömmigkeit frühisraelitischer Familien liegt nun aber noch nicht der eigentliche Beginn der Religiongeschichte Israels. Vielmehr sind sich die Tradenten darüber einig, daß der entscheidende Impuls, der die Religionsgeschichte Israels in Gang brachte, von ganz spezifischen religiösen Erfahrungen ausgegangen sei, die Israel noch fernab von seinem späteren Siedlungsraum in Ägypten und den südpalästinischen Wüstengebieten gemacht habe: Von Ägypten durch Fronarbeit unterdrückt, sei Israel von Jahwe unter Leitung des Mose aus Ägypten herausgeführt worden, habe die rettende Macht dieses Gottes gegenüber einer ägyptischen Streitwageneinheit am Schilfmeer erfahren und sei am Sinai einer gewaltigen Theophanie Jahwes ansichtig geworden, die das besondere Verhältnis Israels zu diesem Gott begründete und in seiner kultischen und ethischen Ausgestaltung für alle Zeit bestimmte.

Es war schon davon die Rede, daß diese Konzeption von den Anfängen der israelitischen Religion der Sicht sehr viel späterer Theologengruppen entspringt,[1] die den realen religionsgeschichtlichen Vorgängen ganz sicher nicht in allen Einzelheiten entspricht. Schon die zahlreichen Sprünge und Divergenzen in den Texten der Bücher Exodus bis Deuteronomium machen wahrscheinlich, daß hier verschiedene religiöse Traditionen der Frühzeit kompiliert und aus unterschiedlichsten Interessen konkurrierender Gruppen ausgestaltet worden sind.

---

[1] S.o. 45f.

Der literarische Befund von Ex-Dtn ist weit komplizierter als in Gen 12-50, so daß seine voll befriedigende wissenschaftliche Erklärung bis heute nicht gelungen ist. Das literarkritische Modell der 3-Quellentheorie geriet spätestens ab Ex 19ff. in Schwierigkeiten und wurde in letzter Zeit von dessen Vertretern insofern durchlöchert, als sie sich gezwungen sahen, neben den traditionellen Quellenschriften J, E und P mehr oder minder umfangreiche „jehovistische" und „deuteronomistische" Redaktionen anzunehmen.[2]

Weiterführender scheint mir auch hier das überlieferungsgeschichtliche Modell zu sein, das E.Blum vorgelegt hat.[3] Er hat für die Bücher Ex-Nu die Umrisse einer vorpriesterlichen, spätdeuteronomistischen (K^D) und einer priesterlichen (K^P) Komposition herausgearbeitet, die beide aus der frühnachexilischen Zeit stammen.[4] Der Vorteil dieses überlieferungsgeschichtlichen Neuansatzes beruht darin, daß Blum die Arbeitsweise ihrer Verfasser zwischen bloß verknüpfender und kommentierender Redaktion vorliegender Überlieferungen und völliger Neugestaltung älteren Überlieferungsmaterials je nach unterschiedlichen Textbereichen variabel halten kann. So sind nach ihm die gestalterischen Eingriffe in Ex 1-14.(15) vergleichsweise gering, wachsen sich ab Ex 19ff. gewaltig aus. Allerdings scheut sich Blum, eben wegen des häufig fließenden Übergangs, die K^D vorgegebene Textstaffelung diachron zurückzuverfolgen.

Angesichts der noch im Fluß befindlichen Forschungsdiskussion kann auch hier kein allgemein anerkanntes überlieferungsgeschichtliches Gesamtmodell geboten werden. Für den Textbereich Ex 1-14.(15) gehe ich bei meiner religionsgeschichtlichen Rekonstruktion grob von folgenden Überlieferungsstufen aus.

1. Nachpriesterliche Bearbeitungen: Einführung Aarons in Ex 4,13-16.27-30; 5,1.4.20; und 4,21-22.

2. Priesterliche Bearbeitung bzw. Neukonzeption (K^P): Ex 1,1-5.7.13f.; 2,23aß-25; 6,1-17; der bekannte priesterliche Anteil an Ex 7-14; 15,19.

3. Vorpriesterliche Bearbeitung (K^D): Ex 1,6.8; 3,1-4,12.17f.[5]; 4,29-31*; 5,22-6,1; der Stab Moses in 7,15.17.20; 11,1-3; 12,(21-23).24-27; 13,3-16; 14,13f.30f.

Für die Begründung sei dafür auf E.Blum, Studien, 17-43; 232-262 verwiesen. Davor lassen sich tentativ noch folgende Stufen erkennen:

4. Eine nicht mehr ganz vollständig erhaltene Plagen-Auszugserzählung: (Ex 1,9.12.15-2,23aα; 4,19-20a.24-26[?]); 5,1-2.(3-19).20-21[6]; 7,14-12,39* (abzüglich

---

[2] Vgl. z.B. W.Fuß, Pentateuchredaktion; A.Reichert, Jehowist; W.H.Schmidt, Exodus, 135-144; 196f.; 247; E.Zenger, Israel, 19ff.

[3] Studien zur Komposition des Pentateuch, 1990.

[4] S.u. 501ff.

[5] Ex 3,1-4,18* stellt deutlich einen Einschub zwischen 2,23aα und 4,19.20a dar, vgl. schon M.Noth, ÜP, 31f. Anm.103 (sekundär zu J); E.Blum, Studien, 20-22. Faßt man 3,7f.//9f. als bewußte Inclusio, dann entfällt der wichtigste Anlaß, den Text auf J und E aufzuteilen (a.a.O., 22-27); 4,1ff. literarisch von 3,1ff. zu trennen und etwa dem „Jehowisten" zuzuschreiben, nur weil eine „eher jüngere Ausdrucksweise" begegnet (W.H.Schmidt, Exodus, 196f.), ist reine Willkür.

[6] Daß Ex 5,1-21 kompositorisch über V.1f.20f. zur Einleitung des Plagenzyklus gemacht worden ist, beweist nicht nur die leitwortartige Verknüpfung V.1: „Entlaß mein Volk, daß es mir in der Wüste diene" (so oder ähnlich 7,16.26; 8,16; 9,1.13; vgl. 8,4; 10,7f.11; 12,31), sondern auch die „Themafrage" des Pharao 5,2: „Wer ist Jahwe, daß ich auf seine Stimme hören sollte?", die in den Plagenerzählungen mit immer neuen machtvollen Selbsterweisen Jahwes beantwortet wird. Darüber hinaus findet sich in 7,14-16 ein expliziter Rückverweis auf

K^P und K^D); 13,17–19.21–22; 14*; 15,1aα.(1aβb–18).20–21. Sie stammt meiner Meinung nach aus der exilischen Zeit.[7]

5. Reste einer Mose-Erzählung: Ex 1,9–12.15–2,23aα; 4,19–20a.24–26(?)...[8], zu der vielleicht auch einmal die Erzählung 5,3–19 gehörte.[9] Zu derselben Überlieferungsstufe könnte einmal die in 14,5a nur noch als Erzählvariante bewahrte Version gehört haben, daß das Volk aus Ägypten geflohen sei.[10] Die Ereignisfolge Ex 2,11 ff. weist auffällige Parallelen zum Jerobeam-Aufstand auf und stammt wohl aus dem Nordreich dieser Zeit.[11]

Ein solcher überlieferungsgeschichtlicher Ansatz hat natürlich erhebliche Auswirkungen auf die Datierung der Texte. Nur ein geringer Anteil (Nr.5) geht – nach Wegfall der „Quelle J" – bis in die frühe Königszeit zurück. Die Hauptmasse der Texte ist exilischer bzw. frühnachexilischer Herkunft, d.h. 700–800 Jahre von den Ereignissen getrennt, wobei allerdings einige wie die wichtige „Moseberufung" Ex 3,1–4,18* der K^D teilweise auf älterer Tradition fußen.[12]

Kap.5 (ähnlich M.Noth, ÜP, 76; W.H.Schmidt, Exodus, 255; E.Blum, Studien, 13). Doch daß 5,3–19 ursprünglich eine eigenständige Erzählung darstellt, zeigt neben der anderen, sozialen Thematik die Tatsache, daß das Motiv eines durch göttliche Erscheinung angeordneten Opferfestes „drei Tage weit in der Wüste" nur in 5,3 ursprünglich verankert ist (vgl. die nur indirekten Anspielungen darauf im Plagenzyklus 7,16; 9,1; 8,21.23); die explizite Verklammerung dieses Motivs in die Erzählfolge erfolgte erst durch K^D in 3,18.

[7] Die von H.H.Schmid, Jahwist, 44–56, zusammengestellten Beobachtungen (Botenformel, bedingte Unheilsankündigung, Verstockung) setzen für die Abfassungszeit zumindest die klassische Prophetie voraus; nimmt man noch die Erkenntnisformeln (Ex 7,17; 8,6.18; 9,14.29; 10,2) hinzu, die an Ezechiel, Deuterojesaja und das DtrG erinnern, sowie die Beobachtung, daß das Dtn offensichtlich noch eine andere Vorstellung von den „Krankheiten Ägyptens" hat (Dtn 7,15; 28,60), so ist eine exilische Datierung wahrscheinlicher (so J.v.Seters, Plagues, 34–38).

[8] Die Rekonstruktion einer solchen „frühen" Schicht berührt sich z.T. mit P.Weimar/E.Zenger, Exodus, 22 ff. Doch wenn diese meinen, eine „vorjahwistische" Exodus-Erzählung, die einzelne Textteile zwischen Ex 5,6 und 15,21 enthalten habe, auf literarkritischem Wege rekonstruieren zu können, dann überfordern sie die Möglichkeiten dieser Methode bei weitem.

[9] Vgl. V.5, der die Erzählung kompositorisch (Doublette zu V.4) auf das Mehrungsthema von 1,9 ff. bezieht; es scheint sich ursprünglich um eine Einzelerzählung gehandelt zu haben, da die Terminologie (vgl. etwa *nōgĕśīm* und *šōṭĕrīm* V.6.10.13–16 mit *śārē missīm* 1,11) von Kap. 1 f. abweicht. Das durch den neuen Rahmen V.1–2.20–21 verdrängte Subjekt von V.3 waren wohl ursprünglich Mose (?) und die israelitischen Vorarbeiter (vgl. V.8.17). Daß Mose ganz bei den Verhandlungen gefehlt haben sollte, wie M.Noth, ÜP, 179 f., vermutet, ist doch eher unwahrscheinlich.

[10] Zu dieser Erzählung gehörte vielleicht auch noch die hinter Ex 18 liegende Tradition, die in der überlieferten Fassung eine nachexilische Ausdeutung des Stoffes darstellt („Bekehrung" von Moses ausländischem Schwiegervater). Sie wurde wohl erst nachträglich in K^D eingeschoben, vgl. E.Blum, Studien, 153–163.

[11] S.u. 217 ff.

[12] So etwa besonders in 3,1–6, wo K^D eine „Kultentdeckungssage" für den Sinai (vgl. *hassĕnē* V.2.4) verwendet hat, die in ein ähnliches Milieu wie die Mose-Erzählung gehört haben dürfte; doch heißt der Schwiegervater Moses hier nicht wie in 2,18 Reguel sondern Jetro/Jeter (3,1; 4,18). „So wird man nicht ausschließen können, daß sogar ein erzählerischer Zusammenhang zwischen Gotteserscheinung, Selbstoffenbarung und Sendung Moses vorgegeben war"(E.Blum, Studien, 42); vgl. auch die 5,3 vorausgesetzte Offenbarung, die allerdings im überlieferten Text ohne Bezug bleibt.

Mancherlei externe Beobachtungen sprechen durchaus dafür, daß die im Pentateuch konzipierten Anfänge der Religion Israels erst mit der deuteronomischen Reformbewegung im 7.Jh. in die zentrale Rolle einrückten[13], die ihnen jetzt zugeschrieben wird. So scheint etwa der Prophet Jesaja im 8.Jh. in seiner theologischen Argumentation völlig ohne die im Pentateuch so prominente Exodustradition auszukommen, und die dort so gewaltig ausgebaute Sinaitheophanie wird von keinem einzigen der vorexilischen Propheten erwähnt.[14] In den Jahrhunderten davor spielte die Exodus-Sinai-Tradition wohl nur bei den mittelpalästinischen Stämmen und im Nordreich eine tragende Rolle.[15]

So wird man an der vom Pentateuch präsentierten Konzeption der Anfänge Israels ganz erhebliche Einschränkungen zu machen haben. Grundsätzlich ist sie jedoch nicht zu bezweifeln, lassen sich doch eine ganze Reihe von Besonderheiten, die die Jahwereligion auszeichnen, nur aus den hier festgehaltenen außergewöhnlichen gesellschaftlichen Bedingungen erklären, unter denen sie entstanden ist.

2.21 Die soziale Organisation der Exodusgruppe

Nach Meinung der Überlieferung ist die Jakobfamilie mit 70 Personen nach Ägypten gekommen, hat sich dort unwahrscheinlich zum Volk (*'am*) Israel gemehrt (1,7) und dieses soll mit 600000 Mann Ägypten verlassen haben (12,37). Diese Darstellung entspricht ganz sicher nicht den historischen Verhältnissen, sondern entstammt späterer theologischer Konzeption, nach der die Exodusereignisse solche zentrale Bedeutung für Israel bekamen, daß auch ganz Israel in Ägypten gewesen sein mußte. Nach heutiger Sicht spricht viel dafür, daß nur eine Gruppe des späteren Israel in Ägypten war und ihre religiösen Erfahrungen in den Stammesverband einbrachte.[16]

Dennoch ist die Überlieferung insofern im Recht, als sie zwischen den Ahnväterfamilien und der Exodusgruppe einen deutlichen Sprung in der Gruppengröße markiert. Die Exodusgruppe hat nicht mehr die soziale Organisationsform der Familie, sondern ist eine wie auch immer zu definierende Großgruppe. Diese Einsicht hat ganz erhebliche religionssoziologische Konsequenzen: Gegen die in der Forschung immer wieder anzutreffende Tendenz, „Väterreligion“ und „Jahwereligion“ miteinander zu parallelisieren,[17] ist hier festzuhalten, daß die gesellschaftliche Bezugsgröße der Jahwereligion eine

---

[13] S.u. 354; beginnend mit der hiskianischen Reform, der das Bundesbuch Ex 20,22–23,19 zuzuordnen ist (s.u. 283ff.); vgl. die Rückbezüge auf den Exodus in 22,20; 23,9.

[14] Abgesehen von der Epiphanie Jahwes aus Theman/Paran Hab 3,3 erst Mal 3,22.

[15] Vgl. Ri 5,4; 1.Kön 12,28; 19,7ff.; Hosea.

[16] Vgl. G.Fohrer, Religionsgeschichte, 58ff.; 76ff.; u.a.; T.N.D.Mettinger, Essence, 406ff., hat diese weitverbreitete Ansicht jüngst dahingehend ergänzt, daß daneben mit der Einwanderung einer Jahwereligion von Süden her nach Juda gerechnet werden muß, die nicht die speziellen Befreiungserfahrungen der Moseschar umfaßte. Dies könnte erklären, warum der Exodus im Süden bis in dtn. Zeit keine wichtige Rolle spielte.

[17] So z.B. durch A.Alt, V.Maag, G.Fohrer, s.o. 50.

völlig andere als die der Religiosität ist, die wir in der Vätergeschichte bezeugt fanden. Die Jahwereligion ist von ihrem Ursprung her eine Großgruppenreligion. Damit aber unterscheidet sie sich strukturell und inhaltlich tiefgreifend von der auf die familiäre Kleingruppe bezogenen Frömmigkeit. Weil die Bedürfnisse einer Großgruppe politischer Natur sind, hat auch die Jahwereligion von vornherein eine stark politische Ausrichtung.

Leider haben wir in der Überlieferung nur noch wenige authentische Nachrichten über die Struktur, die Zusammensetzung und die Lebensbedingungen der Exodusgruppe erhalten. Von späteren Stadien der israelitischen Sozialgeschichte her würde man am ehesten an die Organisationsform des Stammes denken. Doch tribale Strukturen sind kaum zu erkennen, und die gelegentliche Erwähnung von Ältesten (Ex 3,16.18; 4,29; 12,21) wirkt schematisch.[18] Die Überlieferung setzt noch nicht einmal einen ethnischen Zusammenhalt voraus (Ex 12,38; Nu 11,4).[19]

Glaubwürdig ist jedoch die Nachricht, daß die Gruppe von den Ägyptern zum Bau der „Magazinstädte Pitom und Ramses" eingesetzt worden sei (Ex 1,11), die wahrscheinlich zu der neuen Residenz im Ostdelta gehörten, welche die Rameseiden Mitte des 13.Jhs. anlegten.[20] Die gerade in der älteren Exodusüberlieferung dominierende Sicht, daß es sich um eine zu staatlicher Zwangsarbeit gepreßte Arbeitergruppe gehandelt habe (Ex 1,11–14; 5,3–19), ist nicht zu bestreiten, auch wenn die detaillierten Schilderungen der damit gegebenen sozialen Konflikte mehr typischer Natur sind und wahrscheinlich Erfahrungen entspringen, die israelitische Gruppen mit eigener Fronarbeit unter Salomo gemacht haben.[21]

---

[18] Sie entspringt dem besonderen Interesse von K^D, die theologische Autorität der Laienführer im nachexilischen Gemeinwesen zu stärken (Nu 11,16ff.), s. dazu u. 514ff; in der Plagen-Auszugs-Erzählung haben sie kaum eine Funktion (in 5,1 vielleicht nachträglich durch Aaron verdrängt, vgl. 3,18), in der Mose-Erzählung und Ex 5,3–19 fehlen sie ganz. Auch von der Geschichte der Ältesten her hält J.Bucholz eine Ansetzung der Ältesten-Belege im Tetrateuch frühestens in die Exilszeit für wahrscheinlich (Ältesten, 42–54).

[19] Auch wenn diese Angaben das apologetische Interesse haben sollten, den „Aufstand" der Gruppe in der Wüste zu erklären, so sind sie doch angesichts der seit dtn. Zeit erkennbaren Tendenz, Israel ethnisch von allen Völkern abzugrenzen, kaum als Erfindung späterer Zeit abzutun (vgl. H.Donner, Geschichte, 91). Von daher wird das Insistieren W.Herrmanns auf ein einheitliches „Volkstum" (Aufenthalt, 46f.Anm.41; 52; 58f.; Geschichte, 90f.) der Exodusgruppe doch einigermaßen fragwürdig.

[20] Es besteht ein breiter Konsens, diese Nachricht – bei einigen Differenzen im Detail – für historisch zuverlässig zu halten, vgl. dazu W.Herrmann, Aufenthalt, 29f.; 35f.; 44–47; Geschichte, 87ff.; P.Weimar/E.Zenger, Exodus, 118f.; W.H.Schmidt, Exodus, 36–40; H.Donner, Geschichte, 89f.

[21] Gegen M.Görg, Ausweisung, 277ff., der das Thema Fronarbeit insgesamt der „jahwistischen" Aktualisierung der Tradition unter Salomo zuschreibt und zur historischen Rekonstruktion des Exodus eine Stele des Königs Sethnacht (1190–1187) aus Elephantine heranzieht, in der sich dieser der Vertreibung von „Asiaten" rühmt, die sich offenbar „den Einfluß militärischer Kreise zunutze gemacht (haben), um an die Macht zu gelangen". Ohne jeden sozialen Befreiungsimpuls hätte die Exodustradition kaum im Jerobeamaufstand verwendet und erstmals literarisch ausgeformt werden können, s.u. 219.

Man hat vermutet, daß es sich bei der Exodusgruppe um ehemalige Nomaden handelt, die aufgrund einer Notlage mit ihren Herden im Nildelta Schutz gesucht hätten, wie das von zeitgenössischen ägyptischen Quellen bezeugt wird.[22] Doch ganz abgesehen davon, daß keine ägyptischen Belege für den Einsatz der ja nur zeitlich eng begrenzt eingelassenen Nomaden bei staatlicher Zwangsarbeit beizubringen sind,[23] auch die alttestamentliche Überlieferung selber läßt keinerlei Kenntnis nomadischer Lebensgewohnheiten der Exodusgruppe erkennen; im Gegenteil, sie rechnet damit, daß die Gruppe fest im Nildelta wohnt (Ex 9,26) und nach dem Auszug in der Wüste so wenig mit nomadischen Überlebensstrategien vertraut ist, daß sie fortlaufend in Not gerät und auf die Hilfe von Nomaden angewiesen bleibt (Nu 10,29-32). Daß Mose einen ägyptischen Namen trägt (*msj* „gebären" vgl. Thutmose, Ramses) und von den Midianitern als Ägypter angesehen wird (Ex 2,19), spricht doch eher dafür, daß sich die Gruppe, auch wenn es sich wahrscheinlich um semitische Bevölkerungselemente gehandelt hat, wirtschaftlich weitgehend ägyptischer Lebensart angepaßt hatte. Das heißt aber: Die Jahwereligion ist von Hause aus keine nomadische Religion, wie immer wieder behauptet wird.[24]

So spricht doch mehr für die These von W.Helck, daß es sich bei der Exodusgruppe um eine Abteilung Kriegsgefangener von ethnisch unterschiedlicher Herkunft gehandelt hat, deren Einsatz bei staatlichen Bauarbeiten belegt ist.[25] In diesem Zusammenhang könnte man erwägen, ob die Exodusgruppe nicht der Klasse der gesellschaftlich Entwurzelten (outlaws) zuzurechnen ist, die in keilschriftlichen Quellen *ḫap/bīru* und in ägyptischen *ʿpr.w* genannt werden und die z.T. als marodierende Banden den Vorderen Orient unsicher machten.[26] Der Einsatz solcher Bevölkerungselemente bei staatlichen Baumaßnahmen wird in zeitgenössischen ägyptischen Quellen erwähnt. So heißt es in einem Musterbrief Ramses II.: „Gib Getreideproviant ... den *ʿpr*, welche für den großen Pylon von ' [...] Ramses Miamum' Steine

---

[22] So unter Verweis auf Gen 46,31-34 und den Papyrus Anastasi VI,51-61 (TGI^2 40f.) dezidiert S.Herrmann, Aufenthalt, 43-48; Geschichte, 84-91, und H.Donner, Geschichte, 88-91. Für Herrmann ist das „Selbsbewußtsein freier Nomaden", fur Donner „die soziale Struktur der Nomadenverbände", die die Assimilation verhinderte, unverzichtbare Voraussetzung des Befreiungsvorgangs.

[23] Vgl. W.Helck, ThLZ 97, 180; Bedrohung, 480.

[24] So z.B. dezidiert S.Nyström, Beduinentum; V.Maag, Begegnung (2.1), 203ff.; W.H.Schmidt, Glaube, 35ff.; differenzierter G.Fohrer, Geschichte, 58-62; 86-91.

[25] Beziehungen, 581; ThLZ 97, 179ff.; Bedrohung, 480.

[26] Vgl. J.Bottéro, Ḫabiru, 27: „un genre de vie de vagabonds, de fuyards de hors-la-loi". Zur uferlosen Diskussion des Begriffes und seines möglichen Zusammenhanges mit hebr. *ʿibrīm* vgl. M.Weippert, Landnahme (2.3), 101ff.; S.Herrmann, Aufenthalt, 55-58; W.Helck, Bedrohung; W.H.Schmidt, Exodus, 259f.; N.P.Lemche, Hebrew; H.Schult, Hebräer; N.K.Gottwald, Tribes (2.3), 398-425; O.Loretz, Habiru, 195-234. Die extrem kritischen Stellungnahmen von H.Schult und O.Loretz gehen davon aus, daß die Belege in Ex 1-15 einem „exilischen Jahwisten" angehören. Doch ist der Begriff *ʿibrī* gerade in der ältesten Schicht der Mose-Erzählungen am festesten verankert (Ex 1,15.16.19; 2,6.7.11.13; 5,3).

ziehen."[27] Und wenn die Israeliten Ex 1–12, solange sie in Ägypten sind, auffällig häufig als „Hebräer" (*ʿibrī* vgl. Ex 1,15f.19; 2,6f.11.13) und Jahwe im Alten Testament ausdrücklich als „Gott der Hebräer" (Ex 3,18; 5,3; 7,16; 9,1.13; 10,3) bezeichnet werden, dann mag dabei eine Erinnerung an die ursprüngliche Zugehörigkeit der Exodusgruppe zu dieser Klasse mitschwingen.

Nicht als historische Nachrichten im strengen Sinn, aber doch als soziologisch typisch haben die verschiedentlichen Bemerkungen zu gelten, die von einem Mangel an Solidarität in der Exodusgruppe berichten (Ex 2,11–15; vgl.5,20f.; 6,9); typisch ist auch, wenn dabei die Entsolidarisierung als bewußt eingesetztes Herrschaftsinstrument der Ägypter beschrieben wird (Ex 5,14ff.).

Es handelt sich somit um eine wirtschaftlich angepaßte, aber sozial deklassierte und durch staatliche Maßnahmen entsolidarisierte Großgruppe fremdländischer Fronarbeiter der ramesidischen ägyptischen Gesellschaft, auf die die Jahwereligion bei ihrer Entstehung bezogen ist.

2.22 Das religiöse Schlüsselerlebnis der politischen Befreiung

Die Entstehung der Jahwereligion ist unlöslich mit dem Prozeß der politischen Befreiung der Exodusgruppe verbunden. Sie ist der Funke, der einem langanhaltenden, schwelenden, sozialen Konflikt zum Ausbruch verhilft. Das Buch Exodus berichtet auf verschiedene Weise, wie diese angepaßte, unsolidarische und zum politischen Handeln unfähige, unterdrückte Gruppe fremdländischer Fronarbeiter durch die Initiative des Gottes Jahwe zu einem politischen Führer und zu einer neuen politischen Zukunftshoffnung gelangt, die es ihr ermöglichen, sich nach innen zu solidarisieren und nach außen aus ihren gesellschaftlichen Verflechtungen zu lösen und so zu einer gemeinsamen politischen Befreiungsaktion zu befähigen.

In der ältesten, noch rudimentär erkennbaren Schicht[28] der Überlieferung scheitert ein erster Aufstandsversuch, den Mose unternimmt: Er erschlägt einen der verhaßten ägyptischen Aufseher, um Streit in der Gruppe zu schlichten. Doch anstatt sich mit ihm zu solidarisieren und die Aggressionen gegen ihre Unterdrücker zu richten, erkennen die Hebräer seinen Führungsanspruch nicht an und drohen ihm mit Denunziation (Ex 2,11–14; vgl. 1.Kön 11,27; 12,18; Act 7,24f.). Mose muß ins Ausland fliehen und findet bei einem midianitischen Priester Aufnahme (Ex 2,15–22). Hier, außerhalb des ägyptischen Machtbereichs, lernt er den Gott Jahwe kennen. Aufgrund eines Orakels Jahwes kehrt er in einem günstigen Augenblick zu seinen Leuten zurück (2,23aα+4,19.20a) und kann die Fronarbeiter zu einer gemeinsamen Fluchtaktion mobilisieren (14,5a). Eine den Flüchtlingen nachsetzende ägyptische Streitwagentruppe fährt sich im Morast des „Schilfmee-

[27] So im Leidener Papyrus, TGI² 35.
[28] S.o. 72, Nr.5.

res" fest. Das Ereignis wird von der Gruppe als Sieg Jahwes über die Ägypter gefeiert (15,21).

Nach dieser – rekonstruierten – ältesten Schicht der Überlieferung wird Jahwe von der Fronarbeitergruppe als ein Gott erfahren, der ihr im entscheidenden Moment den politischen Führer verschafft, der sie zu ihrer Befreiung motiviert und befähigt. Er ist darüber hinaus der Gott, der eingreift, da die Befreiungsaktion zu scheitern droht, und sie vor der militärischen Übermacht ihrer Bedrücker rettet.

In der – wohl exilischen – Plagen-Auszugs-Erzählung Ex 1 f*.5–12*[29] wird die Erfahrung der politischen Befreiung zu einem dramatischen Ringen zwischen Mose und dem Pharao ausgestaltet. Mose erscheint hier weniger als politischer Führer (nur noch 2,11 ff. und 5), denn als magisch-religiöser Beauftragter des Gottes Israels, der mit Hilfe dessen überragender Wundermacht die Freilassung seines Volkes gegen noch so große politische Widerstände erzwingt und dessen Anerkennung durch die politisch Mächtigen durchsetzt.[30]

In der frühnachexilischen Überlieferung von K^D und K^P werden diese religiösen Erfahrungen aufgrund älteren Materials ausgestaltet und theologisch akzentuiert: Mose wird in Ex 3 f. und 6 einer expliziten Gotteserscheinung gewürdigt. Jahwe setzt die politische Befreiung durch ein ausdrückliches Verheißungswort in Gang, sich der klagenden Fronarbeiter zu erbarmen, sie aus dem Machtbereich der Ägypter herauszuführen und ihnen einen neuen Lebensraum zu schenken (3,7 f.). Mose erhält einen förmlichen Auftrag, das Befreiungswerk in Gang zu setzen (3,10–17), wobei dieser mal mehr im Sinne der späteren Charismatiker als Tatauftrag, die Verhandlungen mit dem Pharao zu führen (3,10.18b), und mal mehr im Sinne der späteren Propheten als Wortauftrag, dem Volk die Befreiungsbotschaft auszurichten (3,16–18a), verstanden wird. Der entscheidende Beitrag der Gruppe besteht nach Konzeption von K^D darin, daß sie dem göttlichen Verheißungswort glaubt (4,1.[5].8.9.29–31), d.h. die religiöse Utopie antizipiert und sich auf sie einläßt. Die weitgespannte Zukunftsperspektive, die dem von Jahwe in Gang gesetzten politischen Befreiungsvorgang innewohnt, wird in dieser Darstellung besonders deutlich herausgearbeitet.

Die exilische Ausgestaltung der Schilfmeerüberlieferung (Ex 14 f.) kehrt an der dort beheimateten Rettungserfahrung den Aspekt der göttlichen Macht über die die Gruppe bedrohende feindliche Militärmacht weiter hervor: Jahwe „schüttelt nicht nur die Ägypter mitten ins Meer" (14,27), sondern er wird auch regelrecht als „Kriegsheld" besungen (*'īš milḥāmā* Ex 15,3; vgl. 14,14.25). Die in der späteren vorstaatlichen Zeit so typische Erfahrung Jahwes im Befreiungskrieg[31] ist – nach Meinung der späteren Tradenten – schon von diesem anfänglichen Befreiungserlebnis her angelegt.

---

29 S.o. 71 f., Nr.4.
30 Vgl. Ex 5,2; 7,17; 8,6.18; 9,14.27.29; (10,2); 11,7.
31 S.u. 123 ff.

Auch wenn die uns überlieferten Texte das religiöse Schlüsselerlebnis der Exodusgruppe unter Zuhilfenahme späterer Deutungsmuster darstellen, lassen sich aus ihnen doch schon einige wichtige Strukturmerkmale der entstehenden Jahwereligion Israels erkennen:

Die Jahwereligion Israels entsteht im Befreiungsprozeß einer unterdrückten Außenseitergruppe der ägyptischen Gesellschaft, ihre religiöse Symbolwelt ist darum direkt auf den Prozeß geschichtlich politischer Befreiung bezogen. Das gibt ihr von ihrem Ursprung her eine geschichtlich politische Ausrichtung und einen deutlichen Zug zum Sozialen, der für die Religion Israels kennzeichnend bleiben sollte. Anders als die altorientalischen Staatsreligionen, die sich aus mythischer Urzeit herleiten, ist die Jahwereligion geschichtlich begründet und hat von Hause aus nicht die Funktion, Herrschaft zu legitimieren und die bestehende gesellschaftliche Ordnung zu stabilisieren. Als Symbolwelt einer um ihr Lebensrecht kämpfenden gesellschaftlichen Außenseitergruppe dient sie vielmehr der Solidarisierung dieser Gruppe nach innen und ihrer Desintegration aus einer als ungerecht empfundenen Gesellschaftsordnung in Richtung auf eine zukünftige gesellschaftliche Integration, die ein freies und gerechteres Zusammenleben ermöglicht. Von diesem Ausgangspunkt her erklärt sich die antiherrschaftliche, gegenwärtige gesellschaftliche Zustände transzendierende, desintegrative Tendenz, die sich immer wieder in der Religionsgeschichte Israels Geltung verschaffen wird.

Die Strukturmerkmale der entstehenden Jahwereligion lassen sich nach dieser grundsätzlichen religionssoziologischen Charakteristik im einzelnen verdeutlichen, wenn man sie noch einmal mit der familiären Frömmigkeit in den Vätergeschichten[32] vergleicht:

Hier ergibt sich erst einmal eine Reihe von Analogien: Wie das Handeln der Vätergötter ist auch das Handeln Jahwes auf die zentrale Notsituation der Gruppe bezogen; wie der Familiengott bindet sich auch Jahwe direkt an eine Menschengruppe, eröffnet ihr durch sein Wort eine neue Zukunft und sorgt für ihr Überleben. Das rettende Handeln Gottes und die personale Bindung an ihn spielen somit auf beiden Ebenen der israelitischen Religion eine wesentliche Rolle.

Doch damit enden auch schon die Gemeinsamkeiten: Da die Gruppe, auf die das Handeln Jahwes bezogen ist, eine Großgruppe ist und ihre Not eine politische Not, wird auch das rettende Handeln Gottes, das sie erfährt, komplexer: Das rettende Eingreifen Gottes ist hier nicht punktuell, sondern setzt einen ganzen Befreiungsprozeß in Gang, der aus einer ganzen Kette von Einzelaktionen besteht: Solidarisierung der Gruppe, Entkommen aus dem ägyptischen Machtbereich, Rettung aus militärischer Bedrohung, Finden eines neuen Lebensraumes etc. Damit hängt zusammen, daß sich der Bogen zwischen dem göttlichen Verheißungswort, das der Gruppe von

---

32 S.o. 58f.

Fronarbeitern eine neue Zukunft eröffnet, und seiner Realisierung enorm ausweitet. Umfaßte es in der Sohnesverheißung auf der Ebene der Kleingruppenreligion nur ein Jahr, so umgreift es auf der Ebene der Großgruppenreligion einen langandauernden politisch-geschichtlichen Prozeß, der nach späterer Überlieferung sogar die Lebensdauer einer Generation übersteigt (40 Jahre). Anders als das Handeln der Vätergötter in den Familien wird das Handeln Jahwes von der Exodusgruppe im weiten Raum der Geschichte erfahren. Und noch ein weiterer Unterschied kommt hinzu: Die Verheißung Jahwes ergeht nicht mehr wie die der Familiengötter unmittelbar an die Betroffenen, sondern an einen Mittler. Es ist Mose, der das den Befreiungsprozeß in Gang setzende entscheidende Jahweorakel erhält, er muß es der Exodusgruppe erst ausrichten. Hier wird ein grundlegendes Strukturmerkmal religiöser Motivation von Großgruppen sichtbar, das wahrscheinlich mit den hochkomplizierten Kommunikationsprozessen in solchen Gruppen zusammenhängt: Wie hier eine Entscheidungsfindung nicht möglich ist, ohne daß einzelne für die Gruppe eine konsensfähige Meinung formulieren, so beschränkt sich im Alten Testament die Wortoffenbarung immer auf einzelne Menschen bzw. kleine Gruppen, die der Großgruppe das sie betreffende göttliche Orakel weitersagen und auslegen müssen. Die religiöse Repräsentation ist für die Gottesbeziehung der Großgruppe konstitutiv, es gibt für sie nicht die Unmittelbarkeit des Gottesverhältnisses, das für einzelne und kleine Gruppen typisch ist. Von diesen Überlegungen her ist auch die Rolle des Mose für die Anfänge der Religion Israels, die in der jüngeren Vergangenheit immer wieder in Frage gestellt wurde,[33] absolut notwendig. Er ist zwar nicht Stifter der israelitischen Religion,[34] wie Zarathustra oder Mohammed Religionsstifter waren, aber er ist doch der nicht wegzudenkende Mittler des Jahweorakels, ohne das die Religion Israels nicht in Gang gekommen wäre.

Schließlich muß noch ein letzter Unterschied genannt werden. Wohl ist die anfängliche Zuwendung Jahwes zur Exodusgruppe ähnlich elementar und unbedingt wie die der Vätergötter zu ihren Familien; dennoch ist sie anders als diese in sehr viel höherem Ausmaß an die Initiative und Entscheidung der betroffenen Menschen gebunden. Mose erhält neben dem Verheißungswort den politischen Auftrag, das Befreiungswerk durchzuführen: Er muß Überzeugungsarbeit leisten, die Gruppe solidarisieren und mobilisieren und die Aktion gegen Widerstände durchsetzen. Und auch die Fronarbeitergruppe muß ihren Beitrag zu ihrer Befreiung leisten: Sie muß

---

[33] So am extremsten aufgrund fragwürdiger überlieferungsgeschichtlicher Voraussetzungen M.Noth, ÜP, 172–191; diese Position wird aber inzwischen mehr oder weniger stark revidiert, vgl. die Diskussion bei W.H.Schmidt, EdF, 11–19; H.Donner, Geschichte, 107–115; H.Schmid, Gestalt, 96–108.

[34] So die ältere Ansicht, die noch einmal von F.Baumgärtel und G.Fohrer erneuert wurde, zur Diskussion vgl. R.Rendtorff, Mose; H.Donner, Geschichte, 110f.; H.Schmid, Gestalt, 79–83.

sich entscheiden, ob sie sich auf das ungesicherte Gotteswort einlassen und den risikoreichen Weg zu ihrer Befreiung einschlagen will und damit all das an gesellschaftlicher Sicherung aufgibt, was sie immerhin noch hat. Diese Entscheidung wird aus späterer Sicht in Ex 4,31 mit dem Stichwort „Glauben" bezeichnet; damit ist in diesem Zusammenhang nicht nur eine religiöse, sondern auch eine aktive politische Option gemeint. Ohne diesen „Glauben", das betont die vorpriesterliche Komposition sehr stark (Ex 4,1 ff.; 14,11 ff.31), droht das ganze Befreiungsunternehmen immer wieder zu scheitern. Das heißt aber: Die geschichtlich fundierte Gottesbeziehung der Exodusgruppe ist in ihrem Bestand sehr viel stärker von menschlicher Entscheidung und Teilnahme tangiert als das urtümliche Vertrauensverhältnis zu Gott in der familiären Kleingruppe. Die Jahwereligion ist von Hause aus stärker auf ein Korrespondenzverhältnis zwischen göttlichem und menschlichem Verhalten hin angelegt. Von ihrer besonderen Entstehungssituation her ist für sie der Anspruch auf gruppeninterne Loyalität und die Tendenz zu gruppenexterner Abgrenzung charakteristisch.

2.23 *Jahwe, der Gott der Befreiung*

Die Überlieferung läßt noch erkennen, daß die Exodusgruppe erst im Zusammenhang ihrer Befreiung durch Mose den Gott Jahwe kennengelernt hat (Ex 3,13 f.15; 6,2).[35] Das bedeutet sicher nicht, daß die Gruppe zuvor religionslos gewesen wäre; auch wenn wir über die vorjahwistische Religion dieser Gruppe nichts wissen, können wir davon ausgehen, daß sie auch ihre Familiengötter hatte[36] und sich an der Verehrung ägyptischer oder semitischer Götter der Region beteiligte.[37] Nicht die Gottesbeziehung als solche, sondern die spezielle Bindung an den Gott Jahwe kam durch die Befreiung aus Ägypten zustande. Wer war dieser Jahwe oder woher kam er?

Immer wieder ist der Versuch gemacht worden, etwas über das Wesen Jahwes aus der Erklärung seines Namens zu erfahren.[38] Der Gottesname begegnet in verschiedenen Formen, im Alten Testament meist in der Langform (Tetragramm)

---

35 Daß K^D und K^P hierin auf einer älteren Tradititon fußen, zeigen Hos 12,10; 13,4; Ez 20,5; vgl. E.Blum, Studien, 41 f.

36 Neben allgemeinen religionsgeschichtlichen Erwägungen könnte auch der Rekurs auf den „Gott seines (Moses') Vaters" Ex 3,6aα dafür sprechen. Der Rückbezug auf den Gott der Erzväter (Ex 3,6aβ.13.[15].16) ist dagegen erst eine von K^D gesetzte kompositorische Klammer.

37 Die Vermutungen von V.Maag, Hirte (2.1), 142, und R.Rendtorff, Mose, 162 f., daß die Exodusgruppe schon vor ihrer Abwanderung nach Ägypten Jahwe am Sinai verehrt und ihn mit dem Vätergott verschmolzen habe, hat die Annahme einer fragwürdigen ethnischen Kontinuität im Sinne des späteren Pentateuchaufrisses zur Voraussetzung und verquickt unzulässig Klein- und Großgruppenreligion. C.de Moor, God, 59–64, rechnet mit einer El-Verehrung in Ägypten. Auch der in Ex 5,3 u.ö. vorgebrachte „Vorwand", den Gott der Hebräer in der Wüste verehren zu wollen, kann die einhellige Sicht der Überlieferung, daß Mose den Fronarbeitern eine neue Gottesbeziehung vermittelte, nicht aufheben.

38 Vgl. zum Folgenden E.Jenni, Jahwe; M.Weippert, Jahwe; D.N.Freedman/P.O'Connor, JHWH; M.Rose, Jahwe.

JHWH (6828mal), deren Aussprache infolge der in hellenistischer Zeit einsetzenden Scheu, den Gottesnamen zu nennen, nicht völlig gesichert ist. Als im frühen Mittelalter die Masoreten die Aussprache des hebräischen Konsonantentextes festlegten, vokalisierten sie das Tetragramm nach den statt dessen zu lesenden Wörtern *'ădōnaj* („Herr") bzw. *'ĕlōhīm* („Gott"), woraus die falsche Lesung „Jehova" entstand. Aufgrund spätantiker Umschriften *Iabe/ai* bzw. *Iaoue* ist die Aussprache Jahwe am wahrscheinlichsten. Daneben sind verschiedene Kurzformen belegt: JHW bzw. JHH (wahrscheinlich „Jaho" zu lesen) war die gängige Namensform bei den Juden der ägyptischen Militärkolonie in Elephantine (5.Jh.), JHW ist jetzt auch auf einer Steinschale aus *Kuntillet 'Ajrud* für das 9.Jh. bezeugt. Daneben begegnet in poetischen, besonders liturgischen Texten des Alten Testaments die Form „Jah" (vgl. Ex 15,2 und „Halleluja") und in Personennamen die Formen *Jĕhō-/Jō-* (z.B. „Josua") und *-jāhū/-jā* (z.B. „Adonja"). Die immer wieder vorgetragene Vermutung, daß die Langform erst nachträglich aus der Kurzform heraus gebildet worden sei,[39] ist aufgrund inschriftlicher Zeugnisse eher unwahrscheinlich; das Tetragramm wird durch die Stele des moabitischen Königs Mescha (KAI 181, 17f.) und durch die Inschriften aus *Kuntillet 'Ajrud*, einem judäischen Außenposten im Sinaigebiet, schon im 9.Jh. als die gängige Schreibung des israelitischen Gottesnamens belegt, ganz zu schweigen von den Belegen aus dem 8. und 7.Jh. (*Ḫirbet el-Qôm*, Arad, Lachisch, *Ḫirbet Beit Lei*).[40]

Morphologisch erklärt sich der Jahwename am einfachsten als substantivierte Verbform der 3. Person Imperfekt, wobei sich Lang- und Kurzform zueinander wie „Langimperfekt" und „Kurzimperfekt" verhalten. Formale Parallelen für eine solche Gottesnamenbildung lassen sich vereinzelt aus Mesopotamien und häufiger bei den vorislamischen Arabern beibringen.[41] Die etymologische Erklärung hat von einer Verbalwurzel HWI auszugehen. Früher griff man gerne auf arabische Wurzeln zurück, z.B. auf *hawā* „fallen" oder *hawā* „wehen". Nach der ersten Ableitung wäre Jahwe „der (mit seinem Blitz) Fällende" (B.Stade), also ein Gewittergott, nach der zweiten einer, der weht und durch die Lüfte fährt (J.Wellhausen),[42] somit ein Sturmgott. Heute geht man meist auf die hebräisch/aramäische Wurzel HJI/HWI „sein, werden" zurück, auf der auch das schriftgelehrte Wortspiel Ex 3,14 fußt. Mose erhält hier auf seine Frage nach dem Namen des ihm erschienenen Gottes die geheimnisvolle Antwort: *'ehjē 'ăšer 'ehjē* „ich bin, der bin" o.ä. (1. Person infolge der Gottesrede). Falls mit diesem paronomastischen Relativsatz wirklich mehr gemeint ist als eine abweisende Tautologie,[43] dann ist ein möglicher Sinn am ehesten in

---

[39] Vgl. etwa M.Rose, Jahwe, 22–30.

[40] Vgl. die Belege bei M.Weippert, Jahwe 247f., und D.N.Freedman/P.O'Connor, JHWH, 536f.

[41] Etwa *(d)Ikšudum* „Er hat gepackt" und *Jagūt* „Er hilft", vgl. M.Weippert, Jahwe, 251; E.A.Knauf, Jahwe, 468f.; H.-P.Müller, Jahwename, 320f.; letzterer deutet auch einige Namen aus Ebla, in deren das Element *ì-a* (von HWI „Er wird sein/sich erweisen") als Subjekt vorkommt, in dieser Richtung (a.a.O., 317ff.) und stellt fest: „Nicht der Jahwename, wohl aber seine dynamisch-fientische Interpretation im Sinne eines gegenwärtig-zukünftigen Gottes" im Sinne von Ex 3,14 „hat einen altorientalischen Traditionshintergrund" (322).

[42] Für diese Ableitung hat sich jüngst wieder E.A.Knauf, Jahwe, 469, ausgesprochen, da sie zum Hadad-Typ dieses Gottes am besten paßt.

[43] So L.Köhler u.a., vgl. die Diskussion bei W.H.Schmidt, Exodus, 175; andere vergleichbare Konstruktionen (Ex 4,13; 1.Sam 22,23; 2.Sam 15,20; 2.Kön 8,1) haben einen bewußt unbestimmten Sinn.

Richtung auf die Zusage „Ich werde mit dir sein" V.12 zu suchen: Jahwe ist der Gott, der bei seinem Volk und für es wirksam ist.[44] Die wissenschaftlichen Erklärungen gehen entweder vom Kausativstamm aus: Jahwe ist der, der ins Dasein ruft, der schafft,[45] oder aber vom Grundstamm: Jahwe ist der, der ist, der sich als Gott gegenwärtig, mächtig und helfend erweist.[46] Eine sichere Entscheidung zwischen beiden Erklärungen ist nicht möglich. Zur Stützung der letzteren kann man auf die amurritischen Personennamen vom Typ *Jawi-GN* „GN erweist sich (als hilfreich u.ä.)" verweisen, der in Mari und jetzt wahrscheinlich auch in Ebla[47] bezeugt ist (vgl. akk. *Ibašši-GN*). Eine dem Jahwenamen entsprechende Verbalform begegnet hier als Prädikat des Gotteslobes. Es ist durchaus möglich, daß sich im Jahwenamen ein solches lobendes Prädikat verselbständigt hat.

Grundsätzlich ist gegen alle die Erklärungsversuche einzuwenden, daß die Etymologie nur in den seltensten Fällen geeignet ist, Aussagen über die aktuelle Bedeutung eines Gottes zu machen. Gottesnamen sind häufig sehr viel älter als die aktuellen Religionen, und die Gottesvorstellungen wandeln sich unter der Hülse des gleichen Namens. Es ist relativ unwahrscheinlich, daß sich Israel der Bedeutung des Jahwenamens noch bewußt gewesen ist, die spekulative Anspielung Ex 3,14 steht fast ganz isoliert da.[48]

Weiter führt demgegenüber die Frage nach der Herkunft Jahwes. Zwar lassen sich für ihn keine sicheren Belege aus der Umwelt beibringen,[49] aber die alttestamentliche Überlieferung bezeugt selbst, daß Mose seine entscheidende Begegnung mit diesem Gott außerhalb Ägyptens, aber auch außerhalb des späteren israelitischen Siedlungsgebietes in der Gebirgswüste südlich von Palästina gemacht habe (Ex 3,1-6). Hinzu kommt, daß noch eine Reihe zum Teil alter poetischer Texte eine ursprüngliche lokale Bindung Jahwes an diese Region erkennen läßt, die hier Sinai, Se'ir, Edoms Gefilde, Teman oder Gebirge Paran genannt wird. Von dort zieht Jahwe aus, um seinem Volk in Palästina zu Hilfe zu kommen (Ri 5,4f.; Ps 68,8f.; Dtn 33,2; Hab

[44] So W.H.Schmidt, Exodus, 177–179, u.a.

[45] So erneut D.N.Freedman/P.O'Connor, JHWH, 545–548, im Anschluß an F.M.Cross; dagegen spricht jedoch die geringe Bedeutung, die die Schöpfung anfangs in der Religion Israels spielte.

[46] So etwa W.v.Soden, Jahwe, 162, und ähnlich viele andere.

[47] Vgl. H.-P.Müller, Jahwename, 308ff.

[48] So mit Recht M.Rose, Jahwe, 34, der dies jedoch gegen eine Ableitung von HWH ausspielt. Eine vergleichbare Ausdeutung könnte höchstens Hos 1,9 vorliegen, wenn hier nicht doch ein Textfehler vorliegen sollte. Der nabatäische Name *'bd'hjw* hat wahrscheinlich keinen Bezug zur Wurzel HJI in der 1.Pers.sg., könnte sich aber auf einen Gott oder Berg JHW in Nordwestarabien beziehen, vgl. E.A.Knauf, Parallele, 25.

[49] Gegen M.Rose, Jahwe, 32. Aufsehen erregte die Behauptung von G.Pettinato, daß sich Jahwe in den Personennamen aus Ebla nachweisen lasse. Diese kann heute als widerlegt gelten; das Bildungselement *-jà* bzw. *(DINGIR)Jà-*, das in den Texten mit dem Zeichen *NI* geschrieben wird, ist wahrscheinlich Kurzschreibung für *NI.NI* = *ì-lí* „mein Gott" und meint den persönlichen Schutzgott (vgl. H.-P.Müller, Jahwename, 305-307). Ein in Ugarit neben dem Meeresgott Jam auftauchender *Jw* (KTU 1.1 IV, 14) kann aus lautgesetzlichen Gründen kaum etwas mit Jahwe zu tun haben (vgl. D.N.Freedman/P.O'Connor, JHWH, 542f.; M.Weippert, Jahwe, 250; mit der Möglichkeit eines Gottes *Jw* in Nordsyrien rechnet H.-P.Müller, a.a.O., 325f.).

3,3).[50] In einem altertümlichen Epitheton kann Jahwe geradezu als „der vom Sinai" bezeichnet werden (Ri 5,5; Ps 68,8 f.). Auch die Überlieferung, daß Elia eine Wallfahrt zu Jahwe auf dem Horeb unternommen haben soll (1.Kön 19), der 40 Tagereisen südlich von Beerscheba vermutet wird, spricht dafür, daß der Gott Jahwe an einem Berg der südpalästinischen Wüstenregion haftete, auch wenn es über dessen genaue Lage im Alten Testament nur noch verschwommene Vorstellungen gibt.

Der Gott, den die Exodusgruppe durch Mose kennenlernte, stammt somit aus einer Gegend, die nicht zum Territorium des späteren Israel gehörte. Diese lokale Bindung kann deshalb auch kaum aus der israelitischen Jahweverehrung erklärt werden, es spricht vielmehr einiges dafür, daß Jahwe schon in der Gebirgsregion südlich von Palästina beheimatet war und verehrt wurde, bevor er zum Gott Israels wurde.

Da sind einmal die ägyptischen Listen aus der Zeit Amenophis' III. (1.Hälfte 14.Jh.) und Ramses' II. (13.Jh.), die im *šwśw*-Land, d.h. in derselben südpalästinischen Region, *J-h-w*w als eine geographische und/oder ethnische Bezeichnung belegen.[51] Daß dies mit der Verehrung eines gleichnamigen Gottes in dieser Region zu tun haben könnte, ist nicht von der Hand zu weisen.

Da sind zum anderen die Nachrichten aus dem Alten Testament über die Verbindungen Moses zu den Midianitern (Ex 2,15 ff.; 3,1; 18), deren Siedlungsgebiete östlich des Golfs von Akaba zu suchen sind und die damit in den Umkreis der oben genannten Region gehören. Nach seiner Flucht aus Ägypten soll Mose eine midianitische Frau geheiratet haben, deren Vater midianitischer Priester gewesen ist (Ex 2,16; 3,1; 18,1). Wohl schwankt die Überlieferung ein wenig: Mal heißt der Schwiegervater Reguel (2,18)[52], mal Jetro (3,1; 18,1 ff.), mal Jeter (4,18) und mal Hobab (Ri 1,16; 4,11; Ausgleich Nu 10,29), wobei letzterer als Keniter bezeichnet wird, die aber als Untergruppe der Midianiter gelten können.[53] Doch kann diese Nachricht

---

50 Vgl. auch die Bezeichnung „Jahwe-Teman" und das Hymnen-Fragment („Wenn...Gott aufscheint, schmelzen die Berge...") in den Inschriften aus *Kuntillet 'Ajrud*, vgl. M.Weinfeld, Inscriptions, 125 f.

51 Aus dem nubischen Soleb und Amara-West; vgl. S.Herrmann, Gottesname, 282 ff.; Geschichte, 106 f.; M.Görg, Jahwe, H.Donner, Geschichte, 101. Die grammatische Deutung der Konstruktion *tw šwśw jhw*w „das Land der Schasu-Jhw'" ist nicht ganz sicher. M.Görg denkt an die „Figur einer 'scheinbaren Apposition'" und übersetzt „Jahu o.ä. im Land der Schasu" (10 f.). Mit Schasu wird die nomadische Bevölkerung südlich der Linie Raphia-Südende des Toten Meeres bezeichnet (vgl. W.Helck, Bedrohung, 479 f.); in der Liste aus Amara-West taucht daneben auch das „Land der Schasu von Seir" auf. Wir werden damit eindeutig auf den südpalästinischen Raum gewiesen. Zwei weitere Belege aus Medinet Habu (Zeit Ramses III, 12.Jh.) hat R.Giveon beigebracht (vgl. D.N.Freedman/R.O'Connor, JHWH, 542; M.Görg, a.a.O., 13 f.).

52 Reguel findet sich auch unter Vorfahren der Edomiter (Gen 36,10.13), was in ein ähnliches Siedlungsgebiet um den Golf von Akaba verweist, vgl. T.N.D.Mettinger, Essence, 408; M.Weinfeld, League, 305, hat darauf hingewiesen, daß auch in der Liste XXVII aus Medinet Habu ein *rwd/r* (Z.111) in der Nähe der *jhw*w-Bezeichnung auftaucht, vgl. M.Görg, Jahwe, 14.

53 Die Nu 12,1 genannte „kuschitische Frau" des Mose braucht die Glaubwürdigkeit der

angesichts des später ausgesprochen feindlichen Verhältnisses zu den Midianitern nicht erfunden worden sein und darf deshalb als historisch gelten.[54] Zwar wird nirgends direkt ausgesprochen, daß Jetro Jahwepriester gewesen ist, doch wenn nach Ex 18,12 er es ist, der die Israeliten zu einem Opfermahl für Jahwe auf den Gottesberg einlädt, dann läßt sich doch vermuten, daß die Midianiter bzw. Keniter schon Jahweverehrer waren, bevor die Exodusgruppe dazustieß.[55] Ein weiteres Indiz dafür ist, daß die Keniter auch noch später als bemerkenswerte Jahweverehrer galten (Gen 4,15; Ri 4,17ff.), denen Israel sich verbunden fühlte (1.Sam 15,6f.) und denen wohl deswegen ein Siedlungsgebiet innerhalb Judas eingeräumt wurde (Ri 1,16). Wohl trennt die Überlieferung den Gottesberg, auf dem Jahwe verehrt wird, geographisch ein Stück weit von den Midianitern (Ex 3,1; 18,1ff.27), so daß man nicht mit Sicherheit sagen kann, daß Jahwe speziell ein midianitischer Gott gewesen ist. Aber sie läßt doch noch soviel erkennen, daß der in der wilden, zerklüfteten Bergwelt Südpalästinas beheimatete Gott Jahwe unter anderem auch von den nomadischen Midianitern bzw. Kenitern verehrt wurde. Es ist durchaus wahrscheinlich, daß Mose diesen Gott erst durch die Vermittlung seines midianitischen Schwiegervaters kennenlernte, bevor er das Orakel von ihm erhielt, das ihn nach Ägypten zurückschickte und zum Befreier seiner Gruppe machte.

Der Gott Jahwe ist somit älter als Israel; er war ein südpalästinischer Berggott, bevor er zum Gott der Befreiung für die Mosegruppe wurde. Wichtig dafür war wohl, daß er ein Gott war, der von außen kam, ein fremder Gott, der noch nicht in das Gefüge des ägyptischen Pantheons eingebaut und damit in der Lage war, dieses gesellschaftsstabilisierende religiöse System aufzubrechen. Als Berggott einer wilden und einsamen Region, die politisch kaum organisiert war, verehrt nur von freiheitsliebenden nomadischen Stämmen, war er noch so wenig Symbol staatlicher Herrschaft geworden, daß er für Mose und dann für seine Leute zum Symbol der Befreiung werden konnte. Nicht zufällig wird Jahwe in Ex 1–12 mehrmals

---

verwandtschaftlichen Bindung Moses an die Midianiter/Keniter nicht zu unterminieren (so M.Noth, ÜP, 185f.), wenn man nicht wie LXX an die Äthiopier, sondern an den in Hab 3,7 parallel zu Midian erwähnten Stamm Kuschan denkt.

54 Vgl. W.H.Schmidt, Jahwe, 50f.; EdF, 110ff.; A.H.J.Gunneweg, Mose, 2ff.; G.W.Coats, Moses, 4ff.; daß K^P diese Tradition unterdrückt hat und die Berufung des Mose nach Ägypten verlegt (Ex 6,1ff.), spricht für deren Ursprünglichkeit.

55 Vgl. A.H.J.Gunneweg, Mose, 4–8; zur „Keniter-Hypothese" W.H.Schmidt, EdF, 110–118f.; diese seit B.Stade immer wieder erwogene Hypothese wird in jüngster Zeit wieder sehr viel positiver bewertet, vgl. A.H.J.Gunneweg, a.a.O.; M.Weinfeld, League, 309f.; T.N.D.Mettinger, Essence, 408f. Dabei braucht man gar nicht zu leugnen, daß es in der jetzigen, wohl nachexilischen Fassung des Stoffes Ex 18 natürlich nicht um die midianitische Herkunft der Jahwe-Verehrung, sondern um die Bekehrung des ausländischen Schwiegervaters Moses zu Jahwe, dem Gott Israels, dem größten aller Götter geht (V.10f.; so mit Recht E.Blum, Studien, 160). Belegt doch diese Umarbeitung indirekt zu Genüge, wie schwierig der anstößige Stoff einer Verschwägerung Moses mit einem midianitischen Priester für die Späteren zu integrieren war.

als „Gott der Hebräer“ bezeichnet (Ex 3,18; 5,3; 7,16; 9,1.13; 10,3), d.h. als ein Gott, der im aufbrechenden Sozialkonflikt einseitig an der Seite der gesellschaftlichen Außenseiter steht. Wir wissen kaum, welche Charakteristika Jahwe zugeschrieben wurden, bevor er zum Gott der Mosegruppe wurde. Aus den Epiphanieschilderungen (Ri 5,4f.; Ps 68,8f.; Dtn 33,2; Hab 3,3), in denen Jahwe unter gewaltigen Wettererscheinungen vom südlichen Gebirge aufbricht, wird man am ehesten schließen dürfen, daß Jahwe dem Hadad-Typ (Sturm- und Gewittergott) zuzurechnen ist.[56] Und manche Eigenschaften, die Jahwe etwa in dieser Hinsicht mit dem ugaritischen Baal teilt („Wolkenreiter“ vgl. Ps 68,5; Jes 19,1 u.a.m.), können aus dieser vorisraelitischen Typenübereinstimmung stammen. Das Besondere der israelitischen Geschichte Jahwes ist es, daß die dynamischen Eigenschaften dieses ehemaligen Sturmgottes umgebogen werden in den politisch-geschichtlichen Raum hinein. Der Gott vom Sinai, der die Natur in Aufruhr versetzt, kommt den israelitischen Stämmen im Befreiungskampf zu Hilfe (Ri 5), der Gott, der Mose im wilden Bergland Südpalästinas erscheint, mobilisiert eine ganze Kolonne von Fronarbeitern, ihre Befreiung zu wagen.

2.24 *Theophanie und Wüstenexistenz*

Neben den Exodusereignissen nennt die Überlieferung noch ein zweites Schüsselerlebnis, das die Religion Israels begründete: die Gottesbegegnung am Sinai. Wie sich beide Traditionen verhalten, wird in der Forschung überaus kontrovers diskutiert, wirkt doch die gewaltige Traditionsbildung der Sinaiperikope (Ex 19 – Nu 10) wie ein Fremdkörper innerhalb der Exodus-Landnahmeüberlieferung des Pentateuch und werden die Sinaiereignisse in den sonstigen Summarien der Frühgeschichte Israels meist übergangen (vgl. Dtn 26,5–10; Jos 24; Ri 11,16–26 u.a.; erwähnt erst in dem nachexilischen Gebet Neh 9).[57] So hat man den geschichtlichen Hintergrund der Sinaitradition überhaupt in Frage gestellt und sie als historisierte Kultlegende zu verstehen versucht,[58] oder man hat sie einer anderen Gruppe aus der Frühzeit Israels zuschreiben wollen.[59]

Doch schaffen solche Differenzierungen mehr Probleme, als sie zu lösen vermögen. Warum sollte eine Kultlegende in eine Region projiziert worden sein, in der Jahwe später nachweislich nicht mehr verehrt wurde? Wie fände

---

[56] Vgl. M.Weippert, Jahwe, 252; E.A.Knauf, Jahwe, 469; T.N.D.Mettinger, Essence, 410; letzterer wendet sich mit Recht gegen die These von F.M.Cross, Myth, 65–75; C.de Moor, God, 59–64, u.a. in Jahwe ursprünglich eine El-Gottheit zu sehen (a.a.O., 395; 409), nimmt aber an, daß Jahwe schon vor der Seßhaftwerdung der Gruppe El-Züge angenommen habe. Zu einem ersten, vorstaatlichen Jahwe-El-Synkretismus s.u. 120.

[57] So G.von Rad in seiner einflußreichen Arbeit „Das formgeschichtliche Problem des Hexateuch“ von 1936, 15; 20–27, die mit der Trennung der „Themen“ „Herausführung aus Ägypten“ und „Offenbarung am Sinai“ von M.Noth, ÜP, 63ff., aufgegriffen wurde.

[58] So G.von Rad im Anschluß an S.Mowinckel, a.a.O., 28–33.

[59] So M.Noth, ÜP, 65f., als spezielle Überlieferung der Südstämme.

bei der Annahme unterschiedlicher Gruppen die Tatsache eine Erklärung, daß Exodus- und Sinaiereignisse durch Jahwe und Mose miteinander verbunden sind?[60] Zudem gibt es im Text durchaus Hinweise dafür, daß beide einmal enger aufeinander bezogen waren, als es jetzt den Anschein hat: Der Gottesberg, auf dem Mose die befreiende Verheißung Jahwes erhalten hat (Ex 3,1 ff.), soll nach Ex 3,12 der Berg sein, auf dem die aus Ägypten Befreiten Jahwe verehren werden; und auch in den Verhandlungen mit Pharao taucht stereotyp das Motiv von einer Verehrung des „Gottes der Hebräer" außerhalb des ägyptischen Territoriums auf (3,18; 5,3 vgl. 4,23; 7,16.26; 8,16; 9,1.13). Wenn diese Motive in der jetzigen Fassung der Sinaitexte nur teilweise eingelöst werden[61] und es Ex 19ff. so aussieht, als sei Mose mit seiner Gruppe an einen bis dahin völlig unbekannten Ort gelangt, dann liegt das daran, daß die spätere Überlieferung peinlich darum bemüht war, die Verbindung des Gottesberges zu den Midianitern und damit zu jeglicher vorisraelitischer Jahweverehrung zu vertuschen.[62] Die Isoliertheit der Sinaiereignisse ist damit zumindest teilweise Folge späterer dogmatischer Korrektur.

Man könnte fragen, ob nicht die vagen Vorstellungen, die im Alten Testament über die Lage des Berges bestehen, ebenfalls zum großen Teil aus dem Anliegen zu erklären sind, diesen für die Konstituierung des israelitischen Gottesverhältnisses so gewichtigen Ort in ein möglichst unbestimmtes „religionsgeschichtliches Niemandsland" zu verlegen: Nach alter hymnischer Tradition lag der Haftpunkt Jahwes in edomitischem Gebiet (Gefilde Edoms, Seʿir: Ri 5,4; Dtn 33,2) östlich – und wegen Paran (Hab 3,3; Dtn 33,2) – vielleicht auch westlich der ʿAraba, also durchaus in der Nähe des midianitischen Siedlungsgebietes (Hab 3,7) östlich des Golfes von Akaba (1.Kön 11,18). „Sinai" benennt in diesen Epiphanieschilderungen und wohl auch in dem alten Jahwe-Epitheton „der vom Sinai" (Ri 5,5; Ps 68,9) nicht einen bestimmten Berg, sondern eine ganze Region.

Daneben gab es die Tradition von einem Gottesberg (*har hāʾĕlōhîm* Ex 3,1; 4,27; 18,5; 24,13; vgl. *har jhwh* „Berg Jahwes" Nu 10,33), der zwar in Ex 3,1 („hinter der Wüste") und 18,5 (Jetro kommt Mose zum Gottesberg entgegen) ein Stück weit

---

60 In der neueren Forschung macht sich das Bemühen breit, diese überlieferungsgeschichtliche „Trennung" von Exodus und Sinai wieder zu überwinden, vgl. die Forschungsüberblicke bei W.H.Schmidt, EdF, 74 ff.; H.Schmid, Mose, 6–16; 40–42. So sehr sich die überlieferungsgeschichtliche Scheidung G.v.Rads hinsichtlich der Väter- und Urgeschichte bewährt hat, die nach neuesten überlieferungsgeschichtlichen Einsichten (R.Rendtorff; E.Blum u.a.) erst in frühnachexilischer Zeit durch K^D bzw. K^P in die Gründungsgeschichte Israels eingebunden wurden, so irreführend war sie hinsichtlich des Komplexes Exodus, Sinai, Wüste und Landnahme; letzterer gehörte konzeptionell immer zusammen und wurde spätestens seit dtn. Zeit auch literarisch zu einer Einheit gefügt, s.u. 355.

61 Wahrscheinlich soll Ex 3,12 (K^D) auf 24,9–11 vorausweisen, so E.Blum, Studien, 53; allerdings ist der terminologische Bezug – wohl weil K^D in 24,9–11 eine ältere Tradition übernommen hat – nicht so eindeutig, daß er über jeden Zweifel erhaben wäre; er wird etwa von Th.Booij, Mountain, 8, bestritten.

62 Vgl. Die Aufbruchvermerke Ex 18,27; Nu 10,30, die die Midianiter jedesmal rechtzeitig verschwinden lassen; dazu M.Weinfeld, League, 306 f.; zur „dogmatischen" Korrektur vgl. A.H.J.Gunneweg, Mose, 5; Th.Booij, Mountain, 6–13; L.Perlitt, Sinai, 313.

vom Wohnort der Midianiter getrennt wird, aber nichtsdestoweniger ein Heiligtum gewesen sein muß, an dem die Midianiter Jahwe verehrten (18,12). Da das Fragment der auf Mose übertragenen Kultentdeckungssage Ex 3,1-6 wegen des Wortspieles Dornbusch-Sinai (hebr. *sĕnē-sīnaj*) einmal auf die Benennung des Gottesberges mit dem Namen Sinai hinausgelaufen sein muß (vgl. *har sīnaj* Ex 19,18; 34,2.4 u.ö.), läßt sich die Gottesberg- von der Epiphanietradition nicht trennen,[63] auch wenn in Ex 19ff. jeder Bezug auf edomitische oder midianitische Lokalitäten peinlich vermieden wird. Vielmehr ist damit zu rechnen, daß Sinai nicht nur eine Region, sondern auch ein oder mehrere Bergheiligtümer in dieser Region bezeichnen konnte.[64]

Wenn einige Texte den Sinai in der Nähe der Oase Kadesch-Barnea (*'Ēn qdēs* und *'Ēn qudērāt*) in der nördlichen Sinaihalbinsel ansiedeln (Ex 17,6; Dtn 33,2 u.ö.), wo Israel sich längere Zeit aufgehalten haben soll (Ex 17; Nu 13,26; 20; Dtn 1,19.46; Jos 14,7), so kann man dies als Versuch interpretieren, den Sinai aus dem edomitischen Gebiet herauszuhalten. Wahrscheinlich ist eine solche Absicht bei der eigenartigen Entfernungsangabe in Dtn 1,2 „Elf Tagereisen sind es vom Horeb in Richtung auf das Gebirge Se'ir bis nach Kadesch-Barnea", mit der die Dtr den Gottesberg nochmals von seinem alten edomitischen Haftpunkt abrücken und in die Einsamkeit der südlichen Sinaihalbinsel verlegen. L.Perlitt hat wahrscheinlich gemacht, daß auch die Bezeichnung Horeb, die in der dtr. Literatur für den Sinai benutzt wird, als verhüllende Chiffre (im Sinne von „Ödland") zu verstehen ist, um jegliche Assoziation zu den nach 587 verhaßten Edomitern, die ihr Siedlungsgebiet in den Negeb und das südliche Juda vorgeschoben hatten, zu vermeiden.[65]

Die archäologischen Untersuchungen im südlichen Negeb und auf der Sinaihalbinsel haben zwar für die chalkolithische Zeit (6.-4.Jt.) eine Vielzahl[66] und für die Frühbronzezeit (3.Jt.) einige Siedlungsreste[67] aufgedeckt, die sich als Bergheiligtümer interpretieren lassen, doch für die in Frage kommende Spätbronzezeit – abgesehen vom ägyptischen Heiligtum in Timna – keinerlei Besiedlung ausmachen können. Ebenso hat die Ausgrabung in Kadesch eine überraschende Siedlungslücke zwischen dem Ende des 3.Jts. und dem 10.Jh. zu Tage gefördert.[68] So spricht heute mehr dafür, den alttestamentlichen Sinai nicht auf der heutigen Sinai-Halbinsel[69], sondern östlich der 'Araba bzw. des Golfes von Akaba zu suchen.[70]

---

[63] So versucht von Th.Booij, Mountain, 9-18.

[64] M.Weinfeld, League, 306, rechnet mit mehreren.

[65] Sinai, 310-318.

[66] Vgl. U.Avner, Cult Sites.

[67] Zu den eindrücklichen Beispielen am *Har Karkom* vgl. E.Anati, Har Karkom, 89ff..

[68] S. die Einschätzung von F.M.Cross, Reuben, 59f., und die frustrierten Äußerungen des Ausgräbers R.Cohen, Biblical Archaeology, 78-80 u.ö., der aus diesem negativen Befund die abenteuerliche These ableitete, die Exodus-Sinaiereignisse müßten rund 1000 Jahre früher stattgefunden haben (MB I People).

[69] Seine Identifikation mit dem Gebirgsmassiv an ihrer Südspitze (*Dschebel Musa* u.a.) ist bekanntlich erst seit byzantinischer Zeit belegt, vgl. H.Donner, Geschichte, 98f.

[70] So jetzt sogar F.M.Cross, 59f., in Annäherung an eine alte These von M.Noth, Wallfahrtsweg, 72f., der die Ortsangaben in Nu 33 und die vulkanischen Elemente in der Schilderung Ex 19,18 dahingehend ausgedeutet hatte, daß der Sinai im nordwestarabischen Vulkangebiet gelegen haben müsse. Das letzte Argument ist dabei jedoch kaum aussagekräftig, da das Vorstellungsinventar von Theophanieschilderungen konventionell ist. Es sind daher auch andere Gegenden dieser Region vorstellbar.

Stellt man diese Tendenz in Rechnung, die bestehende religionsgeschichtliche Zusammenhänge bewußt verdunkelt, dann spricht doch viel dafür, daß auch hinter der Sinaiüberlieferung geschichtliche Erfahrungen der Exodusgruppe stehen. Nach geglückter Flucht aus Ägypten suchten sie unter Führung des Mose das Bergheiligtum Jahwes auf, der sich so wunderbar als Gott ihrer Befreiung bewährt hatte. Mose kehrte damit an den Ort zurück, an dem er das entscheidende Jahweorakel erhalten hatte (3,1 ff.). Und wie Mose durch Vermittlung seines midianitischen Schwiegervaters den Gott Jahwe kennengelernt hatte, so waren es wiederum die Midianiter, die die Exodusgruppe in den Jahwekult auf dem Gottesberg einführten (Ex 18,12). Es ist durchaus wahrscheinlich, daß der „Sinai" einmal ein Bergheiligtum im edomitisch-midianitischen Grenzland war, das von verschiedenen nomadischen Stämmen der Region, insbesondere von den Midianitern, aufgesucht wurde und an dessen Kult sich nun auch die Exodusgruppe beteiligte.

Aus der Sicht der späteren Überlieferung hat sich am Sinai folgendes ereignet: Theophanie, Kultgründung, Gebotsverkündigung und Bundesschluß. Wohl läßt sich kein einziger Text, den verschiedene Theologengruppen hierzu im Laufe einer langen Überlieferungsgeschichte zusammengetragen haben, auch nur mit einem gewissen Grad der Wahrscheinlichkeit direkt den Erfahrungen der Exodusgruppe zuordnen, dennoch scheinen damit wesentliche Elemente der entstehenden Jahwereligion grundsätzlich zutreffend angesprochen zu sein.

Die komplizierte literarische Schichtung der Sinaiperikope kann hier nicht in extenso diskutiert werden. Ich gehe im Anschluß an E.Blum, Studien, 45–99, von folgenden Überlieferungsstufen aus:

1. Nachpriesterliche Ergänzungen: 19,11b(?).20–25; 24,1b.2(?).
2. Mal'ak-Bearbeitung: 23,20–33; (32,34aβ); 33,2.3b*.4; 34,11–17.
3. Priesterliche Komposition (K^P): 19,1.2*; 24,15b-18a; 25–31; 34,29 ff.*; 35 ff.
4. Vorpriesterliche Komposition (K^D): Ex 19,3b-8.9; 20,22 f.*; 24,(1).3–8*.(9–11).12–15a.18b; 32,7–14; 33,1.3a.5–34,10.28.29 ff.*
5. Exilische Texte: Der Dekalog in exilischer Fassung: 20,1–17 (wohl erst von K^D eingeschoben); dazu: 24,1*.9–11[71] und Ex 32,1–6.15–34*. (35) ... (Fortsetzung Kap. 33 f. von K^D neu gefaßt)[72]

---

[71] Zu dieser zeitlichen Ansetzung s. E.Ruprecht, Exodus 24, 139–151.; traditionell wird der Text zu den ältesten Elementen der Sinaiperikope gerechnet.

[72] Der Versuch, Ex 32 auf verschiedene Schichten aufzuteilen, hat bis heute – abgesehen von V.7–14 und einigen kleineren priesterlichen Retuschen – zu keinem auch nur annähernd konsensfähigen Ergebnis geführt; vgl. nur die neusten Vorschläge von Chr.Dohmen, Bilderverbot, 66 ff. (mit Diskussion der älteren Literatur), und E.Aurelius, Fürbitter, 60 ff. So muß man wohl fragen, ob die unterschiedlichen Traditionen, die das Kapitel zweifellos verarbeitet, noch auf literarkritische Weise isoliert werden können. Meist setzt man die „Grundschicht" noch in das 7.Jh. (vgl. L.Perlitt, Bundestheologie, 208 f.; Chr.Dohmen, Bilderverbot, 141 ff.; E.Aurelius, Fürbitter, 76 f.), indem man die V.34b angekündigte Heimsuchung auf die Exilierung des Nordreiches 722 bezieht. Doch wird dabei nicht bedacht, daß die Erzählung in ihrer jetzigen Gestalt den Stierkult Jerobeams in Bethel zu einem Ur-Modell für den Abfall ganz Israels ausgestaltet, so daß doch wohl auch schon die Exilierung 587 vorausgesetzt ist. Für

6. Vordeuteronomische Komposition: Ex 19,2b*.3a.10.11a.13b-17a.18–19; 20,18–21 hinführend auf das Bundesbuch 20,22 f.*-23,19; 24,3–8*.[73] Die Theophanie-Erzählung ist in 19,12–13a.17b (auch 24,1b.2 ?) noch einmal dahingehend überarbeitet worden, daß das Volk den Sinai nicht betreten darf. Dagegen hat eine Aufteilung der Theophanieschilderung (16 f. E; 18 f. J) keine Begründung, wenn man die geprägte Topik solcher Schilderungen in Rechnung stellt und sich von dem Zwang freimacht, durchlaufende Quellenfäden rekonstruieren zu müssen.

Am festesten verankert ist das Element der Theophanie; gleich fünf verschiedene Theophanie-Erzählungen sind dem Sinaigeschehen zugeordnet (Ex 19 f*.; 24,1*.9–11; 24,15b-18a; 33; 34). In der Beschreibung der Art und Weise der Gotteserscheinung durchaus unterschiedlich, stimmen sie doch darin überein, daß Israel am Sinai mit der Majestät Jahwes konfrontiert worden ist. Wir können somit davon ausgehen, daß die Exodusgruppe am Gottesberg – wahrscheinlich im Zusammenhang ihrer dortigen Gottesdienste (vgl. Ex 18,12) – die bezwingende numinose Macht ihres Gottes Jahwe erfahren hat.

Damit aber kam ein neues Element in ihre Gottesbeziehung hinein: In ihrer Befreiung aus der ägyptischen Fronknechtschaft hatte sie Jahwe in einem geschichtlichen Prozeß erfahren. Am Gottesberg wird sie mit dem Einbruch seiner göttlichen Machtsphäre in ihre Wirklichkeit konfrontiert, der den Ablauf der Geschichte sprengt. Auf seinem Berg, der allein schon durch seine Massigkeit und seine Höhe die Erfahrung von Macht und Transzendenz vermittelt, begegnet Jahwe der durch ihre dramatischen Befreiungserfahrungen aufgeschlossenen und durch die Strapazen der Wanderung und die Einsamkeit der Wüste sensibilisierten Flüchtlingsgruppe in seiner bezwingenden Mächtigkeit und in seiner unmittelbaren Gegenwart. Neben die geschichtliche Gotteserfahrung tritt somit die Erfahrung kultischer Gottesnähe. Erst durch sie gewann die geschichtliche Gotteserfahrung der Gruppe, die trotz aller Zeichen und Wunder, die sie erlebt hatte, im Kern doch uneindeutig und gefährdet blieb, ihre Bestätigung und Eindeutigkeit. Erst durch sie mündet die geschichtlich begründete Gottesbeziehung ein in ein stetiges Gottesverhältnis. Durch die Erfahrung der Theophanie wird Jahwe, der Gott einer geschichtlichen Befreiung, zu einem umfassenden sakralen Integrationssymbol der Großgruppe.

Die Art und Weise, wie hier geschichtliche und kultische Gotteserfahrung zusammengeordnet wurden, ist nun wiederum ein Spezifikum der israelitischen Religion. Grundsätzlich gibt es beide Typen der Gotteserfahrung in

---

eine exilische Ansetzung spricht neben der terminologischen Übereinstimmung von *ḥāṭā' ḥăṭā'ā gĕdōlā* V.30 f. mit 2.Kön 17,21 auch die Opposition von Aaron und den Leviten (Ex 32,25–27), die am besten in die exilischen Priesterauseinandersetzungen (vgl. Ez 44,10–12) hineinpaßt, s.u. 451 ff.

[73] Dtn 5; 6,1 ff. setzt die Überlieferung Ex 20,18 ff. voraus, vgl. E.Blum, Studien, 93 f.; da das Bundesbuch aus dem ausgehenden 8.Jh. stammt (s.u. 283 ff.), ist die Komposition, die es einbindet, wohl in das 7.Jh. zu setzen.

allen Religionen. Aber während in den anderen vorderorientalischen Religionen die kultische Gotteserfahrung dominiert und die geschichtlichen Erfahrungen gegenüber der theophanen Gegenwärtigkeit der Götter im Kult in den Hintergrund treten,[74] hat die israelitische Religion trotz allen Schwergewichts, das der Kult auch in ihr bekam, an der Vorordnung der geschichtlichen Gotteserfahrung festgehalten. Nicht die Sinaitheophanie begründet das israelitische Gottesverhältnis, sondern der Exodus. Die Theophanie bestätigte, bekräftigte und verstetigte nur, was zuvor schon geschichtlich begründet war.

Nach einem Strang der Überlieferung zielt die Theophanie auf die Begründung des Gottesdienstes. Leider hat sich diese wahrscheinlich älteste Konzeption in den vorpriesterlichen Texten nur noch in Resten erhalten: Der älteste literarisch faßbare ist das Erzählfragment Ex 24,1*.9–11 von einem Opfermahl Moses und der 70 Ältesten auf dem Gottesberg in direkter Anwesenheit Gottes, das in dieser Form wohl erst aus der Exilszeit stammt.[75] Noch später ist der Bericht vom Opfermahl Jetros mit den Repräsentanten Israels Ex 18,1–12, der aber auf eine sehr alte Tradition zurückgeht.[76] Hier fehlt jedoch das Theophanie-Element. Am klarsten ist die Konzeption in der Priesterlichen Komposition (K^P) aus frühnachexilischer Zeit durchgeführt: Aus der Erscheinung der Herrlichkeit Gottes (*kĕbōd jhwh*) heraus ergeht an Mose der Befehl zum Bau des Heiligtums, das von K^P als transportable Kopie des Jerusalemer Tempels vorgestellt wird (Ex 24,15b-18; 25,8ff.). Nachdem das Heiligtum gebaut ist (Ex 35ff.), die Opfergesetze erlassen und die Priester eingesetzt worden sind (Lev 1–8), wird Lev 9 der erste Opfergottesdienst vollzogen, der durch ein nochmaliges Erscheinen der Herrlichkeit Jahwes sanktioniert wird: Jahwe ist beim Gottesdienst gegenwärtig, die uranfängliche Begegnung Jahwes in seiner Herrlichkeit setzt sich fort in seiner kultischen Gegenwart für alle Zeiten.[77]

Diese Sicht setzt eindeutig spätere kultgeschichtliche Stadien voraus, die in die Frühzeit projiziert werden. Dennoch ist der Zusammenhang von Theophanie und Kult religionsgeschichtlich so breit gesichert, daß wir annehmen dürfen, daß die Jahwetheophanie, die die Exodusgruppe am Got-

---

[74] Mit Recht hat B.Albrektson, History, darauf insistiert, daß natürlich auch in den vorderorientalischen Religionen die Götter als Lenker der Geschichte verstanden werden. Doch bekommt in ihnen das göttliche Geschichtshandeln längst nicht eine so konstitutive Bedeutung für die Religion wie in Israel. Insbesondere hängt in ihnen die offizielle Gottesbeziehung nicht an einer aufweisbaren Kontinuität göttlichen Handelns in der Geschichte. Um nur ein Beispiel zu nennen: Wohl wird der Aufstieg des altbabylonischen Reiches auf das Eingreifen des Gottes Marduk zurückgeführt (vgl. etwa im Prolog des Codex Hammurabi, TUAT I/1, 40–44 u.ö.), doch bildet dieses nun keineswegs das entscheidende Grunddatum der altbabylonischen Geschichte, auf das man sich in Krisenzeiten oder auch bei dessen Niedergang theologisch zurückbezöge. Dagegen hat der Kult, etwa der Marduk-Kult in Babylon, gleich mehrere Okkupationen (Kassiten, Neubabylonier, Perser) schadlos überstanden.

[75] S.o. Nr.5.

[76] S.o. 84.

[77] S. dazu im einzelnen u. 520ff.

tesberg erlebte, zwar nicht den Jahwekult an diesem Ort überhaupt begründete, wohl aber die ständige Jahweverehrung durch die Gruppe. Seine Merkmale sind, soweit wir erkennen können, auch wenig spezifisch, sondern typisch für den antiken Großgruppenkult überhaupt: Er wird vollzogen an einem heiligen Ort, der in diesem Fall noch ein Naturheiligtum, ein Berg ist, mit nur wenigen kultischen Installationen. Überall in der Religionsgeschichte gehen die natürlichen heiligen Orte (Berge, Haine, Quellen) den erbauten Heiligtümern voraus. Er ist gebunden an eine heilige Zeit, die das Kultgeschehen aus dem Fluß des Alltagsgeschehens heraushebt (Ex 24,16; vgl. 19,10f.15) und auf die sich die Kultteilnehmer durch spezielle Riten vorbereiten müssen (vgl. 19,10.14f.: Waschen der Kleider, sexuelle Enthaltsamkeit). Und er erfordert eine kultische Repräsentation, einen oder mehrere Mittler des Heiligen, die allein den heiligen Ort betreten dürfen und für die Großgruppe die heiligen Handlungen vollziehen. Diese werden auch schon in der Frühzeit vor allem aus Opferhandlungen bestanden haben (18,12; vgl. 24,5.11), selbst wenn das spätere Theologen bestreiten (Am 5,22; Jer 7,22). Wohl muß man sich den frühen Jahwekult in der Wüste noch relativ einfach vorstellen,[78] aber er besaß wohl schon alle Ansätze zum späteren institutionalisierten Kultbetrieb. Darin unterscheidet sich der Jahwekult als Großgruppenkult grundlegend von dem familiären Kleinkult.

Wieweit schon in der Wüste heilige Geräte eine Rolle spielten, ist nicht so sicher; erwähnt wird ein „Zelt der Begegnung" (*'ohel mō'ed* vgl. Ex 33,7–11; Nu 11,16f.24; 12,4ff.; Dtn 31,14f. und bei K^P), das in die Wüstenzeit zurückgehen könnte. Es erinnert an die *Qubbe* der vorislamischen Araber, ein kleines Zelt aus rotem Leder, in dem die Gottesbilder des Stammes mitgeführt wurden.[79] Es stand zwar nach Ansicht der Überlieferung nicht im Zentrum des stetigen Großkults, sondern hatte nur kasuelle Orakelfunktion, aber immerhin ist damit ein transportables Heiligtum bezeugt, an dem Mose, der Führer der Gruppe, und Jahwe einander begegnen konnten.[80]

Dagegen ist die „Lade" (*'ărōn*) ursprünglich wohl kein Kultgerät, sondern eine Art Führungs- oder Feldzeichen, das im Kampf die Gegenwart Gottes verbürgte (Nu 10,35f.; 14,44; vgl. 1.Sam 4,3ff.; 2.Sam 11,11; 15,24ff.).[81] Zum Kultgerät wurde sie erst im Heiligtum von Silo, wo sie aufbewahrt wurde, und noch später dann im Jerusalemer Tempel, wo sie als Teil des

---

78 Wie ein solches Bergheiligtum ausgesehen hat, kann vielleicht am besten die von E.Anati ausgegrabene Anlage Nr.52 am *Har Karkom* verdeutlichen, auch wenn sie rund ein Jt. früher ist: Es handelt sich um ein offenes Heiligtum in der Nähe zu dem verehrten Berg; die Kultinstallation besteht aus 12 aufgerichteten Steinen (vgl. Ex 24,4); doch sind die sind die biblizistischen Identifikationen des Ausgräbers sicher voreilig (Har Karkom, 53f.; 89f.).

79 S. V.Fritz, Tempel, 111; Spuren eines midianitischen Zeltheiligtums, das allerdings über einer älteren massiven ägyptischen Anlage errichtet worden war, sind in Timna nachgewiesen worden, vgl. V.Fritz, Tempel, 109.

80 Vgl. zur Diskussion R.Schmitt, Zelt, 180ff.; V.Fritz, Tempel, 100–109.

81 Vgl. zur Diskussion ihrer Herkunft R.Schmitt, Zelt, 140ff.; H.-J.Zobel, 'ărōn, 395ff.; vielleicht doch zu kritisch J.Maier, Ladeheiligtum, 9f.

Gottesthrones im Allerheiligsten galt (2.Sam 6; 1.Kön 8,6ff.; Ps 99,5; 132,7), bis sie von den deuteronomischen Theologen zu einem Behälter für die Bundesurkunde des Dekalogs umfunktioniert wurde (Dtn 10,1-5 deswegen „Bundeslade").

Ebenso unsicher ist es, ob es in der Frühzeit des Jahwekultes schon eine spezielle Priesterschaft gab. Am ehesten kommen dafür die Leviten in Betracht, auch wenn eine vereinzelte spätdtr. Stelle (1.Sam 2,27) das Priesterprivileg der Eliden in Silo auf die Zeit in Ägypten zurückführt.

Die Forschungslage über die vorexilische Geschichte der Leviten ist nach wie vor diffus. Auch wenn wohl das die ältere Forschung bewegende Problem, wie das Verhältnis zwischen einem (untergegangenen?) „weltlichen" (Gen 34; 49,5-7; Stämmelisten) und einem „religiösen" Stamm Levi (Dtn 33,8-11; vgl. Ex 32,25-29; Ri 17f; 19f.) zu verstehen sei,[82] durch die Untersuchungen von A.H.J.Gunneweg und H.Schulz dahingehend als gelöst angesehen werden kann, daß der Levit nach der hinter Ex 32,29 und Dtn 33,9a greifbaren alten „Levitenregel" „ohne Bindung an Sippe oder Stamm lebt"[83] bzw. „sich aus seinen Verwandtengruppen löst (und in Levitenlinien eingruppiert wird)",[84] um eine besondere Bindung an Jahwe einzugehen (Dtn 33,8.9b; Ex 32,29),[85] so bleiben doch Funktion und Rolle der Leviten in der frühisraelitischen Gesellschaft auch in der neueren Forschung nach wie vor tiefgreifend kontrovers. Sah A.H.J.Gunneweg in den Leviten eine gesellschaftliche Oppositionsgruppe, die – wiewohl von Hause aus nicht Priester – zentrale Aufgaben in der Amphiktyonie übernahm,[86] und beschrieb G.Schmitt sie als „kriegerischen Orden", der Mose zu bedingungsloser Gefolgschaft verpflichtet war,[87] so möchte H.Schulz sie zu einer einflußreichen, tribal organisierte Führungselite aufwerten, die aus ihrer hervorgehobenen Klientel-Stellung zu Jahwe ein breites Spektrum religiös-kultischer (Mantik, Priesterdienst, Vermittlung des Segens), rechtlicher (Schlichtung von Blutfehden, Asyl, Rechtsbelehrung) und politisch-militärischer (kriegerische Sanktionen, Schlichtung zwischen den Stämmen) Aufgaben wahrnahm.[88] Doch trotz des ethnologischen Materials, das H.Schulz zur Unterfütterung seiner zuweilen etwas „luftigen" exegetischen Kombinationen aufbietet,[89] bleibt zu fragen, ob damit nicht die Rolle der Leviten weit überzogen wird; die wenigen Texte, die sich vordtn. über die Leviten finden, sprechen gegen eine solche zentrale und umfassende Funktion. Zudem wird sich zeigen, daß entgegen weitverbreiteter Meinung die später einflußreiche dtn.-dtr. Bewegung nichts mit den alten Leviten zu tun hat.[90] Die dtn. Konzeption, daß alle Priester Leviten seien (Dtn 18,1 u.ö.), ist ein künstlicher Archaismus.

---

82 Vgl. zur Diskussion D.Kellermann, lĕwī, 499ff. (Lit.!).

83 A.H.J.Gunneweg, Leviten, 37.

84 H.Schulz, Leviten, 17.

85 Dazu paßt auch die wahrscheinlichste Etymologie von *lĕwī* „als hypokoristischer Personenname mit der Bedeutung 'Anhänger, Klient, Verehrer des Gottes X'" (D.Kellermann, lĕwī, 506, im Anschluß an M.Weippert), ähnlich H.Schulz, Leviten, 83f.

86 Leviten, 67f.

87 Ursprung, 580ff.

88 Leviten, 20; 27; 42; 48f.; 50ff.; 82.

89 A.a.O., 95ff.

90 S.u. 344f.

Ein durchaus glaubwürdiges Bild von den Leviten in vorstaatlicher Zeit zeichnet Ri 17–18:[91] Ein Levit aus Bethlehem im Status eines landbesitzlosen *ger* („Fremdling") sucht wandernd nach einem Auskommen und findet eine Anstellung als Priester zuerst im Hauskult des Micha auf dem Gebirge Ephraim (17,7–12) und später in Diensten der Daniten in deren Stammesheiligtum von Dan (18,18 ff.). Leviten mußten zwar nicht Priester sein, galten aber dafür als besonders prädisponiert (vgl. 17,13; Dtn 33,10b). Dabei ist es durchaus wahrscheinlich, daß Ri 17 f. keinen Einzelfall schildert, sondern daß auf ähnliche Weise Leviten an den über das ganze Land verstreuten kleineren Heiligtümern als Priester engagiert wurden. Einmal angestellt, konnten sie sogar an einzelnen Heiligtümern – wie in Dan – eine Priesterdynastie gründen (18,30b),[92] doch grundsätzlich wird man in der frühen Zeit – schon wegen des beschränkten Bedarfs und der begrenzten Ressourcen der Patrone oder Dorfgemeinschaften – eher mit befristeten Anstellungen zu rechnen haben, so daß die Leviten gezwungen waren, sich immer wieder neue Stellen zu suchen.

Ihr Anrecht auf Priesterdienste erkauften sich die Leviten durch die Bereitschaft, aus dem angestammten Verwandtschaftsverhältnis auszuscheiden,[93] den rechtlich ungesicherten Status eines *ger* auf sich zu nehmen (vgl. Ri 17,7; 19,1 ff.) und damit mobil zu werden. Dafür traten sie in ein besonderes Treueverhältnis zu Jahwe (Dtn 33,8: *ḥāsīd*) und vertrauten sich allein seinem Schutz an (Dtn 33,11; vgl. Ri 20). Die Leviten der frühen vorexilischen Zeit lassen sich somit als mobile, quasi-tribal organisierte religiöse Genossenschaft bestimmen, die verstreut im Lande lebte.[94] Ein Teil von ihnen versah Priesterdienste, überwiegend an den kleineren Heiligtümern („Höhen")[95] des Landes; diejenigen, die keine feste Anstellung fanden, verdienten sich ihren Lebensunterhalt wohl mit kasuellen religiösen Diensten, etwa als Omenexperten (vgl. Handhabung der Urim und Tummim Dtn 33,8; vgl. Ri 17,5 f.), vielleicht waren sie auch als Rechtshelfer und -lehrer tätig (Dtn 33,10a). Dabei mußte ihre Bedeutung naturgemäß zurückgehen, als mit zunehmender Institutionalisierung des Kultes mehr und mehr fest installierte Priesterfamilien (Eliden, Aaroniden, Zadokiden) die Vorherrschaft gewannen.[96]

Die Frage ist, wieweit diese noch wenig institutionalisierte Form der Priesterschaft zeitlich zurückreicht. Der Levispruch Dtn 33,8–11 bringt sie mit einem sonst nicht mehr überlieferten und darum kaum zu klärenden Ereignis in Massa-Meriba (Kadesch) in Verbindung (V.8b), nach der Erzählszene

---

[91] Die Grunderzählung ist nach H.M.Niemann, Daniten, 61 ff., vorstaatlich; ich folge seiner literarkritischen Analyse.

[92] Sie führte sich auf einen Ahnherrn Jonathan zurück und amtierte bis zur ersten Exilierung des Nordreiches 732; A.H.J.Gunneweg, Leviten, 21 f., ist doch wohl zu puristisch, wenn er diese Dynastiebildung für unvereinbar mit dem „levitischen Ideal" sieht und darum die historische Glaubwürdigkeit der Notiz anzweifelt. Wohl ist Ri 18,30b eine spätere Schicht (nach 732), aber der Inhalt doch wohl unerfindlich, so auch H.M.Niemann, Daniten, 110–123.

[93] Vgl. die „Levitenregel" Ex 32,29; Dtn 33,9; auch der Levit von Ri 17,7 scheint ursprünglich Judäer gewesen zu sein, wenn der Text von MT richtig ist; vgl. Gunneweg, Leviten, 15–17.

[94] Daß es dabei auch ganze levitische Ortschaften gegeben hat, ist durchaus anzunehmen, die Tradition von 48 Levitenstädten (vgl. Jos 21; 1.Chr.6) halte ich dagegen für eine spätere, künstliche Systematisierung.

[95] S.u. 129 ff.

[96] Zur weiteren Geschichte der Leviten s.u. 450 ff.; 343 ff.

Ex 32,25–29 ist es Mose selber, der den Leviten aufgrund ihres martialischen Einsatzes für Jahwe schon am Gottesberg das Priesterprivileg einräumt, und nach der Notiz Ri 18,30b führten sich die Leviten von Dan genealogisch auf den Mosesohn Gerschom[97] zurück (vgl. Ex 2,22; 18,3). Außerdem gilt Mose – trotz seines ägyptischen Namens – spätestens in der frühen Königszeit als Kind levitischer Eltern und ist auf verschiedene Weise in die Levitengenealogie eingebunden worden.[98]

Diese Stellen beweisen, daß sich die Leviten wahrscheinlich schon in vorstaatlicher Zeit von Mose her legitimiert und auf die Exodusgruppe zurückgeführt haben. Doch wieweit entspricht das der historischen Realität? Einerseits geht der einzige Bericht, der von den Leviten im Zusammenhang des Sinai erzählt (Ex 32,25–29), sicher nicht auf eine alte Tradition zurück:[99] Er setzt in seinem monolatrischen Rigorismus nicht nur die dtn. Abgrenzungstheologie voraus (vgl. Dtn 13,7–12; 17,2–7), sondern reflektiert zudem eine exilische Auseinandersetzung zwischen den Zadokiden/Aaroniden und den „Leviten" (=Landpriestern), wer Mitschuld am Abfall Israels habe.[100] Hätte es solche gegen Synkretismus und Bilderkult streitenden Leviten, wie diese Legende sie schildert, auch nur ansatzweise historisch gegeben, hätte die Religionsgeschichte Israels völlig anders verlaufen müssen.[101]

Andererseits ist das Beziehungsgeflecht zwischen den Leviten und der mosaischen Vorzeit so eng, daß es durchaus möglich ist, daß zumindest das Grundmuster einer mobilen, tribal organisierten religiösen Genossenschaft, welches in vorstaatlicher Zeit nachweisbar ist, auf die Mosezeit und den beginnenden Großkults der Exodusgruppe zurückgeht. Von daher würde erklärbar, warum es neben den lokalen Priesterschaften überhaupt zu

---

97 Die vereinzelte und sonstigen Leviten-Genealogien widersprechende Angabe (sonst ist Gerschom Sohn Levis, vgl. Ex 6,16 u.ö.) ist glaubwürdig und kaum aus *ger šām* in Ri 17,7 gesponnen; die verhüllende Änderung des Namens Mose in Manasse in MT ist, wie das *nun suspensum* zeigt, selbst manchen Abschreibern zu viel der Pietät gewesen; die Lesung: Jonatan ben Gersom ben Mose hat als urprünglich zu gelten, vgl. H.M.Niemann, Daniten, 110ff.

98 Vgl. Ex 2,1; dazu Ex 6,19 als Muši („Moselinie") in der Linie Meraris; Ex 6,20 neben Aaron in der Linie Kehats; vgl. dazu H.Schulz, Leviten, 45ff.

99 Entgegen weitverbreiteter Ansicht (vgl. M.Noth, ÜP, 160; Anm. 416; A.H.J.Gunneweg, Leviten, 29; G.Schmitt, Leviten, 580f.; H.Schulz, Leviten, 25) ist die Szene V.25–29 über V.25b fest in den Kontext der (exilischen) Erzählung Ex 32 eingebunden; zudem schließt V.30 keineswegs glatt an V.24 an, da kein Grund ersichtlich ist, warum Mose mit seiner Strafpredigt einen Tag lang gewartet haben sollte. Wenn überhaupt, müßte man V.21–29 ausgliedern (so mit Recht E.Aurelius, Fürbitter, 67). Das relativ junge Alter des Textes zeigt auch die Verwendung der Botenformel V.27; es setzt die Vorstellung von Mose als Prophet voraus.

100 In Ez 44,10–12 verteidigt die zadokidisch-aaronitische Priesterschaft von Jerusalem ihre Privilegien mit dem Vorwurf an die „Leviten", sie trügen für den Abfall Israels, der zum Exil führte, die entscheidende Mitschuld. In Ex 32 drehen die so Diskiminierten den Spieß um und beweisen unter der Verwendung der alten Bethel-Tradition, daß es Aaron war, der das Volk „verwildern" ließ (Ex 32,2ff.25b), während sich die Leviten durch schonungslose Jahwe-Treue auszeichneten; s.u. 224f.

101 S.u. 96ff.

einer solchen mobilen Priesterzunft gekommen ist, von daher würde auch verständlich, wie die dtn. Theorie von der levitischen Herkunft aller Priester entstehen konnte.

Die Funktion des frühen Jahwekults war wahrscheinlich eine doppelte: Er verstärkte die geschichtlich gewachsene Verbindung zwischen Jahwe und dieser speziellen Menschengruppe, und er verstärkte den sozialen Zusammenhalt der Gruppe selber. Man darf vermuten, daß erst durch ihn aus dem heterogenen Flüchtlingshaufen ein fest organisierter Stamm wurde.

Auch wenn unsere Kenntnisse über die Details des frühen Jahwekults spärlich sind, so ist es doch grundsätzlich von Bedeutung, daß er sich in wesentlichen Ansätzen in den südlichen Wüstenregionen ausgebildet hat, bevor die Exodusgruppe in das palästinische Kulturland einwanderte. Dieser Kult war von Hause aus nicht an eines der berühmten Heiligtümer des Kulturlandes gebunden, in seinem Zentrum stand nicht die Bindung Jahwes an einen bestimmten Ort, sondern an eine bestimmte Menschengruppe. Die Erinnerung an diese Herkunft hat später nicht nur immer wieder Oppositionsgruppen zu einer erstaunlich radikalen Distanzierung vom bestehenden Kultbetrieb befähigt, sondern auch die Fortsetzung der Jahweverehrung nach dem Zusammenbruch des Staatskultes 587 in exilischer Zeit ermöglicht.

Nach einem zweiten Strang der Überlieferung zielt die Theophanie auf die Vermittlung von Geboten und Gesetzen. Aus diesem Grunde ist eine ganze Anzahl von Gebots- und Gesetzessammlungen unterschiedlichen Alters in die Sinaiperikope eingefügt worden, der Dekalog (Ex 20,1–17), das „Bundesbuch“ (Ex 20,22–23,19), der sog. „Kultische Dekalog“ (Ex 34,11–26), das „Heiligkeitsgesetz“ (Lev 17–26) und diverse Priestergesetze. Erstmals literarisch greifbar wird diese Konzeption – früher als die kultische – immerhin schon im 7.Jh.[102] in einer Theophanie-Erzählung, die auf die göttliche Verkündigung des Bundesbuches und eine Verpflichtung Israels zulief. Sie fand danach ihre klassische Ausprägung durch die dtn. Theologen, die der Theophanie auf dem Horeb den Dekalog und das Deuteronomische Gesetz zuordneten (Dtn 5; 6,1ff.; 12ff.), und wurde nach deren Vorbild dann von K^D zu der bestimmenden Struktur auch von Ex 19ff. gemacht, der sich auch K^P – wenn auch mit anderer Gewichtung – anschloß (Lev 11ff.).

Doch bei aller Prominenz, die diese Konzeption in der Überlieferung einnimmt, geht sie kaum in die Frühzeit zurück. Die explizite Autorisation der Gebote und Gesetze durch den sich in seiner ganzen Majestät offenbarenden Gott setzt eine durchgreifende Theologisierung des Rechts voraus, die erst seit dem ausgehenden 8.Jh. stattgefunden hat. Sicherlich wird man auch bei der Exodusgruppe grundlegende Rechtsnormen und einfache Formen der Rechtsprechung voraussetzen, mit denen gruppeninterne Konflikte

---

[102] S.o. 89, Nr.6.

geregelt wurden. Nur ist mehr als fraglich, ob diese schon religiös abgeleitet und abgestützt waren; eher wird man an altes Sippenrecht (vgl. Lev 18) und Gewohnheitsrecht zu denken haben.

Von erheblicher Konsequenz für die Rekonstruktion der Religionsgeschichte Israels ist die Einsicht, daß keines der mit den Sinai-Ereignissen verbundenen Gebots- und Gesetzeskorpora in die Mosezeit zurückgeht. Der Dekalog (Ex 20,1–17), für den man immer wieder gerne einen mosaischen Ursprung angenommen hat, ist deutlich sekundär – wahrscheinlich erst von K^D in frühnachexilischer Zeit – literarisch in die Theophanie-Erzählung Ex 19,2f.*.10–19; 20,18–21 eingeschoben[103] und erweist sich bei näherem Zusehen als Bestandteil der dtn./dtr. Reformkonzeption.[104] Das Bundesbuch Ex 20,22–23,19, das am frühesten eingebunden wurde, entstammt nach neuerer Einsicht nicht der vorstaatlichen Zeit, sondern der hiskianischen Reform Ende des 8.Jhs.[105] Und auch der sog. „Kultische Dekalog" Ex 34,11–26 ist keineswegs, wie man annahm, vorstaatliches „Privilegienrecht", sondern eine späte Komposition, die Gebote aus Ex 13 und dem Bundesbuches vereint.[106] Für das priesterliche Gesetzesmaterial ist ein mosaischer Ursprung sowieso nicht ernsthaft erwogen worden.

Davon unbenommen bleibt allerdings die zeitliche Ansetzung von Einzelgeboten und damit das religionsgeschichtlich gewichtige Problem der Herkunft der grundlegenden Normen der Jahweverehrung: ihre Ausschließlichkeit und ihre Bilderlosigkeit, wie sie sich u.a. in den ersten beiden Dekaloggeboten niedergeschlagen haben. Hierbei handelt es sich um so auffällige Besonderheiten der späteren Religion Israels gegenüber der gesamten vorderorientalischen Antike, daß viele Forscher zumindest Fremdgötterverbot und Bilderverbot in der Frühzeit der Jahwereligion verankern möchten.[107]

Nun erweisen sich allerdings die überlieferten Formen der beiden Gebote als relativ jung. Das umfassend formulierte Fremdgötterverbot des Dekaloges („Du sollst keine anderen Götter haben mir ins Angesicht" Ex 20,3; Dtn 5,7) ist kaum viel älter als die dtn. Reform (622); einen älteren Eindruck machen Ex 22,19 und 34,14,[108] die konkret die kultische Verehrung anderer

---

103 Die Kundgabe des Dekaloges ist kaum szenisch verknüpft: Die Einleitung 20,1 ist so allgemein, daß sogar die Adressenangabe der göttlichen Rede fehlt, und das Volk zeigt 20,18ff., anders als Dtn 5,23ff., keinerlei Reaktion. Zudem schließt Ex 20,18 direkt an 19,19 an; nach der noch späteren Hinzufügung von Ex 19,20–25 ist der Dekalog völlig deplaziert, weil Mose V.25 schon wieder vom Berg hinabgestiegen ist. Zum ganzen und der nicht mit letzter Sicherheit zu beantwortenden Frage, wer die Einfügung vollzogen hat, s. E.Blum, Studien, 93ff.

104 Von den beiden neuesten Untersuchungen setzt ihn F.Crüsemann, Bewahrung, 26, etwas früher an als die dtn. Reform (622), F.-L.Hoßfeld, Dekalog, 281ff., etwas später (früh-dtr. bis dtr.); s.u. 334f.

105 S.u. 283ff.

106 So gegen J.Halbe, Privilegienrecht, 517ff., E.Blum, Studien, 69ff.; 365ff.

107 G.Fohrer, Geschichte, 74; H.Ringgren, 34, u.a.

108 Nach J.Halbe, Privilegienrecht, gehört Ex 22,19 nicht zur ältesten Schicht des Bundesbuches, sondern in seine „Ausbaustufe II"; er setzt sie noch in die frühe Königszeit, was aber

Götter verbieten. Aber auch sie setzen schon die Konkurrenzsituation des Kulturlandes voraus. So ist es mehr als fraglich, ob schon in der Frühzeit mit einem explizit formulierten Fremdgötterverbot gerechnet werden kann.

Die Frage von Herkunft und Alter des biblischen Monotheismus wird in der jüngsten Zeit wieder heftig diskutiert.[109] Während die Ausschließlichkeit der Jahweverehrung Israels in der älteren Forschung allgemein als altes Erbe der Frühzeit galt, das in den Krisen der Landnahme und Staatenbildung angesichts drohender „kanaanäischer" Überfremdung schrittweise zur ausdrücklich gebotenen Monolatrie (Alleinverehrung) und schließlich im Exil zum theoretischen Monotheismus (Behauptung eines einzigen Gottes bei Leugnung aller anderen) ausformuliert wurde,[110] ist in der neueren Forschung die schroffe Gegenthese aufgestellt worden, daß die Religion Israels während ihrer ganzen vorexilischen Phase eine „polytheistische Religion" gewesen sei, „die sich von den Religionen ihrer Umwelt nicht unterscheidet."[111] Die Propagierung der alleinigen Jahwe-Verehrung habe erst spät, frühestens bei Elia im 9., eigentlich aber erst bei Hosea im 8.Jh. eingesetzt und sei nur das Anliegen kleiner Oppositionsgruppen gewesen („Jahwe-allein-Bewegung").[112] Erst unter Josia habe diese Bewegung kurzzeitig gesellschaftlichen Einfluß erringen können, bis sie dann in exilischer und frühnachexilischer Zeit dem Monotheismus endgültig zum Siege verholfen habe.[113]

Hier ist nicht der Ort, die Kontroverse im einzelnen zu diskutieren; das wird an gegebener Stelle geschehen.[114] Hier geht es nur ums Grundsätzliche: Die Berechtigung der neuen kritischen Sicht, die ich in manchen Details durchaus teile, liegt darin, darauf aufmerksam gemacht zu haben, daß die Entwicklung zum Monotheismus keineswegs von Anfang an „vorprogrammiert" war und sich gewissermaßen „von selber" vollzog, sondern in einem offenen Prozeß erst konfliktreich gesellschaftlich durchgekämpft werden mußte. Die Frage ist nur, ob innerhalb eines solchen Modells noch plausibel gemacht werden kann, warum es in Israel – anders als in allen vorderorientalischen Gesellschaften – überhaupt zu solchen Oppositionsbewegungen kommen konnte. Was trieb Männer wie Elia, Elisa und Jehu, sich

---

aus verschiedenen Gründen nicht haltbar ist, s.u. 285f. Damit hängt das Alter des Fremdgötterverbotes allein an der Stelle Ex 34,14, die Halbe trotz erkannter dtn. Anklänge seinem vorstaatlichen „Privilegienrecht" zurechnet (119–122); doch spricht dagegen schon die Prädikation Jahwes als *'el qannā'* „eifersüchtiger" oder besser „leidenschaftlicher Gott", die sonst nicht vor dem 7.Jh. bezeugt ist (Ex 20,5; Dtn 4,24; 5,9; 6,15; vgl. *'el qannō'* Jos 24,19; Nah 1,2). So gehört Ex 22,19 wohl noch ins 8., Ex 34,14 schon ins 7.Jh. Die übrigen Fremdgötterverbote (Ex 23,13.24; Lev 19,4a; 26,1; Ps 81,10) sind alle später als das Dekaloggebot.

109 Vgl. die Sammelbände von O.Keel, Monotheismus (1980); B.Lang, Der einzige Gott (1981); E.Haag, Gott, der Einzige (1985), und unter den vielen daran anschließenden Aufsätzen die von F.-L.Hoßfeld, Einheit; M.Hutter, Werden; M.Weippert, Synkretismus.

110 So z.B. B.Balscheit, Alter, 25ff.; 135ff.; G.von Rad, Theologie I, 216–225; R.Knierim, Gebot, 32ff.; W.H.Schmidt, Gebot, 11ff.; vgl. die Literaturdiskussion bei N.Lohfink, Geschichte.

111 So dezidiert B.Lang, Bewegung, 53; ähnlich M.Weippert, 151; vgl. H.Vorländer, Monotheismus, 98ff.; zu einer ähnlichen Position war zuvor schon G.W.Ahlström, Aspects, gekommen.

112 So in Aufnahme eines Begriffes von M.Smith, der allerdings sowohl bei ihm als auch bei seinen Gefolgsleuten sozialgeschichtlich seltsam diffus bleibt.

113 So knapp die Sicht von B.Lang, Bewegung, 58–82; M.Weippert, Monotheismus, 60–66.

114 S.u. 241ff.; 269ff.; 287; 321ff.

nicht mit dem offiziellen diplomatischen Synkretismus Ahabs abzufinden, wenn ein solcher in der polytheistischen Welt des Vorderen Orients doch allgemein üblich war?[115] Was brachte den Propheten Hosea dazu, den Jahwekult seiner Zeit als Baalkult zu diffamieren, wenn Jahwe eigentlich mit Baal identisch war?[116] Der Hinweis auf soziale und politische Krisen[117] reicht nicht hin, um solche schroffen und z.T. blutigen religiösen Abgrenzungskämpfe im späteren Israel zu motivieren. Denn genauso gut hätte man den typisch polytheistischen Weg der Krisenbewältigung einschlagen können, sich noch bei anderen Göttern abzusichern (vgl. Jer 44,15–19).[118] Nein, es muß ein Differenzpotential innerhalb der Jahwereligion gegeben haben, das sie von üblichen polytheistischen Religionen unterschied und auf das sich Oppositionsgruppen, die eine Möglichkeit zur Überwindung von Krisen allein in der ausschließlichen Jahweverehrung sahen, berufen konnten.[119] Insofern hat der Ansatz der älteren Forschung, von einer der Jahwereligion von ihren Anfängen inhärenten Tendenz zur Monolatrie auszugehen, immer noch viel für sich.

Es muß somit etwas in der Jahwereligion gegeben haben, was zur Ausformulierung der späteren Fremdgötterverbote gedrängt hat. Wohl kann – wie sich zeigen wird – von einem Monotheismus oder auch nur von einer Monolatrie im strengen Sinn zumindest in vorexilischer Zeit nicht gesprochen werden, doch läßt sich der spätestens seit der mittleren Königszeit erhobene Anspruch auf Alleinverehrung Jahwes nicht voll aus der Opposition zu staatlichem Synkretismus und Polytheismus dieser relativ späten Zeit erklären (Elia, Hosea); er muß einen Anhalt in den Strukturen der Jahwereligion haben, die älter sind.[120]

---

[115] M.Weippert, Synkretismus, 161, meint, Jehu habe mit seiner Revolution „in erster Linie eine Wendung der Außenpolitik Israels herbeiführen" wollen. Doch außenpolitisch war die Ausrottung des Baalkultes, die das Nordreich gegenüber seinen Nachbarn total isolierte, ein Desaster. Will man ihm nicht bodenlose Dummheit unterstellen, muß man wohl doch nach innenpolitischen Motiven suchen.

[116] So M.Weippert, Synkretismus, 158, in Akzentuierung seiner füheren These, daß Jahwe von Hause aus dem Hadad-Typ zuzurechnen ist, s.o. 85.

[117] B.Lang, Bewegung, 68; M.Weippert, Monotheismus, 161 f.

[118] B.Lang, Bewegung, 66ff., verweist auf eine „zeitweise Monolatrie", wie sie im Atramḫasīs-Epos (I 391–399.409–413 u.ö.) bei der Abwendung der Plagen vorkommt, um das Aufkommen einer „Jahwe-Monolatrie als Krisenkult" im Gefolge Hoseas zu erklären. Doch ganz davon abgesehen, ob eine solche im Vorderen Orient wirklich eine kultische Realität war, läßt sich bei Hosea auch nicht das geringste Indiz finden, daß er die alleinige Hinkehr Israels zu Jahwe zeitlich begrenzt wissen wollte.

[119] Auch B.Lang, Bewegung, 60f., scheint die Notwendigkeit gespürt zu haben, nach Besonderheiten der Jahwereligion zu suchen, die das Aufkommen der „Jahwe-allein-Bewegung" begründen können, wenn er a.a.O., 60, feststellt: „Daß Jahwe zum Gegner Baals werden kann, muß auch in seinem Wesen begründet sein." Im einzelnen nennt er: Jahwe als Einzelgänger, seine mangelnde Einbindung in die kanaanäische Götterwelt, eine Entsprechung zwischen seiner und Israels Außenseiterstellung. „Hier mag eine wichtige Wurzel des Jahwe-allein-Gedankens und damit letztendlich des Monotheismus liegen: Der einsame Jahwe wird zum einzigen Gott" (61).

[120] So auch M.Rose, Ausschließlichkeitsanspruch, 165, der hier ein nomadisches Erbe sieht; F.Stolz, Monotheismus, 163ff., der die Einzigkeit Jahwes aus der Konfrontation der vorstaatlichen Jahwekriege ableitet; oder N.Lohfink, Geschichte, 25, der die Exklusivität der Jahweverehrung in den Zusammenhang mit Israels Kampf um eine gerechte Gesellschaftsordnung

Der Prophet Hosea sah ihn in dem religiösen Schlüsselerlebnis der Frühzeit begründet:

Hos 13,4 Aber ich bin Jahwe, dein Gott von Ägypten her,
einen Gott außer mir kennst du nicht,
einen Helfer außer mir gibt es nicht.

Ihm wird darin zuzustimmen sein, die Gründe für die eigentümliche, der Religion Israels innewohnende Tendenz zur Exklusivität in ihrer außergewöhnlichen sozial- und religionsgeschichtlichen Ausgangskonstellation zu suchen: Unter den extremen Lebensbedingungen der politischen Befreiung und einer längeren Wüstenexistenz bildete sich ein enges personales Verhältnis zwischen der Exodusgruppe und Jahwe heraus.[121]

Die anderen vorderorientalischen Religionen kennen ein solches personales Gottesverhältnis nur in bezug auf Kleingruppen und einzelne Personen („persönlicher Gott", „Schutzgott").[122] Die personale Bindung eines Gottes an eine Großgruppe ist eine Besonderheit der israelitischen Religion. Dagegen sind etwa die babylonischen Götter auf bestimmte Städte bzw. auf das Land „Sumer und Akkad" bezogen. Es gibt im Akkadischen gar kein Wort für „Volk", statt dessen meint *nišū* die „Bevölkerung des Landes", die im Laufe der Geschichte wechseln konnte, ohne daß die Götterwelt sich tiefgreifend veränderte. Nur über das Land, die Stadt mit ihren Tempeln und über die politische Institution des Königtums steht die babylonische Bevölkerung in Beziehung zu den Göttern. Auf der politischen Ebene ist allein die Beziehung der Götter zum König personal bestimmt, gegenüber ihrem Land besteht ein Sachbezug: Die Götter sind Besitzer des Landes und halten diesen Besitz in Ordnung, indem sie die Herrschaft darüber an einen König delegieren und ihre Entscheidungen über einen göttlich-königlichen Instanzenweg durchsetzen.[123] Von den besonderen Anfangsbedingungen der israelitischen Religion her ist Jahwe nicht primär Besitzer eines Landes, sondern der Gott einer Großgruppe („Gott der Hebräer", später „Gott Israels"), die ihm ihre Freiheit, ja ihre Existenz in allen Gefährdungen verdankt. Dieser Umstand gibt der Bindung an ihn – jedenfalls auf Großgruppenebene – eine gewisse Exklusivität.

Der Einzelstellung Jahwes als Großgruppengott entspricht die relativ einfache Sozialstruktur der Exodusgruppe. Es gibt in dieser Flüchtlingsgruppe

---

stellt; vgl. auch M.Hutter, Werden, 35f.; F.-L.Hoßfeld, Einheit, 70f. (wenn auch mit fragwürdigem Bezug auf Ex 34,14 und den „Jahwisten"); T.N.D.Mettinger, Essence, 412 u.a.

[121] Ich empfinde es als eine gewisse Schwäche des Ansatzes von M.Weippert, daß er zunächst die theologischen Konzeptionen (Monotheismus, 143–149) und sodann die religionsgeschichtliche Entwicklung darstellt (150–166), ohne zu fragen, wie jene aus dieser entstanden sein könne. Es ist doch eigenartig, daß sich alle Reformgruppen (Elia, Hosea, Dtn) zur Begründung der Jahwe-Monolatrie ausgerechnet auf die Frühzeit berufen. Alle Idealisierung in Rechnung gestellt, völlig aus der Luft gegriffen konnte diese Sicht doch nicht sein, sollte sie bei ihren Adressaten überzeugend wirken.

[122] Vgl. R.Albertz, Frömmigkeit, 101ff.

[123] A.a.O., 140ff.; 161ff.

unter den Extrembedingungen der Wüste noch keine tiefgreifende soziale Differenzierung, Arbeitsteilung und institutionelle Aufgliederung der Gesellschaft. Auf eine solche reich gegliederte Gesellschaftsordnung ist nun aber der Polytheismus der übrigen vorderorientalischen Religionen bezogen. Die Vielfalt der Götterwelt spiegelt die vielfältigen widerstreitenden Interessen und die komplizierten gesellschaftlichen Verhältnisse der vorderorientalischen Hochkulturen wider.[124] Und wie diese in der monarchischen Hierarchie ihren Ausgleich finden, so findet auch das Pantheon nur in der monarchischen Spitze („König der Götter") eine spannungsreiche Einheit. Solange die Exodusgruppe um ihr Überleben kämpfte, d.h. ihre Sozialstruktur undifferenziert und ihre Interessenlage eindeutig war, war die Bindung an einen einzigen Gott das Gegebene, reichte ihr ein einziges religiöses Symbol aus. Jahwe hatte unter diesen Extrembedingungen nur eine einzige Aufgabe: das Überleben der Gruppe in der gewonnenen Freiheit zu sichern. Dazu war kein komplizierter Instanzenweg innerhalb eines Pantheons nötig. Jahwe handelte an der Gruppe direkt und mittelbar, nicht wie ein König des Landes, sondern wie ein Führer eines Stammes. Darauf, daß die Distanz Jahwes zum polytheistischen System der ägyptischen Religion es der Exodusgruppe überhaupt erst möglich machte, in ihm den Garanten ihrer Befreiung aus der ägyptischen Gesellschaft zu sehen, wurde schon hingewiesen.

So findet die Anlage zur alleinigen Jahweverehrung in der israelitischen Religion aus den sozialgeschichtlichen Bedingungen der Exodusgruppe eine durchaus plausible Erklärung. Damit ist jedoch der Weg zur Monolatrie oder gar zum Monotheismus keineswegs automatisch vorgezeichnet. Es wird sich zeigen, daß unter gewandelten sozialgeschichtlichen Bedingungen, besonders seitdem die Errichtung des Königtums zu einer differenzierten und komplexen israelitischen Gesellschaft führte, auch in Israel die Zeichen ganz auf Synkretismus und Polytheismus gestellt waren.[125] Das heißt, was die unter den Extrembedingungen der Frühzeit „normale" Alleinverehrung Jahwes in gewandelten gesellschaftlichen und politischen Verhältnissen bedeuten konnte, war keineswegs von vornherein klar, sondern mußte erst entdeckt werden. Für die meisten war sie einfach durch die gesellschaftlichen Entwicklungen überholt. Es waren nur einige Oppositionsgruppen, die auch unter den gewandelten gesellschaftlichen Verhältnissen auf die exklusive Gottesbeziehung der Frühzeit zurückgriffen und die alleinige Jahweverehrung auf ihr Banner schrieben (Elia, Hosea).[126] Dieser prophetische Kampf um die Ausschließlichkeit der Gottesbeziehung Israels war zugleich ein Kampf gegen die sozialen und politischen Entwicklungen der mittleren und späten Königszeit: gegen ein Auseinanderfallen der israelitischen Gesellschaft in sich bekämpfende Klassen und gegen ihre politische Einbindung

---

124 Vgl. zu dieser gesellschaftlichen Einordnung des Polytheismus A.Brelich, Polytheismus, 133f.; F.Stolz, Monotheismus, 148–154.

125 So auch F.Stolz, Monotheismus, 165f., s.u. 202ff.; 228ff.; 231ff.

126 S.u. 238ff.; 269ff.

und Überfremdung nach außen.[127] Erst im Zuge dieser Auseinandersetzung sind die Fremdgötterverbote formuliert worden. Und es bedurfte noch einmal einer längeren Auseinandersetzung, bis sie in ihrer ganzen Tragweite von allen gesellschaftlichen Gruppen akzeptiert wurden. Es ist sicher kein Zufall, daß sich die monotheistische Tendenz der Jahwereligion erst im Exil, nach dem Zusammenbruch der Gesellschaft und jenseits der Ebene einer politischen Nationalreligion, voll verwirklichen konnte.[128]

Ähnlich wie beim Fremdgötterverbot scheint die religionsgeschichtliche Entwicklung auch hinsichtlich des Bilderverbots verlaufen zu sein.

Die expliziten Gebotsformulierungen (Ex 20,4–6; Dtn 5,8–10; Ex 20,23; 34,17; Lev 19,4; 26,1; vgl. Dtn 27,15) sind auch hier relativ spät;[129] noch der Prophet Hosea (um 730) scheint in seinem Kampf gegen den Bilderkult keines davon gekannt zu haben, sonst hätte er sich sicher darauf berufen.[130] Dennoch wohnt dem Jahwekult schon in älterer Zeit eine gewisse Tendenz zur Bilderlosigkeit inne, z.B. war der Gottesthron im Jerusalemer Tempel leer. Diese läßt sich am ehesten damit erklären, daß auch der frühe Jahwekult der Exodusgruppe kein Gottesbild kannte.[131] Dafür fehlten unter den extremen Lebensbedingungen der Wüste wohl nicht nur die materiellen und kultischen Voraussetzungen, sondern wahrscheinlich auch jedes Bedürfnis, solange Jahwe als Symbol der Distanzierung von der ägyptischen Kultur mit ihrer ausgeprägten Gottesbildtheologie angesehen wurde. Spuren anikonischer Kulte sind auch sonst in vorderorientalischen Randkulturen (z.B. bei den Nabatäern) nachweisbar.[132] Das schloß aber nun nicht aus, daß nach erfolgter Etablierung im palästinischen Kulturland Jahwe unter Verwendung der hier üblichen Gottessymbole und Gottesbilder verehrt wer-

---

[127] Diesen gesellschaftlichen Aspekt der Auseinandersetzung betont mit Recht F.Stolz, Monotheismus, 177ff.

[128] S.u. 436ff.

[129] Hierin scheint sich jetzt – bei kleineren Differenzen im einzelnen – ein Konsens anzubahnen, vgl. O.Keel, Jahwe-Visionen, 37–45; T.N.D.Mettinger, Veto, 22–25; F.-L.Hoßfeld, Dekalog, 268–273; Chr.Dohmen, Bilderverbot, 237–277; S.Schroer, Bilder (2.1), 12–16. Während T.N.D.Mettinger Ex 34,17 noch für das älteste Gebot hält, hat Chr.Dohmen zu Recht seinen redaktionellen, Ex 20,23b* verallgemeinernden Charakter erkannt (a.a.O., 181–183); vgl. auch E.Blum, Studien, 69f. Dohmen möchte in Ex 20,23b*.24a*: „Einen silbernen oder goldenen Gott sollst du dir nicht anfertigen, einen Altar aus Erde sollst du mir machen!", ein konservatives Kultgebot aus der frühen vorstaatlichen Zeit sehen (237–244), doch setzt er dabei noch die Frühdatierung des Bundesbuches voraus. Stammt dieses erst aus dem 8.Jh. (s.u. 283ff.), so könnte es sich um eine archaisierende Bestimmung dieser Zeit handeln und wie alle übrigen Texte Hosea nachzuordnen sein. Zuweilen wurde Dtn 27,15 als die älteste Fassung angesehen, doch handelt es sich um eine nachträgliche Ausweitung der Fluchreihe, die das Bilderverbot explizit auf den privaten Bilderkult (Ri 17,1–5) ausdehnt (nach Dohmen, a.a.O., 232–235, spätdtr.).

[130] So mit Recht schon T.N.D.Mettinger, Veto, 24; F.-L.Hoßfeld, Dekalog, 272 u.a.

[131] Die Erzählung vom „Goldenen Kalb" (Ex 32) reflektiert den späteren nordisraelitischen Staatskult.

[132] Vgl. O.Keel, Jahwe-Visionen, 40; M.Weinfeld, League, 310; T.N.D.Mettinger, Essence, 412; Chr.Dohmen, Bilderverbot, 239; 276.

den konnte.[133] Als sinnfällige Symbole göttlicher Anwesenheit werden in den älteren Texten häufig – ohne jede Kritik – Kultsteine (Mazzeben) erwähnt (z.B. Gen 28,18) und sind selbst von der ältesten Formulierung des Fremdgötterverbots (Ex 20,23b) noch nicht ausgeschlossen. Sie sind inzwischen auch archäologisch in eindeutig israelitischen Heiligtümern bezeugt: Mazzeben befanden sich z.B. im Allerheiligsten des Jahwetempels von Arad. Ein kostbares Jahwesymbol war wohl auch der Ephod, den Gideon nach Ri 8,22–28 herstellen ließ. Menschen- und tiergestaltige Gottesbilder sind im Jahwekult von Dan (Ri 17f.) und Jerusalem bezeugt (2.Kön 18,4; Neuschtan, eine schlangenartige Heilsgottheit?). Das Stierbild von Bethel war zwar ursprünglich nur als Podest gemeint, auf dem Jahwe unsichtbar stehend vorgestellt wurde, es wurde aber in der populären Anschauung direkt mit Jahwe identifiziert (vgl. Ex 32,1–6; Hos 8,6). Eine Götterstatuette, die möglicherweise Jahwe darstellen soll, wurde in Hazor gefunden,[134] eine bronzene Stierplastik im nördlichen samaritanischen Bergland.[135] So konnte Jahwe bis tief in die Königszeit hinein durchaus auch mit Kultsymbolen und Gottesbildern verehrt werden, ohne daß dies auf Kritik stieß. Der Kampf gegen die Gottesbilder begann erst mit dem Propheten Hosea; sie waren für ihn der deutlichste Ausdruck einer „kanaanäischen" Überfremdung der Jahwereligion (Hos 4,17; 8,4f.6; 10,5; 11,2; 13,2; 14,4.9). Im Gefolge dieser Auseinandersetzung wurde wohl noch Ende des 8.Jhs. zuerst die Anfertigung kostbarer Götterfiguren aus Edelmetall verboten (Ex 20,23b), dann im 7.Jh. die Herstellung jeglicher Götterbilder (20,4a) und schließlich auch die Verwendung der traditionellen Kultsymbole (Mazzebe und Aschere; Dtn 16,21f.). In exilischer Zeit wurde das Bilderverbot sogar auf die Hauskulte (Dtn 27,15) und jede Art bildlicher Darstellung im Zusammenhang des Gottesdienstes ausgedehnt (Ex 20,4b–6; Dtn 4,15–17). Für die Deuteronomisten war die Verehrung eines Kultbildes, auch wenn es Jahwe repräsentieren soll, in jedem Fall Götzendienst.

In diesem erst relativ spät anlaufenden Klärungsprozeß haben zuerst wieder Oppositionsgruppen erkannt, daß die statisch-materiale Repräsentanz Gottes im Bild, wie sie im antiken Vorderen Orient überall üblich war, Jahwe etwas Wesentliches nimmt, was ihm seit der Frühzeit der israelitischen Religion eignete: seine Transzendenz und Distanz zur eingerichteten Welt mit ihren scheinbar festen Seins- und Herrschaftsstrukturen und seine geschichtliche Dynamik. Jahwe ist von Hause aus kein Gott, den man im Bild als Garant der bestehenden Gesellschaftsordnung in die Welt hinein-

---

[133] Vgl. S.Schroer, Bilder (2.1); R.S.Hendel beobachtet eine klare Diskontinuität „in the presence of anthropomorphic figurines between the Late Bronze Age and the Iron Age strata in early Israelite sites" (Origins, 367). Doch wird man in der Auswertung solcher archäologischer Evidenzen vorsichtig sein müssen.

[134] Vgl. G.W.Ahlström, God; R.S.Hendel, Origins, 367 Anm.9, nennt noch weitere Fragmente möglicher Gottesbilder.

[135] Vgl. A.Mazar, „Bull-Site", 27–32; zu weiteren tönernen Stierfiguren, die in Silo und auf dem Ebal gefunden wurden, s. H.Weippert, Palästina, 409.

ziehen könnte, sondern einer, der mit seiner Verheißung der Befreiung die bestehende Welt auf eine neue Welt und bessere Ordnung hin transzendiert. Nicht in der statischen Anschauung eines Bildes kann Israel seinen Gott begreifen, sondern dadurch, daß es Gott auf dem Weg, den sein Wort weist, folgt (Dtn 4,12 ff.).[136]

Schließlich sind die Sinaiereignisse von der Tradition als grundlegender Bundesschluß zwischen Jahwe und Israel aufgefaßt worden. Doch während man früher häufig geneigt war, den „Bundesschluß am Sinai" für das Urgestein der Überlieferung zu halten und zum „mosaischen" Ausgangspunkt der weiteren religionsgeschichtlichen Entwicklung zu machen,[137] so wird in neuerer Zeit immer deutlicher, daß es sich um nachträgliches, in der Sinaiperikope nur locker eingesetztes Interpretament handelt, das erst auf die dtn./dtr. Theologen zurückgeht.[138] In der Sinai-Perikope sprach wahrscheinlich erstmals die vordtn. Erzählung von einer Verpflichtung Israels auf das Gesetz (Ex 24,3 ff.*), zu einem förmlichen, rituellen Bundesschluß wurden die Sinai-Ereignisse nach Vorbild der dtn./dtr. Konzeption (Dtn 5,2 ff. u.ö.) erst von K^D in frühnachexilischer Zeit ausgestaltet (Ex 19,3b-8; 24,3-8; Ex 34*).[139] So wird man von einem Bund im theologisch und rechtlich durchstrukturierten Sinn in der Frühzeit ganz sicher noch nicht sprechen können, wohl aber von einem besonderen personalen Verhältnis zwischen Jahwe und der Exodusgruppe, das aus der Befreiungserfahrung erwachsen war und durch Theophanie und Gottesdienst verfestigt wurde. Auch ohne förmlichen Bundesschluß förderte dieses Gottesverhältnis schon die soziale Integration der Gruppe, auch ohne explizite Gebotsverkündigung beinhaltete es elementare Verhaltensnormen innerhalb der Gruppe, vor allem die, trotz aller Schwierigkeiten, die sich der Vollendung der Befreiungsaktion in den Weg stellten, nicht aufzugeben, sondern weiter bei dem Gott der Befreiung zu bleiben. Nur waren die Normen noch nicht im einzelnen ausdifferenziert.

---

[136] Die Deutung des Bilderverbotes ist nach wie vor umstritten, s. die Berichte von Chr.Dohmen, Bilderverbot, 25-30; R.S.Hendel, Origins, 368-372. Für Dohmen hat das Bilderverbot überhaupt nichts mit dem Wesen des Bildes zu tun, sondern steht ganz im Dienste der abgrenzenden Tendenz des Fremdgötterverbotes: „Da ein Bild (wegen fehlender Eindeutigkeit) die Tür zu fremden Religionen öffnen könnte, werden Bilder grundsätzlich verboten" (a.a.O., 279). Doch hat man den Eindruck, daß hinter dieser Reduktion seiner Funktion das apologetische Interesse steht, die Verwendung von Bildern in der Kirche zu rechtfertigen. Eine interessante religionssoziologische Erklärung hat R.S.Hendel vorgelegt: Sie geht aus von der engen Verbindung von Königs- und Götterbild in der vorderorientalischen Ikonographie. „Since there was no place in the early Israelite universe for a king, the divine image that symbolized the authority of the king was prohibited" (a.a.O., 378). Doch beruht diese Deutung auf der Annahme, daß die Lade schon in vorstaatlicher Zeit als Gottesthron galt, der in Israel bewußt leergehalten wurde, was unsicher ist, s.u. 202.

[137] Vgl. zur älteren Diskussion D.McCarthy, Treaty and Covenant; daneben z.B. H.Ringgren, Geschichte, 31 f.; W.Beyerlin, Herkunft, 165 ff.; N.K.Gottwald, Tribes (2.3), 36 u.ö. (s.v. „covenant"), u.a.

[138] Vgl. L.Perlitt, Bundestheologie, 55 ff.; 156 ff.

[139] Vgl. E.Blum, Studien, 72 ff.; 188 ff.

Die Überlieferung von der Wüstenwanderung weiß von zahlreichen Gefährdungen zu berichten, denen die Flüchtlingsgruppe aus Ägypten unter den Bedingungen der südpalästinischen Wüstenregion ausgeliefert war; sie spricht von der Not des Verhungerns (Ex 16; Nu 11,4–35) und Verdurstens (Ex 15,22–27; 17,1–7; Nu 20,1–13), von der Bedrohung durch Feinde (Ex 17,8–16) und wilde Tiere (Nu 21,4b-9) und von schweren Mißerfolgen, im Kulturland Fuß zu fassen (Nu 13f.). Solche Schilderungen sind kaum im strengen Sinn als historisch zu betrachten,[140] dennoch malen sie auf typische Weise durchaus realistisch das Wagnis aus, auf das sich die Mosegruppe eingelassen hatte. Die Befreiungsaktion drohte immer wieder zu scheitern; die Gruppe blieb in ihrem Kampf um das Überleben dauernd auf ihren Gott Jahwe angewiesen. Wenn die Überlieferung in diesem Zusammenhang nicht nur von einem leitenden (Jahwe zieht der Gruppe wie ein Heerführer voran, *hālak lifnē* Ex 13,21; 32,1.23; Nu 14,14 vgl. Nu 10,33 und akk. *ālik pani* = „Heerführer") und rettenden Handeln Jahwes (Ex 15–17), sondern auch von seinem Zorn spricht (Nu 11; 13f.; 20f.), dann ist das bei aller späteren theologischen Projektion doch sicher nicht völlig ohne Anhalt: Zur geschichtlich-politisch fundierten Gottesbeziehung einer Großgruppe, deren Befreiungsprozeß immer wieder gefährdet ist, gehört die Erfahrung des Zorns Gottes notwendig hinzu.[141]

Doch wie immer man die Wüstentradition im einzelnen beurteilen mag, sie bezeugt wohl zutreffend, daß es der Exodusgruppe nicht auf Anhieb gelang, von einer Desintegration in der ägyptischen Gesellschaft zu einer Integration im palästinischen Kulturland zu finden. Religionsgeschichtlich ist daran vor allem bedeutsam, daß sich die Anfänge der Jahwereligion noch vor der geglückten Integration der Gruppe unter den extremen Lebensbedingungen außerhalb des Kulturlandes ausbildeten. Von daher wohnte ihr ein kritisches Potential inne, das von späteren Oppositionsgruppen immer wieder gegen gesellschaftliche Herrschaftsstrukturen aktiviert werden konnte.

2.3 Die Religion des vorstaatlichen Großgruppenverbandes

Y. Aharoni, Arad: Its Inscriptions and Temple, BA 31, 1968, 2–32. – Ders., Das Land der Bibel. Eine historische Geographie, 1984. – G.W. Ahlström, An Archaeological Picture of Iron Age Religion in Ancient Palestine, StOr 55,3, 1984. – R. Albertz, Hintergrund und Bedeutung des Elterngebots im Dekalog, ZAW 90, 1978, 348-374. – Ders., Israel. I. Altes Testament, TRE XVI, 1987, 369–379. – Ders., Schalom und Versöhnung. Alttestamentliche Kriegs- und Friedenstraditionen, ThPr 18, 1983, 16–29. – Ders., Täter und Opfer im Alten Testament, ZEE 28, 1984, 146–166. – A. Alt, Die Landnahme der Israeliten in Palästina (1925), Kleine Schriften I, 1959, 89–125. – Ders., Die Ursprünge des israelitischen Rechts (1934), ebd.,

---

[140] Vgl. V.Fritz, Israel, 101ff.

[141] Vgl. dazu R.Albertz, Frömmigkeit, 86f.

278–332. – Ders., Erwägungen über die Landnahme der Israeliten in Palästina (1939), ebd., 126–175. – A.Angerstorfer, Ašerah als „consort of Jahwe" oder Aširtah, BN 17, 1982, 7–16. – W.B.Barrik, What do we really know about „High-Places"?, SEA 45, 1980, 50–57. – H.M.Bastard, The Religious Polemics of Amos, VT.S 34, 1984. – Biblical Archaeology Today, Proceedings of International Congress on Biblical Archaeology, Jerusalem, April 1984, 1985. – J.Callaway, A Visit with Ahilud. A Revealing Look of Village Life when Israel first settled the Promised Land, BAR 9, 1983, 42–53. – F.Crüsemann, Widerstand gegen das Königtum, WMANT 49, 1978. – J.Day, Ashera in the Hebrew Bible and Northwest Semitic Literature, JBL 105, 1986, 385–408. – W.Dietrich, Israel und Kanaan. Vom Ringen zweier Gesellschaftssysteme, SBS 94, 1979. – H.Donner, „Hier sind deine Götter, Israel!", Wort und Geschichte, FS K.Elliger, 1973, AOAT 18, 45–50. – O.Eißfeldt, Der geschichtliche Hintergrund der Erzählung von Gibeas Schandtat (1935), Kleine Schriften, Bd. II., 1963, 64–80. – Ders., El und Jahwe (engl. 1956), Kleine Schriften 3, 1966, 386–397. – H.Engel, Abschied von den frühisraelitischen Nomaden und der Jahweamphiktyonie, BiKi 38, 1983, 43–46. – Ders., Die Siegesstele des Merenptah. Kritischer Überblick über die verschiedenen Versuche historischer Auswertung des Schlußabschnitts, Bib. 60, 1979, 373–399. – Ders., Grundlinien meiner Hypothesen über die Entstehung und Gestalt der vorstaatlichen Stämmegesellschaft, BiKi 38, 1983, 50–53. – I.Finkelstein, Excavations at Shilo 1981–1984. Preliminary Report, TA 12, 1985, 123–180. – Ders., The Archaeology of the Israelite Settlement, 1988. – E.J.Fisher, Cultic Prostitution in the Ancient Near East? A Reassessment, BTB 6, 1976, 225–236. – F.S.Frick, The Formation of the State in Ancient Israel, The Social World of Biblical Antiquity Series 4, 1985. – V.Fritz, Conquest or Settlement. The Early Iron Age Palestine, BA 50, 1987, 84–101. – E.Gerstenberger, Wesen und Herkunft des „Apodiktischen Rechts", WMANT 20, 1965. – C.H.J.de Geus, Agrarian Communities in Biblical Times: 12th to 10th Centuries B.C.E, Les Communantés Rurales II: Antiquité, 1984, 207–237. – Ders., The Tribes of Israel, SSN 18, 1976. – N.K.Gottwald, The Tribes of Yahweh. A Sociology of the Religion of Liberated Israel 1250 – 1050 B.C.E., 2.Aufl. 1981. – C.F.Graesser, Standing Stones in Ancient Palestine, E.F.Campbell (ed.), The Biblical Archaeologist Reader IV, 1983, 293–321. – M.I.Gruber, Hebrew Qĕdēšāh and her Canaanite and Akkadian Cognates, UF 18, 1986, 133–148. – J.M.Hadley, Some Drawings and Inscriptions on two Pithoi from Kuntillet ʿAjrud, VT 37, 1987, 180–213. – Dies., The Khirbet el-Qom Inscription, VT 37, 1987, 50–62. – B.Halpern, The Emergence of Israel in Canaan, SBLMS 29, 1983. – J.Heller, Ursprung des Namens Israel, CV 7, 1964, 263–264. – P.Höffken, Eine Bemerkung zum religionsgeschichtlichen Hintergrund von Dtn 6,4, BZ 28, 1984, 88–93. – T.A.Holland, A Study of Palestinian Iron Age Baked Clay Figurines, with Special Reference to Jerusalem: Cave I, Levant 9, 1977, 121–155. – D.C.Hopkins, The Highlands of Canaan. Agricultural Life in the Early Iron Age, The Social World of Biblical Antiquity Series 3, 1985. – H.-W.Jüngling, Die egalitäre Gesellschaft der Stämme Jahwes. Bericht über eine Hypothese zum vorstaatlichen Israel, BiKi 38, 1983, 59–64. – B.Kedar-Kopfstein, ḥag, TWAT II, 1977, 730–744. – J.Kegler, Debora – Erwägungen zur politischen Funktion einer Frau in einer patriarchalischen Gesellschaft, W.Schottroff/W.Stegemann (Hrsg.), Traditionen der Befreiung, Bd.2: Frauen in der Bibel, 1980, 37–59. – Ders., Politisches Geschehen und theologisches Verstehen. Zum Geschichtsverständnis der frühen Königszeit, CTM A8, 1977, 255–299. – D.Kellermeier, maṣṣā, TWAT IV, 1984, 1074–1081. – L.Köhler, Die hebräische

Rechtsgemeinde, ders., Der Hebräische Mensch, 1953 = 1976, 143–171. – W.Kornfeld, Fruchtbarkeitskulte im Alten Testament, Wiener Beiträge zur Theologie 10, 1965, 109–117. – W.Kornfeld/H.Ringgren, qādeš, TWAT VI, 1989, 1179–1204. – H.-J.Kraus, Gottesdienst in Israel, Grundriß einer alttestamentlichen Kultgeschichte, 1962. – E.Kutsch, Erwägungen zur Geschichte der Passafeier und des Massotfestes (1955), ders., Kleine Schriften zum Alten Testament, 1986, 29–63. – B.Lang, Persönlicher Gott und Ortsgott. Über Elementarformen der Frömmigkeit, Fontes atque Pontes, FS H.Brunner, Ägypten und das Alte Testament 5, 1983. – A.Lemaire, Asriel, šr'l, Israël et l'origine de la confédération israélite, VT 23, 1973, 239–243. – Ders., Les inscriptions de Khirbet-el-Qôm et l'Ashera de YHWH, RB 84, 1977, 595–608. – N.P.Lemche, Ancient Israel. A New History of Israelite Society, 1988. – Ders., Early Israel. Anthropological and Historical Studies on the Israelite Society before the Monarchy, VT.S 38, 1985. – Ders., 'Israel in the Period of Judges' – The Tribal League in Recent Research, StTh 38, 1984, 1–28. – G.Liedke, Gestalt und Bezeichnung alttestamentlicher Rechtssätze. Eine formgeschichtlich-terminologische Studie, WMANT 39, 1971. – B.Lindars, The Israelite Tribes in Judges, VT 30, 1980, 95–112. – E.Lipiński, nāḥal, naḥălā, TWAT V, 1984, 342–360. – Ders., The Syro-Palestinian Iconography of Women and Godess, IEJ 36, 1986, 87–96. – N.Lohfink, Die segmentäre Gesellschaft in Afrika als neue Analogie für das vorstaatliche Israel, BiKi 38, 1983, 55–58. – Ders., haram, TWAT III, 1982, 192–213. – Ders., Warum wir weiter nach Israels Anfängen fragen müssen, ZdZ 39, 1985, 173–179. – A.Malamat, Charismatic Leadership in the Book of Judges, The Mighty Acts of God. FS G.E.Wright, 1976, 152–168. – B.Mazar, The Early Israelite Settlement in the Hill Country, BASOR 241, 1981, 75–86. – P.K.McCarter, Aspects of Religion of Israelite Monarchy: Biblical and Epigraphical Data, P.Miller u.a. (ed.), Ancient Israelite Religion, FS M.Cross, 1987, 137–155. – Z.Meshel, Kuntillet 'Ajrud. A religious Centre from the Time of the Judaean Monarchy on the Border of Sinai, The Israel Museum, Catalog Nr. 175, 1978. – R.Neu, „Israel" vor der Entstehung des Königtums, BZ 30, 1986, 204–221. – H.Niehr, Grundzüge der Forschung zur Gerichtsorganisation Israels, BZ 31, 1987, 206–277. – Ders., Rechtsprechung in Israel. Untersuchung zur Geschichte der Gerichtsorganisation im Alten Testament, SBS 130, 1987. – M.Noth, Das System der zwölf Stämme Israels, BWANT IV,1, 1930 = 1966. – S.M.Olyan, Asherah and the Cult of Yahweh in Israel, SBLMS 34, 1988. – R.Oppermann, Die Rebellionsthese in Gottwalds „The Tribes of Yahweh", BN 33, 1986, 80–99. – E.Otto, Historisches Geschehen – Überlieferung – Erklärungsmodell. Sozialhistorische Grundsatz- und Einzelprobleme in der Geschichtsschreibung des frühen Israel – Eine Antwort auf N.P.Lemches Beitrag zur Diskussion um eine Sozialgeschichte Israels, BN 23, 1983, 63–80. – Ders., Jakob in Sichem, BWANT 110, 1979. – M.Ottosson, Temples and Cult Places in Palestine, 1980. – G.v.Rad, Der Heilige Krieg im alten Israel, 5.Aufl. 1969. – J.Renger, Heilige Hochzeit. A. Philologisch, RLA 4, 1975, 251–259. – Ders., Untersuchungen zum Priestertum in der altbabylonischen Zeit, 1. Teil, ZA 58, 1967, 110–188. – H.Reviv, The Structure of Society, A.Malamat (ed.), The World of Jewish People IV,2: The Age of the Monarchies. Culture and Society, 1979, 125–146. – W.Richter, Traditionsgeschichtliche Untersuchungen zum Richterbuch, BBB 18, 2.Aufl. 1966. – Chr.Schäfer-Lichtenberger, Stadt und Eidgenossenschaft im Alten Testament. Eine Auseinandersetzung mit Max Webers Studie „Das antike Judentum", BZAW 156, 1983. – H.Schulz, Das Todesrecht im Alten Testament. Studien zur Rechtsform der Mot-Jumat-Sätze, BZAW 114, 1969. –

H.Seebaß, Der Erzvater Israel und die Einführung der Jahweverehrung in Kanaan, BZAW 98, 1978. – Chr.Sigrist/R.Neu, Ethnologische Texte zum Alten Testament, Bd.1: Vor- und Frühgeschichte Israels, 1989. – R.Smend, Die Bundesformel (1963), Die Mitte des Alten Testaments. Gesammelte Studien, Bd.1, BEvTh 99, 1986, 11-39. – Ders., Jahwekrieg und Stämmebund. Erwägungen zur ältesten Geschichte Israels, FRLANT 84, 2.Aufl. 1963. – F.Stolz, Jahwes und Israels Kriege. Kriegstheorien und Kriegserfahrungen im Glauben des alten Israels, AThANT 60, 1972. – M.Tadmor, Femal Cult Figurines in Late Canaan and Early Israel: Archaeological Evidence, T.Ishida (ed.), Studies in the Period of David and Salomon and Other Essays, 1982, 139–173. – W.Thiel, Die soziale Entwicklung Israels in vorstaatlicher Zeit, 1980. – P.H.Vaughan, The Meaning of 'Bama' in the Old Testament, MSSOTS 3, 1974. – H.Weippert, Palästina in vorhellenistischer Zeit, Handbuch der Archäologie, Vorderasien II, Bd.I, 1988. – M.Weippert, Die Landnahme der israelitischen Stämme in der neueren wissenschaftlichen Diskussion, FRLANT 92, 1967. – Ders., „Heiliger Krieg" in Israel und Assyrien. Kritische Anmerkungen zu Gerhard von Rads Konzept des „Heiligen Krieges im alten Israel", ZAW 84, 1972, 460–493. – Ders., The Israelite „Conquest" and the Evidence from Transjordan, F.M.Cross (ed.), Symposion, 1975, 15–34. – P.Welten, Kulthöhe und Jahwetempel, ZDPV 88, 1972, 19–37. – R.Wenninger/E.Zenger, Ein bäuerliches Baal-Heiligtum im samarischen Gebirge aus der Zeit der Anfänge Israels, ZDPV 102, 1986, 75–86. – R.R.Wilson, Enforcing the Covenant: The Mechanism of Judical Authority in Early Israel, H.B.Huffmon u.a. (ed.), The Quest of Kingdom, FS G.E.Mendenhall, 1983, 59–75. – U.Winter, Frau und Göttin. Exegetische und ikonographische Studien zum weiblichen Gottesbild im Alten Testament und in dessen Umwelt, OBO 53, 1983. – H.W.Wolff, Hosea, Dodekapropheton I, Bk XIV/1, 2.Aufl. 1965. – Y.Yadin, Hazor. The Rediscovery of a Great Citadel of the Bible, 1975. – H.-J.Zobel, jiśrā'el, TWAT III, 1982, 986–1012. –

Als es der Exodusgruppe unter Führung Josuas endlich gelang, in Palästina Fuß zu fassen, befand sich das Land in einem tiefgreifenden politischen, sozialen und kulturellen Umwälzungsprozeß.[1] In der Spätbronzezeit (15.-13.Jh.) war Palästina ein Gefüge monarchisch regierter Stadtstaaten unter ägyptischer Oberherrschaft gewesen. Schon in ihrer Schlußphase hatte die hochentwickelte kanaanäische Stadtkultur einen gewissen Niedergang erlebt, der ihre soziale Zerklüftung verstärkte.[2] Dramatisch wurde aber die Lage erst gegen Ende des 13.Jhs., als mit dem Untergang der mykenenischen Welt um 1200 Kanaan seines wichtigsten Handelspartners beraubt wurde und der Seevölkersturm, der das einst mächtige Hethiterreich überrannte und Syrien verwüstete, auch die ägyptischen Oberherrschaft in Palästina und die von ihr abhängigen kanaanäischen Stadtstaaten nachhaltig schwäch-

[1] Der komplizierte Prozeß des Übergangs von der Spätbronze- zur Eisenzeit, dessen Ursachen auch noch nicht voll geklärt sind, kann hier nur ganz grob skizziert werden, vgl. im einzelnen dazu H.Weippert, Palästina, 340–417, und I.Finkelstein, Archaeology.

[2] In der materiellen Kultur läßt sich ein auffälliger Niveauunterschied zwischen ausgesprochenen Luxusgütern und alltäglichen Gebrauchsgütern mit deutlich verminderter Qualität erkennen, s. H.Weippert, a.a.O., 340f.

te. Im Zusammenhang dieser ökonomischen und politischen Destabilisierung wurde eine große Zahl spätbronzezeitlicher Städte Palästinas kurz vor oder kurz nach 1200 v.Chr. zerstört.[3] Es kam zu antiägyptischen Aufständen, an denen sich nach Ausweis der berühmten Siegesstele Merenptahs von 1219 neben den Kanaanäer-Städten Askalon, Gezer, und Jeno'am auch eine als Volksgruppe gekennzeichnete Größe „Israel" beteiligte.[4] Wohl konnte Merenptah solche Aufstände noch niederschlagen und Ramses III. Palästina noch einmal kurzzeitig unter seine Kontrolle bringen, doch brach um 1150 die ägyptische Oberherrschaft über Palästina endgültig zusammen. Die Folge war, daß sich die kanaanäischen Stadtstaaten mit ihrer spätbronzezeitlichen Kultur nur noch in der Küstenebene, der Schefela und der Jesreelebene – z.T. unter dem Einflußbereich der mit den Seevölkern ins Land gekommenen Philister – geschwächt behaupten konnten.[5] Währenddessen kam es ab ca. 1250 meist abseits der alten städtischen Zentren im galiläischen, west- und ostjordanischen Gebirgsland und im nördlichen Negeb zu einer großen Anzahl neuer dörflicher Siedlungen.[6] Deren Bewohner rodeten die mit Maccia überwucherten Kuppen, legten Terrassen und wasserdichte Zisternen an und machten mit diesen Techniken eine bäuerliche Existenz in der Gebirgsregion überhaupt erst möglich.[7] Die materielle Kultur dieser früheisenzeitlichen Siedlungen führt auf der einen Seite – wenn auch auf deutlich primitiverem Standard – weitgehend spätbronzezeitliche Traditionen fort, läßt aber auch – besonders in der Architektur – einige neue Gestaltungsformen erkennen.[8]

Der Übergang von der Spätbronze- zur Eisenzeit in Palästina läßt sich damit eindeutig als Deurbanisation bestimmen.[9] Neben den in ihrer Zahl

---

[3] Archäologisch nachgewiesen ist die Zerstörung bei mindestens 13 Städten, vgl. die Aufstellungen bei H.Weippert, a.a.O., 341f., und die Datierungsvorschläge zu den Zerstörungsschichten bei V.Fritz, Conquest, 86–92.

[4] S. TGI^2 39f., Israel ist mit dem Determinativ „Volk" geschrieben; zur Diskussion vgl. H.Engel, Siegesstele.

[5] Vgl. H.Weippert, Palästina, 358–392.

[6] Vgl. H.Weippert, a.a.O., 393–415; V.Fritz, Conquest, 92–96, und die Darstellungen in Biblical Archaeology, 54–86. An die 100 solcher eisenzeitlicher Dörfer sind durch Surveys nachgewiesen, über ein Dutzend bisher ausgegraben worden.

[7] Eine lebendige Schilderung dieser neuen Dorfkultur gibt J.Callaway, Visit.

[8] Das gilt eindeutig für das sog. „Drei- bzw. Vierraumhaus", das sich als typisches Bauernhaus (Eingang über den Hof) von dem spätbronzezeitlichen „Hofhaus" (zentraler Hof mit umgebenden Wohnräumen) unterscheidet; vgl. H.Weippert, Palästina, 393ff. Doch läßt sich dieser Haustyp nicht als typisch „israelitisch" in Anspruch nehmen, da er auch in Transjordanien belegt ist. Die Vorratskrüge mit Halswulst („collared rim-jars"), die ebenfalls häufig als Innovation der früheisenzeitlichen Kultur in Anspruch genommen wurden, lassen sich jedoch an spätbronzezeitliche Traditionen anschließen, vgl. E.Otto, Geschehen, 71; V.Fritz, Conquest, 96. Das gleiche gilt für die Technik zur Herstellung wasserdichter Zisternen u.a.

[9] So H.Weippert, Palästina, 334; 415–417 mit Hinweis auf vergleichbare Entwicklungen in der nicht-urbanen Zwischenphase zwischen der Frühen und Mittleren Bronzezeit. L.E.Stager drückt das gleiche mit den Begriffen „decentralization" und „ruralization" aus (Biblical Archaeology, 85).

verringerten und geschwächten kanaanäischen Städten in den Ebenen bildete sich in den Gebirgs- und Wüstenregionen eine neue schnell anwachsende Dorfkultur heraus, welche das gesellschaftliche und politische Gefüge der Region nachhaltig veränderte.

Wie dieser archäologisch erhebbare Deurbanisationssprozeß geschichtlich und soziologisch zu deuten ist, ist heute noch nicht völlig sicher.[10] Drei Modelle sind – mit einigen Modifikationen – bisher in der Forschung vertreten worden: das Invasions-, das Infiltrations- und das Revolutions-Modell.

Gegen das Invasionsmodell der W.F.Albright-Schule, das die alttestamentliche Vorstellung einer planmäßigen militärischen Eroberung des Landes in Jos 1–12 mit den archäologisch nachweisbaren Stadt-Zerstörungen zu belegen suchte, spricht die Tatsache, daß die neuen Siedlungen ganz überwiegend abseits der alten politischen Zentren auftauchen und zudem meist unbefestigt sind.[11]

Für das von A.Alt und M.Noth entwickelte Infiltrationsmodell einer allmählichen und anfangs friedlichen Ansiedlung von außen kommender nomadischer Gruppen im Zuge des Weidewechsels[12] könnte sprechen, daß sich die Masse der eisenzeitlichen Dörfer in der Tat in den spätbronzezeitlich nur locker beherrschten politischen Nischen auf dem Gebirge und den ariden Randzonen findet, wo Alt und Noth aufgrund territorialgeschichtlicher Überlegungen und der Überlieferung von Ri 1,27 ff. den frühisraelitischen Siedlungsraum postuliert hatten. So erfreut sich dieses Modell heute breiter Zustimmung,[13] zumal an einigen Stellen den Dörfern Siedlungsspuren ohne Steinarchitektur (Gruben, Stampfböden, Pfostenlöcher) vorausgehen, die sich auf nomadische Lebensweise deuten lassen.[14] Dennoch hat das Modell zwei Schwierigkeiten, die es zumindest fragwürdig machen: Die erste Schwierigkeit

---

10 Vgl. die Diskussion führender Archäologen und Alttestamentler auf dem Jerusalemer Kongreß im April 1984, die in Biblical Archaeology Today, 16–95, abgedruckt ist.

11 Vgl. das Referat bei M.Weippert, Landnahme, 51–59; die Zerstörung Jerichos (Jos 6) und Ais (Jos 8) durch Josua ließ sich archäologisch eindeutig falsifizieren; Jericho lag schon drei, Ai sogar zwölf Jahrhunderte in Ruinen, als die Exodus-Gruppe ins Land kam. Und etwa nach der Zerstörung von Hazor (Stratum XIII) brach die Besiedlung erst einmal ab, der Tell wurde vorübergehend von nicht-seßhaften Gruppen besucht (XII) und erhielt erst danach eine bescheidene Ansiedlung (XI), bevor Salomo eine Festung errichtete (X). Ähnliches gilt für Lachisch. Das spricht eindeutig gegen eine israelitische Okkupation. Zudem streuen die Daten der Zerstörungen über einen Zeitraum von mindestens 50 Jahren und gehen kaum auf eine einzige Ursache zurück (vgl. V.Fritz, Conquest, 90 f.). Teilweise folgte auf die Zerstörung eine Fortsetzung der spätbronzezeitlichen Tradition (Megiddo, Beth-Sean, *Tell Bēt Mirsim*) durch die ehemalige Stadtbevölkerung; nur ganz selten kam es zu einem Wiederaufbau, der zugleich einen Kulturwechsel bedeutete (Bethel, vielleicht teilweise *Tell Bēt Mirsim*, s. H.Weippert, Palästina, 356–366), wie es nach dem Invasionsmodell der Regelfall sein müßte. So kann dieses Landnahme-Modell als widerlegt angesehen werden; wurde es von den älteren israelischen Archäologen noch vertreten, so sind die jüngeren sämtlich davon abgerückt, vgl. die Diskussion in Biblical Archaeology und I.Finkelstein, Archaeology, 352.

12 S. A.Alt, Landnahme, 121 ff.; Erwägungen, 139 ff.; vgl. zur älteren Diskussion M.Weippert, Landnahme, 14–51.

13 Vgl. H.Weippert, Palästina, 401 f.; 416 f.; V.Fritz, Conquest, 98; B.Halpern, Emergency, 81 ff., und auch eine Reihe israelischer Ausgräber wie Y.Aharoni, Land, 194 ff.; M.Kochavi, Biblical Archaeology, 58; I.Finkelstein, ebd., 82, u.a.

14 So auf der *Ḫirbet el-Mšāš* (Stratum IIIB), *Tell es-Sebaʿ* (IX), *Tell dēr ʿAllā* (A und B); Hazor (XII); Dan (VI), vgl. H.Weippert, Palästina, 402.

liegt in der vorausgesetzten Nomaden-Vorstellung: Alt und Noth gingen noch von einer Vorstellung von Nomaden aus, die an den neuzeitlichen Beduinen gewonnen war. Doch die antiken Kleinvieh-Nomaden lebten noch nicht in der Wüste, sondern in den ackerbäuerlich nicht nutzbaren Nischen und ariden Randzonen des Kulturlandes. Sie standen mit den Bauern und Städtern in engem Wirtschafts- und Handelsaustausch und betrieben je nach Bedarf auch selber Landwirtschaft.[15] Das Infiltrationsmodell kann weder erklären, wo denn die Massen von Nomaden hergekommen sein sollen,[16] wenn sich die Vorstellung von der Wüste als „unerschöpflichem Völkerreservoir" nicht halten läßt, ja sogar der Negeb in der Spätbronzezeit nachweislich nicht besiedelt war, noch, warum die Nomaden plötzlich zur vollen Seßhaftigkeit gestrebt haben sollen, wenn sie sowieso schon in die Gesellschaft des Kulturlandes integriert waren.[17] Die zweite Schwierigkeit ist die archäologisch nachgewiesene weitgehende Kontinuität der materiellen Kultur der früheisenzeitlichen Siedlungen zur spätbronzezeitlichen Tradition Palästinas. Dies schließt die Annahme, ihre Bewohner seien Neuankömmlinge gewesen, praktisch aus. V.Fritz fühlt sich denn auch zu der Annahme genötigt, daß die israelitischen Nomaden schon längere Zeit in engem Kontakt mit der kanaanäischen Stadtkultur gelebt haben müssen, bevor sie zur Ansiedlung übergingen.[18] Dann kann aber von einer Neueinwanderung nicht mehr die Rede sein, auch die „israelitischen Hirten" bildeten längst – oder schon immer – einen Teil der kanaanäischen Bevölkerung Palästinas.[19]

Müssen wir aber aufgrund des archäologischen Befundes und neuerer Einsichten in die Lebensweise antiker Nomaden damit rechnen, daß die Gruppen, die sich zu Israel zählten, schon vorher Teile der palästinischen Gesellschaft gewesen sind, dann gewinnt das von G.E.Mendenhall eingeführte und von N.K.Gottwald ausgebaute „Revolutionsmodell" an Attraktivität, das die Entstehung Israels nicht mehr als „Landnahme" externer Gruppen, sondern vornehmlich als internen sozialrevolutionären Prozeß im spätbronzezeitlichen Kanaan erklären möchte: Nach ihm revoltierten gesellschaftliche Außenseitergruppen (*ḫabīru*) im Bündnis mit den abhängigen Bauern (paesants) und Hirten gegen ihre aristokratischen Herren in den Städten

---

15 Zur Diskussion über die antiken Kleinvieh-Nomaden vgl. C.Westermann, Genesis 12–50 (2.2), 76–81; C.J.H.de Geus, Tribes, 124–133; Communities, 209–212; N.K.Gottwald, Tribes, 433–463; N.P.Lemche, Early Israel, 95–163; M.Köckert, Vätergott (2.2), 116–127 u.o. 60f. M.B.Rowton charakterisierte den Nomadismus des alten Vorderen Orients im Unterschied zu dem Zentralasiens treffend mit „enclosed nomadism" einer „dimorphic society". Auch N.Lohfink sieht im Nomadenproblem die Achillesferse des Infiltrationsmodells (Anfänge, 178), vgl. auch H.Engel, Abschied, 43f. Wenn H.Donner, Geschichte, 124, an dem Alt'schen Modell festhält, dann kann er das nur um den Preis eines völlig verwaschenen Nomadenbegriffs: „Jäger, Sammler, Kleinviehzüchter, Ziehbauern, wandernde Kesselflicker, Zigeuner, outlaws aus den Städten u.a.m"; d.h. die Nomaden sind für ihn einfach alle „Nichtseßhaften im Gegensatz zu den Seßhaften" (49).

16 L.E.Stager setzt immerhin die Einwohnerschaft der eisenzeitlichen Dörfer allein im zentralen Hochland mit 40.000 Personen an (Biblical Archaeology, 84).

17 Die Vorstellung von H.Donner, Geschichte, 47, das Kulturland sei für den Nomaden „Gegenstand seiner geheimen Sehnsucht und Begehrlichkeit", ist eine romantische Fehleinschätzung; ethnologische Studien haben gezeigt, daß außergewöhnliche Gründe vorliegen müssen, wenn Nomaden sich zur Aufgabe ihrer Lebensweise gezwungen sehen; vgl. N.P.Lemche, Early Israel, 136–147.

18 Conquest, 98, nennt er dieses abgewandelte Modell „symbiosis hypothesis".

19 Ähnlich auch E.Otto, Geschehen, 72; explizit R.Oppermann, Rebellionsthese, 95f.

und bauten außerhalb deren Feudalstruktur eine eigenständige tribale und egalitäre Gesellschaft auf.[20]

Gegen dieses Modell könnte sprechen, daß das spätere Israel immer wieder behauptet hat, in Kanaan nicht autochthon zu sein (Gen 12,1 ff.; Jos 24; Am 9,7 u.ö.).[21] Doch läßt sich dieses Argument mit der Annahme entkräften, daß hierbei die Erfahrungen der zuwandernden Exodusgruppe, die auch nach dem Revolutionsmodell wesentlich zur Stärkung der Aufstandbewegung beigetragen hat, wie so vieles im nachhinein gesamtisraelitisch ausgeweitet wurde, zumal die spätere Frontstellung Israels gegen „Kanaan“, die sich vorstaatlich schon in Ri 5 und jünger dann in der dtn. Abgrenzungstheologie findet, in diesem Modell durchaus eine hinreichende soziologische Begründung findet. Kaum ein gewichtiger Einwand ist meiner Meinung nach die architektonische Innovation des „Drei- bzw. Vierraumhauses“.[22] Denn dieses braucht keineswegs auf eine ethnische Differenz der Neusiedler zu weisen, sondern erklärt sich als funktionales „Bauernhaus“ mindestens ebenso gut einfach aus den neuen ökonomischen Erfordernissen.[23]

Gewichtiger sind schon die Einwände, daß sich weder in der Amarna-Korrespondenz noch im Alten Testament eindeutige Belege für eine auf soziale Befreiung zielende Bauernrevolte finden.[24] Der archäologische Befund unbefestigter Neusiedlungen spricht eher gegen eine gewaltsame soziale Auseinandersetzung.[25] So empfiehlt es sich, das Revolutionsmodell in Richtung auf ein „Evolutions-“ oder treffender vielleicht doch „Disgressionsmodell“ abzuwandeln, wie es – mit einigen Varianten – von C.H.J.de Geus,[26] N.P.Lemche[27] und L.E.Stager[28] vertreten wird: Danach war es neben der politischen Unsicherheit vor allem der wirtschaftliche Niedergang der spätbronzezeitlichen Städte, der viele der von ihnen abhängigen Bauern, Hirten und outlaws (*ḫabīru*) dazu bewog, sich nicht mehr mit ihrer miserabel gewordenen Lage abzufinden, sich aus dem Einflußbereich der Städte abzusetzen und sich durch Kultivierung der Gebirgs- und Randregionen eine neue wirtschaftliche Existenzbasis zu gründen.[29] L.E.Stager hat in diesem Zusammenhang auch eine

---

20 Vgl. G.E.Mendenhall, Conquest; u.ö.; N.K.Gottwald, Tribes, 401 ff.; 474 ff.; 489 ff.; vgl. zur älteren Diskussion M.Weippert, Landnahme, 59 ff.; zur neueren R.Oppermann, Rebellionsthese; H.-W.Jüngling, Gesellschaft, 59 ff.

21 So M.Weippert, Landnahme, 102 f. u.a.

22 Sie macht für V.Fritz, Conquest, 97, das Modell indiskutabel.

23 Eingang über den Hof, wo Tiere, Ackergerät und Vorräte untergebracht werden können; Mensch und Tier wohnen „unter einem Dach“ zusammen, vgl. H.Weippert, Palästina, 394 ff. Außerdem gibt es auch viele Bauten in den Siedlungen, die diesem klaren Haustyp nicht zuzuordnen sind.

24 Vgl. H.-W.Jüngling, Gesellschaft, 63, und die Diskussion der Amarna-Belege bei N.K.Gottwald, Tribes, 398–409; 474–483. Er gesteht selber ein: „We meet no clear articulation of an egalitarian social movement that directly challenged the feudal system of Canaan“ (406). Ähnliches gilt auch für die von ihm 503–558 diskutierten biblischen Belege.

25 So mit Recht J.A.Callaway, Biblical Archaeology, 75.

26 Tribes, 164 ff.; Communities, 216 ff. De Geus betont stark die Bedeutung eiserner Werkzeuge für die Kultivierung, die aber fraglich ist, vgl. N.P.Lemche, Early Israel, 428.

27 Early Israel, 411 ff.; bes.427–432. Lemche benutzt in Antithese zu Gottwald den Begriff „Evolutionary Israel“, obgleich er die Nähe seines Modells zu dem seinen durchaus eingesteht (432).

28 Vgl. Biblical Archaeology, 85 f., plädiert er dafür, anstelle von „revolution“ von „ruralization“ zu sprechen.

29 Vgl. N.P.Lemche, Early Israel, 431.

ansprechende Vermutung geäußert, die erklären könnte, warum auch Nomaden an diesem Vorgang beteiligt sind: Der starke Rückgang des Handels, der sich archäologisch für die Schlußphase der Spätbronzezeit nachweisen läßt, beraubte sie eines wichtigen Teils ihrer Einnahmequelle, so daß sie nun auf ständigen Ackerbau angewiesen waren.[30] Damit läßt sich innerhalb dieses Modells erklären, warum manche der eisenzeitlichen Neusiedlungen wahrscheinlich auf Nomaden (*Ḫirbet el-Mšāš*), manche aber sicher vornehmlich auf Bauern zurückgehen (Ai, *Ḫirbet Raddāna*).[31] Der archäologisch erkennbare Deurbanisationsprozeß läßt sich somit am besten auf eine Entstehung Israels im Sinne des Disgressionsmodells deuten.

Die Destablilisierung der ägyptischen Macht in Palästina und die damit einhergehende politische und ökonomische Schwächung der kanaanäischen Stadtstaaten bewog viele Menschen aus den bisherigen Unterschichts- und Randgruppen der palästinischen Gesellschaft, sich von den städtischen Zentren abzusetzen und in den politisch kaum noch kontrollierten Berg- und Wüstenregionen eine eigene ökonomische Basis und eine selbständige politische Organisation aufzubauen. Es ist die Bauern- und Hirtenbevölkerung Palästinas, die sich aus ihrer Abhängigkeit von der städtischen Aristokratie befreit hat, welche den Stammesverband „Israel" bildet.

In diesen gesellschaftlichen Umschichtungs- und Befreiungsprozeß stieß die Exodusgruppe mitten hinein. Die religiösen Befreiungstraditionen, die sie mitbrachte, trugen wesentlich dazu bei, diesen Prozeß zu stimulieren und zu kanalisieren und eine Gesellschaftsordnung zu schaffen, die der Bevölkerung der Gebirgsregion ein Leben in größtmöglicher Freiheit für mehr als ein Jahrhundert sicherte.

2.31 Die antiherrschaftliche Organisationsform des israelitischen Stämmeverbandes

Die Großgruppenorganisation, welche die sich emanzipierende Bauern- und Hirtenbevölkerung des palästinischen Berglandes ausbildete, läßt sich bis zu einem gewissen Grad geradezu als Gegenmodell zu den monarchisch organisierten kanaanäischen Stadtstaaten bestimmen:[32] Typisch ist für sie eine auffallende Dezentralität und das Fehlen jeglicher politischer Zentralinstanz. Die außerhäusliche Autorität ist ausgesprochen schwach entwickelt; eine unbedingte Solidaritätsverpflichtung und spürbare gesellschaftliche Kontrolle gibt es für den einzelnen nur innerhalb seiner Familie und – in

---

[30] Biblical Archaeology, 85; Verarmung ist jedenfalls einer der Gründe für die Seßhaftwerdung von Nomaden, die sich ethnologisch nachweisen lassen; vgl. N.P.Lemche, Early Israel, 143f.

[31] So nach dem Urteil des Ausgräbers J.A.Callaway, Biblical Archaeology, 73.

[32] So N.Lohfink, Anfänge, 178. Diese Frontstellung wird von verschiedensten Autoren immer deutlicher gesehen, vgl. etwa W.Dietrich, Israel, 9–20; R.Albertz, Israel, 374; N.P.Lemche, Ancient Israel, 89; 102; u.a. R.Neu, Israel, 221, kann das vorstaatliche Israel regelrecht von diesem Gegenüber aus definieren: „'Israel' ist ....die Bezeichnung einer in Abgrenzung zu den kanaanäischen Herrschaftsgebilden durch Verwandtschaftskategorien definierten segmentären Lineage-Gesellschaft."

abgeschwächter Form – innerhalb seiner Sippe. Die ständigen politischen Institutionen enden auf der Ebene des Ortes oder spätestens auf der Ebene des Stammes. Alle darüber hinausgehenden Beziehungen sind institutionell ungeregelt und vom Prinzip der Freiwilligkeit bestimmt.

Das Grundmuster der Gesellschaftsorganisation ist tribal, d.h. die gesellschaftlichen Beziehungen werden nach einem gestaffelten System realer oder fiktiver patrilinearer Verwandtschaftsgruppen geregelt.[33] Real sind jedoch nur die beiden untersten Stufen, die exogame Familie (*bēt 'āb*) und die endogame Sippe (*mišpāḥā*). Beide bildeten, sofern die Sippe, wie im bäuerlichen Teil der Bevölkerung üblich, an einem Ort zusammenlebte (Ri 6,24), den eigentlichen Lebensraum für den einzelnen, in dem er Solidarität erwarten konnte und in dem von ihm Solidarität gefordert wurde. Dabei bildete die Familie die eigentliche Wirtschaftseinheit, die über einen eigenen, unveräußerlichen Erbbesitz verfügte (*naḥălā*),[34] während die Sippe nur in besonderen Fällen in Aktion trat: bei Heiraten oder bei der Ausübung der Blutrache (2.Sam 14,7). Eine besondere Solidaritätsleistung wurde von den nächsten Verwandten gefordert, wenn eine Familie in wirtschaftliche Schwierigkeiten geriet (Loskaufverpflichtung Jer 32,6 ff.; Ru 4; Lev 25,25 ff. 47 ff.) oder aber ein Familienvater ohne männlichen Nachkommen starb („Leviratsehe" Gen 38; Dtn 25,5–10; Ru 1–4). Hier ist das Bestreben zu erkennen, den Familienbesitz innerhalb der Sippe zu halten.

Weitgehend fiktiv ist dagegen die verwandtschaftliche Zusammengehörigkeit auf den beiden weiteren Stufen des Stammes (*šebeṭ, maṭṭē*) und des Stammesverbandes „Israel". Der Stamm ist ein politischer Zusammenschluß von Sippen einer Region zum Zwecke politischer Aktionsfähigkeit.[35] Die Zugehörigkeit zu ihm war darum sehr viel lockerer; die Sippen konnten sich mal dem einen und mal einem anderen Stamm zurechnen (vgl. 1.Chr 7,37; 1.Sam 9,4),[36] und die Gruppenform war deutlich instabiler: Stämme konnten sich teilen (Ephraim, Benjamin; Ost- und Westmanasse) oder ineinander aufgehen (Simeon in Juda). Die Stämme sind also mehr regionale

---

[33] Vgl. zum Folgenden die neueren Darstellungen von W.Thiel, Entwicklung, 101–126; C.H.J.de Geus, 133–150; N.K.Gottwald, Tribes, 233–292; N.P.Lemche, Ancient Israel, 92–98; Early Israel, 244–290; R.Neu, Israel. Unsicherheiten gibt es nur noch hinsichtlich der *mišpāḥā* („Sippe, Clan"), der Thiel (101) und de Geus (136–144) eine tragende Rolle einräumen, während Lemche eine solche bestreitet (Early Israel, 269; 272) und statt dessen – meiner Meinung nach zu Recht – die entscheidende Bedeutung des *bēt 'āb* („Familie") betont, der aber nach ihm nicht nur die Klein- und Großfamilie, sondern auch die engere lineage bezeichnet (245 ff.)

[34] Vgl. 1.Kön 21,2 f.; Lev 25,23.

[35] Diese grundlegende Differenz zwischen *bēt 'āb* und *mišpāḥā* auf der einen und *šebeṭ/maṭṭē* auf der anderen Seite wird aufgrund ethnologischen Vergleichsmaterials im Unterschied zur älteren Forschung jetzt einhellig gesehen, vgl. W.Thiel, 105; C.H.J.de Geus, 133 f. Die scheinbar bis auf die Stammesebene reichende verwandtschaftliche Staffelung, die in Jos 7,14–18 und 1.Sam 10,19b–21aα vorgeführt wird, ist eine künstliche Konstruktion!

[36] Z.B. wird die Sippe Schalischa/Schilscha, die 1.Sam 9,4 noch zu Ephraim gehörte (vgl. 2.Kön 4,42), in 1.Chr 7,37 dem Stamm Asser zugerechnet. Zur Instabilität der Stämme vgl. B.Lindars, Tribes, 99 ff.

Größen, wie eine ganze Anzahl von ihnen denn auch ursprüngliche Ortsnamen trägt (Ephraim, Benjamin, Juda, Naphtali). In ihrer Mehrzahl spiegelt sich zumindest teilweise die starke geographische Zerklüftung des palästinischen Berglandes wider, die kleinräumige politische Zusammenschlüsse begünstigte. Eine überregionale Koalition der Stämme zu einem Verband, der diese natürliche Grenze überwand, mußte darum noch einmal lockerer ausfallen. Aber immerhin, daß es den Familien und Sippen der ehemals abhängigen Landbevölkerung überhaupt gelang, sich zu solchen größeren Verbänden zusammenzuschließen, war die Voraussetzung dafür, gegenüber den kanaanäischen Stadtstaaten Freiheit zu erwerben und zu sichern.

Die politischen Institutionen lehnen sich an diese tribal-regionale Gliederung der Gesellschaft an. Zwei Gremien lassen sich erkennen:[37] Da sind einmal die Ältesten (*zĕqānīm*), d.h. die Familien- bzw. Sippenoberhäupter eines Ortes (z.B. *ziqnē jabeš*: 1.Sam 11,3), einer Region (z.B. *ziqnē gil'ād*: Ri 11,5ff.) oder eines Stammes (z.B. *ziqnē jehūdā*: 1.Sam 30,26), und da sind ein andermal die Männer einer Stadt (*'anšē hā'īr*: 1.Sam 11,10 u.ö.), einer Region (z.B. *'anšē gil'ād*: Ri 12,4ff.) oder eines Stammes,[38] d.h. die Versammlung der rechtlich freien, ökonomisch selbständigen und darum Waffen tragenden Männer.[39] Beide Gremien agierten institutionell ungeregelt nebeneinander: Die Ältesten führten das politische Kleingeschäft aus, repräsentierten die Siedlung nach außen (1.Sam 16,4), regelten Konflikte unter den Sippen im Innern, waren in der Rechtsprechung tätig und führten die Verhandlungen (Ri 11,5ff.). In allen wichtigen Fragen hatte die Versammlung der Männer die letzte Entscheidungsbefugnis, etwa wenn es um die Anwerbung eines Heerführers (Ri 11,11), die Aufnahme von Fremden (Ri 19,22), die Gewährung militärischer Unterstützung für andere Gruppen oder überhaupt um Krieg und Frieden ging (1.Sam 11,10). Es handelt sich somit um eine Form primitiver Demokratie, die letztlich auf die Zustimmung aller Betroffenen angewiesen ist.[40] Das Erstaunliche ist nun, daß es neben

---

[37] Vgl. dazu grundlegend Chr.Schäfer-Lichtenberger, Stadt, 290–296, und H.Reviv, Structure, 125–128, deren parallel laufende Einsichten ich miteinander verbinde.

[38] Belegt sind „die Männer Ephraims" (*'īš 'efrajim*) Ri 8,1; 12,1; vgl. 7,24; „die Männer Benjamins" (*'īš binjāmīn*) Ri 20,41; und „die Männer Judas" (*'īš jĕhūdā*) Ri 15,10ff.; 2.Sam 19,15.43f.; 20,4; Jes 5,7. In meinem Israel-Artikel hatte ich die Männer eines Ortes noch den Ältesten zugeordnet (374), sie sind aber als lokale Untereinheit an die Seite dieses Stammesgremiums zu stellen.

[39] Daß es sich hierbei um ein Gremium der vorstaatlichen Zeit handelt, das in nachexilischer Zeit in der „Volksversammlung" (*qāhāl, 'edā*) wieder auflebt, hat H.Reviv, Structure, 126f., wahrscheinlich gemacht.

[40] Vgl. die Entscheidungsfindung in Ri 20,1–10, auch wenn hier die Versammlung schon auf ganz Israel ausgeweitet ist; O.Eißfeldt, Schandtat, hat aber wahrscheinlich gemacht, daß es sich ursprünglich nur um eine Auseinandersetzung zwischen Ephraim und Benjamin gehandelt hat. Auch bei solchen Volksversammlungen gab es eine funktionale Repräsentanz, wie noch die Nennung der *pinnōt hā'am* (etwa „Säulen des Volkes") Ri 20,2; 1.Sam 14,38 belegt, doch handelt es sich dabei nicht um ein festes Amt.

diesen relativ schwerfälligen „demokratischen" Institutionen kaum politische Führungsämter gegeben hat: Die gelegentlich erwähnte Position eines ständigen „Hauptes" (*rō'š* Ri 11,9.11) bleibt die Ausnahme, die Befehlsgewalt des Heerführers (*qāṣīn* Ri 11,6.11) ist auf die Krisenzeit beschränkt,[41] und der meist mit „Fürst" übersetzte Titel *nāśī'* bezeichnet in Wirklichkeit den Sprecher einer Verwandtschaftsgruppe, d.h. eine aufgrund von Prestige erworbene Führerschaft, die aber keinerlei Kontrollfunktionen beinhaltet.[42]

Der Zuständigkeitsbereich dieser politischen Institutionen ist normalerweise auf die einzelnen Ortschaften, und d.h. auf eine oder wenige Sippen beschränkt. In ruhigen Zeiten agierten die israelitischen Städte und Dörfer völlig eigenständig und unabhängig voneinander. Nur in besonderen Situationen, vor allem in Krisenzeiten, weitete sich die Zuständigkeit auf Stammesebene aus. Dann hören wir von den Männern Ephraims, Benjamins oder Judas, die als größere kollektive Einheit politisch, und das heißt meist militärisch tätig werden (Ri 8,1 ff.; 15,10 ff.). Diese Ausweitung war aber nicht automatisch gegeben, sondern mußte durch Überzeugungsarbeit, daß eine gemeinsame Aktion unumgänglich sei, immer wieder erst hergestellt werden. Die Beteiligung war freiwillig, keine Sippe oder Ortschaft konnte institutionell dazu gezwungen werden. Auffallend ist wiederum, daß die ständigen politischen Institutionen auf Stammesebene endeten, es gab die längste vorstaatliche Zeit keine entsprechenden Gremien auf der Ebene des Stammesverbandes. Erst an ihrem Ende, unter dem neu entstehenden Druck der Philister kam es zur Ausbildung der die einzelnen Stämme übergreifenden Institutionen der Ältesten[43] bzw. Männer Israels.[44] Die Solidarität endete darum in den Zeiten davor häufig an der Stämmegrenze. Nicht selten wird im Richterbuch von Konflikten zwischen den Stämmen berichtet (Ri 8,1–3; 12,1–7; 19f.), die ihre Interessen eifersüchtig verfolgt zu haben scheinen. Nur in schweren Krisen, in denen die einzelnen Stämme nicht mehr in der Lage waren, der Bedrohung Herr zu werden, trat das Bündnis, wenn auch nie vollständig, in Aktion.

Ein weiteres Merkmal der israelitischen Gesellschaft dieser Zeit ist ihre geringe soziale Differenzierung.[45] Es gab unter der Bauern- und Hirtenbevöl-

---

[41] S. Chr.Schäfer-Lichtenberger, Stadt, 302–308.

[42] A.a.O., 356–367. Die Rückführung auf ein bestehendes Amt in der Frühzeit ist allerdings unsicher, da die meisten Belege für *nāśī'* exilisch-nachexilisch sind. In Ex 22,27 wird er vor dem Fluch in Schutz genommen, falls im Text nicht ursprünglich der König gemeint war (vgl. 1.Kön 21,10.13).

[43] Vgl. 1.Sam 4,3; in der frühen Königszeit werden sie vorausgesetzt (2.Sam 3,17; 5,3; 17,4.15), müssen also noch vor ihr entstanden sein.

[44] Vgl. *'anšē jiśrā'el* 1.Sam 11,15; 17,52; *'īš jiśrā'el* 1.Sam 13,6; 14,22.24; 17,2 ff. und dann im Absalom-Aufstand 2.Sam 15,13; 16,15.18 u.ö.

[45] Vgl. dazu Chr.Schäfer-Lichtenberger, Stadt, 309–321; H.Reviv, Structure, 129–131; und auch W.Thiel, Entwicklung, 145–164, der zwar auf der einen Seite konstatiert: „Das vorstaatliche Israel war ... keine Gesellschaft, die sich aus unterschiedlichen Klassen zusammensetzte" (145), auf der anderen Seite schon einen Verarmungsprozeß beginnen sieht (150 ff.), weil er das Bundesbuch (Ex 20,22–23,19) mit seinen sozialen Schutzgesetzen schon in die vorstaatliche

kerung des Berglandes kaum eine berufliche Differenzierung; die in der patriarchalischen Hauswirtschaft anfallenden Arbeiten wurden mehr oder weniger von allen Familienmitgliedern verrichtet. Noch Saul pflügte seinen Acker selber (1.Sam 11,5). Die Familien waren weitgehend Selbstversorger, die familiäre Produktion auf den Eigenbedarf ausgerichtet; es gab keinen Markt, nur einen regionalen Tauschhandel. Dem entsprach eine geringe gesellschaftliche Schichtung. Wohl gab es einzelne reiche Leute[46] und Personen, die sich als Freie in einem Dienstverhältnis bei anderen verdingten (*na'ar* 1.Sam 9,7 u.ö.), aber die ganze Gruppe der Sklaven, Beisassen und Tagelöhner, die ab der mittleren Königszeit das Bild der israelitischen Gesellschaft prägen sollten, spielten noch keine Rolle. Die tragende Schicht waren die grundbesitzenden Vollbürger (*gibbōrē ḥajil* Ri 6,12; 11,1; 1.Sam 9,1; Ruth 2,1), die in der Volksversammlung politisch Verantwortung trugen und auch zur Heerfolge verpflichtet waren. Das heißt, das „kleinbäuerliche Ideal", das Micha später als zerstört beklagte: „Ein Mann und sein Haus, ein Mann und sein Erbbesitz" (Mi 2,2), war noch weitgehend verwirklicht. Die geringe Möglichkeit außerfamiliärer Berufstätigkeit führte allerdings dazu, daß eine ganze Anzahl von Menschen aus den Sippenverbänden herausfiel und als outlaws, z.T. in Freischärlerbanden ihr Leben fristete (Ri 11,3; 9,4; 1.Sam 22,2).

Es fragt sich, nach welchem Modell eine solche dezentrale Gesellschaft zu beschreiben ist und wie sie bei einem so geringen Grad politischer Institutionalisierung funktionieren konnte. M.Noth hatte sie in Anlehnung an etruskische und griechische Vorbilder als Amphiktyonie, d.h. als sakralen Stämmeverband bestimmen wollen,[47] doch fehlen ihr, wie wir noch sehen werden, jegliche zentralen kultischen Institutionen.[48] Statt dessen hat F.Crüsemann das an afrikanischen Stammesgesellschaften entwickelte Modell der „segmentären Gesellschaft" eingeführt,[49] das sich besser bewährt: Hier wird

---

Zeit datiert; diese Ansetzung ist aber gerade wegen der im Bundesbuch erkennbaren Klassenproblematik unwahrscheinlich, s.u.285.

[46] Vgl. die sog. „Kleinen Richter" mit ihren vielen Kindern, Ri 10,3f.; 12,8ff. oder „große Männer" (*'īš gādōl*) wie Nabal (1.Sam 25,2) oder etwas später Barsillai (2.Sam 19,33).

[47] System, 39ff.; Geschichte, 83–104; Unterstützung findet die Hypothese noch bei W.Thiel, Entwicklung, 126–145, dort auch die Literatur der weitläufigen Diskussion.

[48] S.u. 127f.; erschüttert wurde die These Noths vor allem durch R.Smend; G.Fohrer; W.H.Irwin und S.Herrmann, s. bei W.Thiel, Entwicklung, 128–132; vgl. dazu noch die weiteren kritischen Einwände von C.H.J.de Geus, 193–209; B.Lindars, Tribes, 99f.; N.P.Lemche, Israel in the Period.

[49] Unter Berufung vor allem auf Chr.Sigrist in Widerstand, 194–222; positiv aufgenommen wurde es etwa von Chr.Schäfer-Lichtenberger, Stadt, 333ff.; H.Engel, Abschied; N.Lohfink, Gesellschaften; R.Albertz, Israel, 374f.; R.Neu, Israel, 209; 221; F.S.Frick, Formation, 51–70. Das zum Vergleich herangezogene ethnologische Material ist jetzt leicht zugänglich bei Chr.Sigrist/R.Neu, Texte. Aber auch erste kritische Anfragen sind inzwischen laut geworden, vgl. J.W.Rogerson, Israel; er weist berechtigt auf gewisse Differenzen zwischen den als segmentär klassifizierten Gesellschaften Afrikas und dem frühen Israel, etwa hinsichtlich des Erbrechtes; doch sein Vorschlag, letzteres als „an association of chiefdoms" zu bestimmen (23), krankt daran, daß sich auf Stammesebene kein ständiges zentrales Führungsamt nachweisen läßt.

ein Typ tribaler Gesellschaften greifbar, der sich gerade durch das Fehlen einer politischen Zentralinstanz (akephal) auszeichnet und über ein Arsenal gesellschaftlicher Mechanismen verfügt, die Akkumulation politischer und wirtschaftlicher Macht wirksam zu verhindern (egalitär). Der Erkenntnisgewinn dieses Modells liegt vor allem darin, das Fehlen zentraler politischer Institutionen nicht als Mangel politischer Gestaltungskraft, sondern als Ausdruck eines bewußten politischen Wollens zu begreifen.[50] Der Stammesverband Israel entspringt einer antiherrschaftlichen politischen Option, die in bewußter Abgrenzung zu den monarchischen kanaanäischen Stadtstaaten die Institutionalisierung politischer Macht nur soweit zuläßt, wie es zur Sicherung des Überlebens der Familien und Sippen absolut notwendig ist. Ziel ist es, den dem Verband angehörenden Familien und Sippen ein Höchstmaß von Freiheit und Unabhängigkeit zu bewahren. Dafür, daß in der Tat eine solche bewußte politische Konzeption in der frühisraelitischen Gesellschaft wirksam gewesen ist, spricht eine Beobachtung, auf die C.Schäfer-Lichtenberger aufmerksam gemacht hat: Die kanaanäischen Städte, mit denen der junge israelitische Stammesverband friedliche und z.T. auch vertraglich geregelte Beziehungen pflegte, haben eine nicht-monarchische Verfassung und sind entweder oligarchisch oder „demokratisch" geprägt (z.B. Gibeon, Sichem u.a.); dagegen wurden die Städte, die erobert wurden, überwiegend monarchisch regiert (z.B. Hesbon, Taanach, Jerusalem).[51] Das heißt aber, eine Koexistenz war nur möglich, insofern sie den antiherrschaftlichen Zielvorstellungen des israelitischen Stammesverbandes entsprach.

Es sind keine Institutionen, sondern es ist vor allem dieses gemeinsame Freiheitsideal, welches das lockere Stämmebündnis „Israel" einte. Auf dieses Ideal ist, wie sich zeigen wird, auch die religiöse Symbolwelt zentral bezogen.

2.32 *El und Jahwe als antiherrschaftliche Symbole*

Der Stammesverband, zu dem sich die Bauern- und Hirtenbevölkerung der Bergregionen Palästinas nach dem tribalen Muster verwandter lineages zusammengeschlossen hat, trägt den Namen „Israel". Der Name *jiśrā'el* bedeutet aller Wahrscheinlichkeit nach „Gott bzw. El herrscht" oder „...möge sich als Herrscher erweisen".[52] Ein solcher Name klingt in einer dezentralen Gesellschaft, in der die Mitglieder zugunsten ihrer Freiheitsrechte auf die Ausbildung einer politischen Zentralinstanz bewußt verzichten und sich darin von der monarchischen Herrschaftsstruktur der traditionellen kanaanäischen Stadtstaaten abgrenzen, fast wie ein Bekenntnis: Gott soll herrschen,

---

[50] Von daher wird der Widerstand gegen das Königtum Davids und Salomos überhaupt erst verständlich, und die späteren königskritischen Traditionen erhalten erst dadurch eine sozialgeschichtliche Ausgangsbasis; vgl. F.Crüsemann, Widerstand, 215ff.

[51] Stadt, 202ff.; 325ff.

[52] Vgl. R.Albertz, Israel, 369f. (Lit.); dazu C.H.J.de Geus, Tribes, 187–192.

d.h. kein menschlicher Herrscher, komme er nun von außen oder von innen. Die antiherrschaftliche Option dieser Gesellschaft findet in dem Namen, den sie sich gegeben hat, ihren religiösen Ausdruck.[53]

Ein Problem besteht nun allerdings darin, daß dieser programmatische Name nicht mit dem Gottesnamen Jahwe gebildet ist. Statt dessen begegnet das Element *'el*, das im Nordwestsemitischen sowohl Gattungsbegriff bzw. Appellativum („Gott“) als auch Gottesname („El“) sein kann. Nun könnte man denken, „*'el*“ sei hier einfach im Sinne eines Appellativums für Jahwe gemeint. Dagegen spricht jedoch eine altertümlich wirkende Prädikation, die im Rahmen der Vätergeschichte überliefert ist: In Gen 33,20 gibt der Ahnvater Jakob einem Altar oder besser einer Mazzebe,[54] die er in der Nähe von Sichem errichtet, den Namen: *'el 'ĕlōhē jiśrā'el*. Das ist zu übersetzen: „El, der Gott Israels“.[55] Hier ist „El“ eindeutig Gottesname,[56] eine Übersetzung „Gott, der Gott Israels“ gäbe keinen Sinn.[57] Da die Prädikation bis auf den Gottesnamen mit der häufig im AT belegten Formel „Jahwe, der Gott Israels“ (Ri 5,3.5 u.ö.) übereinstimmt, kann mit „Israel“ hier nicht der Ahnvater, der gelegentlich so benannt wird,[58] sondern muß der Stämmeverband gemeint sein. Dann ist aber der Schluß unausweichlich, daß auch das Element „*'el*“ in Israel ursprünglich auf ein religionsgeschichtliches Stadium weist, in dem noch nicht Jahwe, sondern El der Gott des Stämmeverbandes Israel gewesen ist.[59]

---

53 Im Anschluß an Erwägungen von J.Heller, Israel, 264.

54 Das verwendete Verb *nāṣab* pi. ist für einen Altar sehr ungewöhnlich, vgl. C.Westermann, Genesis (2.2), 645.

55 Vgl. R.Smend, Bundesformel, 21 f.; bzw. wenn man – dem Kontext nach – in Rechnung stellt, daß solche Altarnamen gerne Bekenntnisnamen sind (vgl. Ex 17,15; Ri 6,24): „El ist der Gott Israels“.

56 Vgl. den fehlenden Artikel und das nachfolgende, appellativ verwendete *'ĕlōhīm;* so mit Recht E.Otto, Jakob, 79.

57 Die Ausdeutung durch E.Blum, Komposition (2.1), 207, „(ein machtvoller) Gott ist der Gott Israels (=Jakobs)“, und M.Köckert, Vätergott (2.1), 86 f., „Gott ist (allein) der Gott Israels“, die *'el* zum Prädikat macht, ist zur Not grammatisch möglich, aber doch gequält, da die entscheidenden Näherbestimmungen zu *'el* nicht dastehen. In diese Richtung mag die alte Formel vom Verfasser ausgedeutet worden sein; die Erklärungsbedürftigkeit dessen, was er gemeint haben könnte, beweist aber, daß er eine offensichtlich feststehende Formel aufnahm, die eigentlich etwas anderes meinte. Hätte er frei formulieren wollen, hätte er sein „Bekenntnis“ sicher klarer ausgedrückt! Wenn er es nicht tat, dann wollte er seine Leser an die urtümliche Tradition im Heiligtum von Sichem erinnern.

58 Vgl. die Umbenennung Jakobs in Israel Gen 32,29, die aber „künstlich“ ist, da „Israel“ im AT nachweislich kein Personenname ist (vgl. R.Albertz, Israel, 370); sie setzt vielmehr die Rolle Jakobs als Stammvater Israels schon voraus. Ein eigenständiger Erzvater „Israel“ läßt sich nicht erweisen (gegen H.Seebaß, Erzvater, 25 ff.), eine Sippe „Israel“ aufgrund der manassitischen Sippe 'Asriel (Nu 26,31; Jos 17,2; 1.Chr 7,14) nachweisen zu wollen (so A.Lemaire, Asriel), darf aus sprachlichen und sachlichen Gründen als gescheitert gelten (Vgl. R.Albertz, Israel, 374), kurzum das Appellativ *'ĕlōhē jiśrā'el* in Gen 33,20 hat mit der Vätergottbezeichnung nichts zu tun (gegen F.M.Cross, Myth [2.2], 47, Anm.13).

59 So auch R.Smend, Bundesformel, 20 ff.; N.K.Gottwald, 494 f.: „Elohistic Israel“, u.a. Es besteht überhaupt kein Anlaß, hinter den sich ausbildenden Stämmeverband Israel im 13.Jh.

Nun wird die Existenz Israels in Kanaan auf der Siegesstele des Merenptah schon für das Jahr 1219 v.Chr. bezeugt; es muß sich also schon in den Jahren davor zu einer respektablen politischen Größe in Palästina ausgebildet haben. Damit geraten wir aber in eine Zeit, in der der Exodusgruppe gerade erst die Flucht aus Ägypten gelang und sie wahrscheinlich noch nicht in Palästina aufgetaucht war. Die ägyptische Erwähnung ist somit auf ein noch vorjahwistisches Israel zu beziehen. Wir haben uns den historischen Ablauf damit wahrscheinlich so vorzustellen, daß sich der Emanzipationsprozeß der ländlichen Unterschicht der kanaanäischen Gesellschaft in einer ersten Phase noch unter Berufung auf den Gott El vollzog und erst in einer zweiten Phase die Exodusgruppe von Osten her in das mittelpalästinische Bergland einströmte und dem Stämmeverband ihren Gott Jahwe vermittelte.[60] Es spricht einiges dafür, daß es die später auf die Stammutter Rahel zurückgeführten Stämme sind (Manasse, Ephraim, Benjamin), die auf die Exodusgruppe zurückgehen, während die Lea-Stämme ältere Stadien des Verbandes repräsentieren.[61]

Die Integration der neu hinzukommenden Gruppe und der damit verbundene Religionswechsel scheinen ohne größere Probleme abgelaufen zu sein. Dies erklärt sich hinreichend aus der gleichen Interessenlage, die zwischen den ehemaligen ägyptischen Fronarbeitern und den ehemaligen Rand- und Unterschichtsgruppen der kanaanäischen Gesellschaft bestand. Beide hatten sich aus ihrer Abhängigkeit befreit, beide waren auf der Suche nach einer Gesellschaftsform, die es ihnen ermöglichte, möglichst frei und unbeschwert zu leben. Wenn es in der Merenptah-Stele heißt: „Israel liegt brach und hat kein Saatkorn", d.h. keine Nachkommen,[62] dann hat es sogar den Anschein, daß das gesellschaftliche Experiment, sich durch Kolonisierung der kargen Berg- und Wüstenregionen Palästinas eine neue und unabhängige Existenz zu schaffen, schon seine Attraktivität verloren hatte und der Zustrom weiterer palästinischer Bevölkerungselemente ausblieb. Die An-

---

zurückzugehen. Wenn E.Otto, Jakob, 78 ff., aufgrund von Gen 33,20 eine auf eine Verehrung des „El, Gott Israels" durch die Jakob-Sippe in Sichem schließt, die noch vor der Ausbildung der Lea- und Rahelgruppe im 14.Jh. stattgefunden haben soll (a.a.O., 223; ähnlich auch H.-J.Zobel, Israel, 1001 ff.), dann läßt er erstens unerklärt, was „Israel" in dieser Situation bezeichnet haben soll, und zweitens verkennt er den klar ätiologischen Charakter der Notizen Gen 33,18*.20; 35,6 f.*, die Kulteinrichtungen in der Gegenwart des Erzählers auf den Ahnvater zurückführen wollen. Nach E.Blum, Komposition (2.1), 61 ff.; 204 ff., gehören die Verse zur „erweiterten Jakobserzählung" und damit in eine Zeit nach Jerobeam I. Auch er hält die El-Prädikation Gen 33,20 für „ein wertvolles Zeugnis der für uns nur noch vermittelt zugänglichen Frühgeschichte der israelitischen Religion" (206, Anm. 12). Damit sind aber auch die Deutungen abgewiesen, die in der Prädikation gar keine alte religionsgeschichtliche Realität, sondern eine ad hoc Formulierung aus der Zeit der assyrischen Überfremdung (so M.Köckert, Vätergott [2.1], 87) oder gar ein monotheistisches Bekenntnis der Exilszeit (so J.v.Seters, Religion [2.1], 223 f.) sehen wollen.

60 Vgl. ähnlich N.K.Gottwald, Tribes, 492–497.

61 Daß die den beiden Stammüttern zugeordneten Stämme zwei unterschiedliche Siedlungsphasen repräsentieren, wie M.Noth, System, 75 ff., vermutet, hat immer noch viel für sich.

62 TGI^2 40.

kunft der Exodusgruppe mag darum als willkommene Verstärkung begrüßt worden sein.

Ähnliches könnte auch auf religiösem Gebiet gelten. Der Gott El, der bis dahin der kanaanäischen Bauern- und Hirtenbevölkerung als Symbol ihrer Befreiungsbewegung gegolten hatte, war ein Gott des westsemitischen Pantheon. Wohl stand er als der „Götterkönig" an dessen Spitze, blieb aber dennoch in die Götterwelt eingebunden, die auch in den kanaanäischen Stadtstaaten verehrt wurde. Insofern war er nur bedingt geeignet, als antiherrschaftliches Symbol in Abgrenzung von eben diesen Staaten zu fungieren. Und eben dies war bei dem Gott Jahwe anders, den die Exodusgruppe von außen mitbrachte: Er war als Einzelgott der südlichen Wüstenregion nicht in das polytheistische System integriert. Er war zudem ein Gott, der seine Gottheit gerade in der Befreiung aus staatlicher Unterdrückung bewährt hatte. Und er war schließlich ein Gott, der sich einseitig und exklusiv an eine Unterschichtsgruppe gebunden hatte. Als solcher war er geradezu prädestiniert, zum Gott eines Stämmeverbandes zu werden, der eben solchen Gruppen ihre gewonnene Freiheit von staatlicher Abhängigkeit sicherte. Es ist darum zu vermuten, daß Jahwe von den übrigen Stämmen des Verbandes schnell als willkommene Stärkung ihrer religiösen Symbolwelt übernommen wurde. Jahwe wurde mit El verschmolzen und damit zum Gott Israels (so schon Ri 5,3.5). Mit ihm, einem Gott, der der syrisch-palästinischen Götterwelt fremd gegenübersteht und vom Stämmeverband exklusiv für sich in Anspruch genommen werden kann,[63] verstärkte sich die Abgrenzung des Verbandes nach außen und sein Zusammenhalt nach innen.

Wir müssen also damit rechnen, daß es schon in vorstaatlicher Zeit zu einer ersten Verbindung von Jahwe- und El-Religion gekommen ist. Dafür spricht ebenfalls die frühe Jahwesierung von El-Heiligtümern (so Bethel: Gen 28,10–19) und wohl auch die Verwendung von Stierfiguren schon im vorstaatlichen Jahwekult.[64] Wohl muß man davon ausgehen, daß die El-Religion der frühen Stämme sicher nicht identisch gewesen ist mit den ausgebauten polytheistischen Systemen der kanaanäischen Stadtstaaten, die erst später wirksam wurden (z.B. in Jerusalem); aber immerhin, eine erste Brücke war geschlagen. Dieser frühe El-Synkretismus ist wahrscheinlich der Grund dafür, daß auch späterhin die Integration von El- und Jahwereligion so auffallend problemlos vonstatten ging, daß sich im ganzen Alten Testament keine Polemik gegen den Gott El findet.[65]

---

[63] Daß Jahweglaube und Gruppenzugehörigkeit anfangs nicht völlig identisch waren, zeigt das Beispiel der Kalebiter bzw. der Keniter. Doch erhielten sie aufgrund der religiösen Gemeinschaft Siedlungsrecht im Stammesverband eingeräumt (Ri 1,12ff.; 4,17ff.) und wurden später in den Stamm Juda integriert.

[64] Vgl. die in einem Dorfheiligtum der Eisen I-Zeit gefundene Stierfigur, A.Mazar, „Bull-Site" (2.2).; zum Stier als Symbol Els s. Gen 49,24f.; Nu 23,22; 24,8 und u. 222f.

[65] Der Tatbestand ist häufig notiert und verschieden erklärt worden. So ging etwa F.M.Cross, Myth, 65–75, davon aus, daß Jahwe sich aus einem Kultnamen Els (*il ḏu yahwi ṣaba'ot* „El, der die Hinmelsheere schafft") differenziert habe, beide Götter also ursprünglich

Die gemeinsame Jahweverehrung der Stämme, die sich dem Verband Israel zurechneten, war von nun an von hoher Bedeutung für die Struktur und das Funktionieren des Bündnisses. Sie war neben gemeinsamer Lebensweise, Sitten und Rechtsanschauungen, die sich herausbildeten, das einende Band, das die dezentralen Gruppen über alle Sonderinteressen hinweg miteinander vereinigte. Dabei ist es interessant zu sehen, wie die Jahwereligion wesentlich dazu beitrug, die kritische Balance zwischen Solidaritätsverpflichtung und Freiheitsideal in der frühisraelitischen Gesellschaft auszutarieren: Auf der einen Seite wurde Jahwe als der erfahren, der gesellschaftliche Solidarität über die Sippen- und Stammesgrenzen hinaus gerade dort schuf, wo die institutionelle Abstützung fehlte. Dies galt besonders für extreme Krisensituationen, in denen Jahwe – wie in den Befreiungskriegen – eine die Stämme übergreifende gemeinsame Aktion der Gruppe ermöglichte (Ri 5,2f.). Auf der anderen Seite gab es so gut wie keine religiöse Legitimation politischer Herrschaft. Von den politischen Funktionsträgern wurde einzig der relativ schwache *nāśī'* („Sprecher") vor den Verwünschungen seiner Verwandtschaftsgruppe in Schutz genommen (Ex 22,27),[66] die einflußreicheren Ältesten oder die Versammlung der Waffen tragenden Männer erfuhren dagegen keine religiöse Stütze. Im Gegenteil, indem Jahwe – der programmatischen Israelbezeichnung entsprechend – selber die Stelle des Herrschers besetzt hielt, verhinderte er, daß die solidarische Vereinigung aller politisch-militärischen Kräfte zur Etablierung einer politischen Zentralinstanz mißbraucht wurde. Wenn Gideon Ri 8,22f. die ihm nach erfolgreicher Schlacht angetragene Königswürde mit den Worten ablehnt:

„Nicht ich will über euch herrschen,
und nicht mein Sohn soll über euch herrschen,
Jahwe soll über euch herrschen!",

dann ist dieser Satz zwar schon auf die spätere Problematik eines israelitischen Königtums bezogen,[67] doch deckt er den theologischen Zusammenhang, der auch schon im Stämmeverband zwischen göttlicher und menschlicher Herrschaftsausübung bestand, grundsätzlich zutreffend auf. Die auffällige Erscheinung, daß die meisten Heerführer der vorstaatlichen Zeit nach Bewältigung der Krise wieder zurück ins Glied traten und keine dauernde Herrschaft etablierten, wird nur so verständlich. Jahwe sorgte zwar im Verband für militärische Solidarität, aber er sorgte auch dafür,

---

identisch gewesen seien; doch spricht dagegen, daß Jahwe von der Sinaitheophanie her eher als Hadad-Typ zu klassifizieren ist, s.o. 85. O.Eißfeldt, El, 391ff., meinte, die Synthese beider sei schon durch eine zweite Stufe der „Väterreligion" vorbereitet worden, in der El an die Stelle der Vätergötter getreten sei. Doch gehört diese zu einem anderen religiösen Stratum und läßt sich heute nicht mehr als Vorstufe zur Jahwereligion bestimmen. Zu einer ähnlichen Erklärung wie der von mir gegebenen kommt T.N.D.Mettinger, Essence (2.2), 411.

[66] Wenn nicht ursprünglich *melek* „König" im Text stand und das Gebot erst aus staatlicher Zeit stammt.

[67] Vgl. F.Crüsemann, Widerstand, 50.

daß diese auf die Zeit der Not beschränkt blieb. Als der Gott, der herrscht (Israel!), ist Jahwe das antiherrschaftliche Symbol der frühisraelitischen Gesellschaft. Die Solidarisierung, die er schafft, ist außerinstitutionell, eine Solidarisierung von unten her, auf der Basis der Freiwilligkeit, keine Solidarisierung von oben her mit Hilfe politischer Zwangsmittel.

In die Zeit des Stämmeverbandes reicht wahrscheinlich auch die Vorstellung zurück, daß Jahwe der eigentliche Eigentümer des Landes sei.[68] Die Vorstellung an sich ist im antiken Vorderen Orient weit verbreitet, und Jahwe mag sie von El geerbt haben.[69] Typisch ist aber auch hier wieder die antiherrschaftliche Interpretation. Während die Vorstellung sonst dazu verwendet wurde, Staatskult und Tempelwirtschaft zu begründen, diente sie in der frühen Jahwereligion dazu, auch wenn dies explizit erst in frühnachexilischer Zeit bezeugt ist (Lev 25,23), die Unverkäuflichkeit des familiären Erbbesitzes zu sichern (1.Kön 21,2f.; Mi 2,2). Indem so die Verfügungsgewalt über Grund und Boden religiös eingeschränkt wurde, wurde eine Akkumulation wirtschaftlicher Macht verhindert. Auch die egalisierende Tendenz der frühisraelitischen Gesellschaft findet in der Jahwereligion ihre symbolische Stütze.

Wenn Israel nicht wie die vergleichbaren Gesellschaften Moab und Ammon schon bald eine monarchische Zentralinstanz etablierte, sondern über zwei Jahrhunderte in seiner akephalen Gesellschaftsstruktur verharrte, dann hat dies ganz sicher mit der egalisierenden und antiherrschaftlichen Tendenz der frühen Jahwereligion zu tun.

2.33 Religiöse Befreiungskriege

Das Ideal einer möglichst freiheitlichen Gesellschaftsordnung ohne Abhängigkeit von einer politischen Zentralinstanz hatte allerdings seinen Preis: eine relative außenpolitische Schwäche und eine Schwerfälligkeit des Systems, auf Angriffe von außen zu reagieren. So hören wir immer wieder davon,[70] daß die israelitischen Stämme militärischen Übergriffen ihrer

---

[68] Das Land als Jahwes Erbbesitz (*naḥălā*): 1.Sam 26,19; 2.Sam 14,16; Jer 2,7; 16,18; 50,11; Ps 68,10; Erbteil (*ḥeleq*): Jer 12,10; Besitz (*'ăhuzzā*): Jos 22,19 (nur Westjordanland); Haus (*bēt*): Hos 8,1; Land (*'ereṣ*): Lev 25,23; Hos 9,3; Jer 2,7; (*'ădāmā*): Jes 14,2; vgl. R.Albertz, Israel, 272f.

[69] Vgl. die urtümliche Überlieferung in Dtn 32,8f., daß (El-) Eljon die Menschheit in Völker aufgeteilt und sie seinen Söhnen, unter die hier auch Jahwe gezählt wird, übergeben habe. Dabei ist auch eine Aufteilung und Übergabe ihrer Territorien impliziert (vgl. *gĕbūlōt 'ammīm* V.8b). Eine ähnliche Vorstellung begegnet, allerdings bezogen auf Städte, in der ugaritischen Mythologie: In KTU 1.4: VIII,11–14; 1.5: II,15f. erhält der Gott Mot von El die Stadt *Hmrj* als „Land seines Erbbesitzes" (*'rṣ nḥlth*), in KTU 1.3: VI,15f. der Gott Qadeš-Amrur die Stadt *Ḥkpt* (vgl. E.Lipiński, TWAT V, 356). Auch die sumerisch-babylonischen Götter sind im 2.Jt. vornehmlich Stadtgötter, die allerdings auch für die ganze Region zuständig sind. Im 1.Jt. wird diese Vorstellung, wie auch in Dtn 32,8f., stärker „nationalisiert", d.h. auf das Land von Völkern bezogen; vgl. auch die Moabstele, in der Moab selbstverständlich als Land des Gottes Kamoš gilt (KAI 181,5).

[70] Die Darstellung in Ri ist stark schematisch und verdankt ihre Gestalt einer Fassung des

Nachbarn ausgesetzt waren, die versuchten, sie unter ihre Kontrolle zu bringen und sich ihre ökonomischen Ressourcen anzueignen: Kriegerische midianitische Kamelnomaden fielen ein und zogen marodierend und brandschatzend durchs Land (Ri 6,2b-5), die jungen ostjordanischen Königreiche Moab und Ammon suchten die Benjaminiten (Ri 3,12ff.) und die gileaditischen Siedlungen (Ri 11f.; 1.Sam 11) in ihre Abhängigkeit zu zwingen, und eine Koalition kanaanäischer Stadtstaaten schnürte die galiläischen Stämme ab, um die Landbevölkerung wieder unter ihre Herrschaft zu bringen (Ri 5,6–8).

Die Kriege, die Israel zur Abwendung dieser ständig wiederkehrenden militärischen und ökonomischen Bedrückung führte, sind nun der Ort, an dem in dieser Zeit das Handeln Jahwes am direktesten erfahren wurde; sie werden regelrecht „Jahwekriege" genannt (1.Sam 18,17; 25,28; vgl. Nu 21,14).[71] Das ist nicht zufällig so, handelte es sich doch wieder um ein göttliches Wirken in dem für Jahwe so typischen geschichtlich-politischen Bereich, und gehörte die Rettung aus militärischer Bedrohung am Schilfmeer doch schon zum religiösen Erfahrungsschatz der Exodusgruppe. In Analogie dazu wird nun auch der Sieg über die Feinde von den israelitischen Stämmen als Rettung Jahwes erlebt und gefeiert. Allerdings gilt es, einen graduellen Unterschied zu beachten: Während die Exodusgruppe gar keine Chance hatte, sich gegen die heranstürmende ägyptische Streitmacht zu wehren und darum deren Untergang allein Jahwes Eingreifen zuschrieb (Ex 15,21), verfügen die israelitischen Stämme über eine – wenn auch schlechte – Bewaffnung und eine rudimentäre militärische Organisation. So wirken nach ihrem Verständnis Jahwe und Israel bei der Rettung zusammen; die religiöse Kriegserfahrung dieser Zeit ist von einem starken göttlich-mensch-

---

Stoffes aus der mittleren Königszeit („Retterbuch", vgl. W.Richter, Untersuchungen, 319–343) und der dtr. Redaktion. Dennoch läßt sie Teile (vgl. bes. Ri 5) und Elemente vorstaatlicher Tradition (vgl. den Schlachtruf Ri 7,16) erkennen; so auch F.Stolz, Kriege, 163ff.

[71] Diese Bezeichnung ist dem im AT nicht belegten Terminus „Heiliger Krieg" unbedingt vorzuziehen (R.Smend, Jahwekrieg, 20f.). Die Forschungsdiskussion zum Jahwekrieg ist etwas verquer verlaufen: G.v.Rad hatte die Besonderheit dieser Kriege in religiös-kultischen Elementen bzw. Interpretamenten gesehen und sie zu einer mehr oder minder festen sakralen Institution der Amphiktyonie erklärt (Heiliger Krieg, 6–14; 25f.). Letzteres ist schon von R.Smend, Jahwekrieg, 25ff., ersteres von M.Weippert, „Heiliger Krieg", in Frage gestellt worden: Die meisten religiös-kultischen Elemente der Kriegführung (z.B. Orakeleinholung, Reinheit des Kriegslagers, Beteiligung der Götter am Kampf) lassen sich auch in neuassyrischen Königsinschriften etc. nachweisen und sind Bestandteil „gemeinorientalischer, ja gemeinantiker Kriegspraxis und -ideologie" (a.a.O., 485). Doch hat Weippert wiederum die kriegssoziologischen und kriegstechnischen Besonderheiten der frühen Kriege Israels außer acht gelassen und die Differenzen zwischen vorstaatlichen und staatlichen Kriegen, die noch v.Rad ansatzweise gesehen hatte (z.B. defensiven Charakter, a.a.O, 26), völlig eingeebnet (vgl. „Heiliger Krieg", 489f.). Nachdem F.Stolz, Kriege, 196ff., gegen v.Rad die sich gegen Schematismus sträubende vielfältige frühisraelitische Kriegserfahrung herausgestellt hatte, war es erst J.Kegler, der erkannt hat, daß die Besonderheit der Jahwekriege nicht in der religiös-kultischen Kriegspraxis als solcher, sondern in ihren gesellschaftlichen Voraussetzungen im Unterschied zur staatlichen Kriegsführung Davids liegt (Geschehen, 253ff.).

lichen Synergismus geprägt. Dieser zeigt sich zum Beispiel in dem alten Schlachtruf aus dem Kampf gegen die Midianiter: „Das Schwert für Jahwe und Gideon" (Ri 7,18; vgl. Ex 17,16), und das Deboralied Ri 5, das zugleich Gotteslob und Heldenepos ist, stellt es so dar, daß die israelitischen Truppen dem vom Himmel aus kämpfenden Jahwe zu Hilfe kommen (V.20.23). Erst in späterer Zeit, als dieser Synergismus theologisch bedenklich wurde, hat man versucht, den menschlichen Anteil am Kampfgeschehen immer weiter zurückzudrängen (Ri 7,2–8; 2.Chr 20).[72]

Diese enge Verquickung Jahwes mit dem Krieg und sein religiöses Verständnis als Rettungshandeln Gottes sind allerdings auf die Jahwekriege der vorstaatlichen Zeit beschränkt, die sich in wesentlichen Punkten von den späteren staatlichen Kriegen unterscheiden.[73] Zentral ist das Fehlen jeder Möglichkeit zur Zwangsrekrutierung;[74] nur innerhalb der Sippe gab es eine gewisse Verpflichtung zur bewaffneten Unterstützung (Ri 6,34), aber eine solche beschränkte sich auf Blutracheaktionen (Ri 8,5 ff.) und gab höchstens die Basis für kleine Scharmützel. Dagegen kannte das frühe Israel keinerlei Wehrpflicht auf der Ebene des Stammes und des Stämmeverbandes. Auf Orts- und Stammesebene hatte die Versammlung der Waffen tragenden Männer die Entscheidung über Krieg und Frieden,[75] d.h. die Betroffenen selber mußten einer militärischen Aktion zustimmen, die Heerfolge war somit freiwillig, eine Mobilisierung konnte nicht von oben, sondern nur von unten erfolgen. Dieses begrenzte aber Kriegsanlaß und Kriegsziel erheblich: Der Kriegsanlaß mußte so gewichtig sein, daß sich eine größere Anzahl der Betroffenen von der Notwendigkeit zu einer militärischen Auseinandersetzung überzeugen ließ; Voraussetzung für den Jahwekrieg ist damit meist eine schwere oder langanhaltende politische oder ökonomische Notlage. Und das Kriegsziel beschränkte sich darauf, diese Notlage zu beenden und wieder ein ungestörtes Alltagsleben zu ermöglichen. Für weitergehende Ziele war ein Konsens in der Mannschaft nicht zu erreichen. Die Jahwekriege der Frühzeit waren keine weiträumigen Eroberungsfeldzüge. Es handelte sich vielmehr um relativ kleinräumige, milizionäre Befreiungskriege.[76]

---

[72] Man muß also unterscheiden zwischen den frühen Kriegserfahrungen und der späteren Jahwekrieg-Theorie, die kritisch gegen die staatliche Kriegführung entwickelt wurde, s. F.Stolz, Kriege, 203.

[73] Vgl. dazu J.Kegler, Geschehen, 285 ff.; R.Albertz, Schalom, 19 ff.

[74] Dieser entscheidende Unterschied in der Art der Mobilisierung, der zu den neuassyrischen Verhältnissen besteht, wird von M.Weippert, „Heiliger Krieg", 469 f., zwar en passant erwähnt, aber beim Vergleich weiter nicht beachtet. Es ist ja kein Zufall, daß die Drohgeste bei der Rekrutierung, die er im Vergleich zu Ri 19,29 f.; 1.Sam 11,7 aus Mari anführt, dort nur für die Ausnahmesituation belegt ist, daß die nicht voll in das staatliche Verwaltungssystem integrierten nomadischen Hanäer die Kriegsfolge verweigern. Im vorstaatlichen Israel ist dies jedoch die Regel.

[75] S.o. 114.

[76] Diese Definition scheint mir angemessener zu sein als die umstrittene Behauptung, alle Jahwekriege seien Defensivkriege gewesen, so G.v.Rad, Heiliger Krieg, 26; dagegen F.Stolz, Kriege, 199. Wenn M.Weippert etwas sarkastisch anmerkt, der Unterschied zur imperialisti-

Der Eigenart dieser Kriege entspricht nun auch die Art und Weise, in der Jahwe in ihnen wirksam gesehen wurde. Gerade weil die institutionelle Möglichkeit einer zentralen Mobilisierung von oben fehlte, bestand sein wichtigstes Wirken darin, daß er die Stämme solidarisierte und zur gemeinsamen Heerfolge motivierte (Ri 5,2.9).[77] Dies geschah dadurch, daß er der Gruppe zu einem Heerführer verhalf, der die charismatische Fähigkeit besaß, die notorischen Gruppenegoismen zu überwinden und mehrere Stämme von der Notwendigkeit und Möglichkeit einer gemeinsamen militärischen Aktion zu überzeugen.[78] Die Überlieferung stellt das meist – schon schematisierend – so dar, daß der Geist Jahwes (*rûaḥ jhwh*) auf eine solche Person fällt (Ri 3,10; 6,34; 11,29; 1.Sam 11,6), sie zur militärischen Führung aktiviert und ihr eine bezwingende Überzeugungskraft verleiht. Es konnte aber auch eine mit charismatisch-magischen Fähigkeiten ausgestattete Sängerin wie Debora sein (Ri 5,12; Ri 4,4 wird sie als „Prophetin" charakterisiert), die einen Heerführer anstachelte und die Mannschaften mitriß. Es konnte auch ein von den zuständigen Gremien angeheuerter ehemaliger Freischärlerführer sein (Jephta), der charismatische Fähigkeiten entfaltete (Ri 11,1ff.29). Allen diesen charismatischen Heerführern, die man als die sog. „Großen Richter" bezeichnete, ist es gemeinsam, daß sie in der Regel nicht durch vornehme Abstammung oder vorherige politische Ämter für ihre Führungsfunktion ausgewiesen sind; es handelt sich vielmehr um politische „Nobodies" oder sogar, wie im Fall von Jephta, um gesellschaftliche Außenseiter. Und daß sogar eine Frau wie Debora in einer patriarchalischen Gesellschaft eine solche Karriere machen konnte, daß man ihr den Ehrentitel „Mutter in Israel" verlieh (Ri 5,7), ist für den außerinstitutionellen Charakter dieser Führungsposition bezeichnend.[79] Allein darin, daß es solchen Personen gelang, die Bevölkerung zum gemeinsamen bewaffneten Aufstand gegen ihre Unterdrücker zu mobilisieren, lag ihre göttliche Legitimation, damit erwiesen sie sich als Retter, die Jahwe Israel gesandt hatte.

Die Überlieferung läßt noch deutlich erkennen, wie schwierig eine solche Mobilisierung von unten her ganz offensichtlich war. Wir hören von keinem einzigen Jahwekrieg, an dem alle Stämme Israels teilgenommen hätten; meist sind allein die unmittelbar von der militärischen Aktion Betroffenen dabei, die nur von den benachbarten Stämmen Unterstützung erhalten. Das Deboralied (Ri 5), das Lob und Tadel über die sich beteiligenden und die

---

schen Kriegsideologie der Assyrer liege nur darin, daß die Israeliten „in einem solchen Maße unter die Räder der Weltgeschichte (gerieten), daß sie wenig Gelegenheit zur Beschäftigung mit der Rechtfertigung von Angriffskriegen hatten" („Heiliger Krieg", 492), dann hat er erstens schon wieder die staatliche Zeit im Auge und verkennt zweitens, daß die spätere Jerusalemer Königstheologie sehr wohl eine solche Rechtfertigung kannte, vgl. nur Ps 2; 47 und u. 181f.

[77] Es ist kein Zufall, daß in den neuassyrischen Texten, die M.Weippert anführt, kein göttliches Eingreifen an dieser Stelle vorkommt.

[78] Vgl. zum Folgenden A.Malamat, Leadership, 157–163, im Anschluß an M.Weber.

[79] S. Chr.Schäfer-Lichtenberger, Stadt, 302ff.; J.Kegler, Debora, 52.

abwesenden Stämme bei der wichtigen Schlacht gegen die kanaanäischen Könige austeilt, läßt erkennen, daß man bei den Betroffenen wohl grundsätzlich von allen zehn Stämmen des Verbandes Waffenhilfe erwartete, doch daß es unmöglich war, sie in die Tat umzusetzen. Das zeigt noch einmal, wie locker der Stammesverband Israel gefügt war. Die Dezentralität des Bündnisses und das gehütete Prinzip der Freiwilligkeit verhinderten, alle militärischen Kräfte zusammenzufassen. Schon die teilweise Realisierung einer die Sippen- und Stammesgrenzen übersteigenden Solidarität galt als ein göttliches Wunder, das überschwenglich gefeiert wurde (Ri 5,2.7.9.11). Darum ist das Solidarität schaffende Handeln Jahwes durch die charismatischen Rettergestalten in dieser Zeit von so überragender Bedeutung.

Die Mannschaften der Stämme, die sich trotz allem zur gemeinsamen Heerfolge bewegen ließen, wurden mit dem Ehrentitel „Volk Jahwes" (*'am jhwh*) ausgezeichnet (Ri 5,11.13[80]; vgl. 2.Sam 1,12). *'am* ist eigentlich ein Verwandtschaftsbegriff und bezeichnet den Bereich, in dem die durch Blutsverwandtschaft begründete Solidarität zu gelten hat. Mit der Begriffsbildung *'am jhwh* wird diese partikulare natürliche Sippensolidarität in Richtung auf eine religiös fundierte Solidarität für das Ganze erweitert. Auch dieser Ehrentitel hatte sicher eine motivierende Funktion: Nur wer bereit war, die familiären Solidaritätsverpflichtungen hintanzustellen und das Risiko des Befreiungskampfes für und mit Jahwe auf sich zu nehmen, trat damit in ein enges Verwandtschaftsverhältnis zu Jahwe ein.[81]

Ein weiterer Punkt, an dem das Handeln Jahwes im Kampfablauf erfahren wurde, war das Kriegsorakel. Es besteht zumeist aus einem Befehl zum Angriff, einem Trostzuspruch für den Heerführer und einer Siegeszusage (Ri 7,9.14 vgl. Nu 21,34; Jos 8,1; 10,8; 11,6 u.ö.), konnte aber auch negativ sein (1.Kön 22,17; Jes 7,4). Solche Orakelpraxis war im Vorderen Orient weit verbreitet und auch in Israel nicht auf die Befreiungskriege der vorstaatlichen Zeit beschränkt;[82] durch sie ließen sich die Heerführer von Gott ihr taktisches Vorgehen in der Schlacht bestimmen.

Typischer ist dagegen wieder die Art und Weise, wie Jahwes Beteiligung am Kampfgeschehen in der Frühzeit gesehen wurde. Da die israelitischen Volksmilizen ihren Gegnern waffentechnisch meist hoffnungslos unterlegen waren (vgl. Ri 4,3.13), mußten sie mit Überraschungseffekten und taktischen Winkelzügen arbeiten, um gegen sie erfolgreich zu sein. Gideon etwa überfiel mit mächtigem Getöse und Geschrei in der Nacht das Midianiterlager (Ri 7,19ff.), oder Debora und Barak lenkten die kanaanäische Streitwagentruppe in den Sumpf der Jesreelebene. Jahwes Eingreifen in den Kampf

---

[80] Mit einigen hebräischen und griechischen Handschriften ist *'am* gegen die Akzente zum folgenden *jhwh* zu ziehen.

[81] Erst mit der Ausweitung und institutionellen Verfestigung des Heerbannes in der frühen Königszeit wurde der Begriff auf das ganze Volk übertragen und verallgemeinert, vgl. 2.Sam 5,2.12; 6,21 u.ö.; R.Albertz, Israel, 377.

[82] So mit Recht M.Weippert, „Heiliger Krieg", 470f.; vgl. etwa 1.Kön 22,5ff.

wird deshalb vor allem darin gesehen, daß diese taktischen Maßnahmen gelingen, sich etwa Verwirrung und Panik im Lager der Midianiter ausbreitete (Ri 7,22) oder durch einen Platzregen der Kischonbach über seine Ufer trat (Ri 5,4.21).[83] In der preisenden Schilderung des Deboraliedes wird dieses göttliche Eingreifen schon in gewaltige kosmologische Dimensionen überhöht: Die Sterne treten aus ihren Bahnen und bekämpfen die Feinde vom Himmel aus (V.20). In die gleiche Richtung geht auch die Epiphanieschilderung (V.4f.; vgl. Ps 68,8–11): Unter gewaltigen Wetter- und Naturerscheinungen zieht Jahwe von seinem ursprünglichen Wohnsitz in der südlichen Bergwüste Palästinas aus, um seinem Volk zu Hilfe zu kommen. Die Dynamik im Bereich der Natur, die dem alten vorisraelitischen Wettergott eignete, wird hier umgebogen in den Bereich politisch-militärischen Geschehens. Im dramatischen Kriegsgeschehen erweist Jahwe für die israelitischen Stämme seine bezwingende Macht, im unverhofften Sieg über den überlegenen Gegner sein rettendes Eingreifen zugunsten Israels.[84]

Jahwe sichert somit in der frühisraelitischen Gesellschaft auch den Freiheitsanspruch der Stämme nach außen.

2.34 Die Ausbildung des Großkultes

So wichtig der gemeinsame Bezug auf Jahwe für den politischen Zusammenhalt des Stämmeverbandes war, so entsprach ihm doch keine zentrale kultische Institution. Ein Zentralheiligtum, das die gemeinsame kultische Mitte aller Israel zugehörigen Stämme gebildet hätte, läßt sich nicht nachweisen, vielmehr belegen die Texte eine Vielzahl von Heiligtümern, die ganz offensichtlich nebeneinander bestanden haben, und die These von M.Noth, der von seinem Amphiktyoniemodell her annehmen mußte, daß das Zentralheiligtum gewandert sei,[85] ist eine Verlegenheitsauskunft. Erst in spätvorstaatlicher Zeit scheint das Heiligtum von Silo eine überregionale Bedeutung bekommen zu haben (1.Sam 1–3), in der Zeit davor jedoch war das Einzugsgebiet der verschiedenen Heiligtümer auf einen Stamm (z.B. Dan Ri 17f.) bzw. wenige benachbarte Stämme (z.B. Tabor Dtn 33,19; Ri 4,6) oder eine Region beschränkt. Typisch für die Zeit scheinen die Verhältnisse zu sein, die noch hinter Jos 22,10–34 durchschimmern:[86] Als manassitische Stammesteile das ostjordanische Gilead kolonisieren, errichten

---

[83] In diesen eher bescheidenen „Zufälligkeiten" liegt zumindest ein gradueller Unterschied zum „Gottesschrecken", den der Gott Assur verbreitet, vgl. M.Weippert, „Heiliger Krieg", 478f.

[84] Der „Bann" (*ḥerem*), den G.v.Rad, Heiliger Krieg, 13f., zum Inventar des Jahwekrieges rechnete, läßt sich für keinen einzigen der vorstaatlichen Kriege Israels nachweisen, vgl. F.Stolz, Kriege, 154f.; N.Lohfink, ḥāram, 206ff. Den Brauch, die Kriegsbeute durch Vernichtung für eine Gottheit zu tabuisieren, hat es, wie die Mescha-Stele (KAI 181,17f.) belegt, wohl in Sonderfällen, etwa infolge von Gelübden, gegeben; im AT entspringt der Bann dagegen, jedenfalls in dieser Generalisierung, der dtn./dtr. Abgrenzungstheologie.

[85] System, 92ff.

[86] Vgl. Chr.Schäfer-Lichtenberger, Stadt, 338–342.

sie sich dort ihr eigenes Heiligtum. Das wird von dem westjordanischen Stammesteil zwar mit Argwohn betrachtet, aber von den Betroffenen als einzige Möglichkeit angesehen, der mit der Abwanderung gegebenen Gefahr eines kultischen Ausschlusses zu begegnen.[87] D.h. zur politischen Verselbständigung gehörte die kultische Autonomie dazu, der eigene Jahwekult sicherte einer Stammesgruppe ihre Selbständigkeit bei gleichzeitiger lockerer Zugehörigkeit zum Gesamtverband. Der politischen Dezentralisierung entspricht somit in dieser Zeit auch eine kultische.

Mit der Dezentralität des Großkultes Israels, in den Jahwe, vermittelt durch die Exodusgruppe, einrückte, ist eine religionsgeschichtliche Entwicklung eingeleitet, die H.Donner „Polyjahwismus" genannt hat[88] und die später von den deuteronomischen Erneuerern heftig bekämpft werden wird:[89] eine lokale Differenzierung Jahwes, die ihm entsprechend den verschieden aufgenommenen und entwickelten lokalen Kulttraditionen an den einzelnen Heiligtümern eine unterschiedliche Gestalt verleiht. So wie auch die Götter El und Baal an verschiedenen Orten in unterschiedlicher Ausprägung verehrt wurden (vgl. El-Bethel, El-'Olam in Beerscheba, Baal-Berit in Sichem, Baal-Hermon etc.), so gewann auch Jahwe als „Jahwe Zebaoth in Silo" (1.Sam 1,3), „Jahwe in Hebron" (2.Sam 15,7) oder, wenn auch etwas später in einer Inschrift aus *Kuntillet 'Ajrud*, als *jhwh šmrn* („Jahwe von Samaria")[90] lokal unterschiedliche Gestalt. Neben seiner übergreifenden Funktion als „Nationalgott" (Gott Israels) nahm Jahwe Züge eines Ortsgottes an, der an bestimmten Heiligtümern durchaus unterschiedlich verehrt wurde und für bestimmte Regionen auf besondere Weise zuständig war. Damit war regionalen Sonderentwicklungen der Jahwereligion das Tor geöffnet, die später schwerwiegende Folgen zeitigen sollten.

Wir sind allerdings weit davon entfernt, die Entwicklung des Kults an den verschiedenen Heiligtümern in der Frühzeit auch nur einigermaßen differenziert nachzeichnen zu können. Die Erwähnungen in den Texten sind zu sporadisch und mit Unsicherheiten belastet; weiterhelfen könnte uns hier nur die Archäologie, die aber bis auf das Heiligtum von Arad noch keinen einzigen Jahwetempel ans Licht gebracht hat. Doch läßt sie immerhin einige Grundzüge der Entwicklung erkennen, die für die Einschätzung des Jahwekultes dieser Epoche von großer Wichtigkeit sind: Die bronzezeitliche Tradition großer Stadttempel bricht mit der Eisen I-Zeit in den Siedlungsgebieten Israels völlig ab. Die israelitischen Neusiedlungen im Gebirge haben, soweit erkennbar, in dieser Epoche keine Tempel.[91] Mag man dieses

---

[87] Vgl. die Aussageintention der vordtn. Grundschicht in V.21.22.24–26a.27*, die in der nachexilischen Überlieferung im Sinne des dtn. Zentralisationsgesetzes umgebogen wurde.

[88] Götter, 48f.; vgl. P.Höffken, Bemerkungen, 89f; P.K.McCarthy, Religion, 140ff.

[89] S.u. 321f.

[90] Vgl. J.A.Emerton, New Light, 8–13; er schlägt vor, die Wortfolge, obgleich es sich um Eigennamen handelt, als constructus-Verbindung zu verstehen.

[91] So H.Weippert, Palästina, 407; 447f.; zu den Hauskulten in den Ortschaften s.u. 151f.

noch aus einem Fehlen entsprechender Kulttraditionen erklären, so fällt auf, daß selbst dort, wo die Möglichkeit bestanden hätte, etwa in Hazor, Sichem und Megiddo, die Stadttempeltradition nicht fortgesetzt wird.[92] In Sichem etwa, einer Stadt, die in Abhängigkeit von den israelitischen Stämmen geriet, stand noch in vorstaatlicher Zeit ein Tempel des Baal-Berit (Ri 9.4.27.46), doch dieser wurde später nicht von ihnen übernommen, das Jahweheiligtum von Sichem befand sich vielmehr außerhalb der Stadt (Jos 24,26; vgl. Ri 9,6). Das heißt aber: Die Bauern- und Hirtenbevölkerung Palästinas sah in der Tempeltradition der kanaanäischen Stadtkultur, von der sie sich emanzipiert hatte, offenbar keinen angemessenen Ausdruck ihrer eigenen kultischen Gottesverehrung mehr. Wahrscheinlich fehlten anfangs auch die wirtschaftlichen Ressourcen, um solche Tempel unterhalten zu können.

Der Heiligtumstyp, der sich unter den israelitischen Stämmen großer Beliebtheit erfreute, war die sog. Kulthöhe (*bāmā*). Wohl ist es nicht ganz einfach, Art und Verbreitung dieses Typs genau abzugrenzen, weil in der späteren dtn./dtr. Polemik alle Heiligtümer, abgesehen vom Jerusalemer Tempel, unter den – inzwischen negativen – Begriff *bāmā* subsumiert wurden.[93] Doch ist er ganz sicher nicht erst die Erfindung späterer Theologen; die Überlieferung ist wahrscheinlich insofern im Recht, daß die Kulthöhe das typische Heiligtum der vorstaatlichen Zeit gewesen ist (1.Sam 9f.; 2.Sam 21,6[94].9; 1.Kön 3,4), auch wenn wir bisher nur einige sichere archäologische Belege für sie beibringen können. Im Unterschied zu den geschlossenen Tempelgebäuden handelt es sich bei der *bāmā* um ein „open air"-Heiligtum, das meist außerhalb der Ortschaften auf einem Berg lag; die berühmte Kulthöhe von Gibeon etwa wird 2.Sam 21,9 „Berg Jahwes" genannt und ist wahrscheinlich mit der Kuppe *Nebi Samwil* zu identifizieren, die das Hügelland nördlich Jerusalems markant überragt. In Arad wurde von Y.Aharoni auf der Spitze des Hügels unter dem Niveau der salomonischen Tempelanlage (Stratum XII, 11.Jh.) eine gepflasterte Fläche von 30 × 30 m gefunden, die mit einer Temenos-Mauer umfriedet ist. Darauf befanden sich Reste eines Altars, vielleicht auch einer Mazzebe, und ein halbkreisförmiges Podest, das wahrscheinlich zum Aufstellen der Weihgeschenke diente; viele Löcher, mit Tierknochen gefüllt, zeugen von der kultischen

---

[92] Vgl. M.Ottosson, Temples, 107, von der archäologischen und N.Na'aman, Beth-aven, 21, von der textlichen Seite. Hinsichtlich des Heilgtums von Bethel bestehen allerdings noch Unsicherheiten, da es archäologisch noch nicht nachgewiesen werden konnte. Eine Ausnahme scheint Silo gewesen zu sein, wo Israel eine mittel- und spätbronzezeitliche Kulttradition fortsetzte. Doch ist erstens noch keine Sicherheit über die Lage des israelitischen Heiligtums erreicht – I.Finkelsstein vermutet es aber auf der erodierten Spitze des Tells (Shilo, 169f.) –, und zweitens scheint sich das Heiligtum schon in der Spätbronzezeit von einem Stadttempel zu einem solitär gelegenen regionalen Heiligtum gewandelt zu haben (a.a.O., 166f.).

[93] Vgl. die unsichere Diskussionslage bei P.Welten, Kulthöhe; P.V.Vaughan, Bama; W.B.Barrik, High-Places.

[94] Statt *bāḥīr jhwh* ist wohl wie in V.9 *bĕhar jhwh* zu lesen.

Verwendung der Anlage. Das Dorf, zu dem sie gehörte, lag rundherum auf dem unteren Teil des Hanges.[95] Ein Stück weiter abgelegen von fünf Dörfern aus der Eisen I-Zeit fand A.Mazar 10 km östlich vom Tell Dotan eine offene Kultanlage aus dem 12.Jh., die mit einer ovalen Temenos-Mauer von 21–23 Metern Durchmesser umgeben ist. Ein mächtiger Monolith läßt sich als Mazzebe deuten; die kultische Verwendung ist nicht nur durch den spektakulären Fund einer Stierplastik aus Bronze, sondern auch durch weitere Kleinfunde und Tierknochen gesichert.[96] Dies sind bis jetzt die besten archäologischen Zeugnisse für solche Kulthöhen; andere Anlagen, die im gleichen Sinne gedeutet wurden, sind dagegen unsicher.[97] Zur *bāmā* konnten auch Gebäude gehören; so wird 1.Sam 9,22 eine Halle erwähnt, in der die Versammelten das Opfermahl verzehrten;[98] das ändert aber nichts daran, daß sich der Kultbetrieb an dieser Form des Heiligtums unter freiem Himmel, für alle sichtbar und zugänglich vollzog.

Dieser primitive Heiligtumstyp, der mit einem Minimum kultischer Ausstattung auskam, entsprach den kulturellen und wirtschaftlichen Gegebenheiten der israelitischen Bevölkerung weit eher als die massiven Tempelgebäude in den Städten. Er wurde auch der Jahwereligion besser gerecht in seinem dezentralen und volksnahen Charakter. Der heilige Ort war hier noch nicht durch hohe Mauern abgeschirmt, Gott noch nicht im Dunkel eines Tempelhauses eingeschlossen. Hier konnte die ganze Ortsgemeinde zu den großen Jahresfesten zusammenkommen oder einzelne Familien ihre Gemeinschaftsmahlopfer vollziehen (1.Sam 9f.), zwar unter Leitung eines zufällig anwesenden Gottesmannes oder saisonal engagierten Priesters[99] (1.Sam 9f.; Ri 17f.), aber doch noch selbständig kultisch handelnd und am

---

[95] Vgl. Y.Aharoni, Arad, 19; H.Weippert, Palästina, 408f. mit Abbildung.

[96] Vgl. A.Mazar, „Bull Site" (2.2); R.Wenninger/E.Zenger, Baal-Heiligtum; letztere haben wahrscheinlich gemacht, daß es sich um ein israelitisches Heiligtum handelt; warum sie es dennoch ausgerechnet als Baal-Heiligtum klassifizieren, bleibt ein Rätsel; die Stierfigur kann ebenso auf den Gott El deuten, und am ehesten ist mit einem frühen Jahwe-El-Synkretismus zu rechnen, s.o. 120.

[97] Am ehesten käme noch die von Y.Yadin gefundene Anlage in Hazor, Areal B, Stratum XI in Betracht (Hazor, 255ff.). Die von A.Biran geltend gemachte Plattform in Dan könnte dagegen, berücksichtigt man die Tiefe der Fundamentierung, eher das Fundament eines Festungsbaus gewesen sein, vgl. M.Ottosson, Temples, 96. Die „cultic structure" in Taanach, Stratum IIB, war wohl eher ein Hauskult, vgl. H.Weippert, Palästina, 447. Noch ganz unsicher ist die Deutung der Anlage auf dem Ebal. Zur Diskussion der archäologischen Funde vgl. die Literaturaufstellung von R.Wenninger/E.Zenger, Baal-Heiligtum, 83f., Anm.23.

[98] Vgl. die „Höhenhäuser" (*bēt* bzw. *bātē bāmōt*) 1.Kön 12,31; 13,22; 2.Kön 17,29.32; 23,19, die aber auch schon ausgebaute Tempelanlagen beschreiben können. Zum Dorf auf dem *Tell ed-Duwēr* (Lachisch, Stratum V) gehörte ein kleines Heiligtum, dessen Anfänge bis in das ausgehende 11.Jh. zurückreichen, s. H.Weippert, Palästina, 477ff. (mit Abbildung). Es besteht aus einem kleinen Breitraum-Tempel und einem offenen Podium und könnte damit den Typ von Kulthöhe repräsentieren, der schon über Gebäude verfügte.

[99] Die kleineren Dorfheiligtümer hatten wahrscheinlich keine feste Priesterschaft, sondern die Orte, die sie unterhielten, stellten je nach Bedarf Angehörige der wandernden Priestergenossenschaft („Leviten") an, s.o. 93.

kultischen Geschehen voll beteiligt. Der demokratische Grundzug der israelitischen Gesellschaft und der antiherrschaftliche Charakter ihrer Gottesbeziehung fanden in der populistischen Form des Großkults ihre angemessene Entsprechung.

Wenn dieser Höhenkult später dennoch in die Kritik geriet und von Hosea und den Deuteronomikern zum Zerrbild kultischer Verirrung hochstilisiert wurde, dann lag das an der religiösen Symbolik, die mit ihm verbunden war: Zumindest nach späterer Ansicht gehörte zur Grundausstattung einer *bāmā* ein Altar, ein Kultstein (*maṣṣēbā*) und ein Kultbaum bzw. Kultpfahl (*'ăšerā*).[100] Mazzebe[101] und Aschere[102] galten als Symbole der göttlichen Anwesenheit. Das Problem bestand darin, daß Jahwe einfach in diese traditionelle Kultsymbolik Palästinas einrückte,[103] ohne daß man sich anfangs darüber Gedanken machte, ob sie in der Lage war, die besonderen geschichtlichen Befreiungserfahrungen mit Jahwe auf angemessene Weise auszudrücken. Mazzebe und Aschere waren von Hause aus Fruchtbarkeitssymbole, und sie repräsentierten das Göttliche in der für die vorderorientalischen Religionen so typischen männlich-weiblichen Zweiheit (Jer 2,27): der Stein das männliche Element, der Baum das weibliche Element. Das Wort *'ăšerā* bezeichnet neben dem Kultsymbol im Alten Testament unzweifelhaft auch die gleichnamige Göttin (1.Kön 15,13; 2.Kön 21,7), die u.a in den Texten aus Ugarit belegt ist (*'aṯrt* „Athirat") und als „Göttermutter" und Gemahlin Els gilt.[104] So spricht durchaus einiges dafür, daß Jahwe, als er die Stellung Els im israelitischen Stammesverband übernahm, von ihm auch seine göttliche Begleiterin erbte.[105] Mochte er sich auch auf nationaler Ebene, im geschichtlich politischen Bereich als der überragende Gott er-

---

100 Vgl. Ri 6,25 f.; Dtn 16,21 f.; 1.Kön 14,23 und M.Weippert, Synkretismus (2.2), 154 f.

101 Vgl. Gen 28,16–19.22 und C.F.Graesser, Stones, 304 ff.

102 Die genannte Deutung der Ascheren, die sich auf die LXX, die Vulgata und die Mischna stützen kann, ist nicht ganz unumstritten; E.Lipiński, Goddess, 100 ff., wollte dagegen in ihnen aufgrund akk. und phön. Belege Heiligtümer bzw. heilige Schreine sehen; doch vgl. dagegen J.A.Emerton, New Light, 16–18; J.Day, Ashera, 400 ff.; P.K.McCarter, Religion, 145 ff.; BRL[2] 12 f.

103 Mazzeben und Ascheren werden in der dtn./dtr. Polemik als Erbe der „Vorbewohner" betrachtet, vgl. Dtn 7,5; 12,3; Ex 23,24; 34,13; diese Meinung wird insofern als richtig erwiesen, als sich zahlreiche Mazzeben im 2.Jt. archäologisch nachweisen lassen, vgl. das besonders eindrucksvolle Exemplar im „Festungstempel" in Sichem, dazu C.F.Graesser, Stones, 307 ff.; BRL[2] 206–209.

104 So in Entkräftung der von K.H.Bernhard geltend gemachten Bedenken mit Recht J.Day, Ashera, 386 ff.; 399 ff.

105 So auch J.Day, Ashera, 393; M.Weippert, Synkretismus (2.2), 157. Weippert hält diese Zuordnung für die zweite Stufe gegenüber der Verbindung Jahwes mit der niedrigeren Göttin ʿAnat, wie sie in Elephantine belegt ist. Doch selbst wenn die nachexilischen Elephantine-Texte ältere Zustände bewahrt haben sollten, spricht viel dafür, daß das DtrG mit seiner Ansicht Recht hat, daß der Aschera-Kult schon in die vorstaatliche Zeit zurückreicht (Ri 3,7). Wenn es dabei die Aschera nicht El bzw. Jahwe, sondern Baal zuordnet, dann hängt das damit zusammen, daß „die Baale" seit Hosea zum Etikett für alle als illegitim angesehenen Synkretismen verwendet werden, so auch S.M.Olyan, Asherah, 61; 74 f.

wiesen haben, so bestand hier, in den lokalen Kulten, in denen es vor allem um die Sicherung der Fruchtbarkeit des Ackers, des Viehs und des Leibes ging, das Bedürfnis, Jahwe um ein weibliches Element zu ergänzen. Inzwischen zu Tage gekommene Inschriften aus etwas späterer Zeit belegen, wie problemlos Jahwe und seine weibliche Begleiterin – zumindest in der Volksfrömmigkeit – zusammengeordnet werden konnten: So heißt es in drei Inschriften aus *Kuntillet ʿAjrud*, einer Karawanenstation im nördlichen Sinai, aus dem 9.Jh.:[106]

Pithos Nr.1:
[...] sagt: Sprich zu Jehal[le'el] und zu Joʿasa und [zu...]:
„Ich segne euch durch Jahwe von Samaria und durch seine 'Aschera (*ljhwh šmrn wl'šrth*)."

Pithos Nr.2:
'Amarjaw sagt: Sprich zu meinem Herren: „Geht es dir gut?
Ich segne dich durch Jahwe von Teman und durch seine 'Aschera (*ljhwh tmn wl'šrth*),
er möge segnen (*jbrk*) und dich beschützen und mit meinem Herrn sein.
Was immer er von jemanden bittet, es möge Gunst finden [...]
und Jahwe[107] möge ihm geben nach seinem Herzen!"

Pithos Nr.3:
[...ich segne dich] durch Jahwe von Teman[108] und seine 'Aschera (*ljhwh htmn wl'šrth*)...

Und ganz ähnlich klingt eine Grabinschrift in der *Ḫirbet el-Qôm*, 14 km westlich von Hebron gelegen, aus dem 8.Jh.:[109]

Z.1 'Urijahu, der Reiche, schrieb es.
Z.2 Gesegnet sei 'Urijahu durch Jahwe,
Z.3 denn von Feinden hat er ihn durch seine 'Aschera (*l'šrth*) gerettet.[110]
Z.4 [..........] durch 'Onijahu

---

[106] Die Aufsehen erregenden Inschriften haben seit 1978 eine wahre Flut von Publikationen hervorgerufen, in denen unterschiedliche Lesungen und Interpretationen diskutiert werden. Hier sei nur verwiesen auf Z.Meshel, ʿAjrud; J.A.Emerton, New Light; M.Weinfeld, Inscriptions (2.2); J.M.Hadley, Drawings; M.Weippert, Synkretismus (2.2), 171. Die Diskussion ist bei J.M.Hadley gut aufgearbeitet; ich kann mich ihren Lesungen weitgehendst anschließen und verweise pauschal auf die von ihr gegebenen Begründungen.

[107] Im Text steht nur *jhw*, was als Kurzform neben der im ersten Inschriftteil begegnenden Langform eigenartig ist; vielleicht hat der Schreiber das Schluß-*he* nur vergessen, vgl. J.M.Hadley, Drawings, 187.

[108] Im Text steht *hatteman*; der sonst nicht belegte Artikel ist wohl Dittographie des Schluß-*he* von *jhwh*; vgl. M.Weippert, Synkretismus, 171 Anm. 40.

[109] Vgl. A.Lemaire, Inscriptions, dessen Lesungen durch J.M.Hadley, Inscription, weitgehend bestätigt werden.

[110] A.Lemaire, Inscriptions, 602, hat vermutet, daß „⟨und⟩ durch seine Aschera" in der Zeile verrutscht sein könnte und noch mit zum Segenswunsch in Z.2 gehört. Dann wäre die Parallele mit den Segensformulierungen aus *Kuntillet ʿAjrud* perfekt. Doch läßt sich der Text auch ohne Emendationen verstehen.

Z.5 [..........] und durch seine 'Aschera *(l'šrth)*
Z.6 [..........] seine 'A[sche]ra

In der suffigierten Form (*lĕ'ašerātō* „durch seine Aschera"), die im Hebräischen bei Eigennamen ungewöhnlich ist, meinen diese Texte mit Aschera erst einmal konkret den Kultbaum der Kulthöhen, dann doch aber wohl auch die durch ihn repräsentierte Göttin.[111] Das würde bedeuten, daß sich diese Zeugnisse persönlicher Frömmigkeit in den Inschriften wirklich aus der Symbolik des Großkults auf den Kulthöhen heraus entwickelt hätten, was wiederum voraussetzt, daß eine solche lange vor dem 9. bzw 8.Jh. ständige Kultpraxis gewesen sein muß. Jahwe nimmt dabei durchaus eine übergeordnete Funktion ein,[112] aber er kommt offenbar gerade durch Vermittlung seiner weiblichen Begleiterin den Menschen in seinem Segen und Schutz besonders nahe.

Die Popularität, welche die Verehrung einer Göttin an der Seite Jahwes die ganze vorexilische Zeit über hatte, ist kaum zu überschätzen. Erwähnt werden neben Aschera auch Aschtart (ugaritisch: „Athtart", akkadisch: „Ischtar"; vgl. Ri 2,13; 10,6 u.ö.) und die Himmelskönigin (Jer 7,18; 44,17–19), ohne daß wir die verschiedenen Gestalten klar voneinander scheiden können. Hinzu kommen die vielen, vielen sog. „Aschtarte"-Plaketten, -Figurinen und -Anhänger, welche die Ausgräber inzwischen ans Tageslicht gefördert haben. T.A.Holland zählte 1972 allein 958 Exemplare aus Ton im eisenzeitlichen Palästina.[113] Auch wenn noch nicht sicher ist, daß alle Typen dieser nackten Frauendarstellungen als Göttin gedeutet werden müssen,[114] so ist doch zumindest für einen Teil von ihnen ein religiöser bzw. kultischer Kontext wahrscheinlich.[115] Wohl wissen wir nicht genau, wozu

---

[111] So J.A.Emerton, New Light, 13–18; J.Day, Ashera, 392; J.M.Hadley, Inscription, 59; M.Weippert, Synkretismus, 171f. Anm. 40. Aufgrund der grammatischen Probleme will A.Angersdorfer, Ašera, anstelle des Suffix lieber die Namensform 'Aširtah voraussetzen, doch wäre eine solche Feminin-Bildung judäisch ganz ungewöhnlich, s. J.Day, Ashera, 392 Anm. 21.

[112] Vgl. die singularische Fortführung des Segenswunsches in der Inschrift Nr.2 aus *Kuntillet 'Ajrud*, die Jahwe alleine zum Subjekt des Satzes macht. Ähnliches würde für die Inschrift aus der *Ḫirbet el-Qôm* gelten, wenn man den Text mit A.Lemaire emendiert. Beläßt man den Text, dann ist die Aschera eine Art Mittlerin Jahwes.

[113] Study, 124f.

[114] In der Klassifikation und Interpretation der „Ascharte-Figuren" ist noch kein Konsens erreicht, vgl. zur älteren Diskussion T.A.Holland, Study, 132ff. Ihre zeitlich und räumlich pauschalierende Ausdeutung auf eine Dea syria als ideale Inkarnation des Weiblichen durch U.Winter, Frau, 192–199 u.ö., ist wohl zu unkritisch, vgl. die Einwände von E.Lipiński, Iconography. Beachtenswert ist in diesem Zusammenhang das Forschungsergebnis von M.Tadmor, daß ein Typ der „plaque-figurines", der eine stehende Frau mit Göttersymbolen zeigt und im spätbronzezeitlichen Palästina weit verbreitet war, in der Eisenzeit abbricht, während ein anderer einer auf einem Bett liegenden Frau ohne solche Symbole weiterläuft (Female Cult, 171ff.). Doch wird dieses Einzelergebnis von T.N.D.Mettinger, Essence, 412, wohl überschätzt, wenn er daraus folgert: „There is hardly any unequivocal evidence for the presence of a paredros at the side of YHWH."

[115] Vgl. die große Häufung dieser Figuren in der von K.M.Kenyon gefundenen Höhle am Ophel-Hang in Jerusalem, die nach T.A.Holland, Study, 137f., immer noch am ehesten auf

diese Göttinnenbildchen im einzelnen verwandt wurden, denken kann man etwa an Geburts- bzw. Fruchtbarkeitsriten und apotropäische Handlungen, aber sicher ist, daß sich mit ihnen eine alte, in Syrien und Mesopotamien weit verbreitete religiöse Tradition mit einigen Abwandlungen unter der israelitischen Bevölkerung unvermindert fortsetzte. Und man kann diese Tradition auch nicht einfach als „Volksfrömmigkeit" abtun. Der Ascherakult ragte nachweislich sogar in die königliche Familie (1.Kön 15,13) und in das Jerusalemer Staatsheiligtum hinein (2.Kön 23,4).[116] V.7 werden hier Frauen erwähnt, die sich der Aschera – wohl aufgrund eines Gelübdes (Dtn 23,19) – geweiht hatten (*qĕdešā*) und der Göttin Leinengewänder webten. Was immer damit gemeint sein mag, so ist doch die den Qedeschen vorgeworfene Tempel-Prostitution (vgl. Hos 4,14) sehr wahrscheinlich nicht im Sinne eines kultischen Aktes zu verstehen, sondern als eine Einrichtung, solchen offenbar mittellosen Frauen ein Auskommen zu sichern und gleichzeitig zu den Einnahmen des Tempels und damit zur Verehrung der Göttin beizutragen (vgl. Dtn 23,18 f.).[117]

Wir wissen nicht, ob solche Kultbräuche schon an den Höhenheiligtümern der Frühzeit eine Rolle spielten. Es ist sicher nicht richtig, sie aufgrund späterer Polemik wie etwa Hos 4,11–14; 7,13–16 zu Zentren orgiastischer Fruchtbarkeitsriten machen zu wollen.[118] Die pauschale Charakterisierung der „ka-

---

eine kultische Praxis verweist. Dabei braucht man ja nicht unbedingt an den offiziellen Großkult zu denken.

[116] „Aschtarte"-Figuren fanden sich auch im königlichen Palast von Ramat-Rahel, vgl. G.W.Ahlström, Picture, 136.

[117] Vgl. B.Lang, Gott (2.2), 56 f.; ich setze bei meiner Interpretation voraus, daß Dtn 23,18 und 19 zusammengehören, was von einigen Forschern bestritten wird. Während man früher mit der Annahme „sakraler Prostitution" schnell bei der Hand war und diese leichthin mit der „Heiligen Hochzeit" verband (vgl. Diskussion bei H.M.Bastard, Polemics, 22–26), ist man in jüngster Zeit an dieser Stelle sehr viel kritischer und zurückhaltender geworden, vgl. E.J.Fisher, Prostitution; W.Kornfeld/H.Ringgren, qādaš, 1002 f. M.I.Gruber, Qĕdešāh, und H.M.Bastard, a.a.O., 26–31, gehen sogar so weit, das Phänomen kultischer Prostitution überhaupt zu leugnen. Unstrittig ist inzwischen, daß sich die bisher in Anspruch genommenen späten griechischen Quellen (Herodot I, 199; Lukian, De dea syria, 6) nicht mit dem in Übereinstimmung bringen lassen, was wir über die ugaritischen *qdšm* (Priester) oder die babylonischen *qadištu* (neben *nadītu* und *kulmašītu* Angehörige von „Frauenorden") wissen, vgl. J.Renger, Priestertum, 179 ff. Im AT ist nur belegt, daß die „Geweihten" z.T. im Tempel wohnten, einen Dienst für die Göttin Aschera, bzw. ihr Kultsymbol taten (2.Kön 23,7) und den Priestern auf den „Höhen" beim Opferdienst assistierten (Hos 4,14). Doch halte ich es für wahrscheinlich, daß man zumindest von den weiblichen Qedeschen u.a. auch sexuelle Dienste zugunsten des Heiligtums erwartete, sonst wären wohl Parallelisierungen mit den Straßendirnen (*zōnā*: Gen 38,15.21 f.; Hos 4,13 f.) nicht zu erklären. Wenn H.M.Bastard, Polemics, 31, jene beiseiteschiebt und unter *qādēš/qĕdešā* einfach nicht-jahwistisches Kultpersonal verstehen will, M.I.Gruber, Qĕdešāh, 133 ff.; 146, sie dagegen als Beweis dafür ansieht, daß die *qĕdešā* normale Dirnen ohne jede kultische Funktion waren – er unterschlägt wiederum 2.Kön 23,7 –, dann zeigt dies doch, daß solche radikalen Lösungen dem alttestamentlichen Befund nicht gerecht werden. Sicher ist, daß solche „sexuellen Opfer" nichts mit „*hieros-gamos*-Riten" zu tun haben, die übrigens in Sumer und erst recht in Babylonien eine sehr viel geringere Rolle gespielt haben, als häufig angenommen wird (vgl. J.Renger, Heilige Hochzeit).

[118] So etwa H.W.Wolff, Hosea, 108–111; 163 f.

naanäischen Religion", von der wir im einzelnen immer noch so wenig wissen, als „Fruchtbarkeitsreligion" ist zum großen Teil ein Zerrbild protestantischer Prüderie.[119] Sicher sickerte in die dezentralen dörflichen Heiligtümer unkontrolliert mancher Brauch ein, der für den geschärften Blick späterer Theologen unerträglich war. Von den Betroffenen selbst wird die Einbeziehung eines weiblichen Elements und damit auch die religiöse Einbettung des geschlechtlichen Bereichs in die Jahwereligion, wie sie im Gottesdienst der Kulthöhen und anderswo vollzogen wurde, erst einmal als eine Bereicherung empfunden worden sein. Daß dieser ganze Bereich im mit Hosea einsetzenden Kampf gegen eine religiöse und kulturelle Überfremdung so radikal wieder ausgeschieden wurde, entbehrt ja aus heutiger Sicht angesichts von Fehlentwicklungen, die nun wiederum in entgegengesetzter Richtung vor allem in der christlichen Religion abgelaufen sind, nicht einer gewissen Tragik. Nur insofern wird man der prophetischen und dtn./dtr. Polemik recht geben müssen, daß die Ergänzung Jahwes durch eine Göttin zweifellos die Jahwereligion ein Stück weit in die normale vorderorientalische Religiosität einordnete. Solche Synkretismen vollzogen sich, wie wir noch sehen werden, auch noch an anderer Stelle und gelangen dort! Synkretismus ist nicht per se etwas Schlechtes, sondern angesichts sich wandelnder gesellschaftlicher Verhältnisse und Bedürfnisse etwas Normales und sogar Notwendiges. Es ist ein – leider – gescheiterter Synkretismus im Gottesdienst der Kulthöhen, der diesem der Jahwereligion in anderen Punkten so angemessenen, volksnahen, dörflichen Heiligtumstyp den Garaus machte.

Die weitere Kultentwicklung lief dann auch in Israel wieder in Richtung auf das geschlossene Tempelgebäude innerhalb der Siedlungen. Die großen Nationalheiligtümer gehörten diesem Tempeltyp (meist *bēt jhwh* = „Haus Jahwes") an, sicher das Jerusalemer Heiligtum, wahrscheinlich aber auch die Heiligtümer von Bethel und Samaria in der Königszeit. Aber auch an einem so abgelegenen Ort wie Arad wurde die Kulthöhe mit einem Breitraumtempel samt Vorhof überbaut, sobald auf dem Hügel eine königliche Festung errichtet wurde.[120] Die Mazzeben wanderten nunmehr ins abgeschirmte und nur noch Priestern zugängliche Allerheiligste. Verstärkte politische und kultische Institutionalisierung gingen somit Hand in Hand. So ist es wohl auch kein Zufall, daß das einzige Heiligtum der vorstaatlichen Zeit, das gegen deren Ende (vor 1050) eine überrregionale Bedeutung für den Stämmeverband bekam (vgl. 1.Sam 4,1ff.), nämlich Silo, schon zum Typ des Tempelgebäudes gehört (1.Sam 1,9; 3,3 *hēkal jhwh* von sumerisch *É.GAL* bzw. akkadisch *ekallu* = „großes Haus").[121] D.h. auch hier gingen

---

[119] In Ugarit ist z.B. kultische Prostitution nicht bezeugt, vgl. W.Kornfeld/H.Ringgren, qādaš, 1183; H.M.Bastard, Polemics, 24.

[120] Y.Aharoni, Arad, 18f.

[121] Leider ist der Tempel von Silo archäologisch nicht nachgewiesen. Falls er, wie I.Finkelstein, Excavation, 169f., vermutet, auf der Spitze des Tells lag, ist er wohl für immer verloren, weil diese erodiert ist.

eine durch den anhaltenden Druck der Philister hervorgerufene politische Konzentrationsbewegung und eine verstärkte kultische Institutionalisierung Hand in Hand. Das Heiligtum von Silo besaß im Unterschied zu den offenen Dorfheiligtümern auch schon eine fest etablierte Priesterschaft (Eli und seine Söhne), die sich infolge des vergrößerten Einzugsgebietes von den Opfergaben der Bevölkerung ernähren konnte. Daß in Silo die göttliche Anwesenheit durch die Lade, ein altes Kriegssymbol der vorstaatlichen Zeit, repräsentiert wurde, zeigt den spezifisch politischen Charakter des hier installierten Großkults, der für die Jahwereligion so typisch war. Ihre Verbindung mit dem Kerubenthron und die Vorstellung von Jahwe als „Kerubenthroner" (1.Sam 4,4; vgl. 1,3.11; 2.Sam 6,2) gehört wahrscheinlich erst in den Jerusalemer Kult.[122] Aber selbst ohne diese Elemente weist der Großkult von Silo schon hinüber in den Staatskult der Königszeit.

Auch wenn wir uns den Großkult der vorstaatlichen Zeit angesichts der knappen wirtschaftlichen Ressourcen noch recht einfach vorstellen müssen, so sind doch die kultischen Funktionen der Heiligtümer schon vielgestaltig. Da gab es rechtliche und politische Funktionen auf örtlicher und regionaler Ebene: Reinigungseide und Schwüre wurden hier abgelegt (Ex 22,6f.10), Gottesurteile in schwierigen Rechtsfällen eingeholt, Heerführer wurden verpflichtet (Ri 11,11) und das regionale Stämmeaufgebot gesammelt (Ri 4,6). Die Gibeoniten pfählten sieben Sauliden auf der Kulthöhe von Gibeon (2.Sam 21,6.9), um vor Jahwe den Vollzug der Blutrache zu dokumentieren, deren Ausbleiben eine Seuche verursacht hatte. Hinzu kamen die kultischen Funktionen im engeren Sinn: so Formen der instrumentalen Mantik wie Gottesbefragung (*šā'al*) mit Hilfe von Orakelinstrumenten (Ri 20,18.27) Urim/Tummim (1.Sam 14,41) und Ephod (Ri 8,27; 1.Sam 23,6.9), die von den Priestern verwaltet wurden, oder kasuelle öffentliche Klagegottesdienste in Kriegsnot (Ri 20,26f.); auch familiäre Opfermahlfeiern fanden in der Regel am dörflichen Heiligtum statt.[123]

Das eigentliche Zentrum des Großkults lag jedoch in den drei großen Jahresfesten (*ḥag*), die dem ackerbäuerlichen Produktionszyklus folgten:[124] Das Mazzotfest (Fest der ungesäuerten Brote) im März/April (Abib) zu Beginn der Gerstenernte (Ex 23,15; 34,18–20), das Wochenfest (*šābu'ot* Ex 34,22; Ex 23,16 noch „Erntefest") sieben Wochen danach zum Abschluß der Weizenernte und das Laubhüttenfest (*sukkot* Dtn 16,13; Ex 23,16 noch „Lesefest") im Sept./Okt. nach der Obst- und Weinernte. Explizit für die vorstaatliche Zeit bezeugt ist zwar nur das Herbstfest, das Ri 21,19 „Fest Jahwes" (*ḥag jhwh* vgl. Hos 9,5; Nu 29,12) genannt wird und somit als das wichtigste der Jahresfest zu gelten hat, aber es besteht kein Zweifel darüber,

---

[122] S.u. 201f.

[123] S.u. 154f.

[124] Vgl. dazu immer noch J.Wellhausen, Prolegomena, 80–107; H.-J.Kraus, Gottesdienst, 61–83. Eine Übersicht über die neuere Diskussion geben die Lexikonartikel von B.Kedar-Kopfstein, ḥag, 736ff.; D.Kellermann, maṣṣā.

daß die Festkalender Ex 23,10–19; 34,18–26, die alle drei Feste nennen, in alte Zeit hinabreichen.[125] Sehr wahrscheinlich ist dieser Festzyklus sogar älter als die Jahwereligion und auch außerhalb von ihr in Palästina gebräuchlich.[126] Wie in so vieles rückte Jahwe nach der Einwanderung der Exodusgruppe in einen schon bestehenden Festkult einfach ein.

Die drei Feste waren von Hause aus reine Ackerbaufeste; sie waren rituelle Begehungen der Ernte und dienten primär dazu, die Segenskräfte des Landes zu sichern und der Freude und Dankbarkeit für die gewachsene und eingebrachte Frucht Ausdruck zu verleihen. Mit den besonderen geschichtlich-politischen Befreiungserfahrungen, die die Jahwereligion auszeichneten, hatten diese Feste somit erst einmal gar nichts zu tun. Es gibt aber keine Hinweise dafür, daß der Ausbau der Jahwereligion zur Ackerbaureligion irgendwelche Schwierigkeiten gemacht hätte. Aus dem viel später aufbrechenden Streit darüber, ob man Jahwe oder Baal die Segenskräfte des Landes verdanke (Elia, Hosea, Jeremia), zu folgern, der angeblich „nomadischen" Jahwereligion sei es über die Jahrhunderte nicht gelungen, diesen Bereich zu integrieren, ist angesichts der dauernden Kultpraxis dieser Ackerbaufeste absurd. Es hat in Israel keinen stetigen Jahwe-Großkult gegeben, der nicht Ackerbaukult gewesen wäre. In ihm rückte Jahwe nach Ausweis der alten Kultformeln Ex 23,17; 34,23 sehr wahrscheinlich früh in die Position des *'ādōn*, und das heißt doch wohl des Herrn des Landes ein wie Baal oder El vor und neben ihm. Als solcher wurde er natürlich auch für dessen Fruchtbarkeit „zuständig", was um so leichter möglich war, als ihm von Hause aus ja durchaus Züge eines Wettergottes anhafteten (vgl. Ri 5,4f.). Wohl ist richtig, daß Israels besondere Erfahrungen mit Jahwe im Bereich des Politisch-Geschichtlichen lagen und daß seine Gottesbeziehungen primär durch einen Personalbezug konstituiert waren, das schloß aber daneben einen Bezug auf das Land nicht aus, wie er nach gemeinorientalischer Vorstellung üblich war.[127] Nicht die Tatsache als solche war später strittig, sondern das Problem, in welcher Relation beide Bezüge zu sehen seien. Es war ein Großkult, in dem der Bezug Jahwes auf das Land und dessen Fruchtbarkeit ein solches Schwergewicht erhalten hatte, daß darüber das geschichtlich-politisch begründete Gottesverhältnis Israels in Vergessenheit geriet, den Hosea als Abfall zum Baalkult geißelte.[128] Doch darüber hat man in der Frühzeit wohl kaum schon reflektiert. Jahwes Wirkungsbereich wurde der kultischen Funktion der Ackerbaufeste entsprechend einfach erweitert.

Welche Bedeutung die geschichtlichen Befreiungserfahrungen für die Jahwereligion hatten, zeigt sich darin, daß sie sich im Festkult Geltung ver-

---

[125] In der frühen Königszeit werden sie als bekannt vorausgesetzt, vgl. 1.Kön 9,25.

[126] So noch immer die wahrscheinlichste Ansicht von J.Wellhausen, Prolegomena, 89ff.; vgl. Ri 9,27 Herbstfest des Baal-Berit in Sichem. Eine abweichende Meinung vertritt E.Kutsch, Erwägungen, hinsichtlich des Mazzotfestes.

[127] Vgl. 1.Sam 26,19; 2.Sam 14,16 und o. 99.

[128] S.u. 272f.

schafften und den Ackerbaufesten eine neue Bedeutungsebene hinzufügten. Die Feste wurden sukzessive historisiert, d.h. sie erhielten neben der Segenssicherung die Funktion, der Gründungsgeschichte Israels zu gedenken und sie kultisch zu vergegenwärtigen. Wann dieser Prozeß einsetzt, ist nicht mit Sicherheit zu sagen, der explizite Bezug des Laubhüttenfestes auf die Wüstenwanderung (Lev 23,42f.) ist erst nachexilisch, der des Wochenfestes auf den Sinai erst nachalttestamentlich bezeugt. Dagegen scheint der Bezug des Mazzotfestes auf den Exodus älter zu sein; er findet sich schon in den Festkalendern Ex 23,14; 34,18 und geht damit wohl in die vorstaatliche Zeit zurück, als die religiösen Befreiungserfahrungen noch besonders virulent waren. Die Ausdeutung des Passafestes auf den Exodus ist dagegen wahrscheinlich erst deuteronomisch und geschah im Zuge der dtn. Umwandlung dieses familiär-nomadischen Ritus zum Wallfahrtsfest im Rahmen des Mazzotfestes (Dtn 16,1-8).[129]

Über Ablauf und Riten der Jahresfeste sind wir nur spärlich informiert. Das siebentägige Mazzotfest im Frühjahr leitete die Erntesaison ein, die – das muß man sich klarmachen – unter den damaligen wirtschaftlichen Verhältnissen häufig das Ende einer Hungersnot bedeutete. In Vorfreude auf die neue Ernte wurden die ersten Gerstengarben Jahwe dargebracht und das neue daraus gebackene Fladenbrot vor ihm genossen. Das Verbot, es mit Sauerteig zu versetzen, hob es von der alltäglichen Speise ab.

Das Mazzotfest leitete eine siebenwöchige Periode ein, während dieser die Familien ihre Erstlingsopfer darbrachten.[130] Sie wurde vom eintägigen Wochenfest abgeschlossen, das darum auch „Tag der Erstlinge" (*jōm habbikkurīm* Nu 28,26) heißt. Die Erntefeste waren somit mit Opfergaben verbunden, die aber nach Abzug des für Gott verbrannten und des dem Priester zustehenden Anteils meist von den Spendern und ihren Familien selbst verzehrt wurden. Den festlichen Höhepunkt des Jahres bildete das Laubhüttenfest am Ende der Erntesaison, wenn die Arbeiten in der Kelter und auf der Tenne abgeschlossen waren (Dtn 16,13). Sein Name stammt vom dem Brauch, Hütten aus Laub- und Palmwedeln am Heiligtum zu errichten, die mit Früchten geschmückt waren (Lev 23,40-43; Neh 8,14ff.). Es handelt sich somit um ein regelrechtes Winzerfest, und wir haben viele Zeugnisse von der Ausgelassenheit und Freude, die in der 7tägigen Festperiode herrschten: So war es etwa beim Herbstfest von Silo Brauch, daß die jungen Mädchen in die Weinberge hinausliefen, um beim Fest Jahwes im Reigen zu tanzen, was für die jungen Männer als eine günstige Gelegenheit galt, zu einer Frau zu kommen (Ri 21,19ff.). Man muß sich somit diesen Jahreskult sehr bunt vorstellen: Die ganze Bevölkerung eines Dorfes oder eines Landstriches kam zusammen, um mit Musik, Gesang, Tanz, opulenten Opfermahlzeiten und einem gehörigen Weinrausch (vgl. 1.Sam 1,14) Jahwe zu

---

[129] S.o. 61 und u. 325; 333.
[130] S.u. 155f.

feiern. Zu den eigentlichen Kulthandlungen waren zwar nur die erwachsenen Männer zugelassen (Ex 23,17 par), an den daran anschließenden Opfermahlzeiten aber auch Frauen und Kinder (1.Sam 1; Dtn 16,11; 12,7).

Das gemeinschaftliche Feiern im stetigen Zyklus der Jahresfeste hat sicher wesentlich dazu beigetragen, die örtliche und regionale Solidarität im israelitischen Stämmeverband zu fördern. Wenn später die dtn. Reformer gerade die Jahresfeste zum Kern einer Armenfürsorge machen wollen (vgl. Dtn 16,11.14),[131] dann knüpfen sie damit an die Solidaritätsfunktion an, die diesen Großkultveranstaltungen schon von jeher zukam.

2.35 Die Ausbildung des Rechts

Neben den religiös-politischen Befreiungserfahrungen und dem Kult bildete das Recht die gemeinsame Basis des israelitischen Stämmeverbandes. Formelhafte Wendungen wie „So etwas tut man nicht in Israel" (2.Sam 13,12) oder „Das ist eine Schandtat in Israel" (Gen 34,7; Ri 20,6.10.12; vgl. Dtn 17,4; 22,21) belegen eindrücklich, wie stark sich das Zusammengehörigkeitsgefühl innerhalb des Verbandes aus gemeinsamen sittlichen und rechtlichen Anschauungen speiste.

Allerdings ginge man fehl, wollte man aus diesem gemeinsamen Rechtsempfinden auf die Existenz einer zentralen rechtlichen Institution schließen. Es gab in Israel bis weit in die staatliche Zeit hinein keine weltliche oder religiöse Zentralinstanz, welche die für die Gesamtgesellschaft verbindlichen Rechtsentscheidungen treffen und vereinheitlichende Rechtsnormen hätte setzen können.[132] Die sog. „Kleinen Richter" (Ri 10,1–5 + 12,8–14), die gerne dafür in Anspruch genommen wurden, hatten nachweislich nur regionale Bedeutung,[133] und die im Alten Testament so eindrucksvoll vertretene Sicht einer umfassenden, auf Mose und damit letztlich auf Jahwe zurückgeführten Gesetzgebung entstammt sehr viel späteren rechtsgeschichtlichen Entwicklungen.[134] Nein, wie für die politischen und kultischen Institutionen der frühisraelitischen Gesellschaft so sind auch für ihre Rechtsinstitutionen eine erstaunliche Dezentralität und Pluralität charakteristisch. Das gemeinsame israelitische Rechtsempfinden ist anfangs nicht von oben her gesetzt, sondern von unten gewachsen.

Es war schon davon die Rede, daß die Exodusgruppe ein eigenes Jahwerecht höchstens in Ansätzen ausgebildet hatte.[135] So konnte sie nach ihrer Einwanderung ohne Schwierigkeiten für die rechtliche Regelung der komplizierten Lebensbedingungen im Kulturland die rechtlichen Normen und Institutionen übernehmen, die unter der Bevölkerung des palästinischen Ge-

---

131 S.u. 347.

132 Gegen A.Alt, Ursprünge, 300–302; M.Noth, Amt; J.Halbe, Privilegrecht (2.2), 469–482; vgl. die Diskussion bei H.Niehr, Gerichtsorganisiation, 208–213; Rechtsprechung, 55–58.

133 Vgl. nur Jair, dessen Einflußbereich sich offensichtlich auf Gilead beschränkte (Ri 10,4).

134 S.o. 320f.

135 S.o. 95f.

birgslandes üblich waren. Wenn selbst noch in den kasuistischen Rechtssätzen des sog. „Bundesbuches" (Ex 21,1–22,16), die so erst im 8.Jh. fixiert worden sind,[136] nur ein einziges Mal von Jahwe (Ex 22,10), sonst aber nur von *'ĕlōhīm* („Gott oder Götter": Ex 21,6.13; 22,7.8) die Rede ist, dann kann das noch im nachhinein belegen, daß Jahwe auch an dieser Stelle anfangs nur die Funktionen übernahm, die im Vorderen Orient die Götter im gerichtlichen Bereich schon lange innehatten.

Es lassen sich vier Ebenen erkennen, auf denen in der Frühzeit Israels Norm gesetzt und Recht gesprochen wurde. Davon haben immerhin zwei überhaupt keinen direkten kultischen oder religiösen Hintergrund. Die unterste und erste Ebene war das Sippenethos, das die grundlegenden gesellschaftlichen Normen (soziale Prohibitive) tradierte und das familiäre Zusammenleben regelte.[137] Oberste Rechtsautorität hatte hier der *pater familias*, der die Konflikte innerhalb der Familie schlichtete.[138] Bezeichnenderweise wurde aber diese Autorität nicht religiös abgestützt, dazu war sie viel zu selbstverständlich. Das Elterngebot, das häufig in diesem Sinne interpretiert wurde, sicherte die Altersversorgung und die würdige Behandlung der alt gewordenen Eltern gegenüber ihren erwachsenen Söhnen (Ex 20,12; Dtn 5,16; Lev 19,3), nicht die *patria potestas.*[139]

Die zweite und wichtigste Ebene der Rechtsprechung war die Ortsgerichtsbarkeit.[140] Ihr Träger waren die Ältesten. Sie traten im Konfliktfall ad hoc im Tor zusammen (deswegen „Torgericht") und machten aufgrund ihrer Untersuchungen den sich streitenden Familien bzw. Sippen einen Streitbeendigungsvorschlag. Das Gericht war somit ein reines Schiedsgericht, ihm fehlte – der akephalen Gesellschaftsstruktur entsprechend – die vollziehende Gewalt. Sein Urteil war, um vollstreckt zu werden, auf die Annahme durch die Parteien angewiesen. Das kasuistische Recht, das sich hier als Gewohnheitsrecht ausbildete, baute darum auf der Idee der gerechten Vergeltung, der Wiedergutmachung auf, sein Ziel war es, einen allseits akzeptierten Interessenausgleich zwischen den sich streitenden Familien und damit den dörflichen Frieden wieder herzustellen.

Diese wichtigste Form der frühisraelitischen Rechtsprechung zeichnete sich durch eine aufgeklärte Rationalität, ja Profanität aus. Direkt kam Gott

---

[136] S.u. 283ff.

[137] Daß zumindest ein Teil der Prohibitive, die A.Alt, Ursprünge, 324ff., noch generell im Kult ansiedeln wollte (von ihm pauschal unter das sog. „apodiktische Recht" gerechnet), in die Erziehung der Heranwachsenden gehören, hat E.Gerstenberger, Wesen, 110ff., nachgewiesen.

[138] Vgl. Gen 16,5f.; 31,25–42; 37; 38; vgl. R.Albertz, Täter, 148; R.R.Wilson, Authority, 69; H.Niehr, Rechtsprechung, 42–50.

[139] Vgl. R.Albertz, Elterngebot.

[140] Vgl. L.Köhler, Rechtsgemeinde; G.Liedke, Gestalt, 19–100; R.Albertz, Täter, 149–152. R.R. Wilson, Authority, 69f., beschreibt eindrucksvoll die prekäre Aufgabe der Ältesten, die Konflikte innerhalb der erweiterten lineage („Sippe" bzw. Ortschaft) beizulegen, ohne deren Zusammenhalt aufs Spiel zu setzen.

hier überhaupt nur in Sonderfällen ins Spiel, wenn Beweisnot einen Reinigungseid bzw. ein Gottesurteil nötig machte (Ex 22,7 f.). Weder wurde das Urteil im Namen Gottes verkündet noch die Autorität des Gerichts religiös abgestützt. Die göttliche Wirksamkeit wurde in diesem Bereich sehr viel indirekter gesehen: Gott sichert den gerechten Interessenausgleich insgesamt (*ṣĕdāqā* = „Gerechtigkeit“), sorgt dafür, daß der Urteilsspruch (*mišpāṭ*) angenommen und der Friede (*šālōm*) in der Dorfgemeinschaft wieder hergestellt wird. Als Ortsgott garantiert Jahwe somit die moralische Einheit des Ortes und den Ortsfrieden. Er steht hinter der gelungenen Durchsetzung des Vergeltungsgrundsatzes, begrenzt diesen aber auch, wo er die Gemeinschaft zerstören könnte (vgl. Ex 23,4 f.; Prov 20,22; 25,21).[141]

Allerdings war das Torgericht nur für Fälle der leichten und mittleren Kriminalität zuständig. Mordfälle wurden bis in die Königszeit hinein durch die Blutrache der geschädigten Sippe gerächt (2.Sam 3,27; 2.Sam 14,5 ff.; vgl. Dtn 19,12; Nu 35,19–21).

Neben der Ortsgerichtsbarkeit gab es in vorstaatlicher Zeit regional bekannte Persönlichkeiten, die offenbar in schwierigen Fällen, wo das normale Gewohnheitsrecht keine Schlichtung eines Rechtsstreits ermöglichte, angegangen wurden.[142] Dazu gehören die sog. „Kleinen Richter“, die wohl aufgrund ihres Wohlstandes als unbestechlich galten; aber auch erfolgreiche Heerführer wie Jephta (Ri 12,7) oder charismatisch Begabte wie Debora (Ri 4,4 f.) konnten in eine solche Position einrücken. Bei Debora, vielleicht auch bei Samuel (vgl. 1.Sam 7,6) könnte man vermuten, daß es sich hier um eine charismatische, d.h. eine religiöse Form des Rechts gehandelt hat, doch sicher ist das nicht. Auffällig ist wiederum, daß das Nebeneinander von Torgericht und Einzelrichtern nicht institutionell geregelt war.

Als letzte ist schließlich die sakrale Gerichtsbarkeit zu nennen. Die Ältesten und die Volksversammlung konnten sich als Kultgemeinde zu einem sakralen Gericht konstituieren, um todeswürdige Verbrechen abzuurteilen und die Todesstrafe durch Steinigung zu vollziehen (vgl. Jos 7,13 ff.; Ri 20 f.; 1.Kön 21,9 ff.; apodiktisches Recht).[143] Blutschuld hatte für die Men-

---

[141] Vgl. B.Lang, Ortsgott. Lang hat in Analogie zu Verhältnissen in Ägypten dafür plädiert, zwischen die beiden von mir eingeführten Ebenen der israelitischen Religion („persönliche Frömmigkeit – offizielle Religion“) noch eine dritte „Orts-Ebene“ einzuführen (ähnlich M.Weippert, Synkretismus, 153 Anm.23; 154 ff.). Dies bietet sich in der Tat an, wenn man die späteren staatlichen Verhältnisse („Nationalreligion“) berücksichtigt. In der vorstaatlichen Zeit war die offizielle Religion – abgesehen von Krisenzeiten – weithin „Ortsreligion“. Ich stimme Lang zu, daß er deren genuine Charakteristika besonders im rechtlichen Bereich sieht.

[142] Vgl. Chr.Schäfer-Lichtenberger, Stadt, 344–352; H.Niehr, Gerichtsorganisation, 223 f., will diese Ebene aufgrund seiner Untersuchungen zu *šāpaṭ* leugnen, doch wohl kaum zu Recht; die Parallelität von Ri 4,5 mit 2.Sam 15,2 spricht doch sehr dafür, daß es auch im vorstaatlichen Israel so etwas wie außergewöhnliche, z.T. charismatische Rechtsfindung gab.

[143] Vgl. H.Schulz, Todesrecht, 113–117. Der Sitz im Leben des apodiktischen Rechtes im engeren Sinn (Partizipial- bzw. Relativform, vgl. G.Liedke, Gestalt, 101 ff.) ist noch nicht endgültig geklärt; H.Schulz nimmt neben der „kultischen Gerichtsgemeinde“ auch noch das Stammesoberhaupt als Träger an (a.a.O, 110 f.; 113 f.). Auch G.Liedke, a.a.O., 120 ff., erwägt

schen damals etwas Numinos-Gefährliches und bedurfte darum der kultischen Absicherung. Das galt besonders für ungesühnt vergossenes Blut, welches das Land verunreinigte (Nu 35,33.34) und durch kultische Aktivitäten gesühnt werden mußte (vgl. 2.Sam 21; Dtn 21,1–9). Andererseits stand Totschlägern im Unterschied zu Mördern das Heiligtum als Asylstätte offen, um sie vor ungerechtfertigter Blutrache zu schützen (Ex 21,13f.). Auffällig ist, wie stark in der vorexilischen Zeit noch die Rolle der Laien im Bereich der sakralen Gerichtsbarkeit ist. Eine spezielle priesterliche Rechtsprechung entwickelte sich erst langsam und betraf wohl zuerst nur kultische Anordnungen und Vergehen im engeren Sinne.[144] Ihre Ausweitung auf den gesamten Bereich des religiösen und sakralen Lebens ist erst seit der mittleren Königszeit nachweisbar.[145]

Die unterschiedlichen Rechtstraditionen liefen lange Zeit unausgeglichen nebeneinander her. Wie sie sich im einzelnen zu der Jahwereligion verhielten, blieb bis in die Königszeit hinein weitgehend unreflektiert. Dafür bestand auch keine Notwendigkeit, solange es diesen volksnahen und dezentralen Rechtsinstitutionen aufgrund der geringen sozialen Differenzierung der israelitischen Gesellschaft gelang, einen gerechten Interessenausgleich zwischen den in Konflikt geratenen Familien herzustellen. Nicht zufällig greifen dann ja auch die Propheten auf die Grundsätze von „Recht und Gerechtigkeit" (*mišpāṭ* und *ṣĕdāqā*) der egalitären Gesellschaft der vorstaatlichen Zeit zurück.[146] Erst als in der Königszeit aufgrund zunehmender wirtschaftlicher Differenzierung die rechtlichen Institutionen, vor allem das Torgericht, immer weniger imstande waren, der sozialen Konflikte Herr zu werden, setzte ein theologischer Reflexionsprozeß ein, der die unterschiedlichen Rechtstraditionen von der Jahwereligion her zusammenfaßte und materiell veränderte.[147] Und wenn dabei vor allem Schutzrechte für die Unterschichts- und Randgruppen formuliert und religiös motiviert wurden,[148] dann verschafften sich damit wieder die religiösen Befreiungstraditionen der Frühzeit und das Ideal einer freien und egalitären Gesellschaftsordnung der vorstaatlichen Zeit Geltung. Gerade wenn man erkennt, daß die Einbindung des Rechts in die Jahwereligion nicht von Hause aus vorgegeben war, sondern aufgrund gesellschaftlicher Herausforderungen von verschiedenen Gruppen nach und nach durchgekämpft werden mußte, wird die sozialethische Kraft, die dieser Religion innewohnt, erst richtig deutlich.

---

mehrere Träger (König: Gen 26,11; 2.Sam 12,5; 2.Kön 10,19.24; 11,8.15; Heerführer: 1.Sam 11,7; Volksversammlung: Ri 21,5; vgl. Jos 7,15), entscheidet sich dann aber für den Familienvater (Gen 30,33; 31,32; Ex 21,12.13–17). Klar ist, daß es sich um ein autoritativ gesetztes Recht handelt; daß dieses zumindest auch von der sakralen Gerichtsgemeinde gesetzt werden konnte, ist aus Jos 7,15 und Ri 21,5 erhebbar.

144 Vgl. etwa Ex 23,14–19; 34,18–26.

145 S.u. 285ff.

146 S.u. 259f.

147 S.u. 280ff.

148 Vgl. den jüngeren Teil des Bundesbuches Ex 22,20ff.

2.4 Die familiäre Frömmigkeit der fortgeschrittenen vorstaatlichen Zeit

Y.Aharoni, Arad Inscriptions, 1981. – R.Albertz, Gebet. II. Altes Testament, TRE XII, 1983, 34–42. – Ders., Persönliche Frömmigkeit und offizielle Religion. Religionsinterner Pluralismus in Israel und Babylon. CTM A9, 1978. – Ders., Weltschöpfung und Menschenschöpfung. Untersucht bei Deuterojesaja, Hiob und in den Psalmen, CMT A3, 1974. – J.Begrich, Das priesterliche Heilsorakel (1934), ders., Gesammelte Studien zum Alten Testament, TB 21, 1964, 217–231. – J.Bergmann/H.Ringgren/B.Lang, zebaḥ, TWAT II, 1977, 509–531. – O.Eissfeldt, Erstlinge und Zehnten im Alten Testament, BWANT 22, 1917. – B.Erling, First-Born and Firstlings in the Covenant Code, SBL Seminar Papers Series 25, 1986, 470–478. – J.D.Fowler, Theophoric Personal Names in Ancient Hebrew. A Comperative Study, JSOT.S 49, 1988. – E.Gerstenberger, Der bittende Mensch. Bittritual und Klagelied des Einzelnen im Alten Testament, WMANT 51, 1980. – F.Gröndahl, Die Personennamen der Texte aus Ugarit, StP 1, 1967. – M.Haran, ZEḆAḤ HAYYAMÎM, VT 19, 1969, 11–22. – F.Heiler, Erscheinungsformen und Wesen der Religion, RM 1, 1961. – R.Hestrin/M.Dayagi-Mendels, Inscribed Seals. First Tempel Period, 1979. – J.S.Holladay, Religion in Israel and Juda Under the Monarchy: An Explicitily Archaeological Approach, P.D.Miller/P.D.Hanson/S.D.McBride, Ancient Israelite Religion, FS F.M.Cross, 1987, 249–297. – O.Kaiser, nēder, TWAT V, 1986, 261–274. – P.Lawton, Israelite Personal Names on Pre-Exilic Hebrew Inscriptions, Bib. 65, 1984, 330–346. – G.Loud, Megiddo II. Seasons of 1935–1939, OIP 62, 1948. – M.Maraqten, Die semitischen Personennamen in den alt- und reichsaramäischen Inschriften aus Vorderasien, Texte und Studien zur Orientalistik 5, 1988. – H.Niehr, pāṭar, TWAT VI, 1989, 565–569. – M.Noth, Die israelitischen Personennamen im Rahmen der gemeinsemitischen Namengebung, BWANT 46, 1928=1966. – S.Rattray/J.Milgrom, re'šīt, TWAT VII, 1990, 291–294. – A.Reichert, Altar, BRL², 1977, 5–10. – Ders., Kultgeräte, BRL², 1977, 189–194. – R.Rendtorff, Studien zur Geschichte des Opfers im Alten Israel, WMANT 24, 1967. – W.Schmidt, Die Primitialopfer in der Urkultur, E.Egli (Hrsg.), Corona amicorum, FS E.Bächler, 1948, 81–92. – K.Seybold, Das Gebet des Kranken im Alten Testament, BWANT 99, 1973. – W.R.Smith, Die Religion der Semiten, 1899. – J.J.Stamm, Die akkadische Namengebung (1939), 2.Aufl. 1968. – Ders., Hebräische Ersatznamen (1965), ders., Beiträge zur hebräischen und altorientalischen Namenskunde, OBO 30, 1980, 59–79. – J.F.Tigay, Israelite Religion: The Onomastic and Epigraphic Evidence, FS F.M.Cross (s. J.S.Holladay), 1987, 157–194. – M.Tsevat, bĕkor, TWAT I, 1973, 643–650. – H.Vorländer, Mein Gott. Die Vorstellung vom persönlichen Gott im Alten Orient und Alten Testament, AOAT 23, 1975. – A.Wendel, Das freie Laiengebet im vorexilischen Israel, 1932. – C.Westermann, Die Begriffe für Fragen und Suchen im Alten Testament (1959), ders., Forschung am Alten Testament II, TB 55, 1974, 162–190. – Ders., Vergegenwärtigung der Geschichte in den Psalmen (1963), ders., Forschung am Alten Testament I, TB 24, 1964, 306–335. – W.Zwickel, Räucherkult und Räuchergeräte. Exegetische und archäologische Studien zum Räucheropfer im Alten Testament, OBO 97, 1990. –

Während der gesamten Phase der Entstehung und Konsolidierung der Jahwereligion lief natürlich auch die Frömmigkeit in den Familien weiter.

Wenn wir von ihr in der Exodusgruppe nichts hören, dann hängt das z.T. einfach mit der Selektion der Überlieferung zusammen, z.T. aber auch mit dem auch später noch zu beobachtenden Tatbestand, daß in gesellschaftlichen Ausnahemsituationen das politische Geschehen so sehr in den Lebensbereich der Familie durchschlägt, daß die familiären Vorgänge ganz an den Rand gedrängt werden. Das änderte sich aber, nachdem die Exodusgruppe in Palästina Fuß fassen und nach der Kolonisierung des mittelpalästinischen Berglandes wie die älteren Stämme des Verbandes für ihre Familien eine gesicherte bäuerliche Existenz aufbauen konnte. Damit erhielt der familiäre Lebensbereich auch für sie wieder sein eigenes Schwergewicht, und dies um so mehr, als die dezentrale und akephale Gesellschaftsstruktur den israelitischen Familien dieser Zeit erlaubte, im Kreis ihrer Sippe weitgehend eigenständig und unabhängig zu wirtschaften. So ist es wohl nicht zufällig, daß wir für die fortgeschrittene vorstaatliche Zeit wieder Zeugnisse für Religiosität der Familie besitzen (Ri), wobei es sich empfiehlt, auch die der frühen Königszeit hinzuzunehmen (1.–2.Sam), die noch einen ganz ähnlichen Geist atmen.

2.41 Religionsinterner Pluralismus

Überblickt man dieses Material, so stößt man auf einen merkwürdigen Tatbestand, der in der Forschung noch keine genügende Würdigung erfahren hat: Die Frömmigkeit, die in den Familien dieser Zeit lebendig war, zeigt sich von der neu entstandenen Jahwereligion weitgehend unbeeinflußt. Wohl lassen sich im Vergleich zur Religion früher vorstaatlicher Kleingruppen deutliche Unterschiede erkennen, z.B. ein höheres Maß kultischer Ausformung, aber diese haben kaum etwas mit den spezifischen religiösen Erfahrungen zu tun, die Israel mit seinem Gott Jahwe gemacht hatte. Das heißt, so sehr auch Jahwe als religiöses Befreiungssymbol besonders dem politischen Lebensbereich der Gesamtgesellschaft seinen unverwechselbaren Stempel aufdrückte, so wenig prägte er das religiöse Alltagsleben der Familien.

Der religionsinterne Pluralismus zeigt sich besonders deutlich in den Personennamen und den individuellen Klagegebeten. Zuerst zu den Personennamen: Die Namengebung war in Israel noch weit weniger konventionell als in modernen Zeiten; so bieten die zahlreichen theophoren Personennamen einen guten Zugang zur familiären religiösen Erlebniswelt, die bei dem für die Familie so zentralen Ereignis der Geburt zum Ausdruck kam. Das Erstaunliche ist nun, daß die prädikativen Elemente der theophoren Namen so gut wie keinen Bezug auf die für die Jahwereligion so konstitutiven Ereignisse wie Exodus, Sinai, „Landnahme" oder Befreiungskriege erkennen lassen.[1] Wohl begegnen hier vielfach Verben der Rettung und Befreiung (*hōšīă‘, pālaṭ, pādā, hiṣṣīl*[2]), da aber spezifische Verben, die gerne für den

---

[1] Vgl. zum folgenden R.Albertz, Frömmigkeit, 57–59.
[2] Letzeres nur inschriftlich, vgl. *hṣljhw* in der Aufstellung von R.Lawton, Names, 337.

Exodus verwendet werden, wie *hôṣî'* „herausführen" oder *he'ělā* „heraufführen", sowohl in der Früh- wie in der Spätzeit fehlen, ist es relativ unwahrscheinlich, daß damit die religiösen Erfahrungen im Blick sind, die die Exodusgruppe mit Jahwe gemacht hat. Verben, die auf ihre Einwanderung hätten anspielen können, fehlen ganz;[3] Ausdrücke, die auf eine Theophanie oder Epiphanie Jahwes hindeuten, sind selten.[4]

Nun gibt es überhaupt nur ganz wenige Personennamen, die auf die Volksgeschichte Bezug nehmen: so in der Frühzeit *'Ikābōd* („Wo ist die Herrlichkeit?") nach dem Verlust der Lade (1.Sam 4,19–22)[5] und in der Spätzeit *Šĕkanjā* („Jahwe hat Wohnung genommen") nach dem Wiederaufbau des Tempels (Neh 3,29);[6] auch die späteren prophetischen Symbolnamen sind hier zu nennen.[7] Aber gerade, wenn man sieht, daß solche Bezugnahmen grundsätzlich durchaus möglich waren, verwundert es doch, daß sie so selten geschahen. Daraus kann man nur den Schluß ziehen, daß die zentralen religiösen Erfahrungen Israels für das religiöse Leben der israelitischen Familien lange Zeit keine entscheidende Bedeutung haben. Hier hatte man seinen eigenen Schatz religiöser Erfahrungen, Erfahrungen göttlichen Segens, göttlichen Schutzes und göttlicher Rettung, die man schon immer mit seinen Familiengöttern gemacht hatte; auch dort, wo Jahwe in die israelitischen Personennamen einrückte, fügte er dieser familiären Symbolwelt nichts wesentlich Neues hinzu.

Den gleichen Eindruck vermitteln die individuellen Klagepsalmen, die textlich viel später sind, aber in ihren Hauptelementen, wie nicht zuletzt die hohe Wortfeldübereinstimmung mit den prädikativen Elementen der Personennamen zeigt,[8] schon in die vorstaatliche Zeit zurückreichen. Auch

---

[3] Zu erwarten wären etwa Bildungen mit *hinḥîl* (vgl. Dtn 12,10; 19,13) oder *hēnîaḥ* (vgl. Dtn 12,10; 25,19 u.ö.), die auch ohne Objektangabe, die in der nordwestsemitischen Namengebung unüblich ist, jedem Israeliten verständlich gewesen wären.

[4] *Nô'adjā* „Jahwe läßt sich treffen" ist ein spezieller Berufsname, der in Neh 6,14 von einer Prophetin, in Esr 8,33 von einem Leviten getragen wird.

[5] Der Klagename ist wie *'Ijjôb* = Hiob („Wo ist der Vater?") ursprünglich wohl auf den Tod des Vaters bezogen.

[6] Vgl. M.Noth, Personennamen, 194; Noth nennt, a.a.O., 213, 215, (dazu inschriftlich bei R.Lawton, Names, 345), als drittes Beispiel noch den im AT nur nachexilisch bezeugten Namen *'Eljāšîb* (Neh 13,4ff.; 1.Chr 3,24), den er als Wunsch auf die Rückkehr Israels aus dem Exil deuten möchte („Gott möge zurückbringen"), doch ist er inzwischen aus Arad und Lachisch inschriftlich schon vorexilisch für das ausgehende 7. und beginnende 6.Jh. bezeugt (vgl. IEJ 18, 168, und Y.Aharoni, Arad, 12). Außerdem widerrät die Plene-Schreibung des Stammvokals einer Deutung als Wunsch, der Jussiv müßte *jāšeb* lauten. So spricht alles für die Deutung von J.J.Stamm, Ersatznamen, 71, daß es sich um einen Ersatznamen handelt: Gott hat im Neugeborenen das verstorbene Kind „zurückgebracht".

[7] Vgl. die Kinder Jesajas und Hoseas oder auch das als zeichenhaftes Bekenntnis gemeinte Kind *'Immānû'el* (Jes 7,14 u.ö.: „Gott ist mit uns"). Als echter Name begegnet Immanuel im AT sonst nicht, inschriftlich bezeichnenderweise nur singularisch: *'Immadîjāhû* („Jahwe ist mit mir"), vgl. KBL[3] 801.

[8] Vgl. meine Aufstellungen (Frömmigkeit, 60ff.): Über 50% aller einigermaßen sicheren Wurzeln, die in den theophoren Namen als Prädikat erscheinen, lassen sich in der Klage des

hier kommt die Volksgeschichte nur ganz selten und meist noch nachträglich in den Blick (Ps 22,5–6; 143,5; 77), was um so auffälliger ist, als die entsprechenden Klagepsalmen des Volkes häufig auf die geschichtlichen Rettungstaten Jahwes Bezug nehmen (Ps 74,2; 80; Jes 51,9f.; 63f.).[9] Eine scheinbar so naheliegende Argumentationsfigur wie „Du hast doch Israel aus Ägypten befreit, so rette auch mich aus meiner Not!" o.ä. kommt nicht vor. Statt dessen beruft sich der einzelne in seiner Not auf Erfahrungen göttlichen Beistands und Schutzes in seinem eigenen Leben. Seine Vertrauensbeziehung zu Gott beruht gar nicht auf der Geschichte Israels, sondern auf seiner Geburt, d.h. seiner Erschaffung durch Gott.[10] Damit wird aber deutlich, warum in der familiären Frömmigkeit weitgehend auf Anleihen aus den spezifischen geschichtlichen Befreiungserfahrungen Israels verzichtet werden kann: Die Gottesbeziehung des einzelnen hat einen eigenen, davon unabhängigen Grund: Sie ist tief im Kreatürlichen, in der Schöpfung verankert und deshalb auf die geschichtlichen Gotteserfahrungen Israels gar nicht angewiesen.

So verwundert es auch nicht, daß Jahwe offenbar nur langsam explizit in die Rolle eines Familiengottes einrückte. So unbestritten seine Rolle als Nationalgott Israels war, so war es in den Familien der vorstaatlichen Zeit keineswegs üblich, seinen Kindern Jahwe-haltige Namen zu geben. In der frühen Namensliste Nu 1,5–15 begegnen nur El, Šaddaj und Ṣur, in den Erzählungen des Richterbuches Baʿal (6,32) und ʿAnat (3,31; 5,6), sonst überwiegen in dieser Epoche bei weitem die El-Namen;[11] der erste und einzige Jahwe-haltige Name, der uns für die vorstaatliche Zeit überliefert ist, ist Josua („Jahwe ist Rettung"),[12] und damit ist wohl nicht zufällig der Führer benannt, unter dem die Exodusgruppe ins Land kam. Doch es dauerte bis in die frühe Königszeit, bis Jahwe mit El in der Namengebung

---

einzelnen, dem berichtenden Lob des einzelnen und im Heilsorakel nachweisen. Und über 60% aller Verben und Nomina, die in der Bitte um Zuwendung, um Rettung und im Bekenntnis der Zuversicht der Klage des einzelnen samt ihren Entsprechungen im berichtenden Lob und dem Heilsorakel begegnen, haben ihr Pendant in den theophoren Eigennamen (vgl. a.a.O., 49f.). Auch die Klagen Jeremias machen eine vorexilische Existenz der Gattung „Klage des einzelnen" wahrscheinlich.

[9] Vgl. a.a.O., 27–32; dem Gattungselement „Bekenntnis der Zuversicht" in der Klage des einzelnen entspricht in der Klage des Volkes bezeichnenderweise der „Rückblick auf Gottes früheres Heilshandeln", vgl. C.Westermann, Vergegenwärtigung. Zu den „Überschneidungen", die sich alle aus der exilischen und nachexilischen Situation erklären lassen, s.u.415f.; 556ff.

[10] Vgl. Ps 22,10f.; (71,5f.); 119,73; 138,8; Hi 10,3.8–12; 14,15; 35,10; Jer 2,27; daß dieser Bezug zum persönlichen Schöpfer in die vorstaatliche Zeit zurückreicht, beweisen die Personennamen *'Elqānā* („El hat [mich] geschaffen"; 1.Sam 1,1ff.: Vater Samuels), *'Aśā'el* („El hat [mich] gemacht"; 2.Sam 2,18ff.: Bruder Joabs) und *Bĕnājāhū* („Jahwe hat [mich] gebaut"; 2.Sam 8,18: Heerführer Davids), vgl. R.Albertz, Weltschöpfung, 156f.; Frömmigkeit, 37f.

[11] In der Statistik von J.D.Fowler, Names, 366f., machen sie 56% aller theophoren Namen der vorstaatlichen Zeit aus; die fraglichen chronistischen Namen, die Fowler hinzunimmt, sind dabei unberücksichtigt.

[12] Abgesehen von dem ganz unsicheren Namen der Mutter des Mose *Jōkebed* Ex 6,20, der „vorjahwistisch" sein müßte.

gleichzog,[13] und erst in der späten Königszeit sind die Jahwe-Namen eindeutig in der Überzahl.[14] Es hat somit gut 400 Jahre gedauert, bis sich Jahwe auch auf der Familienebene eindeutig durchsetzte.[15]

Man hat dieses eigenartige Phänomen als Synkretismus verstehen wollen.[16] Doch ist dies kaum sachgerecht, wie eine genauere Analyse der theophoren Elemente der israelitischen Namengebung zeigt. Fünf Gruppen lassen sich unterscheiden: 1. frühe nomadische Familiengötter (*šaddaj, ṣur*), 2. vergöttlichte Verwandtschaftsbezeichnungen (*'āb* = „Vater", *'āḥ* = „Bruder", *'ām* = „Onkel väterlicherseits" und *ḥam* „Schwiegervater");[17] sie sind in der semitischen Namengebung seit alter Zeit weit verbreitet,[18] entstammen vielleicht ursprünglich dem Ahnenkult und bezeichnen Familiengötter[19] unter dem Aspekt der engen, quasi blutsverwandten Zugehörigkeit, 3. der syrisch-kanaanäische Hochgott El,[20] der allerdings auf Familienebene mehr die Funktion eines persönlichen Schutzgottes erhält,[21] 4. alte kanaanäische Götterepitheta bzw. daraus entstehende Götter wie *melek* („König"),[22] *'ādōn* („Herr"),[23] *ba'al* („Herr"),[24] und *gad* („Glück[sgott]"),[25] bzw. kanaanäische

---

[13] In der Statistik von J.D.Fowler, Names, 266f., machen in dieser Periode die El-Namen 24%, die Jahwe-Namen 25% aus.

[14] Nach Fowlers Aufstellung kommt man für die Zeit der geteilten Reiche auf 80% Jahwehaltiger Namen, wobei man allerdings berücksichtigen muß, daß die meisten Namen aus der späten Königszeit überliefert sind; die Namen des Jeremia-Buches und von 2.Kön 22–25 ergeben nach meinen Berechnungen einen Anteil von 78%. Daß dieser hohe Anteil von Jahwe-Namen in der späten Königszeit speziell als Einwirkung der josianischen Reform auf die „Volksfrömmigkeit" zu interpretieren ist, wie M.Rose, Ausschließlichkeit (2.2), 171 ff., aufgrund inschriftlichen Materials beweisen möchte, ist unwahrscheinlich; es handelt sich eher um eine kontinuierliche Entwicklung. Bei den Siegeln und Inschriften, die – soweit überhaupt datierbar – aus dem 8.-6.Jh. stammen, kommt man bei der Zusammenstellung von R.Lawton, Names, auf einen Anteil von 67%.

[15] Dies muß gegen die erkennbar apologetische Darstellung von J.H.Tigay, Religion, 160ff., die keine Epochen unterscheidet, festgehalten werden.

[16] So M.Noth, Personennamen, 119ff.; H.Ringgren, Religion, 39f.; J.H.Tigay, Religion, 157ff.; J.D.Fowler, 55ff.

[17] Im Hebräischen fehlt nur *'em* = „Mutter", ebenso alle anderen weiblichen Gottesbezeichnungen; zu zwei möglichen Ausnahmen auf Siegeln vgl. J.H.Tigay, Religion, 164f.; eine davon ist klar ein ägyptischer Name (*pt's*). Zum theophoren Element *ḥam* vgl. R.Hestrin/M.Dayagi-Mendels, Seals, Nr.33f.

[18] Vgl. M.Noth, Personennamen, 6–82; M.Maraqten, Personennamen, 43. Wenn J.D.Fowler, Names, 44, feststellt, „in a number of Hebrew names the divine element *'ab* ... is used instead of the more usual *yhwh* or *'l*, to refer to the God of Israel", dann ist dies angesichts der internationalen Verbreitung dieses theophoren Elements doch wohl etwas naiv.

[19] Die alte, auf W.R.Smith, Religion, 36–49, zurückgehende These, die auch M.Noth und M.Maraqten, a.a.O., noch teilen, daß die Verwandtschaftsbezeichnungen ursprünglich den Stammesgott benannten, geht von einer überholten Theorie über den nomadischen Ursprung der Semiten aus und krankt daran, daß keine Begriffe, die Führungspositionen des Stammes bezeichnen, in der Namengebung als theopore Elemente vorkommen, vgl. R.Albertz, Frömmigkeit, 74–77.

[20] Vgl. M.Maraqten, Personennamen, 44f.

[21] S.o. 55ff.

[22] Vgl. M.Maraqten, Personennamen, 52; Gottesname wird *melek* etwa bei Melqart von Tyros; auch die Verehrung eines Gottes Malik ist unter den Westsemiten bezeugt.

Götter wie *šālem*,[26] *māwet*[27] und vielleicht auch *jam*,[28] 5. National- bzw. Territorialgötter: Hier ist neben Jahwe auch Baal zu nennen, der etwa in der phönizischen Namengebung eine ähnliche Rolle spielt wie Jahwe in der israelitischen.[29] Aus dem südlichen Grenzgebiet (Arad, Aroer) ist möglicherweise auch der edomitische Gott Qaus belegt.[30]

Das heißt aber: Die theophoren Elemente der israelitischen Namen stehen keineswegs auf der gleichen Ebene: Familiengottbezeichnungen stehen neben Hoch- und Nationalgöttern, Epitheta neben Gottesnamen, wobei selbst im Fall von El und Baal ein appellatives Verständnis („Gott", „Herr") möglich bleibt. Klar distingierte Götterpersönlichkeiten, wie sie vom Synkretismus vorauszusetzen wären, fehlen auf der Familienebene offenbar gerade.

Zwischen den verschiedenen Gruppen lassen sich nun zwei Entwicklungen erkennen: eine zunehmende Gleichsetzung der theophoren Elemente und eine Bewegung von der Pluralität zur Konformität.

Für die vorstaatliche und frühe Königszeit ist die Pluralität charakteristisch. Typisch dafür ist z.B. die Familie Sauls: Beliebt war in ihr, wie generell in dieser Zeit, die Familiengottbezeichnung mit Verwandtschaftswörtern: Sauls Großvater hieß *'Abī'el*, sein Schwiegervater *'Aḥīma'aṣ*, seine Frau *'Aḥīno'am*, sein Vetter *'Abner* und sein dritter Sohn *'Abīnādāb*. Mit seinen Söhnen trägt er jedoch der familienübergreifenden religionsgeschichtlichen Realität Rechnung; sein erster Sohn trägt einen Jahwe-haltigen Na-

---

[23] Vgl. a.a.O., 43; in der 2.Hälfte des 1.Jts. dann Adonis.

[24] Vgl. a.a.O., 48f.; als spezifischer Gott etwa als Baal von Sidon u.a.

[25] Vgl. a.a.O., 49; als Gott ist Gad bei den Westsemiten gut bezeugt, im AT in Jes 65,11.

[26] Eindeutiger Beleg, in dem *šlm* theophores Element sein muß, ist der Namen *ṭbšlm* (Lachisch 1.2; IEJ 36, 29 Nr.28: „Gütig ist Salem"; vgl. *ṭobjā*); danach ist auch der Name *'m=šlm* zu deuten (Y. Aharoni, Arad, Nr. 59,4); möglicherweise ist auch der häufige Name *Šelemjā(hū)*, den man meist als Ersatznamen deutet („Jahwe hat ersetzt", vgl. J.J.Stamm, Ersatznamen, 73), als Geichsetzungsname zwischen Šalem und Jahwe zu interpretieren. Šalem ist in Ugarit als Gott des Abendsterns bezeugt und war wahrscheinlich Stadtgott von Jerusalem („Gründung Salems").

[27] Daß die Endung *māwet/mōt* in den Namen *'Aḥimōt, Jerimōt/māwet, Mĕrimōt/māwet* und *'Azmāwet* als theophores Element zu deuten ist, hat J.F.Tigay, Religion, 165f., wahrscheinlich gemacht. Mot ist als Gott des Todes aus Ugarit belegt und bezeichnet hier wohl einen Unterweltsgott. In Ugarit begegnen zwar keine Mot-haltigen Namen, wohl aber verhältnismäßig häufig Namen mit dem Unterweltsgott Rašap, vgl. F.Gröndahl, Personennamen, 84.

[28] Vgl. das Siegel aus *Tell Šaruḥen ḥjm*, das vielleicht als *'ḥ=jm* zu interpretieren ist, s. J.H.Tigay, Religion, 164; möglicherweise ist auch *'Aḥī'am* hierherzustellen. Jam ist in Ugarit Meeresgott.

[29] Vgl. J.D.Fowler, Names, 190ff.; Baal-haltige Namen, die in den Samaria-Ostraka gehäuft (5mal) vorkommen, werden darum heute gerne als phönizischer Import angesehen, vgl. J.D.Fowler, Names, 62f.; J.H.Tigay, Religion, 168. Doch paßt dazu nicht die Häufung der Baal-Namen in der frühen Königszeit (7mal). Auch der Name *ṭṣb'l* aus *Meṣad Ḥašavjahu* (IEJ 12, 30) macht deutlich, daß die Samaria-Ostraka keinen völlig isolierten Fall darstellen. – Eindeutig ausländische Namen sind mit Horus (*Paṣḥur*), Isis (*pt's*) und Bes (*besj*) gebildet, vgl. J.H.Tigay, Religion, 164.

[30] Vgl. J.H.Tigay, Religion, 164f.; er hält es für möglich, daß die Namensträger Edomiter gewesen sind, was aber keineswegs der Fall sein muß.

men (*Jōnātān* „Jahwe hat gegeben"), sein zweiter einen Baal-haltigen (*'Ešba'al* „Mann Baals"), daneben benutzt er für seinen vierten Sohn noch einen kanaanäischen Namenstyp (*Malkīšuă'*). Jonatan nannte seinen Sohn wiederum *Mĕrība'al*. Vergleicht man diesen Befund mit dem in der Familie des Königs Josia am Ende der Königszeit, dann wird der Unterschied kraß deutlich: Bis auf einen El-Namen tragen alle Söhne Jahwe-Namen. Verwandtschaftsbezeichnungen kommen gar nicht mehr vor; Jahwe hat voll die Funktion eines Familiengottes übernommen. Das verhinderte aber nicht, daß selbst in diese frommen Familien im Exil babylonische Namen eindringen (*Šīn-'uṣur* „Sin behüte"), wie dies auch anderweitig belegt ist.[31]

Dies bedeutet doch aber: Die israelitischen Familien paßten sich in ihrer Namengebung einfach ihrer religiösen Umwelt an, sie übernahmen mit einer gewissen zeitlichen Verzögerung die Gottesbezeichnungen, die in ihrem Umkreis üblich waren, wobei nationale und religiöse Grenzen offenbar keine Rolle spielten. Gerade die Pluralität der theophoren Elemente in der frühen Zeit deutet darauf hin, daß die familiäre Religiosität viel offener war als die Jahwereligion auf Großgruppenebene; deren exklusive Tendenz konnte sich in den Familien nur langsam durchsetzen.

Das Fehlen religiöser Abgrenzung auf der Ebene der Familienreligion zeigt sich in einer Gruppe von Personennamen, in der die verschiedenen theophoren Elemente miteinander gleichgesetzt werden.[32] Interessant ist vor allem die Gleichsetzung der vergöttlichten Verwandtschaftsbezeichnungen (2) mit den anderen Gruppen. Die Identifizierung mit alten kanaanäischen Epitheta (Gruppe 4, z.B. *'Aḥī=melek*) ist schon vorisraelitisch und läuft nur noch am Rande mit. Wichtig für die vorstaatliche Zeit war aber ganz offensichtlich die Gleichsetzung der Familiengötter mit El (*'Abī='el* 1.Sam 9,1; *('A)ḥī='el* 1.Kön 16,34; *'Ammī='el* 2.Sam 9,4; bzw. *'Elī='āb* 1.Sam 16,6; *'Elī='am*); die Namen diesen Typs gehen ab der mittleren Königszeit stark zurück;[33] dagegen laufen entsprechende Gleichsetzungen mit Jahwe (*'Abī=jā* 1.Sam 8,2 oder *Jō='āb* 1.Sam 26,6) bis in die nachexilische Zeit weiter.[34] Ich möchte diesen Tatbestand als einen Reflex des Umstandes deuten, daß zuerst El der Gott des israelitischen Stammesverbandes gewesen war, bevor Jahwe seine Stelle einnahm.[35] In einer ersten Bewegung wurden die Familiengötter mit einer

---

[31] Etwa Mardochai („Marduk gehörig") Esr 2,2; Est 2,5 oder *Šawaš-šar-'uṣur* „Šamaš bewahre den König!" auf einen Siegel aus dem 6.Jh. (IEJ 15, 228), der seiner Tochter allerdings wieder einen Jahwe-haltigen Namen gibt (*Jĕhōšama'*).

[32] Vgl. die Aufstellung bei R.Albertz, Frömmigkeit, 73f., die sich inzwischen noch erweitern läßt. Natürlich läßt sich dabei eines der beiden Elemente immer auch appellativ verstehen, doch erklärt das nicht die Entstehung dieses Namenstyps. Auch J.D.Fowler, Names, 30, plädiert dafür, beide Elemente als theophor anzusehen, allerdings ohne ihre religionsgeschichtliche Bedeutung zu bedenken.

[33] In den Siegeln und Inschriften aus dem 8.-6.Jh. fehlen sie völlig.

[34] Vgl. *'Abījāhū* 1.Kön 14,31; Neh 10,8; 12,4.17; *'Aḥījā* 1.Kön 14.2; Neh 10,27; *Jō'āb* Esr 2,6; *Jō'āḥ* 2.Kön 18,18; 2.Chr 34,8; dazu 7mal in Siegeln und Inschriften des 8.-6.Jhs., vgl. R.Lawton, 322ff.

[35] S.o. 117ff.

gewissen Verzögerung El angeglichen, und in einer zweiten Bewegung wurde dieser Prozeß durch die Identifikation mit Jahwe abgelöst. Schließlich gab es auch eine Gleichsetzung der Familiengötter mit Baal, die aber im Süden auf die frühe Königszeit beschränkt bleibt (*'Abī=ba'al*[36] 2.Sam 23,31; *'Aḥī=ba'al*[37] 2.Sam 15,12), im Norden aber – wohl unter Einfluß der phönizischen Religion – auch noch später bezeugt ist.[38]

So erklärt sich diese Namensgruppe am ehesten aus religionsgeschichtlichen Übergangssituationen. Mit dem Wechsel der religionsgeschichtlichen Großwetterlage, dem Aufkommen und Einfluß neuer Götter in der Region, hielten die Familien vertrauend an der Identität der familiären Gottesbeziehung fest. Der Familiengott ist der National- oder auch Territorialgott, und egal, ob er El, Jahwe oder auch Baal hieß, das, was man von ihm in der Familie erwartete und auch erfuhr, bleib allemal dasselbe.[39] Dieses Phänomen ist aber mit dem Begriff Synkretismus nur ungenau beschrieben. Es geht auf der Ebene familiärer Religiosität nicht um bewußte Mischung vormals getrennter Religionen, sondern um die unbewußte Angleichung konstanter elementarer Grundbedürfnisse an eine sich wandelnde religionsgeschichtliche Landschaft. Wenn überhaupt, dann ist hier von einem „unbewußten Synkretismus" bzw. „Synkretismus von unten" zu reden, der von dem bewußten und von oben gesteuerten Synkretismus unterschieden werden muß, den die offizielle Jahwereligion unter der Ägide des Königtums erleben sollte.

2.42 Der familiäre Kleinkult

Gegenüber den frühen nomadischen und bäuerlichen Gruppen hat sich die familiäre Religion in der fortgeschrittenen vorstaatlichen Zeit weiter kultisch verfestigt und ausdifferenziert; ihre Riten lehnen sich auch schon stärker an die kultischen Institutionen des Ortes bzw. des Stammes an. Dennoch hat dieser familiäre Kleinkult gegenüber dem regionalen und überregionalen Großkult immer noch ein typisches, eigenes Gepräge.

---

[36] Im Text ist der Name zu *'ăbī 'albōn* verunstaltet. Da derselbe Recke Davids in 1.Chr 11,32 *'ăbī'el* heißt, ist eine Korrektur zu *'ăbība'al* wahrscheinlich.

[37] So wahrscheinlich der ursprüngliche Name des berühmten Ratgebers Davids, der jetzt in den Texten zu *'Aḥī-tōfel* (vgl. *tiflā* „Schändliches", Vokalisierung nach *bōšet* „Schande") verunstaltet ist. Wir müssen damit rechnen, daß die spätere offizielle Textbearbeitung Baal-haltige Namen über die bekannten Beispiele (*Mĕfibōšet, 'Isbōšet*) hinaus bewußt verballhornt hat.

[38] Vgl. *'ăbba'al* in dem Samaria-Ostrakon 2,4; auch die Identifikation von Baal und Jahwe kommt auf der Ebene der persönlichen Frömmigkeit vor, wie der Name *Ba'al=jā* (1.Chr 12,6: Benjaminit unter David) belegt. Auch hier ist ein appellatives Verständnis von Baal im Sinne von „Herr" nicht auszuschließen, aber es drängt sich nur dem auf, der die spätere Polemik gegen Baal auf der Ebene der offiziellen Religion berücksichtigt; vgl. J.F.Tigay, Religion, 163. Daß jedoch solche Vorbehalte in der familiären Frömmigkeit vor dem Exil überhaupt bestanden, ist angesichts der übrigen Identifikationen eher unwahrscheinlich.

[39] Vgl. meinen Nachweis, daß die verbalen Elemente in den theophoren Namen – und damit die religiösen Aussagen – konstant bleiben, auch wenn sich die Gottesnamen bzw. -bezeichnungen ändern, Frömmigkeit, 71ff.

Neben den öffentlichen Heiligtümern, die häufig außerhalb der Ortschaften lagen (*bāmā*), hat es in den Siedlungen Hauskulte gegeben. Der deutlichste archäologische Beleg dafür stammt aus Megiddo, wo im Vorraum oder Hof eines Privathauses aus dem 10.Jh. eine regelrechte kleine „Hauskapelle" noch weitgehend *in situ* gefunden wurde.[40] Sie bestand aus zwei kleinen Hörneraltären aus Kalkstein, zwei Kultständern, mehreren Kelchen, Schalen und Kannen; die Altäre wie auch eine mit zahlreichen Löchern versehene Kanne dienten wahrscheinlich Räucheropfern. Da noch mehrere ähnliche Räucheraltäre und Kultgeräte in Megiddo gefunden wurden,[41] spricht viel dafür, daß der Fund kein Einzelfall ist, sondern wir mit einer ganzen Anzahl solcher Hauskulte in einer Siedlung rechnen können. Darüber hinaus hat H.Weippert wahrscheinlich gemacht, daß auch eine Reihe weiterer Funde von Kultgeräten aus dem 11. und 10.Jh., von denen her man z.T. auf öffentliche Heiligtümer geschlossen hatte, als private Hauskulte zu interpretieren sind: Dies gilt mit Sicherheit für die „cultic structure" in Taanach (10.Jh.), für die Kultständer u.a. aus Wohnhäusern auf dem *Tell Qirī* und *Tell el-Mazār* (11.Jh.) und vielleicht auch für die bisher als Höhenheiligtum gedeutete Anlage in Hazor (Areal B, Stratum XI), ebenfalls aus dem 11.Jh.[42] Damit darf die Existenz solcher familiärer Kultinstallationen schon in der vorstaatlichen Zeit als gesichert gelten. Nimmt man noch die Kalksteinaltäre aus dem 10.-8.Jh. hinzu, die aus verschiedenen Orten Palästinas, wenn auch leider nicht mehr *in situ*, aufgetaucht sind,[43] dann kann man mit Recht annehmen, daß es ähnliche „Hauskapellen" wie in

---

[40] Locus 2081 im nordwestlichen Wohnviertel; vgl. G.Loud, Megiddo, 44–46, Abbildung 100–102; M.Ottosson, Temples (2.3), 197ff.; H.Weippert, Palästina (2.3), 433. J.S.Holladay, Religion, 252f., hält das Haus für die „residence of an important government official" und möchte darum dem Schrein schon eine halböffentliche Funktion in der Nachbarschaft einräumen (271ff.), doch sind auch bei ihm die Übergänge zwischen dem „domestic" und „neighborhood level" fließend. J.S.Holladay differenziert die kultischen Artefakte durchaus in Richtung der hier vorgestellten These in 5 Gruppen: Staatskulte, regionale Kulte, „tolerierte nonkonformistische" Kulte, Nachbarschaftskulte und Hauskulte. Doch seine Zuordnungen im einzelnen allein aufgrund „archäologischer Evidenz" ohne eine an den Texten gewonnene und überprüfbare religionssoziologische Theorie sind meines Erachtens methodisch etwas fragwürdig. W.Zwickel, Räucherkult, 37, bestreitet ohne Angabe von Gründen die kultische Funktion der Nische und möchte sie als Lagerraum im Wohnhaus eines Priesters deuten. Ansonsten sieht er in den „Räuchertassen", die fast alle aus Wohnhäusern stammen, Belege für die Existenz familiärer Hauskulte (38).

[41] So im östlichen Wohnviertel im Kontext der Privathäuser 1A und 10, vgl. H.Weippert, a.a.O., 433f. Haus 10 weist J.S.Holladay, Religion, 253; 274, wieder seinem „Nachbarschaftskult" zu.

[42] S. H.Weippert, Palästina (2.3), 409.

[43] Vgl. A.Reichert, BRL^2 9; 192; neben Megiddo nennt er Dan, Sichem, *Tell Bēt Mirsim*, Gezer, *Tell Abū Qudēs*. Vgl. auch die ganz interessante Aufstellung von J.S.Holladay, Religion, 275ff., über die Anzahl der Häuser in *Tell Bēt Mirsim* und Beerscheba, in denen „kultische Objekte" gefunden worden sind, auch wenn über deren Definition sicher noch nicht das letzte Wort gesprochen ist; sie machen an beiden Orten knapp 50% der ausgegrabenen Häuser aus (277). Vgl. jetzt die ausführliche Dokumentation von W.Zwickel, Räucherkult, 110ff.; auch er weist zumindest die kleineren Altäre der privaten Frömmigkeit zu (115).

Megiddo in vielen – wenn nicht allen – israelitischen Siedlungen gegeben hat.

Von diesem archäologischen Befund her wird der textliche erst richtig einschätzbar: Wenn Ri 17f. berichtet, daß ein gewisser Micha in seinem Hause einen Privatkult einrichtet, dann ist das keineswegs ein Sonderfall. Zur erzählenswerten Besonderheit wird der Fall erst dadurch, daß es sich um einen schon ausgesprochen luxuriösen Privatkult handelt, der über ein silbernes Götterbild und ein Orakelinstrument (Ephod) verfügt.[44] Zuerst übernimmt ein Sohn die Rolle des Priesters (V.5), bis es Micha gelingt, einen Leviten einzustellen. Das geht sicher schon über den normalen Familienkult hinaus, wie das Orakel für die Daniten beweist (18,5), belegt aber nichtsdestoweniger auf plastische Weise die kultische Eigenverantwortung der Familie in der vorstaatlichen Zeit. Daß jeder israelitische Haushalt über Götterfiguren oder zumindest über eine Kultnische verfügte, setzt auch Ex 21,6 voraus.[45]

Die Familie besaß somit ihren eigenen kultischen Mittelpunkt, an dem sie der Verehrung ihres Familiengottes Ausdruck verleihen konnte. Wie die Riten, die hier vollzogen wurden, aussahen, wissen wir nicht genau. Die in Megiddo gefundenen Kultgeräte lassen an Räucheropfer, vegetabilische Opfer und Libationen denken, schließen aber Schlachtopfer (*zebaḥ*) aus.[46] So haben sehr wahrscheinlich nicht die familiären Mahlopferfeiern, wohl aber die kasuellen Bittzeremonien im Hauskult stattgefunden, wie sie von E.Gerstenberger im Anschluß an babylonische Analogien wahrscheinlich gemacht wurden.[47] Wenn ein Familienmitglied krank wurde oder anderweitig in Not geriet und informelle Alltagsgebete nichts mehr fruchteten,[48] dann veranstaltete die Familie für es eine förmliche Klagezeremonie, die sehr wahrscheinlich wie in Babylon mit Räucheropfern und allerlei exorzistischen Handlungen verbunden war (vgl. Jes 38,21).

---

[44] Archäologisch ist für die israelitischen Hauskulte – abgesehen von dem nicht ganz eindeutigen Fall in Hazor – gerade das Fehlen metallener (männlicher) Götterfiguren typisch, statt dessen begegnen weibliche Terrakotten (z.B. Megiddo, Taanach), vgl. H.Weippert, Palästina (2.3), 448f.

[45] Der Schuldsklave soll zur Übernahme als Dauersklave „zu Gott", bzw. „zur Tür oder zum Türpfosten" geführt werden. Sollte die Lage der Kultinstallation von Megiddo in der Nähe der Haus- bzw. Hoftür die übliche sein, könnten beide Angaben des Textes dasselbe meinen.

[46] Dagegen scheinen die Ziegenknochen, die im Hauskult vom *Tell Qirī* gefunden wurden (meist von rechten Vorderläufen), auf Tieropfer zu weisen, vgl. H.Weippert, Palästina (2.3), 409.

[47] Mensch, 134ff.; vgl. R.Albertz, Frömmigkeit, 25ff.; etwas abweichend K.Seybold, Gebet, 77ff., der die privaten Krankheitspsalmen im kultischen Restitutionsritual ansiedeln möchte. Mit der Differenzierung zwischen offiziellem Großkult und familiärem Kleinkult darf die Kontroverse zwischen S.Mowinckel und H.Gunkel, ob der Sitz im Leben der Klage des einzelnen im Kult zu suchen sei oder nicht (vgl. die Diskussion bei R.Albertz, Frömmigkeit, 25f.), als überwunden gelten.

[48] Zum Alltagsgebet s. A.Wendel, Laiengebet; zum Verhältnis von unkultischem Alltagsgebet und ritualisiertem Klagebet im familiären Kleinkult s. R.Albertz, Gebet, 36–39.

Dazu konnte die Familie einen bekannten Seher, Gottesmann oder Propheten von außerhalb hinzuziehen, es ist aber auch möglich, daß ein rituell bewandertes Mitglied des Dorfes oder der Familie die liturgische Funktion übernahm. Höhepunkt des Ritus bildete der Klagepsalm, den der Liturg wohl zeilenweise vorsprach und der vom Kranken nachgebetet wurde. Darauf konnte der Liturg dem Kranken eine positive Gottesantwort, das Heilsorakel erteilen .[49] Auch wenn sich die überlieferten individuellen Klagepsalmen und Heilsorakel schon ein gutes Stück weit von diesem ursprünglichen familiären Sitz im Leben entfernt haben,[50] so atmen sie zum großen Teil noch immer den Geist, der für die persönliche Frömmigkeit charakteristisch ist, wie sie in den Familien zu Hause war: Der Gott, der in ihnen angesprochen ist bzw. zu Worte kommt, trägt die Züge eines persönlichen Schutzgottes („mein Gott"),[51] zwischen ihm und dem Beter besteht ein weithin unbedingtes und weithin unverlierbares Vertrauensverhältnis wie zwischen einem kleinen Kind und seinen Eltern. So wie die Beziehung der Eltern zu ihrem Kind durch die Geburt konstituiert ist, so die persönliche Gottesbeziehung durch seine Erschaffung (Ps 22,10f.), und so wie sich ein Kind, von seiner Mutter verlassen, bedroht fühlt und zu ihr flüchtet, so fühlt sich der Beter, verlassen von Gott, von dämonischen Mächten bedroht und birgt sich bei ihm (Ps 71,1.10f.; 27,10). Die Symbolwelt von Klagegebet und Heilsorakel ist stark an den Familienbeziehungen orientiert.[52] Dies hängt direkt damit zusammen, daß sie im innersten Kreis des familiären Hauskultes verankert sind.

Die übrigen überlieferten familiären rituellen Praktiken reichen schon ein Stück weit über diesen engsten Kreis des Hauskultes hinaus. In akuten Notfällen, etwa bei einer sich abzeichnenden schwierigen Geburt (Gen 25,22) oder wenn ein Kind schwer erkrankt war (1.Kön 14), konnten die Familien durch einen Gottesmann oder Propheten eine Gottesbefragung durchführen lassen, um eine Prognose zu erhalten. Diese Jahwebefragung (*dāraš*) war eine Form der intuitiven Mantik, in der ein Mensch als Medium fungierte; dieser wurde dafür bezahlt.[53] Aber nicht nur Jahwe, auch andere Götter (Baal von Ekron 2.Kön 1) und selbst Totengeister konnten befragt werden (1.Sam 28), auch wenn das später offiziell verpönt war (Dtn 18,11f. u.ö.). Wie auch in Babylon, wo es ein sehr viel stärker entwickeltes und institutionalisiertes Vorzeichenwesen gab, wird die Einholung eines göttlichen Orakels häufig einer kasuellen Bittzeremonie vorausgegangen sein.

---

49 Am klarsten belegt in Klgl 3,57, indirekt Hi 33,14–30; vgl. J.Begrich, Heilsorakel.

50 S.u. zur Ausformung „persönlicher Theologien" in der nachexilischen Zeit 561ff., 569ff.

51 In den 39 Klagen des einzelnen begegnen 41 Gottesbezeichnungen mit dem Suffix der 1.Pg., verteilt auf 24 verschiedene Psalmen, vgl. R.Albertz, Frömmigkeit, 32f.; H.Vorländer, Mein Gott.

52 S. R.Albertz, Frömmigkeit, 27–49; 92ff.

53 Vgl. C.Westermann, Fragen, 173–193, der die Differenz zur instrumentellen *šā'al*-Befragung (170–174) klar herausgearbeitet hat.

Wenn das kranke Familienmitglied genas, veranstaltete die Familie eine Dankopferfeier (*zebaḥ hattōdā* vgl. Ps 66,13ff.; 116,14.18). Diese fand nicht in der Hauskapelle, sondern sehr wahrscheinlich am örtlichen Heiligtum statt (vgl. 1.Sam 9,12ff.). Doch trotz dieses ausgeweiteten Rahmens handelte es sich um eine Form des familiären kasuellen Kleinkults: Der Gerettete lud dazu seine Angehörigen, Verwandten und Nachbarn aus dem Ort ein,[54] ein Schaf wurde unter Assistenz eines Priesters oder Sehers geschlachtet und bis auf die Gott geweihten Teile von der Versammlung verzehrt. Dabei erzählte der Genesene vor den Versammelten von seiner Not, seiner Klage und seiner Rettung durch Gott („Danklied") und wurde durch das gemeinsame Festmahl wieder voll in die Dorfgemeinschaft aufgenommen.

Ähnliche Opfermahlfeiern fanden auch aufgrund eines Gelübdes (*nēder*) statt, das jemand in einer Notsituation abgelegt hatte.[55] Das Gelübdegebet ist eine dringliche Form des Alltagsgebets, das überall in Bedrängnis gesprochen werden konnte, dessen Einlösung aber meist auf eine Kulthandlung hinzielt. Daß Absalom auf der Flucht im fernen Syrien gerade dem Jahwe in Hebron ein Mahlopfer weiht, läßt erkennen, daß er sich zu dem Lokalkult des Ortes, in dem er geboren und aufgewachsen war, besonders hingezogen fühlte. Das heißt aber: Die familiären *zebaḥ*-Feiern stifteten ein besonderes Verhältnis der Familien zu ganz bestimmten Heiligtümern, der familiäre Kleinkult erhielt dadurch eine regionale Färbung.[56]

1.Sam 1 berichtet davon, daß die Familie Samuels jährlich einmal eine Wallfahrt zum Heiligtum von Silo unternahm, offensichtlich um ihre bis dahin angefallenen Gelübde zu bezahlen. Diese familiäre Opfermahlfeier, an der im Unterschied zum Jahresfestkult auch die Frauen und Kinder beteiligt waren, heißt *zebaḥ hajjāmīm* („jährliches Schlachtopfer", 1,21; 2,19).[57] Die gleiche Bezeichnung trägt auch ein Opferfest, zu dem die ganze Sippe Davids einmal jährlich in Bethlehem an einem Neumondstag zusammenkommt (1.Sam 20,6; V.29 heißt es darum *zebaḥ mišpāḥā*). Hier ist somit der Kreis der Teilnehmer über die Familie hinaus auf die Sippe (*mišpāḥā*) erweitert. Wir wissen nicht, was Anlaß dieses Sippenopferfestes gewesen ist; interessant ist jedoch, daß neben dem stetigen Großkult auch dieser größere

---

54 1.Sam 9,22 nennt 30 Teilnehmer.

55 Vgl. z.B. 2.Sam 15,7f.; Ps 56,13f.; 116,17–19 und die außergewöhnlichen Gelübde Gen 28,20–22; 31,13; 1.Sam 1,11; zum ganzen R.Rendtorff, Opfer, 135–137; O.Kaiser, nēder, 263ff.

56 Vgl. den „Jahwe von Samaria" und den „Jahwe von Teman" in den privaten Segenswünschen aus *Kuntillet ʿAjrud*, s.o. 132.

57 So klar R.Rendtorff, Opfer, 134f., und M.Haran, ZEḆAḤ, 11ff.; andere dachten an das Laubhüttenfest, ja, aufgrund von *zbḥ jmm* in der Karatepe-Inschrift (KAI 26, III,1; C III,4) sogar an das kanaanäische Neujahrsfest, doch ist dies unwahrscheinlich (vgl. die Diskussion bei J.Bergmann/H.Ringgren/B.Lang, zebaḥ, 524). Haran möchte auch das Opferfest in 1.Sam 9 und die Feiern der Kinder Hiobs in Hi 1,4 damit in Verbindung bringen, doch bleibt das unsicher.

Verwandtschaftsverband, der mit der Bevölkerung einer Ortschaft weitgehend identisch gewesen sein wird, seinen eigenen kasuellen Gottesdienst besaß, durch den sein Zusammenhalt gestärkt wurde.

Typisch ist, daß alle diese Familien- oder Sippenfeste Mahlopferfeiern waren. Während das Brandopfer (*ʿōlā*), bei dem das Tier bis auf die Haut vollständig in Flammen aufging, eindeutig dem stetigen Großkult angehört (vgl. das allmorgendliche Tamid-Opfer), so ist das Schlachtopfer (*zebaḥ*), bei dem der überwiegende Teil verzehrt wurde, die typische Form des privaten Opfers.[58] Dazu muß man sich klarmachen, daß es bis in die dtn. Zeit eine profane Schlachtung gar nicht gab; die normale Alltagsnahrung war vegetarisch; unter den beschränkten kleinbäuerlichen Wirtschaftsverhältnissen konnte man sich nur begrenzt leisten, ein Tier der Herde zu schlachten. So war das *zebaḥ*-Opfer die einzige Gelegenheit für eine Fleischmahlzeit, die festlich und fröhlich begangen wurde. Wichtigste Funktion dieser Opfer-Art war es, die soziale Integration der Familie in sich selbst und in die Sippe und Dorfgemeinschaft zu stärken.

Zu den familiären Opfern, die von den Darbringenden teilweise verzehrt wurden, gehört auch das Erstlingsopfer. Die Erstlingopfer nehmen aber schon eine Zwischenstellung zwischen Klein- und Großkult ein. Auf der einen Seite sind sie fest auf die bäuerliche Produktion der familiären Hauswirtschaft bezogen, auf der anderen Seite werden sie – zumindest die Pflanzenerstlinge – von den Familien im Zusammenhang mit den großen Jahresfesten dargebracht, so etwa die Getreideerstlinge in der Periode zwischen Mazzot- und Wochenfest.

Religionsgeschichtlich gehört das Erstlingsopfer zu den ältesten und am weitesten verbreiteten Opferarten. Es ist viel älter als die Jahwereligion, ja älter als die vorderorientalischen Hochreligionen, es geht bis in die Epoche der schriftlosen Kulturen zurück.[59] In ihm drückt sich die menschliche Scheu vor der geheimnisvollen Kraft der Fruchtbarkeit aus. Das erste Tier, das den Mutterschoß durchbricht, das erste Korn, das reift, soll dem menschlichen Verzehr entzogen bleiben. Es wird Gott als dem Herrn der Segenskraft zurückgebracht. Ziel ist es, durch bewußten, religiös motivierten Verzicht auf die ersten Früchte der Segenskraft diese für künftige Geburten und Ernten zu sichern. Dahinter steht ein uraltes menschliches Wissen, daß eine kurzfristige totale Ausbeutung der Natur durch den Menschen langfristig ihre Selbstheilungskraft gefährdet. Eine ähnliche Funktion haben übrigens auch verschiedene Tabu-Bräuche, die in Israel geübt wurden: so der wöchentliche Ruhetag (Ex 23,12),[60] die Ackerbrache alle sieben Jahre

---

[58] Vgl. R.Rendtorff, Opfer, 143f.

[59] Vgl. etwa F.Heiler, Religion, 206f.; W.Schmidt, Primitialopfer. Für das älteste Opfer überhaupt hielt es schon Aristoteles (Eth. Nicom. 1160 A 25ff.).

[60] Die Formulierung Ex 23,12 läßt noch erkennen, daß der Ruhetag ursprünglich den Zweck hatte, den domestizierten Arbeitstieren Rind und Esel eine Verschnaufpause zu verschaffen; erst nachträglich (vgl. das neue Verb!) wurde diesem „Tierschutz" ein karitativer

(Ex 23,10 f.), das Nachleseverbot und der Brauch, die Ränder der Felder nicht abzuernten (Lev 19,9 f.) oder das Verbot, Fruchtbäume in den ersten drei Jahren zu ernten (Lev 19,23–25).

In Israel gab es zwei verschiedene Arten des Erstlingsopfers: Tiererstlinge und Pflanzenerstlinge.[61] Theoretisch hatte Jahwe auch Anspruch auf die menschliche Erstgeburt (Ex 22,28b; 34,19 f.), sie wurde aber, soweit wir erkennen können, immer schon durch ein Tieropfer ausgelöst (34,20b).[62] Die Tiererstlinge (*peṭer [reḥem], bĕkor*)[63] bezogen sich auf die männlichen Exemplare von Schafen, Ziegen und Rindern (Ex 34,19). Sie wurden ursprünglich am achten Tag nach ihrer Geburt dargebracht (Ex 22,28 f.), erst später im Rahmen der Jahresfeste (Dtn 15,19 f.), d.h. bis in dtn. Zeit waren die Tiererstlingsopfer noch stärker kasuelle familiäre Gottesdienste. Die Pflanzenerstlinge (*bikkūrīm, re'šīt*)[64] bezogen sich auf Gerste, Weizen, Weintrauben, Feigen, Granatäpfel, Oliven und Honig (Dtn 8,8 vgl. Ex 22,28; 23,19; 34,22.26), ihre Darbringung vollzog sich wohl immer im Rahmen einer größeren Festversammlung, auch wenn der Verzehr wiederum in der familiären Gruppe geschah (Dtn 26,11). Ein Teil der Erstlinge wurde dem Priester abgegeben und bildete neben anderen Opferanteilen den Grundstock der priesterlichen Versorgung.

So ist der familiäre Kleinkult durchaus auf den regionalen Großkult bezogen, dennoch hatte er z.T. sein eigenes Zentrum, seine eigene Träger-

---

Zweck beigegeben und die Arbeitsruhe auf Haussklaven und Fremdlinge ausgedehnt. Der ursprüngliche Sinn des Ruhetages klingt auch noch in der exilischen Sabbatinstitution nach (vgl. Rind und Esel noch in Dtn 5,14; verallgemeinert zu „Vieh" in Ex 20,10), dazu s.u. 424 ff.

[61] Vgl. M.Tsevat, bĕkor, 644 f.; H.Niehr, pāṭar, 566 f.; S.Rattray/J.Milgrom, re'šīt, 292 f.; dort weitere Literatur.

[62] Zur Diskussion vgl. B.Erling, First-Born, 472 ff.; am ehesten könnte eine Opferung des erstgeborenen Sohnes aus Ex 22,28 f. abgelesen werden, wo im Unterschied zu Ex 34,20 eine Substitution nicht erwähnt wird. Erling erwägt, ob es sich hier um eine alte übernommene kanaanäische Bestimmung handelt. Doch ist sonst im alten Vorderen Orient das Menschenopfer im Zusammenhang von Fruchtbarkeitsritualen nicht belegt (475 f.). Auch die Kinderbegräbnisse in Tonkrügen, die in Gezer, Taanach und Megiddo gefunden wurden, können kein menschliches Erstlingsopfer erweisen, weil nach Gen 22 geopferte Kinder verbrannt wurden (474). Sicher muß man die Opferung des Erstgeborenen trennen von Kinderopfern in extremen Notlagen (Gen 22; Ri 11,30 ff.; 2.Kön 3,26 f.) und den sog. Molek-Opfern (2.Kön 16,3 u.ö.; a.a.O., 475); zum letzeren s.u. 297 ff. So sind die entsprechenden Gebote wohl Relikte längst vergangener Zeiten, so auch R.de Vaux, Lebensordnungen II, 293 f.

[63] Der Ausdruck *peṭer reḥem* „Was den Mutterschoß (als erstes) durchbricht" wird ursprünglich nur auf Tiere bezogen, während für die menschliche Erstgeburt der Begriff *bĕkor* verwendet wird (vgl. Ex 34,19 f.); später verwischt sich diese terminologische Differenzierung, vgl. H.Niehr, pāṭar, 234.

[64] Die seit O.Eißfeldt, Erstlinge, 11 ff., diskutierte Zuordnung der beiden Begriffe ist wohl mit S.Rattray/J.Milgrom, re'šīt, 292 f., so zu klären, daß *bikkūrīm* „den erstgereiften Teil der Ernte", *re'šīt* jedoch „das Erstzubereitete aus der Ernte" bezeichnet (Nu 18,12 f.). Allerdings gebraucht das Dtn *re'šīt* schon im umfassenden Sinn für beides (vgl. Dtn 18,4; 26,2.10), und es begegnet auch sonst ein nicht-technischer Sprachgebrauch (z.B. Jer 2,3; Ez 20,40; Prov 3,9 f.; Neh 10,38), so daß eine scharfe Trennung zwischen den Begriffen oft nicht mehr möglich ist.

schaft und seine eigenen Anlässe und Funktionen. Die ganze vorexilische Zeit hindurch hat die israelitische Familie ein hohes Maß an kultischer Eigenständigkeit bewahrt. Daß dem eine Eigenständigkeit der religiösen Symbolwelt entsprach, die sich deutlich von der der Jahwereligion der Stämme abhob, ist darum nicht verwunderlich. Als die dtn. Reformtheologen in der späten Königszeit darangingen, die familiäre Religiosität stärker in die offizielle Jahwereligion einzubinden, da haben sie nicht zufällig beim Erstlingsopfer angesetzt und bei seiner Darbringung die Rezitation des Bekenntnisses zu Jahwe als dem Befreier aus Ägypten und dem Geber des Landes zur Pflicht gemacht (Dtn 26,1–11).

3. Die Religionsgeschichte der Königszeit

Der Übergang von der vorstaatlichen zur staatlichen Epoche um die Wende zum 12.Jh. markiert einen tiefgreifenden Einschnitt in die Religionsgeschichte Israels. Hielt man früher häufig die „Landnahme" der Stämme für den folgenschweren Einschnitt, von dem an die – wie man meinte – „nomadische Jahwereligion" in einen Jahrhunderte währenden Streit mit der – postulierten – „kanaanäischen Ackerbaureligion" geraten sei,[1] so stellt sich heute immer deutlicher heraus, daß es die Etablierung des Königtums und die davon ausgehenden weitreichenden gesellschaftlichen Umwälzungen waren, welche die entscheidende Herausforderung für die junge Jahwereligion bildeten.[2] Eine Religion, die aus der Befreiung aus staatlicher Unterdrükkung heraus entstanden war und fast zwei Jahrhunderte die Freiheitsbestrebungen der Stämme gegen politische Hegemonieansprüche von innen und außen getragen hatte, mußte durch die Einrichtung eines zentralistischen Staates in der Tat vor ganz erhebliche Probleme gestellt werden. Die neuen gesellschaftlichen Verhältnisse führten zu religionsgeschichtlichen Entwicklungen, welche die Jahwereligion tiefgreifend, z.T. bis zur Unkenntlichkeit veränderten, etwa im Bereich des königlichen Staatskultes.[3] Das Erstaunli-

---

[1] Vgl. z.B. V.Maag, Malkût (2.1), 158ff.; Begegnung (2.1), 203ff.; H.Ringgren, Religion, 37ff.; 51; G.v.Rad, Theologie I, 48ff., sah zwar auch in der Staatenbildung eine „Krisis", doch ging für ihn die der Landnahme tiefer (28ff.) und lief auch noch während der Königszeit weiter (61).

[2] Vgl. den interessanten Entwurf von W.Brueggemann, Trajectories, der traditionsgeschichtliche Einsichten in das unausgeglichene Nebeneinander von Sinai- und Davidbund mit dem religionssoziologischen Ansatz von G.Mendenhall und N.K.Gottwald verbindet; seine Gegenüberstellung von vorstaatlichem und staatlichem Stratum der Jahwereligion ist allerdings noch zu schematisch. Mehr ideengeschichtlich argumentieren J.A.Soggin, Beitrag, und R.Smend, Ort, wobei ersterer mehr die Distanz, letzterer mehr den positiven Beitrag der Staatlichkeit zur Jahwereligion hervorkehrt. Für G.Fohrer, Religion, 115, ist das Königtum immerhin „der zweite Impuls" nach der „mosaischen Jahwereligion".

[3] Die Kontroverse, ob die Monarchie etwas wesenhaft Fremdes in die Religion Israels eingebracht habe (so etwa G.E.Mendenhall, Monarchy, 158: „reversion to old Bronze Age paganism...process of rapid erosion of basic priniciples of the new religious ethic that stems from Moses"), oder ob sie eine wichtige oder gar notwendige Entwicklung in ihr darstelle (so J.J.M.Roberts, Defense), scheint mir auf der normativen Argumentationsebene der biblischen Theologie nicht lösbar zu sein. Religionsgeschichtlich beurteilt die Königstheologie zweifellos ein neues und fremdes Element in der Religion Israels, nichtsdestoweniger gehörte sie ab der Königszeit fraglos zum religiösen Diskurs der israelitischen Gesellschaft hinzu. Es ist der Streit, der um sie zwischen deren verschiedenen Gruppen ausgefochten wurde, welcher allein Kriterien für ihre heutige Beurteilung abwerfen kann.

che ist aber, daß sie auch Gegenströmungen provozierten, die teilweise im scharfen Protest zur vorherrschenden Entwicklung immer wieder Impulsen der vorstaatlichen Jahwereligion Geltung verschafften (vgl. etwa die Propheten). Der theologische Klärungsprozeß, der in dieser Auseinandersetzung in Gang kam, ermöglichte schließlich gegen Ende der Königszeit eine erste systematische Synthese der Jahwereligion, die den vorstaatlichen Jahwetraditionen eindeutig den Vorrang vor den staatlichen einräumte.[4] Es hat somit über 300 Jahre gedauert, bis die Jahwereligion mit den Herausforderungen, die ihr durch den Übergang zur Staatlichkeit gestellt waren, fertig wurde.

3.1 Die Ausbildung eines monarchischen Territorialstaates

A.Alt, Der Anteil des Königtums an der sozialen Entwicklung in den Reichen Israel und Juda, Kleine Schriften zur Geschichte des Volkes Israel III, 2.Aufl. 1968, 348–372. – Ders., Die Staatenbildung der Israeliten in Palästina (1930), Kleine Schriften zur Geschichte des Volkes Israel II, 1953, 1–65. – Z.Ben-Barak, Meribaal and the System of Grants in Ancient Israel, Bibl. 62, 1981, 73–91. – W.Brueggemann, Trajectories in the Old Testament Literature and the Sociology of Ancient Israel, JBL 98, 1979, 161–185. – M.L.Chaney, Systemic Study of the Israelite Monarchy, Semaia 37, 1986, 53–76. – R.B.Coote/K.W.Whitelam, The Emergence of Israel: Social Transformation and State Formation Following the Decline in Late Bronce Trade, Semeia 37, 1986, 107–147. – F.Crüsemann, Der Zehnte in der israelitischen Königszeit, WuD 18, 1985, 21–47. – Ders., Die Eigenständigkeit der Urgeschichte. Ein Beitrag zur Diskussion um den „Jahwisten“, J.Jeremias/L.Perlitt (Hrsg.), Die Botschaft und die Boten, FS H.W.Wolff, 1981, 11–29. – Ders., Widerstand gegen das Königtum. Die antiköniglichen Texte des Alten Testaments und der Kampf um den frühen israelitischen Staat, WMANT 49, 1978. – W.Dever, Monumental Architecture in Ancient Israel in the Period of the United Monarchy, T.Ishida (ed.), a.a.O., 269–306. – M.Elat, The Monarchy and the Development of Trade in Ancient Israel, E.Lipiński (ed.), State and Tempel Economy in the Ancient Near East, Vol. II, OLA 6, 1979, 527–546. – I.Finkelstein, The Emergence of the Monarchy in Israel. The Enviromental and Socio-Economic Aspects, JSOT 44, 1989, 43–74. – J.W.Flanagan, Chiefs in Israel, JSOT 20, 1983, 47–73. – F.S.Frick, The Formation of State in Ancient Israel. A Survey of Models and Theories, The Social World of Biblical Antiquity Series 4, 1985. – V.Fritz, Die Stadt im alten Israel, 1990. – Ders., Salomo, MDOG 117, 1985, 47–67. – N.K.Gottwald, The Participation of Free Agrarians in the Introduction of Monarchy to Ancient Israel. An Application of H.A.Landsberger's Framework for the Analysis of Peasant Movements, Semeia 37, 1986, 77–106. – Chr.Hauer, From Alt to Anthropology. The Rise of the Israelite State, JSOT 36, 1986, 4–25. – Y.Ikeda, Solomon's Trade in Horses and Chariots, T.Ishida (ed.), a.a.O., 215–238. – T.Ishida (ed.), Studies in the Period of David and Solomon and other Essays, 1982. – A.Malamat, Das davidische und salomonische Königreich und seine Beziehungen

[4] Diese geschah in der dtn. Theologie, s.u. 349ff.

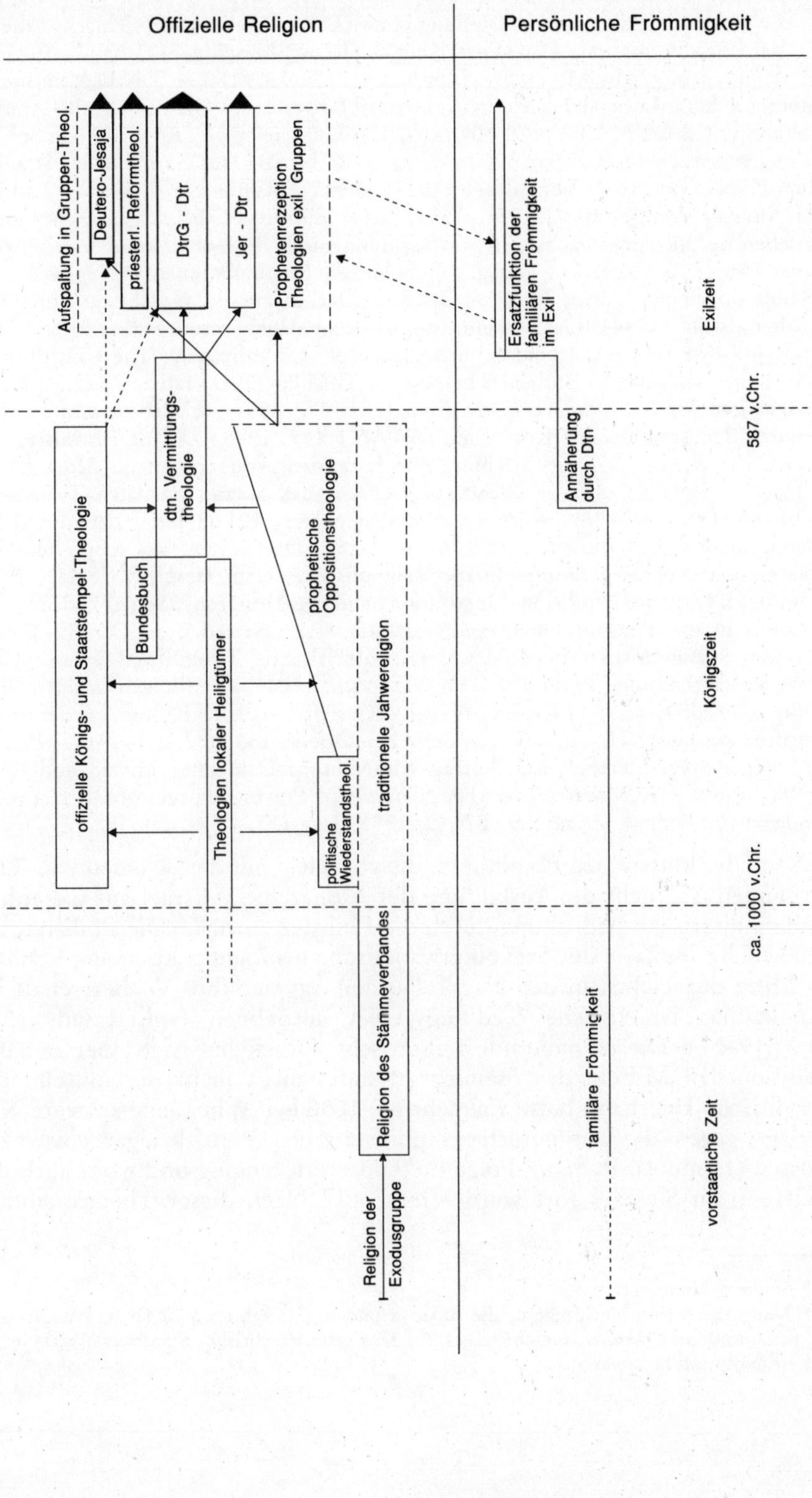
Offizielle Religion
Persönliche Frömmigkeit
Aufspaltung in Gruppen-Theol.
Deutero-Jesaja
priesterl. Reformtheol.
DtrG - Dtr
Jer - Dtr
Prophetenrezeption
Theologien exil. Gruppen
Ersatzfunktion der familiären Frömmigkeit im Exil
Exilzeit
dtn. Vermittlungs-theologie
587 v.Chr.
Annäherung durch Dtn
offizielle Königs- und Staatstempel-Theologie
Bundesbuch
prophetische Oppositionstheologie
Theologien lokaler Heiligtümer
Königszeit
traditionelle Jahwereligion
politische Wiederstandstheol.
ca. 1000 v.Chr.
Religion des Stämmeverbandes
familiäre Frömmigkeit
vorstaatliche Zeit
Religion der Exodusgruppe

zu Ägypten und Syrien. Zur Entstehung eines Großreiches, Österreichische Akademie der Wissenschaften, Phil.-hist. Klasse. Sitzungsberichte, 407.Band, 1983. – G.E.Mendenhall, The Monarchy, Interp. 29, 1975, 155–170. – T.N.D.Mettinger, Solomonic State Officials. A Study in the Civil Government Officials of the Israelite Monarchy, CB.OT 5, 1971. – E.Neufeld, The Emergence of a Royal-Urban Society in Ancient Israel, HUCA 31, 1960, 42–53. – M.Noth, Das Krongut der israelitischen Könige und seine Verwaltung (1927), ders., Aufsätze zur biblischen Landes- und Altertumskunde, Bd.1, 1971, 159–182. – E.Otto, Gibt es Zusammenhänge zwischen Bevölkerungswachstum, Staatsbildung und Kulturentwicklung im eisenzeitlichen Israel?, C.Vogel u.a. (Hrsg.), Regulation, Manipulation und Explosion der Bevölkerungsdichte, 1986, 73–87. – G.v.Rad, Der Anfang der Geschichtsschreibung im alten Israel (1944), Gesammelte Studien zum Alten Testament, TB 8, 2.Aufl. 1961, 148–188. – J.J.M.Roberts, In Defense of the Monarchy: The Contribution of Israelite Kingship to Biblical Theology, P.D.Miller/P.D.Hanson/S.D.McBride, Ancient Israelite Religion, FS F.M.Cross, 1987, 377–396. – U.Rüterswörden, Die Beamten der israelitischen Königszeit, BWANT 117, 1985. – W.Schottroff, Der Zugriff des Königs auf die Töchter. Zur Fronarbeit von Frauen im Alten Israel, EvTh 49, 1989, 268–287. – R.Smend, Der Ort des Staates im Alten Testament, ZThK 80, 1983, 245–260. – J.A.Soggin, Compulsory Labor under David and Solomon, T.Ishida (ed.), a.a.O., 259–267. – Ders., Der Beitrag des Königtums zur israelitischen Religion, Studies in the Religion of Ancient Israel, VT.S. 23, 1972, 9–26. – H.Tadmor, Traditional Institutions and the Monarchy: Social and Political Tensions in the Time of David and Solomon, T.Ishida (ed.), a.a.O, 239–257. – W.Thiel, Soziale Auswirkungen der Herrschaft Salomos, T.Rendtorff (Hrsg.), Charisma und Institution, 1985, 297–314. – Ders., Soziale Wandlungen in der frühen Königszeit Alt-Israels, H.Klengel (Hrsg.), Gesellschaft und Kultur Vorderasiens, Schriften zur Geschichte und Kultur des Alten Orients 15, 1982, 235–246. – P.Welten, Die Königs-Stempel. Ein Beitrag zur Militärpolitik unter Hiskia und Josia, ADPV, 1969. – K.W.Whitelam, The Symbols of Power. Aspects of Royal Propaganda in the United Monarchy, BA 49, 1986, 166–173. –

Nach der klassischen Hypothese, die vor allem mit dem Namen von A.Alt verbunden ist,[5] geht die Ausbildung der Monarchie in Israel auf die anhaltende militärische Bedrohung durch die Philister zurück.[6] Die Philister, um 1200 v.Chr. im Zuge der Seevölkerwanderung ins Land gekommen, konnten ab Mitte des 11.Jhs. in der Nachfolge der Ägypter ihre Vorherrschaft bis tief in das israelitische Siedlungsgebiet ausdehnen (vgl. 1.Sam 10,5; 13,3f.19–21). Dieser dauernde militärische Druck ließ sich aber mit den traditionellen Mitteln des Stämmeverbandes nicht mehr abschütteln; der israelitische Heerbann hatte vielmehr um 1050 bei Aphek eine schwere Niederlage gegen die gut gerüsteten philistäischen Berufskrieger einstecken müssen (1.Sam 4), in deren Folge die Lade verlorenging und wohl auch das Kultzentrum Silo zerstört wurde (Jer 7,12). Nach dieser Theorie sind es

[5] Staatenbildung, 1ff.

[6] Unter den vielen Nachfolgern, die A.Alt gefunden hat, vgl. etwa W.Thiel, Wandlungen, 235f., und noch H.Donner, Geschichte, 173: „Das erste israelitische Staatswesen (ist) in der Tat ein Notprodukt gewesen."

somit allein externe Zwänge, welche die tribalen Entscheidungsträger veranlaßten, an ihrem antiherrschaftlichen Freiheitsideal Stück für Stück Abstriche zu machen und ihren Widerstand gegen eine zentrale politische Dauergewalt aufzugeben:[7] Nach einem erfolgreichen Befreiungskampf gegen die Ammoniter wurde Saul, der seine charismatischen und militärischen Fähigkeiten erwiesen hatte, von der Truppe, d.h. den Männern Israels und Judas zum König erhoben (1.Sam 11).[8]

In den letzten Jahren wird allerdings intensiv diskutiert, ob ein solches externes politisches Modell hinreicht, um die israelitische Staatsbildung zu erklären. Läßt es doch unerklärt, warum das Königtum jedenfalls von Teilen der israelitischen Gesellschaft über die Zeit der Bedrohung hinaus überhaupt akzeptiert werden konnte, und außer acht, welche inneren gesellschaftlichen Mechanismen abliefen, die zur Etablierung des Staates führten.

Schon F.Crüsemann hatte auf ein wichtiges internes Instrument für die Ausbildung zentraler politischer Herrschaft aufmerksam gemacht: die klienteläre Gefolgschaft, die sich David mit seiner kriegerischen Bande schuf (1.Sam 22,2). In der jüngsten, vor allem englischsprachigen Diskussion wird darüber hinaus noch grundsätzlicher versucht, aus der allgemeinen politischen Theorie der Staatsentstehung (R.L.Caneiro, E.R.Service, R.Cohen u.a.) Modelle für die Staatsbildung Israels zu entwickeln, die ökologische, ökonomische, technische, demographische und gesellschaftliche Faktoren neben den politisch-militärischen berücksichtigen.[9]

Weiterführend scheint mir vor allem das Szenarium zu sein, das I.Finkelstein unter Berücksichtigung archäologischer Daten entworfen hat:[10] Nach seinen Untersuchungen lassen die Eisen I-Siedlungen im zentralen westjordanischen Bergland („Ephraim") zwischen dem frühen 12. und späten 11.Jh. eine signifikante Verschiebung der Siedlungsdichte von den östlichen und mittleren Gebirgsregionen hin zu den westlichen Hanglagen erkennen,[11] die mit einer nahezu Verdreifachung der Bevölkerungszahl einhergeht.[12] D.h. das Bevölkerungswachstum des vorstaatlichen

---

[7] In dieser Ausrichtung nehmen F.Crüsemann, Widerstand, 212; N.K.Gottwald, Participation, 87f., die Alt'sche These auf.

[8] Daß 1.Sam 11,1–11.15 von den unterschiedlichen Traditionen der Krönung Sauls (1.Sam 8; 9f.; 10,17–27) dem historischen Ereignis am nächsten kommt, darf heute als Konsens der Forschung gelten, vgl. F.Crüsemann, Widerstand, 54ff., H.Donner, Geschichte, 175ff.

[9] Vgl. J.W.Flanagan, Chiefs; F.S.Frick, Formation; Chr.Hauer, Rise; M.L.Chaney, Systemic Study; R.B.Coote/K.W.Whitelam, Emergence; N.K.Gottwald, Participation; I.Finkelstein, Emergence, mit einem guten Überblick über die Diskussion (44–53; dort weitere Literatur); ein Beitrag aus der deutschsprachigen Forschung stammt von E.Otto, Zusammenhänge.

[10] Emergence, 53–67; archäologisch fundiert argumentiert auch E.Otto, Zusammenhänge, 77ff.

[11] Im 12. und frühen 11.Jh. lagen 75% der Siedlungen im mittleren und östlichen Gebirge und nur 25% in dessen westlichem Teil; dem entsprach eine Verteilung der Bevölkerung von 76% zu 24%; im weiteren Verlauf des 11.Jhs. erhöhte sich der Anteil der Siedlungen im westlichen Teil auf 62%, die Bevölkerungsverteilung verschob sich auf 54% zu 46%; vgl. I.Finkelstein, Emergence, 55ff., und die Karten 64ff. Ähnliche Verschiebungen der Siedlungsräume hat es auch in anderen Regionen (Manasse, Benjamin, Juda) gegeben, wobei in Juda zusätzlich noch eine nach Süden hinzukommt.

[12] Nach Finkelsteins Kalkulation betrug die seßhafte israelitische Bevölkerung westlich des Jordans in der frühen E I-Zeit 20000 Personen, am Ende des 11.Jhs. war sie auf 55000 angewachsen (a.a.O., 59).

Israel erzwang eine Erweiterung des Siedlungsraumes in Regionen hinein, die für die landwirtschaftliche Nutzung eher ungünstig waren: Der zerklüftete, Makkia-überwucherte Westabfall des Gebirges ohne weite ackerbaulich nutzbare Täler und ergiebige Quellen erforderte erheblich größeren Aufwand bei der Kultivierung (Terrassierung, Zisternen). Dieser war nur durch verstärkte Zusammenarbeit erbringbar, was größere Organsisationseinheiten, die über Familie und Sippe hinausgingen, begünstigte. Die überwiegende Gartenkultur auf den Terrassen im Westen erzwang wiederum eine regionale Spezialisierung der landwirtschaftlichen Produktion (Oliven und Wein im Westen, Getreide und Viehzucht im Osten), was wiederum einen überregionalen Handel entstehen ließ. Und schließlich führte die Öffnung der Subsistenzwirtschaft für einen Markt zu einer zunehmenden sozialen Schichtung in der Gesellschaft.[13] Es waren somit nach Finkelstein wesentlich interne Faktoren, welche größere, über die Stammesgrenzen hinausgehende politische Organisationsstrukturen herausbildeten und verfestigten.[14]

Als dann Israel nicht zuletzt wegen der Expansion seines Siedlungsraumes mit seinen Nachbarn,[15] insbesondere mit den Philistern im Westen in einen permanenten Konflikt geriet, mußten zumindest die wohlhabenden, vom überregionalen Handel profitierenden Familien ein Interesse an der Ausbildung einer zentralen Führerschaft haben, die Störungen und Übergriffe von außen verhinderte. Der externe Faktor ist nach Finkelstein somit nur ein Auslöser für die Ausbildung zentraler politischer Herrschaft: „The change was not so drastic, since by the second half of the eleventh century BCE early systems of administration were already operating in the Israelite hill country."[16]

So gut dies Szenarium erklärlich macht, warum die segmentäre israelitische Gesellschaft zu einer Verfestigung lokaler und Verstärkung überregionaler politischer Herrschaft tendierte, so muß doch gegenüber I.Finkelstein und andere Autoren[17] festgehalten werden, daß damit Israels Weg in die Staatlichkeit keineswegs automatisch vorgezeichnet war. Die Akkumulation von Herrschaft bleibt auf jeder Stufe prekär und muß, wie etwa afrikanische Gesellschaften zeigen, keineswegs zur vollen Staatlichkeit führen, sondern endete hier meist auf der Stufe der Häuptlings- bzw. Großhäuptlingstümer. J.W.Flanagan[18] und vor allem F.S.Frick[19] haben in Aufnahme dieser ethnologischen Kategorie gezeigt, daß das „Königtum Sauls" noch ganz dem Häuptlingstum („chiefdom") entspricht. Dieses bleibt aber noch unterhalb der Ebene der Staatlichkeit, da der Häuptling bei Durchsetzung seiner Herrschaft auf die

---

[13] A.a.O., 59–61.; E.Otto, Zusammenhänge, 85f., nennt als Faktoren Bevölkerungswachstum, Urbanisierung, Arbeitsteilung und soziale Differenzierung.

[14] Dem entspricht der Textbefund, daß es offensichtlich noch im 11.Jh. „Älteste" und „Männer" Israels und Judas gegeben hat (1.Sam 4,3); sie treten in der frühen Königszeit politisch aktiv handelnd auf (2.Sam 2,4; 5,3; 16,18; 17,4.14; 19,12.15.42ff.). D.h. die beiden politischen Gremien des vorstaatlichen Israels, die zuvor auf die Stämmen begrenzt waren, müssen sich schon vor Aufkommen des Königtums zu zwei überregionalen Institutionen erweitert haben.

[15] I.Finkelstein, Emergence, 61f., bringt auch den Konflikt mit den Ammonitern im Osten und den Amalekitern im Süden mit dieser Expansion in Zusammenhang.

[16] A.a.O., 63.

[17] Besonders in der Darstellung von R.B.Coote/K.W.Whitelam, Emergence, 128ff., klingt es so, als handele es sich um eine zwangsläufige Entwicklung.

[18] Chiefs, 50ff.

[19] Formation, 71ff.

lokalen Repräsentanten angewiesen bleibt. Der Übergang zur Staatlichkeit wurde in einem neuen Anlauf erst schrittweise von David und letztlich von Salomo vollzogen;[20] und wie prekär er war, zeigen die Aufstandsbewegungen gegen ihre Herrschaft.

Wie sehr die einflußreichen tribalen Entscheidungsträger daran interessiert waren, trotz Zugeständnissen an die politischen Erfordernisse ihre Rechte zu wahren und am Freiheitsideal ihrer Gesellschaft möglichst wenig Abstriche zu machen, zeigt sich daran, daß sie mit Saul das ernstzunehmende Experiment unternahmen, eine Form zentraler politischer Herrschaft zu schaffen, die noch – unterhalb der Staatlichkeit – mit der tribalen Organisationstruktur und den religiösen Traditionen Israels vereinbar war.[21] Man wählte einen Mann zum König, der als Charismatiker religiös legitimiert war, man war bereit, sich zur permanenten Heerfolge zu verpflichten und ihm die Stammeskontingente zu unterstellen (1.Sam 13,2), aber man beschränkte seine ständige Machtbasis auf seine familiären Ressourcen: eine bescheidene Residenz im heimatlichen Gibea (22,6; vgl. 11,4), ein kleiner Führungsstab, in dem sein Onkel oder Neffe Abner das wohl einzige Amt des Heerführers besetzte (14,50f.), und eine begrenzte Berufstruppe, die noch nicht aus ausländischen Söldnern, sondern aus Angehörigen Benjamins und anderer israelitischer Stämme bestand (10,26; 14,52; 16,20f.).[22] Zur Finanzierung seines Herrschaftsstabes verfügte Saul wahrscheinlich noch nicht über Steuern, sondern nur über freiwillige Abgaben (10,27; 16,20).[23] Erst als dieses Experiment eines charismatisch-volksnahen „Häuptlingstums“ fehlschlug und Saul im Kampf gegen die Philister fiel, war man – und auch erst nach längerem Zögern – bereit, eine weitergehende Lösung zu akzeptieren.

Die Form zentraler Herrschaft, die dagegen David schließlich den Stämmen aufdrängen sollte, war schon von ganz anderer Art. David stammte aus dem Kreis der Berufskrieger Sauls, ihm fehlte somit jede charismatische Legitimation. Er baute sich systematisch eine schlagkräftige Söldnertruppe auf, die nicht nur aus Verwandten und Stammesangehörigen, sondern auch aus Gestrandeten verschiedenster Herkunft bestand (1.Sam 22,2). Der erhebliche Grundbesitz, den er sich mit ihrer Hilfe zusammenraffen konnte,[24]

---

[20] Vgl. F.S.Frick, Formation, 191ff. Als Staat bezeichne ich eine zentralisierte Gebietsherrschaft, in der die Zentralgewalt 1. ihr Gewaltmonopol erfolgreich in Anspruch nimmt und 2. über einen bürokratischen Verwaltungsstab verfügt, durch den sie über Stationen ihre Herrschaft direkt und dauerhaft ausübt.

[21] Zum Folgenden vgl. die gute Zusammenstellung des Materials bei W.Thiel, Wandlungen, 236–242; wenn er jedoch den „provisorische(n) und episodenhafte(n) Charakter“ des Königtums Sauls hervorhebt (242), dann argumentiert er – wie üblich – von der späteren Staatlichkeit Israels, nicht von der vorstaatlichen Interessenlage her.

[22] Eine vereinzelte Ausnahme ist der Edomiter Doeg, 1.Sam 22,9.

[23] Die anderslautenden Angaben in 1.Sam 17,25 und 22,7 sind wohl schon Rückprojektionen späterer Verhältnisse, so auch W.Thiel, Wandlungen, 239f.

[24] So beerbt er den reichen judäischen Bauern Nabal mit regelrechten Mafia-Methoden (1.Sam 25), und der Frontwechsel zu den Philistern brachte ihm Ziklag als Lehen ein (27,6);

machte ihn wirtschaftlich unabhängig und ermöglichte ihm, sie als treu ergebene Klientel dauerhaft an sich zu binden. Damit schuf er sich eine eigene, von den Stämmen unabhängige Machtbasis, die ihn, der auf abenteuerliche Weise zum eigenen Nutzen zwischen den Fronten taktierte, zu einem Machtfaktor werden ließ, der von den Stämmen nicht mehr ignoriert werden konnte.[25] Als zuerst die Männer von Juda und dann die Ältesten von Israel ihn zum König salbten (2.Sam 2,4; 5,3) und einen Vertrag mit ihm abschlossen, da mochten sie noch meinen, noch einmal ein Wahlkönigtum unter Wahrung ihrer tribalen Mitwirkungsrechte zu etablieren, faktisch aber fügten sie sich damit schon der politisch-militärischen und wirtschaftlichen Macht, die sich David geschaffen hatte.

Mit Hilfe seiner Berufstruppe eroberte David im Handstreich die Jebusiterstadt Jerusalem und schuf sich so eine von den Stämmen unabhängige Residenz (5,6–9).[26] Damit legte er den Grundstein für den erstaunlich schnellen Ausbau der politischen Zentralgewalt in Israel. Das heißt, die Institution des Königtums gewann unter dem ausgeprägten Herrscherwillen Davids Schritt für Schritt Elemente der Staatlichkeit, welche die antiherrschaftlichen Regulative des Stammesverbandes mehr und mehr an die Seite schoben. In den Aufstandsbewegungen unter David versuchten noch einmal die traditionellen Organe der tribalen Gesellschaft, das Rad zurückzudrehen und mit dem jungen Königssohn Absalom eine Art konstitutionelle Monarchie zu verwirklichen,[27] doch mit dem Sieg der Söldner Davids über den Heerbann (18,7) fiel die Widerstandsbewegung auseinander (19,9bff.42 ff.); die Entwicklung eines absoluten dynastischen Königtums, das keiner Legitimation durch das Volk mehr bedurfte, sondern sich durch einen bürokratischen Apparat das Gewaltmonopol überall im Lande sicherte, war nicht mehr aufzuhalten. Die Thronerhebung Salomos war dann nur noch eine Sache der Hofparteien (1.Kön 1); Salomo war endgültig ein sakraler Monarch nach orientalischem Vorbild.

Die tiefgreifenden politischen, wirtschaftlichen, sozialen und kulturellen Veränderungen der israelitischen Gesellschaft, die das Königtum Davids und Salomos mit sich brachten, sind kaum zu überschätzen und können hier nur skizziert werden:[28] Zuerst standen die außenpolitischen Erfolge im

---

die wirtschaftliche Unabhängigkeit als einen entscheidenden Faktor bei der Ausbildung des davidischen Königtums betont V.Fritz, Stadt, 132.

[25] Die klienteläre Gefolgschaft als wichtiges Instrument der Herrschaftsbildung hat F.Crüsemann, Widerstand, 213, hervorgehoben.

[26] Daß David damit auch noch zum Stadtkönig von Jerusalem nach kanaanäischem Vorbild avancierte (vgl. 2.Sam 5,9 „Davids-Stadt"), hat A.Alt, Staatenbildung, 45 f., herausgestellt.

[27] Vgl. die Beseitigung der bürokratischen Trennung des Königs vom Volk, die Absalom 2.Sam 15,1–6 anbietet, und die Mitbeteiligung der traditionellen Institutionen (Ältestenrat, Versammlung der waffentragenden Männer) an der Regierung, die er im Aufstand praktiziert (17,4.14), so überzeugend H.Tadmor, Institutions, 246 f.; s.u. 185.

[28] Vgl. zum folgenden A.Alt, Anteil; E.Neufeld, Emergence; H.Reviv, Structure (2.3), 136 ff.; W.Thiel, Wandlungen, 242 ff.; ders., Auswirkungen; V.Fritz, Salomo; ders., Stadt, 133 ff.; H.Donner, Geschichte, 195–229.

Vordergrund. Nach Abschüttelung der philistäischen Herrschaft (2.Sam 5,17–25) ging David sofort zu planmäßigen Eroberungsfeldzügen über;[29] die noch bestehenden kanaanäischen Stadtstaaten wurden systematisch dem israelitischen Siedlungsgebiet einverleibt,[30] und die ostjordanischen Nachbarstaaten wurden einer nach dem anderen unterworfen und dem Großreich angegliedert (2.Sam 8). Israel wurde unter David zum ersten Mal zu einem zusammenhängenden, großräumigen Territorialstaat mit einem Kranz von Vasallenstaaten um sich herum. Es verfügte damit auch über einen nicht unerheblichen nicht-israelitischen Bevölkerungsanteil, der nun gesellschaftlich, kulturell und religiös integriert werden mußte.[31] Die Kontrolle über die vorderorientalischen Handelswege und die eingetriebenen Tribute ließen bis dahin unbekannte Reichtümer nach Jerusalem fließen, die den sprunghaften wirtschaftlichen und kulturellen Aufstieg Israels überhaupt erst möglich machten (1.Kön 10,14f.25).

Hinzu kam der Aufbau einer staatlichen Administration im innern: Schon die militärischen Erfolge gingen auf eine durchgreifende Umorganisation des Heerwesens zurück: Den Kern des davidischen Heeres bildete eine schnell einsatzfähige Truppe königlicher Berufssoldaten („Knechte Davids") und die königliche Leibwache („Kreter und Pleter");[32] die traditionelle Volksmiliz trat dem nur noch hinzu. Doch auch sie stellte David auf eine neue Basis, indem er das Truppenkontingent der Stämme festlegte, eine Art von Wehrpflicht einführte[33] und die Bewaffnung modernisierte. Salomo fügte den Fußtruppen noch eine königliche Streitwagentruppe hinzu, die eine

---

[29] Vgl. den zusammenfassenden Annalen-Auszug 2.Sam 8,1–15 und den Ammoniterkriegsbericht 10,1–19; 11,1; 12,26–31, dazu A.Malamat, Königreich, 11ff., der die Planmäßigkeit des Expansionstrebens Davids aufzeigt.

[30] Literarisch läßt sich der Vorgang nur indirekt am Fall von Gezer dadurch greifen, daß 1.Kön 9,16 die Kanaanäer letztmalig als eigenständige Volksgruppe im DtrG erwähnt werden und daß die 5. Provinz des salomischen Staates aus den Kanaanäerstädten der Jesreelebene gebildet wurde (vgl. 4,12). Archäologisch läßt sich aber die gewaltsame Annexion ehemaliger Kanaanäerstädte mehrfach belegen, so in den Brandschichten über Stratum VIA in Megiddo und X in *Tell Qasile* (vgl. W.Thiel, Auswirkungen, 300f.).

[31] Ob man aber daraus ein Jahrhunderte fortdauerndes „Ringen der Gesellschaftssysteme" Israels und Kanaans folgern darf, wie es W.Dietrich, Israel (2.3), 32ff., tut, wage ich zu bezweifeln. Zu denken geben sollte, daß selbst das nicht gerade fremdenfreundliche DtrG die Kanaanäer in 1.Kön 9,16 letztmalig erwähnt und sie nach der Salomozeit nicht mehr als eigene Volksgruppe kennt. Wir müssen davon ausgehen, daß die Integration der Nichtisraeliten schon nach wenigen Generationen abgeschlossen war.

[32] Vgl. etwa 2.Sam 15,18f.; 20,6f. und die Helden Davids 23,13ff. Die Berufstruppe und besonders die Leibwache rekrutierte sich dabei in erheblichem Ausmaß aus ausländischen Söldnern (vgl. 15,19ff.).

[33] Dies wird der historische Hintergrund der jetzt nur noch in einer späten königskritisch-prophetischen Erzählung (2.Sam 24) überlieferten Volkszählung Davids sein (vgl. V.2.9). Das organisatorische Nebeneinander beider Truppenteile zeigt sich auch darin, daß beide zur Zeit Davids über einen eigenen Heerführer verfügten (2.Sam 8,16.18; 20,23); zur Zeit Salomos scheint dann die Berufstruppe so sehr in den Vordergrund gerückt zu sein, daß man auf einen eigenen Heerbannführer verzichten konnte (1.Kön 4,4).

umfängliche militärische Logistik benötigte.[34] Die Erfordernisse der militärischen und zivilen königlichen Zentralverwaltung führten schon relativ rasch zum Ausbau eines Beamtenapparats,[35] der die traditionellen tribalen Entscheidungsträger immer weiter entmachtete. Damit entstand eine neue gesellschaftliche Schicht, die ihren sozialen Status nicht mehr der Zugehörigkeit zu einer Familie oder Sippe verdankte, sondern allein ihrem Loyalitätsverhältnis gegenüber dem König. Wenn dabei David und Salomo notgedrungen häufig auf Fachleute aus dem Ausland bzw. den ehemaligen Kanaanäerstädten zurückgriffen (vgl. 2.Sam 23,24–39; 15,19ff.), die den Idealen der tribalen israelitischen Gesellschaft fremd gegenüberstanden, dann hat dies sicher noch einmal die Sonderstellung dieser Gruppe verstärkt. Es ist das Anwachsen dieser mit königlichen Privilegien versehenen Schicht von Beamten, Militärs und Kaufleuten gewesen, das je länger je mehr zu einer Aushöhlung der egalitären Gesellschaftsstruktur führte.[36]

Die anschwellende königliche Verwaltung und Hofhaltung machte ein System von Abgaben und Steuern nötig. Salomo teilte Israel in zwölf Provinzen ein, von denen jede einen Monat lang die Versorgung des Hofes gewährleisten mußte (1.Kön 4,7–19; 5,7; vgl. V.2f.).[37] Hinzu kam die Versorgung der Elitetruppen in den Festungsstädten (5,8). Eine königliche Steuer zur Unterhaltung des Staatsapparats war sehr wahrscheinlich auch der Zehnte an Getreide, Wein und Vieh (1.Sam 8,15.17).[38] Verdiente Beamte

---

[34] Vgl. die „Wagenstädte" 1.Kön 9,15.17–19; 10,26 und den Pferde- und Streitwagenhandel 1.Kön 10,28f.

[35] Vgl. 2.Sam 8,15–18; 1.Chr 18,14–17; 2.Sam 20,23–26; 1.Kön 4,1–6.7ff.; 2.Kön 18,18 und T.N.D.Mettinger, Officials; U.Rüterswörden, Beamte; V.Fritz, Salomo, 51ff.; ders., Stadt, 133–135; H.Donner, Geschichte, 203–206; 227f.

[36] Vgl. H.Reviv, Structure (2.3), 137ff.

[37] In der Liste ist das Gebiet Judas nicht berücksichtigt; so ist bis heute umstritten, ob für Juda eine vergleichbare Einteilung vorausgesetzt werden muß (vgl. für das 9. oder 8.Jh. dann Jos 15,21–62 + 18,21–28), oder ob es von solchen Abgaben ausgenommen war; zur Diskussion vgl. W.Thiel, Auswirkungen, 304. Doch angesichts der erheblichen Finanzprobleme, in die Salomo im Laufe seiner Regierungszeit geriet – laut 1.Kön 9,10–14 mußte er Hiram von Tyros 20 galiläische Städte verkaufen –, ist eine generelle Abgabenbefreiung Judas eigentlich nicht vorstellbar.

[38] So in sorgfältiger Abwägung der etwas widersprüchlichen Angaben in der Überlieferung F.Crüsemann, Zehnte, 36, ähnlich auch V.Fritz, Stadt, 138f. Das Problem besteht vor allem darin, daß Gen 28,22 und Am 4,4 einen Tempelzehnten für das Heiligtum von Bethel belegen. Ob es sich hier um eine Spezialität des späteren Nordreiches handelt, ist unsicher; doch hat Crüsemann wahrscheinlich gemacht, daß es sich – stellt man die enge Verflechtung von Staatskult und Königtum in Rechnung – um dieselbe staatliche Abgabe handelt, die nur sakral legitimiert wurde (44f.). Erst die dtn. Reformgesetzgebung macht in Zuge der Eindämmung des sakralen Königtums aus dem Zehnten eine rein kultische Abgabe, die allerdings vom Zahlenden zwei Jahre am zentralen Heiligtum weitgehend selber verzehrt (Dtn 12,17f.; 14,22–27) werden durfte und nur im dritten Jahr zur Finanzierung der dezentralen Armenversorgung abzuführen war (14,28f.; 26,12–15), s.u. 338. Archäologisches Zeugnis für das staatliche Abgabensystem sind die Vorratsbauten etwa am Palast von Lachisch (vgl. V.Fritz, Stadt, 138); ob auch die sog. Pfeilerhäuser in Megiddo, Beerscheba u.a. der Lagerung der Naturalabgaben dienten oder als Kasernen zu interpretieren sind, ist umstritten (vgl. F.Crüsemann, Zehnte, 29f.).

wurden mit Landschenkungen versorgt (1.Sam 8,14; 22,7);[39] dabei wird es sich häufig um eroberte Gebiete gehandelt haben. Es scheint aber so zu sein, daß auch herrenloser israelitischer Grundbesitz der Krone zugefallen ist (1.Kön 21,15 f.; 2.Kön 8,1–6) und von ihr als eine Art Lehen neu verteilt werden konnte (2.Sam 9,7 ff.; 16,4; 19,30).[40] Welche Bedrohung diese königlichen Landschenkungen für den kleinbäuerlichen Erbbesitz der israelitischen Familien und schließlich auch für die Krone bedeutet haben müssen, wird aus der utopischen Neuregelung Ez 46,16–18 sichtbar, die für den Neuanfang nach dem Exil eine Akkumulation von Landbesitz in den Händen von Beamten bzw. Mitgliedern der königlichen Familie unbedingt verhindern will.[41] Eine ähnliche Bedrohung scheint von den sich ausweitenden königlichen Domänen ausgegangen zu sein.[42] Jedenfalls ist der mit dem Königtum aufkommende Großgrundbesitz ein ganz wesentlicher Faktor, der zu einer immer stärkeren Zerklüftung der israelitischen Gesellschaft beitrug, die ab dem 8.Jh. in eine permanente soziale Krise führte.[43]

Ihren deutlichsten Niederschlag fanden die gewandelten wirtschaftlichen und politischen Verhältnisse in einer extensiven staatlichen Bautätigkeit.[44] Salomo baute nicht nur seine Residenz Jerusalem aus (1.Kön 3,1; 5,15 ff.; 6 f.), sondern überzog das ganze Land mit einem System von Magazin-, Wagen- und Festungsstädten für die Steuer- und Militärverwaltung (vgl. 9,15 ff.); damit brachte er das gesamte israelitische Staatsgebiet unter die direkte Kontrolle der zentralen Herrschaft. War für die vorstaatliche Zeit die Deurbanisation kennzeichnend, so setzte mit der Königszeit eine neue Reurbanisation ein;[45] viele Siedlungen wurden befe-

---

[39] Vgl. den gleichen Brauch bei den Philistern, durch den David Ziklag als Vasall des Achis von Gat erhält (1.Sam 27,6–12).

[40] Vgl. Z.Ben-Barak, Meribaal, 76 ff.

[41] Innerhalb des fest abgegrenzten Königslandes (48,21 f.) darf der König nur seinen Söhnen Landanteile dauerhaft vererben; die Landschenkungen an Beamte fallen im Jobeljahr wieder an den König zurück (46,16 f.). Wenn Jahwe V.18 darüber hinaus verbietet, daß der König bei seinen Landschenkungen in den Landbesitz des Volkes eingreift, „um es aus seinem Eigentum zu verdrängen“...und „damit nicht jemand von meinem Volk aus seinem Eigentum vertrieben wird“, dann wird daraus erkennbar, welchem Druck sich die Landbevölkerung in vorexilischer Zeit durch den notorischen Landbedarf der Krone ausgesetzt sah.

[42] Neben 1.Sam 27,6 ist die Liste 1.Chr 27,25–31 ein relativ sicheres literarisches Zeugnis für königliche Domänen (vgl. V.Fritz, Stadt, 136 f.). Ob die Samaria-Ostraka und die *lmlk*-Stempelabdrücke auf Krughenkeln („dem König [gehörig]“) Naturallieferungen aus den Domänen bezeugen (so M.Noth, Krongut, 164 ff.; F.Crüsemann, Zehnte, 30 f.; P.Welten, Königs-Stempel, 143 ff.) oder aber auf das Steuersystem weisen (so V.Fritz, a.a.O., 139 f.), ist umstritten.

[43] So schon A.Alt, Anteil, 368 f., s.u. 248 ff.

[44] Vgl. zu den eindrucksvollen archäologischen Zeugnissen aus der E IIA-Zeit V.Fritz, Salomo, 56 ff.; W.Dever, Architecture. K.W.Whitelam, Symbols, 168 ff., arbeitet die Bedeutung der Großbauten für die königliche Propaganda heraus.

[45] Vgl. H.Weippert, Palästina, 425 ff., und die Einschätzung von V.Fritz, Stadt, 99: „Die Stadtgründungen seit dem Beginn der Königszeit sind somit nicht das Ergebnis einer kontinuierlichen Entwicklung, sondern zeigen ein planerisches Konzept. Nur ein Staat mit dem Willen zur Expansion muß den Verteidigungsfall einkalkulieren und entsprechende Schutz-

stigt, neue Städte gegründet und dafür teilweise dörfliche Siedlungen aufgegeben.[46]

Diese ehrgeizigen Baupläne waren nur durch die Einführung staatlicher Fronarbeit (*mas*) zu bewältigen (2.Sam 20,24); wurden dazu unter David wohl noch meist ausländische Kriegsgefangene gepreßt (2.Sam 12,31), so dehnte spätestens Salomo die Fronarbeitsverpflichtung auf die israelitische Bevölkerung aus.[47] Die hohe Belastung durch Frondienst war es denn auch, die zum Aufstand Jerobeams und zur Abspaltung des Nordreiches führte (1.Kön 12).

Schließlich ging die Staatsbildung mit einer breiten politischen, wirtschaftlichen und kulturellen Öffnung einher. Der junge Staat wurde einbezogen in den diplomatischen Verkehr der vorderorientalischen Reiche. Salomo heiratete z.B. eine Pharaonentochter (1.Kön 3,1 f.), die ihm die Stadt Gezer als Mitgift einbrachte (1.Kön 9,16.24), und unterhielt enge Beziehungen mit Tyros (1.Kön 5,15 ff.) und sogar nach Südarabien (1.Kön 10).[48] Im Zusammenhang damit steht der Ausbau des staatlichen Fernhandels,[49] der Baumaterialien, Pferde, Streitwagen und bis dahin unbekannte Luxusgüter nach Israel brachte (1.Kön 5,15 ff.; 9,26–28; 10,22.28 f.). Diese ermöglichten, ausgehend vom Königshof, der städtischen Oberschicht einen Lebensstil, der sie weit von den kleinbäuerlichen Wertvorstellungen trennte.

Mit dem Fernhandel strömten auch die Kunst und Literatur der vorderorientalischen Hochkulturen nach Israel ein. Tempel und Palast von Jerusalem erstrahlten im Glanz phönizischer Architektur, aus Ägypten und Arabien hielt die Weisheitsliteratur am Hof Einzug (1.Kön 5,9–13). Eine neue, aufgeklärte Geistigkeit machte sich in seinem Umkreis breit[50] und führte zu den ersten israelitischen Literaturwerken.[51] Die Gefahr der

---

maßnahmen treffen. Die mit der Staatenbildung zusammenfallende neue Phase der Urbanisation in Israel trägt eindeutig Züge eines politischen Gestaltungswillens."

[46] So z.B. Ai, *Gīlō* und im Negeb; vgl. W.Thiel, Auswirkungen, 311 f.; H.Weippert, Palästina, 477; ob die Umsiedlung freiwillig geschah oder auf staatlichen Druck, entzieht sich unserer Kenntnis. In bestimmten Regionen stieg dagegen die Zahl der Dörfer in der E IIA-Zeit sprunghaft an.

[47] So eindeutig 1.Kön 5,27–30; wenn Dtr in 1.Kön 9,20–22 und Chr in 2.Chr 2,16 f. glauben machen wollen, daß Salomo nur Fremde zur Fronarbeit gepreßt hat, dann ist dies politische Schönfärberei; dagegen sprechen 1.Kön 11,28; 12,4 ff. Zur Diskussion vgl. J.A.Soggin, Labor, 261 ff.; er hat überzeugend gezeigt, daß die früheren Versuche, den Widerspruch zwischen den Textstellen über eine Differenzierung der Bedeutungen von *mas* („corvée") in 1.Kön 5,27 f. und *mas ʿōbed* („state slavery") in 9,21 aufzulösen, am Textbefund scheitern. In 1.Sam 8,13 scheint auch eine Dienstverpflichtung von Frauen im Blick zu sein, deren Tätigkeit wohl im königlichen Harem anzusiedeln ist, vgl. W.Schottroff, Zugriff, 281.

[48] Vgl. dazu A.Malamat, Königreich, 20 ff.

[49] Vgl. V.Fritz, Salomo, 55 f.; Y.Ikeda, Trade.

[50] G.v.Rad, Anfang, 187, sprach bekanntlich von einer „Epoche der Aufklärung", was insofern zu revidieren ist, daß diese Epoche keine Emanzipation von der „sakralen Überlieferung", sondern überhaupt erst ihre ersten literarischen Ausformungen einleitete.

[51] Vgl. V.Fritz, Salomo, 64 f.; nach Aufgabe der Drei-Quellen-Hypothese (s.u. 501 f.) stammt nicht das „Jahwistische Werk", wohl aber die „jahwistische Urgeschichte" Gen 2,5–

kulturellen Überfremdung, die an dieser Stelle lauerte, sollte erst später bewußt werden.

Die Umwandlung Israels aus einer akephalen segmentären Gesellschaft in einen modernen monarchisch regierten Territorialstaat hat zweifellos auf vielen Gebieten große Fortschritte gebracht. Durch sie gelang es Israel nicht nur, sich aus der Abhängigkeit von den Philistern zu befreien, sondern binnen eines Menschenalters zu einem respektierten Machtfaktor im Konzert der vorderorientalischen Staaten zu werden. Gerade der Verbindung von Monarchie und tribaler Solidarität hatten die übrigen palästinischen Kleinstaaten anfangs wenig entgegenzusetzen. Die ungeahnte außenpolitische Sicherheit und der wirtschaftliche Aufschwung werden gewiß weite Kreise der israelitischen Gesellschaft veranlaßt haben, die Beschneidung ihrer Freiheitsrechte hinzunehmen und das ganze als eine notwendige Entwicklung zu betrachten (vgl. 2.Sam 19,10; 1.Kön 4,20; 5,5), natürlich vor allem die Gruppen, die wie die Beamten unmittelbar vom Königtum profitierten. Und die negativen Auswirkungen mancher Entwicklungen waren ja anfangs auch noch nicht in ihrer ganzen Tragweite absehbar.

Es spricht nun aber für die tiefe Verankerung der alten, vorstaatlichen Freiheitsideale, daß trotz der anfänglich blendenden Erfolge der Monarchie keineswegs alle Gruppen der israelitischen Gesellschaft die Entwicklung akzeptierten. Der Widerstand gegen das Königtum machte sich in mehrfachen Aufstandsbewegungen Luft;[52] er wurde vor allem von den begüterten und damit einflußreichen Entscheidungsträgern der tribalen Gesellschaft getragen (Älteste Israels, Männer Israels und Judas; 2.Sam 15 ff.), die durch das Königtum materielle Einbußen (1.Sam 8,11–17) und eine weitgehende Beschneidung ihrer angestammten Rechte hinnehmen mußten.[53] Die Institution des Königtums samt Beamtenherrschaft war demnach in der israelitischen Gesellschaft – vor allem während der Anfangszeit – stark umstritten. Mindestens drei Gruppen sind erkennbar: eine Gruppe, die von ihm profitierte (Beamte, Militärs, Priester) und es uneingeschränkt positiv propagierte, eine Mittelpartei, die es zu verteidigen und mit den traditionellen tribalen Wertvorstellungen zu vermitteln

---

11,9* aus dieser Zeit (vgl. die Unterwerfung Kanaans unter Sem in 9,21 ff. und F.Crüsemann, Eigenständigkeit, 26 f.). Auch wenn die Thronfolge-Erzählung (2.Sam 9–1.Kön 2*) jüngst in den Sog der allgemeinen Spätdatierung geraten ist (vgl. die Diskussion bei O.Kaiser, Beobachtungen [3.2]), hat ihre Datierung in die Zeit Salomos noch immer viel für sich, s.u. 187 f.

52 So im Absalom- (2.Sam 15–19) und Scheba-Aufstand (20) unter David und im Jerobeamaufstand (1.Kön 11,26–28.40; 12) unter Salomo bzw. Rehabeam; grundlegend dazu F.Crüsemann, Widerstand, 94–127; H.Tadmor, Institutions; s.u. 185 ff. und 215 ff. Ob auch hinter dem Adonja-Aufstand (1.Kön 1) eine breitere Widerstandsbewegung steht, ist nicht mehr klar zu erkennen; immerhin scheint Adonja von den mehr traditionalen Kräften Israels gestützt zu werden (1,7: Joab als Heerbannführer, Abjathar als Priester aus der Aufstiegszeit Davids; 2,15: Mannschaft Israels). Doch brach der Aufstandsversuch in jedem Fall zu schnell zusammen, als daß er hätte politisch wirksam werden können (1,49).

53 Vgl. F.Crüsemann, Widerstand, 73; 124.

suchte,[54] und eine Gruppe, die es jedenfalls in der Form, wie es sich unter David und Salomo realisiert hatte, ablehnte und bekämpfte.

Das Zerbrechen des nationalen Konsenses über die Form und die letzten Werte der eigenen Gesellschaft hat nun aber unmittelbare Auswirkungen für die Religionsgeschichte der Königszeit: Ihm entspricht ein Auseinanderfallen der Großgruppenreligion in verschiedene, z.T. widerstreitende Positionen, die nicht mehr von der Gesellschaft als ganzer, sondern nur noch von Gruppen in ihr getragen werden. Da ist erstens die von den Hofbeamten und den Priestern des Staatsheiligtums propagierte offizielle Königs- und Tempeltheologie, und da ist zweitens eine von politischen und religiösen Oppositionsgruppen getragene Widerstandstheologie, die sich häufig an der Jahwereligion der vorstaatlichen Zeit orientiert. Zwischen diesen beiden Extremen gibt es eine ganze Reihe von Vermittlungstheologien, die versuchen, einen Ausgleich zwischen Königs- und Tempeltheologie auf der einen Seite und der traditionellen Jahwereligion auf der anderen Seite zu finden. Neben den sozial bedingten religionsinternen Pluralismus zwischen Groß- und Kleingruppenreligion trat damit in der Königszeit ein politisch bedingter Pluralismus widerstreitender religiöser Richtungen innerhalb der Religion der Großgruppe, der sich am Königtum und den von ihm eingeleiteten soziokulturellen Umwälzungen entzündete.

Die Bedeutung dieser Differenzierung wird noch einmal am Ende der Epoche sichtbar: Mit dem Untergang des Königtums 587 v.Chr. brach die Linie der offiziellen Königstheologie ab, während das, was zuvor nur Widerstandstheologie einiger Außenseiter war, im Exil von der Großgruppe als ganzer als ihre offizielle Theologie rezipiert wurde. Die Königstheologie lebte nur noch in utopischer Brechung weiter, und man kann sagen, daß es erst zu ihrer vollen Integration in der Jahwereligion gekommen ist, als es das Königtum als politische Größe nicht mehr gab.[55]

3.2 Der Streit um die religiöse Legitimation des Königtums

A.Alt, Das Königtum in den Reichen Israel und Juda (1951), Kleine Schriften zur Geschichte des Volkes Israel, Bd. II, 1953, 116–134. – J.Assmann, Die 'Häresie' des Echnaton von Amarna. Aspekte der Amarna-Religion, Saec. 22, 1972, 109–126. – K.-H.Bernhardt, Das Problem der altorientalischen Königs-Ideologie im Alten Testament, VT.S 8, 1961. – R.Bickert, Die Geschichte und das Handeln Jahwes. Zur Eigenart der deuteronomistischen Offenbarungsauffassung in den Samuelbüchern, O.Kaiser (Hrsg.), Textgemäß, FS E.Würthwein, 1979, 9-27. – E.Blumenthal, Königsideologie. A., LÄ III, 1980, 526–531. – J.Conrad, Der Gegenstand und die Intention der Geschichte von der Thronfolge Davids, ThLZ 108, 1983, 161–174. – Ders., Zum geschichtlichen Hintergrund der Dar-

[54] So etwa erkennbar in der Thronfolge- und in der Joseph-Erzählung, vgl. F.Crüsemann, Widerstand, 143ff.; 180ff.

[55] So auch J.A.Soggin, Beitrag, 26; s.u. 613ff.

stellung von Davids Aufstieg, ThLZ 97, 1972, 321–332. – H.Donner, Adoption oder Legitimation? Erwägungen zur Adoption im Alten Testament auf dem Hintergrund der altorientalischen Rechte, OrAn 8, 1969, 87–119. – J.-B.Dumortier, Un rituel d'intronisation: Le Ps LXXXIX 2–38, VT 22, 1972, 176–196. – O.Eissfeldt, Jahwes Königsprädizierung als Verklärung national-politischer Ansprüche Israels (1972), Kleine Schriften V, 1973, 216–221. – H.Frankfort, Kingship and the Gods. A Study of Ancient Near Eastern Religion as the Integration of Society and Nature, 1848=1978. – H.Gese, Der Davidsbund und die Zionerwählung (1962), ders., Vom Sinai zum Zion. Alttestamentliche Beiträge zur biblischen Theologie, BEvTh 64, 2.Aufl. 1984, 113–129. – M.Görg, Die Wiedergeburt des Königs, ThGl 60, 1970, 413–426. – Ders., Gott-König-Reden in Israel und Ägypten, BWANT 105, 1974. – S.Herrmann, Autonome Entwicklungen in den Königreichen Israel und Juda, VT.S 17, 1969, 139–158. – Ders., Die Königsnovelle in Ägypten und Israel. Ein Beitrag zur Gattungsgeschichte in den Geschichtsbüchern des Alten Testaments, WZ Leipzig 1953/54, 51–62. – T.Ishida, The Royal Dynasties in Ancient Israel. A Study on the Formation and Development of Royal-Dynastic Ideology, BZAW 142, 1977. – O.Kaiser, Beobachtungen zur sogenannten Thronnachfolgeerzählung Davids, EThL 64, 1988, 5–20. – J.Kegler, Politisches Geschehen und theologisches Verstehen. Zum Geschichtsverständnis der frühen israelitischen Königszeit, CTM 8, 1977. – E.Kutsch, Die Dynastie von Gottes Gnaden. Probleme der Nathanweissagung in 2.Sam 7, ZThK 58, 1961, 137–153. – B.Lang, Der vergöttlichte König im polytheistischen Israel, D.Zeller (Hrsg.), Menschwerdung Gottes – Vergöttlichung von Menschen, NTOA 7, 1988, 37–59. – E.Lipiński, Nāgīd, der Kronprinz, VT 24, 1974, 497–499. – G.Chr.Macholz, Die Stellung des Königs in der israelitischen Gerichtsverfassung, ZAW 84, 1972, 157–182. – T.N.D.Mettinger, King and Messiah. The Civil and Sacral Legitimation of the Israelite Kings, CB.OT 8, 1976. – M.Noth, David und Israel (1957), ders., Gesammelte Studien zum Alten Testament, TB 6, 3.Aufl. 1966, 334–345. – Ders., Gott, König, Volk im Alten Testament (1950), a.a.O., 188–229. – L.Rost, Die Überlieferung von der Thronnachfolge Davids (1926), ders., Das Kleine Credo und andere Studien zum Alten Testament, 1965, 119–253. – F.Schicklberger, Die Davididen und das Nordreich. Beobachtungen zur sog. Geschichte vom Aufstieg Davids, BZ 18, 1974, 255–263. – L.Schmidt, König und Charisma im Alten Testament, KuD 28, 1982, 73–87. – Ders., Menschlicher Erfolg und Jahwes Initiative. Studien zur Tradition, Interpretation und Historie in den Überlieferungen von Gideon, Saul und David, WMANT 38, 1970. – M.-J.Seux, Königtum. B. II. und I. Jahrtausend, RLA VI, 1980–83, 140–173. – J.A.Soggin, Das Königtum in Israel. Ursprünge, Spannungen, Entwicklung, BZAW 104, 1967. – F.Stolz, Das erste und zweite Buch Samuel, ZB.AT 9, 1981. – The Sacral Kingship. Contributions to the Central Theme of the VIIIth International Congress for the History of Religions (Rome, April 1955), Numen.S 4, 1959. – T.Veijola, Die ewige Dynastie. David und die Entstehung seiner Dynastie nach der deuteronomistischen Darstellung, AASF.B 193, 1975. – Ders., Verheißung in der Krise, AASF.B 220, 1982. – E.-J.Waschke, Das Verhältnis alttestamentlicher Überlieferungen im Schnittpunkt der Dynastiezusage und der Dynastiezusage im Spiegel der alttestamentlichen Überlieferung, ZAW 99, 1987, 157–179. – A.Weiser, Die Legitimation des Königs David. Zur Eigenart und Entstehung der sogenannten Geschichte von Davids Aufstieg, VT 16, 1966, 325–354. – C.Westermann, Das sakrale Königtum in seinen Erscheinungsformen und seiner Geschichte, ders., Forschung am Alten Testament. Gesammelte Studien, Bd.2, TB 55, 1974, 291-308. – DERS., Zum Geschichtsverständnis des Alten Testaments, H.W.Wolff (Hrsg.), Probleme biblischer Theologie, FS G.v.Rad, 1971, 611-619. – K.W.WHITELAM, The Just King. Monarchical Judical Authority in Ancient Israel, JSOT.S 12, 1979. – B.WINFRIED, Königsdogma, LÄ III, 1980, 485-494. –

Eine Legitimation ständiger politischer Herrschaft war in der vorstaatlichen Jahwereligion nicht vorgesehen. So mußte die religiöse Legitimation des Königtums erhebliche theologische Probleme aufwerfen. War die Legitimation der Herrschaft Sauls noch in den Bahnen des charismatischen Heerführertums im Befreiungskrieg möglich, so mußte dieses traditionelle Deutungsmodell gegenüber dem Königtum Davids und Salomos versagen. Mochten einige Hoftheologen auch behaupten, daß David anfangs noch Jahwekriege geführt habe (1.Sam 18,17; 25,28), spätestens seit seinem Sieg über die Philister waren die Kriege Davids auch beim besten Willen nicht mehr auf der Linie der vorstaatlichen Befreiungskämpfe vermittelbar, fehlte diesen weiträumigen Eroberungsfeldzügen doch so ziemlich alles, was jene gekennzeichnet hatte: die anhaltende Notsituation, die Freiwilligkeit der Beteiligung, die Solidarisierung durch einen Charismatiker und die Beschränkung des Kriegszieles auf die Abwendung der Not.[1] David konnte seine Berufstruppe jederzeit und für jeden Zweck in Marsch setzen, er bedurfte des freiwilligen Konsenses der Bevölkerung nicht mehr, Ziel seiner Kriege war die dauerhafte Unterwerfung anderer Völker, die Kontrolle über Handelsstraßen und Rohstofflager und die Rekrutierung von Zwangsarbeitern (vgl. 2.Sam 8,1-15; 10,1-19; 12,26-31). Der Krieg wurde unter ihm zum Mittel königlicher Machtpolitik;[2] damit war es aber unmöglich, in ihm noch ein Rettungshandeln Jahwes für Israel wirksam zu sehen. Der König war nicht mehr als der von Gott gesandte Retter legitimierbar.

In das theologische Vakuum, das sich an dieser Stelle auftat, stießen die davidischen und salomonischen Hoftheologen – zu denken ist etwa an Hofpropheten wie Natan und Gad oder Priester des Staatskultes wie Zadok und Asarja – mit einer für die Jahwereligion neuartigen Legitimation monarchischer Herrschaft hinein, die sich ganz in den Bahnen der vorderorientalischen Königstheologie bewegte.

3.21 Die Königstheologie der Davididen

Die weit überwiegende Zahl unserer Zeugnisse für die israelitische Königstheologie stammt aus dem Umfeld des davidischen Königshauses;[3] für

---

[1] S.o. 124.

[2] Zu dieser grundlegenden Differenz zwischen vorstaatlichen und staatlichen Kriegen, die sich auch in einer gewandelten Darstellungsweise niederschlägt, vgl. J.Kegler, Geschehen, 289ff.; R.Albertz, Schalom (2.3), 20ff.

[3] Dies sind vor allem die im Psalter erhaltenen Königspsalmen (Ps 2; 18; 20; 45; 72; 89; 101; 110; 132; 144,1-11) und 2.Sam 7.

das spätere Nordreichkönigtum gibt es kaum direkte Belege, es muß deswegen hier außerhalb der Betrachtung bleiben.[4] Ich gehe davon aus, daß die davidische Königstheologie in ihren wesentlichen Zügen seit Salomo ausgebildet war, ohne daß behauptet werden soll, daß alle Königspsalmen schon aus dieser Zeit stammen.

Als die Institution des Königtums von Israel übernommen wurde, war diese in der vorderorientalischen Umwelt schon seit Jahrhunderten stark religiös besetzt. Königtum, das bedeutete in der Antike sakrales Königtum mit zum Teil massiven theologischen und kultischen Implikationen.[5] Der König galt im Vorderen Orient mit einigen Varianten mehr oder minder direkt als Repräsentant Gottes auf Erden, als Geschöpf Gottes, Sohn Gottes, Abbild Gottes oder sogar als Gott selber,[6] der nach außen die göttliche Herrschaft durchsetzte und nach innen die göttliche Ordnung aufrichtete und damit den Bestand des Staates garantierte.[7] Es ist darum kein Wunder, daß, kaum etabliert, auch in Israel die Institution des Königtums eine religionsgeschichtliche Eigendynamik entwickelte, welche die antiherrschaftlichen Jahwetraditionen beiseitedrängte.

Die religiöse Legitimation der Monarchie, welche die davidischen Hoftheologen auf der Basis der vorderorientalischen Königstheologie formulierten, lief ebenfalls über ein enges persönliches, ja fast kreatürliches Verhältnis zwischen Jahwe und dem König, das letzteren aus allen Menschen heraushob und ganz in die Nähe Gottes rückte: Jahwe hat den König selber geboren bzw. gezeugt (*jālad*: Ps 2,7; 110,3[8]), zu seinem Sohn und Erstgeborenen erklärt (*ben*: Ps 2,7; 2.Sam 7,14; *bĕkōr*: Ps 89,28), ihn zum Mann seiner Rechten gemacht (*'īš jāmīn*: Ps 80,18; vgl. 110,1), ihn hoch erhoben (*qūm hi.*:[9] 2.Sam 23,1) und auf den Thron zu seiner Rechten gesetzt (Ps

---

[4] Dazu s. aber u. 215f.; 229f. Hier sei nur soviel angemerkt, daß die Gegenüberstellung eines dynastischen Königtums im Süden und eines charismatischen Königtums im Norden durch A.Alt, Königtum, nach heutiger Sicht übertrieben ist (vgl. T.Ishida, Dynasties, 171ff.; L.Schmidt, König, 73ff.) und die erkennbaren Differenzen des religiös-politischen Selbstverständnisses nicht wirklich trifft.

[5] Vgl. den Kongreßband: The Sacral Kingship, dazu: H.Frankfort, Kingship; K.-H.Bernhardt, Königsideologie, 67ff., in kritischer Aufarbeitung der zu pauschalen Sicht der „ritual pattern school"; H.Ringgren, Religionen, 46ff.; 100ff.; 160ff.; 240ff.; M.-J.Seux, Königtum; B.Winfried, Königsdogma; E.Blumenthal, Königsideologie; C.Westermann, Königtum.

[6] Eine Vergöttlichung des Königs begegnet in Mesopotamien nur in den Dynastien von Akkad, Ur III, Isin und Larsa, danach nur noch in sporadischen Ansätzen (vgl. M.-J.Seux, Königtum, 171f.); in Ägypten galt der König dagegen seit dem Alten Reich als inkarnierter Gott Horus; allerdings galt diese Göttlichkeit nur dem Amt. Der regierende König war als Sohn des Sonnengottes Re halbgöttlich und blieb seinem Vater stets verantwortlich; erst als Verstorbener wurde er mit dem Gott Osiris wesensgleich (vgl. B.Winfried, Königsdogma, 487ff.)

[7] So etwa die Theologie der altbabylonischen Königsinschriften, vgl. R.Albertz, Frömmigkeit (2.4), 141ff.

[8] MT ist stark verderbt; ich folge der gängigen Konjektur in den Kommentaren: „Auf heiligen Bergen, aus dem Schoß der Morgenröte habe ich wie Tau dich geboren/gezeugt" (*jĕlidtīkā* vgl.LXX).

[9] Lies mit Q statt ho. *hēqīm 'el[jōn]* „den Eljon erhob", vgl. J.A.Soggin, Beitrag, 24, Anm.2.

110,1); er konnte sogar als Gott bzw. Göttlicher tituliert werden (*'ĕlōhīm*: Ps 45,7).[10]

Es ist immer wieder betont worden, daß – im Unterschied etwa zu Ägypten – Israel kein Gottkönigtum gekannt, der König vielmehr nur als Adoptivsohn Jahwes gegolten habe.[11] Doch waren die Unterschiede eher fließend.[12] Wohl ist in der israelitischen Königstheologie eine gewisse Scheu zu erkennen, den König völlig mit Jahwe zu identifizieren – wahrscheinlich wirkt hier die Transzendenz Jahwes nach, die ihm von der Frühzeit her eignete –, doch hatte die Gottessohnschaft auch in Israel eindeutig eine physische Komponente (*jālad*: Ps 2,7; 110,3) und eine mythische Dimension (110,3; vgl. Ez 28,13).[13] Angesichts des nachweisbaren Einflusses, den Ägypten auf die Ausbildung des judäischen Krönungsrituals genommen hat,[14] legt es sich nahe, Ps 2,7; 110,3 analog ägyptischer Vorstellungen als göttliche Wiedergeburt des Königs bei seiner Inthronisation zu deuten.[15] Wie früh der König geradezu körperlich den üblichen Sterblichen enthoben galt, zeigt die Tatsache, daß schon in der Aufstiegsgeschichte Davids der „Gesalbte Jahwes" (*mĕšīăḥ jhwh*) als sakrosankt angesehen wurde.[16]

Doch wie immer man die Art und Weise der Zuordnung von Gott und König im einzelnen beurteilen mag,[17] wesentlicher ist, daß hier eine exzep-

---

[10] LXX übersetzt *theós*; vgl. auch *'el gibbōr* „mächtiger Gott" bzw. „göttlicher Held" (Jes 9,5) unter den Thronnamen, die dem angekündigten Heilskönig verliehen werden.

[11] Vgl. G.v.Rad, Königsritual, 209; M.Noth, Gott, 221f.; K.H.Bernhardt, Königsideologie, 263f.; 281ff.; T.N.D.Mettinger, King, 259–267. H.Frankfort, Kingship, 341, meinte sogar, dem israelitischen Königtum im Gegensatz zum ägyptischen und sumerisch-babylonischen einen nahezu säkularen Charakter zubilligen zu müssen. Als exegetische Begründung, Ps 2,7 im Sinne einer Adoptionsformel zu interpretieren, nennt T.N.D.Mettinger, King, 261, das *hajjōm* „heute" und die performative Rede. Das Reden von Geburt bzw. Zeugung und die Tatsache, daß in Israel die Adoption unüblich war (vgl. H.Donner, Adoption, 104–114), machen eine solche Deutung eher unwahrscheinlich (so auch J.J.M.Roberts, Defense, [3.1], 391). Ihren apologetischen Charakter deckt B.Lang, König, 39ff., auf.

[12] Selbst in Ägypten blieb der König zu Lebzeiten den Göttern untergeordnet, vgl. E.Blumenthal, Königsideologie, 528.

[13] Ez 28,11ff. bringt den König von Tyros mit dem Urmenschen in Verbindung, der noch unmittelbaren Zugang zum Gottesgarten hatte. In V.14 wird er – nach dem nicht ganz einfachen hebräischen Text – mit einem Kerub, d.h. einem Wesen aus dem göttlichen Hofstaat identifiziert; vgl. T.N.D.Mettinger, 269ff.; B.Lang, König, 52ff.

[14] Vgl. G.v.Rad, Königsritual, 207ff.; *ḥoq* in Ps 2,6 und *'edūt* in 2.Kön 11,12 läßt sich analog zum ägyptischen Königsprotokoll deuten; Jes 9,5 spiegelt die Verleihung der Thronnamen wider, die in der ägyptischen Königstheologie eine große Rolle spielen. Mit vornehmlich ägyptischem Einfluß rechnet auch J.J.M.Roberts, Defense (3.1), 392.

[15] Vgl. M.Görg, Wiedergeburt, 420f., und den ägyptischen Mythos von der „Geburt des Gottkönigs", RT, 56.

[16] Vgl. 1.Sam 24,7.11; 26,9.11.16.23; 2.Sam 1,14.16 und dazu die Bitte Joabs an David in 2.Sam 21,17, nicht mehr selber in den Krieg zu ziehen, „damit du die Leuchte Israels nicht auslöschst."

[17] Hinter der differenten Beurteilung in der Forschung verbirgt sich das methodische Problem, ob man den Königspsalmen oder der Erzählüberlieferung den Vorrang bei der Interpretation der israelitischen Königstheologie einräumt. Gegen die sicher zu weit gehende Ausdeutung der Psalmen in der „myth and ritual school" hatten M.Noth, Gott, 208, und

tionelle Beziehung des Königs zu Jahwe propagiert wurde, die von der Beziehung Jahwes zu Israel weitgehend unabhängig war. So wie David zu seiner Machtausübung nicht mehr notwendig auf das Heeresaufgebot der Stämme angewiesen war, so schuf sich das davidische Königtum seine eigenständige theologische Basis. Sie wird literarisch greifbar in der sogenannten „Natanverheißung" (2.Sam 7; Ps 89,20–38; vgl. Ps 132,11 ff.), der göttlichen Zusage des ewigen Bestandes und gesicherten Herrschaftsanspruches der davidischen Monarchie.

Allerdings ist die Überlieferungsgeschichte von 2.Sam 7 – wie bei fast allen zentralen Texten des Alten Testaments – so kompliziert, daß eine allgemein akzeptierte literarische und zeitliche Zuordnung noch nicht gefunden ist. Die Einschätzungen reichen von komplizierter literarischer Schichtung[18] bis zu weitgehender Einheitlichkeit[19] und von einer Datierung wesentlicher Teile in die Salomozeit[20] bis in die spätexilische Epoche.[21] Während es im Gefolge der detaillierten Analyse von L.Rost lange Zeit üblich war, in den stilistisch herausfallenden Versen 11b und 16, die den ewigen Bestand des David-Hauses zum Inhalt haben, das Urgestein der Dynastieverheißung zu sehen,[22] schreiben jüngere Autoren gerade diese späteren Überarbeitungsschichten zu.[23] Dabei meinen sie, eine ältere Salomo-Verheißung (12–

K.H.Bernhardt, Königsideologie, 82 ff., auf den Vorrang der Erzählüberlieferung insistiert. Eine Synthese beider versucht T.N.D.Mettinger, King, wobei er die Königspsalmen dem „Hofstil" zuordnet und sich darum weigert, deren Aussagen alle wörtlich zu verstehen (102–105). Damit werden aber die kritischen Brechungen und Korrekturen, die der offiziellen Königstheologie erst in einem Jahrhunderte dauernden Streit in Israel abgerungen wurden, von vornherein zu Charakteristika der israelitischen Königstheologie gemacht, die es als Einheit nie gegeben hat. Berücksichtigt man, daß die Königstheologie in Israel stark umstritten war, dann wird man damit rechnen, daß die Konzeptionen der Hoftheologen eher noch massiver waren, als die jetzt überlieferten wenigen Königspsalmen noch erkennen lassen.

18 Vgl. L.Rost, Überlieferung, 159 ff.; T.Veijola, Dynastie, 68 ff.; M.Görg, Gott, 178 ff.; T.N.D. Mettinger, King, 48 ff.; R.Bickert, Geschichte, 17 f., und die dort gegebenen Forschungsüberblicke.

19 Vgl. S.Herrmann, Königsnovelle, 57 f.; M.Noth, David, 337, im Abrücken von seinen Äußerungen in ÜSt, 64 f.; E.Kutsch, Dynastie, 139 ff.; 150, der nur in V.11b ein älteres, in V.13a ein jüngeres Element sieht.

20 So M.Noth, David, 345; T.N.D.Mettinger, King, 60, für sein „Solomonic Document" (V.1a.2–7.12–14a.16LXX.17).

21 So rechnet T.Veijola, Dynastie, 73 ff., die Verse 11b.13.16.18–21.25–29 der dtr. Redaktion zu; V.1b.11a.22–24 dem noch späteren DtrN, die zwei ältere Orakel (V.1a.2–5* und V.8a.9a.12.14 f.17) zusammengefügt hätten; R.Bickert Geschichte, 17 f., teilt fast den ganzen Text zwischen DtrP und DtrN und „einer ausgesprochen spät-dtr. Ergänzung" (V.11b.16.18–21.25–29) auf; nur V.1a.2 f. sind für ihn noch vor-dtr. und könnten eine Brücke zu 2.Sam 6 gebildet haben.

22 Überlieferung, 169–174; V.11b geht innerhalb der Gottesrede in die 3.Pers. über und ist entgegen der Beauftragungssituation V.4 ff. eigentlich Teil eines Berichtes, wie Natan die Botschaft Gottes David übermittelt. V.16 ergeht im MT im Unterschied zu V.12–15 in direkter Anrede; die abweichenden Lesarten von LXX und 1.Chr 17,10b.15 sind Glättungen, bzw. theologisch bewußte Abwandlungen, s.u. 613 f.

23 So T.Veijola, Dynastie, 73 ff., der dtr. Redaktion; T.N.D.Mettinger, King, 56 ff., seiner „Dynastic Redaction" (V.3*.8–9b.11b.14b–15.16MT.18–22a.27–29), die aus der Zeit nach 926, möglicherweise vom Autor der Aufstiegsgeschichte stammt; R.Bickert, Geschichte, 17, rechnet die Verse der spätesten dtr. Bearbeitung zu.

15*) von einer späteren Dynastieverheißung unterscheiden zu können (11b.16), was allerdings ein individuelles Verständnis des Begriffes *zera'* „Same, Nachkommenschaft" V.12 voraussetzt, das zumindest ungewöhnlich ist.[24] Wenn T.Veijola diese Dynastieverheißung auch noch dem Dtr zuschreiben möchte, die dieser erst nach dem Untergang des davidischen Königtums geschaffen habe,[25] dann gerät eine solche Differenzierung vollends in religions- und literaturgeschichtliche Aporien.[26]

Bei solchen Unsicherheiten der Einschätzung von 2.Sam 7 empfiehlt es sich, von externen Daten auszugehen: Unbestritten ist, daß Natan nach der Darstellung der Thronfolgegeschichte bei der Thronbesteigung Salomos die ihm zugeschriebene Verheißung noch nicht kennt (vgl. 1.Kön 1,11–14.22–27); es hat sie darum zu deren Abfassungszeit noch nicht gegeben.[27] Ebenso unbestritten ist, daß die Dynastieverheißung in der frühexilischen Volksklage Ps 89,20–38 und dann auch bei Deuterojesaja (Jes 55,3f.) vorausgesetzt wird. Sie muß also in der Zwischenzeit entstanden sein. Historisch läßt sich ein religiös legitimierter Anspruch der Davididen auf den judäischen Thron eindeutig bei der Revolte gegen Athalja 2.Kön 11,4ff. in der Mitte des 9.Jhs. greifen.[28] Es ist somit wahrscheinlich, daß zu dieser Zeit die Dynastieverheißung zumindest im Entstehen begriffen war. Die Fassung der Natanverheißung in 2.Sam 7,8–9.12.14–15.(16), die schon schwere Krisenerfahrungen der Daviddynastie voraussetzt (14bf.), könnte somit gut in die mittlere oder vielleicht doch eher späte Königszeit gehören.[29]

---

[24] T.Veijola, Dynastie, 70, gibt Anm.14b dem individuellen Veständnis von *zera'* ohne Angabe von Gründen „unbedingt den Vorzug"; T.N.D.Mettinger, King, 53, bringt immerhin zwei Belege für ein mögliches individuelles Verständnis bei (Gen 4,25; 1.Sam 1,11), die aber keineswegs eindeutig sind. Auch der Ausdruck „der aus deinem Leib hervorgeht" meint nur die leibliche Abstammung und legt *zera'* keineswegs auf einen individuellen Sinn fest. Die Zusage V.14a gilt nach der davidischen Königstheologie in jedem Fall jedem inthronisierten Monarchen (Ps 2,7; 89,27); auch die Aussagen 14b.15 können eigentlich nur auf das gesamte davidische Geschlecht bezogen werden (vgl. Ps 89,31–33). Nur V.13 bezieht das *zera'* von V.12 auf Salomo, doch dies ist, wie die Wiederaufnahme von 12b in 13b zeigt, ein – dtr. (vgl. 1.Kön 5,19; 8,19) – Einschub. Erst die Chr beschränkt die Natanverheißung strikt auf Salomo (1.Chr 17,11.14), s.u. 613f.

[25] Dynastie, 73ff.; 136f.

[26] Es wird dann weder verständlich, warum sich nicht nur das DtrG, sondern auch Dtjes auf diese Verheißung als Hoffnungselement haben beziehen und sie zugleich abwandeln können (vgl. J.-E.Waschke, Verhältnis, 175; 178f.; 405f. und 446), noch warum auf die Verheißung im DtrG – abgesehen von 1.Kön 2,24aβ – nur noch mit ganz anderen Formulierungen Bezug genommen wird (1.Kön 2,4; 8,25; 9,5). Wenn Veijola aufgrund seiner Hypothese auch noch Ps 89 und 132 zu „dtr beeinflussten Psalmen" erklären muß (Dynastie, 136; Verheißung, 72ff.; 117f.), dann ist das wenig überzeugend; die Psalmen vertreten noch eine weithin ungebrochene Königstheologie, dtr. Überarbeitungen finden sich nur in Ps 89,31–33 und 132,11b-13; vgl. E.-J.Waschke, Verhältnis, 172–174.

[27] Die eher versteckte Bezugnahme in 1.Kön 2,24aβ erweist sich darum als sekundär.

[28] Vgl. E.-J.Waschke, Verhältnis, 162.

[29] Die Verheißung setzt in V.8.15 die Aufstiegsgeschichte schon in ihrer „prophetischen Überarbeitung" (1.Sam 16,1–13; 28,15f.; vgl. auch schon 18,13) voraus; L.Rost setzte 2.Sam 7,8–11a.12.14–17 bekanntlich in die Zeit kurz nach dem Untergang des Nordreiches 722 (Überlieferung, 174f.). Die Beobachtung von E.-J.Waschke, Verhältnis, 167, daß die in Ps 2,7; 89,27 nominal zugesprochene Gottessohnschaft des Königs in 2.Sam 7,14 im Sinne der „Bundesformel" umformuliert wird, würde eher für eine etwas spätere Zeit, etwa unter Josia sprechen.

Beachtet man nun noch die Hinweise von H.Gese[30] und E.-J.Waschke,[31], daß die von S.Herrmann[32] und M.Görg[33] in die Debatte eingeführte formkritische Parallelstruktur der ägyptischen Königsnovelle bzw. Gott-König-Reden, in denen sich König und Gott gegenseitig ihre Wohltaten füreinander versichern,[34] die in 2.Sam 7 nur eigentümlich gebrochen vorliegt,[35] in Ps 132 eine sehr viel klarere Entsprechung findet, dann können wir eine ältere Stufe der Dynastieverheißung rekonstruieren, die noch ganz den Geist des sakralen Königtums atmet: In Ps 132 wird Jahwe an den Schwur Davids erinnert, für ihn und d.h. konkret für die Lade (vgl. V.6–8) einen angemessenen Wohnort zu finden.[36] Daraufhin erneuert Jahwe seinen Schwur, sich dauerhaft an den königlichen Tempel und das Königshaus David zu binden, seine Herrschaft wachsen und strahlen zu lassen (V.11a.[37]14–18).[38] Die kultische Wohltat des Königs für Gott beantwortet Jahwe – ganz im Sinne der orientalischen Theologie des sakralen Königtums – mit stetigen politischen und wirtschaftlichen Wohltaten für das Königshaus. Es könnte gut sein, daß die älteste Fassung von 2.Sam 7, die noch in Resten in V.1a.2–4a ... 11b ... 16 vorliegt, einmal dementsprechend die Dynastieverheißung auf die Überführung der Lade in den (jebusitischen) Tempel Jerusalems gründete.[39] Diese hätte dann – analog zu ägyptischen Verhältnissen – einmal einen kultischen Sitz im Leben gehabt.

---

[30] Davidsbund, 118 f.

[31] Verhältnis, 170 ff.

[32] Königsnovelle, 57 ff.

[33] Gott, 235 ff.

[34] E.Kutsch, Dynastie, 147 f., verwies auf die entferntere Parallele königlicher Tempelbau-Berichte aus Mesopotamien, die ebenfalls eine wechselseitige Fürsorge von König und Gott erkennen lassen, wandte sie aber nur auf den Zusammenhang von 2.Sam 6 und 7, nicht zur Rekonstruktion der Natanverheißung an.

[35] Eigenartigerweise wird der Tempelbau in V.4b-7 grundsätzlich zurückgewiesen; das Textstück, das schon auf den Pentateuch zurückblickt und offenbar auch schon die priesterliche Bearbeitung voraussetzt (vgl. *miškān* V.6 mit Ex 25,9 ff.), kann nach meiner Einschätzung erst früh-nachexilisch sein (in ähnlicher Richtung auch K.Rupprecht, Tempel [3.3], 66–78; F.Stolz, Samuel, 222); es hat seine nächste Sachparallele in Jes 66,1 f. Die gerne als thematische Klammer des Kapitels genannte Gegenüberstellung (vgl. etwa E.Kutsch, Dynastie, 139): „Nicht du sollst mir ein Haus bauen, sondern Jahwe wird dir ein Haus bauen" (V.5.11b) wird im Text nirgends klar durchgeführt (so schon kritisch M.Noth, David, 335) und ist höchstens kompositorisch vorhanden.

[36] Es ist in Ps 132 wie auch in 2.Sam 7,2 noch nicht von Tempelbau die Rede; dies könnte noch ein Stadium der Jerusalemer Kulttraditon reflektieren, das davon ausging, daß David den jebusitischen Tempel weiter nutzte, was von den Dtr weitgehend unterdrückt worden ist, s. dazu u. 195 f.

[37] V.11b-13 sind dtr. Überarbeitung, vgl. J.-E.Waschke, Verhältnis, 173.

[38] Daß Ps 132,17 auf der Linie der Dynastieverheißung verstanden wurde, zeigen die Dtr, die aus diesem Text die sog. *nīr* („Leuchte")-Verheißung ableiteten, d.h. die Form der Natanverheißung, die nach ihrer Meinung nach dem Zusammenbruch des davidisch-salomonischen Großreiches für das Davidshaus weiter gilt (1.Kön 11,36; 15,4; 2.Kön 8,19), dazu s.u. 407.

[39] Ähnlich F.Stolz, Samuel, 220. Bekanntlich hat V.11b und V.16 in 1.Sam 25,28 und 1.Kön 2,24aβ terminologische Entsprechungen (*ʿāśā bajit* „Haus schaffen"; *bajit neʾěman* „beständiges Haus"). Die zweite Stelle ist sicher eine Erweiterung der Thronfolgeerzählung, die erste vielleicht Bestandteil einer Ergänzung (1.Sam 25,28b-31a) der jetzt unförmigen Abigailrede in der Aufstiegserzählung. So könnte diese Gestalt der Natanverheißung von dem Bearbeiter stammen, der beide Erzählungen über 2.Sam 6 miteinander verklammerte. Zeitlich käme man dabei etwa in die mittlere Königszeit. T.Veijola, Dynastie, 74, möchte die genannten Stellen und 1.Sam

Es könnte sein, daß sich aus 2.Sam 7,16 noch eine ältere Stufe der Traditionsbildung rekonstruieren läßt: Auffällig an diesem Vers ist, daß er anders als sein Kontext nicht als Verheißung Gottes (1.Pers.), sondern unpersönlich formuliert vorliegt (vgl. Ps 89,37f.) und eigentlich die Form eines Wunsches hat: „Bestand haben (*ne'man*) soll dein Haus und dein Königtum ewig vor 'mir'(*lifnaj*)[40], dein Thron soll auf ewig feststehen (*jihjē nākōn ʿad-ʿōlām*)." Ein ähnlich lautender Wunsch ist tatsächlich in 1.Kön 2,45 belegt: „Der König Salomo sei gepriesen, und der Thron Davids soll auf ewig feststehen vor Jahwe (*jihjē nākōn lifnē jhwh ʿad-ʿōlām*)!"[41] Das würde bedeuten, daß die Natanverheißung ursprünglich nichts mit Natan oder kultprophetischer Verkündigung zu tun gehabt hätte, sondern aus den Wünschen der Höflinge beim Thronbesteigungszeremoniell (vgl. 1,37; Ps 45,7) abgeleitet worden wäre. Doch daß auch solche Wünsche keineswegs profan waren, sondern ihre Basis in dem exzeptionellen Gottesverhältnis des Königs hatten, läßt die Vorstellung erkennen, daß der Thron des Königs direkt vor dem Angesicht Gottes steht (2.Sam 7,16cj.26.29; 1.Kön 2,45; Ps 89,37).

Wie schwierig es war, diese eigenständige Basis Königstheologie in das Gottesverhältnis Israels zu integrieren, zeigt sich an der Spätgeschichte der Natanverheißung. In der späteren Königszeit wurde es üblich, die ganz besondere Bindung Jahwes an den König als Bund (*bĕrīt*: 2.Sam 23,5; Ps 89,4f.29.35.40; Jes 55,3) bzw. Gnadenerweis (*ḥesed*: Ps 89,29.50; Jes 55,3) zu bezeichnen. Aber dieser David-Bund hatte trotz terminologischer Übereinstimmung erst einmal mit dem Bund zwischen Jahwe und Israel der dtn./dtr. Theologie nichts zu tun. Noch in Ps 89 ruht er völlig in sich selber, konstitiuert sich unmittelbar aus dem universalen Weltregiment des himmlischen Königs[42] und ist der entscheidende Vertrauensgrund auch des Volkes (V.50).

In 2.Sam 7 fehlt dagegen wohl bewußt der Begriff des David-Bundes, statt dessen wird die Gottessohnschaft des Königs dem israelitischen Bundesverhältnis angeglichen (V.14).[43] Noch einen Schritt weiter ging die dtr. Redaktion des Kapitels, die Jahwes Bindung an Israel wie einen Ring um die Dynastieverheißung legte (V.1b.10-11a.13.22b-26).[44] Die Erwählung der Davididen und Jahwes Bestandsgarantie für

---

2,35; 1.Kön 11,38 alle dem Dtr zuschreiben, wobei er großzügig über die Formulierungsdifferenzen zwischen „Haus schaffen" (*ʿāśā*) und „Haus bauen" (*bānā*) hinweggeht; dies ist jedoch reine Willkür. Einzig für 1.Sam 2,35, wo auf die Erwählung der Zadokiden (1.Kön 2,26) vorausgeblickt wird, kann man eine dtr. Nachbildung vermuten.

40 Lies mit einer MS statt dem Suffix der 2. das der 1.Pers.; vgl. neben 1.Kön 2,45 auch 2.Sam 7,16.26.29; Ps 89,37.

41 Der Wunsch ist hier eigenartigerweise Salomo selber in den Mund gelegt; V.44f. sind möglicherweise eine frühe Ergänzung der Thronfolgeerzählung. Mit dieser Stufe kämen wir nahe an die Salomozeit heran.

42 Vgl. die Entsprechung von V.15 mit V.25.34; *ḥesed* und *'emet*, die im Himmel dem göttlichen König voranschreiten, werden geschichtlich in der treuen Zuwendung Gottes zu David wirksam; vgl. T.N.D.Mettinger, King, 263; E.-J.Waschke, Verhältnis, 170; 178.

43 Im Unterschied zur nominalen Ausdruckweise in Ps 2,7 (*bĕnī 'attā* „mein Sohn bist du"); 89,27 (*'ăbī 'attā* „mein Vater bist du") erinnert die verbale von 2.Sam 7,14 „ich werde ihm Vater sein, und er wird mir Sohn sein" (*'ănī 'ehjē-lō le'āb wĕhū' jihjē-lī lĕben*) an die sog. „Bundesformel" (vgl. V.24; Jer 11,4; Ez 11,20 u.ö. erstmals, wenn auch negativ Hos 1,9), so E.-J.Waschke, Verhältnis, 167. Die gottähnliche Stellung des Königs wird hier in eine geschichtliche Wechselbeziehung umgebogen.

44 In der Abgrenzung der dtr. Anteile folge ich weitgehend T.N.D.Mettinger, King, 51f.; dtr. ist auch die Vorhersage des Tempelbaus durch Salomo V.13.

ihr Königtum wurden damit zu einem „prononcierten Spezialfall" des Bundes zwischen Jahwe und Israel gemacht (vgl. V.24.26).[45] Im Zuge dieser theologischen Integration stellten sie zwar nicht die massive Bindung Jahwes an das Davidhaus als solche, wohl aber die Realisation der Dynastieverheißung unter die Bedingung der Bundesverpflichtung Israels, die ihrer Meinung nach auch für den König galt (1.Kön 2,4; 9,5; vgl. Ps 89,31–33; 132,11b-12). Auch nach dem Abfall Salamos behielt sie für sie ihre – wenn auch reduzierte – Kraft (1.Kön 11,36; 15,4; 2.Kön 8,19) und bildete ein wesentliches Hoffnungselement für die Überwindung der Exilskatastrophe.[46]

Am weitesten ging die Prophetengruppe um Deuterojesaja, die den Davidbund auf das ganze Volk Israel übertrug (Jes 55,3f.) und bewußt auf ein menschliches Königtum verzichtete.[47] Wenn aber noch die Exilstheologen ganz erhebliche Mühe hatten, die Königstheologie in die Gottesbeziehung Israels zu integrieren, dann belegt das noch einmal im nachhinein, wie sperrig sie ursprünglich zur israelitischen Religion gestanden haben muß.

Aus dem exzeptionellen Gottesverhältnis des Königs leiteten die Hoftheologen – auch hierin dem Konzept der vorderorientalischen Königstheologie folgend – direkt seine politischen und sakralen Funktionen ab: Weltherrschaft, Segensmittlerschaft, Rechtshilfe für die Schwachen und Priestertum.

Die Einsetzung des davidischen Königs wurde in unmittelbarem Zusammenhang mit der göttlichen Weltregierung gesehen, wie es am deutlichsten in Ps 2, der wohl einem Ritual zum Gedenken an die Inthronisation entstammt, anschaulich wird. Jahwe war in dieser Theologie nicht mehr nur der Gott Israels, sondern der Herr über die Völkerwelt.[48] Als solcher bändigte er die während des Interregiums aufbegehrenden Vasallen-Völker (V.1–3), indem er einen neuen davidischen König auf seinem heiligen Zionberg weihte, zu seinem Sohn proklamierte (V.7), ihm freigebig die Weltherrschaft gewährte (V.8) und ihm den Auftrag erteilte, die Völker mit harter Hand in die Knie zu zwingen (V.9). Mit der Unterwerfung der Völker setzte somit der König die Herrschaft und Anerkennung Jahwes in der Welt durch (V.10–12a).[49] Dieses Ineinander von göttlicher und königlicher Weltherrschaft, das sich auf ähnliche Weise auch in Ps 89 zeigt,[50] konkretisierte sich etwa darin, daß die Abgesandten der unterworfenen Völker Jahwe in Jerusalem huldigten (Ps 47,10) und David

[45] So treffend J.-E.Waschke, Verhältnis, 167.

[46] S.u. 405f.

[47] S.u. 446.

[48] S.u. 204f.

[49] V.12b ist ein Zusatz aus der Zeit, als der Psalm messianisch verstanden wurde. Er bezieht die Frommen des Volkes Israels mit ein, das sonst im Psalm gar keine Rolle spielt.

[50] Vgl. die Entsprechungen zwischen dem Jahwehymnus (V.6–19) und dem Königsorakel (20–38), auf die J.B.Dumortier, Rituel, 185ff., T.N.D.Mettinger, King, 263, und J.-E.Waschke, Verhältnis, 170, hingewiesen haben. Der siegreichen Herrschaft Jahwes über die aufbegehrenden Chaosmächte V.10–13 entspricht die Delegation der Herrschaft über das Meer und die Ströme an David in V.26.

Jahwe Anteil an seinen Feldzügen gab, indem er ihm die kostbarsten Beutestücke weihte (2.Sam 8,11).[51]

Auch wenn die israelitischen Könige nur wenig Gelegenheit hatten, die theologische Konzeption in die Tat umzusetzen, klar ist, daß sich von ihr her jede Art von Eroberungskrieg legitimieren ließ. Der Krieg wurde hier zum Bestandteil einer umfassenden theologischen Weltordnungsvorstellung, welche die Interessen des eigenen Staates völlig absolut setzte. Jahwe wurde in der Königstheologie zum Symbol einer expansiven politischen Herrschaft.[52]

Auffällig ist wiederum, wie sehr dabei der Bezug Jahwes zu Israel in den Hintergrund tritt. War in den Befreiungskriegen der vorstaatlichen Zeit das rettende Handeln Jahwes auf Israel als ganzes bezogen, so wurde dies in den staatlichen Kriegen auf den König beschränkt (2.Sam 8,6.14); die Feinde, die Jahwe hier unterwarf, waren Feinde des Königs (Ps 110,1f.; 72,9; vgl. 18,40.44), nicht mehr unbedingt Israels Feinde. So spiegelt sich die Wandlung der Kriege vom Befreiungskrieg des Volkes zum Mittel königlicher Machtpolitik auch auf der theologischen Ebene.

Hatten die Charismatiker als Mittler des Rettungshandelns Gottes gegolten, so bestand nach der Königstheologie die wichtigste innenpolitische Funktion des Königs darin, Mittler und Garant des göttlichen Segenshandelns zu sein (Ps 21,7).[53] In der Königsfürbitte Ps 72 wird er regelrecht mit dem Regen gleichgesetzt, der auf den Acker herabflutet (V.6f.), es sprossen aber nicht nur „seine Früchte" (V.16), sondern umfassend Heil (*ṣedeq*) und Frieden (*šālōm*; V.7). Der König bewirkte nach dieser Vorstellung sowohl die Fruchtbarkeit der Felder als auch das öffentliche Wohl des ganzen Landes. Ähnlich wie in Ägypten konnte auch in Israel der König als Lebenshauch angesehen werden, von dem alles Leben im Lande abhing (Klgl 4,20). Deswegen war es wichtig, daß der König durch seine Gesundheit und sein langes Leben die Segenskraft selber symbolisierte (Ps 72,5.17). Hinter dieser eigenartigen Verquickung von naturhafter und politischer Sphäre steht wohl die in der Antike noch massiver als heute gemachte Erfahrung, daß innen- und außenpolitische Stabilität eine Grundvoraussetzung für ein „blühendes" Wirtschaftsleben ist. Eine solche in einem für Israel bis dahin unbekannten Ausmaß geschaffen zu haben, gehörte ja zu den wichtigsten Aktivposten, die das Königtum für sich in Anspruch nehmen konnte (1.Kön 4,20; 5,5). So wird denn auch in der Josephgeschichte die königliche Beamtenherrschaft damit legitimiert, daß durch sie die wirtschaftliche Versorgung selbst noch in Notzeiten gesichert werden kann (Gen

[51] Zur Weltherrschaft vgl. Ps 46,9–11; 47,4f.; 72,8–11; 89,26.28.

[52] Vgl. R.Albertz, Schalom (3.1), 21f. Wohl wird das universale Reich, das Jahwe mit Hilfe seines Gesalbten vom Zion her aufrichtet, als „Friedensreich" verstanden (Ps 46,10f.), aber es handelt sich um einen Frieden, der auf der Unterwerfung der anderen Völker gründet.

[53] Vgl. J.A.Soggin, Beitrag, 24f.

45,5–11; 50,20).[54] Die Funktion, Garant von Sicherheit und Wohlstand zu sein, war somit eine ganz wesentliche theologische Legitimation des iraelitischen Königtums, die ihm wahrscheinlich sogar relativ breit abgenommen wurde.

Neben der politischen Segensmittlerschaft nahm das davidische Königtum für sich in Anspruch, Rechtshelfer der Armen und Schwachen zu sein (Ps 72,2.4.12f.; vgl. 45,7f.; 101). Dieser Anspruch gehörte fest zum Repertoire der altorientalischen Königstheologie,[55] doch ist schwer abzuschätzen, wieweit er in Israel eine Rolle spielte.[56] Wohl hören wir einige Male davon, daß Könige als eine Art Appellationsinstanz angegangen werden konnten (2.Sam 14,4–12; 15,1ff.; 2.Kön 6,26ff.; 8,3ff.), doch war die Bedeutung der königlichen Rechtsprechung neben der Torgerichtsbarkeit anfangs sehr begrenzt,[57] und als sie sich ausweitete, hat sie die sozialen Konflikte eher geschürt als gemildert (Jes 10,1f.; Jer 22,15ff.). Anders als in Mesopotamien hatte der König in Israel keine direkte gesetzgebende Funktion, war aber über das von ihm geschaffene Jerusalemer Obergericht immerhin an den beiden großen Reformgesetzgebungen der vorexilischen Zeit, der hiskianischen Reform (Bundesbuch) und josianischen Reform (Dtn) indirekt beteiligt.[58] Zentral wurde die Aufgabe des Königs als Rechtshelfer der Schwachen erst in der Erwartung eines besseren, zukünftigen Königtums (Jes 11,3–5).

Die Funktionen des Königs waren aber nun keineswegs auf den politischen und rechtlichen Bereich beschränkt. Entsprechend der Konzeption vom sakralen Königtum beanspruchten die Davididen selbstverständlich auch kultische Funktionen so wie die jebusitischen Könige vor ihnen.[59] Als Priester vollzog der König selber den Opferkult, besonders an herausragenden Festtagen (2.Sam 6,17f.; 1.Kön 8,62f.; 2.Kön 10,18ff.25), und wie ein Priester teilte er dem Volk den gottesdienstlichen Segen aus (2.Sam 6,18; 1.Kön 8,14.55 vgl. Ps 21,7). Die kultischen Aktivitäten des Königs waren wahrscheinlich noch vielseitiger, wie ein Kulttanz Davids (2.Sam 6,14ff.) und das Fürbittegebet Salomos (1.Kön 8) bezeugen. Doch abgesehen davon, wieweit die Könige ihre kultischen Funktionen wahrnahmen, sie leiteten aus ihrer besonderen Gottesbeziehung den grundsätzlichen Anspruch ab, die Heiligkeit der Priester zu besitzen und wie diese die kultische Vermittlung zwischen Gott und Volk übernehmen zu können. Als Träger

---

[54] Diese Funktion der Josephsgeschichte hat F.Crüsemann, Widerstand (3.1), 148f., überzeugend herausgearbeitet; E.Blum, Komposition (2.1), 241ff., hat allerdings gute Gründe beigebracht, sie als Legitimation des Nordreichkönigtums (aus 8.Jh.?) zu verstehen.

[55] Vgl. K.W.Whitelam, King, 17ff.

[56] Zu einer zurückhaltenden Einschätzung kommt G.Chr.Macholz, Stellung, 181; mit einer größeren Bedeutung, die nur durch die Selektion der Überlieferung nicht mehr voll erkennbar sei, rechnet K.W.Whitelam, King, 219ff.

[57] Beschränkt auf das Heer, die Mitglieder der königlichen Familie, die Beamten, die Hauptstadt und die Festungsstädte, vgl. G.Chr.Macholz, Stellung, 175–179.

[58] S.u. 286 und 317ff.

[59] Vgl. den legendären „Priesterkönig“ Melchisedek Gen 14,18; Ps 110,4.

des göttlichen Geistes (1.Sam 16,13; 2.Sam 23,2; vgl. Jes 11,2; 42,1; 61,1) beanspruchten sie auch die Stellung eines Offenbarungsmittlers (2.Sam 23,2f.; Prov 16,10).[60] Eine engere Verquickung von Thron und Altar läßt sich kaum denken; der israelitische Großkult wurde zu einem wesentlichen Teil zum königlichen Staatskult.[61] Erst nach dem Untergang der Institution des Königtums, im Exil, wurde diese Umklammerung aufgelöst und dem König seine priesterliche Funktion abgesprochen (Ez 43,1–12; 46).[62]

Der Einschnitt, den die hier skizzierte Königstheologie für die Jahwereligion bedeutete, ist in seiner Tiefe und in seinen Folgen kaum zu überschätzen. Hier drang mit dem ganzen Rückhalt staatlicher Unterstützung eine Theologie in die offizielle Religion Israels ein, die nicht nur völlig andere Wurzeln hatte, sondern auch zu vielem völlig querstand, was die Jahwereligion von ihren Ursprüngen her ausgemacht hatte. Zwei Konfliktpunkte sind vor allem zu benennen: erstens die Monopolisierung der Gottesbeziehung Israels durch das Königtum und zweitens die enge Verquikkung Jahwes mit der staatlichen Macht.

Die von den Hoftheologen propagierte Theologie versuchte, den König zu einem umfassenden Heilsgaranten für Israel aufzubauen. Nach ihrem Verständnis vermittelte der König Israel nicht nur Jahwes politisch-geschichtliches Handeln in der Völkerwelt, sein segnendes Handeln in Natur und Gesellschaft, sondern auch Jahwes gottesdienstliche Nähe; d.h. alle wesentlichen Aspekte der Gottesbeziehung der Großgruppe, der kreatürliche, der politische und der kultische, sollten nach dieser Anschauung über den König laufen und in seiner Person ihre Einheit finden.[63] Was aber wurde dann aus der unmittelbaren Beziehung Jahwes zu Israel, die in der vorstaatlichen Geschichte gewachsen war? Von Hause aus stand die Königstheologie dieser Geschichte völlig fremd gegenüber. Zwar gelang es dem davidischen Königshaus nie, sich – wie etwa das sumerische – mythologisch zu begründen als ein Königtum, das mit der Urzeit vom Himmel herabgestiegen sei, aber immerhin schuf es sich mit der Natanverheißung eine eigenständige geschichtliche Begründung, die erst einmal vom Exodus, der die Gottesbeziehung des Volkes geschaffen hatte, völlig unabhängig war.[64] War nunmehr Israel notwendig auf die Vermittlung des königlichen Gottessohnes angewiesen, um mit Jahwe in Beziehung zu treten? Es hat wahrscheinlich eine Gruppe unter den Hoftheologen gegeben, die in diese Richtung dachte. Doch es hat auch entschlossenen Widerspruch dagegen gegeben; jedenfalls läßt sich eine ganze Anzahl von Versuchen erkennen,

---

[60] Vgl. auch „Salomos Traum" im Heiligtum von Gibeon 1.Kön 3,4–15; zum Ganzen T.N.D.Mettinger, King, 233ff.; L.Schmidt, König, 82ff.

[61] S.u. 193ff.

[62] S.u. 456.

[63] Dies ist durchaus vergleichbar mit der königlichen Monopolisierung der gesamten Gottesbeziehung in der Atons-Religion Echnatons, vgl. J.Assmann, Häresie, 123.

[64] Vgl. Ps 132,17f.; 89,20–30.34–38; in 2.Sam 7 ist diese Sonderstellung schon durch spätere Korrekturen (V.8f.) und Überarbeitungen (10–11a.22b-26 und 4b-7) verwischt, s.o. 180f.

zwischen der neu propagierten exzeptionellen Bindung Jahwes an das Königshaus und seiner traditionellen Bindung an das Volk Israel zu vermitteln.

Noch empfindlicher war natürlich die Jahwereligion von der Vereinnahmung für die königliche Politik getroffen. Jahwe, der einmal Symbol der Befreiung von staatlicher Unterdrückung gewesen war, wurde von den Hoftheologen zum Garanten staatlicher Macht gemacht, die nicht nur gegenüber fremden Völkern (Expansionskriege), sondern auch gegenüber der eigenen Gesellschaft (Fronarbeit) erneut Unterdrückungsmechanismen aufbaute. Hier war der ursprüngliche Impuls regelrecht konterkariert, hier verkam die Jahwereligion zur Überhöhung politischer Machtinteressen, geriet zur Ideologie im strengen Sinn des Wortes.[65] So ist es kein Zufall, daß an dieser Stelle der Widerspruch besonders scharf aufbrach. Es ist eine Besonderheit der israelitischen Religionsgeschichte, die sich nur aus ihren außergewöhnlichen Startbedingungen erklären läßt, daß die machtpolitische Vereinnahmung Jahwes in der Königstheologie nicht widerspruchslos hingenommen wurde.[66]

3.22 *Aufstandsbewegungen und Gegenpositionen*

Die zweite Hälfte der Regierungszeit Davids wurde von zwei Aufständen schwer erschüttert, dem Absalom-Aufstand (2.Sam 15–19) und dem Scheba-Aufstand (2.Sam 20). Nur etwa zwei Jahrzehnte der Erfahrung mit dem Königtum hatten ausgereicht, trotz aller blendenden Anfangserfolge die Unzufriedenheit unter weiten Teilen der Bevölkerung so zu steigern, daß die traditionellen tribalen Entscheidungsträger von ihrem Königsvertrag mit David abrückten und sich zu einer großen, Nord und Süd gleichermaßen umfassenden Koalition der „Ältesten Israels" und „Männer Israels" (17,4.15; 15,13; 17,14 u.ö.) gegen ihn vereinigten.[67] Ziel des Absalom-Aufstandes war zwar nicht die Abschaffung der Monarchie, wohl aber die Beseitigung ihrer autokratischen Ausprägung, die sie unter David gewonnen hatte, und der Versuch, mit dem jungen Königssohn Absalom eine Art konstitutionelle Monarchie zu errichten, die den tribalen Gremien politische Mitwirkungsrechte einräumte und den vorstaatlichen Idealen Israels mehr entsprach (2.Sam 17,4.11.14).[68] Als dieses – für die Antike ganz erstaunliche – Experiment scheiterte, der Heerbann der Stämme von den Söldnern Davids geschlagen und Absalom getötet wurde (2.Sam 18) und es David gelang, einen Keil zwischen Süd und Nord zu treiben, brach der noch radikalere Scheba-Aufstand los, bei dem die nord- und mittelpalästinischen Stämme ihre Gefolgschaftsverpflichtung gegenüber dem davidischen Königshaus restlos aufkündigten. Die Parole dieses Aufstandes

---

65 So klar O.Eißfeldt, Königsprädizierung, 216ff.
66 S.u. 262f. und 443ff.
67 Dazu s. F.Crüsemann, Widerstand (3.1), 94–104.
68 So überzeugend H.Tadmor, Institutions, 246–249.

2.Sam 20,1 Wir haben keinen Anteil an David
und kein Erbe am Sohn Isais.
Ein jeder zu seinen Zelten, Israel!

beinhaltet ganz sicherlich eine Totalverweigerung auf militärischem Gebiet (vgl. Ri 7,8; 1.Sam 4,10; 13,2 u.ö.), möglicherweise aber sogar eine Abkehr vom Königtum als solchem.[69] Erst die Niederschlagung dieses Aufstandes ermöglichte, daß sich in Israel die Konzeption des sakralen Königtums nach orientalischem Vorbild voll durchsetzen konnte (Salomo). Die Freiheitsbestrebungen des Nordens machten sich noch einmal gegen Ende der Regierung Salomos im Jerobeam-Aufstand Luft (1.Kön 11,27ff.; 12), mündeten aber wieder in die Errichtung einer — wenn auch zunächst alternativ konzipierten — Monarchie.[70]

Leider sind wir über das politische und theologische Selbstverständnis dieser Aufstandsbewegungen nur ansatzweise informiert, da die Berichte von ihnen allesamt von der Gegenseite stammen; aber immerhin hat F.Crüsemann wahrscheinlich gemacht, daß eine Reihe königskritischer Texte des AT solchen Widerstandsgruppen der frühen Königszeit zuzuordnen sind.[71] Die hieraus noch erkennbare Argumentation gegen das Königtum verlief einmal auf politischer, zum anderen auf theologischer Ebene: Ätzende politische Polemik findet sich in der Jothamfabel (Ri 9,7-15) und im sog. „Königsrecht" (1.Sam 8,11-17): Nur der gesellschaftlich Unnütze wird König, und er nimmt euch alles weg, eure Söhne, Töchter, Sklaven, Äcker und Vieh! Hier wird das Selbstverständnis der Gruppe erkennbar, die sich ihres gesellschaftlichen Werts durchaus bewußt ist, die aber durch das Königtum erhebliche materielle Einbußen befürchtet. Grundsätzlicher ist die theologische Kritik, die in Stellen wie Ri 8,22f.; 1.Sam 8,7; 12,12 gegen das Königtum vorgetragen wird: Die institutionelle Verfestigung politischer Herrschaft im dynastischen Königtum tangiert, so wird am Beispiel Gideons demonstriert, die Herrschaft Jahwes über Israel (Ri 8,22f.). Oder noch schärfer: Die Errichtung eines menschlichen Königtums ist ein Angriff auf das Königtum Jahwes (1.Sam 8,7; 12,12). Auch in den Widerstandsgruppen wurde also die Vorstellung eines göttlichen Königtums aufgegriffen, aber polemisch gegen die politische Institution des Königtums gewendet: Behauptete die Königstheologie, daß der König ausführendes Organ der göttlichen Weltregierung sei, der davidische König somit das Königtum Jahwes repräsentiere, so hielten die Widerstandsgruppen dagegen, daß die Monarchie Jahwe faktisch aus seiner Herrscherstellung verdränge und damit „praktizierten Atheismus" bedeute.[72] Interessant ist, daß in diesen tribal gesinnten Kreisen das Königtum Jahwes nicht — wie in der Königstheologie — auf die Völkerwelt oder auf den König,[73] sondern auf Israel bezogen wird.[74]

---

69 So F.Crüsemann, Widerstand (3.1), 107.
70 Dazu s.u. 216.
71 Widerstand, 42ff.; 66ff.; 86f.; 122ff.
72 Vgl. F.Crüsemann, Widerstand, 73-84; Zitat auf S.84.

Sie wehrten sich also nicht nur gegen eine machtpolitische Vereinnahmung Jahwes, sondern auch gegen eine Monopolisierung der Gottesbeziehung durch das Königtum. Jahwe war direkt und unmittelbar König bzw. Herrscher über Israel, er bedurfte der Vermittlung durch das Königtum nicht. Neben der antiherrschaftlichen Tendenz verschaffte sich somit auch der populistische Zug der vorstaatlichen Jahwereligion in der Königszeit Geltung. Dem entspricht auf politischer Ebene ein Beharren auf dem tribalen israelitischen Gesellschaftsmodell: Wenn die Konzeption Israels als 12-Stämmevolk (Gen 49; Dtn 33) sehr wahrscheinlich erst in der frühen Königszeit entstanden ist,[75] dann läßt sie sich nur als ein Alternativentwurf der tribal gesinnten Oppositionsgruppen gegen den inzwischen entstandenen monarchischen Zentralstaat verstehen: Nicht durch den König, sondern durch die Stämme sollte die Einheit Israels konstituiert sein.

In den frühen Aufstandsbewegungen gegen das Königtum wirkten somit die politischen und religiösen Traditionen der vorstaatlichen Zeit in ganz erheblichem Umfang weiter. Dies wird noch deutlicher beim Arbeitskampf gegen die salomonische Fronarbeit zutage treten, der nachweislich unter Berufung auf die Exodustradition geführt wurde.[76] Die antiherrschaftliche Symbolik der vorstaatlichen Jahwereligion bewies darin ihre Kraft, daß sie unter den gewandelten gesellschaftlichen Verhältnissen nicht einfach aufgegeben wurde, sondern – nun gesellschaftlich dysfunktional – weiterwirkte.

3.23 Rechtfertigungen des Königtums und Vermittlungspositionen

Auch wenn die Widerstandsbewegungen gegen das davidische Königtum letztendlich politisch scheiterten, haben sie dennoch das Königtum gezwungen, sich politisch und theologisch zu rechtfertigen und damit nach einer Vermittlung zwischen der schroffen Position der altorientalischen Königstheologie und der traditionellen Jahwereligion zu suchen. Die ersten Literaturwerke Israels, die „Thronfolgegeschichte" (2.Sam 9 – 1.Kön 2)[77] und

---

[73] S.o. 181f.

[74] So später wieder bei Deuterojesaja (Jes 41,21; 43,15; 44,6); s.u. 444.

[75] Vgl. die Einbindung und Vorordnung Judas in Gen 49,8–12, die sich am besten aus der davidischen Reichsbildung erklärt, bei gleichzeitiger Betonung Josephs (V.22–26); dazu S.Herrmann, Entwicklungen, 152f.; R.Albertz, Israel (2.3), 377.

[76] S.u. 217ff.

[77] Vgl. dazu immer noch grundlegend L.Rost, Überlieferung, 191ff.; die neuere Literatur findet sich bei O.Kaiser, Beobachtungen. Bekanntlich sind die Abgrenzung, das Ausmaß der literarischen Überarbeitung und die Tendenz umstritten, was hier im einzelnen nicht diskutiert werden kann. Nur soviel: Das umstrittene Kapitel 1.Kön 2 gehört zur Erzählung hinzu, da 1,50–53 der Konflikt zwischen Salomo und Adonja noch nicht abschließend gelöst ist. Allerdings ist das Kapitel mehrfach überarbeitet: 2,24aβ.26–27a.31b-33.44–45 sind wohl ergänzt von dem Redaktor, der Aufstiegs- und Thronfolgegeschichte miteinander verband; dies kann auch der Autor ersterer selbst gewesen sein. 2,1b-9.11.27b sind dtr. Verklammerungen, die u.a. Salomo entlasten sollen. Berücksichtigt man die Tatsache, daß Herrschaftssicherungsmaßnahmen in der Antike häufig auf die Beseitigung der Opponenten hinausliefen (so auch schon in 1,12 vorausgesetzt), dann sind die Morde Salomos so außergewöhnlich nicht und brauchen

die „Aufstiegsgeschichte Davids" (1.Sam 16,14* – 2.Sam 5,12),[78] sind aus diesem Anliegen entstanden. Wenn deren Autoren, die wahrscheinlich in der Beamtenschaft im Umkreis des Hofes zu suchen sind, den König so gar nicht übermenschlich wie die Königspsalmen, sondern mit allen menschlichen Stärken und Schwächen behaftet darstellen, was im Vorderen Orient ohne jede Parallele ist, dann tun sie das, um ihn den kleinbäuerlichen Vorstellungskategorien der israelitischen Gesellschaft näherzubringen.[79] Mit ihm, dem trickreichen und doch großmütigen jungen Mann, mit ihm, dem rührenden Vater in Freud und Leid sollen sich alle jungen Männer und Familienväter identifizieren können! Hand in Hand geht damit eine politische und theologische Rechtfertigung: David war unschuldig am Untergang Sauls,[80] sein Scheitern und Davids Aufstieg sind vielmehr das Werk einer geheimen Führung[81] und des Beistandes Jahwes.[82] Ihr hat sich David im Gegensatz zu Saul in seinen fortlaufenden Jahwebefragungen gehorsam unterworfen.[83] Darum war sein Weg zum Königtum trotz aller Schwierigkeiten

nicht auf eine grundsätzlich königskritische Haltung des Verfassers hinzuweisen. Ihm – den ich durchaus in der Nähe des Hofes vermute – ging es darum, realistisch möglichen innenpolitischen Gegnern warnend und werbend zu zeigen, wie die legitime Herrschaft des davidischen Königshauses nach mancherlei Turbulenzen fest und unverrückbar gesichert werden konnte (vgl. 1.Kön 2,46; ähnlich auch J.Conrad, Gegenstand, 165ff.). Ein solches Anliegen ist aber nur plausibel, solange die Institution des davidischen Königtums noch neu und grundsätzlich anfechtbar war. Eine Datierung in die Regierungszeit Salomos, der sich mindestens eines Aufstandes erwehren mußte (1.Kön 11,26–28), wie sie schon L.Rost, Überlieferung, 233f., vorgeschlagen hat, ist immer noch die wahrscheinlichste Lösung (gegen O.Kaiser, Beobachtungen, 20, der in die Zeit zwischen Hiskia und Jojakim hinabgehen will, sich aber immerhin dagegen wehrt, die absurde Datierung in die nachexilische Zeit durch J.van Seters zu akzeptieren).

[78] Die Aufstiegsgeschichte ist wahrscheinlich jünger als die Thronfolgegeschichte, wie die Verweise auf jene zeigen (1.Sam 20,16.42; 23,17; 24,22 weisen auf die Schonung der Sauliden in 2.Sam 9; 16,3; 19,25–31; 2.Sam 3,39 auf 1.Kön 2,32–34; 2.Sam 4,4 auf 2.Sam 9). Ob sie von vornherein auf jene hin verfaßt oder nachträglich mit ihr verknüpft wurde, kann hier offenbleiben. Der lockerere Charakter der literarischen Fügung, der gerne für das ältere Datum der Aufstiegsgeschichte genannt wurde (etwa noch von F.Crüsemann, Widerstand, 131), spricht nicht dagegen; er hängt vielmehr mit dem mehr anekdotenhaften Überlieferungsmaterial zusammen, das dem Verfasser für die Frühzeit Davids zur Verfügung stand. Ab 1.Sam 27 geht auch die Aufstiegsgeschichte in eine durchkomponierte Geschichtserzählung über. Die eindeutige, David gegenüber Saul legitimierende Tendenz spricht für eine zeitliche Ansetzung kurz nach der Reichsteilung (so auch T.N.D.Mettinger, King, 41; F.Schicklberger, Davididen, 262f.; vgl. auch J.Conrad, Hintergrund, 327, der sich dann aber für die Zeit Jehus entscheidet).

[79] So C.Westermann, Geschichtsverständnis, 615–619; J.Kegler, Geschehen, 130–136; 186–188.

[80] Vgl. 1.Sam 26,19; 27,3f.11f.; 29,7ff.; 30; 2.Sam 1,11ff.; 2,4b-7; 3,22–39; 4,9ff.

[81] Vgl. 1.Sam 20,22; 22,3.5; 23,14; 25,26.31.33f.; 2.Sam 4,9 und 2.Sam 12,15; 15,31 + 32ff.; 16,12; 17,14; 18,19.31; 1.Kön 1,29; 2,15 und A.Weiser, Legitimation, 335.; G.v.Rad, Anfang (3.1), 186.

[82] Vgl. 1.Sam 16,18; (17,37); 18,12.14.28; 20,13; (26,25); 2.Sam 5,10 und 14,17; 1.Kön 1,37.

[83] Vgl. 1.Sam 22,10.13.15; 23,1–12; 30,7.; 2.Sam 2,1; vgl. 5,19.23; die prophetische Bearbeitung der Aufstiegsgeschichte kontrastierte dies mit der verzweifelten illegtimen Totengeistbefragung Sauls (28,3–25).

von Anfang an vorgezeichnet und von niemanden aufzuhalten.[84] Auf diese Weise versuchen die Hofbeamten, der Bevölkerung den Anspruch der Königstheologie, daß der davidische König der Erwählte Jahwes sei (*bāḥar*: Ps 47,5; *bāḥīr/bāḥūr*: 89,4.20), aus dem Verlauf der Geschichte plausibel zu machen.[85] Für die prophetische Überarbeitung der Aufstiegsgeschichte beweist der wunderbare Aufstieg Davids den Anspruch der Königstheologie, daß das königliche Charisma von Saul für immer auf David übergegangen sei (1.Sam 16,13f.).

Auf einen weiteren interessanten Ausgleichsversuch zwischen Königstheologie und traditioneller Jahwereligion hat T.N.D.Mettinger aufmerksam gemacht.[86] Er stammt wahrscheinlich aus frühen Propheten-Kreisen des Nordreiches, wurde aber etwa ab der mittleren Königszeit von davidischen Hoftheologen übernommen:[87] Nach diesem wird der König als der von Jahwe designierte Führer über sein Volk Israel bestimmt:

1.Kön 14,7 Ich machte dich zum *nāgīd* über mein Volk (*'al-'ammī*) Israel.
1.Sam 10,1 Wahrhaftig, Jahwe hat dich über sein Erbe (*'al-naḥălātō*) zum *nāgīd* gesalbt.
2.Sam 5,2 Jahwe sagte zu dir: „Du sollst mein Volk Israel weiden und du sollst *nāgīd* über Israel sein."[88]

Das Wort *nāgīd* bezeichnete wahrscheinlich den öffentlich verkündeten Thronprätendenten (1.Kön 1,35; 2.Chr 11,22).[89] Bevor der König den Thron bestieg, war somit Jahwe – entweder konkret durch einen Propheten oder doch zumindest theoretisch – an seiner Bestimmung beteiligt. Auffallend ist in diesen Formulierungen die ausdrückliche Bezeichnung Israels als Volk (*'am*) oder als Erbe (*naḥălā*) Jahwes. Die enge personale Beziehung Jahwes zu Israel wird also ausdrücklich hervorgekehrt. Indem Jahwe sich um sein Volk kümmert, bestimmt er einen Menschen aus diesem Volk zum König. Es geht vielleicht zu weit, mit T.N.D.Mettinger hier von einer Demokratisierung der Gottessohnschaftsvorstellung der vorderorientalischen Königstheologie zu sprechen, die den König zum *primus inter pares* depo-

---

[84] 1.Sam 18,8; 20,31; 21,12; 23,17; 24,21; 25,28.30; 2.Sam 3,9f.17.18.21 und für Salomo 1.Kön 1,48; 2,24aα.

[85] 2.Sam 6,21; 16,18; vgl. 1.Sam 16,8.9.10; ein frühes Zeugnis für das Erwählungsbewußtsein Davids ist der Name seines Sohnes *Jibḥar* „(Gott) hat erwählt" 2.Sam 5,15.

[86] King, 151–184; 267f.; vgl. auch die im Detail unterschiedlichen, aber in der Tendenz ähnlichen Erwägungen von L.Schmidt, Erfolg, 170f.

[87] A.a.O., 167ff.; vgl. in bezug auf Saul 1.Sam 9,16; 10,1 und Jerobeam 1.Kön 14,7.

[88] Vgl. auf Saul bezogen noch 1.Sam 9,16 (wie 10,1 einer prophetischen Bearbeitung von 1.Sam 9f. aus dem Nordreich zugehörig, vgl. L.Schmidt, Erfolg, 102); auf David bezogen noch 1.Sam 13,14 (13,7b-15a sind eine sekundär eingeschobene Verklammerung von Saul- und Davidstradition); 25,30; 2.Sam 6,21 (wohl wie 5,2 der Redaktion zuzuschreiben, die Aufstiegs- und Thronfolgegeschichte verklammerte); 2.Sam 7,8 (josianische [?] Stufe der Natanverheißung). Dtr. Aufnahmen sind 1.Kön 16,2; 2.Kön 20,5.

[89] So mit Recht T.N.D.Mettinger, King, 155–162; E.Lipiński, Nāgīd, in Korrektur älterer Ansichten (A.Alt, Staatenbildung (3.1), 23: „von Jahwe Kundgegebener"; L.Schmidt, Erfolg, 141ff.: „Führer des Heerbannes").

tenziere,[90] aber sicher ist damit zugestanden, daß die traditionelle Beziehung Jahwes zu Israel die Basis bildet, zu der seine besondere Beziehung zum König erst hinzukommt. Der König übernimmt zwar innerhalb des Verhältnisses Jahwes zu Israel eine Führungsfunktion, aber er konstituiert diese nicht. Hier wird zum ersten Mal deutlich der Versuch erkennbar, das Königtum positiv in die traditionelle Jahwereligion einzubinden, seinem religiösen Monopolanspruch jedoch einen Riegel vorzuschieben. Wenn die Hoftheologen sich auf diesen Kompromiß einließen, dann geschah das wohl, um die Akzeptanz des Königtums in der israelitischen Gesellschaft zu erhöhen. Institutionelle Zugeständnisse waren damit offenbar nicht verbunden, aber doch immerhin eine ideologische Schranke aufgerichtet dagegen, daß sich das Königtum in Israel zu dem alleinigen zentralen sakralen Mittelpunkt der Gesellschaft entwickeln konnte (wie etwa in Ägypten). Und vielen mag der Kompromiß es erleichtert haben, sich mit der neuen Institution abzufinden. Erst Hosea und das Deuteronomium sollten darüber hinausgehen und dem Königtum jede sakrale Dignität bestreiten.[91]

3.3 Der staatliche Großkult im Süden

A.Alt, Gedanken über das Königtum Jahwes (1945), Kleine Schriften zur Geschichte des Volkes Israel I, 3.Aufl. 1963, 345–357. – R.Bach, „..., der Bogen zerbricht, Spieße zerschlägt und Wagen mit Feuer verbrennt", H.W.Wolff (Hrsg.), Probleme biblischer Theologie, FS G.v.Rad, 1971, 13–26. – B.Bagatti, Il „Tempio di Gerusalemme" dal II all' VIII Secolo, Bib. 43, 1962, 1–21. – Ders., La posizione del tempio erodiano di Gerusalemme, Bib. 46, 1965, 428–444. – Th.A.Busink, Der Tempel von Jerusalem. Von Salomo bis Herodes, 2 Bde., 1970/1980. – A.Cody, A History of Old Testament Priesthood, AnBib 35, 1969. – W.Dietrich, Gott als König. Zur Frage nach der theologischen und politischen Legitimität religiöser Begriffsbildung, ZThK 77, 1981, 251–268. – V.Fritz, Tempel und Zelt. Studien zum Tempelbau in Israel und zum Zeltheiligtum der Priesterschrift, WMANT 47, 1977. – K.Galling, Tempel. II. In Israel, RGG³ VI, 1962, 684–686. – M.Görg, Sb'wt – ein Gottestitel, BN 30, 1985, 15–18. – M.Haran, The Ark and the Cherubim. Their Symbolic Significance in Biblical Ritual, IEJ 9, 1959, 30–38; 89–94. – Z.Herzog/M.Aharoni/A.F.Rainey/S.Moskovitz, The Israelite Fortress at Arad, BASOR 254, 1984, 1–34. – J.Jeremias, Das Königtum Gottes in den Psalmen. Israels Begegnung mit dem kanaanäischen Mythos in den Jahwe-König-Psalmen, FRLANT 114, 1987. – Ders., Lade und Zion. Zur Entstehung der Ziontradition, H.W.Wolff (Hrsg.), Probleme biblischer Theologie, FS G.v.Rad, 1971, 183–198 = Ders., Das Königtum Gottes..., 167–182. – A.Kaufmann, Where the Ancient Temple of Jerusalem Stood, BAR 9, 1983, 40–58. – O.Keel, Jahwe-Visionen und Siegelkunst. Eine neue Deutung der Majestätsschilderungen in Jes 6, Ez 1 und 10 und Sach 4, SBS 84–85, 1977. – H.-J.Kraus, Psalmen, 2 Bde., BK XV/1+2, 5.Aufl. 1978. –

---

[90] A.a.O., 267f.

[91] S.u. 266f. und 351f.

A.KUSCHKE, Der Tempel Salomos und der „syrische Tempeltypus", F.Maas (Hrsg.), Das ferne und das nahe Wort, FS L.Rost, BZAW 105, 1967, 124-132. – DERS., Tempel, BRL², 1977, 333-341. – E.LIPIŃSKI, qānāh, TWAT VII, 1990, 63-71. – DERS., ṣāpôn, TWAT VI, 1989, 1093-1102. – N.LOHFINK, Der Begriff des Gottesreichs vom Alten Testament her gesehen, J.Scheiner (Hrsg.), Unterwegs zur Kirche. Alttestamentliche Konzeptionen, Quaestiones Disputatae 110, 1987, 33-86. – O.LORETZ, Ugarit-Texte und Thronbesteigungspsalmen. Die Metamorphose des Regenspenders Baal-Jahwe, UBL 7, 1988. – H.-M.LUTZ, Jahwe, Jerusalem und die Völker. Zur Vorgeschichte von Sach 12,1-8 und 14,1-5, WMANT 27, 1968. – J.MAIER, Das altisraelitische Ladeheiligtum, BZAW 93, 1965. – DERS., Vom Kultus zur Gnosis. Studien zur Vor- und Frühgeschichte der „jüdischen Gnosis". Bundeslade, Gottesthron und Märkābāh, 1964. – T.N.D.METTINGER, The Dethronement of Sabaoth, CB.OT 18, 1982. – DERS., YHWH Sabaoth – The Heavenly King on the Cherubim Throne, T.Ishida (ed.), Studies in the Period of David and Salomon and other Essays, 1982, 109–138. – M.METZGER, Königsthron und Gottesthron. Thronformen und Throndarstellungen in Ägypten und im Vorderen Orient im dritten und zweiten Jahrtausend vor Christus und deren Bedeutung für das Verständnis von Aussagen über den Thron im Alten Testament, 2 Bde., AOAT 15/1+2, 1985. – C.M.MEYERS, Jachin and Boaz in Religious and Political Perspective, CBQ 45, 1983, 167–178. – P.D.MILLER, El, the Creator of Earth, BASOR 239, 1980, 43-46. – S.MOWINCKEL, Das Thronbesteigungsfest Jahwäs und der Ursprung der Eschatologie, Psalmenstudien II, SNVAO 1921,6, 1922=1966. – J.M.MULDER, Die Bedeutung von Jachin und Boaz in 1.Kön 7:21 (2.Chr 3:17), Tradition and Re-Interpretation in Jewish and Early Christian Literature, FS J.-C.Lebram, 1986, 19–26. – DERS., Exegetische Bemerkungen zum Tempelgebäude, Journal of Northwest Semitic Languages 10, 1982, 83-92. – M.NOTH, Könige. 1.Teilband, BK IX/1, 1968. – B.C.OLLENBURGER, Zion the City of the Great King. A Theological Symbol of the Jerusalem Cult, JSOT.S 41, 1987. – S.OLYAN, Zadok's Origins and the Tribal Politics of David, JBL 101, 1982, 177–193. – E.OTTO, El und Jhwh in Jerusalem. Historische und theologische Aspekte einer Religionsintegration, VT 30, 1980, 316-329. – DERS., Jerusalem – die Geschichte der Heiligen Stadt von den Anfängen bis in die Kreuzfahrerzeit, 1980. – G.V.RAD, basileús ktl. B melek und malkût im AT., ThWNT I, 1933 = 1957, 563-569. – R.RENDTORFF, El, Ba'al und Jahwe. Erwägungen zum Verhältnis von kanaanäischer und israelitischer Religion (1966), ders., Gesammelte Studien zum Alten Testament, TB 57, 1975, 172-187. – J.J.M.ROBERTS, The Davidic Origin of the Zion Tradition, JBL 92, 1973, 329–344. – DERS., The Religio-political Setting of Psalm 47, BASOR 220/1, 1975/6, 129-132. – DERS., Zion in the Theology of the Davidic-Solomonic Empire, T.Ishida (ed.), Studies in the Period of David and Solomon and other Essays, 1982, 93-108. – E.ROHLAND, Die Bedeutung der Erwählungstraditionen Israels für die Eschatologie der alttestamentlichen Propheten, Diss.theol. Heidelberg 1956. – R.A.ROSENBERG, Der Gott Sedeq, HUCA 36, 1965, 161–177. – H.H.ROWLEY, Zadok and Nehustan, JBL 58, 1939, 113–141. – K.RUPPRECHT, Der Tempel von Jerusalem, BZAW 144, 1976. – DERS., Nachrichten von Erweiterung und Renovierung des Tempels in 1.Kön 6, ZDPV 88, 1972, 38–52. – H.SCHMID, Jahwe und die Kulttraditionen von Jerusalem, ZAW 67, 1955, 168–198. – H.H.SCHMID, Gerechtigkeit als Weltordnung, BHTh 40, 1968. – W.H.SCHMIDT, Königtum Gottes in Ugarit und Israel. Zur Herkunft der Königsprädikation Jahwes, BZAW 80, 2.Aufl. 1966. – K.SEYBOLD, melek. II-IV, TWAT IV, 1984, 933-956. – H.-P.STÄHLI, Solare

Elemente im Jahweglauben des Alten Testaments, OBO 66, 1985. – J.J.Stamm, Der Name des Königs Salomo (1960), ders., Beiträge zur hebräischen und altorientalischen Namenkunde, OBO 30, 1980, 45–57. – O.H.Steck, Friedensvorstellungen im alten Jerusalem, ThSt 111, 1972. – F.Stolz, Strukturen und Figuren im Kult von Jerusalem. Studien zur altorientalischen, vor- und frühisraelitischen Religion, BZAW 118, 1970. – E.Vogt, Vom Tempel zum Felsendom, Bib. 55, 1974, 23–64. – G.Wanke, Die Zionstheologie der Korachiten in ihrem traditionsgeschichtlichen Zusammenhang, BZAW 97, 1966. – P.Welten, Königsherrschaft Jahwes und Thronbesteigung. Bemerkungen zu unerledigten Fragen, VT 33, 1983, 297–310. – H.-J.Zobel, 'eljôn, TWAT VI, 1989, 131–151. – Ders., ṣĕbā'ôt, TWAT VI, 1989, 875–892. –

Die Errichtung des Königtums bedeutete auch für die Geschichte des Großkultes einen wichtigen Einschnitt. Neben die schlichten, von der Bevölkerung eines Ortes oder einer Region getragenen Lokalheiligtümer trat nunmehr der neue Typ des königlichen Heiligtums, der den israelitischen Großkult hinsichtlich seiner Organisation, Institutionalisierung, Ausstattung und Funktion nachhaltig veränderte. Der kultgeschichtliche Sprung, der sich hier vollzog, zeigt sich z.B. anschaulich an der Kulthöhe von Arad, die mit dem Ausbau zur königlichen Festung unter Salomo mit einer regelrechten Tempelanlage überbaut wurde.[1]

Doch wesentlicher als solche Provinzheiligtümer war der prächtige Ausbau königlicher Zentralheiligtümer, zuerst in Jerusalem und dann in Bethel. Letzteres wird Am 7,13 als „Haus des Königreiches" (*bēt mamlākā*) und „Heiligtum des Königs" (*miqdaš hammelek*) bezeichnet, d.h. es war das Eigentum und die Privatkapelle des Königs, und es beanspruchte zugleich, das öffentliche Reichsheiligtum zu sein, in dem das gesamte Königreich seine kultische Mitte finden sollte. Die Zentralisierung der politischen Gewalt setzte somit einerseits eine Zentralisierung des israelitischen Großkultes in Gang, die später – und unter anderem religionspolitischen Vorzeichen – in die dtn. Forderung der Abschaffung aller Lokalkulte außerhalb Jerusalems münden sollte.[2] Sie führte andererseits zu einer engen institutionellen Verquickung von politischer Macht und Kult; der Großkult am Zentralheiligtum war in hohem Ausmaß eine staatliche Angelegenheit.

Mit der staatlichen Trägerschaft ging zugleich eine sprunghafte Ausweitung des Großkults einher. Der wirtschaftliche Aufschwung, den Israel durch das Königtum erfuhr, machte eine ganz andere Ausstattung des Kultes insbesondere an den Reichsheiligtümern möglich, und zwar nicht nur hinsichtlich der Bauten, der Gerätschaften und des Tempelpersonals, sondern auch hinsichtlich der Dimension des gottesdienstlichen Festes selbst:

---

[1] Stratum XI; die Festung war mit einer Kasemattenmauer mit Eck- und Seitenbastionen umgeben (50 × 50 m); der Tempel in der Nordostecke der Festung bestand aus einem Breitraum (9 × 2,7 m) mit einer erhöhten Kultnische (1,2 × 1,2 m), an den sich in östlicher Richtung ein Vorhof (10,5 × 9 m) anschloß; Reste des Brandopferaltars wurden in der Mitte des Vorhofes gefunden, vgl. Z.Herzog u.a., Fortress, 6–8; H.Weippert, Palästina, 482f.

[2] S.u. 322ff.

Angezogen von der staatlichen Prachtentfaltung, strömte aus allen Teilen des Landes zu den Jahresfesten eine große gottesdienstliche Gemeinde zusammen, der Opferkult nahm – auch wenn die Angaben darüber (z.B. 1.Kön 8,62f.) sicher übertrieben sind – ganz gewaltige Ausmaße an, und die Zahl der Kultfeiern wurde erheblich vermehrt (vgl. Tamid-Opfer, das jeden Morgen und Abend zelebriert wurde). Ein Großkult dieses Ausmaßes setzte eine ganz erhebliche Überschußproduktion im Lande voraus und war überhaupt nur durch ein staatliches Steuer- und Verteilungssystem und durch gezielte Viehzucht auf den königlichen Domänen finanzier- und organisierbar.

Gelten diese Merkmale für den staatlichen Großkult der Königszeit generell, so ist im einzelnen die Entwicklung im Süden und Norden doch unterschiedlich verlaufen. Sie sei darum im Folgenden gesondert dargestellt.

3.31 Der Jerusalemer Staatskult

An der Einrichtung und am Ausbau des Jerusalemer Reichsheiligtums war das Königtum maßgebend beteiligt; es ist deshalb kein Wunder, daß es hier zu einer besonders engen Verbindung von Thron und Altar kam. Es war David selber gewesen, der die geniale Idee hatte, das nach der Zerstörung von Silo vergessene tribale Kultsymbol der Lade in seine neue Hauptstadt zu überführen (2.Sam 6), um sie so auch zum kultischen Mittelpunkt seines Reiches zu machen. Und es ist Salomo gewesen, der die Initiative ergriff, das Jerusalemer Heiligtum zu der prächtigen Tempelanlage auszubauen (1.Kön 6f.). Der Jerusalemer Tempel war nicht nur königliches Eigentum, sondern bildete auch mit dem Palast zusammen eine bauliche Einheit (1.Kön 7,12; vgl. Ez 43,8).[3] Die Priester waren weisungsgebundene königliche Beamte (2.Sam 8,17), z.T. sogar Mitglieder der königlichen Familie (V.18)[4] oder doch mit ihr verwandt (2.Kön 11,2). Der Konzeption des sakralen Königtums entsprechend, übte der König selber priesterliche Funktionen aus;[5] er war für die bauliche Instandhaltung des Tempels und die Unterhaltung des Opferkults verantwortlich und besaß die Verfügungsgewalt über die Tempelfinanzen (2.Kön 12,5ff.; 22,4ff.). Wie die babylonischen Könige so waren auch die Davididen „Versorger des Heiligtums“ (*zāninu*). Dafür

[3] Meist nimmt man an, daß Salomos Paläste und der Tempel in einem ummauerten Bezirk oberhalb der David-Stadt zusammen eine Akropolis bildeten, auch wenn die archäologischen Indizien dafür schwach sind, vgl. H.Weippert, Palästina, 460.

[4] Die Feststellung von 2.Sam 8,18, daß „auch Söhne Davids Priester (*kohănīm*) waren“, ist immer wieder angezweifelt worden, doch kaum zu Recht, vgl. A.Cody Priesthood, 103ff. Die abweichenden Lesarten der LXX (*'aulárchai* „Hofvorsteher“, entsprechend hebräisch *sōkĕnīm*, vgl. Jes 22,15) und 1.Chr 18,17 (*ri'šōnīm* „Erste“) erweisen sich auf dem Hintergrund der nachexilischen Tendenz, die Unabhängigkeit der Priester vom Staat zu betonen (s.u. 490f.), als dogmatische Korrekturen. Priesterliche Positionen von Mitgliedern der königlichen Familie sind aus Ägypten, Mesopotamien, Ugarit und Phönizien reichlich belegt (vgl. A.Cody, a.a.O., 105).

[5] S.o. 183f.

wurde im Kult Fürbitte für den König geleistet (Ps 20; 72). So diente der Staatskult direkt der Legitimation und Stabilisierung königlicher Herrschaft und – besonders im ständigen Tamid-Opfer – der dauernden Sicherung des Bestandes und der Einheit des Reiches.

Das davidisch-salomonische Großreich verfügte nun aber inzwischen über einen nicht unerheblichen nicht-israelitischen Bevölkerungsanteil, insbesondere in der ehemaligen Jebusiterstadt Jerusalem. So verwundert es nicht, daß auch der Jerusalemer Staatskult auf allen Ebenen von der Absicht eines bewußten Ausgleichs zwischen den beiden Bevölkerungselementen und ihren kultischen Traditionen bestimmt ist. David setzte zwei Priester(familien) an seinen Reichsheiligtümern ein (2.Sam 8,17; 20,25):[6] Der eine war Abjathar, der alte Vertraute aus der Zeit seiner Kämpfe um die Macht (1.Sam 23,9; 30,7), der aus der berühmten Priesterfamilie der Eliden am Ladeheiligtum von Silo stammte (1.Sam 22; vgl. 14,3); mit ihm wollte David – wie schon bei der Überführung der Lade – an die Kulttraditionen der israelitischen Stämme anknüpfen. Der andere war Zadok, der hier plötzlich neu auftaucht und dessen nur mühsam nachträglich zurechtgezimmerter Stammbaum[7] nicht darüber hinwegtäuschen kann, daß es sich wahrscheinlich um den ehemals jebusitischen Priester von Jerusalem handelt.[8] Wenn David diesen

---

[6] 2.Sam 20,26 nennt noch einen dritten Priester, den Ja'iriter 'Ira', der aber sonst nicht mehr vorkommt und daher wohl nur eine untergeordnete Rolle gespielt hat. Die Vermutung von S.Olyan, Zadok, 190ff., es handele sich um einen Kalebbiter, dessen Stamm David damit habe an sich binden wollen, ist unsicher.

[7] Die einzige Stelle in der älteren Überlieferung, die überhaupt einen Vater Zadoks nennt, ist 2.Sam 8,17. Er heißt hier „Sohn Ahitubs", und es wird so getan, als gehöre er in den Stammbaum der Eliden (Ahitub ist nach 1.Sam 14,3 Enkel Elis). Auch die Chronik setzt diese Filiation voraus, verschafft aber Zadok ben Ahitub – dem nachexilischen Anspruch der Zadokiden entsprechend – eine noch ehrenvollere aaronidische Abstammung (1.Chr 5,27–41; 6,35–38). Die Fortsetzung von 2.Sam 8,17 „und Ahimelek, Sohn Abjathars" ist im MT gestört. Nicht Ahimelek, sondern Abjathar war unter David Priester (20,25), und dieser ist nicht der Vater, sondern der Sohn Ahimeleks (1.Sam 22,9.20). So wird der Text ehemals gelautet haben: „Zadok, Sohn des Ahitub und [Abjathar, Sohn des] Ahimelek" (*aberratio occuli*, Einfügung der ausgefallenen Worte *'ebjātār* und *ben* an der falschen Stelle, vgl. F.M.Cross, Myth, 213f.), so richtig rekonstruiert von Syr. Wohl läßt sich der vermutlich ursprüngliche Wortlaut der Liste („Abjathar, Sohn des Ahimelek, Sohn des Ahitub und Zadok" o.ä., so J.Wellhausen, H.H.Rowley, Zadok, 114) mit *textkritischen* Mitteln nicht mehr gewinnen (vielleicht standen beide in der Liste, wie in 2.Sam 20,25, einmal ohne Filiation), aber man kann, da ein Vorfahr gleichen Namens bei beiden Priestern Davids doch wohl mehr als ein Zufall wäre (gegen F.M.Cross, a.a.O., 214), überlieferungsgeschichtlich schließen, daß ein zadokidischer Bearbeiter dadurch seinem Ahnherrn eine gebührende Abstammung verschafft hat, daß er Großvater (Ahitub) und Vater (Ahimelek) Abjathars aus der Elidengenealogie, die aus der älteren Erzählüberlieferung bekannt waren, auf die beiden Priester Davids verteilte.

[8] So die immer noch ansprechende These von H.H.Rowley, Zadok, 118ff., die von vielen Exegeten übernommen wurde (vgl. die Übersicht bei A.Cody, Priesthood, 88–93, und S.Olyan, Zadok, 178, Anm.3). Sie kann sich auf die Zeugnisse einer ungebrochenen Kontinuität des Jerusalemer Priestertums seit vorisraelitischer Zeit stützen (vgl. Gen 14,18–20; Ps 110,4) und darüber hinaus erklären, wie der „Emporkömmling" Zadok (so noch J.Wellhausen, Prolegomena, 120) so schnell eine zentrale Rolle im Staatskult und am Hof Davids spielen konnte (vgl. 2.Sam 15,24–29; 1.Kön 1,32ff.). Wohl hat die These einige Unsicherheiten, doch die

im Amt beließ und sogar Abjathar vorordnete, dann bedeutet dies, daß er auch der vorisraelitischen Jerusalemer Kulttradition ihre Geltung in seinem Staatskult belassen und sie mit der Jahwereligion versöhnen wollte. Diese ausgleichende Religionspolitik Davids wurde dann von Salomo noch einmal zugunsten Zadoks verändert: Er verbannte den der Andonja-Partei angehörenden Abjathar nach Anatot (1.Kön 2,26 f.) und überließ den Zadokiden das Jerusalemer Priestermonopol (1.Kön 4,2). Salomo fühlte sich offenbar schon so sehr als Herrscher in Analogie zum kanaanäischen sakralen Königtum, daß er nicht mehr glaubte, auf eine institutionelle Rückbindung des Staatskultes an die vorstaatlichen Jahwetraditionen Rücksicht nehmen zu müssen. Wenn die offizielle Jahwereligion des Jerusalemer Tempels kaum noch etwas von den Befreiungstraditionen der Frühzeit erkennen läßt, dann hängt das ursächlich damit zusammen, daß spätestens ab Salomo ehemalige Nicht-Israeliten als Priester und Theologen den Ton angaben.

Was für die Priesterschaft gilt, galt ähnlich auch für den Tempel. Auch hier kann die Überführung der Lade als geschickter religionspolitischer Schachzug Davids angesehen werden, seinen Staatskult mit der vorstaatlichen Jahwereligion zu verknüpfen. Die zu erwartende Anknüpfung an die jebusitische Heiligtumstradition[9] hat die Überlieferung bewußt verdunkelt:[10] Um den Eindruck zu erwecken, daß der salomonische Tempelbau ein völliger Neubau auf kultisch jungfräulichem Boden gewesen sei, wird behauptet, daß David die Lade erst einmal in einem Zelt untergestellt habe (2.Sam 6,17; 7,2 vgl. 1.Kön 1,39; 2,28 f.), bis sie von Salomo in den Tempel überführt wurde (1.Kön 8,1 ff.). Ist ein solches Provisorium über einen Zeitraum von immerhin 40 Jahren schon an sich fragwürdig, so wird es völlig unwahrscheinlich, wenn man die Tendenz der Überlieferung berücksichtigt, sich über ein vorisraelitisches Jerusalemer Heiligtum auszuschweigen, ja, sogar zu behaupten, vor David habe die Stadt gar kein Heiligtum besessen, der Platz des späteren Heiligtums sei noch eine Tenne gewesen (2.Sam 24,16 ff.) und darum habe die Bevölkerung und sogar der König bis zum Tempelbau nach Gibeon ausweichen müssen (1.Kön 3,2.4). Doch wenn 2.Sam 24,16 ff. immerhin zugesteht, daß David auf der „Tenne des Arauna"

Alternativthese von F.M.Cross, Myth, 207–215, die von S.Olyan, Zadok, 183 ff., noch weiter ausgebaut wurde, Zadok sei aaronitischer Herkunft gewesen und habe sich schon in Hebron David angeschlossen, beruht auf einer historischen Wertung und zweifelhaften Auslegung von 1.Chr 12,27–29, die noch weit unsicherer und dazu auch noch apologetisch ist. Daß der in 1.Chr 12,29 genannte Krieger Zadok mit dem Priester Zadok identisch gewesen sei, behauptet nicht einmal der Autor der Chronik (so schon richtig H.H.Rowley, Zadok, 118), sondern erst Josephus (Ant VII 56).

[9] Vgl. etwa M.Noth, Geschichte, 176: „Er (David) hat die Lade vermutlich im Heiligtum der Stadt aufgestellt, das wahrscheinlich auf der die alte Stadt im Norden überragenden Kuppe lag, auf der Salomo später seine Bauten errichtet hat. Das alte israelitische Heiligtum stand nun an dem kanaanäischen Kultort einer kanaanäischen Stadt..." Doch hat Noth diese einleuchtende Sicht in seinen späteren Arbeiten nicht wieder aufgegriffen.

[10] Zum folgenden s. vor allem K.Rupprecht, Tempel, 42 ff.; aufgenommen von F.Stolz, Samuel (3.2), 220 f.

einen Altar errichtet habe, und 2.Sam 12,20 ganz beiläufig und darum unverdächtig erzählt, daß David den Jahwe-Tempel (*bēt jhwh*) aufgesucht habe,[11] dann ist es doch recht wahrscheinlich, daß auch das vordavidische Jerusalem schon einen Tempel auf der besagten „Tenne“ besaß,[12] dieser von David – anders als die Stadttempel im Siedlungsbereich der Stämme – bewußt übernommen wurde, die Lade dort „ihren Ort“ fand (2.Sam 6,17)[13] und deswegen gar keine dringende Notwendigkeit für einen Tempelbau bestand.[14] Auch der Baubericht vom „salomonischen Tempel“ (1.Kön 6) läßt eher auf einen Umbau als auf einen völligen Neubau des Tempels schließen;[15] es war ein ehemals jebusitischer Tempel, den Salomo für den Jahwekult des Reichsheiligtums renovieren und prächtig ausstatten ließ.

---

[11] Vgl. in 2.Sam 15,25 die Bezeichnung des Standortes der Lade als *nāwē* „Aue, Wohnstätte“, das ebenfalls eine Bezeichnung für „Kultstätte“ sein kann (Ex 15,13; Jer 25,30). Die Rede vom „Zelt“ bzw. „Zelt Jahwes“ in 1.Kön 1,39; 2,28f. sind sehr wahrscheinlich sekundäre Angleichungen der Thronfolgeerzählung an 2.Sam 6,17; 7,2. Die Lokalisierung des Zeltheiligtums an der Gihonquelle (1.Kön 1,38f.) tief drunten im Kidrontal ist schon aus sachlichen Gründen unwahrscheinlich; die Flucht zum Altar als Asylstätte (2,28f.) setzt eigentlich eine fester installierte Tempelanlage voraus, und so ist auch das Zelt in der parallelen Szene 1,51–53 nicht erwähnt.

[12] Jedenfalls wird in 2.Chr 3,1 der Platz des Altares auf der „Tenne“ mit dem Ort des Tempels identifiziert.

[13] Der 2.Sam 6,17 gebrauchte Begriff *māqōm* bezeichnet schon für sich die Kultstätte, vgl. z.B. Gen 28,11.19; die Näherbestimmung: „in die Mitte des Zeltes, das David für sie aufgespannt hatte“ ist eigentlich überflüssig und durch den Erzählablauf in keiner Weise vorbereitet; der Chronist sieht sich denn auch bemüßigt, sie in seiner Neufassung des Stoffes besser zu verankern (vgl. 1.Chr 15,1b). So stammt sie wahrscheinlich von dem Bearbeiter, der die Ladeerzählung auf die älteste Stufe der Natanverheißung ausrichtete (2.Sam 7,1–4a...11b...16), s.o. 179.

[14] Oben 179 war vermutet worden, daß die älteste Form der Natanverheißung auf eine Überführung der Lade in das übernommene jebusitische Heiligtum hinauslief. Auch Ps 132,5 hat ja das Finden eines festen „Wohnortes“ (*māqōm, miškānōt*; vgl. *mĕnūḥā* V.14) für Jahwe und seine Lade im Auge.

[15] So die These von K.Rupprecht, Tempel, 18–40, und Nachrichten, 40ff., wo er noch annimmt, daß dem Verfasser kein Bericht über den ersten Bauabschnitt vorgelegen habe (51f.). K.Rupprecht hat überzeugend gezeigt, daß der Kern des eigentlichen Bauberichtes 1.Kön 6,1–9a.(9b-10.14) nur die Errichtung von Anbauten an das Tempelgebäude schildert (V.5–8). Wenn man annimmt, daß diese Anbauten eine Höherlegung der Fenster nötig machten, dann gliedert sich auch noch V.4 dieser Umbaumaßnahme ein. Wo man dagegen den Bau des eigentlichen Tempelgebäudes erwartet, werden nur dessen Innenmaße (!) mitgeteilt (V.2f.; nur der Relativsatz „das der König Salomo für Jahwe baute“ flickt die Angaben notdürftig in den Bericht ein). Nichts dagegen erfahren wir über die Fundamentierung, die Aufführung der Mauern, deren Wandstärke etc. Zu einem Bericht über den Tempelbau wird der Text erst durch die redaktionellen Über- und Unterschriften (1.Kön 6,1.9a.14.37f.). Zudem hat K.Rupprecht gezeigt, daß die einzige detaillierte Bauschilderung des Berichtes in V.7 recht verstanden – die Steine werden schon im Steinbruch behauen, um zu großen Lärm bei den Bauarbeiten zu vermeiden – eine kultische Nutzung des Gebäudes während der Baumaßnahmen voraussetzt (Nachrichten, 47; Tempel, 25f.). Die komplizierte Theorie von M.Noth, Könige, 104f., von einem nachträglich zu einem „Baubericht“ umgearbeiteten „Planungsentwurf“, mit der er die eigentümlich unkonkrete Form von 1.Kön 6 erklären wollte, wird damit überflüssig. Während M.J.Mulder, Bemerkungen, 88, Rupprechts These noch 1982 zurückgewiesen hatte und 1.Kön 6,1–10 durch eine andere Interpretation der umstrittenen Baubegriffe als Tempelbaubericht zu

Der jebusitisch-salomonische Tempel, dessen Lage wahrscheinlich nordwestlich des Felsendomes zu suchen ist,[16] gehört zum Typ des Langhaustempels mit Vorbau bzw. Anten, wie er in Syrien vom 3. bis zum 1.Jt. bezeugt ist.[17] Die vorgezogenen Seitenwände (Anten) bildeten eine offene

---

retten suchte, greift er 1986 bei der Suche nach der Herkunft der beiden Säulen Jachin und Boas, die die Front des Tempels zierten, auf sie zurück (Bedeutung, 23). Auch sie erklären sich am besten als vorisraelitisches Erbe.

[16] Nach christlicher und islamischer Tradition, die seit dem frühen Mittelalter nachweisbar ist, stand der Tempel auf der Stelle des Felsendomes, wobei in der älteren Forschung diskutiert wurde, ob der „heilige Felsen" (*eṣ-ṣakhra*), den der omajjadische Memorialbau aus den Jahren 688–691 n.Chr. umschließt, unter dem Allerheiligsten (so z.B. H.Schmidt und immer noch E.Otto, Jerusalem, 53f.) oder unter dem Brandopferaltar (so z.B. H.Vincent) gelegen habe (vgl. zur Forschungsgeschichte Th.A.Busink, Tempel, 1–20; E.Vogt, Tempel, 24ff.). Doch ist der Fels für das Allerheiligste zu groß (ca. 18 × 13 m), und schöbe – als Basis des Brandopferaltars – das Tempelgebäude soweit nach Westen, daß erhebliche Aufschüttungen zu seiner Fundamentierung notwendig gewesen wären (vgl. K.Galling, Tempel, 684). Außerdem sind bei den Reparaturarbeiten am Felsendom 1958/59 keinerlei ältere Bauspuren unter seinen Fundamenten sichtbar geworden (B.Bagatti, Tempio, 17). So wird die traditionelle Lokalisierung immer häufiger in Frage gestellt (vgl. B.Bagatti, Posizione, 443; Th.A.Busink, Tempel, 19; H.Weippert, Palästina, 461). E.Bagatti, Tempio, 13f.; E.Vogt, Tempel, 29, suchen den Tempel unter der Voraussetzung, daß die Schilderungen des Josephus (Bell.Jud. V 184–226; Ant. XV 380–425) von einem quadratischen herodianischen Tempelpodium (280 × 280 m) zutreffen, südlich des Felsendomes (in der Nähe der *el-Aqsa*-Moschee). Doch spricht dagegen, daß, wie die Fuge zwischen herodianischem und persischem Mauerwerk in der östlichen *Ḥaram*-Mauer zeigt, das Podium erst von Herodes ca. 40 m nach Süden erweitert worden ist. Sehr viel mehr spricht dafür, daß der Tempel nördlich – etwas westlich verschoben – vom Felsendom lag (so K.Galling, Tempel, 684; Th.A.Busink, Tempel, 18ff.160; A.Kaufmann, Temple, 44ff.) Er käme dann auf der flachen Kuppe des Bergrückens zu stehen, läge in Fluchtlinie zum „Goldenen Tor", und mehrere für den Kultbetrieb notwendige Zisternen befänden sich in seiner unmittelbaren Nähe (vgl. den *Ḥaram*-Grundriss von C.Schick bei Th.A.Busink, Tempel, 9). Auch die eigenartig schräg gegenüber der Südmauer des *Ḥaram,* aber rechtwinklig auf die Ostmauer zulaufende nördliche Begrenzungsmauer der Felsendom-Plattform, die auf älteren Mauerläufen aufruht, könnte sich aus dieser Lage und Ausrichtung des ehemaligen Tempels erklären. A.Kaufmann vermutet das Allerheiligste an der nordwestlichen Ecke der heutigen Felsendom-Plattform, wo heute die arabische Kapelle *qubbat el-arwā* „Kapelle der Geister" bzw. *qubbat el-alouā* „Kapelle der Tafeln" steht, in deren Namen sich die Heiligkeit der Stelle (vgl. die Dekalogtafeln, die sich nach dtr. Theorie in der Lade befunden haben sollen, Dtn 10,2; 1.Kön 8,9) spiegeln könnte. Sicherheit kann hier natürlich nur eine Grabung erbringen, die aber unter den heutigen angespannten politischen Verhältnissen wohl noch auf lange Sicht undurchführbar sein wird. Doch könnte möglicherweise einmal die Erkenntnis, daß der jüdische Tempel nicht direkt auf dem zweitheiligsten Ort des Islam lag, in der Zukunft den Ausgleich zwischen den beiden konkurrierenden Religionen in Jerusalem erleichtern.

[17] So in Ausarbeitung einer These von A.Alt A.Kuschke, Tempel, 338–341; V.Fritz, Tempel, 27–35; H.Weippert, Palästina, 464f.; vgl. die Tempel in *Tell el-Ḫuwēra* (FB III), *Tell Mardiḫ* (MB IIA), *Tell Munbāqa* (MB/SB) und *Tell Taʿjīnāt* (8.Jh.); Grundrisse bei A.Kuschke, a.a.O., 243; 339, und V.Fritz, a.a.O., 33; 35. Dieser syrische Tempeltyp zeichnet sich neben den Anten durch die dreifache Raumgliederung von Vorhalle, Antecella und Cella/Adyton aus, wobei hinsichtlich der Proportionen der Tempel von *Tell Taʿjīnāt* am unteren Orontes die engste Parallele zum salomonischen Tempel bildet. Entferntere Parallelen sind die einräumigen Langhaustempel aus dem bronzezeitlichen Palästina in Hazor, Sichem, Bethschean und Megiddo; vgl. V.Fritz, a.a.O., 29f.

Vorhalle (*'ûlām*), hinter der sich – durch ein reich verziertes Tor (1.Kön 6,33–35) abgetrennt – der heilige einteilige Langraum befand (*qōdeš* oder *hēkal*, ca. 25,70 × 8,60 × 12,90 m lichte Maße). In dessen hinteren Teil ließ Salomo das Allerheiligste (*dĕbīr*), einen mit Goldblech ausgeschlagenen Holzschrein von ca. 8,60 m Kantenlänge einbauen (1.Kön 6,16ff.), so daß sich eine dem syrischen Tempeltyp entsprechende dreiteilige Raumstruktur von Vorhalle, Antecella und Cella ergab.[18] Der Debir sollte der Aufnahme der Lade dienen; deren Stangen reichten bis an die Flügeltür (1.Kön 8,8), welche den Debir vom Hekal trennte (6,31f.).[19] Ausgefüllt wurde das Allerheiligste jedoch nicht durch die Lade, sondern von einem gewaltigen Kerubenthron aus goldüberzogenem Ölbaumholz (ca. 4,30 m hoch; 1.Kön 6,23–28; 2.Chr 3,10–14)); die äußeren Flügel dieser Mischwesen bildeten die Armlehnen, die inneren stießen waagerecht zusammen und bildeten die Sitzfläche.[20] Unter ihr fand die Lade als eine Art „Fußschemel" Platz.[21]

Abgesehen von der Gestaltung und Ausstattung des Allerheiligsten, repräsentierte dieser Tempel in seiner Architektur und Symbolik weitgehend

---

[18] Zur Klärung des Debir grundlegend H.Schult, Debir; doch geht es kaum an, den Debir damit zum bloßen „Inventarstück" des Tempels zu erklären, die Dreiteiligkeit der Raumgliederung zu leugnen und damit den salomonischen Tempel typologisch zu den einräumigen Langhaustempeln in Sichem und Megiddo (2048) zu stellen (48; 54; und ihm folgend M.Noth, Könige, 111), vgl. A.Kuschke, Tempel Salomos, 127ff.; Tempel, 340.

[19] Ich verstehe den nicht ganz eindeutigen Text 1.Kön 8,7f. in der Weise, daß die Lade in der Längsachse zum Tempelgebäude stand, vgl. J.Maier, Kultus, 74ff.; für eine Querstellung hat sich nach M.Noth, Könige, 179f., wieder M.Metzger, Königsthron, 341f., ausgesprochen. Doch spricht gegen eine solche Anordnung schon die Schwierigkeit, die es bereiten würde, die Lade für Prozessionen aus dem Debir herauszuholen.

[20] Diese Lösung, daß die beiden in 1.Kön 6,23ff. geschilderten Keruben mit ihren Flügeln einen Thronsitz formen, ist unter den zahllosen gemachten Vorschlägen bei weitem die einleuchtendste (vgl. M.Haran, Ark, 35ff.; J.Maier, Ladeheiligtum, 39–74; O.Keel, Jahwe-Visionen, 15–36; T.N.D.Mettinger, YHWH, 115f.; Dethronement, 20–23; H.Weippert, Palästina, 467f.). Sie hat 1. im syro-phönizischen „Sphingenthron" ein breit bezeugtes archäologisches Analogon (vgl. das von M.Metzger, Königsthron, 261–279, unter Nr.1181–1216 zusammengestellte Material aus dem 2. und 1.Jt.; zu beachten ist auch die von O.Keel, Jahwe-Visionen, 25f., beigebrachte Tonplastik aus Aja Inri auf Zypern, bei dem die Mischwesen nicht – wie sonst meist – einen Thronsitz tragen, sondern ihn mit den Flügeln selbst bilden). Sie bietet 2. einen eindeutigen Haftpunkt für die Jahweprädikation „Kerubenthroner" (*jōšeb hakkerūbīm*: 1.Sam 4,4; 2.Sam 6,2; 2.Kön 19,15; Jes 37,16; Ps 80,2; 1.Chr 13,6; vgl. Ps 99,1). Und sie fügt sich 3. in den auch sonst belegten phönizischen Einfluß bei der Ausgestaltung des salomonischen Tempels. Die von M.Metzger, Königsthron, 330–351, wieder erneuerte Lösung von M.Noth, Könige, 123f., zweier aufgerichteter Mischwesen, die mit ihren waagerecht oder leicht schräg nach oben gestellten Flügeln als Schützer der Lade fungieren (nach Metzger hatten sie daneben auch noch die Funktion von „Trägern der Himmelsfeste", a.a.O., 347), scheitert daran, daß in der altorientalischen Bildsymbolik Mischwesen, die etwas mit ihren Flügeln beschützen, einander zugekehrt sind (so schon O.Keel, Jahwe-Visionen, 21; 29, gegen M.Noth). Die beiden Keruben im Jerusalemer Heiligtum standen dagegen nach Ausweis von 2.Chr 3,12 parallel zueinander mit dem Gesicht zum Hekal. Die die Lade beschirmende Funktion, die 1.Kön 8,6f. erkennbar wird, ist somit eindeutig sekundär (vgl. O.Keel, a.a.O., 27f.).

[21] Vgl. 1.Chr 28,2; Ps 99,5; 132,7, auch wenn die Belege nicht ganz eindeutig sind; zur Diskussion s. M.Metzger, Königsthron, 358f.

die syrisch-palästinische Heiligtumstradition. Nicht nur, daß sich die von Salomo neu gestaltete Vorderfront eng an syrische Vorbilder anlehnte und die phönizischen Handwerker den Hekal mit Holztäfelung und Friesen nach phönizischem Vorbild ausstatteten, nein, die Gesamtanlage entsprach völlig der gängigen vorderorientalischen Konzeption vom Tempel als Wohnort Gottes. Der Tempeltyp drückt eindeutig eine Trennung von Gott und Mensch aus, er will mit seinen dicken Mauern und dreifach gestaffelten Räumen mit zunehmendem Heiligkeitsgrad die Gottesfigur vor jeder unbedachten Profanisierung schützen. Wohl stand im salomonischen Tempel kein Gottesbild wie etwa im Adyton des Tempels von *Tell Tā'jīnāt*, Jahwe wurde auf dem riesigen Kerubenthron vielmehr unsichtbar sitzend vorgestellt, das änderte jedoch nichts daran, daß man die zugrundeliegende Heiligkeitskonzeption beibehielt, obgleich der Langraum, der eigentlich für die Versorgung des Gottesbildes durch die Priester vorgesehen war, damit seine kultische Funktion weitgehend verlor.[22] Die für Jahwe so charakteristische Bindung an eine Menschengruppe fand in dieser Tempelarchitektur überhaupt keinen Ausdruck. Das Laienvolk konnte nur vom äußeren Vorhof her den Opferkult vor dem Tempel beobachten, zum Tempel selber hatte es keinen Zutritt, und von den kultischen Verrichtungen im Tempelgebäude war es faktisch ausgeschlossen. Jahwe, der Gott der Befreiung, verschwand für das Volk hinter den dicken Mauern in das Halbdunkel des königlichen Reichstempels. Allein die prächtigen Bronze-Säulen Jachin und Boaz, die die Eingangshalle flankierten, gaben dem Volk noch einen visuellen Eindruck von seiner entrückten Majestät.[23]

Die ganze Architektur des Tempels – und zwar auch und gerade des neugeschaffenen Allerheiligsten – war dagegen darauf ausgerichtet, die Bindung Jahwes an einen Ort zu symbolisieren. Jahwe wurde im Jerusalemer Tempel zu einem Gott, der auf dem Zion thront und wohnt (*jāšab*: Jes 6,1; *šākan*: 8,18). Der Kerubenthron repräsentierte die statuarische Anwesenheit Jahwes im Tempel, wie sie auch der Tempelweihspruch Salomos ausdrückt:

1.Kön 8,12 'Der Sonne hat ihren Platz angewiesen im Himmel'[24] Jahwe,
er hat erklärt, im Dunkeln wohnen zu wollen,

---

[22] Reste einer solchen „leiblichen" Versorgung des Gottes sind noch der Schaubrottisch und der goldüberzogene Zedernholz-Altar im Hekal (1.Kön 7,48; 6,20).

[23] Aus dieser symbolischen Funktion der Säulen für das Laienvolk erklärt sich die hohe Bedeutung, die ihnen in der Überlieferung eingeräumt wird (vgl. die detaillierten Beschreibungen 1.Kön 7,13–22; 2.Kön 25,16f.). Ihre sich aus der Architektur ergebende betont staatskultische Repräsentanz des Göttlichen, die C.L.Meyers, Jachin, 172ff., herausgearbeitet hat, bekäme einen noch konkreteren Ausdruck, wenn die Vermutung von M.J.Mulder, Bedeutung, 20ff., zuträfe, daß die Namen der Säulen Gebetsrufe repräsentieren (Jachin: *jākīn* „er möge [Söhne/den Thron Davids] aufrichten", vgl. 2.Sam 7,16; Boas: *bĕ'oz [jhwh]* „in der Kraft [Jahwes möge der König sich freuen]", vgl. Ps 21,2), die bei einem Ritual ausgerufen wurden, das der König an den Säulen öffentlich vollzog (vgl. die aktive Rolle, die der König im Bericht 1.Kön 7,21 noch bei der Aufstellung und Benennung der Säulen spielt).

[24] So ergänzt nach LXX, vgl. BHS.

so habe ich ein Herrschaftshaus für dich gebaut,
die Stätte deines Thronens für alle Zeiten.

Wohl deutet der übergroße Kerubenthron an, daß Jahwe größer ist, als daß ihn das Allerheiligste fassen könnte – Jesaja sieht in seiner Vision schon die Säume seines Gewandes den gesamten Tempel ausfüllen (6,1 ff.) –, dennoch wurde in der Jerusalemer Tempeltheologie die Anwesenheit Jahwes auf dem Zion ganz massiv ausgedrückt.[25] Erst sehr viel später setzte eine theologische Reflexion darüber ein, ob eine solche lokale und kultische Vereinnahmung Jahwes der Jahwereligion angemessen sei (Dtn, Dtr, 2.Sam 7,4b-7; Jes 66,1). Doch hat sie nicht dazu geführt, eine angemessenere Tempelarchitektur zu entwickeln, auch die Tempelentwürfe der exilischen Reformpriesterschaft (Ez 40 ff.; Ex 25 ff.), der nachexilische Tempel und dessen herodianischer Umbau folgten noch der syrisch-palästinischen Tempeltradition.[26]

3.32 Die Jerusalemer Tempeltheologie

Die Theologie, die am Jerusalemer Staatstempel entwickelt wurde, ist – wie die davidisch-salomonische Religionspolitik im ganzen – von einem offiziellen Synkretismus geprägt. Die königlichen Priester und Theologen, die wie etwa Zadok und wohl auch Natan jebusitischem Milieu entstammten, knüpften aus eigenem Interesse, aber doch wohl mit Billigung des Königs ausdrücklich an die vorisraelitischen Jerusalemer Heiligtumstraditionen an, um durch eine Synthese von israelitischen und kanaanäischen Vorstellungen eine offizielle Jahwereligion zu schaffen, die den durch das Königtum veränderten gesellschaftlichen und politischen Verhältnissen – aus ihrer Sicht – besser entsprach. Es sind vor allem zwei Zentren, um welche die Jerusalemer Tempeltheologie kreiste: das Königtum Jahwes und Jerusalem als Gottesstadt.

Obwohl nicht mit Sicherheit nachzuweisen ist, daß die Königstitulatur erst nach der Errichtung des politischen Königtums auf Jahwe übertragen wurde,[27] so hat die Konzeption vom Königtum Jahwes doch nachweislich

---

[25] S.u. 208 ff.

[26] S.u. 449 f.; 488 f.; 523 ff.

[27] So G.v.Rad, melek, 567; F.Crüsemann, Widerstand (3.1), 77 ff.; N.Lohfink, Begriff, 45 f.; Anm. 20 findet sich die neuere Diskussion gut zusammengefaßt. Als vorstaatliche Belege werden immer wieder Ex 15,18; Nu 23,21; Dtn 33,5; 1.Sam 8,7; 12,12 genannt und darauf hingewiesen, daß die religiöse Königsprädikation in der Umwelt Israels längst zuhanden war, vgl. J.J.M.Roberts, Zion, 94–97; K.Seybold, melek, 948. Doch dürfte für eine Übernahme, stellt man die antiherrschaftliche Tendenz der vorstaatlichen israelitischen Gesellschaft in Rechnung, kaum ein Anlaß bestanden haben (F.Crüsemann, a.a.O., 78), ja, es gibt sogar Anzeichen dafür, daß man in ihr die Königsprädikation bewußt vermied (Ri 8,23; Fehlen im Deboralied trotz Zeichnung Jahwes als überlegenen Kriegers; vgl. N.Lohfink, Begriff, 46 ff.). Für 1.Sam 8,7 und 12,12 hat F.Crüsemann wahrscheinlich gemacht, daß es sich um polemische Texte handelt, die das politische Königtum schon voraussetzen, s.o. 186 f. Der Psalm Ex 15 ist entgegen der Meinung der Albright-Schule kein alter Text, er setzt V.17 die Jerusalemer Hei-

erst im Jerusalemer Staatskult eine wesentliche theologische Bedeutung erlangt.[28] Ähnliches gilt für die eng mit ihr zusammenhängende Titulatur „Jahwe Zebaoth".[29] Zwar wird in der Überlieferung der Titel „Jahwe Zebaoth, der auf den Keruben thront" (*jhwh ṣĕbāʾōt jōšeb hakkĕrūbîm*) mit der Lade verbunden (1.Sam 4,4; 2.Sam 6,2), was einige Forscher veranlaßt, sowohl sie (vgl. 1.Sam 1,3.11) als auch die Jahwe-Königs-Konzeption aus dem Heiligtum von Silo herzuleiten,[30] doch lehnt er sich so eng an die kultische Ausstattung des salomonischen Tempels mit seinem Kerubenthron an, daß hier sehr wahrscheinlich eine Rückprojektion der Jerusalemer Tempeltheologie vorliegt.[31] Wenn Jesaja in seiner berühmten Vision im 8.Jh.

---

ligtumstheologie schon voraus und ist in seinem Anliegen, Exodus- und Zionstheologie zu verschmelzen, am ehesten aus josianischer Zeit zu erklären (vgl. die Diskussion bei J.Jeremias, Königtum, 103–106). Die Bileam-Sprüche, und erst recht die schon deutlich kompositorische Fassung Nu 23,18–24, können nach Auffinden der Texte aus *Deir ʿAllā* nicht mehr vor dem 8.Jh. angesetzt werden. Bleibt einzig der Rahmenpsalm Dtn 33,2–5.26–29, den etwa J.Jeremias, a.a.O., 82–92, im Anschluß an I.L.Seeligmann (ohne V.4) für vorstaatlich hält. Doch läßt sich seine – grammatisch nicht ganz eindeutige – Aussage (V.5), daß bei der Ältestenversammlung der Stämme Jahwe zum König in Israel proklamiert wurde, am ehesten der tribal gesinnten Opposition gegen das politische Königtum zuordnen (so schon F.Crüsemann, Widerstand, 83).

[28] Dies ist weitgehender Konsens, vgl. W.H.Schmidt, Glaube 154; K.Seybold, melek, 948f.; W.Dietrich, Gott, 254; 259ff.; T.N.D.Mettinger, Dethronement, 24ff.; N.Lohfink, Begriff, 55ff.; für J.J.M.Roberts, Zion, 94ff., der mit einer vorstaatlichen Königstitulatur Jahwes rechnet, ist immerhin seine Erhebung zum „Großkönig" (*melek rab*: Ps 48,3; *melek gādōl*: Ps 47,3) mit dem Übergang zum staatlichen Großkult verbunden. Von den 63 Stellen, an denen Jahwe mit *mālak/melek* bzw. deren Ableitungen verbunden wird, lassen sich 22 eindeutig der Zionstheologie zuordnen (vgl. T.N.D.Mettinger, Dethronement, 24, Anm.20). Die wichtigsten Belege, die wahrscheinlich für die vorexilische Zeit in Anspruch genommen werden können, sind: *mālak*: Ps 47,9; 93,1; Ex 15,18; *melek*: Jes 6,5; Jer 8,19; Ps 24,7.8.9.10; 29,10; 47,3.7.8; 48,3; vom Thronen Jahwes reden: Jes 6,1; Ps 47,9; 93,2; vgl. 89,15. Darüber, daß von den Jahwe-Königs-Psalmen Ps 47 und 93 (dazu 24,7ff.) weitgehend vorexilisch anzusetzen sind, hat sich in der Forschung ein gewisser Konsens herausgebildet (vgl. J.Jeremias, Königtum, 15ff.; 50ff.); selbst O.Loretz, Ugarit-Texte, 68ff.; 268f.; 292f., nimmt dies für einen Grundbestand an. Zu vergleichen sind aber auch die Belege in den Jahwe-Königs-Psalmen der exilisch-nachexilischen Zeit: Ps 95,3; 96,10; 97,1; 98,6; 99,1.4, die z.T. alte Aussagen enthalten.

[29] *ṣĕbāʾōt* kommt 285 mal im AT vor, fehlt aber völlig von Gen bis Ri, vgl. H.-J.Zobel, ṣĕbāʾōt, 878. Auffälligerweise fehlt der Titel beim Nordreichpropheten Hosea (abgesehen vom hymnischen Einschub Hos 12,6) und begegnet auch sonst selten in Nordreichtraditionen (1.Kön 18,15; 19,10.14; 2.Kön 3,14; Ps 80 [judäisch bearbeitet ?]). Dem stehen eine Fülle von Stellen gegenüber, die eindeutig in das Südreich und speziell auf Jerusalem weisen (vgl. Jes 6,3.5; 8,13.18; Ps 24,10; 46,8.12; 48,9; 84,2.4.13; 89,9 und die große Fülle der Belege in den Büchern der Südreichpropheten Jes, Jer, Sach, Hag). So ist die These von T.N.D.Mettinger, YHWH, 118f., gut begründet, daß die Zebaoth-Titulatur ihren hauptsächlichen „Sitz im Leben" im Jerusalemer Kult gehabt hat. H.-J.Zobel, ṣĕbāʾōt, 884ff., bringt dagegen die – unsichere – silonitische Herkunft wohl doch zu stark in Anschlag.

[30] So A.Alt, Gedanken, 351; W.H.Schmidt, Glaube, 154; W.Dietrich, Gott, 254f.; H.-J.Zobel, ṣĕbāʾōt, 882f.; B.C.Ollenburger, Zion, 39ff.; und auch, obgleich er sich der Unsicherheit seiner Argumente bewußt ist, T.N.D.Mettinger, YHWH, 128ff.

[31] So nach vielen älteren (vgl. die Diskussion bei R.Schmitt, Zelt [2.2], 110–131; M.Metzger, Königsthron, 326ff.) dezidiert J.Maier, Ladeheiligtum, 45–54; F.Crüsemann, Widerstand, 77f. Die Ladeerzählung ist in ihrer jetzigen Form zweifellos von hinten, d.h. von ihrer Überführung in den Jerusalemer Tempel her konzipiert. Wenn die Lade, was inzwischen fast all-

„den König Jahwe Zebaoth" (*'et hammelek jhwh ṣĕbā'ōt*) riesenhaft inmitten seines himmlischen Hofstaates im Jerusalemer Tempel thronen sieht (Jes 6,5; vgl. V.1.3), dann wird daran deutlich, wie zentral und fest verankert Zebaoth-Titel und Gottkönigsvorstellung schon zuvor in der Jerusalemer Heiligtumstheologie gewesen sein müssen.[32]

Zwar ist die Bedeutung und grammatische Interpretation der Titulatur „Jahwe Zebaoth" nach wie vor umstritten,[33] doch hat die von T.N.D.Mettinger vorgelegte Erklärung viel für sich, daß mit „*ṣĕbā'ōt*" (wörtlich: „Heere") eben der himmlische Hofstaat gemeint ist, der Jahwe als König umgibt und seine Weltregierung ausführt. Dabei kann an militärische (Jos 5,13–15), aber durchaus auch an administrative Funktionen gedacht sein (1.Kön 22,19ff.; Ps 103,21; 148,2).[34] Der Titel wäre dann im Sinne eines *status constructus* zu deuten („Jahwe der Heere"), er bezeichnet Jahwe als den, der in seiner königlichen Majestät über ein Heer von Dienern zur Durchsetzung seiner Befehle verfügt. Ob er auf einen El-Titel zurückgeht, ist unsicher.[35] In die Nähe des Titels Jahwe Zebaoth gehört jedoch die Vorstellung einer Götterversammlung (Ps 82,1) bzw. eines himmlischen Thronrats (Ps 89,8, Jer 23,18; Hi 1,6ff.; 15,8), die in Ugarit fest mit der Vorstellung vom Königtum Els verbunden ist.[36] So wie sich die politische Macht des irdischen Königs in einem Heer von Beamten und Untergebenen zeigt, so zeigt sich die Macht des zum König aufgestiegenen Jahwe in einem Heer himmlischer Wesen, die seinem Willen gehorchen. Und dabei besteht durchaus eine Parallelität zwischen göttlicher und königlicher Weltregierung (Ps 89,6–13.20–28).[37]

Die Vorteile einer solchen Theologie liegen auf der Hand: Mit ihr ließ sich nicht nur die politische Herrschaft des davidischen Königs stützen, sondern es ließen sich auch Anknüpfungspunkte finden zur Götterwelt der

---

gemein akzeptiert wird, selber kein Gottesthron war, müßte man erstens annehmen, daß auch schon im Heiligtum von Silo ein Kerubenthron gestanden habe, und zweitens, daß dessen statische Imagination an der Lade trotz ihres vagabundenhaften Schicksals haften geblieben sei. Doch für das erste gibt es keine Belege, und das zweite ist eine schwierige Annahme.

[32] Auch sonst zeigt sich eine Nähe von Königs- und Zebaoth-Titulatur: Ps 24,10; 84,4; 103,19–21; Jer 46,18; 48,15; 51,57; Sach 14,16f.

[33] Diskutiert wird inhaltlich der Bezug auf die israelitischen Heere, die himmlischen Heere, auf depotenzierte Naturmächte bzw. die Interpretation als Allmachtsaussage oder Königstitulatur; grammatisch wurde neben der – bei Eigennamen schwierigen – constr.-Verbindung das Verständnis als Apposition oder Nominalsatz diskutiert, vgl. die Forschungsübersichten bei T.N.D.Mettinger, YHWH, 109ff., H.-J.Zobel, ṣĕbā'ōt, 880f. Vom ägyptischen Epitheton *dbwtj* her möchte M.Görg, Sb'wt, 16f., *ṣĕbā'ōt* als „Thronender" deuten.

[34] YHWH, 123–128; vgl. die Hofstaatsvorstellungen, in denen der Zebaoth-Titel auftaucht (Jes 6,1–8; Ps 89,6–19; 1.Kön 18,15; 2.Kön 3,14; Sach 1–8).

[35] In Ugarit ist er nicht bezeugt; doch belegt immerhin Philo von Byblos, daß El über *symmachoi* verfügte, die ihn bei seinem Kampf unterstützen, s. T.N.D.Mettinger, YHWH, 134f.

[36] Vgl. W.H.Schmidt, Königtum, 26ff.

[37] S.o. 181f.

vorderorientalischen Staaten, mit denen Israel nun politisch, wirtschaftlich und kulturell in Kontakt trat. Die traditionelle Stellung Jahwes als Einzelgott verhinderte wohl den Ausbau eines regelrechten Pantheons, die Hofstaatvorstellung machte es jedoch möglich, Jahwe mit den Göttern der Völker in Beziehung zu setzen: Er war der König, der alle anderen Götter zu seinem Hofstaat degradierte. Mit der Zebaoth-Theologie schufen die Jerusalemer Hoftheologen somit ein geeignetes Instrument zur Legitimation und expansiven Orientierung der davidischen Großreichsbildung.[38] Die Gefahren dieses imperialen Synkretismus wurden erst später deutlich, als unter Einfluß der assyrischen Religion die *ṣĕbāʾōt* im 7.Jh. leicht mit den Gestirnen identifiziert werden konnten und der aufkommende Gestirnskult die Alleinverehrung Jahwes bedrohte (2.Kön 21,3; 23,5).[39]

Ist die kanaanäische Herkunft des Zebaoth-Titels nur zu vermuten, so ist diese für die Königstitulatur Jahwes sicher nachweisbar: Wie W.H. Schmidt gezeigt hat, gab es in der ugaritischen Religion zwei verschiedene Konzeptionen des Königtums Gottes.[40] Da war einmal die mehr statische Vorstellung vom Königtums Els, des höchsten Gottes im ugaritischen Pantheon: Er wurde „König der Ewigkeit" (*mlk ʿlm*) und „Herr der großen Götter" (*ʾadn ʾilm rbm*) genannt und war als solcher Haupt der Götterversammlung (*pḫr ʾilm*). Da war ein andermal die mehr dynamische Vorstellung vom Königtum Baals, der sein Königtum erst durch den Sieg über die Chaosmacht Jam erringt: „Jam ist wahrlich tot, Baal ist/sei König!".[41] Auf Jahwe wurden offenbar beide Vorstellungen übertragen: Wie El residiert er inmitten seines himmlischen Hofstaats (Ps 82; 89,6–8), er ist der „König über alle Götter" (Ps 95,3), dem die übrigen Götter ihre Reverenz erweisen (Ps 29,1f.9; 97,7). Wenn jedoch in Ps 29 Jahwe von den Göttersöhnen als der ewige König (*melek lĕʿōlām*) gerühmt wird (V.10), der über der Urflut thront, oder in Ps 93 als König besungen, dessen mächtige Herrschaft den Bestand der Welt gegen die tosenden Fluten sichert (V.1–4), dann klingt damit zugleich das Chaoskampfmotiv an; wie Baal ist auch Jahwe Chaoskämpfer (Ps 74,13f.; 89,10f.; Jes 51,9f.; Hi 26,12f.; Jes 27,1). Allerdings werden in den israelitischen Hymnen, wie J.Jeremias herausgearbeitet hat,[42]

---

[38] S. dazu T.N.D.Mettinger, YHWH, 136; im Anschluß an J.J.M.Roberts, Origin, 340; O.Eißfeldt, Königsprädizierung (3.2).

[39] S.u. 294ff.; dies ist nach T.N.D.Mettinger der Hauptgrund, warum die dtn.-dtr. Theologen die Zebaoth-Theologie durch *šem* („Namens")-Theologie, die Reformpriester (Ez, P) sie durch die *kābōd* („Herrlichkeits")-Theologie ersetzten, vgl. YHWH, 137f.; Dethronement, 38ff.

[40] Königtum, 22ff.

[41] *Jm l mt / bʿlm jml[k]* (KTU 1.2 IV,32); aufgrund von KTU 1.6 I,55 plädiert O.Loretz, Ugarit-Texte, 14, für eine Interpretation als Wunschsatz, zur Diskussion vgl. a.a.O., 4f. Eine überraschende Parallele zwischen Baals und Jahwes Thronbesteigung besteht in der Abfolge der Verben *ʿlj* („aufsteigen"), *jṯb/jšb* („sich niedersetzen") und *mlk* („als König herrschen"), vgl. die ugaritischen Belege bei O.Loretz, a.a.O., 8ff., und Ps 47,6.9; 29,10.

[42] Königtum, 19ff., u.ö.

die dramatischen Schilderungen des ugaritischen Mythos auf Zustandsaussagen reduziert. Die Vorstellung einer sterbenden und auferstehenden Vegetationsgottheit war israelitischen religiösen Traditionen offenbar zu fremd; Jahwe erringt nicht wie Baal seine Königsherrschaft immer wieder neu, sondern übt sie – wie El – von Urzeit an dauerhaft aus (Ps 93,2).

Wie diese eigenartige Mischung religionsgeschichtlich abzuleiten ist, ist noch nicht völlig geklärt; wir haben sichere Zeugnisse dafür, daß im vorisraelitischen Jerusalem der Gott El, wahrscheinlich in der Gestalt des El-Eljon, verehrt wurde,[43] dagegen fehlen solche für eine Baal-Verehrung. Wenn dies nicht Folge einer nachträglichen Retuschierung ist, muß man annehmen, daß der Gott El im südpalästinischen Raum – anders als im nördlichen Ugarit – schon Züge Baals an sich gezogen hatte, bevor Jahwe an seine Stelle einrückte.[44]

Die dynamische Gottkönigtumskonzeption erhielt nun aber in der Jerusalemer Theologie eine neue, für die Jahwereligion typische Zuspitzung: Jahwe wird zum „König über die Völker" proklamiert (Ps 47,9) aufgrund seiner Siege über die Nachbarstaaten Israels (V.3–6). Das Chaoskampfmotiv wurde somit teilweise seines mythologischen Charakters entkleidet und in den Bereich der politischen Geschichte transponiert (Ps 29,11). Die Jerusalemer Theologen gaben an dieser Stelle der spezifisch israelitischen Gotteserfahrung Raum, nach der Jahwe seine Wirksamkeit vor allem im geschichtlich-politischen Bereich erwiesen hatte, aber sie taten dies in der Weise, daß sie nicht den alten vorstaatlichen Befreiungserfahrungen, sondern neuen Erfahrungen staatlicher Macht und Größe theologische Geltung verschafften: In den glänzenden Siegen Davids über die umliegenden Klein-

---

[43] Vgl. vor allem die in Gen 14 integrierte Sonderüberlieferung Gen 14,18–20, wo Melchizedek, der als König von Salem (vgl. Ps 76,3 parallel zu Zion) und Priester des El-Eljon bezeichnet wird, Abraham mit Brot und Wein entgegenkommt und ihm in dessen Namen den Segen entbietet, worauf Abraham ihm den Zehnten gibt. Dies sieht ganz nach dem Versuch aus, schon den vorisraelitischen Jerusalemer Kult durch den Stammvater zu legitimieren. Allerdings ist die Namensform El-Eljon (Gen 14,18.19.20; Ps 78,35), die als Gottesname + attributives Adjektiv zu deuten ist („El, der Höchste"), außerhalb Israels nicht mehr belegt. In Ugarit kommt ein ʿeljōn ähnliches Wort (*ʿlj*) als Epitheton von Baal vor (KTU 1.16 III,5–8). Die Sfire-Inschrift aus dem 8.Jh. (KAI 222 A,11) und wohl auch Philo von Byblos (Praep.ev. 1.10,14–16) belegen wahrscheinlich Eljon neben El als eine eigene Gottheit. So ist es unsicher, ob eine Kontamination zweier Götter oder aber die Abspaltung eines El- oder vielleicht auch Baal-Epithetons vorliegt. Zur Diskussion vgl. R.Rendtorff, El; F.Stolz, Strukturen, 133–137; 149–152; J.J.M.Roberts, Origin, 331f.; H.-J.Zobel, ʿeljōn.

[44] So F.Stolz, Strukturen, 152ff.; E.Otto, El, 325ff. J.Jeremias, Königtum, 34ff., versucht die Annahme einer erst israelitischen Kombination von El- und Baal-Traditionen durch W.H.Schmidt, Königtum, 58, die allerdings bei ihm hinsichtlich ihres örtlichen Haftpunktes seltsam diffus bleibt (vgl. a.a.O., 88f.), dadurch zu klären, daß er in Ps 29 zwei traditionsgeschichtliche Stufen annimmt: Ein älteres Lied aus Nordisrael, das die Identifikation zwischen Jahwe und Baal vollzogen habe (V.5–9a.10), sei in Jerusalem im Sinne einer Jahwe-El-Theologie umgearbeitet worden (41ff.). Doch selbst wenn das zutreffen sollte, bleiben andere Baal-Identifikationen, die klar aus Jerusalem stammen (etwa die Identifikation des Zion mit dem Götterberg im Norden, vgl. Ps 48,3; Jes 14,13f.), unerklärt.

staaten hatte Jahwe seine überlegene Macht erwiesen,[45] dadurch war er zum universalen König über die Völkerwelt aufgestiegen (*'ālā, jāšab, mālak*: 47,6.9.10). Gleichzeitig wurde die kontingent historische Machterfahrung ins Mythisch-Grundsätzliche überhöht[46] und regelmäßig kultisch vergegenwärtigt (47,6; 24,7–10).[47]

Nun hatten die mythologischen Götterkämpfe in der Umwelt Israels immer auch etwas mit Politik zu tun; wenn etwa das babylonische Epos Enuma-elisch den Sieg des Gottes Marduk über das Chaosungeheuer Tiamat und seine Erhebung zum König der Götter feierte, dann propagierte es damit zugleich die Vormachtstellung Babylons in Mesopotamien. Aber die Transponierung des Götterkampfes und des Gottkönigtums in den Raum der politischen Geschichte, wie sie in der Jerusalemer Theologie vorgenommen wurde, ließ den imperialen Charakter des Königtums Jahwes ungleich schärfer hervortreten. In ihm drückte sich völlig unverhüllt der Anspruch des jungen israelitischen Staates auf politische Vorherrschaft über die umliegenden Völker aus. Als universaler König der Götter und Völker wandelte sich Jahwe in der Jerusalemer Tempeltheologie vom Befreier der Unterdrückten zum Promotor der eigenen Expansions- und Unterdrückungspolitik.[48] Doch blieb diese Konzeption nicht unwidersprochen.[49]

---

[45] In Ps 47,4 sind ganz sicher nicht, wie J.Jeremia, Königtum, 55f.; 62, glauben machen will, die Jahwe-Kriege der vorstaatlichen Zeit gemeint, sondern die großräumigen Eroberungen Davids, die zu dauerhafter Unterwerfung anderer Völker führten (V.9f.), so mit Recht J.J.M.Roberts, Setting, 131f. Wenn V.5 nicht ein Einschub aus dtn. Zeit ist, geht es in ihm nicht um „Landgabe", sondern die Erwählung Jerusalems oder des Königs.

[46] Daß in Ps 47 nicht nur eine „Historisierung des Mythos", sondern auch eine „Mythisierung der Geschichte" geschieht, hat mit Recht J.Jeremias, Königtum, 56, betont.

[47] Um die weitreichende These eines „Thronbesteigungsfestes Jahwes" in Jerusalem, mit der S.Mowinckel, Psalmenstudien II, eine ganze Forschergeneration beschäftigte, ist es relativ still geworden; zur Diskussion vgl. H.-J.Kraus, Psalmen I, 99–103; B.C.Ollenburger, Zion, 24ff.; O.Loretz, Ugarit-Texte, 19ff.; auf einige fragwürdige Vorurteile darin hat mit Recht P.Welten, Königsherrschaft, hingewiesen. Ps 47,6.9 im Zusammenhang mit Ps 24,7ff. machen es immerhin wahrscheinlich, daß der „Aufstieg" Jahwes zum König über die Völker kultisch – am ehesten bei der Ladeprozession – vergegenwärtigt und gefeiert wurde; vgl. J.Jeremias, Königtum, 59ff.; W.Dietrich, Gott, 259f.; N.Lohfink, Begriff, 56; mit einer regelrechten Thronbesteigungsfeier beim Herbstfest rechnen etwa wieder B.C.Ollenburger, a.a.O., 33; 44f., und O.Loretz, a.a.O., 496ff.; letzterer bemüht sich – auf der Grundlage nicht immer nachvollziehbarer literarkritischer Entscheidungen seiner „kolometrischen Analyse" – um eine überlieferungsgeschichtlich differenzierte Sicht, die zwischen der kultischen Deutung S.Mowinckels und der „eschatologischen" H.Gunkels vermitteln will.

[48] Die politischen Implikationen dieser staatlichen Jahwe-König-Theologie werden von J.Jeremias, Königtum, 65–68, wohl doch etwas schönfärberisch dargestellt, regelrecht apologetisch ist der Versuch von B.C.Ollenburger, Zion, 59–66, die Jahwe-Königs-Aussagen der Zionstheologie säuberlich von der davidischen Königstheologie zu trennen, laufen doch etwa Ps 2 und Ps 47 gleicherweise auf die militärische Unterwerfung der Völker hinaus; vgl. dagegen die nüchternen Urteile von O.Eißfeldt, Königsprädizierung, 219f.; W.Dietrich, Gott, 261; J.J.M.Roberts, Setting, 132; Zion, 98f.; N.Lohfink, Begriff, 55ff.

[49] S.o. 261ff. und u. 443ff.

Neben der Königstitulatur wurde in der Jerusalemer Theologie sehr wahrscheinlich auch die Weltschöpferprädikation von El auf Jahwe übertragen. Wohl galt El in Ugarit überwiegend nur als Menschenschöpfer (*'ab 'adm* „Vater der Menschen", *bnj bnwt* „Schöpfer der Geschöpfe"), aber immerhin wird von ihm einmal auch gesagt, daß „er das Bergland geschaffen hat",[50] und in der phönizischen Karatepe-Inschrift aus dem 8.Jh. wird er als „Schöpfer der Erde" (*qōnē 'arṣ*) bezeichnet.[51] Dieses Epitheton steht der Weltschöpfungsprädikation „Schöpfer Himmels und der Erde" (*qōnē šamajim wā'āreṣ*) nah, mit der Melchizedek, der sagenhafte Priesterkönig von Jerusalem, in Gen 14,19 El-Eljon benennt. Die Ausweitung der Schöpfermacht auf den Himmel läßt sich am ehesten auf babylonischen Einfluß zurückführen.[52] Ähnlich eingliedrige Weltschöpferprädikationen wie Gen 14,19 begegnen dann stereotyp in Segenssprüchen des Jerusalemer Kultes (Ps 115,15; 121,2; 124,8; 134,3); und zumindest Ps 24,1f. belegt, daß Jahwe schon in der Jerusalemer Kultlyrik der vorexilischen Zeit als Schöpfer der Welt gepriesen wurde.[53] Die Fülle der ganzen Erde repräsentierte die heilige Majestät Jahwe-Zebaoths (Jes 6,3). So war der Jerusalemer Staatskult ein – wichtiger – Ort, an dem die in der Umwelt Israels längst ausgebildeten Weltschöpfungsvorstellungen in die offizielle Jahwereligion übernommen wurden. Damit wurde Jahwe mit allen Bereichen der Weltwirklichkeit in Beziehung gesetzt, er war nicht mehr nur ein Gott der Geschichte, sondern auch der Natur. Sein Wirken reichte weit über Israel hinaus, nicht nur der Bestand der eigenen Gesellschaft, nein, der Bestand der gesamten Welt hing von seinem machtvollen und bewahrenden Eingreifen ab.

Welche anderen Götter des vorisraelitischen Jerusalemer Pantheons neben El mit Jahwe gleichgesetzt bzw. ihm zugeordnet wurden, ist nicht mehr mit Sicherheit auszumachen.[54] In Frage kommt Schalem, der wie der Name *jĕrūšālem* („Gründung Schalems") zeigt, einmal der Stadtgott Jerusalems gewesen sein muß. In Ugarit ist er neben Schachar, dem Gott der Morgendämmerung, als Gott der Abenddämme-

---

[50] S. die Belege bei F.Stolz, Strukturen, 138.

[51] KAI 26 A III, 18; die weite räumliche und zeitliche Streuung des Epithetons (vgl. die neupunische Inschrift aus Leptis magna [2.Jh.n.Chr.] KAI 129), das sich z.T. zum Götternamen verdichtet (vgl. die Götter *'lqwnr'* aus Palmyra [1.Jh.n.Chr] und Elkunirsa [kanaanäische Entlehnung vor 1200 v.Chr.] aus Boghazköy) spricht für ein altes Traditionselement im Nordwestsemitischen, vgl. R.Rendtorff, El, 179ff.; F.Stolz, Strukturen, 130ff. In einer Inschrift aus Hatra ist das Epitheton *qnh dj [']r'* auf Baal-Schamem bezogen, vgl. P.D.Miller, El, 44. Möglicherweise ist es auch auf einem in Jerusalem gefundenen Ostrakon aus dem 8.-7.Jh. bezeugt (*[ ]qn 'rṣ*), doch ist der Gottesname abgebrochen und der Kontext unsicher, vgl. P.D.Miller, a.a.O., 44f.; nicht die Schöpfung, sondern das Besitzrecht über die Erde ist nach Meinung von E.Lipiński, qānāh, 67ff., mit dem Epitheton ausgesprochen.

[52] Ab der Kassitenzeit ist für Marduk die genau entsprechende Prädikation belegt (*bāni šamē u erṣitim*), vgl. VAB 7,234,1, vgl. F.Stolz, Strukturen, 17; 150.

[53] Vgl. R.Albertz, Weltschöpfung (2.4), 116; 158f.; ich meine, hier nachgewiesen zu haben, daß es nicht angeht, das Reden von Weltschöpfung in Israel erst mit der Exilszeit beginnen zu lassen.

[54] Vgl. dazu F.Stolz, Strukturen, 181–220; W.H.Schmidt, Glaube, 218f.

rung bezeugt.[55] Doch ob er in der jebusitischen Stadt noch verehrt wurde, ist unsicher, jedenfalls hat er keine sicheren Spuren im AT hinterlassen.[56] Die aktuelle Funktion eines Stadtgottes scheint eher Zedek eingenommen zu haben, da wichtige Repräsentanten des vorisraelitischen Jerusalem mit ihm gebildete Personennamen tragen (Melchizedek = *malkī-ṣedeq* „mein König ist Zedek"; Zadok).[57] Zedek gehört zu den Göttern, die aus Hypostasierung göttlicher Eigenschaften („Gerechtigkeit") entstanden sind (vgl. *Ma'at* in Ägypten und *Kittu* und *Mīšaru* als Gefolge des Sonnengottes Schamasch in Babylonien).[58] Eingeordnet in das Gefolge Jahwes, wirkt seine Personalität in der erhaltenen alttestamentlichen Überlieferung nur noch in Resten nach (Ps 17,1[?]; 85,11.12.14; 89,15; 97,2).[59] Eine nicht unwichtige Rolle scheint der Sonnengott Schemesch im Jerusalemer Kult gespielt zu haben (vgl. Ps 19,5–7; 84,12; 2.Kön 23,11; Ez 8,16 ff.).[60] Von den weiblichen Gottheiten wurde in ihm – wie auch an anderen Kultstätten des Landes[61] – zumindest Aschera verehrt (1.Kön 15,13; 2.Kön 23,7).

Der synkretistische Ausbau des traditionellen Jahwebildes bildete den Hintergrund für die Entwicklung einer speziellen Jerusalemer Heiligtumstheologie, mit der die Jerusalemer Priesterschaft ihren Reichstempel zum Mittelpunkt der Jahweverehrung machen wollte.[62] In Aufnahme jebusitischer Traditionen[63] behauptete sie, daß sich Jahwe auf ganz besondere Weise an

---

[55] Vgl. vor allem den Mythos „Šaḥar und Šalim" (KTU 1.23) und F.Stolz, Strukturen, 182 ff.

[56] F.Stolz, a.a.O., 204, bringt die Namen der Kinder Davids Absalom und Salomo in Verbindung. Doch wurde ersterer schon in Hebron geboren (2.Sam 3,3), und letzterer läßt sich besser mit J.J.Stamm, Name, 55 ff., als Ersatzname deuten (*šᵉlōmō* = „Seine Unversehrtheit/Sein Ersatz", d.h. des 2.Sam 12,15bff. zuvor gestorbenen Kindes).

[57] Dieser Tatbestand könnte auch noch in der Bezeichnung Jerusalems als *'īr haṣṣedeq* „Stadt der Gerechtigkeit" in Jes 1,26 nachklingen.

[58] Philo von Byblos nennt ein entsprechendes phönizisches Götterpaar Misor und Sydyk (Praep.ev.I 10,10); Zedek ist auch in ugaritischen und phönizischen Personennamen bezeugt.

[59] Vgl. R.A.Rosenberg, Gott, 170 ff.; H.H.Schmid, Gerechtigkeit, 75 ff.; F.Stolz, Strukturen, 218 ff.

[60] Vgl. H.-P.Stähli, Elemente, 5 ff. Archäologische Hinweise für solare Elemente in der Jahwereligion sind vielleicht der vierflüglige Skarabäus bzw. die geflügelte Sonne auf den Königssiegeln der Hiskia- und Josiazeit (a.a.O, 10 f.) und die Pferde-Terrakotten mit einer Sonnenscheibe auf der Stirn, vgl. 2.Kön 23,11 und T.A.Holland, Study (2.3), 130; 149 f.; H.Weippert, Palästina, 629. W.H.Schmidt, Glaube, 219, meint, daß die Schemesch-Verehrung erst später unter assyrischem Einfluß in den Jerusalemer Kult eingedrungen sei.

[61] S.o. 131 ff.

[62] Zu dieser sog. Zionstheologie vgl. die „Zionpsalmen" (Ps 46; 48; 76; [84]; 87) und H.Schmid, Jahwe; E.Rohland, Bedeutung, 119 ff.; H.-M.Lutz, Jahwe, 157 ff.; G.Wanke, Zionstheologie; F.Stolz, Strukturen; J.Jeremias, Zelt; J.J.M.Roberts, Origin; Ders., Zion; vgl. den neuesten Forschungsüberblick bei B.C.Ollenburger, Zion, 15–19; seine eigenen Ausführungen zum „theologischen Zion-Symbol" sind durch eine unkontrollierte Ausweitung der Textbasis und eine fragwürdige Einbeziehung späterer Interpretationen der Zionstheologie gekennzeichnet.

[63] So die gängige Herleitung, die von H.Schmid und E.Rohland begründet und von H.-M.Lutz, F.Stolz und anderen a.a.O ausgebaut wurde, vgl. die Diskussion bei J.J.M.Roberts, Origin, 339 f. Dagegen hat G.Wanke, Zionstheologie, 109–113, die Existenz einer alten, großteils aus der vorisraelitischen Zeit übernommenen Jerusalemer Kulttradition bestritten und sie als späte innerisraelitische Traditionsbildung aus der exilisch-nachexilischen Periode zu erwei-

die Stadt Jerusalem gebunden habe und in ihrem Tempel unmittelbar anwesend sei: Jerusalem war nach Anspruch dieser Theologie „die Gottesstadt" (*'īr 'ĕlōhīm*), „die heiligste der Wohnungen Eljons"; „Jahwe ist in ihrer Mitte" (Ps 46,5 f.; vgl. 48,3; 87,3), er hat auf dem Zion seinen Wohnsitz eingenommen (76,3; 87,1 f.),[64] ja, Eljon hat ihn selber gegründet (48,9; 87,5). Typisch für diese „Zionstheologie" war somit die fast vollständige Identifizierung Jahwes mit der Hauptstadt und ihrem Staatsheiligtum (48,4.13–15). War für die ältere Jahwereligion die Bindung Jahwes an eine Menschengruppe charakteristisch gewesen, so setzten die Jerusalemer Theologen an deren Stelle seine enge Bindung an einen Ort. Damit war nicht mehr die Befreiung Israels aus Ägypten, sondern das Ereignis, daß Jahwe auf dem Zion Wohnung genommen hat, d.h. konkret die Überführung der Lade in den jebusitisch-salomonischen Tempel, die entscheidende göttliche Heilstat, die den israelitischen Staat begründete und trug.

Der Jerusalemer Staatskult schuf sich somit eine von den vorstaatlichen Jahweüberlieferungen weitgehend unabhängige Heilstradition. Wie fremd diese von Hause aus jenen gegenüberstand, zeigt sich daran, daß sie gar nicht direkt auf das Volk Israel bezogen ist, sondern um die Zentren Stadt und Welt kreist: Der Zion wurde mit dem „Gipfel des Saphon" (*jarkĕtē ṣāpōn*) (Ps 48,3), d.h. mit dem berühmten Götterberg in Nordsyrien[65] – nicht etwa mit dem Sinai im Süden! – identifiziert, auf dem nach ugariti-

---

sen gesucht, die in der legendären Bewahrung Jerusalems vor Sanherib im Jahr 701 v.Chr. ihren Ausgang nahm und sich aus prophetischer Überlieferung speiste. Doch ist diese These überwiegend zurückgewiesen worden (vgl. H.-M.Lutz, Jahwe, 213 ff.; J.Jeremias, Zelt, 188 f.; J.J.M.Roberts, Origin, 338 f.). Es ist nämlich kaum zu bestreiten, daß Jesaja (6,1 ff.; 8,18) und Micha (3,10 f.) im 8.Jh., spätestens aber die „Assurredaktion" des Jesaja-Buches aus dem 7.Jh. (Jes 8,9 f.; 14,24–27; 17,12–14; vgl. H.Barth, Jesaja-Worte [3.9], 119 ff.; 177 ff.) die Zionstheologie voraussetzen. Nach J.J.M.Roberts, Zion, 105–108, ist sie in der Zeit zwischen David und Hiskia entwickelt worden. Unsicherer bleibt es dagegen, den kanaanäischen und israelitischen Anteil der Zionstheologie zu bestimmen. Wegen der offensichtlichen Ungereimtheiten, die bei ihrer Herleitung aus der kanaanäischen Religion, wie sie uns aus Ugarit bekannt ist, bestehen bleiben (s.u.), haben etwa J.Jeremias, Lade, 192 ff., und J.J.M.Roberts, Origin, 331 ff., dafür plädiert, sie als originär israelitische Bildung anzusehen, die verschiedene kanaanäische Einzelmotive zu einem neuen Ganzen forme. Doch ist ihre Herleitung der vorstaatlichen Lade-Tradition (Jahwe-Krieg und Thronvorstellung), die J.Jeremias, Lade, 194 ff., vornimmt, problematisch, da die Lade wahrscheinlich erst in Jerusalem zum Teil des Gottesthrones (s.o. 201 f.) wurde und auch in den Zionspsalmen keine Rolle spielt. Außerdem läßt sich der imperiale Charakter dieser Theologie nur unter Mißachtung aller sozialgeschichtlichen Differenzen als „universaler Jahwekrieg" (so J.Jeremias, a.a.O., 196) interpretieren. Überzeugender ist da schon die Lösung von J.J.M.Roberts, der die Zionstheologie als eine davididische Bildung ansieht, die das geschaffene Großreich und seinen neuen politischen und kultischen Mittelpunkt legitimieren soll (Origin, 340; 342; Zion, 108).

[64] In den dtn./dtr. Texten wird dies als Erwählung (*bāḥar*) des Zion interpretiert (vgl. Dtn 12,18.26; 1.Kön 8,16.44 u.ö.; Ps 78,68; 132,13 [dtr.Bearbeitung]), falls nicht Ps 47,5 auf den Zion zu beziehen ist.

[65] Dem heutigen *Dschebel el-Aqra'*, der mit seinen 1770 Metern majestätisch die Mittelmeerküste überragt; die Hurriter nannten ihn Hazzi, die klassischen Autoren Kasios bzw. Casius; er ist ca. 40 km nördlich des antiken Ugarit gelegen.

scher Mythologie dem Gott Baal nach seinem Sieg über den Chaosgott Jam ein Palast errichtet wurde. Der Baalstempel von Ugarit war auf den Saphon ausgerichtet, und Baal wurde in Ugarit u.a. unter dem Namen Baal-Saphon verehrt.[66] Wenn jedoch Jes 14,13f. dieser Götterberg mit Eljon in Verbindung gebracht wird, dann hat es den Anschein, daß im jebusitischen Jerusalem auch dies Motiv kanaanäischer Mythologie schon auf El-Eljon übertragen war, bevor es Jahwe erbte. Das Motiv, daß die Gottesstadt von „Armen eines Stromes" durchflossen wird (Ps 46,5; vgl. Jes 33,21ff.; Ez 47,1–12; Joel 4,18; Sach 14,8), was mit der Topographie Jerusalems nicht übereinstimmt, weist möglicherweise auf eine Verquickung mit dem mythischen Wohnort Els „am Ursprung der zwei Ströme, inmitten der Quelle der beiden Meere" hin.[67] Doch ungeachtet dieser etwas unsicheren religionsgeschichtlichen Herleitung,[68] ist die Funktion der Identifikation klar: Als mythischer Götterberg beanspruchte der Zion, Mittelpunkt, „Nabel der Welt" (*tabbūr hāʾāreṣ*) zu sein (Ez 38,12); sein Bestand sicherte zugleich den Bestand der ganzen Welt.

Als Weltmittelpunkt war Jerusalem nach dieser Konzeption von Jahwe „für ewig gegründet" (Ps 48,9), durch seine kultische Anwesenheit mit einer dauernden, unbedingten Schutz- und Heilsgarantie ausgestattet (Ps 46,6; 48,4). Damit wurde die Stadt zu einem Bollwerk gegen den Ansturm der Chaosmächte (Ps 46,2–4)[69] und gegen den Ansturm der Völker (Ps 46,7; 48,5–8; 76,4–6).[70] Und indem Jahwe seine Gottesstadt so vor jeglicher Be-

---

[66] Vgl. das Material bei E.Lipiński, ṣāpōn, 1096ff.

[67] So J.J.M.Roberts, Zion, 100f.; das Motiv wird auch mit Paradiesvorstellungen in Zusammenhang gebracht, vgl. etwa G.Wanke, Zionstheologie, 67f.

[68] Vgl. die Kritik von J.J.M.Roberts, Origin, 332ff. Nach ihm wurden von den Jerusalemer Theologen zuvor eigenständige Baal- und El-Motive auf Jahwe gehäuft, um Jahwes alles überragende Vormachtsstellung zu betonen (a.a.O., 342). Als religionsgeschichtlichen Vergleich für solche bewußten Kombinationen verweist er etwa auf die Identifikation Assurs mit den Göttern Marduk und Anschar (Vater des Himmelsgottes Anu) in einigen assyrischen Ausgaben von Enuma-elisch.

[69] Auch hierbei handelt es sich wieder um ein Baal-Motiv, eine Anspielung auf den Kampf Baals gegen Jam, vgl. dazu etwa F.Stolz, Strukturen, 43ff.

[70] Dazu die prophetischen Aufnahmen: Jes 8,9f.; 14,24–27; 17,12–14; Mi 4,11; Sach 12,2–4* (vgl. H.-M.Lutz, Jahwe, 11ff.). Die Herleitung des Völkerkampfmotivs macht große Schwierigkeiten. Das Fehlen genauer Parallelen in der Umwelt war für G.Wanke, Zionstheologie, 70ff., der Hauptgrund, die jebusitische Herkunft und das Alter der Zionstheologie anzuzweifeln und die Priorität der prophetischen Belege zu behaupten. Daß man es nicht einfach als „historisiertes" Chaoskampfmotiv erklären kann, wie noch S.Mowinckel, Psalmenstudien II, 57ff., meinte, ist sicher richtig (vgl. G.Wanke, a.a.O., 76; J.Jeremias, Lade, 189). F.Stolz, Strukturen, 72ff., hat versucht, vor allem aus dem mesopotamischen Raum Parallelen für Götterkämpfe gegen die Völker beizubringen, doch sind sie nicht auf einen Ansturm der Völker gegen den Gottesberg bezogen, vgl. die Kritik von J.Jeremias, Lade, 189. Doch Jeremias' eigene Herleitung aus dem Jahwekrieg (a.a.O., 194ff.) ist noch fragwürdiger, vgl. die Kritik von O.H.Steck, Friedensvorstellungen, 18f. Während J.J.M.Roberts früher geneigt war, geschichtliche Kriegs- (2.Sam 5,17–25) und Aufstandserfahrungen der David-Salomo-Zeit (1.Kön 11,14–25) als Erfahrungshintergrund zur Ausbildung des Völkerkampfmotivs anzunehmen (Origin, 343f.), denkt er jetzt doch – ähnlich wie F.Stolz – an das Vorbild mythischer

drohung sicherte, gab er damit der ganzen Welt Stabilität und machte vom Zion aus den Kriegen in der Völkerwelt überhaupt ein Ende (Ps 46,9–11; 76,11–13). So beanspruchte Jerusalem in dieser Theologie – zumindest konzeptionell –, Mittelpunkt eines universalen Friedensreiches zu sein („Wonne der ganzen Welt" Ps 48,3).[71]

Die Theologie des Jerusalemer Staatsheiligtums trug somit in Anlehnung an kanaanäische Konzeptionen universale Züge. Ihr Universalismus ist vielleicht nicht ganz so aggressiv wie der der Königstheologie, hat doch das kriegerische Eingreifen Jahwes für seine Stadt mehr defensiven Charakter, doch ist auch das hier entworfene universale Friedensreich natürlich eine *pax israelitica*, ein Reich unter israelitischer Vorherrschaft, das auf Unterwerfung und Demütigung der Völker beruht (Ps 46,9f.; 76,4).[72] Die Problematik dieser Theologie bestand vor allem darin, daß sie Jahwe so sehr mit dem Tempel, der Hauptstadt, ja, sogar deren Verteidigungsanlagen (Ps 48,13–15) identifizierte, daß damit der Bevölkerung eine politische Heilssicherheit vorgespiegelt wurde, die sie völlig unsensibel gegen bedrohliche Entwicklungen von außen und völlig unkritisch gegen bedrohliche gesellschaftliche Entwicklungen im Innern machte (vgl. Mi 3,11; Jer 7,4). Wenn sich dagegen z.T. scharfer Protest erhob, dann zeigt dies, daß der Jahwereligion ein Differenzpotential innewohnte, welches sich gegen eine solche massive kultische und politische Vereinnahmung Jahwes sträubte. Erst nachdem die Zionstheologie durch den Gang der Geschichte widerlegt wurde und die Hauptstadt samt ihrem Tempel 587 in Trümmern lag, konnte sie voll in die Jahwereligion integriert werden und hat in eschatologischer Brechung – nun gesellschaftlich dysfunktional – ein erhebliches Hoffnungspotential entwickelt.[73]

Die Einrichtung des königlichen Staatskultes in Jerusalem hat noch einmal einen breiten Schwall der Kulttraditionen und der Mythologie der kanaa-

---

Götterkämpfe (Zion, 102f.); so scheint etwa CTA 4 VII,30–37 aus dem ugaritischen Baal-Mythos einen Angriff von Feinden auf den Gottesberg Saphon vorauszusetzen, den Baal allein „mit seiner heiligen Stimme" zurückschlägt. Aus ursprünglich ugaritischem Milieu fände dann auch die eigenartige Erwähnung der Tarsis-Schiffe Ps 48,8 eine Erklärung. So ist das in der Literatur kolportierte Urteil, es gäbe zum Völkerkampf gegen den Zion keine religionsgeschichtlichen Parallelen, vielleicht doch zu revidieren. Wenn der Lobruf Melchizedeks in Gen 14,20: „Gelobt sei El-Eljon, der deine Feinde in deine Hand ausgeliefert hat" nicht kompositorische Klammer zum Bericht von den Kriegen Abrahams (14,1–11.12–17.21–24) ist, dann könnte er immerhin eine kriegerische Komponente der Jerusalemer El-Gottheit belegen, vgl. F.Stolz, Strukturen, 150f.

[71] Vgl. O.H.Steck, Friedensvorstellungen, 26–35, der allerdings diese theologische Konzeption doch wohl nicht genügend ideologiekritisch hinterfragt.

[72] Ähnlich O.Eißfeldt, Königsprädizierung (3.2), 219. Das „Zerbrechen der Waffen" durch Jahwe (Ps 46,10; 76,4) ist nicht, wie R.Bach, Bogen, 23, vorschlägt, von späteren prophetischen Stellen her (Mi 5,9–13; Sach 9,10; Jes 2,4) als grundsätzliche Distanzierung Jahwes vom Krieg zu verstehen (so eigenartigerweise auch B.C.Ollenburger, Zion, 141f., obwohl er sich kritisch von Bach absetzt), sondern, wie die akkadischen Parallelen zeigen (s. AHw III, 1206, s.v. *šebēru*), als zusätzliche Demütigung des besiegten Gegners, vgl. R.Albertz, Schalom (2.3), 21f.

[73] S.u. 406f.

näischen Hochreligion in die Jahwereligion einfließen lassen. Auch wenn die genaue religionsgeschichtliche Herleitung an einigen Stellen immer noch mit Unsicherheiten belastet ist, da wir nicht wissen, wieweit die Zeugnisse aus Ugarit für den südpalästinischen Raum Aussagekraft besitzen,[74] scheint es sich hier vornehmlich um einen El-Synkretismus zu handeln, der aber mit vielen Zügen der Baal-Überlieferung und einigen mesopotamischen Elementen durchsetzt war. Obgleich dieser offiziell vollzogene Synkretismus die traditionelle Symbolwelt der Jahwereligion stark veränderte und teilweise sogar ersetzte, war er nicht schon grundsätzlich etwas Schlechtes.[75] Die Jahwereligion mußte sich verändern, sollte sie ihre Relevanz für die neu entstandene politisch-gesellschaftliche Realität des monarchischen Staates behalten. Und da sie auf deren Herausforderungen kaum eigene hinreichende Antworten besaß, so war eine Anleihe an die vorisraelitischen Jerusalemer Kulttraditionen nur zu verständlich und bis zu einem gewissen Grad auch unumgänglich.

Der Gewinn, den der Jerusalemer Synkretismus für die Weiterentwicklung des israelitischen Gottesbildes brachte, ist ja auch nicht von der Hand zu weisen: Jahwe stieg in Nachfolge von El-Eljon zum höchsten Gott, Weltschöpfer, Chaoskämpfer, König der Götter und ihrer Völker auf; sein Wirkungsbereich weitete sich damit gewaltig aus: Er war nicht mehr nur der Gott einer politisch marginalen Gruppe und für deren Wohl und Wehe zuständig, sondern regierte nun vom Zion aus – mit Hilfe seines Königs – die gesamte Völkerwelt und war für das Weltgeschehen im ganzen verantwortlich. Von El her wuchsen Jahwe, dem ehemals wilden und kämpferischen Gott südlicher Wüstenregionen, die Züge der majestätischen Ruhe, Weisheit und Milde zu. Erst diese gewaltige Machtsteigerung Jahwes und die universale Ausweitung seines Wirkungshorizonts machten es möglich, die politische Machtkonzentration und die politische und kulturelle Öffnung, mit der sich Israel seit David konfrontiert sah, theologisch einigermaßen zu verarbeiten. Und es spricht für eine hohe gesellschaftliche Akzeptanz, daß dieser Jerusalemer Synkretismus auch späterhin nie wieder grundsätzlich in Frage gestellt wurde. Auch die prophetischen Oppositionellen – vor allem natürlich der Jerusalemer Jesaja – setzten das universal geweitete Gottesbild ganz selbstverständlich voraus.

Der Widerspruch entzündete sich im Süden an einer ganz anderen Stelle, nicht an der Tatsache des Synkretismus als solchem, sondern daran, daß die Jerusalemer Hof- und Tempeltheologen im Zuge dieser Anleihen, den

---

[74] Vgl. die berechtigten Warnungen von R.Rendtorff, El, 172f.

[75] Es besteht eine gewisse Neigung in der alttestamentlichen Forschung, von der späteren prophetischen und dtr. Polemik her den Synkretismus als theologisch illegitim zu verdächtigen, so etwa wenn A.Soggin, Synkretismus (3.2), 181f., seine Gefahren hervorkehrt, oder J.Jeremias, Lade, 194, fast beschwörend nachzuweisen sucht, daß natürlich die israelitischen Überlieferungen „den Maßstab für die Art und den Grad der Verschmelzung setzten". Einer der wenigen, der die positive Funktion des Jerusalemer Synkretismus sowohl für die El- als auch für die Jahwereligion hervorkehrt, ist E.Otto, El, 328f.

vorderorientalischen Vorbildern folgend, Jahwe so direkt mit den Institutionen der politischen Macht, dem Königtum, seiner Residenz und seinem Staatskult verquickten und als deren Garanten vereinnahmten, daß sie darüber vergaßen, daß Jahwe einmal der Garant der Freiheit der politisch Ohnmächtigen gegen die Übergriffe der politisch Mächtigen gewesen war.

3.4 Der staatliche Großkult im Norden

M.Aberbach/L.Smolar, Aaron, Jeroboam, and the Golden Calf, JBL 86, 1967, 129–140. – A.Cody, Aaron/Aaronitisches Priestertum I, TRE I, 1977, 1-5. – F.M.Cross, 'el, TWAT I, 1973, 259–279. – J.Debus, Die Sünde Jerobeams. Studien zur Darstellung Jerobeams und der Geschichte des Nordreiches in der deuteronomistischen Geschichtsschreibung, FRLANT 93, 1967. – W.Dietrich, Prophetie und Geschichte. Eine redaktionsgeschichtliche Untersuchung zum deuteronomistischen Geschichtswerk, FRLANT 108, 1972. – Chr. Dolmen, Das Bilderverbot. Seine Entstehung und seine Entwicklung im Alten Testament, BBB 62, 2.Aufl. 1986. – H.Donner, „Hier sind deine Götter, Israel!“, Wort und Geschichte, FS K.Elliger, AOAT 18, 1973, 45–50. – O.Eissfeldt, Lade und Stierbild (1940/41), Kleine Schriften II, 1963, 282–305. – M.Görg, Aaron – von einem Titel zum Namen?, BN 32, 1986, 11–17. – J.Hahn, Das „Goldene Kalb“. Die Jahwe-Verehrung bei Stierbildern in der Geschichte Israels, EHS.T 154, 1981. – H.-D.Hoffmann, Reform und Reformen. Untersuchungen zu einem Grundthema der deuteronomistischen Geschichtsschreibung. AThANT 66, 1980. – J.Jeremias, Der Prophet Hosea, ATD 24/1, 1983. – J.Kegler, Arbeitsorganisation und Arbeitskampfformen im Alten Testament, L./W.Schottroff (Hrsg.), Mitarbeiter der Schöpfung. Bibel und Arbeitswelt, 1983, 51–71. – R.H.Kennett, The Origin of the Aaronite Priesthood, JTS 6, 1905, 161–186. – J.C.de Moor, ba'al I-II, TWAT I, 1973, 706–718. – H.Motzki, Ein Beitrag zum Problem des Stierkultes in der Religionsgeschichte Israels, VT 25, 1975, 470–485. – E.T.Mullen, The Sins of Jeroboam: A Redactional Assessment, CBQ 49, 1987, 212–232. – H.Niemann, Die Daniten. Studien zur Geschichte eines altisraelitischen Stammes, FRLANT 135, 1985. – M.Noth, Exodus. Das zweite Buch Mose, ATD 5, 4.Aufl. 1968. – H.Th.Obbink, Jahwebilder, ZAW 47, 1925, 264–275. – H.Ringgren, 'egel, TWAT V, 1986, 1056–1061. – H.Tadmor, Traditional Institutions and the Monarchy: Social and Political Tensions in the Time of David and Solomon, T.Ishida (ed.), Studies in the Period of David and Solomon and other Essays, 1982, 239–257. – S.Talmon, Die Kalender- und Kultreform Jerobeam I (engl. 1958), ders., Gesellschaft und Literatur in der Hebräischen Bibel. Gesammelte Aufsätze 1, Information Judentum 8, 1988, 56–79. – H.Utzschneider, Hosea. Prophet vor dem Ende. Zum Verhältnis von Geschichte und Institution in der alttestamentlichen Prophetie, OBO 31, 1980. – H.Valentin, Aaron. Eine Studie zur vor-priesterschriftlichen Aaron-Überlieferung, OBO 18, 1978. – P.Weimar, Das Goldene Kalb. Redationskritische Erwägungen zu Ex 32, BN 38/39, 1987, 117–160. – H.Weippert, Die Ätiologie des Nordreiches und seines Königshauses (I Reg 11,29–40), ZAW 95, 1983, 344–375. – M.Weippert, Gott und Stier, ZDPV 77, 1961, 93–117. – P.Welten, Götterbild, männliches, BRL², 1977, 99–111. – E.Würthwein, Die Bücher der Könige. 1.Könige 1–16, ATD 11,1, 1977. – W.Zimmerli, Das Bilderverbot in der Geschichte des alten Israel, Goldenes Kalb,

Eherne Schlange, Mazzeben und Lade (1971), ders., Studien zur alttestamentlichen Theologie und Prophetie, Gesammelte Aufsätze II, 1974, 247–260. –

Während uns für den Jerusalemer Staatskult eine Fülle authentischer Zeugnisse zur Verfügung steht, sind wir über den staatlichen Großkult des Nordreiches sehr viel schlechter informiert. Das hängt zum einen damit zusammen, daß das Nordreich schon relativ früh seine nationale Selbständigkeit verlor und seine religiösen und kultischen Traditionen nur soweit überlebten, als sie vom Südreich übernommen wurden,[1] zum anderen damit, daß aus der Perspektive der späteren dtn.-dtr. Erneuerungsbewegung mit ihrer Kultzentralisation auf das Jerusalemer Heiligtum der gesamte Kult des Nordreiches als Irrweg und Abfall von Jahwe verurteilt wurde.[2] Die wenigen Quellen sind somit noch dazu extrem parteilich und müssen gegen den Strich gelesen werden, um die religionsgeschichtliche Entwicklung einigermaßen sachgerecht zu rekonstruieren.

Die literarischen Verhältnisse der Jerobeam-Überlieferung in 1.Kön 11 und 12 sind kompliziert und umstritten.[3] Ich gehe von folgenden Einheiten aus:

1. Bericht über den gescheiterten Aufstand und die Thronerhebung Jerobeams: 1.Kön 11,26.40; 12,2cj ('kehrte er aus Ägypten zurück'); 12,20a.

2. Fragment einer Erzählung vom gescheiterten Aufstand, die jetzt zugunsten der Ahia-Erzählung abgebrochen ist: 1.Kön 11,27f.

3. Mehrfach überarbeitete, aus dem Nordreich stammende Prophetenerzählung über die Designation Jerobeams zum König durch Ahia von Silo: 1.Kön 11,29–39.

4. Judäische Erzählung über den Abfall Israels von der David-Dynastie: 1.Kön 12,1*...3b-11.12*.13f.16.18f.[4]

5. Legendärer Bericht über das Scheitern militärischer Operationen Rehabeams gegen den Norden: 1.Kön 12,21–24.

6. Konstruierter dtr. Bericht über Regierungsmaßnahmen Jerobeams: 1.Kon 12,25–32; (13,33f.); darin V.25: Baumaßnahmen, V.26–32: kultpolitische Maßnahmen.[5]

---

[1] S.u. 349f.

[2] Vgl. „die Sünde Jerobeams" 1.Kön 12,28–32; 13,34; 14,9.16; 15,26.30; 16,19.26.31; 22,53; 2.Kön 3,3; 10,29; 13,6.11; 14,24; 15,9.18.24.28; 17,21–23, dazu J.Debus, Sünde, 93ff., E.T.Mullen, Sins. Zum Anliegen dieser dtr. Geschichtstheologie s.u. 408f.

[3] Vgl. die Analysen von M.Noth, Könige (3.2), 245; 268ff.; E.Würthwein, Könige I, 142ff.; 150ff.; J.Debus, Sünde, 3ff.; 19ff.; W.Dietrich, Prophetie, 54f.; F.Crüsemann, Widerstand (3.1), 112f.

[4] Die judäische Perspektive zeigt sich am deutlichsten in der abschließenden Beurteilung des Verhaltens Israels als Rebellion (*peša'*), so überzeugend M.Noth, Könige (3.2), 271f.; F.Crüsemann, Widerstand (3.1), 113f., gegen E.Würthwein, Könige I, 150; J.Debus, Sünde, 22f. Als nachträgliche Überarbeitungen bzw. kompositorische Klammern erweisen sich V.2–3a.12* (Beteiligung Jerobeams, dagegen steht V.16.[20]; in der 1. Version des Vaticanus fehlt sie ganz, vgl. 3.Reg 11,43ff.), V.15 (dtr. Klammer zu 11,29ff.), V.17 (fehlt in LXX*; beschönigende Feststellung im Sinn von 2.Chr 11,16f.). Die V.1b mitgeteilte Absicht, Rehabeam sei nach Sichem gekommen, um sich dort von ganz Israel zum König machen zu lassen, ist wohl erst in Antithese zu V.20 formuliert worden; sie fehlt in der Sonderüberlieferung des Vaticanus (12,24n) und ist auch historisch unwahrscheinlich.

[5] V.25 nimmt Dtr wohl eine ältere historische Notiz auf; V.26–32 sind dagegen durchgehend

Eine weitere Komplikation besteht in zwei z.T. stark abweichenden Sonderüberlieferungen des Vaticanus (LXX[B] 3.Reg 11,43–12,20 und 12,24a-z), deren historischer Wert in der Forschung unterschiedlich beurteilt wird.[6]

Die Jerobeamüberlieferung von 1.Kön 11 und 12 ist somit aus ganz unterschiedlichen literarischen Einzeltraditionen komponiert. Bis auf 11,29–39 fehlen Nordreichtraditionen, die uns einen direkten Einblick in die Motivation und Ziele der Betroffenen gestatten würden. Sie können nur im Rückschluß rekonstruiert werden.

Der dtr. Bericht 1.Kön 12,26–32 bringt den Ausbau Bethels und Dans zu Reichsheiligtümern[7] zunächst durchaus zutreffend mit dem Zerfall des davidisch-salomonischen Großreiches in Zusammenhang. Wenn er ihn jedoch als pure Herrschaftssicherungsmaßnahme darstellt, mit der Jerobeam seine Untertanen davon abhalten wollte, weiterhin nach Jerusalem zu pilgern und ihm ihre Loyalität aufzukündigen (V.26f.), dann ist dies eine boshafte Unterstellung, die den historischen Gegebenheiten nur insofern gerecht wird, als auf der Ebene der Nationalreligion eine politische Verselbständigung auch eine kultische Eigenständigkeit nach sich ziehen mußte[8] und der Staatskult im Nordreich natürlich auch die Funktion hatte, die Einheit des Reiches zu sichern und die monarchische Herrschaft zu stabilisieren. Aber hier folgte Jerobeam nur dem Weg, den David und Salomo vor ihm gegangen waren. Der eigentlichen Triebkraft, die zur Einrichtung des Staatskultes im Nordreich führte, wird man erst gewahr, wenn man berücksichtigt, daß der politischen und kultischen Trennung eine Aufstandsbewegung vorausging und dieser Kult, woran auch der Deuteronomist nicht vorbeigehen

---

dtr. Bildung, vgl. H.Donner, Götter, 49, und den Einzelnachweis durch H.-D.Hoffmann, Reform, 62–70; gegen M.Noth, Könige (3.2), 283; J.Debus, Sünde, 41. Hoffmann bezeichnet die Verse mit Recht als einen „Kerntext der dtr Kultkritik" (70).

[6] S. dazu J.Debus, Sünde, 55–92, mit einer Präsentation des Textes und einer Rückübersetzung ins Hebräische.

[7] Dies ist allerdings explizit nur für Bethel belegt, vgl. *bēt mamlākā* in Am 7,13. Die in 1.Kön 12,28f. behauptete Ausstattung von Bethel *und Dan* mit je einem Stierbild wird darum zuweilen angezweifelt, zumal V.30 nur von einem „Kalb" redet, auch Hosea nur eines in Bethel kennt (Hos 10,5 [lies anstelle des scheinbaren Plurals *'eglūt* „Kalbszeug", J.Jeremias, Hosea, 127]; 8,5f., wo mit Samaria wahrscheinlich der Reststaat des Nordreiches gemeint ist), so etwa H.Motzki, Stierkult, 470–476, der die Verdoppelung des Stierbildes als Folge der Polytheismuspolemik von 1.Kön 12,26ff. erklärt. Doch liegt 1.Kön 12,30 wahrscheinlich ein Textfehler vor (vgl. LXX[L]), zudem bezeugt Am 8,14 für Dan eine nennenswerte kultische Bedeutung, und immerhin kennt Tob 1,5 auch dort ein Stierbild. So hat noch immer die Erklärung einiges für sich, daß Dan zur Zeit Hoseas durch assyrische Eroberung 733 schon seines Stierbildes beraubt war (so etwa J.Jeremias, Hosea, 107). Auch die Überlieferungsgeschichte der Kultlegende von Dan in Ri 17f. stützt die Glaubwürdigkeit von 1.Kön 12,28f., nachdem H.M.Niemann, Daniten, 131ff., in ihr eine Bearbeitungsschicht (Ri 17,2–4*.6; 18,1a.17.29a?.30a.31b) geltend gemacht hat, die sich mit ihrer Tendenz in die Zeit Jerobeams einordnen läßt; sie polemisiert zugleich gegen das ältere Kultbild von Dan und votiert für königliche Kultaufsicht.

[8] So mit Recht J.Debus, Sünde, 40ff., gegen M.Noth, der 1.Kön 12,26f. als Beleg für die fortdauernde Bindung der Nordisraeliten an das Ladeheiligtum auswerten zu können glaubte; ähnlich auch H.Motzki, Stierkult, 472.

konnte, demonstrativ den Bezug auf den Gott des Exodus in seinen Mittelpunkt stellte (1.Kön 12,28).

3.41 Der Jerobeam-Aufstand und seine theologische Motivation

Die Abspaltung des Nordreiches aus dem davidisch-salomonischen Großreich entsprang vornehmlich einer sozialen Revolte gegen staatliche Fronarbeit.[9] Der Aufstand begann schon unter Salomo, als ein junger Ephraimit aus der besitzenden Schicht (*gibbōr ḥajil*) namens Jerobeam, der aufgrund seiner Leistungen beim Bau der Jerusalemer Befestigungsanlage von Salomo persönlich zum Aufseher über das Fronarbeiterkontingent des Hauses Josef befördert worden war, überraschend „seine Hand gegen den König erhob" (1.Kön 11,26–28). Leider wissen wir nicht genau, was damit gemeint ist, da die Erzählung, die von diesem Vorfall zu berichten wußte (V.27f.), schon nach ihrer Exposition abbricht, aber egal, ob Jerobeam direkt einen Mordanschlag auf Salomo verübte oder indirekt eine Revolte unter seinen Fronarbeitern organisierte,[10] in jedem Fall kündigte hier ein königlicher Beamter seine Loyalität zu seinem Dienstherrn auf und solidarisierte sich mit seinen Stammesangehörigen, denen die Belastungen durch staatliche Zwangsarbeit unter Salomo unerträglich geworden waren. Doch der Aufstandsversuch scheiterte offensichtlich schon in seinen Anfängen; Jerobeam mußte sich der Strafverfolgung Salomos durch Flucht nach Ägypten entziehen, wo er bis zu dessen Tod blieb (1.Kön 12,40).

Man darf vermuten, daß die Unzufriedenheit unter den mittel- und nordisraelitischen Stämmen weiter schwelte, jedenfalls trat die Aufstandsbewegung sofort nach dem Tode Salomos in ihre zweite Phase. Die Stämme versuchten, durch Verhandlungen mit dem Salomo-Sohn Rehabeam eine Erleichterung der Fronbelastung zu erreichen (1.Kön 12,1a.3bff.),[11] doch als diese scheiterten und Rehabeam auch noch eine Verschärfung der Fron androhte, kündigten sie ihre Loyalitätsverpflichtung gegenüber dem Davidshaus auf (1.Kön 12,16). In nicht mehr ganz zu klärendem Zusammenhang damit wurde der verhaßte Fronvogt Adoram erschlagen, und Rehabeam mußte Hals über Kopf nach Jerusalem fliehen (V.18).[12] Wieweit bei

---

[9] Vgl. dazu F.Crüsemann, Widerstand (3.1), 113ff.; H.Tadmor, Institutions, 250ff.; J.Kegler, Arbeitsorganisation, 66ff.

[10] Die Wendung *hērīm jad bĕ* (1.Kön 11,26f.) ist sonst im AT nicht mehr belegt; in 2.Sam 20,21 begegnet aber eine vergleichbare Wendung *nāśa' jad bĕ* „die Hand gegen jem. erheben" für den Aufstand Schebas gegen David; s. F.Crüsemann, Widerstand (3.1), 120; H.Tadmor, Institutions, 252.

[11] H.Tadmor, Institutions, 254 Anm.40, hat diese Verhandlungen mit den *mīšarum-* bzw. *andurārum*-Akten in Verbindung gebracht, mit denen die altbabylonischen Könige nach ihrer Inthronisation eine Lastenbefreiung zu gewähren pflegten.

[12] Mit der Aufnahme der Parole aus dem Scheba-Aufstand (vgl. 2.Sam 20,1) „Was haben wir für einen Anteil an David und was für einen Erbteil am Sohne Isais? Zu deinen Zelten, Israel!" in 1.Kön 12,16 ist die Versammlung schon aufgelöst. Die Entsendung Adorams und die Flucht des Königs kommen somit eigentlich zu spät. Aber vielleicht handelt es sich um die

diesen Aktionen Jerobeam beteiligt war, ist aus der vorliegenden judäischen Überlieferung nicht mehr mit Sicherheit auszumachen.[13] Zu vermuten ist, daß er, der den Aufstand in seiner ersten Phase getragen hatte, nach seiner Rückkehr aus Ägypten – als immer noch Strafverfolgter – zumindest im Hintergrund die Fäden zog und militärische Vorsorgemaßnahmen traf.[14] Wenn ihm die Versammlung der Waffen tragenden Männer Israels nach erfolgtem Abfall die Königswürde antrug (V.20), dann war das wohl mehr als eine Verlegenheit aus der Einsicht heraus, daß eine Rückkehr in vorstaatliche Verhältnisse illusorisch war.[15] Es war vielmehr der entschlossene Versuch, mit dem bewährten Revolutionsführer ein Königtum nach der Art Sauls zu verwirklichen,[16] das anders als das davidische Königtum den tribalen Interessen mehr Raum zugestand. Wenn das Nordreich trotz erheblicher Probleme, die politische Herrschaft zu stabilisieren, etwa ein halbes Jahrhundert darauf verzichtete, eine feste Residenz als königliche Machtbasis aufzubauen, dann kann man dies als Anzeichen dafür werten, daß hier durchaus der ernsthafte Versuch unternommen wurde, die antiherrschaftlichen Ideale des Aufstandes politisch umzusetzen.[17]

---

erzählerische Kombination zweier historisch unterschiedlicher Ereignisse. F.Crüsemann deutet die Entsendung Adorams als Versuch Rehabeams, nach den gescheiterten Verhandlungen „zur Tagesordnung überzugehen" (Widerstand [3.1], 115); doch läßt sich auch eine umgekehrte Ereignisfolge denken, daß die Ermordung des verhaßten Fronvogts den Aufstand erst ins Rollen brachte.

[13] Vgl. die widersprüchlichen Angaben in den drei Überlieferungen: Nach der 1. Version des Vaticanus kehrt Jerobeam zwar nach dem Tode Salomos aus Ägypten zurück, beteiligt sich aber nicht an den Verhandlungen (3.Reg 11,43ff.); nach der 2. Version des Vaticanus ist er von Anfang an die treibende Kraft, baut eine Festung und versammelt das Volk (3.Reg 12,24 f.n); der vorliegende hebräischen Text ist ein – in sich widersprüchlicher (vgl. 1.Kön 12,2.3a.12.16.20) – Kompromiß zwischen beiden Extremen, so J.Debus, Sünde, 27ff.

[14] Vgl. 3.Reg 12,24 f und die historische Rekonstruktion von J.Debus, Sünde, 28f., der allerdings die Historizität der Verhandlungen in Sichem überhaupt anzweifelt. F.Crüsemann, Widerstand (3.1), 115-121, sieht dagegen Jerobeam bei den Verhandlungen gar nicht beteiligt, seine Krönung war seiner Meinung nach nicht unmittelbare Folge des Aufstandes, sondern hatte mit der zu erwartenden militärischen Auseinandersetzung zu tun, für die sich Jerobeam als geeigneter Führer anbot. Doch die militärische Klientelbildung Jerobeams, die Crüsemann aus 3.Reg 12,24b für seine These in Anspruch nimmt, gehört nach dem Textzusammenhang noch in die erste Aufstandsphase unter Salomo. Und zu einer militärischen Auseinandersetzung ist es laut 1.Kön 12,21-24 gar nicht gekommen. So muß man doch annehmen, daß er eine aktivere Rolle beim sozialen Aufstand gespielt haben muß, wenn die Aufständischen ihn zum König erkoren.

[15] So klingt es bei F.Crüsemann, Widerstand (3.1), 116f.

[16] Das heißt ein „chiefdom" unterhalb der staatlichen Ebene, s.o. 164f.

[17] Gewöhnlich bringt man Jerobeams Verlegung der Residenz von Sichem nach Pnuel (1.Kön 12,25) im Anschluß an M.Noth (Könige [3.2], 281) mit dem Feldzug des Pharao Schoschenk I. 922 in Verbindung (vgl. 1.Kön 14,25-27), vgl. J.Debus, Sünde, 36f.; F.Crüsemann, Widerstand (3.1), 121. Doch ist eine solche außenpolitische Erklärung eher unwahrscheinlich: Erstens kam Schoschenk auf seinem Raubzug auch in das Ostjordanland, zumindest nach Machanajjim, vielleicht sogar nach Pnuel; das Ausweichen hätte also nichts genützt. Zweitens kann sie nicht erklären, warum Jerobeam wie seine Nachfolger auch in Thirza residierte (14,17; 15,33; 16,8). Und drittens bleibt unerklärt, warum erst Omri (881-870) mit

Unsicher ist, ob und inwieweit Jerobeam bei seinem Aufstand religiöse Unterstützung von prophetischer Seite erhielt. Die Antwort hängt ganz davon ab, wie man das Orakel des Ahia von Silo (1.Kön 11,29–39) literarisch und historisch bewertet, was in der Forschung umstritten ist.[18] Wenn H.Weippert, Ätiologie, 346–355, mit ihrer Analyse des schwierigen Textes Recht hat, dann ist in V.29–31.37.38bαβ noch ein Kern des prophetischen Orakels aus dem Ende der Salomo-Zeit greifbar, das während der Regierungszeit Jerobeams bzw. seines Sohnes noch einmal in V.34a.35abα.36a – den Verlust Benjamins an das Südreich berücksichtigend – aktualisiert worden sei.[19] Danach hätte Ahia aus dem ehemaligen Kultzentrum des vorstaatlichen Israel den Aufstand seines Volkes gegen die staatliche Unterdrückung dadurch gestützt, daß er in einer kritischen Phase – vielleicht angesichts seines drohenden Scheiterns[20] – dem exponierten Anführer mit einer beschwörenden Symbolhandlung das Auseinanderreißen des scheinbar festgefügten salomonischen Reiches durch Gott vor Augen hielt, ihm die Führung über die 10 Nordstämme zusprach (V.30f.) und ihn zu Jahwes erwähltem König über das befreite Nordreich designierte (V.37). Wir hätten damit einen ersten Fall, daß ein institutionell ungebundener Einzelprophet im Namen Gottes destabilisierend gegen die bestehende, als unerträglich empfundene politische Herrschaft eingriff, wie es später typisch für die israelitische Prophetie werden sollte.[21]

Der Ablauf des Jerobeamaufstandes war hier deswegen so genau zu verfolgen, weil zwischen ihm und der ältesten Darstellung der Exodusereignisse, der Mose-Erzählung,[22] auffällige Parallelen bestehen: Wie Jerobeam so wird auch Mose als ein Mann dargestellt, der, aus königlichem Milieu stammend, sich mit seinen geschundenen Landsleuten solidarisiert und den

---

Samaria eine zentrale königliche Residenz aufbaute (16,24). So hat die Erklärung von H.Donner, Geschichte, 241, mehr für sich, die verschiedenen Residenzen in Analogie zu den Kaiserpfalzen des Mittelalters zu verstehen.

18 Vgl. den Literaturüberblick bei H.Weippert, Ätiologie, 344f. Anm.3.; für eine rein dtr. Bildung mit noch späteren Zusätzen halten es etwa W.Dietrich, Prophetie, 15–20, und E.Würthwein, Könige I, 139–144. Doch spricht dagegen, daß die 2. Version des Vaticanus (3.Reg 24o), die keine dtr. Bearbeitung erkennen läßt, immerhin einen Teil des Orakels – wenn auch des Propheten Schemaja (vgl. 1.Kön 12,22) – kennt. Daß 1.Kön 11,30f. nicht von dem späten Text 1.Sam 15,27f. abhängig ist, wie W.Dietrich, a.a.O., 15f., meint, hat H.Weippert nachgewiesen (351f.).

19 H.Weippert rechnet auch V.40 zur Erzählung hinzu; doch gehört er zum umgebenden Bericht 1.Kön 11,26.40; 12,2cj.20a. Man könnte erwägen, ob zum ältesten Kern aus der Zeit des Aufstandes nur V.29–31 gehört haben (so J.Debus, Sünde, 3ff.), die erst nach erfolgter Krönung Jerobeams um das Königsorakel erweitert worden wären. Dafür könnte sprechen, daß 3.Reg 12,24o kein Königsorakel kennt. Doch da dieser Text auch die Krönung Jerobeams unterdrückt und die Gerichtsankündigung Ahias über seine Dynastie noch vor den Aufstand stellt (V.24g-n; anders MT in 1.Kön 14,1–18), scheint hier eine Jerobeam-feindliche Tradition vorzuliegen, die das Königsorakel auch bewußt verschwiegen haben kann. Nicht sicher ist mir, ob auch die Dynastieverheißung 1.Kön 11,38bαβ zum ältesten Bestand gehört, da sie sprachlich stark an die Natanverheißung (2.Sam 7,11b.16) erinnert.

20 Die Einordnung des Textes nach dem gescheiterten ersten Aufstandsversuch Jerobeams in MT ist rein redaktionell und darum unsicher, zumal das Orakel von 3.Reg 12,24o nach Sichem vor Beginn der Verhandlungen gesetzt wird.

21 S.u. 234f.; 255f.

22 Ex 1,9–12.15–2,23aα; 4,19–20a.24–26(?)...5,3–19...14,5a(?), s.o. 72.

Aufstand wagt, indem er einen ägyptischen Vorarbeiter erschlägt (Ex 2,11-15 vgl. 1.Kön 11,26-28).[23] Beide Male schlägt der Aufstandsversuch fehl, wie Jerobeam muß Mose vor der Strafverfolgung des Königs ins Ausland fliehen (Ex 2,15 vgl. 1.Kön 11,40).[24] Beide kehren erst nach dem Tod des Königs zu ihren Landsleuten zurück (Ex 2,23aα+4,19.20a vgl. 1.Kön 11,40; 12,2cj.20). Es kommt in beiden Fällen zu Verhandlungen mit dessen Nachfolger um die Erleichterung der Fron, die jedoch mit einer Verschärfung der Fronforderung enden (Ex 5,3-19; 1.Kön 12,3b-15), an denen eigenartigerweise sowohl Mose als auch Jerobeam eher im Hintergrund wirken.[25] Schließlich erfolgt die Befreiung aus der Fronarbeit beide Male auf vergleichbare Weise durch eine Separation vom Machtbereich des uneinsichtig unterdrückenden Potentaten (Ex 14,5a; 1.Kön 12,16.19).

Eine weitere Parallelität könnte man darin erblicken, daß sowohl Mose (Ex 3,1-4,18*) als auch Jerobeam (1.Kön 11,29-39) nach dem gescheiterten ersten Aufstandsversuch sozusagen „auf der Flucht" ein göttliches Orakel erhalten, das sie beauftragt und ermutigt. Doch ist Ex 3,1-4,18* erst spät redaktionell in den Kontext der Mose-Erzählungen eingefügt worden,[26] so daß diese Parallele purer Zufall sein kann[27] und für den Hintergrund der ältesten Exodusüberlieferung wenig austrägt.

Für die Exodustradition insgesamt ist schon gelegentlich vermutet worden, daß sie ihre anschaulichen Details der Unterdrückung Israels in Ägypten aus der konkreten Erfahrung mit der salomonischen Fronarbeit bezogen habe.[28] Dies gilt natürlich in besonderem Maße für die Erzählung

---

[23] Vgl. auch die Steinigung des Fronvogtes Adoram in 1.Kön 12,18, auch wenn in der judäischen Überlieferung von einer Beteiligung Jerobeams nichts verlautet.

[24] Die Parallelität geht hier bis in den Wortlaut hinein, doch mag er durch die analogen Geschehensvorgänge veranlaßt sein. Die Divergenz des in 1.Kön 11f. zusammengestellten Materials spricht gegen eine literarische Abhängigkeit, zumal originale Texte, die den Aufstand aus der Sicht des Nordens dargestellt hätten, fehlen.

[25] Zu Jerobeam s.o. 216. In Ex 5 waren nach Ausweis von V.8.15 das ursprüngliche Subjekt der Verhandlungen die israelitischen Vorarbeiter; sie sind erst durch die sekundäre Rahmung des Stoffes in V.1-2.20-21 durch Mose (und später noch durch Aaron) ergänzt bzw. ersetzt worden. Daraus wollte M.Noth, ÜP, 179f.; Exodus, 40, schließen, daß Mose überhaupt nichts mit der Aktion zu tun gehabt habe. Doch das ist bei seiner sonstigen Prominenz in der ältesten Exodustradition eher unwahrscheinlich, vgl. R.Smend, Jahwekrieg (2.3), der schon auf die eigenartige Parallelität zwischen Ex 5 und 1.Kön 12 (samt LXX-Varianten) in dieser Hinsicht aufmerksam gemacht hat (90-92).

[26] Nämlich durch K^D in frühnachexilischer Zeit, s.o. 71. Wohl verarbeitet auch Ex 3f., bes. in V.1-6, ältere Überlieferung; doch wie sie sich zu den alten Mose-Erzählungen verhalten hat, ist nicht mehr auszumachen.

[27] Zumal das Orakel an Jerobeam in der LXX 3.Reg 12,24o an anderer Stelle in den Geschehensablauf, nämlich vor den Beginn der Verhandlungen in Sichem, eingeordnet ist.

[28] Vgl. W.H.Schmidt, Exodus (2.2), 39; 249f.; F.Crüsemann, Widerstand (3.1), 175ff., noch unter der Annahme, daß die meisten Texte vom Jahwisten aus der frühen Königszeit stammen. Am weitesten geht J.Kegler, Arbeitsorganisation, 59ff., der einen tieferen überlieferungsgeschichtlichen Zusammenhang sieht: „Die Exodustradition muß in engem Zusammenhang mit den kollektiven Erfahrungen der Israeliten unter der salomonischen Fronarbeitsorganisation gesehen werden" (70).

Ex 5* mit ihrer lebendigen Schilderung eines Arbeitskampfes, der in Ablauf und Ausgang so sehr an 1.Kön 12* erinnert. Ja, wenn man berücksichtigt, daß diese Erzählung in V.16 erstaunlicherweise formuliert, daß die israelitischen Vorarbeiter dem Pharao vorwerfen, er hätte gegen sein eigenes (!) Volk gesündigt,[29] dann kann man sogar vermuten, daß die ehemalige Einzelerzählung Ex 5,...3.4*.6–19[30] einmal ein Propaganda-Text aus dem Arbeitskampf gegen Salomo bzw. Rehabeam gewesen ist. Die eigenen Unterdrücker wurden bewußt polemisch dem Pharao gleichgesetzt, der Israel einst in Ägypten mit Fronarbeit geknechtet hatte! Auch der harte offene Schluß der Erzählung in V.19 geht in die gleiche Richtung wie die zynische Reaktion Rehabeams in 1.Kön 12,10f. und könnte einmal dazu gedient haben, die Hörer der Erzählung geradezu zum Aufstand anzustacheln.

Nimmt man alle diese Beobachtungen zusammen, so ist es recht wahrscheinlich, daß der Kampf gegen salomonische Fronarbeiter von Jerobeam und den Nordstämmen unter Berufung auf die Befreiung der Väter von der ägyptischen Fron geführt worden ist und daß diese alten religiösen Erinnerungen von den aktuellen Erfahrungen des Jerobeamaufstandes her ihre erste erzählerische Ausgestaltung bekommen haben.[31] Die parallelisierende Aktualisierung verlieh der alten Exodustradition unmittelbare gesellschaftliche Relevanz und gab den Aufständischen gegen die Herrschaftsansprüche der Davididen die notwendige religiöse Motivation und Legitimation. Wenn aber die Aufstands- und Separationsbewegung der Nordstämme unter dem religiösen Banner der altisraelitischen Exodustradition stand, dann erscheinen auch die religionspolitischen Maßnahmen Jerobeams in einem neuen Licht: Der Ausbau Bethels und Dans zu hervorgehobenen Heiligtümern des neuen Reichs und die Stiftung eines kostbaren Kultsymbols, das explizit auf den Gott des Exodus hinwies (1.Kön 12,28), waren als dankbare Reaktion gegenüber Jahwe gemeint, der sich in der Befreiung von der salomonischen Fron – wie weiland gegenüber den Vätern – als Retter erwiesen hatte.[32]

---

29 Die masoretische Lesung *wĕḥātā't 'ammĕka* „und dein Volk sündigt" ist sachlich und grammatisch unmöglich, da dann *'am* „Volk" feminin sein müßte. Die richtige Lesung ist noch in LXX überliefert: *adikḗseis oûn tòn laón sou*; lies: *wĕḥātā'tā lĕ'ammĕkā* „und du sündigst gegen dein Volk", vgl. W.H.Schmidt, Exodus (2.2), 244.

30 Ohne „Mose und Aaron" in V.4 und ohne V.5, der eine Doublette zu V.4 darstellt und die Erzählung mit Ex 1,9–11 verklammert.

31 Soweit ich sehe, ist diese These so noch nicht vertreten worden; am nächsten kommt ihr J.Kegler, Arbeitsorganisation, 59–70, der allerdings keine literarische Spezifizierung in der Exodustradition vornimmt und die revolutionäre Bedeutung, die sie im Jerobeam-Aufstand hatte, nicht herausarbeitet. Es geht auch nicht, wie er S.70 meint, „um das literarische Verhältnis beider Textkomplexe", sondern um das Wechselverhältnis zwischen einem gesellschaftlichen Geschehen, das aus 1.Kön 11f. rekonstruiert werden muß, und einer literarischen Traditionsbildung (Mose-Erzählungen).

32 So andeutungsweise schon F.Crüsemann, Widerstand (3.1), 122.

3.42 *Der Staatskult von Bethel*

Die dtr. Theologen warfen Jerobeam vor, er habe im Kult seines Reiches willkürliche Neuerungen eingeführt, die das ganze Land zur Sünde verführten. Er habe zwei goldene Kälber anfertigen und in Bethel und Dan aufstellen lassen (1.Kön 12,28f.), habe die Kulthöhen ausgebaut, nicht-levitische Priester eingestellt (V.31) und den Termin des Herbstfestes vom 7. in den 8. Monat verlegt (V.32).

In Wirklichkeit tragen die kultpolitischen Maßnahmen Jerobeams – wie der Aufstand gegen die Davididen insgesamt – eine eher konservative Handschrift. Jerobeam wählte zu seinem wichtigsten Reichstempel mit Bethel ein Heiligtum aus, das im Unterschied zu Jerusalem über eine alte tribale Legitimation verfügte,[33] obgleich es sich wegen seiner dezentralen Lage eigentlich wenig zum kultischen Mittelpunkt des Reiches eignete. Er nahm stärker als David auf die kultische Dezentralität der vorstaatlichen Zeit Rücksicht, baute neben Bethel auch andere Heiligtümer wie Dan und wohl auch Sichem und Pnuel aus (1.Kön 12,25; Gen 33,18.20; 32,25-32) und verzichtete darauf, seine Residenz mit dem Reichsheiligtum zu verbinden (1.Kön 12,25; 14,17). Im Unterschied zu David griff Jerobeam in die lokalen Priesterschaften der Kultorte nicht ein,[34] und es ist auch unwahrscheinlich, daß er deren Ritus wesentlich veränderte. Das abweichende Datum des Herbstfestes hängt wahrscheinlich einfach damit zusammen, daß dieses anfangs überhaupt noch nicht generell festgelegt war, sondern sich nach dem Reifeprozeß richtete, der regional unterschiedlich eintrat.[35]

Man hat somit den Eindruck, daß Jerobeam nach dem erfolgreichen Befreiungskampf gegen die Davididen, der mit Rückgriff auf die vorstaatlichen Jahwetraditionen geführt worden war, auch kultisch eine bewußt archaisierende Alternative zum Staatskult von Jerusalem und all seinen synkretistischen Neuerungen aufbauen wollte, welche die Kontinuität zu den vorstaatlichen Verhältnissen stärker wahrte.[36] In diesem Rahmen muß auch die

---

[33] Bekanntlich wurde es nach der Kultlegende Gen 28,10-19* vom Stammvater Jakob selber gegründet. Da sie von der „Jakoberzählung" Gen 27-33*, die nach E.Blum, Komposition (2.1), 175ff., wahrscheinlich aus der Zeit Jerobeams stammt, schon als Baustein der Komposition übernommen worden ist, geht sie wahrscheinlich in die vorstaatliche Zeit zurück (so auch E.Blum, a.a.O, 504f., Anm. 22). Dagegen stammen die Kultätiologien für Jerusalem (Gen 14,17-20; 22,2; 2.Chr. 3,1) erst aus nachexilischer Zeit.

[34] So explizit belegt in Dan, wo nach Ri 18,30 die levitische Priesterschaft des Heiligtums, die sich von Mose ableitete, ununterbrochen von der vorstaatlichen Zeit bis zur Exilierung des Nordreiches (733/2) amtierte. Der dtr. Vorwurf 1.Kön 12,31, Jerobeam habe Leute aus dem ganzen Volk, „die nicht von den Söhnen Levis waren", zu Priestern gemacht, kann also so nicht stimmen, vgl. S.Talmon, Kalender, 60. Er erklärt sich aus einem späteren dtr. Levitenbegriff, der nur noch die legitime Priesterschaft Jerusalems umfaßt (s.u. 399; 408). Noch weiter geht die Chr, die Jerobeam sogar eine Vertreibung der Leviten aus dem Nordreich vorwirft (2.Chr 11,14f.). Zur Priesterschaft von Bethel s.u. 224f.

[35] So mit guten Argumenten S.Talmon, Kalender, 62-65.

[36] Vgl. a.a.O., 57f.; H.Tadmor, Institutions, 255f.

einzige auffällige kultische Neuerung Jerobeams interpretiert werden, die später so in Mißkredit geriet: das Stierbild von Bethel.[37]

Für diese Einschätzung spricht auch der Aufsehen erregende Fund der 17,5 cm langen und 12,4 cm hohen bronzenen Stierfigur in einer offenen Kultstätte aus der Eisen I-Zeit auf dem samarischen Bergland 10 km östlich vom *Tell Dōtān*.[38] Unter der Voraussetzung, daß es sich um ein israelitisches Heiligtum gehandelt hat,[39] würde er die kultische Verwendung von Stierbildern auf dem Gebiet des späteren Nordreiches schon für die vorstaatliche Zeit belegen. Dann hat aber Jerobeam bei seiner Stiftung – vielleicht besonders prachtvoller – Stierbilder für Bethel und Dan an eine ältere Kulttradition des Nordens angeknüpft.[40]

Der Deuteronomist behauptet, Jerobeam habe zwei goldene Kälber angefertigt und sie mit den Worten: „Siehe, deine Götter, Israel, die dich aus dem Lande Ägypten heraufgeführt haben",[41] für die Heiligtümer von Bethel und Dan gestiftet (1.Kön 12,28), an anderer Stelle setzt er sogar mehrere Kälber in Bethel voraus (V.32). Doch an dieser Darstellung ist fast alles polemisch: Die Pluralität der Kälber soll den Vorwurf des Polytheismus oder Polyjahwismus[42] unterstreichen, ihre Interpretation als Gottesbilder[43] die Anschuldigung des Bilderkultes erheben und ihre despektierliche Bezeichnung „Kalb, Jungstier" (*'egel*)[44] das ganze Unternehmen herabwürdigen.

---

[37] Vgl. dazu H.Th.Obbink, Jahwebilder, 267ff.; O.Eißfeldt, Lade, 291ff.; J.Debus, Sünde, 38f.; M.Weippert, Gott; H.Motzki, Beitrag; H.Utzschneider, Hosea, 91–98; Chr.Dohmen, Bilderverbot, 147–153; H.Ringgren, 'egel.

[38] Vgl. A.Mazar, Bull-Site, 27ff.; H.Weippert, Palästina, 407ff. Zu vergleichen ist die bronzene Stierfigur aus dem spätbronzezeitlichen „Orthostaten-Heiligtum" in Hazor (Y.Yadin, Hazor [3.3], 84; H.Utzschneider, Hosea, 92; 94, Abb.3). Das beweist, daß diese Kultsymbolik schon vorisraelitisch in der Region beheimatet war.

[39] Dazu s.o. 130.

[40] Daß er dabei an eine schon bestehende Kulttradition von Bethel anknüpfte, wie zuweilen – allerdings aufgrund einer fragwürdigen Frühdatierung von Ex 32 – vermutet wird (vgl. W.Beyerlin, Herkunft [2.2], 147; H.Motzki, Stierbild, 479ff.; H.Utzschneider, Hosea, 97), ist grundsätzlich möglich, aber nicht erweisbar. Für Dan ist es angesichts der Polemik, mit der das vorstaatliche Gottesbild des Heiligtums in der Redaktion aus der Zeit Jerobeams überzogen wird (Ri 17,2 4*; 18,31b), auszuschließen, vgl. H.M.Niemann, Daniten, 145f.

[41] Daß im polemischen dtr. Kontext die pluralische Übersetzung die richtige ist, hat H.Donner, Götter, 45–47, gezeigt.

[42] So H.Donner, a.a.O., 48, d.h. die in vordtn. Zeit übliche kultische Differenzierung Jahwes an den verschiedenen Heiligtümern (s.o. 128), die dann von der dtn. Reformbewegung heftig bekämpft wurde, s.u. 321f.

[43] So explizit in 1.Kön 14,9; 2.Kön 17,16; vgl. Ex 32,4.8; 34,17; Dtn 9,12.16; Hos 13,2; Neh 9,18: *massēkā*; der Begriff bezeichnet nach der jüngsten Untersuchung von Chr.Dohmen, Gottesbild, 54, „die Edelmetallarbeit oder den Schmuck der Kult- und Götterbilder".

[44] Vgl. 2.Kön 10,29; 17,16; so schon vorher Hosea (8,5.6; 13,2), der wahrscheinlich diesen polemischen Sprachgebrauch geprägt hat. Der zumindest spöttische Unterton der Bezeichnung wird in jüngerer Zeit bestritten (vgl. J.Hahn, Kalb, 12–19; Chr.Dohmen, Bilderverbot, 150). Doch wenn es sich um die „offizielle Bezeichnung des Bethel-Kalbes" handelte, wie Dohmen, a.a.O., 151ff., behauptet, dann sollte man *'egel* auch als Jahwe-Epitheton erwarten, das aber nicht vorkommt. Der auf einem Samaria-Ostrakon belegte Name *'gljw* ist angesichts dieses

Da die sonstige Überlieferung meist vom „Kalb" nur im Singular spricht,[45] hat es sehr wahrscheinlich nur je ein derartiges Kultsymbol im Reichsheiligtum von Bethel und Dan gegeben. Somit ist auch die Präsentationsformel – was grammatisch möglich ist – ursprünglich singularisch zu verstehen (so auch Neh 9,18).

Sucht man dieses Kultsymbol in die religiöse Symbolik des Alten Testaments und die vorderorientalische Ikonographie einzuordnen, so wird sofort deutlich, daß es sich nicht um ein Kalb, sondern sehr wahrscheinlich um ein Stierbild gehandelt haben muß.[46] Wir haben aus der vorderorientalischen Umwelt mehrere Darstellungen erhalten, in denen der Wettergott Adad/Hadad auf dem Rücken eines Stieres steht.[47] Das Stierbild von Bethel, das man sich wahrscheinlich als eine mit Goldblech überzogene Holzplastik vorstellen muß,[48] war somit ursprünglich nicht als Gottesbild gemeint, sondern als ein Postament, auf dem Jahwe unsichtbar stehend vorgestellt wurde.[49] Es sollte Jahwe nicht abbilden, sondern – ähnlich wie der Kerubenthron in Jerusalem – auf seine göttliche Macht verweisen.

Allerdings war der Stier im Vorderen Orient längst religiös besetzt: In Mesopotamien wurde der Wettergott Adad als „gehörnter Wildstier" bzw. „großer Wildstier von Himmel und Erde" (*rīmu*) bezeichnet.[50] In Ugarit konnte der Gott Baal zuweilen als Stier vorgestellt werden, der mit einer Wildkuh, in die die Göttin Anat hineingefahren ist, ein Kälbchen zeugt.[51]

Befundes nicht als „Jungstier ist Jahwe" zu deuten (so J.Hahn, Kalb, 18), sondern bezeichnet den Namensträger als Kalb, d.h. Sprößling Jahwes, so richtig M.Noth, Personennamen (2.4), 150ff.

[45] So Hos 8,5f.; Ex 32,4.8; Dtn 9,16; Ps 106,19 u.ö., plur. nur Hos 10,5 und 13,2. Dabei ist Hos 10,5 wohl *'eglūt* „Kalbszeug" zu punktieren, oder aber mit LXX, Theod., Syr. der Singular zu lesen; Hos 13,2 „Menschen küssen Kälber" ist entweder eine kollektivierende Übertreibung, oder aber man muß an populäre Nachbildungen des Kultbildes von Bethel denken.

[46] Hebräisch: *par*, *šōr*; als Gottesbezeichnung bzw. Epitheton begegnen: *'ab(b)īr ja'ăqob/jiśrā'el* = „Stier Jakobs/Israels" Gen 49,24; Jes 1,24; 49,26; 60,16; Ps 132,2.5 und *rĕ'em* „Wildstier" Nu 23,22; 24,8.

[47] Vgl. den Torso aus dem SB „Orthostaten-Heiligtum" von Hazor und die Rollsiegel und Stelen aus dem syrisch-mesopotamischen Raum, vgl. Y.Yadin, Hazor (2.3), 85; H.Utzschneider, Hosea, 93ff.; P.Welten, Gottesbild, 101ff.; H.Weippert, Palästina, 300f.

[48] Hos 8,6 redet von seinen Spänen.

[49] Die Deutung als Piedestal- bzw. Postament-Tier geht auf H.Th.Obbink, Jahwebilder, 267f., zurück und ist weithin übernommen worden, vgl. M.Weippert, Gott, 103; H.Ringgren, 'egel, 1060, und die Literaturübersicht bei J.Hahn, Kalb, 333, Anm.140. Die abweichende Deutung von O.Eißfeldt, Lade, 298ff., als Kultstandarte, die von der Funktion des „goldenen Kalbes" als Führungssymbol in Ex 32,1 ausgeht, hat nur wenige Nachfolger gefunden, etwa J.Debus, Sünde, 39.

[50] Vgl. *rīmu qarnû* bzw. *rīmu rabû ša šamē u erṣeti*, K.L.Tallqvist, Götterepitheta, 166.

[51] Vgl. den leider fragmentarischen Mythos CTA 10; ähnlich CTA 11, RS 22.225 und vielleicht PRU V 124, dazu J.C.de Moor, ba'al, 715f. In KTU 1.5 V,18f. heißt es, daß Baal kurz vor seinem Tod „eine Kuh (*prt*) in der Wüstensteppe, eine Färse (*'glt*) am Rande der Wüste liebgewann", die darauf schwanger wird und einen Sohn gebiert. Vielleicht ist auch hier die Färse die Göttin Anat, vgl. H.Ringgren, 'egel, 1057.

Der Titel „Stier" (*ṯr*) war hier allerdings dem Gott El vorbehalten,[52] der in dem Text Šaḥar und Šalim ja ebenfalls über enorme sexuelle Potenz verfügt.[53] In der vorderorientalischen Bildsymbolik drückte der Stier somit nicht nur die unbändige Kraft, sondern auch die Fruchtbarkeit aus. Hier lag zweifellos eine gewisse Gefahr, die später wirksam wurde.[54]

Wenn Jerobeam für sein Reichsheiligtum gerade einen goldenen Stier stiftete, dann knüpfte er damit wahrscheinlich an das alte vorisraelitische Erbe dieses Heiligtums an. In Bethel („Haus Els") war in vor- und frühisraelitischer Zeit einmal der Gott El-Bethel verehrt worden (Gen 31,13; 35,7), bevor Jahwe mit ihm verschmolz.[55] Wahrscheinlich wurden hier schon in vorstaatlicher Zeit El- und Jahwe-Epitheta wechselseitig übertragen;[56] es ist durchaus wahrscheinlich, daß Jahwe dabei u.a. die Stiersymbolik von El erbte.[57] Das Stierbild Jerobeams schuf somit nicht etwas völlig Neues, sondern gab einem in Bethel schon bestehenden El-Jahwe-Synkretismus einen sinnenfälligen Ausdruck. Allerdings stand die Symbolik auch einem Baal-Synkretismus offen, was sich später verhängnisvoll auswirken sollte.

Mit dem Stierbild war offenbar fest eine Präsentationsformel verbunden, die an drei verschiedenen Stellen des AT fast gleichlautend überliefert ist:

1.Kön 12,28	Siehe (*hinnē'*), dein Gott, Israel, der dich aus dem Lande Ägypten heraufgeführt hat.
Ex 32,4.8	Dies (*'ellē*) ist dein Gott, Israel, der dich aus dem Lande Ägypten heraufgeführt hat.
Neh 9,18	Dies (*zē*) ist dein Gott, der dich aus Ägypten heraufgeführt hat.

Wahrscheinlich handelt es sich um einen regelrechten Kultruf, mit dem im Betheler Tempel der versammelten Gemeinde das Kultbild präsentiert wurde.[58] Der Kultruf macht zweierlei deutlich: Das goldene Stierbild sollte die unbändige Kraft Jahwes als Gott des Exodus und Befreiers aus der ägyptischen – und salomonischen – Unterdrückung symbolisieren. Und er sollte demonstrativ den Reichskult des Nordens gegenüber den Jerusalemer Neuerungen als den eigentlichen Erben der alten Jahwetradition kennzeichnen. Nicht als der auf dem Zion thronende Gott-König, Chaoskämpfer,

---

52 Vgl. die stehende Wendung: *ṯr 'il 'abh 'il mlk d jknnh* „der Stier El, sein Vater, König El, der ihn schuf" CTA 3 V,43 u.ö., s. F.M.Cross, 'el, 262.

53 KTU 1.23,31–52; vgl. F.M.Cross, 'el, 263f.

54 S.u. 272f.

55 Ob der El von Bethel ähnlich wie der von Jerusalem auch schon Züge Baals angezogen hatte, wie das ikonographische Vergleichsmaterial zum auf dem Stier stehenden Wettergott nahelegen könnte, muß offenbleiben.

56 S.o. 120.

57 Vgl. bes. die auffällige Formulierung der Bileamsprüche Nu 23,22; 24,8, die El und Jahwe-Epitheta miteinander kombiniert: „El, der sie/ihn aus Ägypten geführt hat, ist wie die Hörner eines Wildstiers für ihn." Hinzu kommen die Bezeichnungen Jahwes als *'a(b)bīr*, s.o. Die These von Chr.Dohmen, Bilderverbot, 152f., die *'egel*-Bezeichnung entspringe der Unter- und Zuordnung Jahwes zu dem „Stier" El im Kult von Bethel, bleibt Spekulation.

58 Vgl. die wörtliche Rede, die deiktische Partikel und die Anrede in der 2.Pers., so auch W.Zimmerli, Bilderverbot, 250; H.Utzschneider, Hosea, 90.

Weltschöpfer und Herrscher über die Völkerwelt sollte Jahwe in Bethel verehrt werden, sondern als Befreier seines Volkes aus Ägypten.

Dem demonstrativ konservativen Anspruch des Betheler Kultes entspricht es, daß seine – sehr wahrscheinlich – aaronidische Priesterschaft[59] das Kultbild Jerobeams schon bald in der Frühgeschichte Israels verankerte. Die Erzählung vom „Goldenen Kalb" (Ex 32), die den ersten folgenschweren Abfall Israels in der Wüste erzählt, ist zwar in der jetzigen Form erst eine späte Südreichreplik,[60] sie setzt aber eine ältere nordisraelitische Er-

---

[59] Die These, daß sich die Priesterschaft von Bethel spätestens seit der Zeit Jerobeams von Aaron herleitete, ist seit dem vorigen Jh. häufig vertreten worden, vgl. die Auflistung bei H.Valentin, Aaron, 290, Anm.4, und bes. W.Beyerlin, Herkunft (2.2), 148f.; A.H.J.Gunneweg, Leviten (2.2), 88–95; M.Aberbach/L.Smolar, Aaron, 136f.; F.M.Cross, Myth, 198f.; H.Motzki, Stierkult, 479–482. In neuerer Zeit wird sie in Frage gestellt von A.Cody, Priesthood (3.3), 151; J.Hahn, Kalb, 216f.; M.Görg, Aaron, und entschieden bestritten von H.Valentin, Aaron, 290: „keinerlei Fundament". Doch müssen sich A.Cody und H.Valentin fragen lassen, ob ihr Vertrauen, in Ex 17,8–13* eine ältere noch unpriesterliche Aaron-Figur eruieren zu können, die sie als „Volksheld" (A.Cody, Aaron, 2) oder „Unterführer" (so H.Valentin, a.a.O., 409) charakterisieren, gerechtfertigt ist, seitdem sich der Text immer mehr als späte Bildung entpuppt (vgl. M.Görg, Aaron, 11f.). Zudem bleibt die Behauptung von H.Valentin, a.a.O., 299ff., in Ex 32 habe Aaron Mose als den ursprünglichen Begründer des Stierkultes verdrängt, reine Spekulation. Die These einer aaronitischen Priesterschaft in Bethel kann immerhin folgende Argumente beibringen: 1. Der eigenartige Umstand, daß Aaron in Ex 32 überhaupt mit der Herstellung des „Goldenen Kalbes" und damit mit *dem* Sündenfall Israels in Verbindung gebracht werden konnte, obgleich er später zum Ahnherrn aller legitimen Priester und speziell des Jerusalemer Hohenpriesters aufstieg, muß einen Anhalt in der Realität haben. 2. Die literarisch sekundäre, aber wohl doch nicht völlig frei erfundene Notiz Ri 20,26–28, daß der Aaron-Enkel Pinhas in Bethel amtiert habe. 3. Die Grabtradition Eleasars bzw. Pinhas' Jos 24,33 in Gibeat-Pinhas unterstützt die Annahme einer lokalen Haftung der Aaroniden am ephraimitischen Bergland. 4. Der eigenartige Umstand, daß die ersten beiden Söhne Aarons (Nadab und Abihu) fast die gleichen Namen wie die Söhne Jerobeams (Nadab und Abija) tragen, die noch dazu alle früh vom Tod ereilt werden (Lev 10,1–3; 1.Kön 14,17; 15,27), läßt sich am ehesten als Homage der Betheler Priester an Jerobeam erklären: Sie fügten die Namen der Mitglieder der königlichen Familie in ihre Genealogie ein, leiteten sich aber, als die Jerobeam-Dynastie erstaunlich schnell stürzte, über andere Aaron-Söhne (Eleasar, Ithamar) ab. M.Aberbach/L.Smolar, Aaron, 129–134, zählen noch weitere Parallelen zwischen Aaron und Jerobeam auf, die aber auf die generelle Parallelität von Ex 32,1–6 und 1.Kön 12,26–32 zurückgehen. Warum die Jerusalemer Zadokiden in der exilisch-nachexilischen Zeit (P, Chr) auf die etablierte aaronitische Genealogie der Betheler Priester zurückgriffen, ist zwar für uns nicht mehr voll durchschaubar, erklärt sich aber schon aus dem Legitimationsbedürfnis, sich nachträglich in der Frühgeschichte Israels zu verankern, nachdem diese auch für die Jerusalemer seit der dtn. Reformbewegung zur entscheidenden Heilsperiode Israels geworden war.

[60] Unter dem Systemzwang der Quellentheorie setzte man das Kapitel lange Zeit – mit häufig fragwürdigen religionsgeschichtlichen Konsequenzen – zu früh an (so noch H.Valentin, Aaron, 274; 289: JE, Mitte bis Ende des 8.Jhs.). Doch sahen sich schon L.Perlitt, Bundestheologie (2.2), 211; Chr.Dohmen, Bilderverbot, 141ff., und E.Aurelius, Fürbitter, 76f., veranlaßt, in das 7.Jh. hinabzugehen. Aber der Grundbestand des Kapitels, das ich angesichts nicht enden wollender divergierender literarkritischer Hypothesen (vgl. Aufstellung bei J.Hahn, Kalb, 142f., und wieder P.Weimar, Kalb) abgesehen von V.7–14 und einigen priesterlichen Retuschen für einheitlich halte, stammt wohl erst aus der Exilszeit, s.o. 88f. Es setzt 1. die Polemik Hoseas, 2. die dtr. Einschätzung des Betheler Stierkultes als beispiellosen Abfall und 3. die dtn./dtr. Dekalogtafel-Vorstellung (Dtn 5,22; 9f.) – ganz abgesehen von der Frage nach dem literarischen Verhältnis zwischen Ex 32 und Dtn 9,10ff. – schon voraus.

zählung voraus, in der Jahwe selbst vom Sinai aus Aaron, dem Stammvater der Betheler Priester, den Befehl gab, das goldene Stierbild zu schaffen und so den Reichskult von Bethel zu begründen.[61]

Auch in seiner Art scheint der Kult von Bethel den popularistischen vorstaatlichen Gottesdiensten auf den Kulthöhen näher gewesen zu sein als der Reichskult in Jerusalem.[62] Das Stierbild von Bethel war offenbar ausgesprochen populär; Hosea weiß von der Trauer zu berichten, die sein Verlust an die Assyrer hervorrief (Hos 10,5); es war üblich, ihm – als Dankgestus – Kußhände zuzuwerfen (13,2). Das setzt – wie auch der Kultruf – voraus, daß das Kultsymbol in bestimmten Gottesdiensten frei sichtbar, möglicherweise für den einzelnen berührbar war.[63] Anders als in Jerusalem, wo Jahwe hinter dicken Mauern verborgen und nur den Priestern zugänglich im Allerheiligsten thronte, kam er dem Volk in Bethel ganz nahe; seine Bindung an eine Menschengruppe fand hier einen viel direkteren Ausdruck. Wenn es im Festkult von Bethel offenbar ausgelassener und lauter zuging, als dies in Jerusalem schicklich war,[64] dann zeigt sich darin nur noch einmal der volksnahe Charakter dieses Gottesdienstes. Jahwes Anwesenheit unter der Gemeinde, die das Stierbild sinnenfällig symbolisierte, gab der Nordreichbevölkerung die freudige Gewißheit, Jahwe auf ihrer Seite zu haben.

---

[61] Die These, daß hinter Ex 32,1–6 eine Betheler Kultlegende steht, die die Kultreform Jerobeams aus der Frühzeit Israels legitimieren will, ist erstmals von R.H.Kennett, Origin, 166–168, aufgestellt und von vielen Exegeten übernommen worden, s. die Aufstellung bei H.Valentin, Aaron, 292, Anm.3f., und seine eigenen Ausführungen (291–299). Allerdings ist zu betonen, daß diese Kultlegende textlich nicht mehr voll rekonstruierbar ist; am ehesten könnte noch in den Versen 4–6, die ein eigenes motivliches Schwergewicht aufweisen, ihr ehemaliger Schluß greifbar sein.

[62] Dies zeigt sich auch in dem Motiv von Ex 32,2f., daß das Edelmetall zur Herstellung des Stierbildes durch eine Spende des ganzen Volkes aufgebracht worden sein soll. In der alten Jerusalemer Tempeltheologie fehlt eine solche verantwortliche Beteiligung des Volkes an der Ausstattung des Heiligtums völlig. Hier ist allein der König der Stifter. Erst P und dann der Chr ist es ein Anliegen, die spendenfreudige Verantwortung des Volkes für den zweiten Jerusalemer Tempel hervorzukehren (vgl. Ex 35,4ff.; 1.Chr 29,5ff.), s.u. 525; 613.

[63] J.Jeremias, Hosea, 162, meint, „der kultische Kuß...kann kaum ihm (sc. dem Stierbild in Bet-El) gegolten haben, sondern nur kleinen Nachbildungen, weil es vermutlich – wie die Lade in Jerusalem – im Adyton den Laien unzugänglich war." Doch schließt letzteres Prozessionen des Stierbildes nicht aus; der Kultruf scheint mir seine regelmäßige öffentliche Präsentation vorauszusetzen. Daß das populäre Kultsymbol auch Nachbildungen für den „Hausgebrauch" fand, ist durchaus möglich, auch wenn archäologische Belege dafür noch nicht aufgetaucht sind.

[64] Vgl. die etwas despektierliche Schilderung aus judäischer Sicht Ex 32,6.18.22.25. Doch sollte man aus dem lauten, fröhlichen Opfermahl von Ex 32,6 nicht „sexuelle Orgien" machen, „wie sie in den kanaanäischen Fruchtbarkeitskulten eine Rolle spielten" (so M.Noth, Exodus, 204). Das Verb *ṣāḥaq* „lachen" kann zwar im pi. auch einmal das „Liebesspiel" bezeichnen (Gen 26,8, Wortspiel mit dem Namen Isaak!), meint aber hier – wie die Nebenform *śāḥaq pi.* in 2.Sam 6,5.21 – den Kulttanz (vgl. *mĕḥōlōt* „Reigen" Ex 32,19), so richtig O.Eißfeldt, Lade, 293f. Was aber David recht war, sollte auch den Bethelern billig sein!

Wenn gerade dieser konservative Reichskult, der sich in kritischer Reaktion auf den Jerusalemer Staatskult darum bemühte, an die vorstaatliche Theologie und Kultpraxis anzuknüpfen, später so in Mißkredit geriet, dann hängt das neben den nicht ganz ungefährlichen Implikationen seiner Stiersymbolik mit seinem populistischen Charakter zusammen.

Das Zur-Schau-Stellen des Kultsymbols setzte dieses auch der Gefahr populärer Mißverständnisse aus. Zumindest in der Anschauung des Volkes vermischte sich offenbar im Laufe der Zeit die theologische Differenzierung zwischen Jahwe und seinem Kultsockel, das Stierbild wurde direkt mit Jahwe identifiziert (vgl. Hos 8,6).[65] Die doppeldeutige Bildsymbolik trug das ihre dazu bei, Jahwe so sehr zum kultisch verfügbaren Garanten der Fruchtbarkeit des Landes zu machen, daß darüber sein geschichtliches Differenzpotential als Befreier aus Ägypten verlorenging. So repräsentierte für den Propheten Hosea schließlich das Stierbild einen „baalisierten" Jahwekult, der die Erinnerung an seine geschichtlichen Ursprünge vergessen hatte;[66] seiner Meinung nach würde sich Jahwe, „der Gott von Ägypten her", in der totalen Zerstörung dieses Kultbetriebs Geltung verschaffen (10,3–8). Dies Verdikt Hoseas war der Ausgangspunkt dafür, den gesamten Reichskult Jerobeams als Irrweg zu betrachten, und bildete schließlich die Legitimation für Josia, das Heiligtum von Bethel 622 v.Chr. zu zerstören (2.Kön 23,15–18). Während der staatlich stärker kontrollierte El-Synkretismus von Jerusalem gelang, endete der volksnahe El-Synkretismus von Bethel schließlich in einem völligen Desaster.

3.5 Der Streit um den offiziellen Synkretismus im 9.Jahrhundert

R.Albertz, Magie II. Altes Testament, TRE XXI, 1991, 619–695. – A.Alt, Das Gottesurteil auf dem Karmel (1935), Kleine Schriften zur Geschichte des Volkes Israel II, 3.Aufl. 1964, 135–149. – Ders., Der Stadtstaat Samaria (1954), Kleine Schriften zur Geschichte des Volkes Israel III, 1959, 258–302. – K.Baltzer, Naboths Weinberg (1.Kön. 21). Der Konflikt zwischen israelitischem und kanaanäischem Bodenrecht, WuD 8, 1965, 73–88. – R.Bohlen, Der Fall Nabot. Form, Hintergrund und Werdegang einer alttestamentlichen Erzählung (1 Könige 21), TThSt 35, 1978. – O.Eissfeldt, Ba'alšamēm und Jahwe (1939), ders., Kleine Schriften II, 1963, 171–198. – F.C.Fensham, A Few Observations on the Polarisation

[65] So H.Th.Obbink, Jahwebilder, 269, und in seinem Gefolge viele andere. M.Weippert, Gott, 104f., hat demgegenüber grundsätzlich in Frage gestellt, ob „eine reinliche Scheidung zwischen dem 'Kalb' und dem 'Gott von Ägypten' durchzuführen" sei. Er hält es entgegen der *communis opinio*, „daß das alte Vorderasien im Gegensatz zu Ägypten im allgemeinen rein menschengestaltige Gottheiten verehrte" (95), für möglich, daß es in Syrien „tauromorphe Gottheiten" gegeben hat (109); vgl. die ähnlichen Erwägungen von H.Weippert, Palästina, 301.

[66] S.u. 272f.

Between Yahweh and Baal in I Kings 17–19, ZAW 92, 1980, 227–236. – G.FOHRER, Elia, AThANT 31, 1957. – F.S.FRICK, The Rechabites Reconsidered, JBL 90, 1971, 279–287. – H.GUNKEL, Der Aufstand des Jehu 2.Kön 9,1–10,27 (1913), ders., Geschichten von Elisa, Meisterwerke hebräischer Erzählkunst I, 1922, 67–94. – G.HENTSCHEL, Elija und der Kult des Baal, E.Haag (ed.), Gott, der einzige. Zur Entstehung des Monotheismus in Israel, QD 104, 1985, 54–90. – G.HÖLSCHER, Die Profeten. Untersuchungen zur Religionsgeschichte Israels, 1914. – K.H.KEUKENS, Die rekabitischen Haussklaven, BZ N.F. 27, 1983, 228–235. – K.KOCH, Die Propheten I. Assyrische Zeit, 1978. – CHR.LEVIN, Der Sturz der Königin Atalja. Ein Kapitel zur Geschichte Judas im 9.Jahrhundert v.Chr., SBS 105, 1982. – J.LINDBLOM, Zur Frage des kanaanäischen Ursprungs des altisraelitischen Prophetismus, Von Ugarit nach Qumran, FS O.Eißfeldt, BZAW 1958, 89–104. – J.LUST, A Gentle Breeze or a Roaring Thunderous Sound?, VT 25, 1975, 110–115. – CHR.MACHOLZ, Psalm 29 und 1.Könige 19. Jahwes und Baals Theophanie, R.Albertz u.a. (Hrsg.), Werden und Wirken des Alten Testaments, FS C.Westermann, 1980, 325–333. – B.MAZAR, The Historical Background of the Samaria Ostraca, S.Ahituv/B.A.Levine (ed.), Historical Studies. The Early Biblical Period, 1986, 173–188. – Y.MINOKAMI, Die Revolution des Jehu, Göttinger Theologische Arbeiten 38, 1989. – H.-P.MÜLLER, 'aštorct, TWAT VI, 1989, 454–463. – DERS., nābî', TWAT V, 1986, 140–163. – E.NOORT, Untersuchungen zum Gottesbescheid in Mari. Die „Mariprophetie" in der alttestamentlichen Forschung, AOAT 202, 1977. – R.A.ODEN, Ba'al Šamem and 'Ēl, CBQ 39, 1977, 457–473. – M.OEMING, Naboth, der Jesreeliter. Untersuchungen zu den theologischen Motiven der Überlieferungsgeschichte von I Reg 21, ZAW 98, 1986, 362–382. – R.RENDTORFF, Erwägungen zur Frühgeschichte des Prophetentums in Israel (1962), ders., Gesammelte Studien zum Alten Testament, TB 57, 1975, 220–242. – DERS., prophētēs ktl. B. nābî' im Alten Testament, ThW VI, 1959, 776–813. – A.ROFÉ, The Vineyard of Naboth: the Origin and Message of the Story, VT 38, 1988, 89–104. – H.-C.SCHMITT, Elisa. Traditionsgeschichtliche Untersuchungen zur vorklassischen nordisraelitischen Prophetie, 1972. – DERS., Prophetie und Tradition. Beobachtungen zur Frühgeschichte des israelitischen Nabitums, ZThK 74, 1977, 255–272. – H.SCHMOLDT, Elijas Botschaft an Ahab. Überlegungen zum Werdegang von 1 Kön 21, BN 28, 1985, 39–52. – H.SEEBASS, Der Fall Naboth in 1 Reg. XXI, VT 24, 1974, 474–488. – DERS., Elia I, TRE IX, 1982, 498–502. – K.SEYBOLD, Elia am Gottesberg. Vorstellungen prophetischen Wirkens nach 1.Kön 19*, EvTh 33, 1973, 3–18. – R.SMEND, Das Wort Gottes an Elia. Erwägungen zur Komposition von 1. Reg XVII-XIX, VT 25, 1975, 525–543. – O.H.STECK, Überlieferung und Zeitgeschichte in den Elia-Erzählungen, WMANT 26, 1968. – W.THIEL, Zur Komposition von 1 Könige 18. Versuch einer kontextuellen Auslegung, E.Blum u.a. (Hrsg.), Die Hebräische Bibel und ihre zweifache Nachgeschichte, FS R.Rendtorff, 1990, 215–223. – S.TIMM, Die Dynastie Omri. Quellen und Untersuchungen zur Geschichte Israels im 9.Jahrhundert vor Christus, FRLANT 124, 1982. – M.WEIPPERT, Assyrische Prophetien der Zeit Asarhaddons und Assurbanipals, F.M.Fales (ed.), Assyrian Royal Inscriptions: New Horizons in Literary, Ideological, and Historical Analysis, 1981, 73–115. – DERS., The Balaam Text from Deir 'Allā and the Study of the Old Testament, J.Hoftijzer/G.van der Kooij (ed.), The Balaam Text from Deir 'Alla Re-evaluated, 1991, 151–184. – P.WELTEN, Naboths Weinberg (1.Könige 21)*, EvTh 33, 1973, 18–32. – E.WÜRTHWEIN, Die Erzählung vom Gottesurteil auf dem Karmel, ZThK 59, 1962, 131–144. – DERS., Die Bücher der Könige. 1.Kön 17 – 2.Kön 25, ATD 11,2, 1984. – DERS., Naboth-Novelle und

Elia-Wort, ZThK 75, 1978, 375–397. – Ders., Zur Opferprobe Elias I Reg 18,21–39, V.Fritz/K.-H.Pohlmann/H.-C.Schmitt (Hrsg.), Prophet und Prophetenbuch, FS O.Kaiser, BZAW 185, 1989, 277–284. – Y.Yadin, The 'House of Ba'al' of Ahab and Jezebel in Samaria, and that of Athalia in Judah, R.Moore/P.Parr (ed.), Archaeology in the Levant, FS K.M.Kenyon, 1978, 127–135. –

Neben den synkretistischen Neuformulierungen der Jahwereligion im königlichen Staatskult, die in Jerusalem in erheblichem und in Bethel in geringerem Umfang vollzogen wurden, führte die internationale Verflechtung und kulturelle Öffnung, die mit der Staatenbildung Israels einherging, zu einem diplomatischen Synkretismus,[1] d.h. zur Einrichtung von Kulten für die Götter der Nachbarstaaten, mit denen das Königshaus politische Beziehungen unterhielt.

So wird durch die Dtr schon von Salomo berichtet, daß er südlich des Ölbergs – schräg gegenüber vom Jerusalemer Tempel – Heiligtümer für Aschtarte,[2] „die Göttin der Sidonier", Milkom, „das Scheusal der Ammoniter" und Kamosch, „das Scheusal der Moabiter" eingerichtet habe (1.Kön 11,5.7.33; vgl. 2.Kön 23,13).[3] Da die wichtige Rolle, die die Göttin Aschtarte sowohl in Sidon als auch in Tyros spielte, auch außerbiblisch bestätigt wird[4]

---

[1] Ich meine, diese Form des Synkretismus von der unbewußten Anpassung der persönlichen Frömmmigkeit an die sich wandelnden religionsgeschichtlichen Rahmenbedingungen, aber auch vom offiziellen Synkretismus, der auf Eroberung bzw. kultureller Überschichtung beruht, unterscheiden zu müssen. Der diplomatische Synkretismus zeigt sich besonders in den antiken Staatsverträgen, in denen die Götter beider Vertragspartner beschworen und zueinander in Beziehung gesetzt werden. Ihn theologisch zu ermöglichen, ist eine der Stärken des Polytheismus.

[2] Die richtige Vokalisierung *'aštart* ist im AT nach *bošet* „Schande" zu *'aštoret* verunstaltet.

[3] Die Reihe der 3 Gottheiten taucht nur in 1.Kön 11,33 und 2.Kön 23,13 auf. In 1.Kön 11,5 begegnen dagegen nur Aschtarte und Milkom; in V.7 nur Kamosch und Milkom (*molek* in MT ist eine Verunstaltung, vgl. LXX *Molchom* bzw. *tô basileî autôn* = hebr. *malkem*). Die eigenartige Reihung wird dadurch erklärlich, daß Dtr in V.5 erst selber formuliert und dann in V.7 eine ältere Notiz aufnimmt. Demgegenüber bietet LXX, die V.5 ausläßt und die Aschera-Verehrung an V.7 anschließt, sicher *lectio facilior.* Dies braucht aber nicht zu bedeuten, daß der Aschtarte-Kult Salomos eine freie Erfindung und erst ein Reflex seiner exilischen Gegenwart ist, denn 1. unterscheidet sich der konkrete Bezug auf die phönizische Aschtarte völlig von der sonstigen pauschalen Fremdgötterpolemik des DtrG (vgl. die plur. Formulierungen Ri 3,7; 10,6 u.ö.) und 2. ist diese als besondere Gefahr der Exilszeit nicht belegt (s. etwa die völlig andere Terminologie Jer 44,15 ff.; gegen H.-P.Müller, 'aštoret, 459 f.).

[4] Zu Sidon vgl. die Sarginschrift des sidonischen Königs Tabnit aus dem 6.Jh., der sich als „Priester der Aschtarte" vorstellt (KAI 13,1.2.6), die Eschmunazar-Inschrift aus dem 5.Jh., die berichtet, daß die Mutter des Königs „Priesterin der Aschtarte" gewesen war (KAI 14,15) und beide Tempel für Aschtarte und Aschtarte-Name(enshypostase)-des-Baal gebaut hatte (Z.16.18) und die Weihinschrift für den Eschmun-Tempel von Sidon: „für Aschtarte und seines (des Stifters) Herrn Eschmun". Die „Aschtarte in Sidon" ist auch auf einem Siegel des 7.Jhs. belegt (Nachweise bei H.-P.Müller, 'aštoret, 458). Die Aschtarte ist somit die Hauptgöttin Sidons gewesen, vgl. S.Timm, Dynastie, 233 f.; ähnlich H.-P.Müller, a.a.O., 457. Aber auch in Tyros spielte Aschtarte ein wichtige Rolle, vgl. ihre Erwähnung im Vertrag Asarhaddons (680–669) mit Baal von Tyros (IV,18', TUAT I,2, 158 f.) und die – allerdings junge (2.Jh.) – Votivinschrift für sie aus der *Ḫirbet eṭ-Ṭaijibe* KAI 17,1. Die Phönizier haben den Aschtarte-Kult über den ganzen Mittelmeerraum verbreitet.

und die Götter Milkom (Malkum?)[5] und Kamosch[6] als Nationalgötter von Ammon bzw. Moab biblisch und inschriftlich reichlich bezeugt sind, ist diese Nachricht durchaus glaubwürdig,[7] auch wenn ihre dtr. Begründung, Salomo sei dazu aus Liebe zu seinen vielen ausländischen Frauen verführt worden, dogmatisch-legendäre Züge trägt (1.Kön 11,1–4).[8] Einigermaßen belegt ist nur eine diplomatische Heirat mit einer ägyptischen Prinzessin (1.Kön 3,1; 9,16). Doch hat der Kult der phönizischen Aschtarte ganz sicher etwas mit den engen Handelsbeziehungen Salomos zu Tyros zu tun (1.Kön 5,15ff.; 9,11), und der Kult für die Götter der beiden unterworfenen Vasallenvölker sollte wohl der Festigung des Großreiches dienen. Die außenpolitischen Beziehungen des Salomonischen Reiches spiegelten sich somit direkt in einem gewollten Nebeneinander verschiedener Nationalkulte in dessen Hauptstadt.

Es hat nicht den Anschein, daß dieser diplomatische Synkretismus im Südreich auf irgendeine Kritik gestoßen ist; wenn man den Dtr glauben darf,[9] haben diese Kulte bis in die späte Königszeit fortbestanden und wurden erst von Josia liquidiert (2.Kön 23,12f.). Man muß wohl annehmen, daß sich an diesen Fremdkulten nur die jeweiligen ausländischen Diplomaten und einige königliche Beamte beteiligten,[10] die breitere Bevölkerung daran aber keinen Anteil nahm.

Um so erstaunlicher ist, daß es gerade dieser außenpolitisch bedingte Synkretismus war, der ein Jahrhundert später vor allem im Nordreich einen scharfen religiösen und politischen Konflikt provozierte und damit den weiteren Fortgang der Religionsgeschichte Israels nachhaltig beeinflußte.

3.51 Die Religionspolitik der Omriden

Die politische Alternative, die Jerobeam zur autoritären Monarchie im Süden aufbauen wollte,[11] hat sich in der Folgezeit nicht bewährt: Sie führte das

---

[5] Vgl. 2.Sam 12,30 LXX[O,L]; Zeph 1,5; Jer 49,1.3 und dazu eine Inschrift in der Zitadelle von Rabbat-Ammon und drei Siegel mit einem Segenswunsch im Namen Milkoms, s. die Belege bei G.C.Heidel, Cult (3.7), 169f.

[6] Vgl. Nu 21,29; Jer 48,46 u.ö.; nur Ri 11,24 wird er fälschlicherweise als Gott der Ammoniter bezeichnet, inschriftlich vor allem die Mescha-Stele aus der Mitte des 9.Jhs. (KAI 181,3.5.9 u.ö.), dazu kommen moabitische Siegel. Die Bezeichnung Aschtar-Kamosch in Z.17 der Mescha-Stele könnte auf seinen Unterweltscharakter weisen, zumal auch eine assyrische Götterliste ihn mit Nergal gleichsetzt, s. H.Gese, Religionen, 140f.

[7] Für den Kult der phönizischen Aschtarte wird dies aufgrund fragwürdiger Vermengung von literarkritischen und historischen Argumenten von E.Würthwein, Könige I (3.4), 133, bezweifelt, dem sich H.-P.Müller, ʻaštoret, 459f., anschließt. Sein historisches Argument der „späte(n) sidonischen Bezeugung“ des Aschtartekults wird doch mehr als fraglich angesichts der Tatsache, daß nach Zeugnis der *ʻštrt ḥr*, d.h. „hurritischen bzw. syrischen Aschtarte“ geweihten Bronzefigur von Sevilla die Verehrung der phönizischen Göttin schon im 8.Jh. außerhalb des Kernlandes verbreitet war.

[8] Vgl. zu diesem Topos dtr. Geschichtssicht Jos 23,12f.; Ri 3,1–6.

[9] Was z.B. E.Würthwein, Könige II, 460, bestreitet.

[10] So auch M.Noth, Könige (3.3), 249f.; E.Würthwein, Könige I (3.4), 134.

[11] S.o. 216.

Nordreich in den nächsten 50 Jahren in die außenpolitische Isolation und eine zunehmende innenpolitische Destabilisierung. Geschwächt durch dauernde Abwehrkriege im Süden und Norden und geschüttelt durch Revolten rivalisierender Heerkönige, war nunmehr auch das Nordreich wieder bereit, den Aufbau einer starken politischen Zentralinstanz hinzunehmen. Es war der tatkräftige Usurpator Omri (881–870), der diesen politischen Kurswechsel einleitete: Er baute nach davidischem Vorbild Samaria zur Hauptstadt des Reiches aus und schuf dem Königtum damit erstmals eine ständige, stark befestigte Machtbasis (1.Kön 16,24). Er führte das Nordreich zielstrebig aus der politischen Isolation, indem er sich mit den Davididen aussöhnte, seine Tochter Athalja mit dem dortigen König Joram vermählte und indem er ein Bündnissystem zu den phönizischen und aramäischen Staaten aufbaute.[12] Deutlichster Ausdruck dieser neuen diplomatischen Einbindung war die Verheiratung seines Sohnes Ahab mit „Isebel, Tochter Ethbaals, des Königs der Sidonier" (1.Kön 16,31).[13] Ahab (870–851) setzte diese Ausgleichspolitik seines Vaters konsequent fort, er nahm z.B. eine führende Position in dem „Bündnis der 12 Könige von *Ḫatti* (Syrien) und der Küste (Phönizien)" ein, das in der Schlacht von Qarqar 853 den Assyrerkönig Salmanassar III. zurückschlug.[14] Die Erfolge dieser neuen Außenpolitik waren beeindruckend: Nord- und Südreich erlebten einen ungeahnten wirtschaftlichen Aufschwung und eine neue kulturelle Blütezeit. Die 2000 Streitwagen, die Ahab allein in Qarqar aufbieten konnte, der monumentale Ausbau von Festungen (z.B Hazor, Stratum VIII),[15] die hochentwickelte Bautechnik seiner Palastanlage in Samaria[16] und die dort gefundenen kostbaren Elfenbein-Applikationen[17] ver-

---

[12] Wegen des in der Schlacht von Qarqar bezeugten Bündnisses zwischen den Aramäerstaaten und dem Nordreich gehören die Aramäerkriege (1.Kön 20; 22; 2.Kön 6,8–7,20, ursprünglich ohne Benennung des Königs!), die Dtr in die Zeit Ahabs bzw. Jorams einordnet, wahrscheinlich erst in die Zeit Jehus, zum Problem s. H.Donner, Geschichte, 261.

[13] Da Josephus, der sich auf Menander von Ephesus beruft, einen König *'Ithōbalos* von Tyros für das 9.Jh. bezeugt, hat man in der Forschung lange Zeit gemeint, Isebel sei in Wahrheit eine tyrische Königstochter gewesen und das Wort *ṣīdōnēm* im hebräischen Text sei im erweiterten Sinn von „phönizisch" zu verstehen. Doch hat S.Timm, Dynastie, 200–231, nachgewiesen, daß die Menander-Überlieferung unglaubwürdig ist und *melek ṣīdōnēm* offizieller Titel der Könige von Sidon war (KAI 13,1f.;14,1f. u.ö.), zustimmend H.Donner, Geschichte, 268. Stammt aber Isebel aus Sidon, dann sind alle beliebten religionsgeschichtlichen Kombinationen mit Tyros hinfällig. M.Weippert, Synkretismus (2.2), 173, sucht dieser Konsequenz zu entgehen, indem er mit einer zeitweiligen Personalunion zwischen Sidon und Tyros rechnet.

[14] Vgl. die „Monolithinschrift", II,90–102, TGI^2 49f. Welches internationale Gewicht das Nordreich durch die Omriden erhielt, zeigt sich u.a. daran, daß die Assyrer es auch noch nach deren Sturz *mat Ḫumri* bzw. *bit-Ḫumri* „Land Omris/des Hauses Omris" nannten, s. R.Albertz, Israel (2.3), 369.

[15] Vgl. H.Weippert, Palästina, 510; 518ff.; M.Weippert, Synkretismus (2.2), 161.

[16] A.a.O., 539.

[17] Vgl. dazu a.a.O., 654–660. Diese sind allerdings in einer Schicht gefunden worden, die erst etwa in das Jahr 720 gehört. Doch macht das 1.Kön 22,39 erwähnte „Elfenbeinhaus Ahabs" wahrscheinlich, daß diese oder ähnliche Elfenbein-Schnitzereien bis in die Zeit der Omriden zurückgehen.

deutlichen beispielhaft, welche politische, wirtschaftliche und kulturelle Potenz dem Nordreich durch diese internationale Einbettung und kulturelle Öffnung zuwuchs.

In den Rahmen dieser neuen Außenpolitik der Omriden gehört auch ihre Religionspolitik hinein; auch sie sollte dem Ausgleich mit den nördlichen Nachbarn und der Festigung der politischen Beziehungen dienen. Ahab ließ in seiner Hauptstadt Samaria einen Baaltempel errichten (1.Kön 16,32; vgl. 2.Kön 10,18ff.),[18] der wahrscheinlich dem Baal von Sidon geweiht war[19] und vor allem seiner Frau Isebel und ihrem phönizischen Gefolge den heimischen Kult ermöglichen sollte. Doch auch wenn man von der vielfach aus späterer Zeit stammenden, stark übertreibenden Überlieferung ganz erhebliche Abstriche machen muß, hat es den Anschein, daß dieser Baaltempel mehr gewesen ist als nur eine Privatkapelle der Königin. Es handelte sich um einen ausgebauten Kultbetrieb mit einer Vielzahl von Priestern und Propheten, der über die Hauptstadt hinaus seine Attraktivität auf Teile der Bevölkerung ausübte (2.Kön 10,18ff.). Baal war ja, anders als etwa Milkom oder Kamosch, kein eindeutig ausländischer Gott, sondern über Jahrhunderte im späteren israelitischen Staatsgebiet verehrt worden. Seine Verehrung war, wie z.B. der hohe Anteil Baal-haltiger Namen der Samaria-Ostraka zeigt,[20] zumindest in der persönlichen Frömmigkeit noch immer virulent

---

[18] Y.Yadin, House, 127–129, hat aufgrund der Tatsache, daß Samaria in 2.Kön 10,18–27 nicht explizit erwähnt wird, ja es in V.25 sogar heißt, daß die Offiziere Jehus „zur Stadt des Hauses Baals" gehen, die Ortsangabe in 1.Kön 16,32 als falsche Glosse angezweifelt und den Ort des Baaltempels auf dem Karmel vermutet. Diese Annahme würde natürlich eine Erklärung erleichtern, warum die Auseinandersetzung Elias mit dem Baalkult auf dem Karmel angesiedelt ist (1.Kön 18). Doch ist Samaria immerhin 2.Kön 10,17 als Ort der weiteren Aktionen Jehus erwähnt, und wahrscheinlich liegt V.25 ein Textfehler vor; das Wort *'īr* „Stadt" fehlt in der LXX; es ist entweder als Dittographie von *'ad* zu streichen oder statt dessen *dĕbīr* „Cella" zu lesen. Daneben errichtete Ahab nach Yadin auch noch eine Baal-Kapelle für Isebel in Jesreel. Doch ist das reine Spekulation.

[19] Während man früher meist an Melqart, den Stadtgott von Tyros, dachte, der auch „Baal von Tyros" (KAI 47,1) genannt wird und dessen Verehrung auch außerhalb des tyrischen Herrschaftsbereichs belegt ist (KAI 201,3), kommt aufgrund der sidonischen Herkunft Isebels (s.o.) nur ein Gott aus Sidon in Betracht. Ein Baal von Sidon ist auch in KAI 14,18 und Personennamen aus Sidon belegt. Leider läßt sich nicht mit Sicherheit entscheiden, ob es sich hierbei um eine lokale Ausformung des Wettergottes Baal/Hadad handelt oder ob sich ein anderer Gott dahinter als „Herr von Sidon" verbirgt, s. dazu S.Timm, Dynastie, 235f. Die Probleme, die sein Kult in Israel hervorrief, sprechen eher für die erste Alternative. Unwahrscheinlich ist dagegen die Identifikation mit Baal-Schamem („Herr des Himmels"), die O.Eißfeldt, Ba'alšamēm, 187f., vorgeschlagen hat. Wohl ist dieser auch in Tyros, und zwar als Haupt des Pantheons bezeugt (vgl. den Vertrag mit Baal von Tyros,, IV,10', TUAT I,2, 159), aber er trägt doch mehr die Züge Els, vgl. R.A.Oden, Ba'al Šamēm, 472f. Zur Diskussion der Identifikationen s. F.C.Fensham, Observations, 228f.

[20] Das Verhältnis von Baal- und Jahwe-haltigen Namen beträgt etwa 7 zu 11. Allerdings schwankt die Datierung der Ostraka in den neuesten Untersuchungen noch immer zwischen der Regierungszeit Joahas' (817–801) und Jerobeams II. (786–746); vgl. B.Mazar, Ostraca, 186ff.; H.Weippert, Palästina, 584. Wenn die frühere Ansetzung zutrifft, spiegeln die Namen, rechnet man das Lebensalter der genannten Personen zurück, durchaus noch die Lage vor der Jehu-Revolution (845), so B.Mazar, a.a.O., 188. Andernfalls weisen sie auf eine religiöse Stim-

und bei dem erst in der Königszeit eingemeindeten nichtisraelitischen Bevölkerungsanteil wohl auch noch nicht völlig vergessen. So hat es den Anschein, daß unter der Schirmherrschaft des offiziellen Staatskultes für den phönizischen Baal auch andere ehemalige Baalheiligtümer im Lande, so etwa auf dem Karmel, zu neuem Leben erwachten. Es ist relativ unwahrscheinlich, daß vom Königshaus eine aggressive Religionspolitik gegen die Jahwereligion ausging, wie es die Texte speziell Isebel vorwerfen,[21] aber sehr wahrscheinlich hat es das Nebeneinander von Jahwe- und Baalverehrung bewußt gebilligt, wenn nicht sogar gefördert, und die Revitalisierung der Baalreligion jedenfalls nicht verhindert.[22] Der offizielle „Dyotheismus" entsprach dem staatlichen Interesse; ein Festhalten an der Alleinverehrung Jahwes der Frühzeit, die auf staatlicher Ebene ja nur unter der irrealen Bedingung der Weltherrschaft oder um den Preis totaler außenpolitischer Isolation durchzuhalten war, erschien auf dem eingeschlagenen Kurs der internationalen Einbindung des Nordreiches als politisch inopportun und überholt. Wir wissen nicht, wie die Hoftheologen Ahabs das Nebeneinander von Jahwe- und Baalverehrung theologisch begründeten, da alle Texte, die wir besitzen, von der Gegenseite stammen bzw. im nachhinein eine Verurteilung der omridischen Religionspolitik vornehmen. Man kann nur vermuten, daß unter den gegebenen Bedingungen des diplomatischen Synkretismus nicht eine völlige Verschmelzung der beiden Götter wie etwa beim El-Synkretismus von Jerusalem und Bethel, sondern eine polytheistische Zuordnung zur Debatte stand. Man kann dagegen nicht einwenden, daß die Kinder Ahabs, soweit bekannt, alle Jahwe-haltige Namen tragen,[23] das war eine Frage der persönlichen Frömmigkeit, und die stand auf einem ganz anderen Blatt als der offizielle Staatskult. Nein, konsequent zu Ende gedacht, hätte die omridische Religionspolitik, die wahrscheinlich auch im

---

mungslage der persönlichen Frömmigkeit im Norden, die von den Auseinandersetzungen auf der Ebene der offiziellen Theologie kaum tangiert war.

[21] Vgl. etwa die Verfolgung von Jahwepropheten 1.Kön 18,4.13; 19,2.

[22] Ähnlich rekonstruiert S.Timm, Dynastie, 302f., den Zusammenhang zwischen dem außenpolitisch bedingten Synkretismus des Königshauses und den breiten innenpolitischen Folgeerscheinungen, der noch immer nicht völlig durchsichtig ist. A.Alt, Stadtstaat, 274ff., nahm dagegen eine dualistische omridische Religions-Innenpolitik an, die sowohl dem kanaanäischen als auch dem israelitischen Bevölkerungsanteil gerecht werden wollte und durch den hinzukommenden diplomatischen Synkretismus sozusagen nur „aus dem Ruder gelaufen" sei (so H.Donner, Geschichte, 270, der auch hier seinem Lehrer folgt). Doch ist die Annahme einer fortdauernden Existenz von Kanaanäern in Israel durch A.Alt nicht zu halten; und es nutzt auch wenig, wenn H.Donner, Geschichte, 264, den Begriff „Kanaanäer" in dieser Zeit nicht mehr im ethnischen, sondern nur noch im soziologischen und religiösen Sinn verstehen will. Ein dramatisches Szenario auf der Linie A.Alts entwirft W.Dietrich, Israel (2.3), 60–83.

[23] Ahasja „Jahwe hat (helfend meine Hand) ergriffen" und Joram „Jahwe ist erhaben"; auch der Name seiner Schwester Athalja „Jahwe hat seine Erhabenheit bekundet" ist Jahwehaltig. Wenn H.-D.Hoffmann, Reform (3.4), 81; 103, aufgrund dieser Namen bezweifelt, daß Ahab je ein Baal-Heiligtum in Samaria gebaut habe, dann übersieht er die Differenz zwischen persönlicher Frömmigkeit und offizieller Religion und die besondere Herausforderung des diplomatischen Synkretismus.

Südreich ihr Pendant fand (2.Kön 11,18a; vgl. 8,18.27),[24] wahrscheinlich einmal in einer polytheistischen Ausformung der israelitischen Religion geendet, wenn sie genügend Zeit gehabt hätte.

3.52 Die prophetischen Oppositionsgruppen und die Jehu-Revolution

Es gehört zu den Besonderheiten der israelitischen Religionsgeschichte, daß sich gegen diese an sich ganz normale religionsgeschichtliche Entwicklung Protest erhob, der schließlich sogar zu einem brutalen Abbruch der omridischen Religionspolitik führte. Die Überlieferung bringt mit diesem Protest vor allem die beiden Propheten Elia und Elisa in Verbindung, und auch wenn man damit rechnen muß, daß deren Rolle in diesem Konflikt nachträglich pointiert und ausgeweitet worden ist, so ginge es ganz sicher zu weit, dies für eine pure Erfindung späterer Zeiten zu halten.[25] Wir stoßen damit im 9.Jh. zum ersten Mal auf prophetische Oppositionsgruppen, d.h. Einzelpersonen und Gruppen, die religiös konstituiert sind und deren Widerstand sich vornehmlich aus religiösen Quellen speist.

Die gesellschaftliche Oppositionsrolle war der israelitischen Prophetie keineswegs von Anfang an in die Wiege gelegt. Sie läßt sich nicht aus den alten religiösen Überlieferungen der vorstaatlichen Zeit herleiten,[26] sondern ist, soweit wir erkennen

---

[24] Über die politische Heirat der Schwester Ahabs, Athalja, (vgl. 2.Kön 8,26 gegen 8,18aβ, wo sie als seine Tochter erscheint) mit Joram von Juda war das Südreich in das diplomatische Geflecht des Nordreiches und dessen diplomatischen Synkretismus eingebunden; so geht der Baalkult zur Zeit Athaljas wohl auf den direkten Einfluß des Nordreiches zurück. Da 2.Kön 11,18a aus dtr. Bearbeitung stammt, bestreitet Chr.Levin, Atalja, 61–64, die historische Glaubwürdigkeit des Verses; doch geht die Nachricht über die Ermordung des Baal-Priesters Mattan über die Schematik der dtr. Kultreformnotizen hinaus (s. H.-D.Hoffmann, Reform [3.4], 111 f.), und Levins Verdikt „Wer die Angabe von Eigennamen für ein Kennzeichnen der Historizität hält, sollte sich durch die Chronik eines besseren belehren lassen" (a.a.O., 62, Anm.9) verfängt insofern nicht, da diese gegenüber dem DtrG eine völlig andere Form der Historiographie darstellt. Y.Yadin, House, 130 ff., hat vermutet, daß das Baalheiligtum auf der Akropolis von *Ḫirbet Ṣāliḥ/Rāmat Rāhel* (= *Baʿal Pĕrāzīm* ?, 2.Sam 5,20) ca. 3 km südlich von Jerusalem gelegen habe, da sie in ihrer Anlage, Baustil und einigen Details an die Akropolis von Samaria erinnere. Dies wäre in der Tat gut aus der Zeit der engen politischen Beziehungen zwischen Israel und Juda zur Zeit der Omriden erklärbar. Doch gehört die Anlage laut Ausgräbern in das 8. und 7.Jh.; eine Datierung in das 9.Jh. scheitert an den Kleinfunden, so H.Weippert, Palästina, 598 f.; 622.

[25] So in letzter Konsequenz E.Würthwein, Könige II, 218 f.; 251 f.; 329; 339; 368, der entweder jegliche Rolle der Propheten in der Auseinandersetzung bestreitet oder diese als ganze zu Projektionen späterer Epochen erklärt. Doch ohne die konkrete religionspolitische Auseinandersetzung im 9.Jh. wird die pauschale Polemik Hoseas und dann der Dtr gegen „die Baale" völlig unerklärlich, so auch trotz kritischer Zurückhaltung gegenüber der Elia-Überlieferung M.Weippert, Synkretismus (2.2), 162.

[26] So mit Recht H.-C.Schmitt, Prophetie, gegen die vielfältigen Versuche in der älteren Forschung, einen unmittelbaren Traditionszusammenhang zwischen der vorstaatlichen Jahwereligion und der Prophetie aufzuweisen, so etwa z.B. R.Rendtorff, Erwägungen, 223 ff., über die „charismatische Rechtsfindung" und die „charismatischen Heerbannführer" im Jahwekrieg. Für einen kanaanäischen Ursprung hatten sich schon vorher vor allem G.Hölscher, Profeten, und J.Lindblom, Ursprung, ausgesprochen.

können, erst in der frühen Königszeit aus der Umwelt nach Israel eingedrungen.[27] Von Hause aus gehört sie religionsphänomenologisch zur weitverbreiteten Erscheinung der intuitiven Mantik oder Divination, d.h. der Wahrsager- und Hellseherei, die, an verschiedenen Stellen des antiken Vorderen Orient bezeugt,[28] ganz verschiedene Funktionen übernehmen konnte. Ohne sichtbare gesellschaftliche Funktion waren z.B. die ekstatischen Prophetengruppen in der frühen Königszeit gewesen;[29] dagegen standen die Hofpropheten Davids, Natan und Gad, in festem staatlichem Dienstverhältnis und hatten wohl überwiegend die Funktion, die Institution des Königtums zu stabilisieren;[30] auch noch im 9.Jh. sind solche Propheten im Dienste des Königs bezeugt (1.Kön 22; 2.Kön 3,13). Daneben gab es – wenn auch erst später belegt – fest an den Tempeln angestellte Kultpropheten,[31] die z.B. die Aufgabe hatten, bei nationalen Klagefeiern dem Volk eine heilvolle Zukunft zu versichern.[32] D.h. auch in Israel war die Prophetie zum größten Teil staatlich oder kultisch institutionalisiert und hatte als solche überwiegend gesellschaftsstabilisierende Funktionen.

Erst im 9.Jh. traten daneben vermehrt auch institutionell ungebundene Einzelpropheten und Prophetengruppen auf,[33] die sich aus verwandtschaftlichen und beruflichen Bindungen weitgehend gelöst hatten (1.Kön 19,19–21), um als wandernde Wunderheiler, Exorzisten und Orakelgeber ihren Lebensunterhalt zu verdienen.[34] Diese Erscheinung hängt auch mit der wirtschaftlichen Entwicklung dieser Zeit zusammen: Sie setzt auf der einen Seite einen relativ breit gestreuten gesellschaftlichen

---

[27] Vgl. die ekstatischen Prophetengruppen in der Saul-Überlieferung und die Hofpropheten Davids, Natan und Gad. Wenn dagegen Gestalten der Frühzeit, Abraham (Gen 20,7), Mose (Dtn 34,10 u.ö.), Aaron (Ex 7,1) und Samuel (1.Sam 3,20) als Prophet, und Mirjam (Ex 15,20) und Debora (Ri 4,4) als Prophetin bezeichnet werden, dann handelt es sich um einen rückprojizierten Würdetitel.

[28] Vgl. J.Lindblom, Ursprung, 92 ff.; K.Koch, Propheten I, 17–22; H.-P.Müller, nābī', 147 ff. Religionsgeschichtlich direkt vergleichbare Parallelen liegen vor aus Mari (18.Jh.; vgl. E.Noort, Untersuchungen), Taanach (15.Jh.; s. ANET 490), Byblos (11.Jh.; TGI² 43), Hamath (8.Jh.; KAI 202 A,12 ff.), *Deir ʿAllā* (9./8.Jh.; vgl. M.Weippert, Balaam) und dem neuassyrischen Reich (7.Jh.; M.Weippert, Prophetien). Dagegen steht vieles, was in TUAT II,1 zusammengestellt ist, der israelitischen Prophetie relativ fern. Die sumerisch-babylonische Hochkultur verfügte anstelle der Prophetie über eine hochentwickelte instrumentale Mantik (Leberschau etc.).

[29] In 1.Sam 10,5 f.10–12; 19,18–24 dient die Ekstase allein dem Gemeinschaftserlebnis, doch handelt es sich um eine spöttische Außensicht.

[30] Allerdings sind sowohl die von ihnen überlieferten stützenden (1.Sam 22,5; 2.Sam 7,4–16) als auch die begrenzt kritischen Worte (2.Sam 12,5–14; 24,11–13.18) allesamt spätere Bildungen. Die institutionelle Bindung wird aus dem Titel Gads „Seher Davids" erkennbar (2.Sam 24,11).

[31] Vgl. Jer 23,11; 28; 35,4; Sach 7,3; Klgl 2,20; sogar die freien Propheten scheinen der Tempelaufsicht unterworfen gewesen zu sein (Am 7,10 ff.; Jer 20,1 ff.; 26; 29,26). Zum Ganzen J.Jeremias, Kultprophetie, 1 ff., der a.a.O. wahrscheinlich gemacht hat, daß Habakuk als Kultprophet anzusehen ist.

[32] Vgl. Jer 14,1–10; Ps 74,9; 60,8 ff.; doch auch partielle Gerichtsankündigung war möglich, vgl. J.Jeremias, a.a.O., 90 ff.

[33] Zu dieser Unterscheidung s. R.Rendtorff, nābī', 796; 799 ff.

[34] Zu den frühen Einzelpropheten gehören Ahia von Silo (1.Kön 14,1–16*), der anonyme Gottesmann von Juda (1.Kön 13*) und der anonyme Prophet von Bethel (13,11 ff.), Micha ben Jimla (22), Elia (17) und z.T. Elisa (2.Kön 2,19–25; 4,8–17; 5); frühe Prophetengruppen finden sich in 1.Kön 20,35–42 und um Elisa (2.Kön 4,1–7.38–44; 6,1–7).

Wohlstand voraus, welcher der Bevölkerung ermöglichte, die Dienste der Propheten in Anspruch zu nehmen und zu bezahlen, und sie ist andererseits Hinweis auf eine zunehmende soziale Schichtung, denn solche prophetischen Gruppen scheinen sich vor allem aus einer mittellosen bzw. verarmten Unterschicht rekrutiert zu haben. Elia gehörte – wenn der hebräische Text im Recht ist – zu den „Beisassen" (*tōšābīm*), die über keinen Grundbesitz verfügten (1.Kön 17,1);[35] Elisa war zwar einmal ein wohlhabender Bauer gewesen (1.Kön 19,19), zu seiner Prophetengenossenschaft gehörten aber Leute, die unter die Räder des harten antiken Kreditrechts geraten waren (2.Kön 4,1), und die Gruppe als ganze litt zeitweise unter großer Armut (2.Kön 4,38 ff.; 6,1–7). Für die Opfer der wirtschaftlichen Entwicklung waren diese freien Prophetengruppen offensichtlich eine Möglichkeit, ihr Leben zu fristen. Erst aus einer solchen wirtschaftlichen Unabhängigkeit und gesellschaftlichen Außenseiterstellung heraus gelangte ein Teil der israelitischen Prophetie zu einer systemkritischen Funktion.[36]

In diese Entwicklung gehören auch die beiden Propheten Elia und Elisa hinein. Ersterer ist dem Typ der wandernden Einzelpropheten zuzurechnen, während der zweite Haupt einer Prophetengenossenschaft war, am Jordan in der Nähe von Gilgal über ein Versammlungshaus verfügte (2.Kön 4,38; 6,1 ff.), aber ebenfalls weit im Lande umherkam. Beide stammten aus der Provinz – Elia aus dem ostjordanischen Tisbe (1.Kön 17,1), Elisa aus Abel-Mehola im mittleren Jordantal (1.Kön 19,16) – und standen wohl schon von daher dem Treiben im Zentrum der politischen Macht eher reserviert gegenüber. Doch hatte ein Großteil ihrer Tätigkeit erst einmal gar nichts mit der politischen und religionspolitischen Auseinandersetzung zu tun. Beide – vor allem Elisa – betätigten sich als Wundertäter und Krankenheiler innerhalb der Prophetengruppe bzw. gegenüber einer privaten Klientel (1.Kön 17,12 ff.; 2.Kön 4; 6,1–7); doch drang Elisas Ruf als Wunderheiler bis nach Syrien (2.Kön 5), und Elia erhielt als Regenmacher eine öffentliche Bedeutung (1.Kön 18,41–46). Für beide Propheten ist somit neben der mantischen auch eine stark magische Komponente charakteristisch.[37]

Der Konflikt mit dem omridischen Königshaus entzündete sich vor allem an zwei Punkten: seinem absolutistischen Gebaren und seiner Religionspo-

[35] Meist wird die Angabe von MT *mittōšābē gil'ad* „von den Beisassen Gileads" für eine falsch vokalisierte Glosse gehalten, die eigentlich „aus Tisbe (in) Gilead" gelesen werden müßte (vgl. LXX *ek thesbōn tēs galaad*), so auch E.Würthwein, Könige II, z.St. Doch könnte die Interpretation der LXX auch eine Erleichterung sein.

[36] So erstmals belegt bei Ahia von Silo, der das davidisch-salomonische Großreich in Frage stellte und, obwohl er Jerobeam die göttliche Legitimation für seinen Staatsstreich gegeben hatte (1.Kön 11,29 ff.*, s.o. 217), ihm den Tod seines Kindes und vielleicht sogar das Ende seiner Dynastie ankündigte (1.Kön 14*; vgl. die ältere Fassung, die sich in der LXX 3.Reg 11,24g-n erhalten hat); sodann bei Micha ben Jimla, der dem König gegen das einhellige Votum seiner Hofpropheten Niederlage und Tod voraussagte (1.Kön 22).

[37] Vgl. R.Albertz, Magie, 693 f. Der Umstand, daß die magische Komponente sowohl im Bereich der „privaten" als auch der „öffentlichen Wirksamkeit" Elias und Elisas auftaucht, spricht gegen die Annahme, letztere sei den Propheten erst aus der Sicht späterer Tradenten zugewachsen, gegen E.Würthwein, Könige II, 269 ff.; 366 ff.

litik. Dabei setzte der erstgenannte die traditionelle Königskritik fort, die im Nordreich ja schon immer virulenter als im Süden gewesen war und die durch den offensiven Ausbau königlicher Macht seit Omri wieder erneute Nahrung erhielt.

Einen wahrscheinlich typischen Konflikt in dieser Richtung schildert die Naboth-Erzählung (1.Kön 21,1–20a).[38] Ahab will die Palastanlage seiner Residenz in Jesreel erweitern. Dazu benötigt er den Acker eines gewissen Naboth, der aber, weil es sich um den „Erbbesitz seiner Väter" (*naḥălat 'ăbōtaj*, V.3f.) handelt, nicht verkaufen oder tauschen will. Schroff und demonstrativ will Naboth gegen den unersättlichen Landbedarf der Krone, der den kleinbäuerlichen Landbesitz bedroht, ein Exempel statuieren.[39] Das königliche Expansionsstreben stößt auf die Grenze des altüberlieferten Sippenrechts, nach dem der familiäre Grundbesitz als unverkäuflich galt.[40] Nach der Erzählung ist Ahab – wenn auch zähneknirschend – bereit, diese Grenze seiner Macht zu akzeptieren, nicht jedoch Isebel; für sie, die phönizische Königstochter, wird durch die demonstrative Weigerung Naboths die Souveränität des Königtums in Frage gestellt (V.7).[41] Sie inszeniert einen

---

[38] Die spannende und sozialgeschichtlich aufschlußreiche Erzählung hat eine Fülle von Auslegungen erfahren, von denen hier nur die wichtigsten genannt werden können: K.Baltzer, Weinberg; O.H.Steck, Überlieferung, 32ff.; P.Welten, Weinberg; H.Seebaß, Fall; W.Würthwein, Naboth; R.Bohlen, Fall; S.Timm, Dynastie, 111ff.; H.Schmoldt, Botschaft; M.Oeming, Fall; A.Rofé, Vineyard. Umstritten ist vor allem ihre literarische Abgrenzung (s.u.), eine gewisse Übereinstimmung besteht nur darüber, daß spätestens ab V.20b-29 mehrschichtige Anhänge vorliegen (vgl. die Aufstellung von M.Oeming, Naboth, 362f.; nur Seebaß und Schmoldt rechnen noch verschiedene Verse des Schlußteils zum Grundbestand dazu). Ob die erschreckte Frage des ertappten Königs V.20a das Ende der Erzählung darstellt oder etwas durch die Anhänge weggebrochen ist, muß offenbleiben; V.20bα zeigt das fehlende Suffix („ich habe gefunden") eine literarische Naht an (vgl. P.Welten, Weinberg, 21). Unsicher sind auch immer noch einige rechtliche und soziale Details der Erzählung.

[39] Vgl. den emotionsgeladenen Ausruf in V.3: *ḥālîlā*, wörtlich: „Zum Entweihten (damit)!", mit dem man sich voll Ekel von etwas distanziert, womit man unter keinen Umständen etwas zu tun haben will.

[40] Daß die Weigerung Naboths auf den Brauch der Unverkäuflichkeit des kleinbäuerlichen Grundbesitzes zurückweist, wird zuweilen mit dem Hinweis darauf bestritten, daß dann die wütende Enttäuschung Ahabs in V.4 nicht verständlich wäre (H.Seebaß, Fall, 475ff.) und die expliziten Belege dafür (Lev 25,23; Nu 36,1ff.) allesamt spät sind (E.Würthwein, Naboth, 384f.). Doch läßt sich das Angebot des Landtausches durchaus als Rücksichtsnahme Ahabs gegenüber der bäuerlichen Normvorstellung verstehen, und die sog. Kauf-Adoptionen (z.B. ANET 219f.) aus Nuzi belegen zum einen, daß ähnliche Verkaufsbeschränkungen schon in alter Zeit im Vorderen Orient bekannt waren, und zum anderen, wie man sie – wenn man wollte – umgehen konnte. Ganz gleich ob Naboths Weinberg wirklich zum unveräußerlichen Familienbesitz gehörte oder nicht, allein die Tatsache, daß Naboth seinen Verkauf unter Berufung auf den „Erbbesitz seiner Väter" verweigern konnte und dies sogar vom König akzeptiert werden mußte, beweist, daß die familienrechtliche Vorstellung eine – zumindest theoretische – normative Geltung gehabt haben muß. Nur handelte es sich um ein Gewohnheitsrecht, das seine theologische Ausformulierung erst später fand.

[41] A.Alt, Stadtstaat, 264f., meinte, hier einen Konflikt zwischen israelitischem und kanaanäischem Bodenrecht, „das einen gegen Eingriffe des Königs gefeiten erbgebundenen Grundbesitz der Gemeinfreien nicht kennt", aufspüren zu können, und andere haben diese These

perfekten Justizmord, um Naboth zu beseitigen, damit die Krone Zugriff auf seinen Grundbesitz bekommt.[42] Zweierlei ist an diesem Verfahren der sakralen Ortsgerichtsbarkeit[43] bezeichnend: die Anklage, Naboth habe „Gott und dem König geflucht" (V.10) – ein todeswürdiges Verbrechen, das bezeichnenderweise mit seiner Verquickung von Gott und König in keines der alttestamentlichen Rechtskorpora Aufnahme gefunden hat[44] –, und die Schwäche der alten tribalen Autoritäten, die sich vom Königshaus korrumpieren lassen.[45] Nach der Überlieferung ist es der Prophet Elia gewesen, der in dieser Situation, als die traditionelle Rechtsinstanz vor dem Machtanspruch des Königshauses schmählich versagte, aufgrund seiner religiösen Autorität den Mut hatte, den Skandal aufzudecken und dem König die vergeltende Strafe Jahwes anzukündigen (V.17–20a).[46] Er sprach damit aus, was viele in den konservativen Kreisen der Bevölkerung gedacht haben werden, aber nicht mehr zu äußern wagten. Die königskritische Tradition

kräftig ausgebaut (etwa K.Baltzer, Naboth, 77ff.). Doch vom kanaanäischen oder besser phönizischen Bodenrecht wissen wir so gut wie nichts. Worin sich Isebel von Ahab unterscheidet, betrifft nicht die Frage der Verkäuflichkeit des Bodens, sondern ihre Auffassung von königlicher Herrschaft. So wird die These immer häufiger mit Recht zurückgewiesen, vgl. E.Würthwein, Naboth, 380; S.Timm, Dynastie, 124f.

[42] Die rechtliche Grundlage für die königliche Inbesitznahme V.15f. ist nicht ganz klar; nach 2.Kön 8,1–6 scheint der König Zugriff auf herrenlosen Besitz gehabt zu haben. Doch hatte Naboth nach 2.Kön 9,26 Söhne; sind sie, wie dieser Prophetenspruch voraussetzt, mit umgebracht worden? Oder verfiel der Besitz von „Staatsverbrechern" grundsätzlich der Krone?

[43] Vgl. H.Schulz, Todesrecht (2.3), 113–117; die sakrale Gerichtsbarkeit und ihr Verhältnis zur Torgerichtsbarkeit sind noch nicht völlig aufgeklärt.

[44] Der einzige Rechtssatz, der in Betracht kommen könnte, ist Ex 22,27, wo es heißt: „Gott sollst du nicht fluchen und den *nāśī'* deines Volkes sollst du nicht verfluchen." Bezeichnenderweise steht hier *nāśī'* und nicht *melek* „König". Dabei bezeichnet *nāśī'* wahrscheinlich den machtlosen Stammessprecher, s.o. 115. Aber selbst wenn hier ehemals *melek* gestanden hätte und *nāśī'* eine spätere Interpolation ist (vgl. den Sprachgebrauch in Ez 40ff.), dann konnte ein solch' massiv religiöser Schutz für den König nur unter der Bedingung seiner sakralen und politischen Entmachtung zur Tora Gottes werden.

[45] Die V.8.11 neben den Ältesten erstmals genannten *ḥorīm* „Notable" meinen wohl kaum eine bestimmte Schicht (so H.Seebaß, Fall, 479f.: „vom König mit Grundbesitz oder Privilegien versehene Freiherrn"), weisen aber auf eine zunehmende soziale Differenzierung, die zur Entsolidarisierung der israelitischen Gesellschaft führt.

[46] Die literarische Zugehörigkeit der Verse 17–20a zu V.1–16 ist in jüngerer Zeit mehrfach angezweifelt worden (E.Würthwein, Naboth, 377ff.; R.Bohlen, Fall, 318f.; S.Timm, Dynastie, 114ff.; 126ff.), doch kaum zu Recht: V.18 ist motivlich (vgl. V.16) und terminologisch (vgl. *jāraš*) eng mit dem Vorangehenden verknüpft, und V.16 „um ihn in Besitz zu nehmen" ist mitnichten ein Erzählschluß (vgl. P.Welten, Weinberg, 26f.; H.Schmoldt, Botschaft, 42f.; M.Oeming, Naboth, 364f., der aber eine überlieferungsgeschichtliche Scheidung vornimmt). Allerdings scheint es so, daß der Erzähler V.19a.b aus der Zeit umlaufende Prophetenworte zitiert (deswegen doppelte Einleitung!), die, wie 2.Kön 9,25f. zeigt, nicht unbedingt von Elia zu stammen brauchten. Es ist durchaus möglich, daß der Erzähler, der, wie der Titel „König von Samaria" zeigt, wohl erst nach der assyrischen Dezimierung des Nordreiches in der 2. Hälfte des 8.Jhs. anzusiedeln ist, eine Konzentration des breiteren prophetischen Protestes im 9.Jh. auf Elia vorgenommen hat. Dennoch muß es sich zumindest in V.19b um ein altes Prophetenwort aus der Zeit Ahabs handeln, da es nicht eingetroffen ist (vgl. 1.Kön 22,40; dtr. Ausgleichsversuch V.38).

erhielt in der prophetischen Bewegung um Elia und Elisa ein neues Sprachrohr.

Mit der Verteidigung der traditionellen bäuerlichen Rechte gegen Übergriffe der Krone verband sich – und das ist das Neue – in der prophetischen Bewegung des 9.Jhs. ein Kampf für die althergebrachte Jahwereligion gegen den staatlich verordneten Synkretismus. Erst diese Verbindung gab der Auseinandersetzung mit der omridischen Dynastie ihre Schärfe und Breitenwirkung. Anlaß und Ablauf des religiösen Konflikts sind infolge der späten literarischen Ausformung der Eliatradition einigermaßen undeutlich geworden.[47] Immerhin kann man noch erkennen, daß es wahrscheinlich eine längere Dürrenot war, die Elia in Konflikt mit dem König brachte. Wenn Ahab Elia in 1.Kön 18,17 mit dem unerfindlichen und darum wahrscheinlich historischen Titel *'ōker jiśrā'el* belegt,[48] was so viel wie „Verderber Israels" oder „Behexer Israels" bedeutet,[49] Elia jedoch V.18 gegen Ahab und seine Familie den Vorwurf erhebt, sie seien es, die Israel ins Verderben geführt bzw. behext haben, dann ging es in der Auseinandersetzung offensichtlich darum, wer die Schuld für die Dürrekatastrophe trug: Elia, der berühmte Regenmacher (1.Kön 18,41–45), der sich über einen längeren Zeitraum weigerte, seine magischen Fähigkeiten zugunsten des Staates einzusetzen (vgl. 17,1 ff.), oder Ahab, dessen synkretistischer Staatskult nicht in der Lage war, den dringend benötigten Regen herbeizuführen. Obgleich der Schuldvorwurf gegen Ahab 18,18b, er habe die Gebote Jahwes verlassen und sei den Baalen nachgefolgt, eindeutig eine dtr. gefärbte Sprache spricht,[50] trifft

---

[47] Über die Entstehung und Datierung der sog. Dürre-Komposition 1.Kön 17–18 ist in der Forschung noch kein Konsens erreicht, vgl. H.Seebaß, Elia, 498 f., und die weit divergierenden neueren literarkritischen Analysen von O.H.Steck, Überlieferung, 5 ff.; S.Timm, Dynastie, 60 ff.; G.Hentschel, Elija, 62 ff., und E.Würthwein, Könige II, 269 ff. Nur insofern läßt sich eine Tendenz erkennen, die Komposition als ein durchaus überlegt gestaltetes Ganzes zu würdigen (R.Smend, Wort, 540; W.Thiel, Komposition, 223) und ihre Entstehung weiter von den geschilderten Ereignissen abzusetzen (R.Smend, E.Würthwein, a.a.O.). Ich rechne damit, daß ihr Verfasser Elia-Traditionen sehr unterschiedlichen Alters in seine Komposition eingeschmolzen hat, die darum nur noch z.T. literarisch abgrenzbar sind. Da ihr Herzstück, die Götterwette auf dem Karmel (18,21–40), frühestens aus dem 7.Jh., wenn nicht sogar aus frühexilischer Zeit stammt (s.u.), kann auch die Komposition erst in der Exilszeit entstanden sein.

[48] Daß 1.Kön 18,17–18a ein altes Überlieferungselement vorliegt, betont auch S.Timm, Dynastie, 61 ff.; allerdings stellt er methodisch völlig richtig fest, daß es, für sich genommen, nicht explizit auf die Dürresituation weist. Da aber das ebenfalls alte Traditionselement 18,41–46 (a.a.0., 64 f.) die Funktion Elias als Regenmacher belegt und eine andere auf Israel als ganzes bezogene Tätigkeit für ihn nicht überliefert ist, mag der Schluß erlaubt sein, daß der Verfasser der Dürre-Komposition auch historisch durchaus recht hatte, wenn er das Schimpfwort auf den Streit um die Dürrekatastrophe bezog.

[49] Die Bedeutung von *'ākar* ist nicht voll geklärt, KBL[1] nahm „zum Tabu machen" an, KBL[3] „verwirren, in Unordnung, ins Unglück bringen, zerrütten". Dem Wort eignet durchaus eine magische Komponente, vgl. auch den Schwurzauber, mit dem Elia nach 1.Kön 17,1 den Regen verhindert; so ist die Wiedergabe mit „Behexer", für die S.Timm, Dynastie, 62 f., im Anschluß an G.Fohrer, Elia, 11, plädiert, durchaus angebracht.

[50] Vgl. 2.Kön 17,16; Jer 9,12 f.; auch der Wechsel zwischen sing. und plur. weist auf eine späte Pauschalierung.

er sachlich wohl ungefähr das Richtige: Wahrscheinlich hat man in den konservativen Kreisen und in der prophetischen Bewegung die Dürrekatastrophe als eine Strafe Jahwes für den synkretistischen königlichen Staatskult angesehen, und die Weigerung des Jahwepropheten Elia war als religiöse Machtprobe gemeint, welcher Gott denn nun Israel Regen spenden könne, Baal oder Jahwe.

Die aufgenommene „Karmel-Erzählung" (1.Kön 18,21–40)[51] weitet dagegen diese Machtprobe schon stark über den ursprünglichen Anlaß des Konflikts aus: Ihr geht es um den Nachweis, daß Jahwe allein der wahre Gott ist (18,37.39) und Baal nicht mehr als ein machtloser Popanz.[52] Sie setzt nicht nur den Sieg der „Jahwe-Allein-Partei" in der Jehurevolution schon voraus,[53] sondern in ihrer rationalistischen Götzenpolemik (18,27) wahrscheinlich auch den Monotheismus der Exilszeit.[54] Wohl kann man möglicherweise aus der Lokalisierung dieses hochtheologischen Götterwettstreits auf den Karmel schließen,[55] daß hier im israelitisch-phönizischen Grenzland infolge der omridischen Religionspolitik ein altes Baalheiligtum zu neuen Ehren gelangte,[56] doch die weitreichenden religionsgeschichtlichen

---

[51] Die Abgrenzung ist umstritten; früher rechnete man meist die V.19f. dazu; doch hat E.Würthwein, Erzählung, 132, gezeigt, daß die Verse kompositorische Überleitung sind und die aufgenommene Erzählung erst in V.21 einsetzt; allerdings wäre dann ihr ursprünglicher Anfang verlorengegangen, und die Folgerung E.Würthweins, Könige II, 218, die Erzählung sei ursprünglich nicht lokalisiert gewesen, ist nicht zwingend. Nicht ganz sicher ist, ob das ursprüngliche Ende in V.39 (so E.Würthwein, a.a.O., 134) oder V.40 (so R.Smend, Wort, 538) zu suchen ist, da auch V.22 das Motiv der gewaltsamen Auseinandersetzung zwischen Jahweanhängern und Baalpropheten anklingt.

[52] Es handelt sich somit nicht um ein „Gottesurteil", wie die üblich gewordene Bezeichnung der Erzählung suggeriert, sondern um einen Götterwettstreit, so richtig S.Timm, Dynastie, 71f.; W.Thiel, Komposition, 221: V.22–24 nennt Elia die Wettstreitbedingungen, V.25–28 versagen Baal und seine Propheten, V.36–38 siegen Jahwe und Elia, und V.39 erkennt das Volk das Ergebnis mit einem Bekenntnis zu Jahwe an.

[53] So richtig R.Smend, Wort, 538, der auf die Parallelen verweist, die zwischen 1.Kön 18,19–40 und 2.Kön 10 bestehen; schon von daher wird eine Datierung noch zu Lebzeiten Ahabs (so O.H.Steck, Überlieferung, 79f., u.a.) ganz unwahrscheinlich.

[54] Auf die Nähe zu den „rationalistischen" Götzenpolemiken im Deuterojesajabuch (Jes 44,9–20 u.ö.) ist immer wieder hingewiesen worden (z.B. S.Timm, Dynastie, 72), ohne daß die Konsequenzen für die Datierung gezogen worden wären; dabei muß man bedenken, daß die Karmelerzählung nicht nur die Einzigkeit Jahwes für Israel (Monolatrie, wie Hosea und das Dtn), sondern die alleinige Göttlichkeit Jahwes überhaupt beweisen will (so mit Recht E.Würthwein, Opferprobe, 280ff.; vgl. 1.Kön 18,21.39 mit Dtn 4,35.39; Jes 41,21–29 u.ö.). Allein E.Würthwein geht mit der Datierung seiner Grundschicht bis in die dtr. Zeit hinab (a.a.O., 283, in leichter Korrektur zu Könige II, 219). Für die exilische Zeit sprechen auch V.31 und 36, die man meist als späte Überarbeitungen ausscheidet.

[55] Die allerdings nur in der kompositorischen Einleitung V.19 und dem in seiner Zugehörigkeit nicht ganz sicheren Abschlußvers 40 vorausgesetzt wird.

[56] Die Sakralität des Berges ist für die römische Zeit mehrfach belegt (vgl. die bei S.Timm, Dynastie, 88f. zitierten Quellen). Ein Votivfuß aus dem 3.Jh.n.Chr., der im Karmelkloster gefunden wurde, ist dem *Zeus Hēliopoleitēs Karmēlos*, dem „heliopolitanischen Zeus-Karmel" geweiht. Diese antiken Kulte auf dem Karmel sind sicher älter; wenn der Ortsname *Ba'ali-ra'si* „Baal des Vorgebirges" in den Inschriften Salmanassers III. wirklich den Karmel bezeichnet,

Rückschlüsse, die in der Forschung aus der Karmelerzählung abgeleitet wurden, lassen sich nicht halten.

Einflußreich war vor allem eine These von A.Alt aus dem Jahr 1935.[57] Nach seinem Verständnis geht es in 1.Kön 18 „um die Durchsetzung der alleinigen Anerkennung und Verehrung Jahwes im Reiche Israel" (137), und da dieser Kampf zwischen Jahwe und Baal „nicht irgendwo in den Lüften oder einem gleichgültigen Ort auf Erden ausgetragen" (137) worden sein kann, schließt er auf eine kultpolitische Auseinandersetzung „in einem Heiligtum auf dem Karmel". Dabei ist Alt zuversichtlich, daß die Karmelerzählung „der sagenhafte Niederschlag eines historischen Ereignisses ist" (137 f.).

Von diesem Ausgangspunkt entwirft Alt ein weitläufiges territorialgeschichtliches Szenario, das den Hintergrund von 1.Kön 18 abgeben soll: Ursprünglich habe der Gott Baal-Karmel auf dem Karmel ein Heiligtum besessen (138 f.).[58] Als David die Region seinem Reich einverleibte, habe er daneben einen Jahwe-Altar gebaut (142), der später von Elia zerstört vorgefunden worden sei (1.Kön 18,30b). Nachdem Salomo das Gebiet an Tyros verkaufte (1.Kön 9,11 ff.), sei der Jahwekult wieder durch den Baalkult verdrängt worden, wobei der Baal-Karmel eine enge Verbindung mit dem Baal von Tyros (Melqart) eingegangen sei (144 f.). Durch die guten Beziehungen der Omriden mit Phönizien – Alt denkt noch an Tyros – sei das Karmelgebiet wieder zu Israel gekommen, worauf sich der Widerstand gegen die unangefochten gebliebene Baal-Verehrung formiert habe. Was 1.Kön 18 schildert, ist nach A.Alt eine „Haupt- und Staatsaktion", in der Elia in Gegenwart des Königs durch eine „Machtprobe" den Baal-Kult auf dem Karmel beseitigte und ihn für den Jahwekult zurückgewann (147 f.).

Die These Alts wurde von vielen Forschern aufgenommen und im Detail modifiziert.[59] Dabei wurde – abgesehen vom grundsätzlichen Problem der historischen Auswertbarkeit dieses Textes – schlicht übersehen, daß 1.Kön 18,19 ff. gar keine kultpolitische, sondern eine theologische Auseinandersetzung darstellt. Die Erzählung ist keine Kultlegende, die ein Jahweheiligtum auf dem Karmel begründen will.[60] An ihrem Ende (V.39) steht keine Kultgründung, sondern ein Bekenntnis des Volkes! Noch dazu wird der Jahwe-Altar, den Elia für den Wettstreit erbaut, durch das Feuer Jahwes zerstört (V.38). Von einer „Haupt- und Staatsaktion" kann keine Rede sein, da der König in der ursprünglichen Erzählung V.21–40 gar nicht vorkommt.[61] Ihr einziges Versstück, auf das sich die Hypothese Alts gründen kann (V.30b: „dar-

---

wie Y.Aharoni, Land, 353, meint, wäre dies ein Hinweis auf einen dort bekannten „Baal"-Kult; doch haben die Versuche, die damit gemeinte semitische Gottheit genauer zu identifizieren, bisher zu keinem sicheren Ergebnis geführt. Erwogen wurden u.a. Melqart, Hadad oder Baal-Schamem. A.Alt, Gottesurteil, 138 f., dachte an einen Baal-Karmel, doch ist ein solcher bisher noch nirgends bezeugt (vgl. die Diskussion bei F.C.Fensham, Observations, 228 ff.; S.Timm, a.a.O., 97 ff.).

[57] Gottesurteil, 137 ff.

[58] Dazu verweist er auf Zeugnisse einer Zeus-Verehrung aus römischer Zeit (s.o.) und auf die Analogie zu Gottesnamen wie Baal-Libanon und Baal-Hermon.

[59] Vgl. etwa die noch massivere Darstellung bei G.Fohrer, Elia, 70 ff.; sodann O.H.Steck, Überlieferungen, 79 f.; R.Smend, Wort, 540; H.Donner, Geschichte, 271 f., und viele andere, dazu die Diskussion bei S.Timm, Dynastie, 87 ff.

[60] So dezidiert noch E.Würthwein, Erzählung, 135, obgleich er sich schon kritisch gegen Alt wendet; korrigiert Könige II, 218.

[61] So schon mit Recht E.Würthwein, Erzählung, 143.

auf stellte er den zerstörten Jahwealtar wieder her"), ist noch dazu wahrscheinlich eine Glosse.[62] Sie sollte darum endlich aufgegeben werden.

Der späten Überlieferung von 1.Kön 18,21 ff. läßt sich mit aller Vorsicht nur so viel entnehmen, daß die religiöse und kultische Öffnung, welche die Omriden mit ihrer Religionspolitik vollzogen hatten, von Elia und den hinter ihm stehenden konservativen Kreisen als Angriff auf die althergebrachte Jahwereligion aufgefaßt wurde. An die Stelle des königlichen Programms: Jahwe und Baal,[63] setzten sie die Parole: Jahwe oder Baal.[64] Daß dieser Kampf zumindest teilweise unter Rückgriff auf alte, vorstaatliche Jahwetraditionen geführt wurde, zeigt vielleicht die Überlieferung von der Wanderung Elias an den Gottesberg im Süden, wo einstmals die Exodusgruppe ihre erste Jahwetheophanie erlebte (1.Kön 19).[65]

Allem Anschein nach war der Protest gegen die königliche Religionspolitik in ihrer ersten Phase nicht allzu erfolgreich. Wenn die spätere Überlieferung davon spricht, Isebel habe die Jahwepropheten systematisch verfolgen und umbringen lassen (18,4.13; 19,2), so daß Elia als einziger übriggeblieben sei (18,22; 19,10), so ist das sicherlich übertrieben; aber so völlig ohne Gegenmaßnahmen wird das Königshaus die Angriffe auf seine Religionspolitik nicht hingenommen haben.

---

[62] V.30b ist Doublette zu V.31 f.; die Glosse hängt mit der Theorie der späten Elia-Tradition zusammen, daß das ganze Volk von Jahwe abgefallen sei und seine Altäre zerstört seien, vgl. 1.Kön 19,10.14, so mit Recht E.Würthwein, Erzählung, 133f.; anders noch R.Smend, Wort, 527.

[63] Dies spiegelt sich noch zutreffend 1.Kön 18,21 in dem Vorwurf Elias gegen das Volk, sie würden „auf zwei Krücken hüpfen".

[64] Vgl. die Entscheidung zwischen Jahwe und Baal, die Elia dem Volk in V.21 abverlangt, und die Darstellung, wie er das Volk von Baal weg zu Jahwe hinüberzieht (V.21b.24b.30a.39).

[65] 1.Kön 19,1–18 ist allerdings ein ausgesprochen schwieriger Text und eine befriedigende Deutung ist bis heute nicht gefunden, vgl. O.H.Steck, Überlieferung, 20–28; 90–95; K.Seybold, Elia; E.Würthwein, Könige II, 223ff. Die Erzählung gehörte nicht ursprünglich zur Dürrekomposition 1.Kön 17–18, ist aber über 19,1–2 kompositorisch mit ihr verknüpft worden und bildet, auf die Berufung Elisas (V.19–21) hinführend, ein Gelenk zwischen der Elia- und Elisa-Überlieferung. O.H.Steck, a.a.O., 95, wollte sie noch – als theologische Deutung des Jehu-Aufstandes und der Aramäerkiege – in das Ende des 9.Jhs. datieren. Doch hat sie ihre wesentliche Gestalt, wie schon die dtr. Wendung *'āzab bĕrīt* „den Bund verlassen" in V.10.14 zeigt, erst in der Exilszeit bekommen (vgl. Dtn 29,24; Jer 22,9 in Frage-Antwort-Katechesen über die Gründe des Exils). Es ist somit schwer einzuschätzen, wann die unbestreitbare Mose-Elia Analogie (vgl. 1.Kön 19,9.11ff. mit Ex 33,18ff.21f. und dazu K.Seybold, a.a.O., 10f.) in die Elia-Überlieferung hineingekommen ist; daß sie schon auf eine bewußte Rückwendung der Prophetengruppen des 9.Jhs. auf die Frühzeit Israels zurückgeht, ist angesichts ähnlicher restaurativer Tendenzen bei den Rekabitern (s.u.) zumindest nicht ausgeschlossen; bei dem gut ein Jh. jüngeren Hosea-Kreis ist sie dann mit Sicherheit nachweisbar (vgl. Hos 12,10f.14). Ob die eigenartige Theophanie-Darstellung 1.Kön 19,11aβ-12 wirklich als Kontrast zu Baal-Hadad gemeint ist, wie immer wieder behauptet wird (so etwa auch Chr.Macholz, Psalm, 329ff.), ist keineswegs sicher. Immerhin eignen dem Jahwe vom Sinai selber Züge des Wettergottes (s.o. 85), die nirgends sonst im AT zurückgenommen werden. Wenn J.Lust, Breeze, 115, Recht hat, daß der seltsame Ausdruck *qōl dĕmāmā daqqā* V.12 nicht „ein leises, sanftes Säuseln", sondern „a roaring and thunderous voice" meint, dann entfällt sowieso der Kontrast zum Wettergott.

Staatspolitisch gefährlich wurde der Protest erst in seiner zweiten Phase, als unter Ahabs Sohn Joram (850–845) die einst so erfolgreiche omridische Außen- und Wirtschaftspolitik erste empfindliche Schwächen zeigte: Die Provinz Moab ging wieder verloren (um 850 vgl. Mescha-Stele), der Usurpator Hazael von Damaskus begann, Israel wieder in Kämpfe um das Ostjordanland zu verwickeln (2.Kön 8,28; 9,14b). Unter diesen Bedingungen gewann die prophetische Protestbewegung erstmals eine große politische Breitenwirkung; es kam zu einer Koalition zwischen ihr, konservativen gesellschaftlichen Gruppierungen wie den Rekabitern (10,15–17.23)[66] und Teilen des Offizierkorps (9,1–13). Und es hat sogar den Anschein, daß Joram vor ihr zurückwich und den diplomatischen Baalsynkretismus einschränkte (3,2). Doch solche Zugeständnisse nutzten offenbar nichts mehr. Als Joram im Kampf gegen die Aramäer verletzt wurde und die Truppe verlassen mußte, um sich in seiner Residenz Jesreel gesundpflegen zu lassen (8,28f.; 9,14bf.), brach der Aufstand los.

Nach der ungemein detaillierten und in ihren Grundzügen authentischen Erzählüberlieferung von 2.Kön 9,1–10,27[67] ist es der Prophet Elisa gewesen, der den Stein ins Rollen brachte: Das Machtvakuum ausnutzend, das sich durch die Verletzung Jorams aufgetan hatte, schickte er einen seiner Jünger mit dem Auftrag ins ostjordanische Heerlager, den Offizier Jehu zum Gegenkönig zu salben (9,1–13).[68] Mit dieser religiösen Legiti-

---

[66] Aus Jer 35,1–11 erfahren wir, daß die Rekabiter sich verpflichtet hatten, keinen Acker- und Weinbau zu betreiben und – statt in Häusern – außerhalb der Städte in Zelten zu wohnen. Daß diese Abstinenz religiöse Motivationen hatte, darf man wohl aus 2.Kön 10,16.23 folgern. Häufig werden die Rekabiter seit K.Budde als Nachfahren nomadischer Gruppen angesehen, die sich weigerten, die Ideale der alten, „nomadischen Jahwereligion" im Kulturland aufzugeben (vgl. G.v.Rad, Theologie I, 77f.; W.Dietrich, Israel [2.3], 72f.); es hat aber den Anschein, daß Jonadab ben Rekab seine Sippe erst im 9.Jh. künstlich auf die nomadische Lebensweise verpflichtete (vgl. Jer 35,6), um zeichenhaft gegen den staatlichen Synkretismus seiner Zeit dem Idealbild einer „ursprünglichen Jahwereligion" nachzuleben. Allerdings ist die Deutung der Rekabiter als kulturell-religiöse restaurative Gruppierung nicht unumstritten, F.S.Frick, Rechabites, will in ihnen wandernde Metallhandwerker („chariot makers"), K.H.Keukens, Haussklaven, „hausgeborene Sklaven" des Patrons Jonadab sehen.

[67] Vgl. dazu H.Gunkel, Aufstand; O.H.Steck, Überlieferung, 32ff.; H.-C.Schmitt, Elisa, 19ff.; 139ff.; H.-D.Hoffmann, Reform (3.4), 97ff.; S.Timm, Dynastie, 136ff.; E.Würthwein, Könige II, 324ff.; Y.Minokami, Revolution. Leider ist auch diese prächtige Erzählung immer weiter unter die gewetzten Messer der begeisterten Literarkritiker geraten; ich halte sie, abgesehen von einigen früheren (9,25f.) und späteren (9,7–10a.36f.29; 10,10.17aβb) kompositorischen Verknüpfungen, für einheitlich. Daß die wie auch immer abzugrenzende Grundschicht noch aus der Zeit Jehus oder aber der Jehu-Dynastie stammt, ist unumstritten.

[68] Der Versuch von E.Würthwein, Könige II, 328f., 2.Kön 9,1–6.10b.11–13 als spätere Überarbeitung des DtrP zu erweisen und damit die Jehu-Revolution ganz vom prophetischen Hintergrund zu trennen, kann nicht überzeugen, vgl. schon die Widerlegung älterer Ausscheidungsversuche durch H.-C.Schmitt, Elisa, 27–29. E.Würthwein behauptet, 8,28f. und 9,14a würden durch V.1–13* zerrissen; doch 9,14–15a sind mitnichten eine Wiederaufnahme von 8,28f. Die Doppelung erklärt sich vielmehr dadurch, daß die noch eigenständige Jehu-Erzählung die politischen Zusammenhänge in 9,14f. erzählerisch nachholte, bevor die dtr. Redaktion diese in 8,28f. voranstellte, vgl. S.Timm, Dynastie, 138f., gegen H.-C.Schmitt, a.a.O., 23f.,

mation im Rücken setzte Jehu den Staatsstreich in Gang, ermordete Joram (9,16–24) und die verhaßte Königinmutter (9,30–35) und rottete mit beispielloser Härte die gesamte omridische Königsfamilie in Samaria aus (10,1–9). Dieser Staatsstreich hatte dabei von vornherein auch eine religionspolitische Zielsetzung: Jehu bezeichnete sich ausdrücklich als „Eiferer für Jahwe" (10,16: *qin'ātī lĕjhwh*),[69] der der „Hurerei und den Zauberkünsten" Isebels ein Ende machen wollte (9,22),[70] und so endete die Aktion mit einer Zerstörung des Baaltempels in Samaria und der Ermordung seiner Priester und Kultteilnehmer (10,18–27).[71] Der diplomatische Synkretismus der Omriden wurde mit Stumpf und Stiel ausgerottet.[72]

Ein solch brutaler Umsturz ist kaum ohne eine relativ breite Akzeptanz in der Bevölkerung denkbar.[73] An dieser wiederum hat die religiöse Unter-

---

der 9,14–15a einer annalistischen Bearbeitung zuweisen wollte. Selbst Y.Minokami, Revolution, ist in diesem Punkt E.Würthwein nicht gefolgt.

[69] Vgl. die Bezugnahmen darauf in der späten Elia-Erzählung 1.Kön 19,10.14. E.Würthwein, Könige II, 339, will die Jonadab-Episode 2.Kön 10,15–16 aussondern und hält den Hinweis auf den Eifer Jehus für Jahwe nochmals für eine „vorausweisende Glosse" (327); Y.Minokami, Revolution, 67ff., weist 10,12–16* einer judäischen Bearbeitung zu, wobei V.16 noch einmal unter „vergeltungstheologischen Gesichtspunkten" verändert sei. Doch entspringen diese literarkritischen Operationen dem Vorurteil dieser Exegeten, die Jehu-Revolution habe rein politische Ziele verfolgt, vgl. E.Würthwein, a.a.O., 333; 337; Y.Minokami, Revolution, 167.

[70] V.22bβ wird von E.Würthwein, Könige II, 333, und Y.Minokami, Revolution, 42, willkürlich zum Nachtrag erklärt, obgleich auch beim besten Willen kein sachlicher oder stilistischer Bruch zu erkennen ist. Auch der Sprachgebrauch gibt zu keinen Zweifeln Anlaß. Der Vorwurf der Hurerei (*zĕnūnīm*) hängt keineswegs von der Theologisierung dieses Begriffs durch Hosea ab (Treuebruch gegen Jahwe), sondern meint wie die daneben genannten „Zauberkünste" (*kĕšāpīm*, das Wort bezeichnet im Babylonischen ausschließlich die „Schwarze Magie") die umgarnende politische, kulturelle und religiöse Überfremdung, für die die phönizische Königstochter steht (vgl. Nah 3,4). Die Streichung dieses Vorwurfs macht es völlig unverständlich, warum Joram die Flucht ergreift; Y.Minokami, a.a.O., 144, weiß es besser: Es war seine Weichlichkeit!

[71] Die Zugehörigkeit von 10,18–27 wird von E.Würthwein, Könige II, 340ff.; Y.Minokami, Revolution, 96ff., bestritten; H.-D.Hoffmann, Reform (3.4), 102f., hält 10,25b-28 für dtr. Als Argument wird die Isoliertheit der Szene angegeben, nachdem man zuvor die Verknüpfungen (bes. 10,15f.23) literarkritisch gekappt hat. Daß das Elisa-Wort (9,3.6) ursprünglich den Auftrag zur Ausrottung des Baalkultes von Samaria nicht enthält, ist kein Argument, da das Ziel des Staatsstreiches jedem Hörer der zeitgenössischen Erzählung klar war. Wenn Y.Minokami, a.a.O., 120f., den „Anhang" in seinem Grundbestand immerhin noch in die Zeit Jerobeams II. datiert, dennoch aber seinem Inhalt jede Historizität bestreitet, dann unterschätzt er doch bei weitem das geschichtliche Erinnerungsvermögen für einen Zeitraum von nur 60–100 Jahren.

[72] Die Erzählung 1.Kön 19,1–18 hat offenbar die Absicht, aus dem Rückblick den Übergang der Propheten des 9.Jhs. von der bloßen (gescheiterten) Wortverkündigung Elias in der ersten Phase des religiösen Kampfes zum direkten und in seiner Konsequenz blutigen politischen Eingreifen Elisas und seiner Schüler in der zweiten Phase durch den Rückbezug auf die Sinaitheophanie theologisch zu legitimieren, vgl. die Beauftragungen zum politischen Handeln in V.15–18; ähnlich K.Seybold, Elia, 14ff.

[73] Dies belegt indirekt die Erzählung 2.Kön 9,1–10,27, die sehr wohl den Staatsstreich gegen mögliche kritische Stimmen zu legitimieren sucht; doch die Weise, wie sie die dabei begangenen brutalen Morde nicht etwa verschleiert, sondern regelrecht feiert, appelliert an einen offensichtlich breiten Volkszorn gegen das gestürzte Regime und seine Mitläufer (vgl. etwa auch die zynische Schuldüberweisung an die samarischen Potentaten bei gleichzeitiger

grundarbeit der prophetischen Gruppen einen nicht unerheblichen Anteil. Provoziert durch die Einpflanzung eines Fremdkultes, verbunden mit Absolutheitsansprüchen des Königtums, erwies damit die Jahwereligion in der stark religiös motivierten Jehu-Revolution erstmals ihre Unduldsamkeit. Die exklusive Gottesbeziehung der vorstaatlichen Zeit zeitigte unter den Bedingungen der Staatlichkeit durchaus fanatische Züge und grausame Konsequenzen.[74] Der Abwehrkampf der traditionell orientierten Kreise gegen den vom Königtum aufoktroyierten phönizischen Baalkult hat dabei tiefe Spuren in der weiteren Religionsgeschichte hinterlassen. Er führte dazu, daß in der Folgezeit jeder Kampf gegen eine religiöse und kulturelle Überfremdung als Kampf gegen den Baalkult aufgefaßt wurde, ohne daß dahinter noch konkrete Baal-Gestalten greifbar sind.[75] Baal wurde von Hosea bis zu den Deuteronomisten zu dem religiösen Feindbild, von dem sich die „eigentliche" Jahwereligion fortlaufend abzusetzen habe und mit dem alles denunziert wurde, was man für unvereinbar mit ihr empfand.[76]

In der Jehu-Revolution hatten die prophetischen Oppositionsgruppen und die mit ihr verbündeten konservativen Kreise einen unerwarteten Sieg errungen. Dieser Sieg hatte jedoch einen hohen politischen Preis. Er zerstörte das Gewebe diplomatischer Beziehungen, das die Omriden gesponnen hatten, und trieb das Nordreich erneut in die außenpolitische Isolation.[77] Wenn das Nordreich unter Jehu und seinen Söhnen ohne Verbündete schutzlos den Angriffen der Aramäer ausgeliefert war und fast unter ihren Schlägen zusammengebrochen wäre (2.Kön 10,32f.; 13,7), so ist das eine unmittelbare Konsequenz aus der schroffen religiösen Abgrenzung, der er zum Siege verhalf. Auch die Unterstützung Elisas konnte daran wenig ändern (13,14–19). Daß sich Jehu, der „Eiferer für Jahwe", schon wenige Jahre nach seiner Revolution den Assyrern freiwillig als Vasall unterwarf, wohl um ihren Schutz vor den Aramäern zu erkaufen, wie es uns der schwarze Obelisk Salmanassers III. plastisch vor Augen führt,[78] wirft ein grelles Schlaglicht auf den politisch-religiösen Grundkonflikt, der die ganze staatliche Geschichte Israels durchzieht.

Entschuldigung des Volkes in 10,9). Daß die Erzählung Jehu kritisch gegenüberstände, wie E.Würthwein, Könige II, 327; 340, behauptet, kann man wirklich nicht sagen.

[74] Es ehrt die Exegetenzunft, wenn sie diese Konsequenz unerträglich findet und seit J.Wellhausen immer wieder den religiösen Ursprung der Brutalitäten Jehus zu leugnen versucht (Prolegomena, 290: „er kämpfte nicht für eine Idee"). E.Würthwein, Könige II, 339, schreibt: „Es führt in die Irre, wenn man ... Jehu seine Revolution aus religiösen Gründen beginnen, später aber zu einer grausamen Machtergreifung ausweiten läßt. In Wirklichkeit sind beide Auffassungen konträr." Sind sie das wirklich? Bevor wir den Text vergewaltigen, sollten wir den möglichen gefährlichen Konsequenzen unserer biblischen Tradition offen ins Auge sehen und ihre Gründe schonungslos benennen.

[75] Vgl. die pauschale pluralische Formulierung „Baale" Hos 2,15.19; 11,2; Jer 2,23; 9,13; Ri 2,11; 3,7; 8,33; 10,6.10; 1.Sam 7,4; 12,10; 1.Kön 18,18; 2.Chr 24,7; 28,2; 33,3,; 34,4.

[76] S.u. 269ff.

[77] Vgl. A.H.J.Gunneweg, Geschichte, 100.

[78] In Proskynese unter der Flügelsonne des Gottes Assur!, s. ANEP 355; AOB^2 121ff., eine Übersetzung der Beischrift findet sich in TUAT I,4, 363.

3.6 Die theologischen Auseinandersetzungen in der sozialen und politischen Krise des 8.Jahrhunderts

Y.Aharoni, The Horned Altar of Beer-sheba, BA 37, 1974, 2-6. – F.Ahuis, Der klagende Gerichtsprophet. Studien zur Klage in der Überlieferung von den alttestamentlichen Gerichtspropheten, CTM A12, 1982. – A.Alt, Der Anteil des Königtums an der sozialen Entwicklung in den Reichen Israel und Juda (1955), Kleine Schriften zur Geschichte des Volkes Israel III, 1959, 348-372. – Ders., Hosea 5,8-6,6. Ein Krieg und seine Folgen in prophetischer Beleuchtung (1919), a.a.O. II, 1953, 163-187. – Ders., Micha 2,1-5. Tēs anadasmos in Juda (1955), a.a.O. III, 1959, 373-381. – H.Balz-Cochois, Gomer. Der Höhenkult Israels im Selbstverständnis der Volksfrömmigkeit. Untersuchungen zu Hos 4,1 – 5,7, EHS.T 191, 1982. – H.A.Barstad, The Religious Polemics of Amos, VT.S 34, 1984. – M.Broshi, The Expansion of Jerusalem in the Reigns of Hezekiah and Manasseh, IEJ 24, 1974, 21-26. – L.Camp, Hiskija und Hiskijabild. Analyse und Interpretation von 2 Kön 18-20, Münsteraner Theologische Abhandlungen 9, 1990. – D.Conrad, Einige (archäologische) Miszellen zur Kultgeschichte Judas in der Königszeit, A.H.J.Gunneweg/O.Kaiser, Textgemäß. Aufsätze und Beiträge zur Hermeneutik des Alten Testaments, 1979, 28-32. – F.Crüsemann, „Auge um Auge..." (Ex 21,24f). Zum sozialgeschichtlichen Sinn des Talionsgesetzes im Bundesbuch, EvTh 47, 1987, 411-426. – Ders., Das Bundesbuch – historischer Ort und institutioneller Hintergrund, VT.S 40, 1988, 27-41. – W.Dietrich, Jesaja und die Politik, BEvTh 74, 1976. – P.Doll, Menschenschöpfung und Weltschöpfung in der alttestamentlichen Weisheit, SBS 117, 1985. – H.Donner, Die soziale Botschaft der Propheten im Lichte der Gesellschaftsordnung in Israel, OrAnt 2, 1963, 209-245. – Ders., Israel unter den Völkern. Die Stellung der klassischen Propheten des 8.Jahrhunderts v.Chr. zur Außenpolitik der Könige von Israel und Juda, VT.S 11, 1964. – F.E.Eakin, Yahwism and Baalism Before the Exile, JBL 84, 1965, 407-414. – K.Elliger, Prophet und Politik (1935), ders., Kleine Schriften zum Alten Testament, TB 32, 1966, 119-140. – M.Fendler, Zur Sozialkritik des Amos. Versuch einer wirtschafts- und sozialgeschichtlichen Interpretation alttestamentlicher Texte, EvTh 33, 1973, 32-53. – M.I.Finley, Die Schuldknechtschaft, H.G.Kippenberg (Hrsg.), Seminar: Die Entstehung der antiken Klassengesellschaft, STW 130, 1977, 173-204. – G.Fleischer, Von Menschenverkäufern, Baschankühen und Rechtsverkehrern. Die Sozialkritik des Amosbuches in historisch-kritischer, sozialgeschichtlicher und archäologischer Perspektive, BBB 74, 1989. – J.K.de Geus, Die Gesellschaftskritik der Propheten und die Archäologie, ZDPV 98, 1982, 50-57. – R.Gnuse, Calf, Cult, and King: The Unity of Hosea 8:1-13, BZ N.F. 26, 1982, 83-92. – N.C.Habel, Yahweh Versus Baal. A Conflict of Religious Cultures, 1964. – J.Halbe, Das Privilegrecht Jahwes Ex 34,10-26. Gestalt und Wesen, Herkunft und Wirken in vordeuteronomischer Zeit, FRLANT 114, 1975. – Chr.Hardmeier, Die judäische Unheilsprophetie. Antwort auf einen Gesellschafts- und Normenwandel im Israel des 8.Jahrhunderts vor Christus, Der altsprachliche Unterricht 26, 1983, 20-44. – Ders., Gesichtspunkte paradigmatischer Erzähltextanalyse. „Glaubt ihr nicht, so bleibt ihr nicht" – ein Glaubensappell an die schwankende Anhängerschaft Jesajas, WuD 15, 1979, 33-54. – Ders., Verkündigung und Schrift bei Jesaja. Zur Entstehung der Schriftprophetie als Oppositionsliteratur bei Jesaja, TuG 73, 1983, 119-134. – D.R.Hillers, Analyzing the Abominable: Our Understanding of Canaanite Religion,

JQR 75, 1985, 253–269. – F.Huber, Jahwe, Juda und die anderen Völker beim Propheten Jesaja, BZAW 137, 1976. – N.Ittmann, Die Konfessionen Jeremias. Ihre Bedeutung für die Verkündigung des Propheten, WMANT 54, 1981. – A.Jepsen, Untersuchungen zum Bundesbuch, BWANT 41, 1927. – J.Jeremias, Der Prophet Hosea, ATD 24/1, 1983. – Ders., Hosea/Hoseabuch, TRE XV, 1986, 586–598. – Ders., Zur Eschatologie des Hoseabuches, ders./L.Perlitt, Die Botschaft und die Boten, FS H.W.Wolff, 1981, 217–234. – H.-W.Jüngling, „Auge für Auge, Zahn für Zahn". Bemerkungen zu Sinn und Geltung der alttestamentlichen Talionsformeln, ThPh 59, 1984, 1–38. – O.Keel, Rechttun oder Annahme des drohenden Gerichts? (Erwägungen zum Amos, dem frühen Jesaja und Micha), BZ N.F. 21, 1977, 200–218. – C.A.Keller, Das quietistische Element in der Botschaft des Jesaja, ThZ 11, 1955, 81–97. – R.Kessler, Das hebräische Schuldenwesen, Terminologie und Metaphorik, WuD 20, 1989, 181–195. – Ders., Die angeblichen Kornhändler von Amos VIII 4–7, VT 49, 1989, 13–22. – Ders., Staat und Gesellschaft im vorexilischen Juda, Habil.theol. (Masch.) Bethel, 1990. – D.Kinet, Baal und Jahwe. Ein Beitrag zur Theologie des Hoseabuches, EHS.T 87, 1977. – H.G.Kippenberg, Die Entlassung aus Schuldknechtschaft im antiken Judäa: Eine Legitimationsvorstellung von Verwandtschaftsgruppen, G.Kehrer (s. B.Lang), a.a.O., 74–104. – Ders., Die Typik antiker Entwicklung, ders. (s.M.I.Finley), a.a.O., 9–61. – K.Koch, Die Entstehung der sozialen Kritik bei den Profeten, H.W.Wolff (Hrsg.), Probleme biblischer Theologie, FS G.v.Rad, 1971, 236–257. – Ders., Zur Entstehung der Ba'al-Verehrung, UF 11, 1979, 465–475. – B.Lang, kipper, TWAT IV, 1984, 303–318. – Ders., Prophetie und Ökonomie im alten Israel (engl. 1982), G.Kehrer (Hrsg.), „Vor Gott sind alle gleich". Soziale Gleichheit, soziale Ungleichheit und die Religionen, 1983, 53–73. – Ders., Sklaven und Unfreie im Buch Amos (II 6, VIII 6), VT 31, 1981, 482–488. – Th.Lescow, Jesajas Denkschrift aus der Zeit des syrisch-ephraimitischen Krieges, ZAW 85, 1973, 315–331. – O.Loretz, Die prophetische Kritik des Rentenkapitalismus. Grundlagen-Probleme der Prophetenforschung, UF 7, 1975, 271–278. – G.Chr.Macholz, Zur Geschichte der Justizorganisation in Juda, ZAW 84, 1972, 314–340. – H.Maneschg, Die Erzählung von der ehernen Schlange (Num 21,4–9) in der Auslegung der frühen jüdischen Literatur, EHS.T 157, 1981. – J.L.Mays, Micah, OTL, 1976. – J.M.Mulder, ba'al II., TWAT I, 1973, 718–727. – H.-D.Neef, Die Heilstraditionen Israels in der Verkündigung des Propheten Hosea, BZAW 169, 1987. – U.Oldenburg, The Conflict between El and Ba'al in Canaanite Religion, Numen.S 3, 1969. – Y.Osumi, Die Kompositionsgeschichte des Bundesbuches Ex 20,22b – 23,33, OBO 105, 1991. – E.Otto, Wandel der Rechtsbegründungen in der Gesellschaftsgeschichte des antiken Israel. Eine Rechtsgeschichte des „Bundesbuches" Ex XX 22 – XXIII 13, Studia Biblica 3, 1988. – S.M.Paul, Studies in the Book of Covenant in the Light of Cuneiform and Biblical Law, VT.S 18, 1970. – D.N.Premnath, Latifundialization and Isaiah 5.8–10, JSOT 40, 1988, 49–60. – W.Rudolph, Joel – Amos – Obadja– Jona, KAT XIII/2, 1971. – Ders., Hosea, KAT XIII/1, 1966. – Ders., Präparierte Jungfrauen? (Zu Hosea 1), ZAW 75, 1963, 65–73. – W.H.Schmidt, Zukunftsgewißheit und Gegenwartskritik, BSt 64, 1973. – W.Schottroff, Der Prophet Amos. Versuch der Würdigung seines Auftretens unter sozialgeschichtlichem Aspekt, Ders./W.Stegemann (Hrsg.), Der Gott der kleine Leute. Sozialgeschichtliche Bibelauslegungen, Bd. 1. Altes Testament, 1979, 39–66. – L.Schwienhorst-Schönberger, Das Bundesbuch (Ex 20,22 – 23,33). Studien zu seiner Entstehung und Theologie, BZAW 188, 1990. – J.A.Soggin, Hosea und die Außenpolitik Israels,

J.A.Emerton (Hrsg.), Prophecy, FS G.Fohrer, BZAW 150, 1980, 131-136. – O.H.Steck, Beiträge zum Verständnis von Jesaja 7,10-17 und 8,1-4 (1973), ders., Wahrnehmungen Gottes im Alten Testament. Gesammelte Studien, TB 70, 1982, 187-203. – Ders., Bemerkungen zu Jesaja 6 (1972), a.a.O., 149-170. – Ders., Rettung und Verstockung. Exegetische Bemerkungen zu Jes 7,3-9 (1973), a.a.O., 171-186. – F.Stolz, Der Streit und die Wirklichkeit in der Südreichprophetie des 8. Jahrhunderts, WuD 12, 1983, 9-30. – J.-M.de Tarragon, Le culte à Ugarit d'après les textes de la pratique en cunéiform alphabétiques, 1980. – M.E.W.Thompson, Situation and Theology. Old Testament Interpretations of the Syro-Ephraimite War, 1982. – L.E.Toombs, Baal, Lord of the Earth. The Ugaritic Baal Epic, C.L.Meyers u.a. (ed.), The Word of the Lord shall go forth, 1983, 613-623. – H.Utzschneider, Hosea. Prophet vor dem Ende. Zum Verhältnis von Geschichte und Institution in der alttestamentlichen Prophetie, OBO 31, 1980. – J.J.Vengassary, The Religious and Cultic Accusations in the Book of Hosea, Theolog. Magisterschrift (Masch.) Heidelberg, 1985, 1-29. – G.Wanke, Grundlagen und Absicht der prophetischen Sozialkritik, KuD 18, 1972, 2-17. – H.Weippert, Amos. Seine Bilder und sein Milieu, Dies./K.Seybold/M.Weippert, Prophetische Bildersprache in Israel und Assyrien, OBO 64, 1985, 1-29. – M.Weippert, Zur Syrienpolitik Tiglathpilesers III., H.-J.Nissen/J.Renger (Hrsg.), Mesopotamien und seine Nachbarn, XXV. Rencontre Assyriologique, Bd. 2, 1982, 395-408. – P.Welten, Schlange, BRL², 280-282. – W.Werner, Studien zur alttestamentlichen Vorstellung vom Plan Jahwes, BZAW 173, 1988. – H.Wildberger, Jesaja, 3 Teilbände, BK X/1-3, 1972, 1978, 1982. – G.H.Wittenberg, The Lexical Context of Terminology for the 'Poor' in the Book of Proverbs, Scriptura 20, 1986, 40-45. – Ders., The Situational Context of Statements Concerning Poverty and Wealth in the Book of Proverbs, Scriptura 21, 1987, 1-23. – H.W.Wolff, Amos' geistige Heimat, WMANT 18, 1964. – Ders., Die eigentliche Botschaft der klassischen Propheten, H.Donner u.a. (Hrsg.), Beiträge zur Alttestamentlichen Theologie, FS W.Zimmerli, 1977, 546-557. – Ders., Die Stunde des Amos. Prophetie und Protest, 1974. – Ders., Dodekapropheton 1. Hosea, BK XIV/1, 2.Aufl. 1965. – Ders., Dodekapropheton 2. Joel und Amos, BK XIV/2, 1969. – Ders., Dodekapropheton 4. Micha, BK XIV/4, 1982. – Ders., „Wissen um Gott" bei Hosea als Urform von Theologie (1953), ders., Gesammelte Studien zum Alten Testament, TB 22, 1964, 182-205. – E.Würthwein, Jesaja 7,1-9. Ein Beitrag zu dem Thema: Prophetie und Politik (1954), ders., Wort und Existenz. Studien zum Alten Testament, 1970, 127-143. – Ders., Kultpolemik oder Kultbescheid. Beobachtungen zum Thema „Prophetie und Kult" (1963), a.a.O., 144-160. – E.Zenger, Die eigentliche Botschaft des Amos. Von der Relevanz der politischen Theologie in einer exegetischen Kontroverse, E.Schillebeeckx (Hrsg.), Mystik und Politik. Theologie im Ringen um Geschichte und Gesellschaft, FS J.B.Metz, 1988, 394-406. – W.Zimmerli, Die Bedeutung der großen Schriftprophetie für das alttestamentliche Reden von Gott, Studies in Religion of Israel, VT.S 23, 1972, 48-64. – H.-J.Zobel, Prophet in Israel und Juda. Das Prophetenverständnis des Hosea und Amos, ZThK 82, 1985, 281-299. –

Eine neue Dimension erreichte die theologische Auseinandersetzung in der Gerichtsprophetie des 8.Jhs. Während sich die prophetischen Oppositionsgruppen des 9.Jhs. darauf beschränkten, einzelne Mißstände anzugreifen und einzelnen Menschen, vor allem dem König, Unheil zu verkünden, so traten ab den 60er Jahren des 8.Jhs. im Nord- wie im Südreich Propheten auf, die umfassend den Zustand der Gesamtgesellschaft, ihre kultischen und politischen Institutionen samt deren politischen und theologischen Optionen einer beißenden Kritik unterwarfen und die nicht davor zurückschreckten, in Namen Jahwes dem gesamten israelitischen Staatswesen den Untergang anzusagen. Männer wie Amos, Hosea, Jesaja und Micha sahen sich von Jahwe getrieben, den nationalen und religiösen Grundkonsens ihrer Gesellschaft überhaupt in Frage zu stellen. Wohl war ihre unmittelbare Breitenwirkung geringer als die der Propheten des 9.Jhs., stießen sie doch mit ihrer radikalen Position auf weitgehende Ablehnung und fanden anfangs nur in kleinen Zirkeln Gehör, doch entfaltete ihre Botschaft eine große Fernwirkung, die ganz wesentlich zu einer tiefgreifenden Neuformulierung der Jahwereligion in der späten Königszeit und der Exilszeit beitrug.

Diese neue, radikale Phase prophetischer Opposition hängt historisch direkt mit einer krisenhaften geschichtlichen Entwicklung zusammen: mit einer längerfristigen sozialen Krise, welche seit dem 8.Jh. unübersehbar zu einem Auseinanderbrechen der israelitischen Gesellschaft führte, und mit einer aktuellen politischen Krise, welche durch die Expansion des neuassyrischen Reiches nach Westen ausgelöst wurde. Letztere riß schließlich das Nordreich in den Strudel des politischen Untergangs hinein (722) und brachte für das Südreich eine 100jährige Besatzungszeit. Eine zweite Phase der Gerichtsprophetie (Jeremia, Ezechiel) wurde noch einmal durch die Expansion des neubabylonischen Reiches heraufbeschworen (ab 609); sie sei hier nur am Rande mitbehandelt.[1]

3.61 Die gesellschaftlichen und politischen Entwicklungen

Wir wissen nicht genau, welche konkreten Faktoren die soziale Krise gerade in einer Zeit des wirtschaftlichen Aufschwungs und der politischen Stabilität nach der langen Aramäer-Depression unter der Regierung Jerobeams II. (787–747) auslösten.[2] Da auch im Südreich dieser Zeit ähnliche Erscheinungen zu beobachten sind, nimmt man meistens an, daß es sich eher um eine längerfristige strukturelle Entwicklung handelt, welche ihre Wurzeln schon in den mit der Staatenbildung eingeleiteten gesellschaftlichen Veränderungen hat,[3] die sich erstmals im 8.Jh. krisenhaft zuspitzte.[4] Der

---

[1] S.u. 361ff.; 368f.

[2] Vgl. die Anfrage von K.Koch, Entstehung, 238, und das vorsichtige Urteil von R.Kessler, Staat, 131.

[3] S.o. 166ff.

[4] Für den im Folgenden nur skizzierten Prozeß sind bis jetzt drei unterschiedliche sozialgeschichtliche Modelle entwickelt worden, ohne daß sie eine befriedigende Erklärung lieferten: A.Alt, Anteil, und H.Donner, Botschaft, dachten an eine Verdrängung des altisraelitischen durch das kanaanäische Bodenrecht im Zuge einer Belehnung der Beamten mit Krongut. O.Loretz, Kritik, und B.Lang, Prophetie, suchten das von H.Bobek an anderen vorderorientalischen Gesellschaften entwickelte Modell des „Rentenkapitalismus" nutzbar zu machen, wobei für D.N.Premnath, Latifundialization, der Übergang von der Subsistenz- zur Marktwirtschaft entscheidend war. Dagegen meinte H.G.Kippenberg, Typik, den israelitischen Prozeß in eine

sich von der Krone her ausbreitende Großgrundbesitz hatte die altisraelitische Bodenordnung durchlöchert und das egalitäre Ideal der vorstaatlichen Zeit beiseitegedrängt (Mi 2,1f.).[5] Eine prosperierende Schicht aus Großgrundbesitzern, Beamten, Militärs und Kaufleuten hatte sich über die traditionellen, auf Selbstversorgung ausgerichteten Kleinbauern geschoben (Mi 3,1.9; Jes 1,23; 3,12.14) und hatte sie mit ihrer marktorientierten Überschußproduktion wirtschaftlich weit überflügelt.[6] Krisenhaft wurde diese schleichende gesellschaftliche Entwicklung, als viele Kleinbauern im 8.Jh. – vielleicht aufgrund von Bevölkerungswachstum und fortlaufender Erbteilung ihrer Betriebe[7] – unter den verschärften wirtschaftlichen Rahmenbedingungen an die Grenze ihrer Leistungskraft stießen. Immer weniger waren sie in der Lage, die normalen Risiken der landwirtschaftlichen Produktion aus eigener Kraft abzufangen, immer schwieriger wurde es für sie, die üblichen Belastungen durch staatliche Abgaben und Frondienste zu erfüllen,[8] immer häufiger waren sie gezwungen, durch Aufnahme von Krediten über die Runden zu kommen. Damit gerieten aber weite Teile der kleinbäuerlichen Bevölkerung so unter den direkten finanziellen Druck der wirtschaftlich expandierenden Oberschicht, daß sie auf breiter Front in deren Abhängigkeit getrieben wurden und zusehends dauerhaft verarmten. Die Propheten bezeichnen sie schon typisierend als Gruppe[9] der „Schwachen" (*dal*),[10] „Armen" (*'ebjōn*)[11] und „Elenden" (*'ānāw/'anī*).[12]

Der Beitrag der Archäologie zur Rekonstruktion der sozialökonomischen Entwicklung dieser Zeit ist noch spärlich, da ein großes Landgut bisher nicht ausgegraben ist.[13] Den einzigen einigermaßen gesicherten Beleg für eine gestiegene soziale Differenzierung ab der Mitte des 9.Jhs. innerhalb der Stadtbevölkerung hat die

---

breitere „Typik der antiken Entwicklung" der Transformation von den archaischen Stammesgesellschaften zur antiken Klassengesellschaft einordnen zu können, vgl. zur Diskussion G.Fleischer, Menschenverkäufer, 355–370; R.Kessler, Staat, 6–17; 129ff.

[5] Vgl. A.Alt, Anteil, 349; 353f.; H.Donner, Botschaft, 231ff., ohne daß dabei ein uns nicht bekanntes „kanaanäisches Bodenrecht" herangezogen werden müßte, vgl. G.Fleischer; Menschenverkäufer, 286ff.

[6] Ohne daß dabei, wie Alt, Anfänge, 369f., und H.Donner, Botschaft, 243, es tun, in den Beamten die entscheidende Gruppe gesehen werden könnte, vgl. U.Rüterswörden, Beamte (3.1), 135f.; R.Kessler, Staat, 125. Zur Veränderung der Wirtschaftsform vgl. H.G.Kippenberg, 44ff.; U.Rüterswörden, a.a.O., 136; D.N.Premnath, Latifundialization, 49ff.

[7] So G.Fleischer, Menschenverkäufer, 370ff.

[8] Daß die generellen Forderungen des Staates unter den verschärften ökonomischen Bedingungen zum Unterdrückungsmechanismus gegen die Kleinbauern wurden (vgl. Mi 3,10; Hab 2,12; Jer 22,13–17), stellt R.Kessler, Staat, 161, heraus.

[9] Vgl. K.Koch, Entstehung, 242–244; während Koch betont, daß die Begriffe unterschiedslos den zwar verarmten, aber noch grundbesitzenden Kleinbauern bezeichnen, möchte G.Fleischer, Menschenverkäufer, 282, den *'ebjōn* „als grundbesitzlosen, verarmten und bedürftigen Bürger" verstehen; doch bleibt das unsicher.

[10] Am 2,7; 4,1; 5,11; 8,6; Jes 10,2.

[11] Am 2,6; 4,1; 5,12; 8,4.6; vgl. Jer 2,34; 5,28; 22,16; Ez 16,49; 18,12; 22,29.

[12] Am 2,7; 8,4; Jes 3,14f.; 10,2; vgl. Jer 22,16; Ez 16,49; 18,12; 22,29.

[13] Vgl. J.K.de Geus, Gesellschaftskritik, 56f.

Ausgrabung von R.de Vaux in *Tell el-Fār'a* Nord (wahrscheinlich Thirza) zutage gefördert: Hier fanden sich in Stratum VIId südlich des Palastes 6 Wohnhäuser, die, obwohl in der Anlage ähnlich, in Größe und Bauqualität auffällig differieren und damit auf deutliche soziale Unterschiede ihrer Besitzer hinweisen.[14] Ob dieser Unterschied schon so manifest war, daß die Häuser der Reichen und die der Armen unterschiedliche Stadtviertel bildeten, wie R.de Vaux meinte,[15] läßt sich aus dem schmalen ausgegrabenen Streifen nicht mit Sicherheit entnehmen.[16]

Hauptinstrument in diesem wirtschaftlichen Verdrängungsprozeß war das harte antike Kreditrecht.[17] Es sah nicht nur den Zugriff des Kreditgebers auf den gesamten Besitz des säumigen Schuldners vor, sondern auch auf dessen Familie und seine Person (Personalhaftung; vgl. 2.Kön 4,1; Neh 5,1–5). Und dabei waren die Pfänder und Zinsen, die der Schuldner dem Krediteur zu dessen Sicherheit einräumen mußte, wegen fehlender staatlicher Eigentumsgarantie im Vergleich zur Schuldsumme unverhältnismäßig hoch.[18] So konnten die kleinbäuerlichen Familienbetriebe, die nur noch über wenige Reserven verfügten, schon infolge relativ geringer wirtschaftlicher Schwierigkeiten in die Mühle eines fortschreitenden wirtschaftlichen und sozialen Abstiegs geraten: Konnten sie einen Kredit nicht zurückzahlen, den sie etwa infolge einer Mißernte, Steuer- und Fronbelastungen hatten aufnehmen müssen, so mußten sie dem Darleiher zuerst ihren Acker, d.h. einen Teil der nächsten Ernte verpfänden; kamen sie auch damit noch nicht aus den Schwierigkeiten heraus, so mußten sie zuerst ihre Familienangehörigen und schließlich sich selbst in die Schuldknechtschaft verkaufen, d.h. unter Verlust ihrer Persönlichkeitsrechte eine bestimmte Zeit lang für den Krediteur ihre Schulden abarbeiten (Ex 21,1–6; vgl. Am 8,4–6;[19] Neh 5,1–5). Meist wirtschafteten sie in dieser Zeit zwar noch auf eigenem Grund und Boden, aber faktisch waren sie und ihr Besitz in die völlige Verfügungsgewalt ihres Schuldherrn geraten. Die Schwierigkeiten, die sich nach

---

[14] S. bei H.Weippert, Palästina, 530–532 (mit Plan). Die Grundfläche der „Häuser der Reichen" bewegt sich zwischen 103 und 82 m^2, die der „Häuser der Armen" zwischen 53 und 78(?) m^2; erstere waren doppelreihig mit behauenen Steinen fundamentiert, letztere nur einreihig mit Bruchsteinen.

[15] Vgl. Lebensordnungen I, 122.

[16] Die früher erwähnte Mauer zwischen den Häusern der Reichen und Armen ist nach dem abschließenden Grabungsbericht nicht existent. Noch zurückhaltender ist das Urteil von G.Fleischer, Menschenverkäufer, 391–401.

[17] Vgl. dazu M.I.Finley, Schuldknechtschaft; zur Terminologie s. R.Kessler, Schuldenwesen. H.G.Kippenberg, Entlassung, 77ff., spricht von dem „harte(n) und gnadenlose(n) Schuldrecht"; seine wesentliche Rolle wird immer deutlicher gesehen, vgl. die eher passageren Äußerungen dazu bei A.Alt, Entwicklung, 370f., mit O.Loretz, Kritik, 275f.; B.Lang, Prophetie, 55ff.; Chr.Hardmeier, Unheilsprophetie, 25f.; R.Kessler, Kornhändler, 22; Staat, 46f.; 64; 128.

[18] So belegen etwa Schuldscheine von Juden aus Elephantine (AP 10; 11) im 5.Jh. einen Jahreszins von mindestens 60%!

[19] R.Kessler, Kornhändler, 17ff., hat gezeigt, daß es in Am 8,4–6 nicht um „normalen Handel", sondern um die Ausgabe bzw. Rückzahlung von Natural-Krediten geht, bei denen die Kleinbauern auch noch übers Ohr gehauen werden.

den Jahren der Schuldsklaverei einem eigenständigen Neubeginn in den Weg stellten, veranlaßten viele Kleinbauern sogar, ihre Besitztitel völlig aufzugeben und sich bei ihrem Herrn als Dauersklaven zu verpflichten (Ex 21,5 f.); andere wurden in die Fremdsklaverei abgeschoben (Am 2,6),[20] wieder andere zogen es vor, als grundbesitzlose Tagelöhner (*śākīr*) ihr Leben zu fristen, um jedenfalls ihre Freiheitsrechte zu behalten.[21]

Es hat nun den Anschein, daß die Oberschicht, die überwiegend als Kreditgeber auftrat, dieses Mittel des antiken Kreditrechts angesichts der notorischen Notlage, in die viele kleinbäuerliche Betriebe in der Mitte des 8.Jhs. gerieten, zum eigenen Nutzen clever und unsentimental eingesetzt hat, um ihre landwirtschaftliche Produktion zu steigern, ihren Grundbesitz auszuweiten und ihren Wohlstand zu erhöhen. Sie gewann mit den Schuldsklaven ein Heer billiger Arbeitskräfte,[22] das für sie auf dem Lande das ganze Risiko der Produktion trug und ihr einen sicheren Gewinn erwirtschaftete, während sie selber in den Städten residierte und dort ungehemmt ihren Reichtum zur Schau stellte (Am 3,9 f.; 4,1; 6,1–7*).[23] Die gesamtgesellschaftliche Solidarität war zerbrochen; die traditionellen Institutionen, die für Solidarität und gerechten Interessenausgleich hätten sorgen sollen, versagten. Die alte Loskaufverpflichtung innerhalb der Sippe (*gĕʾullā*)[24] blieb wirkungslos, ja, sie ließ sich unter den gewandelten, kommerzialisierten Normenvorstellungen der Oberschicht auch als Instrument verwenden, die ärmeren Verwandten in Abhängigkeit zu bringen.[25] Die Laiengerichtsbarkeit im Tor, in ihrer Funktionstüchtigkeit auf ein ungefähres Gleichgewicht der sich streitenden Parteien angewiesen, wurde durch die starke soziale Dif-

---

20 So B.Lang, Sklaven, 484 ff., aufgrund des verwendeten Verbes *mākar* „verkaufen"; G.Fleischer, Menschenverkäufer, 50 ff., denkt an einen inländischen Weiterverkauf in die endgültige Sklaverei.

21 Der *śākīr* ist in Israel erst ab dem 7.Jh. textlich bezeugt (Dtn 15,18; 24,14; Lev 19,13; Mal 3,5 u.ö.); im Bundesbuch (ausgehendes 8.Jh.) bezeichnet der Begriff noch gemietete Tiere. Daraus kann man schließen, daß die Tagelöhner erst als Folge der sozialen Krise des 8.Jhs. zu einer manifesten gesellschaftlichen Erscheinung geworden sind.

22 Nach M.I.Finley, Schuldknechtschaft, 181, war der Gewinn der Arbeitskraft sogar die primäre Zwecksetzung des Schuldknechtschaftsinstituts gegenüber dem Gewinn an Zinsen. O.Loretz, Kritik, 275, schreibt: „Als absolutes Ideal des Rentenkapitalismus erscheint, möglichst viele Bauern so in Dauerschulden zu verstricken, daß sie mit ihren jährlichen Zahlungen doch nie die bereits legendär gewordene Anfangsschuld abtragen können."

23 Die Trennung der städtischen Landeigentümer (Kapital) von den für sie auf dem Lande arbeitenden abhängigen Bauern (Produzenten) bildet einen wesentlichen Vergleichspunkt zum Modell des Rentenkapitalismus, vgl. O.Loretz, Kritik, 276. B.Lang, Prophetie, 55, definiert ihn so: „Die städtische Besitzelite schöpft vom abhängigen Bauerntum einen möglichst großen Anteil der Erträge regelmäßig als "Rente" ab, wobei Schuldtitel oder Eigentumstitel zwischen einzelnen Großbürgern und einzelnen Kleinbauern bestehen."

24 Vgl. Jer 32,6–9; Ru 2,20; 3,12; 4,1–9; Lev 25,25.49; Neh 5,8; Hi 6,23.

25 Nämlich wenn der „losgekaufte" Acker nicht nach Ableistung fairer Auflagen an den verarmten Verwandten zurückgegeben und die *gĕʾullā* zum Instrument mißbraucht wurde, das Verkaufsverbot für den familiären Bodenbesitz zu umgehen, vgl. dazu die nüchternen Erwägungen von H.G.Kippenberg, Klassenbildung (5.3), 33–36.

ferenzierung der Gesellschaft weitgehend außer Kraft gesetzt.[26] In ihr gaben nun die reichen Sippen und Großgrundbesitzer den Ton an und drückten mit ihr ihre Schuldforderungen unnachsichtig durch; eine verschuldete Kleinbauernfamilie hatte unter diesen Bedingungen nur eine geringe Chance, hier zu ihrem Recht zu kommen.[27] Desgleichen versagte auch die staatliche Rechtspflege, da die dafür zuständigen Beamten häufig nicht in der Lage waren, gegenüber den gesellschaftlich Einflußreichen ihre Unabhängigkeit zu wahren, und sich bestechen ließen.[28]

Man wird sich hüten müssen, aufgrund der bewußt einseitigen prophetischen Polemik in dieser sozialen Krise eine Horde von gottlosen Bösewichtern und Gewalttätern am Werke zu sehen. Wir müssen vielmehr davon ausgehen, daß sich die Oberschicht weitgehend legaler Mittel zur Durchsetzung ihrer Interessen bediente.[29] Wenn auch in Einzelfällen Rechtsbrüche und Betrügereien vorgekommen sein mögen, handelt es sich vornehmlich um Auswirkungen struktureller Gewalt, die ihren Grund in wirtschaftlichen und gesellschaftlichen Entwicklungen der Königszeit hatte. Wahrscheinlich sahen die Angehörigen der Oberschicht die traditionellen, allein auf Selbstversorgung abgestellten kleinbäuerlichen Betriebe angesichts der Erfordernisse der modernen Marktwirtschaft als nicht mehr zeitgemäß an, als eine überholte Wirtschaftsform, die sowieso zum Aussterben verurteilt war.[30] Wahrscheinlich hatten sie für ihr Verhalten auch eine theologische Begründung parat, sahen in ihrem Reichtum und Erfolg das Segenswirken Jahwes am Werk, das sie vollauf rechtfertigte.[31] Die höfische Weisheitstradition etwa, in der viele Angehörige der Oberschicht aufgewachsen waren, setzte ganz selbstverständlich das Nebeneinander von arm und reich voraus und sah den Reichtum ganz überwiegend positiv.[32] Die Frage war nur, ob eine

---

[26] Vgl. schon 1.Kön 21,8ff., s.o. 237.

[27] Vgl. Am 2,6; 5,10.12; Jes 3,14; 5,7.23; vgl. Jer 5,27f.; Ez 22,12.

[28] Vgl. Jes 1,23; 3,14; 10,1f.; Mi 3,1-3.9.11; vgl. Zeph 3,3; Ez 22,27. R.Kessler, Staat, 192ff., hat wahrscheinlich gemacht, daß es „die fehlende Durchbürokratisierung des Beamtenapparates auf der unteren Ebene war", der „die Voraussetzung für die fehlende bürokratische Abgrenzung zwischen Beamtenautorität und wirtschaftlich begründeter gesellschaftlicher Autorität" bildete.

[29] So mit Recht K.Koch, Entstehung, 248; R.Kessler, Staat, 127.

[30] Ähnlich K.Koch, a.a.O., 249.

[31] Daß Reichtum Segen Gottes bedeutet, war auch in Israel eine uralte Vorstellung (Gen 26,12; 27,28; 33,11; Dtn 28,3-5; 33,13-17 u.ö.); sie gewann unter den Bedingungen des Merkantilismus der fortgeschrittenen Königszeit besonders bei der Oberschicht neue Aktualität, wie etwa das Dtn aus dem 7.Jh. zeigt, das die Reichen auf den erfahrenen Segen Gottes anspricht (Dtn 12,7; 15,14) und – bei entsprechendem sozialem Engagement – weiteren für die Zukunft verheißt (14,24.29; 15,12.18; 23,21; 24,19). Mit welcher geradezu religiösen Weihe der Reichtum in Kreisen der Oberschicht umgeben werden konnte, zeigt die nachexilische Polemik gegen die (reichen) Frevler, sie würden ihn zu ihrem Gott machen, so Hi 31,24f.; Ps 62,11.

[32] Vgl. Prov 10,15; 13,8; 14,20; 15,15; 18,23; 19,4.7; 22,7.16, wobei 18,23 und 22,7 den sozialen Konflikt schon erkennen lassen, ohne daß der Reiche kritisiert wird; dazu noch Prov 3,16; 10,4; 11,16b; 12,27. Daß die Weisheitstradition auf ihrer höfischen Überlieferungsstufe den gehobenen Bildungsschichten zugeordnet werden muß, wird heute immer häufiger gesehen, s.u. 561ff.

solche stark individuell ausgerichtete theologische und ethische Position, welche die eingetretenen wirtschaftlichen Entwicklungen einfach als gegeben hinnahm, den gesellschaftlichen Zuständen, die zur Verelendung einer ganzen Bevölkerungsschicht führten, noch gerecht wurde.[33]

Ab den 30er Jahren des Jhs. wurde die soziale Krise von der politischen Krise überdeckt, welche die assyrische Expansion nach Syrien-Palästina auslöste.[34] Schon der erste Feldzug Tiglat-Pilesers III. 738 hatte die Vasallität des Nordreiches zur Folge; König Menachem mußte einen Tribut von 1000 Talent Silber zahlen, die er durch eine Sondersteuer erhob (2.Kön 15,19f.). Der neue Druck von außen führte aber nun nicht zum Zusammenschluß und zur Mobilisierung aller eigenen Kräfte, sondern zu einer fortschreitenden Destabilisierung des politischen Systems: Als Tiglat-Pileser in den östlichen Teilen seines Reiches beschäftigt war, ermordete Pekach den Sohn des assyrerfreundlichen Menachem, um mit Rezin von Damaskus zusammen eine antiassyrische Aufstandsbewegung zu organisieren. Das heißt, es entstanden in Israel rivalisierende politische Gruppen, die nicht nur darum stritten, ob die pro- oder antiassyrische Option die bessere Außenpolitik sei, sondern die die Großmächte in ihre kleinstaatlichen Rivalitäten und innenpolitischen Machtkämpfe mit einbezogen.[35]

Ein krasses Beispiel dafür liefern die Ereignisse um den sog. „syrisch-ephraimitischen Krieg" von 734: Als der judäische König Ahas sich weigert, der antiassyrischen Koalition beizutreten – wohl weil er damit den Führungsanspruch des Nordreiches anerkannt hätte –, da gehen Pekach und Rezin gegen Juda militärisch vor, um Ahas zu stürzen und einen antiassyrischen und damit auch ihnen ergebenen König einzusetzen. Doch der Feldzug bricht zusammen, als Tiglat-Pileser 734 erneut in Palästina erscheint.[36] Nun ist es Ahas, der seine Macht gegen die antiassyrische Partei dadurch sichert, daß er sich freiwillig dem assyrischen König unterwirft und unter Zahlung eines schweren Tributs sein Land in die Vasallität führt (2.Kön 16,5–8).

---

[33] Allerdings scheinen die Erfahrungen der sozialen Krise des 8.Jhs. an der Oberschicht nicht völlig spurlos vorübergegangen zu sein. Die besonders von G.H.Wittenberg, Poor, 90ff.; Poverty, 9ff., beobachtete Umwertung von „arm" und „reich" in den Proverbien (10,2; 11,4; 16,8.19; 18,11; 19,1.22; 28,6.20) hängt wahrscheinlich damit zusammen, daß ein Teil der Oberschicht infolge der sozialen Krise und des prophetischen Protestes ihre „Lebensphilosophie" kritisch überdachte, den Konflikt begrenzen wollte (Prov 14,31; 17,5; 22,2; 29,13) und wie die dtn. Reformer zur Hilfe für die Armen aufrief (11,26; 14,21; 19,17; 21,13; 22,9.22f.; 28,8.27; s.u. 562f.), so mit Recht P.Doll, Menschenschöpfung, 25f. Man kann damit nicht mehr wie H.W.Wolff, Heimat, 48ff., davon ausgehen, daß diese „sozialen Sprüche" den Traditionshintergrund der Sozialkritik des Amos bilden, vgl. G.Fleischer, Menschenverkäufer, 333ff.

[34] Vgl. dazu die Geschichten Israels, z.B. H.Donner, Geschichte, 303–329.

[35] Dieses Ineinander der außen- und innenpolitischen Auseinandersetzungen wurde, soweit ich sehe, längst nicht genügend herausgearbeitet; doch wird nur so die politische Anklage Jesajas und Hoseas verständlich, s.u. 264ff.

[36] S. TGI^2 56; ich folge in dieser zeitlichen Zuordnung der Rekonstruktion von M.Weippert, Syrienpolitik, 396f.; zur Diskussion vgl. H.Donner, Geschichte, 309ff.

Das Nordreich mußte für die Aufstandspolitik Pekachs schwer büßen; weite Gebiete wurden abgetrennt und dem assyrischen Provinzsystem einverleibt und ein Teil der Bevölkerung deportiert (2.Kön 15,29). Diesen Mißerfolg nahm nun wiederum die proassyrische Partei zum Anlaß, Pekach zu ermorden, um mit Hosea einen den Assyrern genehmen König an seine Stelle zu setzen (2.Kön 15,30). Doch schon wenige Jahre später, nach dem Tod Tiglat-Pilesers 727, gewann die antiassyrische Partei wieder die Oberhand, Hosea versuchte, durch Anlehnung an Ägypten seine Unabhängigkeit gegenüber Assyrien zurückzugewinnen. Doch dieser Aufstandsversuch löste nur die Strafaktion Assyriens aus, die den politischen Untergang des Nordreiches besiegelte (722; 2.Kön 17,1-6).

Das Desaster, in welches das Taktieren zwischen den Großmächten das Nordreich gestürzt hatte, verhinderte nicht, daß sich im Südreich zwei Jahrzehnte später das gleiche politische Drama noch einmal wiederholte: Hiskia nahm den plötzlichen Tod Sargons 705 zum Anlaß, seinen Vasallenvertrag mit den Assyrern aufzukündigen (2.Kön 18,7) und weitgespannte politische Beziehungen mit den Ägyptern (Jes 28,14f. u.ö.) und Babyloniern (2.Kön 20,12ff.) zu knüpfen, um die assyrische Vorherrschaft zu brechen. Ein Feldzug gegen die Philisterstädte sollte diese in die antiassyrische Koalition hineinzwingen und zugleich die eigene Machtposition im südpalästinischen Raum erweitern (1.Kön 18,8). Der nicht willfährige König Padi von Ekron wurde von Hiskia kurzerhand ab- und gefangengesetzt (TGI² 68). Doch auch diesmal ging diese Politik nicht auf: 701 erschien Sanherib in Palästina, schlug das ägyptische Heer und verwüstete ganz Juda so schwer,[37] daß es nur eine Frage der Zeit war, wann sich auch die Hauptstadt ergeben mußte. Hiskia unterwarf sich, und nur durch eine hohe Tributzahlung, für die Hiskia sogar die goldenen Verzierungen des Tempels plündern mußte, konnte er sein politisches Schicksal retten und seinen Staat vor dem völligen Untergang bewahren (2.Kön 18,13-16).[38]

---

[37] Nach seinen eigenen Angaben eroberte Sanherib 46 judäische Städte (TGI² 68), vgl. Mi 1,8-16; Jes 1,5-8. Archäologisch ist diese Zerstörung z.B. in Bet-Schemesch, Lachisch, Beerscheba und Arad nachgewiesen.

[38] Entgegen weit verbreiteter Meinung ist Jerusalem von Sanherib nicht belagert worden; der Taylor-Zylinder spricht III,27ff. nur davon, daß er Hiskia „wie einen Käfigvogel“ in Jerusalem eingeschlossen und *[URU]ḪAL.ṢU* gegen ihn angelegt habe. Damit sind aber keine „Schanzen“ gemeint, wie TGI² 69 und selbst noch TUAT I,4, 289 übersetzt, sondern „befestigte Stellungen“, s. AHw 313f. Offensichtlich hat Sanherib die Unterwerfung Hiskias in seinem Hauptquartier in Lachisch entgegengenommen (vgl. das Relief aus Ninive ANEP 371ff.), ist mit seiner Beute abgezogen, und Hiskia hat ihm seinen Tribut nachgesandt (Z.39-49). Dies historische Detail ist insofern auch religionsgeschichtlich wichtig, weil es zeigt, daß die Legenden, die sich in der atl. Überlieferung um diese „wunderbare Verschonung“ Jerusalems ranken (nach 2.Kön 19,7ff. soll es ein militärisches Gerücht, nach 19,35 ein mörderischer Engel Gottes gewesen sein, der Sanherib zum überstürzten Aufbruch trieb), ihre Entstehung nicht der Historie, sondern der durch die Dogmen der Zionstheologie (19,32-34a) interpretierten Historie verdanken.

Der Versuch der Machteliten in Israel und Juda, durch geschicktes Lavieren zwischen den Großmächten ihre eigene Macht zu sichern und wenn möglich noch auszubauen, erwies sich somit als ausgesprochen ruinös. Er führte nicht nur zu einer Aushöhlung der politischen Moral (Königsmorde, Vertragsbrüche), sondern auch zu immensen Kriegsfolgelasten für die Bevölkerung (Verwüstungen, Tribute, Deportation) und im Falle des Nordreiches sogar zum völligen Zusammenbruch des Staates.

3.62 Die prophetische Total-Opposition

Die Männer, die sich in dem Zeitraum von ca. 760–700 von Gott getrieben sahen, in bis dahin unbekannt radikaler Weise zu den krisenhaften Entwicklungen dieser Epoche Stellung zu nehmen, gehören alle zum Typ des institutionell ungebundenen Einzelpropheten. Amos, der aus Thekoa im Südreich[39] stammte, aber im Nordreich wahrscheinlich nur relativ kurze Zeit um 760 als Prophet auftrat,[40] war eigentlich Landwirt[41] und wehrte sich energisch dagegen, mit den berufsmäßigen Propheten (*nābī'*) bzw. Prophetengenossenschaften (*ben-nābī'*) in einen Topf geworfen zu werden (Am 7,14). Jesaja, dessen prophetische Wirksamkeit im Südreich sich über einen Zeitraum von ca. 40 Jahren hinzog (739–701),[42] entstammte einer einflußreichen Aristokratenfamilie Jerusalems.[43] Micha, dessen Verkündigung wahrscheinlich in die Zeit vor 701 anzusetzen ist,[44] war möglicherweise Ältester aus Moreschet in

---

[39] Zu lokalisieren auf der *Ḫirbet Teḳu'* 18 km südlich von Jerusalem, deren Besiedlung in der Eisen II-Zeit gesichert ist; dies gilt nicht für die möglichen Identifikationen des im Talmud erwähnten Thekoa in Obergaliläa, das von K.Koch, Propheten I, 81f., und B.Lang, Prophetie, 66, als Heimat Amos' angenommen wird, vgl. H.Weippert, Amos, 3, Anm.6. Es ist somit an der judäischen Herkunft des Amos festzuhalten.

[40] Vgl. die Datierung Am 1,1 „zwei Jahre vor dem Erdbeben" und H.W.Wolff, Joel, 155; W.Schottroff, Amos 39f.; H.Weippert, Amos, 2; das Erdbeben ist in Zerstörungen in den Schichten Hazor VI und Samaria IV für die 1.Hälfte des 8.Jhs. nachweisbar.

[41] Am 1,1 rechnet ihn unter die Viehzüchter (*nōqĕdīm*), 7,14 bezeichnet er sich als Rinderhalter (*bōker*) und „Sykomoren-Ritzer", vgl. dazu H.W.Wolff, Joel, 154; 361f.; W.Schottroff, Amos, 40f.; H.Weippert, 5f.; seine bäuerliche Herkunft spiegelt sich auch in seinen Sprachbildern (a.a.O., 25). Da das Ritzen der Maulbeerfeigen eher eine niedrige Tätigkeit ist, hat man Amos früher gerne Unterschichtsgruppen zugeordnet. Inzwischen hat sich aber die Meinung durchgesetzt, daß seine soziale Herkunft nicht „allzu niedrig" angesetzt werden darf, so W.Schottroff, a.a.O., 41; B.Lang, Prophetie, 66, rechnet ihn sogar zur „grundbesitzenden Oberschicht."

[42] Vgl. H.Wildberger, 1579–1586; die 3 Hauptphasen seiner Verkündigung liegen in den Jahren 734–732; 713–711; 705–701. Unsicher ist der Beginn seiner Verkündigung, da das Todesjahr Usias (Jes 6,1) nicht feststeht (zwischen 742–736). Häufig weist man die soziale Verkündigung einer Frühphase vor 734 zu; doch kann sie auch nebenher gelaufen sein, vgl. O.H.Steck, Bemerkungen, 169, Anm.40.

[43] Dafür sprechen sein freier Umgang mit hochgestellten Persönlichkeiten bis hin zum König (Jes 7,3ff.12f.; 8,2; 22,15ff.), seine glänzende Informiertheit über diplomatische Vorgänge, seine hohe Bildung und geschliffene Sprache und die eigenartige Tatsache, daß er, obgleich zuweilen des Hochverrats verdächtigt (8,12), nie verfolgt worden ist, vgl. H.Wildberger, Jesaja, 1586ff.

[44] Die Überschrift Mi 1,1 dehnt seine Wirkungszeit analog zu Hosea über die 2.Hälfte des 8.Jhs. aus, doch spricht dagegen die schmale Überlieferung (Mi 1–3*), die wirklich auf

der judäischen Schefela.[45] Nur von dem einzigen genuinen Nordreichpropheten Hosea, der zwischen 750 und 724 aufgetreten ist,[46] kennen wir den Beruf bzw. die soziale Herkunft nicht.

Diese Propheten waren somit finanziell unabhängig; sie gehörten eher begüterten Schichten, ja, sogar im Fall Jesajas eindeutig der Oberschicht an. Das verschaffte ihnen auf der einen Seite die Unabhängigkeit, ihre radikale Kritik durchzuhalten, und wohl auch den nötigen Einblick in die gesellschaftlichen und internationalen Zusammenhänge. Auf der anderen Seite macht es die Stärke ihrer religiösen Motivation deutlich, wie sehr sie sich von den Interessen und Ansichten ihrer Schichten trennen konnten. Ihr religiöser Impuls setzte sie in Distanz zu sich selber und ihrer Herkunft. Er ermöglichte ihnen nicht nur, sich mit der verarmenden Kleinbauernschicht zu solidarisieren, sondern auch die angeblichen nationalen Interessen, welche die Machteliten formulierten, kritisch zu hinterfragen und den kultischen und staatlichen Institutionen ihre scheinbar selbstverständliche theologische Legitimation zu entziehen. Wohl verkündeten sie ihre Worte im Namen Jahwes, nahmen somit direkt und unmittelbar die göttliche Autorität für ihre Sache in Anspruch, aber sie verfügten – anders als ihre Gegner – über keinerlei politische Machtmittel, mit welchen sie ihren Worten hätten Nachdruck verschaffen können, und es ging ihnen dabei nicht um die Durchsetzung eigener partikularer Interessen, sondern um den Bestand des ganzen Volkes. Diesen Bestand sahen sie in der Krise ihrer Gegenwart aufs äußerste gefährdet. Angesichts des Unheils, das sie Jahwe selber gegen Israel heraufführen sahen, fühlten sie sich getrieben, die sozialen, politischen und kultischen Mißstände ihrer Gesellschaft aufzudekken, die Schuldigen namhaft zu machen und den Verantwortlichen – vor allem in der Führungsschicht – die verheerenden Konsequenzen ihres Tuns vor Augen zu stellen (Mi 3,5). Solcherart religiös begründete Totalopposition führte diese Propheten rasch in Konflikt mit den staatlichen und kultischen Funktionsträgern (Am 7,10 ff.) und in die gesellschaftliche Isolierung (Hos 9,7–9; Mi 2,6 ff.; Jes 8,11 ff.; vgl. Jer 16). Sie konnten nur einen kleinen Schülerkreis um sich scharen, in dem ihre provozierenden Gottesworte Gehör fanden und tradiert wurden. Wenn wir von diesen Propheten des 8.Jhs. schriftliche Sammlungen überliefert haben, dann hängt das direkt mit der gesellschaftlichen Ablehnung zusammen, die sie erfuhren:[47] Die Propheten und ihre theologischen Zirkel begannen schon recht bald damit,

---

den Propheten zurückgeht. Da auch Jer 26,18 nur eine Wirkung Michas unter Hiskia kennt und Mi 1,10 ff. immer noch am besten auf den Verwüstungsfeldzug Sanheribs paßt, gehört er am ehesten in die Zeit der assyrischen Krise (705–701), so auch J.L.Mayes, Micah, 14; 37. H.W.Wolff, Micha, XIf., gelangt, da er glaubt, in Mi 1,6 noch eine authentische Gerichtsankündigung gegen Samaria entdecken zu können, in den Zeitraum von 733–723; doch entspringt die ganze Theophanie Mi 1,2–7 dtr. Geschichtstheologie.

[45] So die These von H.W.Wolff, Micha, XIII-XVII.

[46] Vgl. J.Jeremias, Hosea, 17 f.

[47] Vgl. dazu Chr.Hardmeier, Verkündigung, 120 ff.

die Botschaft, die in der Öffentlichkeit kein Gehör gefunden hatte, zu sammeln, zu diskutieren, auszuwerten und aufzuzeichnen, um sie für spätere Zeiten, wenn sie sich bewahrheiten würde, als „Zeugnis" zu bewahren (Jes 8,16ff.; 30,8ff.). Damit kämpften sie in Hoffnung auf den Gott, von dem sie sich beauftragt wußten, gegen Frustration und Resignation angesichts ihres Mißerfolges an und stärkten die Identität ihrer Oppositionsgruppe. Die prophetische Totalopposition setzte somit erstmals in der israelitischen Religionsgeschichte eine religiöse Oppositionsliteratur aus sich heraus.

3.621 Kritik an sozialen Mißständen

Die soziale Anklage ist typisch für die Propheten Amos und Micha, spielt aber auch bei Jesaja eine wichtige Rolle.[48] Sie richtet sich vor allem an die Oberschicht,[49] deren wirtschaftliches und soziales Gebaren sie einer beißenden Kritik unterzieht: Angegriffen wird die hemmungslose wirtschaftliche Expansion der Großgrundbesitzer, die Landgut an Landgut reihen, bis sie die alleinigen Grundbesitzer im Lande sind (Jes 5,8),[50] ihre Gier nach immer mehr Landbesitz, welche die Kleinbauern und ihre Familien von ihrem angestammten Besitz verdrängt (Am 8,4; Mi 2,9f.) und den Grundsatz des altisraelitischen Bodenrechts: „ein Mann und sein Haus, ein Mensch und sein Erbbesitz" außer Kraft setzt (Mi 2,1f.).[51] Kritisiert wird die rücksichtslose Handhabung des Pfand- und Kreditrechts durch die Oberschicht: Schon wegen geringer Schulden verlangt sie von den Kleinbauern schmerzhafte Pfänder (Mi 2,9) und treibt sie in die Schuld-, ja sogar in die Fremdsklaverei (Am 8,6; 2,6). Nach Meinung der Propheten ist das ganze System von Pfand- und Pachtabgaben, welches ihr das antike Kreditrecht an die Hand gab (Am 5,11),[52] schlichtweg Raub und Plünderei (Jes 3,14; Mi 2,2;

---

[48] Vgl. neben den Kommentaren dazu G.Wanke, Grundlagen, 3–5; M.Fendler, Sozialkritik, 35–48; B.Lang, Prophetie, 59–66; W.Dietrich, Jesaja, 12–55; Chr.Hardmeier, Unheilsprophetie, 21–30; G.Fleischer, Menschenverkäufer, 18ff.; R.Kessler, Staat, 26ff.

[49] Anders allein M.Fendler, Sozialkritik, 52f., die ganz Israel als Adressat sehen und die von Amos Kritisierten in einer „breit...aufgefächerten Mittelschicht" ansiedeln möchte, „die sich nur um den Preis der wirtschaftlichen und sozialen Vernichtung ihrer ehemaligen Genossen auf dem Land im alten Stand halten kann" (50). Doch ist ihre Analyse weder textlich zwingend noch historisch überzeugend und wohl – unbewußt – von dem theologischen Anliegen bestimmt, die Diskrepanz zwischen partieller Anklage und totaler Gerichtsankündigung auszugleichen (52), dazu s.u. 260.

[50] So der Vorschlag von P.Premnath, Latifundialization, 54f., *bajit* „Haus" neben *śadē* „Feld" V.8 bzw. *bāttīm rabbīm* V.9 (vgl. Am 3,15) als „large landholdings" zu verstehen; auch im Akkadischen hat *bītu* die Bedeutung von „Grundstück", s. AHw 133; allerdings kann man den Text auch so verstehen, daß nicht an eine Vergrößerung des Grundeigentums, sondern – im Sinne des Rentenkapitalismus – nur an eine Ausdehnung der Verfügungsgewalt über die Produktion der in Abhängigkeit gehaltenen Kleineigentümer gedacht ist, so R.Kessler, Staat, 38f.

[51] Daß Micha hier auf einen Grundsatz des traditionellen israelitischen Bodenrechtes Bezug nimmt, hat bes. A.Alt, Micha, 374, herausgestellt.

[52] Lies statt des unklaren *bōšaskem šābsĕkem* „weil ihr (dem Geringen) Getreidepacht auferlegt", vgl. akk. *šabāšu, šibšu* „Getreide einsammeln, Getreideabgabe".

vgl. 3,2 f.; Jer 5,27; Ez 22,29), die Schuldknechtschaft Terror und Unterdrückung (Am 3,9 f.; 4,1). Und gegeißelt wird schließlich das sorglose Luxusleben, das die Oberschicht aufgrund ihrer erpreßten Gewinne an den Tag legt: Sie baut sich feine Stadthäuser aus behauenen Steinen (Am 3,10.15; 5,11), feiert darin rauschende Feste (Am 6,1–7; Jes 5,11 f.) und scheut sich nicht einmal, selbst bei Gottesdiensten, welche die Solidarität der Gemeinschaft stärken sollen, ihr eingezogenes Pfandgut zur Schau zu stellen (Am 2,8). Daneben decken die Propheten die Ungerechtigkeit der israelitischen Rechtsprechung auf: Die Oberschicht dominiert die Ortsgerichtsbarkeit und verhindert durch Einschüchterung und Bestechung die Objektivität der Rechtsfindung (Jes 5,20.23; Am 5,10); die Rechtsansprüche der Kleinbauern werden abgewiesen (Am 2,7; 5,12), und selbst dann, wenn ein Reicher Verbrechen begangen hat, wofür ihm die Todesstrafe droht, unterläuft das Gericht seine Verurteilung, indem es seinen armen Kontrahenten unter Druck setzt, ihn mit einer Sühnegeldzahlung billig davonkommen zu lassen (Am 5,12).[53] Das Ortsgericht ist in den Augen der Propheten nur noch ein parteiisches Unterdrückungsinstrument der herrschenden Klasse. Das gilt gleichfalls für die staatliche Rechtsprechung in Jerusalem, die sich nach Jesajas und Michas Ansicht zum bestechlichen und willfährigen Büttel der Reichen machen läßt, um neben den Kleinbauern sogar die Ärmsten der Armen, die Witwen und Waisen auszubeuten (Jes 1,23; 10,1 f.; Mi 3,1–3.9.11).[54]

Die soziale Anklage der Propheten ist somit keine objektive Gesellschaftsanalyse, sondern eine bewußt einseitige Parteinahme. Die Propheten decken im Namen Gottes die scheinbar eigengesetzlichen krisenhaften sozialen Entwicklungen ihrer Zeit als schuldhaftes Verhalten der Oberschicht auf und stellen sich damit eindeutig an die Seite der verarmenden Unterschicht. Die wirtschaftlich Starken, die von den Entwicklungen profitieren, sind für sie klar die Schuldigen, während die wirtschaftlich Schwachen, die Opfer dieser

---

[53] Häufig wird *kōfer* hier mit Bestechungsgeld wiedergegeben, da es in Prov 6,35; JesSir 46,19 parallel zu *šoḥad* steht. Doch es besteht kein Anlaß, von der Bedeutung „Sühnegeld“ abzuweichen, die in Ex 21,30; Nu 35,31; Prov 13,8; Hi 36,18 und wohl auch 1.Sam 12,3 vorliegt, vgl. B.Janowski, Sühne (5.2), 167 ff. Eigentlich stand der geschädigten Partei das Sühnegeld zu (vgl. B.Lang, kipper, 316), wenn in Am 5,12 die Richter es annehmen (*lāqaḥ*), fungierten sie wohl nur als Vermittler, was nicht ausschließt, daß sie dafür „Vermittlungsgebühr“ einstrichen. Eigentlich dazu gedacht, in schwer abschätzbaren Fällen von Körperverletzungen mit Todesfolge unbillige Härten zu vermeiden (Ex 21,28 ff.), konnte das Rechtsinstitut von den Reichen mißbraucht werden, sich der gerechten Strafe zu entziehen, vgl. Prov 13,8 und F.Crüsemann, Auge, 424 ff.; allerdings versteht Crüsemann eigenartigerweise Am 5,12 als Erpressung des Sühnegeldes von den Armen, was ganz unwahrscheinlich ist, da doch ihr Rechtsanspruch abgewiesen wird.

[54] Die Interpretation der „Unheilsschriftstücke“ von Jes 10,1 f. ist nicht ganz eindeutig; während man meist an „Verordnungen“ von Beamten denkt (H.Wildberger, Jesaja, 198) und sie Chr.Hardmeier, Unheilsprophetie, 29 f., auf Rechtsgutachten des Jerusalemer Obergerichts (s.u. 317 ff.) bezieht, deutet sie R.Kessler, Staat, 44 f., im Anschluß an R.Porath als ungerechte private Darlehensverträge, die den Rechtsweg der Armen von vornherein abschneiden.

Entwicklung, die eigentlich Unschuldigen sind (*ṣaddīq*: Am 2,6; 5,12). Indem die Propheten deren ohnmächtigen Protest aufnehmen und dem Unrecht, das sie erleiden müssen, in ihren Gottesworten sprachlichen Ausdruck verleihen, nehmen sie Jahwe direkt und bewußt einseitig für das Lebensrecht der Schwachen und Unterdrückten in Anspruch. Wohl rufen die Propheten die Kleinbauern nicht zum Aufstand auf, aber indem sie verkünden, daß Jahwe dieses himmelschreiende Unrecht an den Schwachen nicht hinnehmen wird, bahnt sich *ex negativo* wieder der alte Befreiungsimpuls den Weg, welcher die Jahwereligion einmal in Gang gesetzt hatte.

Dieser Zusammenhang wird deutlich, wenn man nach dem Kriterium fragt, von dem aus die Propheten ihre Schuldzuweisung an die Oberschicht vornehmen.[55] Dieses lautet eindeutig „Recht und Gerechtigkeit" (*mišpāṭ ūṣĕdāqā*: Jes 5,7; Am 5,7.24; 6,12; vgl. Mi 3,1.8.9). Gemeint ist damit der gerechte Interessenausgleich zum Wohle aller, die solidarische Gemeinschaftsordnung, die allen Israeliten ihre elementaren Lebensrechte sichert. Und die Propheten werfen der Oberschicht vor, die Grundlage des gesellschaftlichen Wertsystems verkehrt und zu Boden gestoßen zu haben (Am 5,7; 6,12; Mi 3,9), ja, noch nicht einmal am Zerbrechen der Solidargemeinschaft zu leiden (Am 6,6 vgl. Jer 6,14). *mišpāṭ* und *ṣĕdāqā* waren u.a. Grundwerte der vorstaatlichen israelitischen Gesellschaft gewesen; und so ist es relativ wahrscheinlich, daß sich die Propheten bei ihrer Kritik der gegenwärtigen Zustände an einem – idealisierten – Gegenbild der egalitären Gesellschaft der Frühzeit orientierten.[56] Am deutlichsten ist dies bei Micha, der explizit auf das altisraelitische Bodenrecht Bezug nimmt (Mi 2,1f.); höchstens bei Jesaja könnte man erwägen, ob er sich eher am altorientalischen Idealbild königlicher Rechtsprechung orientiert, das in der Jerusalemer Theologie seinen Platz gefunden hatte (vgl. Jes 1,26; 28,17).[57] Es ist

---

[55] Während noch J.Wellhausen, Prolegomena, 398, gut idealistisch ganz auf die Autorität der „moralischen Evidenz" abhob, sah man in den 50er und 60er Jahren in der „sakralen Rechtsüberlieferung", insbesondere des Bundesbuches, die Basis für die prophetische Kritik (so etwa G.v.Rad, Theologie II, 13; 146 u.ö.). Doch blieb auffällig, daß sich die Propheten nie explizit auf das „alte Gottesrecht" beriefen (H.W.Wolff, Joel, 123) und in ihrer Kritik auch materiell (etwa in der Luxuskritik) über es hinausgehen (K.Koch, Entstehung, 239). So meinte H.W.Wolff, Heimat, 60f., statt dessen das weisheitliche Sippenethos als Traditionshintergrund der sozialen Anklage des Amos ausmachen zu können, und W.Dietrich, Jesaja, 14ff., und H.Wildberger, Jesaja, 1614ff., sind ihm für Jesaja mit Einschränkungen gefolgt. Doch wird heute immer wahrscheinlicher, daß sowohl die Sozialgesetzgebung des Bundesbuches (s.u. 288f.) als auch die sozialen Sprüche (Prov 14,31f.; 19,17; 22,22; 29,14), die Wolff (Joel, 201f.) und auch noch Chr.Hardmeier (Unheilsprophetie, 26ff.) heranziehen, eher Folge als Voraussetzung der Prophetie des 8.Jhs. gewesen sind, vgl. G.Fleischer, Menschenverkäufer, 337; s.o. 253.

[56] So im Anschluß an A.Alt, Anteil, 348f., dezidiert K.Koch, Entstehung, 248–257, und viele andere. Dagegen sahen H.H.Schmid, Gerechtigkeit (3.3), 111f.; 180, und F.Stolz, Streit, 10ff., ein ihrer Meinung nach im Vorderen Orient allgemein verbreitetes „Ordnungsdenken" im Hintergrund. Chr.Hardmeier, Unheilsprophetie, 33f., rechnet mit einer „Solidaritätsethik im Alten Orient", die „universelle Bedeutung" gehabt habe.

[57] Vgl. Ps 72,2.4.12f.; 45,7; 101; Prov 31,8f., und H.Niehr, Bedeutung, 70f.; auf der Linie Alts bewegt sich dagegen W.Dietrich, Jesaja, 25–37. Hilfreich scheint mir der Hinweis von

unsicher, ob die Propheten eine Restitution vorstaatlicher Verhältnisse erwarteten (Mi 2,4; Am 7,17), aber die Erinnerung an sie bot ihnen doch eine zumindest theoretische Basis, von der aus sie die wirtschaftlichen und rechtlichen Unterdrückungsmechanismen ihrer Zeit als schuldhafte Fehlentwicklungen aufdecken konnten: Eine Wirtschafts- und Rechtsordnung, die sich nicht mehr an den Grundnormen von *mišpāṭ* und *ṣĕdāqā* orientiert und gerade die Lebensrechte der gesellschaftlichen Randgruppen schützt, so deckten sie auf, ist Unrecht, so legal es auch darin zugehen mag.

Die Propheten beließen es nun nicht bei einer isolierten Verurteilung des sozialen Fehlverhaltens, sondern sie ordneten es theologisch in den weiten Horizont der Geschichte Jahwes mit Israel ein (Am 2,6ff.; Jes 5,1–7). Dies gilt für die Vergangenheit wie für die Zukunft: Für Jesaja etwa hatte Jahwe so viel Liebe und Mühe in der Vergangenheit an Israel, seinen geliebten Weinberg, gewandt, daß er mit Fug und Recht von ihm erwarten konnte, daß er gute Früchte tragen würde, d.h. Recht und Gerechtigkeit verwirkliche (Jes 5,1–4). Wenn das in der Gesellschaft seiner Zeit nicht der Fall war, sondern Rechtsbrüche und gellende Hilfeschreie der enteigneten Kleinbauern die Szene beherrschten (V.7), dann ist das – so versucht Jesaja seinen Zeitgenossen deutlich zu machen – nicht nur soziales Unrecht, sondern Undankbarkeit gegenüber Jahwe, die ihn bitter enttäuschen muß. Die Geschichte Israels impliziert nach Jesaja einen ethischen Anspruch Jahwes, dem Israel, wie die soziale Krise zeigt, nicht gerecht geworden ist. Wenn sich nun Jahwe in enttäuschter Liebe entschließt, seinen mißratenen Weinberg zu zerstören (V.5ff.), so wird deutlich, wie sehr die Gottesbeziehung Israels in der Sicht der Propheten von dem sozialen Fehlverhalten der Oberschicht betroffen ist. Mit dem Unrecht, das der israelitischen Gesellschaft geschieht, steht die Gottesbeziehung Israels insgesamt auf dem Spiel. So wird auch die Divergenz erklärlich, die zwischen den partiellen – gegen die Oberschicht gerichteten – sozialen Anklagen und den totalen – das ganze Volk umfassenden – Gerichtsankündigungen besteht:[58] An der Frage der gesellschaftlichen Gerechtigkeit entscheidet sich für die Propheten die Zukunft Israels insgesamt; ein Volk, dessen Solidaritätsbeziehungen so zerrüttet sind, hat ihrer

---

G.Fleischer, Menschenverkäufer, 338ff., zwischen der breiten vorderorientalischen Verwendung des Begriffs „Recht und Gerechtigkeit" und seiner konkreten, spezifisch israelitischen inhaltlichen Füllung zu unterscheiden.

[58] Das theologische Problem, das an dieser Stelle liegt, wurde häufig gesehen, ohne daß eine völlig befriedigende Lösung schon gefunden wäre, vgl. dazu Chr.Hardmeier, 35–39; E.Zenger, Botschaft, 397ff. Natürlich betraf der angekündigte Untergang, besonders die Zerschlagung der staatlichen Institutionen und die Deportationen, vor allem die Führungsschicht; ob jedoch eine Lösung des Problems darin zu suchen ist, die Gerichtsankündigungen auf sie zu beschränken, wie E.Zenger, a.a.O., 399ff., und G.Fleischer, Menschenverkäufer, 412ff., es versuchen, wage ich zu bezweifeln (s. nur Am 5,1f.). Das hier schlummernde Theodizee-Problem wurde erst von den Propheten des 7.Jhs. empfunden (vgl. Jer 5,1–6; 6,9–15.27–30).

Meinung nach keine Zukunft mehr, wenn die Verantwortlichen nicht sofort ihre verdrängte Schuld annehmen und ihr Verhalten ändern.[59]

3.622 Kritik an der Militär- und Bündnispolitik

Die zweite Stoßrichtung prophetischer Anklage richtete sich gegen die Militär- und Bündnispolitik und wurde von Jesaja und Hosea vorgetragen.[60] Sie standen hier in der Nachfolge der Hofpropheten, deren Aufgabe es war, zu wichtigen politischen und militärischen Entscheidungen des Königs den göttlichen Willen zu erkunden und eine Prognose abzugeben,[61] verfolgten allerdings eine andere Intention. So hatte Jesaja zwar in der Panik des syrisch-ephraimitischen Angriffs seinem König anfangs noch Heil verkündigt, indem er den baldigen Untergang der angreifenden Könige ansagte (Jes 7,7–9),[62] aber er verband diese Heilsprophetie mit der Aufforderung an Ahas, auf jegliche politische und militärische Aktivität zu verzichten (V.4). Konkret bedeutete das die Warnung, aus Angst vor den kleinen Feinden Israel und Syrien den großen Feind Assur ins Land zu holen (vgl. 8,5–7), wie es dann Ahas getan hat (2.Kön 16,7 f.).[63] Statt sich durch Unterwerfung unter die Assyrer die eigene Macht zu sichern mit allen unabsehbaren wirtschaftlichen, politischen und kulturellen Folgen, die das für das Land haben würde, hätte Ahas Jesajas Meinung nach lieber gelassen abwarten sollen im Vertrauen darauf, daß Jahwe die bedrohliche Lage klä-

---

59 Die in den 70er Jahren mit Heftigkeit geführte Kontroverse (Diskussion bei G.Fleischer, Menschenverkäufer, 402–423), ob die prophetische Sozialkritik nur dazu dient, die Gerechtigkeit des von ihnen angekündigten unumstößlichen Gottesgerichtes zu begründen und es bejahbbar zu machen (so H.W.Wolff, Stunde, 66 f.; W.H.Schmidt, Zukunftsgewißheit, 65), oder ob sie auf Umkehr und Besserung der Verhältnisse abzielt (so G.Wanke, Grundlagen, 14–17; O.Keel, Rechttun, 211–218), findet meiner Meinung nach darin ihre Lösung, daß die Propheten zwar keine Sozialreformer waren und sein wollten, wohl aber dafür kämpften, durch schonungslose Schuldaufklärung das kommende Unheil doch noch aufzuhalten, so Chr.Hardmeier, Unheilsprophetie, 38–41; ähnlich E.Zenger, Botschaft, 404–406.

60 Vgl. dazu C.A.Keller, Element; E.Würthwein, Jesaja; W.Dietrich, Jesaja, 60–196; 257 ff.; H.Donner, Israel; M.E.W.Thompson, Situation, 13–78; A.Alt, Hosea; J.A.Soggin, Hosea.

61 1.Kön 20,13 ff.; 22,6 ff.; 2.Kön 3,11 ff. u.ö. Jes 7,4–9a hat noch die Form eines solchen Kriegorakels: V.4 Aufforderung mit Beistandszusage, V.5–9a begründete Unheilsankündigung über die Feinde, so richtig Th.Lescow, Denkschrift, 316 ff., gegen H.Wildberger, Jesaja, 270 ff., der den Text als Heilsorakel an den König deutet.

62 Die syntaktische Konstruktion von V.7b-8a.9a ist umstritten, vgl. die Diskussion bei O.H.Steck, Rettung, 172–176. Ich fasse mit ihm die Verbformen *tāqūm* und *tihjē* durativ auf (vgl. Jes 8,10; 28,18) und V.8 f. als Subjektsatz zu V.7b: „Es wird keinen Bestand haben und nicht dabei bleiben, daß das Haupt von Aram Damaskus...“. V.8b ist eine aktualisierende Glosse, die vielleicht auf die Ansiedlung fremder Bevölkerungselemente unter Asarhaddon anspielen will, vgl. Esr 4,2.

63 Die Kontroverse, ob Jesaja nur den Verzicht auf das Hilfegesuch an Tiglat-Pileser oder den Abbruch aller Verteidigungsanstrengungen gemeint hat, die in der Forschung diskutiert wird (vgl. O.H.Steck, Rettung, 178–182), ist infolge der nachträglichen Stilisierung des Prophetenwortes, die uns in der Denkschrift Jesajas (6,1–8,18) vorliegt, nicht zu entscheiden und letztlich auch akademisch.

ren und ihm eine neue Chance eröffnen wird. Das Vertrauen auf Gott, auf sein Heilsangebot, schließt somit nach Jesaja den Verzicht auf politisch-militärische Machtsicherung ein (Jes 7,9b).[64]

Doch dazu war Ahas nicht bereit; eine solche Politik erschien ihm zu risikoreich (V.11f.). Nach der Ablehnung, die er mit seiner Heilsbotschaft erfuhr, änderte Jesaja seine Position: Wohl erhielt er die Gerichtsankündigung gegen die syrisch-ephraimitische Koalition aufrecht (V.16) – der Bruderkrieg war und blieb für ihn verwerflich (V.5f.) –, aber er kündigte nun auch Juda Unheil an,[65] die herbeigerufenen Assyrer würden es überfluten und schließlich seinen Untergang herbeiführen (7,17; 8,7f.; 5,26ff.). Doch mit dieser Botschaft stieß Jesaja noch mehr auf Unverständnis; sein Frontwechsel entlarvte ihn in den Augen seiner Gegner als Hochverräter, der die Sache des Feindes betrieb (8,11–15).

In seiner Spätzeit, in den Aufstandsbewegungen nach dem Tode Sargons II. 705, hat Jesaja seine politische Anklage noch schärfer profiliert. Die außenpolitische Option der judäischen Politik hatte sich gegenüber 734 um 180 Grad gedreht: Hiskia setzte auf die ägyptische Karte, um die assyrische Besatzung wieder abzuschütteln. Doch trotz dieses Wandels blieb Jesaja seiner Position treu und bewies damit, daß er keineswegs einem religiösen Nationalismus[66] oder Neutralismus[67] frönte: Genauso wie die politische Unterwerfung Ahas' unter die Assyrer, so war für ihn auch der Befreiungskrieg Hiskias gegen die Assyrer Ausdruck mangelnden Gottvertrauens. Dessen Vertrauen auf Waffen und die militärische Macht Ägyptens standen seiner Meinung nach in sich ausschließendem Gegensatz zum Vertrauen auf Jahwe; die Bündnis- und Militärpolitik Hiskias war Abfall von Gott, Ausdruck faktischer Gottlosigkeit (Jes 28,14–19; 30,1–5; 31,1–3).[68] Die politische Alternative, die Juda gehabt hätte, aber verspielt hat, deutet Jesaja in 30,15 an:

---

[64] Die bedingte Unheilsverheißung „Wenn ihr nicht glaubt, ja, dann werdet ihr keinen Bestand haben!" fällt syntaktisch (plur. Anrede, vgl. 8,12f.) und formal aus dem Kriegsorakel an Ahas heraus und ist als Lehre Jesajas an seine schwankende Jüngerschaft zu verstehen, die er in seiner Denkschrift nachträglich aus seinen enttäuschenden Erfahrungen mit Ahas zieht, so Chr.Hardmeier, Gesichtspunkte, 47ff.

[65] Daß Jesaja in Jes 7,1–17 darüber Rechenschaft ablegt, warum seine Heilsverkündigung für Juda in eine Gerichtsverkündigung umschlug, hat O.H.Steck, Beiträge, 194ff., im einzelnen nachgewiesen.

[66] So richtig W.Dietrich, Jesaja, 148; dagegen meinte E.Würthwein, Jesaja, 137; 143, der Prophet habe allein aus fremdreligiöser Abwehr gegen ein Bündnis mit Assur votiert, was keineswegs einen „Verzicht auf Machtmittel" bedeute.

[67] Die These H.Donners, Israel, 169ff. u.ö., Jesaja fordere aufgrund der religiösen Sonderstellung Israels und seines Gottes eine „unbedingte Neutralitätspolitik", übersieht, daß dann eine Befreiung Judas aus der assyrischen Herrschaft ganz im Sinne des Propheten hätte sein müssen.

[68] Daß Jesaja das Vertrauen auf Rüstung bzw. Militärbündnisse und das Vertrauen zu Gott in sich ausschließendem Gegensatz sieht, haben in neuerer Zeit wieder C.A.Keller, Element, 82ff.; F.Huber, Völker, 88ff.; 206ff., herausgearbeitet; ähnlich urteilt auch W.Dietrich, Jesaja, 148f.; 268; 278. Wenn K.Elliger, Prophet, 135f.; H.Wildberger, Jesaja, 279f.; H.Donner, Israel, 172, der pazifistischen Konsequenz dieses Gegensatzes mit allen Mitteln auszuweichen

In Zurückhaltung[69] und Gelassenheit liegt eure Rettung,
in Stillehalten[70] und Vertrauen[71] eure (militärische) Stärke![72]

Das heißt, ein bewußter Verzicht auf militärische Anstrengungen, ein gelassenes Abwarten im Vertrauen darauf, daß Gott auch die Macht des assyrischen Weltreiches nicht in den Himmel wachsen läßt, hätte das Überleben Judas sichern können. Diese Prognose Jesajas hat sich in dem Vernichtungsfeldzug Sanheribs bitter bestätigt.[73]

Zum ersten Mal in der Religionsgeschichte Israels tritt somit Jahwe in der Prophetie Jesajas in grundsätzliche Distanz zur staatlichen und militärischen Macht.[74] Jesaja bestreitet dem König und der judäischen Machtelite die Vereinnahmung Jahwes für ihre militärpolitischen Ziele. Er bricht die Gleichsetzung von königlicher Militärpolitik und göttlicher Weltregierung, welche die Königstheologie vollzogen hatte, auf.[75] Wohl handelt auch für Jesaja Jahwe in der politischen Weltgeschichte, aber weit souveräner, als sich das die Königstheologie vorstellen konnte. Er läßt sich nicht an die Machtinteressen des davidischen Königs binden; die Heilschance, die er ihm einräumt, kann nur durch Verzicht auf politisch-militärische Machtsicherung ergriffen werden. Eine ähnliche Korrektur nimmt Jesaja an der Zionstheologie vor: Die in ihr zugesagte Heilsgarantie gilt nur den Ohnmächtigen, die bewußt auf eigene machtpolitische Sicherung verzichten (Jes 28,12.16f.; 14,32), nicht für die hochgerüstete Stadt. Die kultische Gegenwart des auf dem Zion thronenden Gottes wird der gegenwärtigen Hauptstadt gerade gefährlich (6,1–4.11).[76] Jahwe befreit sich somit nach der Sicht Jesajas aus den ideologischen Verquickungen, in die ihn die Jerusalemer

---

versuchen, dann ist das aus dem Anliegen zu erklären, den Propheten vor dem Verdacht der Schwärmerei in Schutz zu nehmen. Aber vielleicht hat er das gar nicht nötig?

[69] Das Hapaxlegomenon *šûbā* wird z.T. mit „Umkehr" (von *šûb*; F.Huber, Völker, 143–145), z.T. mit „Stillesitzen" (von *jāšab*; W.Dietrich, Jesaja, 149f.) wiedergegeben. Meine Übersetzung versucht, von den Parallelbegriffen den Sinn zu erschließen.

[70] Das gleiche Verb *šāqaṭ hi.* „Ruhe halten" wird in Jes 7,4 gebraucht.

[71] Das Wort *biṭḥā* entspricht dem *he'ĕmīn* „glauben" in 7,9b und 28,16.

[72] Die paradoxe Formulierung, daß gerade im Verzicht auf Rüstungsanstrengungen militärische Stärke (*gĕbūrā*) liegt, macht deutlich, daß die von Jesaja gemeinte Haltung des gelassenen Vertrauens auf Gott nicht passive Hinnahme, sondern aktiven – allerdings gewaltfreien – Widerstand gegen die Fremdmacht meint. Von daher sollte man den Begriff Quietismus zur Bezeichnung der Position Jesajas (vgl. etwa C.A.Keller, Element, 89) aufgeben.

[73] Daß Jesaja die realistischere politische Option im damaligen Meinungsstreit vertrat, betont mit Recht W.Dietrich, Jesaja, 259ff. Die ältere Kontroverse um Prophetie und Politik (vgl. den Bericht bei W.Dietrich, Jesaja, 247–255), in der um die religiöse oder realpolitische Orientierung der Propheten gestritten wurde, verkannte den pseudoreligiösen Charakter sogenannter Realpolitik, den Jesaja gerade offenlegt, vgl. W.Dietrich, a.a.O., 274f.

[74] Vgl. R.Albertz, Shalom (2.3), 22ff.

[75] S.o. 181f.

[76] Daß die Theophanie, die Jesaja im Tempel schaut, als Gerichtstheophanie zu verstehen ist, hat O.H.Steck, Jesaja 6, 156f., im Anschluß an R.Knierim gezeigt. Sie zielt nicht auf eine Berufung Jesajas, sondern auf eine In-Dienst-Stellung zu einem ganz besonderen Auftrag (vgl. 1.Kön 22,19b-22), vgl. a.a.O., 153ff.

Königs- und Tempeltheologie gebracht hatte. In den sich überstürzenden geschichtlichen Ereignissen sieht er einen göttlichen Plan am Werk,[77] nach dem Jahwe seine bezwingende Majestät gerade darin erweist, daß er systematisch jede hybride politisch-militärische Selbstsicherung des Menschen zerschlägt, zuerst Israels und Damaskus' (7,7–9; 9,7–20), dann Judas und Jerusalems (7,17; 8,7; 5,26ff.; 10,1–4) und schließlich auch die des Strafwerkzeuges Assur (10,5–15). Jahwe erweist seine Gottheit nach Jesaja nicht in der Legitimation, sondern gerade in der Erniedrigung menschlicher Macht (2,10.12–17).

Etwas anders gelagert ist die Kritik, die Hosea gegen die Bündnispolitik des Nordreiches richtet: Sie zielt nicht so sehr auf das falsche Vertrauen auf politisch-militärische Macht – obgleich Hosea auch dies kennt (Hos 10,13b) –, sondern mehr auf den Verlust nationaler Identität und eine Verwilderung politischer Sitten.[78] Er geißelt das dauernde Abschließen und Brechen internationaler Verträge (Hos 10,3f.) und die schwankenden Anbiederungsversuche an die umliegenden Mächte: zuerst die leichtfertige und am Ende ruinöse Koalition mit den Aramäern im syrisch-ephraimitischen Krieg (5,11), sodann nach dem politischen Desaster von 732 den Versuch des Usurpators Hosea, wie Ahas durch eilfertige Unterwerfung unter Assur und werbende Tributzahlungen die Besatzungsmacht versöhnlich zu stimmen und sich politische Vorteile zu erkaufen (5,12–14; 8,9),[79] und etwas später dann sein riskantes Unternehmen, durch eine Schaukelpolitik zwischen den Großmächten seinen politischen Handlungsspielraum zu erweitern (7,11f.; 12,2).[80] Damit hat sich Israel – so sagt Hosea – unter die Völker mengen lassen und merkt gar nicht, wie es durch die ständigen

---

[77] Vgl. *'ēṣā* Jes 5,19; 30,1; vgl. 29,15; dazu Jahwes „Werk" 5,12.19; 28,21; vgl. 29,14. Dieser Plan darf allerdings nicht deterministisch verstanden werden, wie es bei H.Donner, Israel, 171, klingt. Die gewichtigsten Belege für den Geschichtsplan Jahwes (Jes 8,10; 14,26; 28,29) gehören sowieso zur „Assurredaktion", die die Prophetie Jesajas im 7.Jh. nach dem Niedergang des assyrischen Weltreiches aktualisierte, s. H.Barth, Jesaja-Worte (3.9), 267ff. W.Werner, Studien, 95ff., will sogar jegliches Reden vom Plan Jahwes Jesaja absprechen und „nachexilischen Dichtungen" zuweisen, doch kaum zu Recht.

[78] Wenn H.Donner, Israel, 175f., meint, Jesaja und Hosea seien „in ihrem Eifer für den Ausschließlichkeitsanspruch Jahwes" verbunden, doch unterschieden sie sich dadurch, daß jener Realist, dieser aber eine „unpolitische, antipolitische Natur" sei, die sich mit der staatlichen Existenz Israels unter den Völkern nicht habe abfinden können, dann wird der Unterschied zwischen den beiden Propheten völlig verzeichnet. Bei Jesaja ist Jahwes Macht über Israel durch die selbstherrliche Militär- und Bündnispolitik Judas, bei Hosea seine exklusive Bindung an Israel durch den politischen, wirtschaftlichen und kulturellen Ausverkauf an die Großmächte tangiert. Angemessener ist dagegen der Vergleich, den M.E.W.Thompson, Situation, 74ff., anstellt.

[79] So noch immer die wahrscheinlichste Deutung nach A.Alt, Hosea, 180; vgl. H.Donner, Israel, 50f.; 59; J.A.Soggin, Hosea, 132f.; J.Jeremias, Hosea, 82.

[80] So H.Donner, Israel, 79f.; J.A.Soggin, Hosea, 134ff. Dagegen deutet J.Jeremias, Hosea, 99, im Anschluß an H.W.Wolff, Hosea, 162, Hos 7,11f. auf den Regierungswechsel vom antiassyrischen Pekach zum proassyrischen Hosea; doch ist von ägyptischen Verbindungen Pekachs nichts bekannt, und die Reihenfolge braucht nicht zeitlich gemeint sein.

Zahlungen nach allen Seiten langsam aber sicher wirtschaftlich ausblutet (7,8f.; 8,10).

Das fortlaufende Buhlen um die Gunst der Großmächte (8,9) ist aber für Hosea nur Teil eines umfassenderen Abfalls Israels von Jahwe.[81] Es demonstriert ihm, daß Israel seine religiöse Mitte, die es „von Ägypten her" konstituierte (12,10; 13,4), vergessen und damit sich selber aufgegeben hat. Eine Anlehnung an die Großmächte kann seiner Meinung nach einen Neuanfang des geschlagenen Rumpfstaates nicht gewährleisten, sondern nur noch tiefer ins Verderben hineinführen: Er kämpft gegen die Illusion, von den fremden Schutzmächten die Hilfe zu einem neuen Start zu erwarten, wo es doch der verlassene Jahwe selbst ist, der Ephraim wie ein eiterndes Geschwür zerfrißt (5,12-14). Hosea und seine Schüler[82] kommen zu der Überzeugung, daß Israel erst einmal durch die völlige Zerstörung seiner staatlichen Existenz hindurch muß, bevor es aus seiner Selbstvergessenheit erwacht, sich Jahwes und seiner eigenen Geschichte erinnert und ein Neuanfang möglich wird (Hos 2,8f.; 3,4). So wird in ihrer Verkündigung die angekündigte Deportation nach Assyrien zum Symbol dafür, daß Israel wieder auf seine Anfänge in Ägypten zurückgeworfen wird.[83]

Hilfe kann für Hosea allein durch Jahwe und das heißt durch Abkehr von den Großmächten und entschlossene Hinkehr zu ihm kommen.[84] Darum greifen er und seine Schüler auf die Anfänge der Religionsgeschichte Israels zurück und stellen ihren Zeitgenossen die Wüstenzeit, in der sich Israel noch allein auf die Hilfe Jahwes angewiesen wußte, als kritisches Gegenbild vor Augen (13,4-6).[85]

Die Bündnispolitik mit all' ihren Gefahren der politischen und kulturellen Überfremdung[86] ist somit die eine Front, gegen die Hosea eine in dieser Schärfe noch unbekannte Exklusivität des israelitischen Gottesverhältnisses formuliert. Sie ist die Basis, von der er sie verurteilt, aber sie ist zugleich auch die Basis für eine neue religiös konstituierte Identität, die er dem in staatlicher Auflösung begriffenen Nordreich anbietet.

---

[81] Vgl. die Parallelität der Terminologie von Hos 5,11 und 2,7 (*hālak 'aḥărē* „hinterherlaufen"), 7,11 und 7,7 (*qārā'* „rufen"), 8,9cj und 2,14cj (*'etnān* „Liebesgabe"), auf die bes. J.Jeremias, Hoseabuch, 589f., hingewiesen hat.

[82] Ich gehe mit J.Jeremias, Hoseabuch, 592f., davon aus, daß Hos 1-3 zum Teil und Hos 4-14 insgesamt im Schülerkreis Hoseas komponiert worden sind.

[83] Vgl. Hos 11,5; so ist die eigenartige Ankündigung (8,13; 9,3.6; vgl. 7,16) zu erklären, Israel müsse zurück nach Ägypten.

[84] So explizit allerdings erst in dem spätesten Text des Hosea-Schülerkreises Hos 14,2-4, vgl. Jeremias, Eschatologie, 231ff.

[85] Vgl. Hos 9,10; 10,1f.; 11,1-4; 12,10 und H.-D.Neef, Heilstraditionen, 253f.

[86] Die kulturelle Überfremdung spiegelt sich auch in der Archäologie: Die Eisen IIC-Zeit ab dem letzten Drittel des 8.Jhs. ist in ganz Palästina gekennzeichnet durch die Auflösung der Nationalkulturen und verstärkten Kulturimport aus Assyrien, Ägypten und Griechenland, vgl. H.Weippert, Palästina, 574f.

3.623 Kritik an Beamtenherrschaft und Königtum

Neben der Kritik an der Bündnispolitik findet sich bei Hosea an politischer Anklage auch noch eine scharfe Polemik gegen das Königtum und die es umgebenden Beamtencliquen. Während die Führungsschicht bei den anderen Propheten meist im Rahmen der sozialen Anklage ins Visier kommt[87] und Jesaja sich darauf beschränkt, die falsche Politik der Könige und ihrer Ratgeber aufs Korn zu nehmen (Jes 7,13; 28,14), unterzieht Hosea die Institution des Königtums als solche einer grundsätzlichen politischen und theologischen Kritik.[88] Das hängt sicher mit dem erbärmlichen Erscheinungsbild zusammen, in dem sich das Nordreichkönigtum seiner Zeit darbot: Voll in die Destabilisierung des Staates hineingerissen, verbrauchte die Institution in den letzten 25 Jahren des Nordreiches allein sechs Regenten, davon bestiegen allein vier als Usurpatoren den Thron. Ausgangspunkt der Kritik Hoseas sind darum auch die galoppierenden Thronwechsel und die meist damit verbundenen Königsmorde (Hos 1,4;[89] 7,3–7; 8,4). Darin drückt sich aber für Hosea eine menschliche Eigenmächtigkeit aus, die mit Jahwe nichts mehr zu tun haben will (7,7; 8,4). Ein Königtum, das so zum Spielball rivalisierender Machtcliquen geworden ist, die tückisch, treulos, ohne Rücksicht auf die Würde des Amtes und die politische Moral nicht genehme Amtsinhaber abservieren, um ihren Kandidaten durchzuboxen (7,3–7), hat keine göttliche Legitimation mehr, sondern ist Produkt und Symbol des Abfalls Israels von Jahwe. Doch Hosea geht in seiner theologischen Kritik noch weiter: Er sieht die gleiche gottentfremdete Eigenmächtigkeit Israels schon bei der Königserhebung Sauls am Werk (9,15;[90] 13,10). Die Institution des Königtums, die Israel damals verlangte, war von vornherein Ausdruck des Zornes Gottes, die Jahwe in der Gefangennahme des letzten Nordreichkönigs Hosea durch Salmanassar V. 724 in seinem Grimm wieder vernichtet hat (13,11). Die ganze staatliche Geschichte Israels mit Königtum und Beamtenherrschaft war seiner Meinung nach ein Irrweg, der jetzt zu seinem Ende kam.

---

[87] Vgl. nur Jes 3,1ff.; Am 7,9.11; Mi 3,1ff. und o. 257f.

[88] Daß es sich um eine grundsätzliche Kritik handelt, ist z.T. bestritten worden, vgl. aber die neueren Stellungnahmen von F.Crüsemann, Widerstand (3.1), 88–94; H.Utzschneider, Hosea, 66–128; R.Gnuse, Calf, 89; J.Jeremias, Hosea, 31f.

[89] Die Interpretation der „Blutschuld von Jesreel" macht insofern Schwierigkeiten, als die nächstliegendste Deutung auf den Jehu-Aufstand implizieren würde, daß Hosea sich von diesem prophetisch inspirierten Kampf gegen den omridischen Baalkult distanziert, obgleich er selber den Vorwurf des „Baalismus" erhebt (s.u. 269ff.) und sich in die Kette der Nordreichpropheten einordnet (vgl. Hos 6,5; 9,8; 12,11.14 und H.-J.Zobel, Prophet, 290f.). So wird man entweder an ein anderes Blutbad denken müssen, etwa Thronwirren nach Ende der Regierungszeit Jerobeams II. (so etwa H.Utzschneider, Hosea, 77), oder aber annehmen, daß die Morde Jehus – abgesehen von ihrem religionspolitischen Ziel – schon zu einem Symbol für die späteren Königsmorde geworden sind (so etwa J.Jeremias, Hosea, 30f.)

[90] Daß die „Bosheit in Gilgal" auf die Thronerhebung Sauls anspielt (1.Sam 11,15), ist zwar nicht sicher (vgl. W.Rudolph, Hosea, 188), aber immer noch die beste Erklärung (vgl. J.Jeremias, Hosea, 124).

Hosea greift mit diesem grundsätzlichen Verdammungsurteil über das Königtum wahrscheinlich auf die älteren königskritischen Traditionen zurück,[91] die im Nordreich ja immer virulent geblieben waren.[92] Aber für ihn steht nicht die soziale, sondern die theologische Komponente dieser Kritik im Mittelpunkt: Das Königtum mit seinem Anspruch auf politische Segensmittlerschaft war ja schon in der frühen Königszeit als Konkurrenz zur unmittelbaren Beziehung Jahwes zu Israel empfunden worden.[93] Indem Hosea die Exklusivität des israelitischen Gottesverhältnisses schärfer ausformulierte, als dies bis dahin üblich war, spitzte sich für ihn diese Konkurrenz zu einem sich ausschließenden Gegensatz zu: Wenn es für Israel keinen anderen Retter gibt als Jahwe, den Retter von Ägypten her (*mōšīă* 13,4), dann ist Israels Wunsch nach einem König, der es retten könnte (*jōšīʿăkā*: 13,10), Abfall von Jahwe. Das Königtum ist für Hosea genauso wie der korrupte Staatskult, den es zu verantworten hat, eine Form des Götzendienstes (8,4–6);[94] dafür ist im Gottesverhältnis Israels, wie er es versteht, kein Platz. Es wird darum seiner Meinung nach durch Jahwe endgültig beseitigt (1,4).[95]

3.624 Kritik am Kult und „Synkretismus“

Die dritte Stoßrichtung der prophetischen Anklage richtet sich schließlich gegen den Großkult. Angriffspunkte waren erst einmal einzelne, ins Auge springende Mißstände, etwa Dienstpflichtverletzungen des Kultpersonals oder Ausschweifungen der Gottesdienstteilnehmer: So klagt Micha die Priester und Propheten wegen ihrer Bestechlichkeit an: Erstere geben ihre kultischen Weisungen (*tōrōt*), etwa ob ein Tier opferbar sei, gegen Bezahlung und drücken bei entsprechender Höhe wohl auch mal ein Auge zu (Mi 3,11), und letztere geben bei privaten Orakelanfragen nur dann positive Bescheide, wenn die Kasse stimmt (3,5.11). Jesaja geißelt die Trunkenheit von Priestern und Propheten (Jes 28,7b-13) und Hosea den Verkehr der Priester mit Tempelprostituierten (Hos 4,14aβ). Besonders Hosea nimmt auch das Verhalten der Gottesdienstteilnehmer aufs Korn: Ihre ausgelassene Festfreude (9,1) mit Weingenuß (4,11) und sexuellen Ausschweifungen (4,13bf.) und ihr frenetisches Heulen bei den Klagegottesdiensten, das sie

[91] Vgl. F.Crüsemann, 91f.; H.Utzschneider, Hosea, 124, (allerdings nur für 13,10b) und die jetzt dtr. formulierte Tradition in 1.Sam 8,4f.19f., s.o. 186f.

[92] S.o. zum Jereobeamaufstand (215f.) und zu Elia (236ff.).

[93] S.o. 184.

[94] Der Zusammenhang von religiöser und innen- bzw. außenpolitischer Anklage in Hos 8,1–13 wird von R.Gnuse, Calf, 88ff., gut herausgearbeitet.

[95] Daß die wohl in dieser Formulierung aus dem Ende der Wirksamkeit Hoseas stammende Aussage wirklich das Ende der Institution des Königtums meint, wird daraus ersichtlich, daß der Hosea-Kreis ursprünglich für den Neuanfang nach der Katastrophe keine Restitution des Königtums erwartete (vgl. Hos 2,16f.; 11,8–11; 14,5–9). Erst in späteren Überarbeitungen drang es wieder in die Hoffnungsperspektive ein (3,5; 2,2).

noch durch schmerzhafte Selbstminderungsriten (Einschnitte in die Haut) unterstützen (7,14).

Doch mit dieser Einzelkritik lassen es die Propheten nicht bewenden. Amos, Micha und Jesaja lehnen den Kultbetrieb ihrer Zeit grundsätzlich ab, weil er das soziale Unrecht und Elend in der Gesellschaft zudeckt. Ein Gottesdienst, in dem die Oberschicht ihren zusammengeraubten Reichtum zur Schau stellt und religiös absichern läßt (Am 2,8 f.; vgl. Jer 7,9 ff.), ein Gottesdienst, dem kein Rechttun und keine Solidarität im Alltagsleben mehr entspricht (Jes 1,16 f.; Am 5,24), ist für Amos schlicht *peša'*, Aufruhr gegen Gott (Am 4,4 f.). Amos und Jesaja scheuen sich nicht, dies den Gottesdienstteilnehmern provozierend ins Gesicht zu schleudern: Sie schlüpfen in die Rolle eines Priesters, der den Gott wohlgefälligen Vollzug der Opfer zu bestätigen hatte,[96] um im Gottesdienst öffentlich zu verkünden, daß Jahwe diesem ganzen Kultbetrieb die Annahme verweigert (Am 5,21-27*[97]; Jes 1,10-17).[98] Statt Opfern und Gesängen fordern sie im Namen Jahwes Recht und Gerechtigkeit (Am 5,24) und Solidarität mit den Armen (Jes 1,17). Die prophetische Polemik richtet sich nicht gegen die Opfer und nicht gegen die kultische Gottesverehrung als solche, wie man immer wieder meinte,[99] sondern gegen einen Gottesdienst, dem kein ethisches Gott-Dienen im Alltag mehr entspricht.[100]

Amos und Micha gehen in ihrer Kritik so weit, den Hauptstätten dieses für sie gottlosen Kultes, den Reichsheiligtümern von Bethel bzw. Jerusalem, die Zerstörung anzukündigen (Am 3,14; 9,1-4; Mi 3,12 vgl. Jer 7,12.14). Dabei nimmt Micha explizit auf den Kernsatz der Jerusalemer Tempeltheologie Bezug: Die politischen und geistlichen Führer der Hauptstadt meinen, es könnte gar kein Unheil über sie kommen, weil Jahwe ja im Tempel kultisch anwesend sei (Mi 3,11; vgl. Jer 7,4).[101] Insbesondere der Kult von

---

[96] Vgl. die deklaratorischen Formeln *lō' jērāṣē* „es wird nicht wohlgefällig angenommen", *lō' jēḥāšeb* „es wird nicht angerechnet" und *piggūl hū'* „unrein ist es" Lev 7,18; 19,7 u.ö.; daß es sich hierbei um Opferbescheide im Rahmen der priesterlichen Anrechnungstheologie handelt, hat R.Rendtorff nachgewiesen (zuletzt: Studien [2.3], 253-260).

[97] V.25 und 26 sind dtr. Bearbeitung (so H.W.Wolff, Joel, 306, nach W.H.Schmidt) dabei spiegelt V.26 fremdreligiöse Einflüsse, die eher in das 7.Jh. gehören, s.u. 301.

[98] Dazu grundlegend E.Würthwein, Kultpolemik, 146 ff., vgl. den Anklang an die Opferbescheid-Terminologie in Am 5,22; Jes 1,11. In den weiteren Umkreis gehören Hos 6,6; 8,13; Jer 6,19-20; 14,12; Mal 1,10; 2,13. Es handelt sich allerdings nicht um eine „kultprophetische Gattung", wie E.Würthwein, a.a.O., 155 ff., nachzuweisen sucht, aus der sich eine kultische Funktion der Propheten ableiten ließe, sondern um die Übernahme einer priesterlichen, so zu Recht J.Jeremias, Kultprophetie (3.5), 156-162.

[99] So z.B. P.Volz und noch R.Hentschke in einem protestantisch-idealistischen Prophetenverständnis, s. die Diskussion bei E.Würthwein, Kultpolemik, 144 f.; H.M.Barstad, Polemics, 111 f.

[100] So der heute breite Konsens. Wenn dagegen H.M.Barstad, Polemics, 56 ff.; 118, Am 4,4 f. und 5,21-24 als Polemik gegen einen nicht-jahwistischen Kult verstehen will, dann ist dies eher aus seiner Sicht einer polytheistischen vorexilischen Religion Israels gefolgert als vom Text begründet.

[101] S.o. 208 ff.

Jerusalem vermittelte der Oberschicht eine Heilssicherheit, die sie völlig unsensibel für das Unrecht machte, das von ihr ausging. Wenn Micha dagegen behauptete, daß die Gottesstadt samt ihrem Tempel verwüstet werde, nicht zuletzt deswegen, weil an ihnen das Blut geschundener Fronarbeiter klebt (V.10), dann stellte er damit die kultische Vereinnahmung Jahwes grundsätzlich in Frage, die in der offiziellen Tempeltheologie vorgenommen worden war. Jahwes Bindung an das Recht, seine Parteinahme für die Entrechteten ging nach Meinung der Propheten soweit, daß er sich von seinem eigenen Kult trennen konnte.

Stand für Amos fraglos fest, daß der Kult des Nordreiches bei aller Kritik, die er gegen ihn vorzubringen hatte, ganz zweifellos Jahwekult war, so stellt der Prophet Hosea auch diese Übereinkunft noch in Frage. Der israelitische Kult[102] ist für Hosea Baalkult (2,15) und neben der schwankenden Anlehnung an die Großmächte und den dauernden Palastrevolten der tiefste Ausdruck für den Abfall Israels von Jahwe. Allerdings befindet sich die religionsgeschichtliche Interpretation dieser kultisch-religiösen Anklage Hoseas bis heute in einer Schwierigkeit: Meist vermutet man dahinter ein reales Wiederaufleben der Baalverehrung bzw. eine schleichende kanaanäische Überfremdung des Jahwekults, die im 8.Jh. einen neuen Höhepunkt erlebt hätte.[103] Die synkretistische Komplementierung der Jahwereligion wird dann meist damit erklärt, daß Jahwe ursprünglich ein Nomadengott gewesen sei, welcher der Ergänzung durch Baal als Spender der Fruchtbarkeit bedurft hätte.[104] Und man sucht und findet dann in der Polemik Hoseas Hinweise auf „kanaanäische Fruchtbarkeitsriten", die aus dem Baalkult in die Jahwereligion eingeflossen sei-

---

[102] Daß Hosea keinen Fremdkult meint, läßt er nicht nur implizit daran erkennen, daß er in 2,13 die normalen israelitischen Feste nennt, sondern auch durch explizite Formulierungen wie in 4,6; 5,6; 6,1; 7,14; 8,2; 9,5.

[103] Vgl. H.Ringgren, Geschichte, 244f.; G.v.Rad, Theologie II, 152f.; W.H.Schmidt, Glaube, 148–151; 167f.; J.Jeremias, Hosea, 68f. Während meist nicht darüber reflektiert wird, wie diese erneute synkretistische Gefahr nach dem Kampf Elias und der Ausrottung des samarischen Baalkultes durch Jehu überhaupt entstanden sein kann, versucht H.Balz-Cochois, Gomer, 95–133, die religionsgeschichtliche Entwicklung differenziert nachzuzeichnen: Die Ausschaltung Baals durch Jehu auf der Reichsebene führte ihrer Meinung nach zu einer „Baalisierung" Jahwes, um ihn an die Bedürfnisse des Kulturlandes anzupassen (98ff.; 128). Die Provinzebene war dagegen von dieser religionspolitischen Entwicklung kaum betroffen (100), hier wurde auf den Höhen seit alters Jahwe neben dem „Ortsbaal" und den weiblichen Gottheiten Aschera und Aschtarte verehrt (122ff.). Durch diese Unterscheidung versucht H.Balz-Cochois, die Unsicherheit der Forschung zu beheben, die sich uneins ist, ob Hosea gegen einen Fremdkult (Hos 2,7.15) oder gegen einen falschen Jahwekult (5,6; 8,2) polemisiere. Doch so wichtig eine religionsinterne Differenzierung ist, eine „Baalisierung Jahwes" im offiziellen Kult nach Jehu ist entgegen der Meinung der Verfasserin, die ausgerechnet Elia dafür namhaft machen will (98f.), nicht bezeugt, und daß Jahwe nach jahrhundertelangem Kultbetrieb immer noch nicht mit den ehemaligen (männlichen) Göttern der Lokalheiligtümer verschmolzen sein soll, ist weder zu erweisen noch wahrscheinlich.

[104] Vgl. G.v.Rad, Theologie I, 28ff.; 75f.; F.E.Eakin, Yahwism; U.Oldenburg, Conflict, 176ff.; M.J.Mulder, ba'al, 726f.; D.Kinet, Baal, 90f.; 213.

en: so auf sakrale Prostitution (*hieros gamos*) bzw. Brautriten in Hos 4,13f.,[105] „kanaanitischen Jubel" (9,1),[106] „heulende Brunstschreie ... in Fruchtbarkeitsriten" und „Ritzwunden ... nach dem Ritual des Baal" (7,14 vgl. 1.Kön 18,28)[107] und Rosinenkuchen als Liebessymbole für die Göttin 'Anat bzw. Aschtarte (Hos 3,1).[108]

Doch ist aus dieser Sicht so gut wie alles unsicher: Weder läßt es sich verständlich machen, warum das Bündnis mit den Aramäern und die Expansion des assyrischen Einflußbereiches ausgerechnet zu einem Aufleben des Baalkultes führen sollten, noch warum nach 400 Jahren jahwistischer Kultgeschichte im Kulturland die fruchtbarkeitsspendende Funktion Jahwes immer noch ein theologisches Problem gewesen sein soll. Keiner der postulierten „kanaanäischen Fruchtbarkeitsriten" läßt sich auch nur mit einiger Sicherheit aus dem Baalkult herleiten.[109] Wohl hatte Baal in Ugarit viel mit der Sicherung einer gedeihlichen Vegetation zu tun, aber seine Funktionen als „Herr der Erde" sind weit vielfältiger, als daß man ihn zu einem Fruchtbarkeitsgott reduzieren dürfte.[110] Ein *hieros gamos* ist bis jetzt im Baalkult von Ugarit nicht bezeugt[111] und auch aus Hos 4,13f. nicht zu erschließen: Der Text spricht nur davon, daß Priester[112] Umgang mit Prostituierten

[105] So H.W.Wolff, Hosea, 14; 16; 108ff.; J.Jeremias, Hosea, 70f.; bezüglich letzterer beziehen sie sich im Anschluß an L.Rost vor allem auf Berichte Herodots (I,199) und Lukians (De Syria Dea §6) über vergleichbare Initiationsriten in Babylon bzw. Byblos. Doch ist die Aussagefähigkeit dieser Texte aus dem 5.Jh.v.Chr und 2.Jh.n.Chr. für die „kanaanäische Religion" mit Recht angezweifelt worden, vgl. W.Rudolph, Jungfrauen, 70ff.; D.R.Hillers, Understanding, 257f.

[106] So W.Rudolph, Hosea, 175.

[107] So H.W.Wolff, Hosea, 163f.

[108] Vgl. J.Jeremias, Hosea, 54.

[109] Vgl. J.J.Vengassary, Accusations, 65–90. Die von H.W.Wolff, Hosea, 108f., zu Hos 4,13bf. beigebrachten spätantiken Zeugnisse für den „Akt eines ersten Verkehrs" am Heiligtum haben – wenn man sie überhaupt für glaubwürdig hält – weder mit Kanaan noch mit Baal zu tun. Und für die hinter der „Heiligen Hochzeit" Hos 4,14aβ vermutete Vorstellung, daß die Erde als Muttergöttin im Regen den Samen des Himmelsgottes empfängt (a.a.O., 16; 110f.), gibt es zwar Parallelen aus Sumer, die wiederum nicht vom Wettergott handeln, aber keine aus den mythologischen oder kultischen Baaltexten in Ugarit, was auch J.Jeremias, Hosea, 27f., zugibt. J.de Moor, ba'al (3.4), 717, gibt zu bedenken: „Nach dem AT sowie spätantiken und frühchristlichen Zeugnissen sollen im Kult der Baale und ihrer Partnerinnen äußerst obszöne Riten stattgefunden haben. In Ugarit ist davon wenig zu spüren." Wenn D.Kinet, Ba'al, 210f., angesichts der nur sehr allgemeinen Parallelen, die er zwischen Ugarit und Hosea aufweisen kann, in Frage stellt, daß die Texte aus Ugarit für den „Ba'al-Glauben" in der „Volksfrömmigkeit" aussagekräftig seien, dann deckt er damit nur die Unmöglichkeit auf, die religiöse Anklage Hoseas mit einem bezeugten konkreten Baalkult in Deckung zu bringen.

[110] Vgl. z.B. K.Koch, Entstehung, 467ff.; L.E.Toombs, Baal, 614.

[111] Vgl. H.Gese, Religionen, 179f.; D.Kinet, Ba'al, 79f.; K.Koch, Entstehung, 467; J.-M.de Tarragon, Culte, 139.

[112] So wenn man das betont vorangestellte *hem* „sie" mit H.W.Wolff, Hosea, 110, auf die Priester bezieht; dagegen möchte R.Rudolph, Hosea, 109, „den männlichen Teil der Familie" als Subjekt annehmen, wodurch aus der sakralen Prostitution „Befriedigung der Sinnenlust" wird (112).

haben und mit Qedeschen[113] zusammen opfern (!) und so für die israelitischen Töchter und Schwiegertöchter ein schlechtes Vorbild abgeben. Daß diese sexuellen Ausschweifungen eine sakrale Bedeutung hätten, etwa Vereinigung des Himmelsgottes mit der Muttergöttin Erde symbolisieren sollten,[114] deutet Hosea mit keiner Silbe an.

Schon die Tatsache, daß im Hoseabuch nicht nur von Baal im Singular (2,10.18; 13,1; vgl. 9,10), sondern auch im Plural die Rede ist (2,15.19; 11,2; vgl. 2,7.14), spricht dagegen, daß hier noch ein spezifischer Baalkult im Blick ist.[115] Nimmt man nun die Beobachtung hinzu, daß für Hosea und seine Schüler dieser „Abfall" zu Baal offenbar gar keinen akuten Anlaß hatte, sondern schon mit der Ansiedlung im Kulturland geschehen ist (9,10; 13,15f.), dann wird klar, daß es sich hier um eine polemisch-typisierende Sicht handelt. So gut wie alles, was Hosea als Baalverehrung disqualifiziert, die Kulthöhen (4,13ff.; 10,8),[116] die Mazzeben (3,4; 10,1f.),[117] die Orakelbäume (4,12)[118], die Gottesbilder (4,17; 8,4b; 11,2),[119] das Stierbild von Bethel (8,5f.; 10,5; 13,2),[120] ja selbst die Rosinenkuchen (3,1; vgl. 2.Sam 6,19) und Ritzwunden als Zeichen der Trauer (7,14),[121] ist über Jahrhunderte unkritisiert Bestandteil des Jahwekultes gewesen. Wohl geht vieles davon auf synkretistische Anleihen der Jahwereligion zurück, aber diese waren vor langer Zeit geschehen und wurden von der Bevölkerung längst

---

113 Ich halte sie für Frauen, die sich zu untergeordneten Diensten dem Tempel geweiht hatten und von denen u.a. sexuelle Dienste zugunsten des Heiligtums verlangt wurden, die aber keine kultische Funktion hatten. Zur umfangreichen Diskussion s.o. 134. In Ugarit sind übrigens nur männliche „Geweihte" (*qdšm*) belegt, die den Priestern untergeordnet waren; sie haben keinerlei sexuelle Funktion, s. J.-M.de Tarragon, Culte, 134ff.

114 So J.Jeremias, Hosea, 71.

115 Für die Pluralform, die insgesamt 18mal im AT vorkommt, sind verschiedene Erklärungen angeboten worden: N.C.Habel, Yahweh, 35, Anm.47, wollte sie als Majestätsplural deuten (dagegen: M.J.Mulder, baʿal, 718), meist versteht man darunter verschiedene kanaanäische Lokalgötter (z.B. H.W.Wolff, Hosea, 47f.) oder lokale Manifestationen des einen Wettergottes (z.B. J.Jeremias, Hosea, 45; M.J.Mulder, a.a.O., 719f.). H.Balz-Cochois, Gomer, 104ff., möchte sie in Analogie zu den Numina der altrömischen Religion auf „Bauernbaale" unterhalb der Ebene der offiziellen Religion beziehen. Doch alle diese religionsgeschichtlichen Konkretionen erweisen sich als verlorene Liebesmüh, wenn man in Betracht zieht, daß Hosea Singular und Plural ohne jeden Unterschied verwendet und daß alle pluralischen Belege im AT der Traditionskette angehören, die von Hosea über Jeremia ins DtrG und dann ins ChrG verläuft, was schon O.Eißfeldt, Baʿalšamēm (3.5), 185, festgestellt hat. Hosea verwendet Baal als polemischen Gattungsbegriff für alles von ihm als „fremdreligiös" Deklarierte.

116 S.o. 129ff.

117 Vgl. Gen 28,18.22 u.ö., s. 63; verboten werden sie erst im Gefolge Hoseas Dtn 16,22; Lev 26,1.

118 Vgl. Gen 12,6; Ri 9,37; zum Ephod Hos 3,4 vgl. Ri 17,5; 1.Sam 21,10; 23,6.9; 30,7 u.ö.

119 Das Bilderverbot ist wahrscheinlich jünger als Hosea, s.o. 101f. Zu den Teraphim Hos 3,4 vgl. 1.Sam 19,13 u.o. 63ff.

120 Weder Jehu noch Amos haben an dem Stierbild von Bethel Anstoß genommen! S.o. 242ff.

121 Vgl. Jer 16,6 bei der Toten-, 41,5 bei der Volksklage, verboten erst im Gefolge Hoseas Dtn 14,1; Lev 19,28; 21,5.

nicht mehr als Synkretismus angesehen.[122] Es ist erst Hosea, der den „ganz normalen" Jahwekult seiner Zeit unter Aufnahme des religiösen Feindbildes aus dem 9.Jh.[123] als Baalkult und damit verwerflichen Synkretismus denunziert.[124]

Fragt man, welche Gründe Hosea zu dieser polemischen Abqualifizierung des Jahwekultes seiner Zeit führten, so ist es – neben einzelnen Mißständen – vor allem das veräußerlichte, unreflektierte und mechanische Gottesverhältnis, das er seiner Meinung nach repräsentiert: Er wendet sich gegen eine – vielleicht durch die Krisenstimmung bedingte – Aufblähung des Kultbetriebes (4,7f.; 8,11; 10,1f.), mit dem nicht eine Annahme der Weisungen Jahwes (*tōrā*) einhergeht. Er wirft den Priestern vor, über ihrem Interesse nach Steigerung des Opferkults und damit ihrer Opferanteile das „Wissen um Gott" (*da'at 'ĕlōhīm*) zu verwerfen und die Weisung Jahwes vergessen zu haben (4,6).[125] Was dem Jahwekult fehlt, ist somit die theologische Reflexion (4,11.14b), das ernsthafte Bemühen der für ihn Verantwortlichen, ihn von Jahwe her zu gestalten und vor ihm zu verantworten. So konnten an den lokalen Kulthöhen unwürdige Mißstände einreißen (4,11–14), so konnte aber auch der Staatskult des Nordreiches auf völlige Abwege geraten: Das Stierbild von Bethel ist für Hosea der aberwitzige Versuch, der heilvollen Nähe Jahwes kultisch habhaft zu werden (8,5f.; 10,5f.; 13,2). Die Polemik gegen die Gottesbilder (4,17; 8,4b; 11,2; 13,2) steht für Hosea dabei im Zusammenhang einer umfassenderen Kritik an einer Kultkonzeption, die meint, allein schon durch kultische Symbole oder kultische Riten Jahwes Zuwendung und Segen herbeizwingen zu können (6,1–3; 7,13–16). Nicht darin, daß der Kult Fruchtbarkeit und Wohlstand sichern sollte, lag für Hosea der Angriffspunkt (7,14; vgl. 14,6ff.) – das war ja schon immer eine wesentliche Funktion des Jahwekultes gewesen –, sondern der Umstand, daß dies auf diese mechanisch-magische Weise geschah, so als könne man sich Segen und Glück eigenmächtig herstellen, machte diesen Kult für Hosea zum Baalkult, zum Ort der tiefsten Jahwe-Vergessenheit (*šākaḥ*: 2,15; 4,6; 13,6).

Es ist somit auch bei Hosea letztlich die Gefahr einer kultischen Manipulation Jahwes, die ihn zur Verurteilung des bestehenden Jahwekultes

---

[122] Im religionswissenschaftlich präzisen Sinn sollte der Synkretismus-Begriff nur für den aktuellen Prozeß der Religionsvermischung, der irgendwann einen Abschluß findet, verwendet werden. Als Bezeichnung des Zustandes einer Religion stiftet er nur Verwirrung, weil er suggeriert, es gäbe überhaupt „reine" Religionen und ein vor Jahrhunderten abgelaufener Vermischungsprozeß sei den Anhängern einer Religion noch bewußt. Man stelle sich vor, spätere Archäologen würden aus aufgefundenen Resten von Weihnachtsbäumen und Ostereiern schließen, dem Christentum sei es in Deutschland auch nach 1000 Jahren nicht gelungen, mit der germanischen Religion fertigzuwerden!

[123] S.o. 238ff.

[124] So ähnlich urteilt M.Weippert, Monotheismus (2.2), 162f., im Anschluß an J.J.Vengassary, Accusations, 72; 84 u.ö.: „Was wir hier miterleben, ist eine religionsinterne Grenzziehung, die als Abgrenzung nach außen interpretiert wird" (163).

[125] Vgl. Hos 4,1; 6,3.6; 10,12cj und H.W.Wolff, Wissen, 184ff.

führt. Aber indem Hosea eine solche kultische Vereinnahmung Jahwes sogar als Baalkult denunziert, distanziert er Jahwe noch schärfer von seinem Kult, als es Jesaja, Amos und Micha getan haben. Jahwe hat mit einem solchen Kult positiv überhaupt nichts mehr zu tun, über ihm steht nur noch sein Vernichtungsurteil; und Hosea kann seinen sich abzeichnenden Untergang, etwa den Verlust des Stierbildes als Tribut an Assur (10,6), nur noch mit Sarkasmus kommentieren.

Fragt man nach dem Gegenbild, das Hosea eine so grundsätzliche Distanzierung vom Kult seiner Zeit ermöglichte, so zeigt sich bei ihm noch deutlicher als bei den anderen Propheten ein bewußter Rückgriff auf die Frühzeit der Jahwereligion, besonders auf die im Norden stärker als im Süden lebendig gebliebene Exodustradition. Der theologischen Reflexion, die Hosea bei den Priestern vermißte, haben er und seine Schüler sich intensiv unterzogen und dabei zum ersten Mal ein theologisches Gesamtbild der Geschichte Israels entwickelt.[126] Kritisch gegen den selbstgenügsam dahinlaufenden Kultbetrieb halten sie daran fest, daß die Beziehung zwischen Jahwe und Israel geschichtlich begründet ist, und zwar jenseits der zeitgenössischen staatlichen Existenz Israels in Ägypten (11,1; 12,14) oder in der Wüste (9,10; 13,5; vgl. 2,10). Als positives Spiegelbild zum veräußerlichten Jahwekult ihrer Zeit entwerfen sie das Ideal eines engen persönlichen Gottesverhältnisses von hoher emotionaler Bindung (Vater-Sohn Hos 11; Mann-Frau Hos 2), in welchem der liebenden Zuwendung Jahwes (*'āhab*: 11,1; vgl. 14,5) anfangs noch ganz die ungeteilte Liebe Israels entsprach. Der Abfall begann nach dieser Konzeption damit, daß Israel spätestens im Kulturland, als es – nunmehr satt geworden – meinte, nicht mehr auf die alleinige Hilfe Jahwes angewiesen zu sein (13,5f.; vgl. 9,10; 10,1f.11–13), diese besondere geschichtliche Begründung seiner Gottesbeziehung vergaß. Es vergaß damit, daß es seine gesamte gegenwärtige Kulturlandexistenz samt deren Segnungen einzig Jahwe, seinem Retter von Ägypten her (12,10; 13,4), verdankte, und glaubte, sie sich selber politisch und kultisch sichern zu können (2,10.7). So brach es aus der exklusiven Gottesbeziehung aus und ordnete sich politisch wie kultisch der Völkerwelt ein. Darum würde Jahwe Israel alle diese Segnungen wieder nehmen, es nach Assyrien und das heißt erneut in die uranfängliche Not Ägyptens bzw. der Wüste führen (11,5; 8,13; 2,17). Erst nach dieser völligen Zurücknahme der fehlgelaufenen Geschichte Israels könne die Heilsgeschichte zwischen Jahwe und Israel wieder neu beginnen (11,8–11; 2,17).

Dieses imponierende Gesamtbild, das die ganze komplizierte Geschichte Israels von seinem Gottesverhältnis her auf wenige Linien reduziert, hat

---

[126] Vgl. die positive Füllung der *da'at 'ělōhīm*, die H.W.Wolff, Wissen, 193ff., vornimmt; doch im Unterschied zu H.W.Wolff meine ich nicht mehr, daß Hosea schon eine ausgestaltete Traditionsbildung des Pentateuch (J und E) voraussetzt. Die gleiche Einschränkung gilt hinsichtlich der neuesten Arbeit zum Thema von H.-D.Neef, Heilstraditionen, auf die für weitere Details der Geschichtsrückblicke verwiesen sei.

erst einmal eine kritische Funktion: Der gegenwärtigen, staatlich gesicherten Kulturlandexistenz Israels wird ihre Selbstverständlichkeit genommen, sie erscheint als Israel von Jahwe unverdient gewährtes Geschenk, das er ihm auch wieder nehmen kann. Kriterium dafür ist für Hosea die exklusive Gottesbeziehung der Frühzeit, in der Israel noch keinen anderen Retter als Jahwe kannte (13,4 f.). Wir hatten davon gesprochen,[127] daß sich unter den Befreiungserfahrungen und extremen Lebensbedingungen der Wüste in der Tat ein persönliches Gottesverhältnis der Exodusgruppe ausgebildet hatte, dem eine gewisse Exklusivität innewohnte. Unter der Herausforderung der nationalen Auflösungserscheinungen seiner Zeit radikalisierte nun Hosea die alte Befreiungstradition in der Weise, daß Israel nicht nur seine Freiheit, sondern seine Existenz überhaupt der Zuwendung Jahwes am Anfang seiner Geschichte verdankte. Damit gewann aber nun die Exklusivität seiner Gottesbeziehung eine neue, radikale Dimension: Israel mußte sich daran messen lassen, ob es in seinen politischen und kultischen Aktivitäten dem Postulat, alles, was es war und was es hatte, nicht sich selbst, sondern allein Jahwe zu verdanken, gerecht wurde. Das Ergebnis fiel, wie wir gesehen haben, für Hosea total negativ aus: Ein Kultbetrieb, der diese geschichtlich-theologische Grundbedingung Israels vergaß, hatte für ihn mit Jahweverehrung nichts mehr gemein.

Auf der anderen Seite läßt sich der entschlossene Rückgriff auf die geschichtlichen Wurzeln der Jahwereligion zugleich als ein Versuch Hoseas und seines Schülerkreises verstehen, ihren Hörern eine neue, religiös begründete Identität über die staatliche Katastrophe des Nordreiches hinaus anzubieten. Die vorstaatlichen Befreiungstraditionen Israels aus der Frühzeit boten auch ein Hoffnungspotential für einen Fortgang der Geschichte Israels jenseits der staatlichen Existenz. Die vom Hoseakreis radikaler gefaßte Exklusivität der Gottesbeziehung lieferte eine Basis, von der aus die Einheit und Identität Israels auch nach Wegfall des staatlichen und territorialen Bandes definiert werden konnte.[128]

Wir hatten gesehen, daß gerade die kultische Entwicklung bis dahin in Israel weitgehend unreflektiert und unkritisch verlaufen war; man hatte kultische Einrichtungen und Riten übernommen und verwandt, ohne tiefer über ihre Vereinbarkeit mit der Jahwereligion nachzudenken. Wenn jetzt Hosea angesichts des drohenden Verlusts nationaler Identität auf eine Unterscheidbarkeit des Jahwekultes von anderen Religionen drängte, indem er ihn von den besonderen geschichtlichen Ursprüngen der Jahwereligion her theologisch be- und verurteilte, leitete er damit eine Entwicklung ein, den über die Jahrhunderte entstandenen Kult einer grund-

---

[127] S.o. 98 ff.

[128] So vorsichtig H.-D.Neef, Heilstraditionen, 254, und sehr betont J.J.Vengassary, Accusations, 72; 81; 84 f., u.ö. Wenn J.J.Vengassary allerdings auch die Kultkritik allein von dem Anliegen der Identitätssicherung her verstehen will, dann schießt er meiner Ansicht nach über das Ziel hinaus. Dazu ist sie zu gewichtig und sachlich in sich zu konsistent.

legenden theologischen Revision zu unterziehen und viele Einrichtungen und Praktiken auszuscheiden. Diese Entwicklung begann mit der hiskianischen Reform[129] und sollte in der deuteronomischen Kultreform[130] ihren ersten Höhepunkt finden.

3.625 Prophetische Neuorientierungen der Jahwereligion

Auch wenn es schwierig ist, die vielgestaltigen und recht unterschiedlichen kritischen Ansätze der Propheten des 8.Jhs. auf eine Linie zu bringen, soll hier der Versuch gemacht werden, den wesentlichen Impulsen, welche ihre Verkündigung für die Fortentwicklung der Jahwereligion vermittelt hat, nachzugehen.[131]

Ein erster Impuls ist in einer Universalisierung und Potenzierung der Gottesvorstellung erkennbar. Jahwe ist für die Propheten fraglos die Macht, welche die Geschichte der vorderorientalischen Völker weit über Israel hinaus bestimmt (Am 1) und die Großmacht Assur zur Durchführung seines Planes einsetzt (Jes 5,26ff.; 10,5ff.). Die Propheten knüpfen damit an Erweiterungen des Machtbereichs Jahwes an, die ihm im offiziellen Kult der staatlichen Zeit – z.B. in Jerusalem – zugewachsen waren, konkretisieren sie nun aber, indem sie sie direkt mit den dramatischen internationalen politischen Entwicklungen ihrer Zeit in Verbindung bringen. Daß Jahwe König der Völker ist, der die Mächtigen in die Knie zwingt, ist für sie nicht nur ein Satz des Gotteslobes,[132] sondern bedrängende politische Realität. Von daher waren sie in der Lage, den weitreichenden politischen Kräfteverschiebungen ihrer Zeit eine theologische Relevanz zu geben. Doch anders als für die offizielle Theologie war für die Propheten mit der Ausweitung und Steigerung der Macht Jahwes kein Machtzuwachs Israels mehr verbunden. Im Gegenteil, Jahwe würde seine ganze geschichtliche Macht – so verkünden sie – nun gegen Israel wenden. Die Macht Gottes wird für sie zu einem kritischen, destabilisierenden Element, das die Existenz des eigenen Staates in Frage stellt.[133]

---

[129] S.u. 286ff.

[130] S.u. 321ff.

[131] Hatte die ältere Prophetenforschung auf diese umfassende Fragestellung eine klare Antwort parat (die Propheten vertreten das Gottesbild eines „ethischen Monotheismus" und sind Entdecker und Künder „der sittlichen Weltordnung", so J.Wellhausen, Geschichte, 108), so hat sich ihr die neuere, an Detailuntersuchungen orientierte Forschung nur selten gestellt und ist zu stark divergierenden Antworten gelangt, vgl. etwa G.Fohrer, Religion, 294–296; W.Zimmerli, Bedeutung; H.W.Wolff, Botschaft; F.Stolz, Monotheismus (2.2), 174–179.

[132] Vgl. Ps 2,10ff.; 46,10; 47,9f.; 76,6f.13 u.ö.

[133] Nicht das „unausweichliche Anstürmen Gottes" im Umbruch der Geschichte, die „personale Relation" oder die „Begegnung mit dem kommenden Gott" an sich (so H.W.Wolff, Botschaft, 552f.; 557), scheint mir das Wesentliche zu sein, sondern die Israel in Frage stellende Stoßrichtung.

Ein zweiter, besonders hervorstechender Impuls sind die vielfachen Distanzierungen Jahwes, welche die Propheten vornehmen.[134] Jahwe distanziert sich ihrer Meinung nach von der ungerechten Wirtschaftsordnung, vom Königtum, von der politisch-militärischen Macht und sogar von seinem eigenen Kult. Die politischen und kultischen Vereinnahmungen Jahwes, welche vor allem von der offiziellen Königs- und Tempeltheologie vorgenommen worden waren, werden von den Propheten kritisch hinterfragt und mehr oder minder radikal aufgelöst. Jahwe läßt sich – so erkennen die Propheten – nicht einfach zum Garanten der bestehenden Gesellschaftsordnung machen, er läßt sich nicht ungestraft zur Durchsetzung eigener politischer oder wirtschaftlicher Interessen mißbrauchen. Der so politisch und kultisch Manipulierte entzieht sich vielmehr (Hos 5,6.15; 9,15), trennt sich schließlich sogar von seinem Volk (Hos 1,9) und gibt es dem staatlichen Untergang preis.

Die Propheten unterziehen somit die offizielle Jahwereligion erstmals einer umfassenden theologischen Ideologiekritik. Sie sprechen den Mächtigen, den politischen und kultischen Führern und der das Wirtschaftsleben bestimmenden Oberschicht das Recht ab, Jahwe zur religiösen Überhöhung ihrer eigenen Interessen in Anspruch zu nehmen. Die Propheten weisen sie vielmehr unmißverständlich darauf hin, daß jede Inanspruchnahme Gottes an Kriterien gebunden ist: Jahwe steht an der Seite der wirtschaftlich Schwachen (Amos, Micha, Jesaja), er steht an der Seite derer, die im Vertrauen auf ihn auf eine politisch-militärische Durchsetzung ihrer Interessen verzichten (Jesaja, Hosea) und die gelernt haben, daß ihre Existenz allein von ihm abhängt (Hosea). In diesem prophetischen Widerspruch schafft sich somit erneut und jetzt theologisch profiliert das antiherrschaftliche Differenzpotential Geltung, das für die frühe Jahwereligion so typisch war.

Ein dritter Impuls besteht schließlich in der Stärkung der ethischen Dimension der Jahwereligion.[135] Die Propheten haben in der Gesellschaft ihrer Zeit in großem Umfang Fehlverhalten aufgedeckt, verdrängte Schuld benannt, die Verantwortlichen fortlaufend auf die selbstzerstörerischen Konsequenzen ihres Tuns hingewiesen. Sie haben ihren Zeitgenossen ihre Gott vergessende Heilssicherheit aus der Hand geschlagen und die Besonderheit der israelitischen Gottesbeziehung in einen besonderen ethischen Anspruch Jahwes an Israel umgemünzt (Jes 5,1–7). Wohl waren sie keine Reformer

[134] Hier hat F.Stolz, Monotheismus (2.2), 177, meiner Meinung nach einen entscheidenden Punkt gesehen: „Wird das polytheistische Pantheon und wird auch Jahwe im durchschnittlichen vorexilischen Israel ganz selbstverständlich in Analogie zur Welt gedacht und behandelt..., so beginnt die Prophetie des 8. Jahrhunderts, sich an der Differenz zwischen Gott und Welt zu orientieren."

[135] Hier haben schon J.Wellhausen und seine Nachfolger etwas Richtiges gesehen; nur geht es den Propheten nicht um „die sittliche Weltordnung", sondern um die Solidaritätsethik Israels, die unter den besonderen Bedingungen der egalitären vorstaatlichen Gesellschaft ausgebildet wurde.

und haben darum kein Alternativprogramm entworfen, aber sie haben doch Kriterien benannt, an denen sich eine rechtliche Ausformulierung der Jahwereligion orientieren konnte, die es unternahm, eine Form der israelitischen Gesellschaft zu schaffen, die dem Anspruch Jahwes mehr entsprach.[136]

3.626 Die persönliche Frömmigkeit in prophetischen Oppositionszirkeln

Aber nicht nur mit ihrer öffentlichen Verkündigung haben die Propheten den weiteren Gang der israelitischen Religionsgeschichte erheblich beeinflußt, sondern auch mit der religiösen Gruppenbildung, die sie in Gang setzten. Prophetische Zirkel hatte es schon im 10.Jh. bei den frühen Ekstatikern und im 9.Jh. um Elisa gegeben. Das Neue der religiösen Gruppenbildung der Gerichtspropheten des 8.Jhs. bestand in der radikalen Opposition zu fast allen sonstigen Teilen der Gesellschaft und im Reflexionsniveau der theologischen Arbeit, die sie leisteten.

Daß die Gerichtspropheten mit ihrer den Bestand von Staat und Gesellschaft in Frage stellenden Botschaft trotz aller Ablehnung und Feindschaft, auf die sie stießen, auch Anhänger um sich scharen konnten, ist am direktesten für Jesaja belegt, der Jes 8,16 von seinen „Schülern" (*limmūdīm*) spricht, denen er seine Botschaft anvertrauen will. Sie bilden auch die Adressaten (vgl. 8,11–15; 7,9b) seiner sogenannten Denkschrift (6,1–8,18*), mit der Jesaja seine widersprüchlichen Stellungnahmen während der syrisch-ephraimitischen Krise (734–732),[137] die bei seinen Schülern offensichtlich erhebliche Irritationen ausgelöst hatten, ihnen gegenüber rechtfertigen will. Schülergruppen lassen sich aber auch indirekt aus der Traditionsbildung des Amos-[138] und Hoseabuches[139] erschließen. Aus der Jeremia-Überlieferung ist sogar ein Begleiter des Propheten, der Schreiber Baruch, namentlich bekannt (Jer 36; 45).

Über die vielfältigen Funktionen, die diese Gruppierungen für ihre jeweiligen Propheten hatten, sind wir leider nicht im einzelnen unterrichtet. Sicher ist, daß sie ihr Auftreten unterstützend (Jer 36) und zuweilen auch kritisch (Jes 8,11 ff.) begleiteten, den Inhalt ihrer Verkündigung mit ihnen

---

[136] Insofern hatte J.Wellhausen Recht mit seinem Votum, die Propheten seien „Begründer der Religion des Gesetzes" (Geschichte, 110), nur bekommt es durch die Entgegensetzung „nicht Vorläufer des Evangeliums" einen falschen dogmatischen und antijudaistischen Unterton.

[137] S.o. 262.

[138] Vgl. den Fremdbericht Am 7,10–17, der nur von einem Vertrauten des Propheten stammen kann. H.W.Wolff, Joel, 131 ff., hat noch weitere Texte des Buches auf „die alte Amosschule" zurückgeführt.

[139] Daß die eigenartige Gestalt von Hos 4–14, die lange Reden aus kleinen und kleinsten Überlieferungselementen komponiert, am ehesten aus der gruppeninternen theologischen Arbeit der Hoseaschüler an der Botschaft ihres Meisters zu erklären ist, hat J.Jeremias, Hoseabuch, 593, überzeugend gezeigt. Ob man aus Jer 26,17 f. folgern darf, daß die Micha-Überlieferung besonders von einem Kreis der Ältesten gepflegt wurde, wie H.W.Wolff, Micha, XV, annimmt, ist dagegen unsicher, da der Text eine dtr. Konstruktion darstellt.

und untereinander diskutierten, reflektierten und zusammenstellten und so für die Nachwelt bewahrten.[140]

Mindestens ebenso wichtig war aber eine andere Funktion, die meist übersehen wird: Die Gruppierungen bildeten für die Propheten, abgesehen von ihren Familien, die allerdings teilweise wie im Fall Hoseas (Hos 1,3–9; 3,1–4) und Jesajas (Jes 7,3; 8,3.18) mit in ihre öffentlichen Auseinandersetzungen einbezogen waren, den einzigen sozialen Schutzraum, in dem sie als gesellschaftlich Geächtete und Isolierte ihre persönliche Frömmigkeit leben, ihre vielfachen Mißerfolge religiös aufarbeiten und ihre gelegentlichen Erfolge feiern konnten. Wenn wir von Jeremia sechs ritualisierte Klagegebete überliefert haben[141], ja, davon sogar zwei regelrechte Klagezeremonien, in denen jemand – doch wohl aus der Gruppe – dem Propheten eine Gottesantwort zusprach (Jer 12,6; 15,19f.*), dann können wir auf einen intensiven Kleinkult innerhalb seines Schülerkreises schließen, der ihm, der noch nicht einmal eine Familie gründen durfte (16,2), die familiäre Kleingruppe ersetzte.[142] Doch sind solche Zeugnisse der persönlichen Frömmigkeit der Propheten keineswegs auf Jeremia beschränkt: In Hos 9,14 findet sich eine Bitte gegen die Feinde, in 9,8 vielleicht ein – allerdings schon verallgemeinertes – Bekenntnis der Zuversicht;[143] und ein persönliches Vertrauensbekenntnis spricht Jesaja am Ende seiner Denkschrift (8,17f.), eben dort, wo er seinen Schülern seine Botschaft anvertraut.

Man kann also mit gutem Grund annehmen, daß die Propheten durch Klage- und Lobzeremonien in ihren religiösen Zirkeln die persönliche Glaubensstärkung erfuhren, die es ihnen ermöglichte, ihre schweren öffentlichen Auseinandersetzungen durchzustehen. Daß auch sie ihre Schüler, wenn Depressionen sie plagten, aufrichteten, zeigt beispielhaft das Heilswort Jeremias an Baruch Jer 45,5.

Die genannten Zeugnisse persönlicher Frömmigkeit, die uns aus den prophetischen Oppositionsgruppen überliefert sind, weisen einerseits charakteristische Unterschiede zur normalen familiären Frömmigkeit auf und belegen andererseits, daß persönlicher Glaube und öffentliche Verkündigung der Propheten keineswegs identisch sind. Damit stoßen wir hier auf eine besondere Form des religionsinternen Pluralismus.

So sind anders als im normalen Klagegebet die Anklage der Propheten gegen Gott auf ihre Berufung durch Gott bezogen und ihre Leidklage, Feindklage und Bitten auf die Anfeindungen, die sie bei Ausrichtung der Botschaft Gottes hinnehmen müssen. Dagegen sind die Bekenntnisse der

---

140 S.o. 256f.

141 Jer 12,1–6*; 15,10–20*; 17,14–18; 18,19–23*; 20,7–10.14–18.

142 Zur Familie als ursprünglichem Ort der Kleinkultgattungen, s.o. 152ff. Die sog. „Konfessionen" sind zuweilen Jeremia abgesprochen worden, doch kaum zu Recht, s. die neuen Untersuchungen von N.Ittmann, Konfessionen, und F.Ahuis, Gerichtsprophet. Auch für Ittmann weisen sie auf einen „Kreis von Vertrauten Jeremias" (196).

143 Wenn man mit Jeremias, Hosea, 113, nah am hebräischen Text bleibt und mit 3 MSS das Suffix der 3.P.sg. liest: „der Prophet (bleibt) bei 'seinem' Gott."

Zuversicht ähnlich, was darauf hinweist, daß die Propheten – trotz gelegentlicher Visionserlebnisse[144] – über keine andere Basis der persönlichen Gottesbeziehung verfügten als andere Menschen auch.

Jeremia klagt etwa Gott an, daß er ihn regelrecht vergewaltigt habe (Jer 20,7a), während er sich trotz aller Anstrengungen, seinen Auftrag loszuwerden, ihm nicht entziehen könne (V.9). Er klagt über die Demütigungen, Anfeindungen und Morddrohungen, denen er sich von seiten seiner Mitbürger ausgesetzt sieht (11,19; 15,10f.; 17,15; 18,22b; 20,7b.8.10), und er bittet Gott, daß die, die ihn verhöhnen und mundtot machen wollen, am Ende nicht triumphieren, sondern die gerechte Strafe erleiden (11,20; 12,3b; 17,18; 18,23; vgl. Hos 9,7.14). Wenn nun Jeremia in seinen Unschuldsbekenntnissen beteuert, Gott persönlich nie zur Realisierung des Unheils gedrängt, ja, seine Mitbürger sogar vor ihm noch entschuldigt zu haben (Jer 17,16; 18,20; vgl. Am 7,2.5), dann weist dies auf einen tiefen Konflikt zwischen seinem persönlichen Glauben und Hoffen und seiner öffentlichen Verkündigung hin. Obgleich er sich von Gott getrieben fühlt, seinem Volk schlimme Katastrophen anzukündigen, leidet er mit seinem bedrohten und geschlagenen Volk (vgl. Jer 8,21–23 u.ö.); der Riß zwischen Gott und Israel, den er aufdeckt, geht mitten durch seine eigene Existenz hindurch.

Dieser Konflikt zwischen persönlicher Frömmigkeit und öffentlicher Funktion ist aber keineswegs nur für Jeremia typisch; er findet sich ebenso und fast noch schroffer bei Jesaja, der seine Denkschrift, die eine totale Zerstörung des Landes ankündigt (Jes 6,11), mit einem persönlichen Vertrauensbekenntnis zu Jahwe enden läßt:

Jes 8,17 Ich aber werde auf Jahwe warten,
der sein Angesicht vor dem Hause Jakob verborgen hat,
und auf ihn will ich hoffen.
8,18 Siehe, ich selbst und die Kinder, die mir Jahwe gegeben hat,
(wir) sind Zeichen und Vorzeichen in Israel
von Jahwe Zebaoth her, der auf dem Zion thront.

Jesaja setzt trotz seiner gescheiterten Verkündigung seine persönliche Hoffnung auf Gott, so wie es unzählige Beter in ihrer Not vor ihm und nach ihm getan haben.[145] Er tut dies, obgleich sich Jahwe, wie ihm in seinem Verstockungsauftrag (Jes 6,9f.) bewußt wurde, seinem Volk für lange Zeit entzogen hat und auf der Ebene der offiziellen Religion unerreichbar zu sein scheint. Worauf hofft Jesaja? Wohl zuerst, daß er am Ende mit seiner gescheiterten Gerichtsbotschaft nicht als der Blamierte dasteht, daß sie doch

---

[144] Vgl. Am 7,1–9; 8,1–3; 9,1–4; Jes 6; Jer 1,4–10; Ez 1–3, deren Bedeutung für die *persönliche* Gottesbeziehung der Propheten meist weit überschätzt wird. Die Visionen des Amos sind eine öffentliche Legitimation seiner Gerichtsbotschaft; Jes 6 dient erst einmal der Rechtfertigung Jesajas vor seinem Schülerkreis, sodann aber auch vor der Öffentlichkeit. Jer 1 und Ez 1–3 haben schon stark kompositorische Funktion und dienen der Legitimation der Bücher, die sie einleiten.

[145] Vgl. Ps 25,5.21; 38,16; 39,8; 71,5; 130,5f.; Klgl 3,24; vgl. Ps 40,2.

noch angenommen wird, daß Gott doch noch eingreift (vgl. Hab 2,1.3). Doch wenn er sich und seine Kinder, die sie alle Heilsnamen tragen[146] und deren Geburt ihm die heilvolle Nähe seines persönlichen Gottes bezeugt, als zukunftsträchtiges Symbol in Israel begreift, dann hofft er letztlich auf eine neue Zuwendung Jahwes auch zu seinem Volk Israel, die das Gericht gegen seine eigene furchtbare Ankündigung (6,11) doch noch begrenzt oder vielleicht sogar abwendet.

Das urtümliche Gottesverhältnis der persönlichen Frömmigkeit, aus dem Jesaja und seine Gruppe heraus lebte, sträubte sich ganz offensichtlich gegen die letzte Konsequenz seiner öffentlichen Gerichtsbotschaft und drängte sie, gegen diese auf neue, noch ungeahnte Möglichkeiten des mächtigen Gottes auf dem Zion Ausschau zu halten. Das Beispiel zeigt, welche Kraft das religiöse Leben in der prophetischen Kleingruppe entfalten konnte, und wie notwendig es ist, dieses neben der öffentlichen Tätigkeit der Propheten als eigenständiges Element zu berücksichtigen.

So klein und isoliert die prophetischen Oppositionsgruppen am Anfang noch waren, so ist ihre Bedeutung für die weitere Religionsgeschichte Israels kaum zu überschätzen. Von der Hosea-Gruppe, die wahrscheinlich nach der Eroberung Samarias 722 nach Juda floh, gingen wichtige Anstöße für die hiskianische Reform am Ende des 8.Jhs. und die josianische Reform im 7.Jh. aus. Auch der Prophet Jeremia stand ihr ganz nahe oder ging sogar aus ihr hervor.[147] Schließlich sollte der Typ der religiös konstituierten Kleingruppe, der um die Propheten des 9. und 8.Jhs. entstanden war, nach Ausfall der staatlichen und kultischen Institutionen 587 in der Exilszeit zum wichtigsten Träger der offiziellen Jahwereligion werden.[148]

3.63 Die hiskianische Reform

Der scharfe prophetische Protest mit seiner aufrüttelnden Untergangsprognose ist nun aber keineswegs die einzige Reaktion auf die Herausforderung der sozialen und politischen Krise des 8.Jhs. geblieben. Spätestens seit dem Fall Samarias 722, in dessen Folge Tausende von Israeliten aus dem Norden in das Südreich flohen, gewann das Krisenbewußtsein eine derartige Öffentlichkeit, daß sich ihm auch die politisch und religiös Ver-

---

[146] Dies ist eindeutig der Fall beim Namen des Propheten *Ješa'jāhū* „Jahwe hat gerettet" und dem Symbolnamen des 2. Sohnes *Maher-šālāl-ḥaš-baz* „Eilebeute-Raschraub", der sich auf die rasche Niederlage der angreifenden syrisch-ephraimitischen Koalition bezieht (Jes 8,1–4). Die Deutung des Symbolnamens des 1. Kindes *Šĕ'ār-jāšūb* (7,3) ist umstritten, weil für diesen keine Verkündigungssituation mehr überliefert ist. Man kann übersetzen „(Nur) ein Rest (des Heeres) kehrt um" oder „Ein Rest bekehrt sich". Bei der ersten Deutung kann man den Rest auf ein israelitisches oder ein feindliches Heer beziehen; zur Diskussion vgl. H.Wildberger, Jesaja, 277ff. Letzteres würde die Mitnahme des Sohnes zur Ausrichtung des Gerichtswortes über die angreifende syrisch-ephraimitische Koalition am ehesten erklärlich machen; dann wäre Schear-Jaschub ein Heilsname, so auch W.Dietrich, Jesaja, 81.

[147] S.u. 316.

[148] S.u. 376.

antwortlichen in Juda nicht länger entziehen konnten. Die wahrscheinlich vor allem von den Flüchtlingen aus dem ehemaligen Nordreich in Gang gesetzte Diskussion über die Gründe, welche zur politischen Katastrophe geführt hatten, ließ im Südreich eine erste religiös motivierte Reformbewegung entstehen, welche bereit war, Lehren aus der jüngsten Vergangenheit zu ziehen und durch entsprechende Reformmaßnahmen dem Südreich ein ähnliches Schicksal zu ersparen.

Aus der Sicht der späteren Deuteronomisten ist diese sog. „hiskianische Reform" vor allem eine Kultreform gewesen: Hiskia, so sagen sie, habe die Kulthöhen abgeschafft, Mazzeben und Ascheren[149] zerstört und die eherne Schlange, die er Nehuschtan nannte, zerschlagen (2.Kön 18,4).[150] Bei letzterer handelte es sich offensichtlich um ein ehrwürdiges Kultsymbol, dem bis dahin – wohl im Jerusalemer Tempelbezirk – von der Bevölkerung unkritisiert Räucheropfer dargebracht worden waren und das sogar auf Mose zurückgeführt wurde (Nu 21,4–9).[151]

Nun ist die historische Glaubwürdigkeit dieser Angaben immer wieder bezweifelt worden, weil sie im DtrG wie eine Vorprojektion der späteren josianischen Reform wirken.[152] Jedoch ist erstens die Notiz über die Zerstörung Nehuschtans unerfindlich und kaum zu bezweifeln.[153] Und zweitens haben auch die Angaben über die Beseitigung der „Höhenheiligtümer", die ganz im Gewand dtr. Kultpolemik einhergehen, eine überraschende archäologische Stütze erhalten, die einen historischen Anhaltspunkt zumindest diskutabel macht:[154] In Arad, wo das bisher einzige Jahweheiligtum ausgegra-

---

149 MT überliefert eigenartigerweise den Singular entgegen vergleichbaren Belegen (vgl. 1.Kön 14,23; 2.Kön 17,10; 23,14); H.Spieckermann (3.7), Juda, 171f., möchte diese „Unstimmigkeit" als bewußten Bezug auf 2.Kön 21,3; 23,4 deuten; doch liegt, da 1 MS und die Übersetzungen den Plural bezeugen, eher eine dogmatische Korrektur vor, die festhalten will, daß es im Jerusalemer Tempel höchstens eine Aschere gegeben hat, so H.-D.Hoffmann, Reform (3.4), 147.

150 Vgl. den Nachhall Jer 26,19; dagegen ist 2.Kön 18,22, wo die volle Kultzentralisation vorausgesetzt wird, eine Rückprojektion der josianischen Reform. Die chronistischen Texte (2.Chr 29–31) überhöhen Hiskias Kultreform aus durchsichtigen theologischen Anliegen gewaltig und haben keinen Quellenwert.

151 Deutung und Herkunft „Nehuschtans" sind nach wie vor umstritten, vgl. H.Maneschg, Erzählung, 84ff.; L.Camp, Hiskija, 274ff.; es kann sich um ein Heilungs- bzw. Fruchtbarkeitssymbol oder das Emblem einer chthonischen Gottheit handeln; die ägyptische Uräus-Schlange hatte apotropäische Funktion. Da eine ganze Reihe von bronzenen Schlangen im kultischen Kontext an mehreren Orten des mittel- und spätbronzezeitlichen Palästina gefunden worden ist (s. P.Welten, Schlange, 281; O.Keel, Jahwe-Visionen [3,3], 81ff.), hat noch immer die These von H.H.Rowley, Zadok (3.2), 137ff., viel für sich, daß das Kultsymbol schon aus dem jebusitischen Heiligtum übernommen wurde. Möglicherweise hat auch der 1.Kön 1,9 erwähnte „Schlangenstein" an der Rogel-Quelle (vgl. Neh 2,13) etwas mit dem Jerusalemer Schlangenkult zu tun. Eine eingeritzte Schlange fand sich auch auf einem Stein des Brandopferaltars aus Beerscheba, vgl. Y.Aharoni, Altar, 4.

152 Von J.Wellhausen, Prolegomena, 25; 47f., bis H.Spieckermann, Juda (3.7), 172ff.; vgl. die Literaturübersicht 174, Anm.34. Kritisch äußern sich auch H.Donner, Geschichte, 331f., und L.Camp, Hiskija, 283ff.

153 So selbst trotz kritischer Vorbehalte H.-D.Hoffmann, Reform (3.4), 151ff.

154 Vgl. D.Conrad, Miszellen, 29ff.

ben wurde, ist nachweislich im späten 8.Jh. (Stratum VIII) zuerst der Brandopferaltar und kurz darauf (Stratum VII) auch das ganze Heiligtum außer Betrieb gesetzt worden.[155] Ein weiterer Beleg für die Stillegung von Provinzheiligtümern käme hinzu, wenn die Profanisierung des großen Hörneraltars von Beerscheba, wie Y.Aharoni annimmt, in die Zeit vor 701 anzusetzen ist.[156] Natürlich ist nicht auszuschließen, daß diese Befunde auch ganz andere Gründe haben können. Doch stellt man in Rechnung, daß die Zeichnung Hiskias als des zweiten großen Kultreformers neben Josia den dtr. Historikern bei der theologischen Strukturierung ihres Geschichtsentwurfs eher Schwierigkeiten bereitete,[157] dann unterstützen jene ganz erheblich die Ansicht, daß die hiskianische Reform nicht einfach ihre Erfindung ist, sondern – zumindest als Beginn einer Bewegung – einen realgeschichtlichen Anhalt hatte.

Die Maßnahmen Hiskias beschränkten sich also nicht nur darauf, die ganz auf politischen Synkretismus ausgerichtete Kultpolitik seines Vaters zu revidieren (2.Kön 16,10–18), sondern zielten auf eine tiefergreifende Revision der bis dahin üblichen Praxis des Jahwekultes: Die Provinzheiligtümer mit ihren schwer kontrollierbaren populistischen Bräuchen und mißverständlichen Kultsymbolen wurden in ihrem Betrieb eingeschränkt, populäre Nebenkulte und ihre Kultbilder aus dem Jerusalemer Staatskult beseitigt. Das heißt, der Untergang des Nordreiches bildete für Hiskia und die Reformgruppe um ihn Anlaß zur ernsthaften Bemühung, eine bis dahin nicht gekannte Exklusivität der Jahweverehrung durchzusetzen und bis dahin übliche Gottesbilder und Kultsymbole auszumerzen.

---

[155] Vgl. dazu Z.Herzog (3.3), Fortress, 18–25, in Korrektur der ursprünglichen Auffassung Y.Aharonis (Arad [2.3], 26), daß die endgültige Stillegung erst im 7.Jh. unter Josia erfolgte (so eigenartigerweise noch H.Weippert, Palästina, 624). Doch ist heute sicher, daß das Heiligtum schon in Stratum VII und nicht erst durch die Kasemattenmauer in Stratum VI überbaut wurde, s. V.Fritz, Tempel (3.3), 41, Anm.5. Beide Stufen der Stillegung geschahen planmäßig und sorgfältig, um den heiligen Ort vor unsachgemäßer Profanisierung zu schützen: Im ersten Schritt wurde der Hof, auf dem der Brandopferaltar stand, mit einer 1 m dicken Erdschicht überdeckt, im zweiten Schritt wurden die Räucheraltäre und Mazzeben im Allerheiligsten regelrecht beerdigt.

[156] Vgl. Altar; die einzelnen Blöcke, die sich zu einem Würfel von etwa 1,57 m (3 Ellen) Kantenlänge zusammensetzen lassen, fanden sich in der Mauer eines Pfeilerhauses und im Glacis von Stratum II verbaut. Leider ist das Heiligtum (Am 5,5; 8,14), in dem der Altar stand, bis heute nicht gefunden; Aharoni vermutete es in der Stadtmitte. Dagegen hat Y.Yadin, Beer-Sheba, eine andere Deutung vorgeschlagen: Er datiert Stratum II erst ans Ende des 7.Jhs. und bringt die Profanisierung des Altars mit der josianischen Kultreform in Verbindung; für seinen ursprünglichen Standort will er den Raum 443 links neben dem Stadttor in Anspruch nehmen, wo die noch erhaltene Treppe auf den Altar geführt haben soll. Letzteres ist jedoch ganz unsicher. H.Weippert, Palästina, 623, hält jeden Bezug des Befundes auf eine Kultreform für fraglich.

[157] Damit die josianische Reform nicht überflüssig wird und die Katastrophe von 587 erklärlich bleibt, müssen sie Hiskias Nachfolger Manasse schlimmste kultische Verfehlungen andichten (2.Kön 21). Wenn etwas historisch fraglich ist, dann ist es nicht die scheinbar folgenlose hiskianischen Reform, sondern die völlig überzogene negative Sicht der Regierungszeit Manasses, s.u. 294f.; 411f.

Die Parallelen zwischen dieser Kultreform im Süden und der Polemik, die Hosea im Nordreich vorgetragen hatte, liegen auf der Hand. Sie erklären sich am einfachsten, wenn man annimmt, daß der Schülerkreis Hoseas mit den Flüchtlingen nach Juda gekommen war und die theologische Debatte über die Gründe für den Untergang des Nordreiches nachhaltig mitbestimmte: Wenn Jahwe nach Hosea sein Gericht vor allem deswegen über das Nordreich gebracht hatte, weil Israel aus der exklusiven Vertrauensbeziehung zu ihm herausgefallen war und sich statt dessen sein Heil durch Bilder und Kultsymbole zu sichern versuchte, dann hatte Juda nur eine Zukunftschance, wenn es die alleinige Jahweverehrung und die Bilderlosigkeit des Jahwekultes konsequenter verwirklichte. Auch wenn die Kritik Hoseas noch sehr viel tiefer ging, so kann doch die königliche Reformpolitik als eine erste administrative Antwort auf diese theologische Diskussion angesehen werden: Mit einer schärferen Kontrolle über die Provinzheiligtümer und einer konsequenteren Realisierung einer alleinigen und bilderlosen Jahweverehrung war zumindest ein Prozeß hin zur Rückbesinnung auf die unverwechselbaren Wesenszüge der eigenen Religion eingeleitet, der die eigene Identität sichern konnte. Allerdings war bei Hiskia diese religiös-kultische Rückbesinnung wiederum mit einer riskanten Aufstandspolitik gegen die Assyrer verbunden, die den Bestand Judas aufs äußerste gefährdete.

Eine Reform, die einen solch tiefgreifenden Neubesinnungsprozeß der Jahwereligion einleitete, sollte nun eigentlich ihre Spuren in den alttestamentlichen Schriften hinterlassen haben. An dieser Stelle tappt die Wissenschaft aber noch immer im dunkeln; einige Forscher möchten die ältesten Schichten des Deuteronomiums mit ihr in Verbindung bringen;[158] daran ist richtig, daß zwischen der hiskianischen und der knapp 100 Jahre späteren josianischen Reform durchaus Verbindungen bestehen; dennoch gibt es auch unübersehbare Differenzen,[159] ganz abgesehen von der Schwierigkeit, dann in den wenigen Jahren, die zwischen Hosea und dem Tod Hiskias liegen (725–696), eine geradezu explosionsartige Entwicklung des theologischen Denkens annehmen zu müssen. Ich möchte darum vorschlagen, das sog. „Bundesbuch" (Ex 20,23 – 23,19), das meist in die vorstaatliche Zeit datiert wird,[160] als die rechtliche Basis der hiskianischen Reform anzusehen.

Als ich mich beim ersten Entwurf dieser Religionsgeschichte 1986 dazu entschloß, das Bundesbuch in das ausgehende 8.Jh. zu datieren, fühlte ich mich noch allein auf weiter Flur. Inzwischen hat sich die Forschunglage erheblich gewandelt: Gleichzeitig und unabhängig von mir kam F.Crüsemann, Bundesbuch, 28–35; 41, zu einem ähnliches Ergebnis (9.-8.Jh., Endfassung nach 722). Dieser Durchbruch hat Schule

---

158 Vgl. z.B. M.Weinfeld, Emergence, 90f.

159 So ist die Kultzentralisation nach dem Ausweis von Arad anfangs noch keineswegs konsequent; es fehlt noch die Polemik gegen den Gestirnskult, der von den dtr. Tradenten erstmals Manasse vorgeworfen wird (2.Kön 21,3.5), u.a.m.

160 Vgl. A.Jepsen, Untersuchungen, 98f.; S.M.Paul, Studies, 44, u.ö., und die Übersicht bei F.Crüsemann, Bundesbuch, 28f.

gemacht: L.Schwienhorst-Schönberger, Bundesbuch, rechnet zwar noch damit, daß der Grundbestand des kasuistischen Rechts in das 10.Jh. oder sogar in die vorstaatliche Zeit zurückgeht (271), die entscheidende „gottesrechtliche Redaktion", die die Grundstruktur des Rechtskorpus erst schuf, gehört auch für ihn in die Zeit zwischen Hosea und das Dtn (285). Dagegen führt Y.Osumi, Bundesbuch, das aufgenommene „kasuistische Rechtsbuch" auf das „Jerusalemer Obergericht" im 9.Jh. zurück (145) und setzt seine „Schicht der 2.P.Sg. Sätze", die er von Amos beeinflußt sieht, in die Zeit zwischen Hiskia und das Dtn (177; 182). Auch für E.Otto, Wandel, gehört die Redaktion, die die seiner Meinung nach ursprünglichen Sammlungen Ex 21,2–22,26 und 22,28–23,12 verband, in die Zeit des 8.-7.Jhs. (50ff.).

Allerdings hat das Neuaufleben der Forschung am Bundesbuches in jüngster Zeit nicht zu einem Konsens über seine Entstehungsgeschichte und die Datierung seiner Letztgestalt geführt. Während J.Halbe, Privilegrecht, 413–423, 1975 überzeugend die bewußte kompositionelle Gestaltung des Textes Ex 20,22–23,19 nachwies, lösen L.Schwienhorst-Schönberger und Y.Osumi diese insofern weitgehend wieder auf, indem sie die in der 2.P.plur. formulierten Textteile von der in der 2.P.sing. verfaßten Redaktion literarkritisch abheben und einer 2. Redaktionsschicht zuweisen. Diese hält Y.Osumi noch für vordtn. (a.a.O., 211; 220), L.Schwienhorst-Schönberger weist sie dagegen einer dtr. Redaktion im Umkreis von DtrN zu (a.a.O., 285f.; 417). Damit aber rutscht das vorliegende Bundesbuch, insbesondere die meisten seiner theologisch gewichtigen Aussagen – wie so vieles heute – in die exilische oder gar nachexilische Zeit. So werden wieder alle Katzen grau. Ähnliches gilt für die völlig abweichende Rekonstruktion von E.Otto.

Doch zeigt die erhebliche Divergenz in den Ergebnissen von L.Schwienhorst-Schönberger und Y.Osumi, daß ihr scheinbar so eindeutiges literarkritisches Kriterium – wie auch in der Dtn-Forschung – in die Irre führt. Nicht nur daß der gewichtige Schlußsatz 23,13 zugleich pluralisch und singularisch formuliert ist, sondern auch die Tatsache, daß alle religiös-kultischen Abschnitte entweder in einen pluralisch formulierten Schlußakkord münden (22,30; 23,10–13) oder aber pluralisch eingeleitet werden (20,23–26), weisen auf eine bewußte rhetorische Gestaltung, und man raubt dem Buch etwas Wesentliches, wenn man diese Sätze herausstreicht. Da sie auch mitnichten das typische dtr. Vokabular verwenden, sondern im Gegenteil spezieller formuliert sind als die entsprechenden dtn. Gebote, gehören auch die plur. Partien in die vordtn. Zeit.

Ich gehe darum von der Endgestalt des Bundesbuches aus. Wegen des deutlichen Schlußsatzes 23,13[161] umfaßte es wohl ursprünglich nur 20,23–23,13,[162] wurde aber

---

[161] Vgl. die Mahnung zur Einhaltung des zuvor Gesagten V.13a, die parallele Satzstruktur zu 22,30 und den Rückbezug von V.13b auf den Eingang 20,23.24. So richtig erkannt von Y.Osumi, 26, der aber diese Einsicht unter dem Systemzwang seiner Hypothese, a.a.O., 62, wieder durchstreicht. J.Halbe, Privilegrecht, 419, und L.Schwienhorst-Schönberger, Bundesbuch, 31f.; 395ff., wollen den Vers dagegen als Überschrift zu V.14–19 verstehen. Doch ganz abgesehen davon, daß ein Verständnis des perf. *'āmartī* „(was) ich gesagt habe" im Relativsatz als Koinzidenzfall schwierig bleibt, ist nicht einzusehen, warum die folgenden Kultgebote als einzige des ganzen Buches extra eingeschärft werden sollten.

[162] Es hatte wahrscheinlich einmal eine Einleitung, die jetzt durch seine Einfügung in die Sinai-Perikope (Ex 20,22) weggebrochen ist. In 20,23b liegt eine kompositorische Verklammerung zur Erzählung vom „Goldenen Kalb" (Ex 32) vor; vgl. E.Blum, Studien (2.2), 69; 21,1 ist eine nachträgliche Zwischenüberschrift (vgl. Ex 19,7bα), die die Promulgation des Bundesbuches neben dem Dekalog in 24,3 vorbereitet; sie steht erst an dieser Stelle, um das vom

schon bald um einen Block weiterer Kultgebote (23,14–19) ergänzt, der in anderer Fassung auch Ex 34,18–26 überliefert ist. Ich sehe keinen Anlaß, von der Datierung der Endfassung ins ausgehende 8.Jh. abzugehen, womit ich nicht ausschließen möchte, daß es im Zuge der Reformbewegung frühere, allerdings zeitlich eng beieinanderliegende Fassungen des Rechtsbuches gegeben hat.

Gegen eine frühe Ansetzung des Bundesbuches spricht ja schon seine komplizierte kompositorische Gestalt: Ganz verschiedene Rechtsgattungen mit ganz unterschiedlicher Herkunft und Thematik werden hier in einem kunstvollen Geflecht miteinander verbunden: weitgehend profanes kasuistisches Recht aus der Torgerichtsbarkeit (21,2–11.18–22,16) mit apodiktischem Recht aus dem sakralen Gerichtsverfahren (21,12–17), soziale Prohibitive aus der familiären Unterweisung (22,20–26; 23,1–9) mit religiösen und kultischen Prohibitiven aus der priesterlichen Belehrung (20,23–26, 22,27–30; 23,10–19), die noch dazu schon stark mit Paränese durchsetzt sind.[163] Das alles setzt nicht nur schon die Entwicklung, sondern auch die Auflösung bzw. bewußte Verbindung vormals getrennter Rechtstraditionen voraus. Für die Ansetzung in die fortgeschrittene Königszeit spricht die vorausgesetzte Zerklüftung der israelitischen Gesellschaft: Es gibt im Bundesbuch schon Arme, die geschützt und versorgt werden müssen (22,20f.24.25f.; 23,3.7.11), und eines der Hauptprobleme, mit denen es sich beschäftigt, ist die Schuldsklaverei (21,2–11; vgl. 21,20f.26f.32).[164] Daß dabei das Bundesbuch in der sozial- und rechtsgeschichtlichen Entwicklung noch vor dem Dtn zu stehen kommt, steht außer Frage. Für eine Datierung in die angenommene Situation des 8.Jhs. kann schließlich sprechen, daß das Bundesbuch dem Schutz des Fremdlings ganz besondere Aufmerksamkeit zuwendet (22,20; 23,9),[165] womit es gut auf das gravierende Flüchtlingsproblem reagieren könnte, dem sich Juda nach dem Fall Samarias ausgesetzt sah.[166]

Es ist immer schon aufgefallen, daß im Bundesbuch das weltliche Recht eine religiös-kultische Klammer erhalten hat (20,23–26; 23,10–13.[14–19]; vgl. 22,17–19.27.30);[167] mehr noch, es ist gegen den Duktus eines Großteils der aufgenommenen Rechtsmaterialien als Gottesrede stilisiert und offenbar

---

späteren Zentralisitationsgesetz (Dtn 12) abweichende Altargesetz Ex 20,24 zu immunisieren, so F.Hoßfeld, Dekalog (2.2), 182f.; vgl. L.Schwienhorst-Schönberger, Bundesbuch, 299–303.

[163] Diese und andere Beobachtungen führten J.Halbe, Privilegrecht, 482, immerhin schon dahin, die Entstehung des Bundesbuches in die frühe Königszeit anzusetzen.

[164] Dies ist auch das entscheidende Argument von F.Crüsemann, Bundesbuch, 30ff.

[165] J.Halbe, Privilegrecht, 418ff., hat gezeigt, daß alle sozialen Prohibitive des Buches durch die Verbote, den Fremdling zu unterdrücken, gerahmt sind.

[166] Zur archäologischen Evidenz vgl. M.Broshi, Expansion, 23ff.: Allein Jerusalem vergrößerte seine Einwohnerzahl in dieser Zeit um das Drei- bis Vierfache. Der hebräische Begriff *ger* kann auch grundbesitzlose Israeliten aus fremden Stämmen bezeichnen (vgl. Ri 19,16), so die Leviten (Ri 17,7ff.; 19,1). Das gleiche Argument führt auch F.Crüsemann, Bundesbuch, 33f., ins Feld.

[167] Vgl. die Aufbauschemata bei J.Halbe, Privilegrecht, 421, L.Schwienhorst-Schönberger, Bundesbuch, 23, und Y.Osumi, Bundesbuch, 25f.

für die Verlesung im Gottesdienst bestimmt.[168] Das entspricht der primär religiösen Motivation der hiskianischen Reform: *Sub specie dei* soll hier das in verschiedenen Lebensbereichen Israels entstandene Recht zusammengefaßt, normiert und novelliert werden; alle Rechtsbereiche werden in die priesterliche, von Gott her autorisierte Weisung einbezogen. Institutionelle Voraussetzung für eine solche Zusammenfassung und Theologisierung des Rechts ist sehr wahrscheinlich das Obergericht aus Priestern und Ältesten, das Josaphat schon im 9.Jh. in Jerusalem zur Klärung schwieriger Rechtsfälle und der Vereinheitlichung und Weiterentwicklung des Rechts hatte einrichten lassen (2.Chr 19,8–11).[169] Im Umkreis dieses königlichen Obergerichts sind auch am ehesten die Träger der hiskianischen Reform zu suchen; sie traten in der Krise des ausgehenden 8.Jhs. erstmals mit einem umfassenderen Reformwerk an die Öffentlichkeit.

Das Reformwerk, das sie im Bundesbuch zur Laienunterweisung im Kult vorlegten, hat eine religiös-kultische und eine soziale Zielrichtung. Es formuliert in Aufnahme der von Hosea und seinen Schülern in Gang gesetzten theologischen Diskussion das Gottesverhältnis Israels rechtlich weiter aus: Das Bundesbuch verbietet die Herstellung und Verwendung silberner Götterfiguren im Jahwekult (20,23a). Es stellt in Aktualisierung eines älteren Altargesetzes klar, daß legitimer Opferkult nur noch an solchen Orten ausgeübt werden kann, die offiziell zu Jahwekultstätten deklariert worden sind (20,24),[170] und es verbietet den Priestern das rituelle Besteigen von Stufen-

---

[168] Vgl. das „bei mir" in Ex 20,23a, den Ausgangspunkt beim legitimen Opferkult bzw. Kultort (20,24–26) und die Schlußmahnung 23,13. Diese würde sehr viel konkreter, wenn sich das Verbot, den Namen eines anderen Gottes auch nur auszusprechen, auf den bei der Verlesung stattfindenden Gottesdienst bezöge. Damit, daß die Endfassung des Buches für die Belehrung im Heiligtum bestimmt ist, rechnet auch Y.Osumi, Bundesbuch, 209ff.; 220.

[169] Vgl. grundlegend im Anschluß an R.Knierim G.Chr.Macholz, Geschichte, 318ff. Daß der chronistische Text entgegen zuweilen geäußerter Zweifel (so zuletzt H.Niehr, Rechtsprechung, 114f.; 120f.) auf authentische Überlieferung zurückgeht, wird durch die Texte Ex 18,13–27; Dtn 1,9–18; 17,8–13 gestützt, die eine ähnliche Veränderung der Gerichtsbarkeit aus der Frühzeit begründen wollen, vgl. K.W.Whitelam, King (3.2), 185–206. Die gleiche institutionelle Verortung des Bundesbuches hat unabhängig von mir F.Crüsemann, Bundesbuch, 35ff., vorgeschlagen, s. dort die Diskussion über die einzelnen Funktionen des Obergerichts. Eigenartigerweise nimmt Y.Osumi, Bundesbuch, 140–145, unsere These nur für das „kasuistische Rechtsbuch", nicht aber für seine Verbindung mit den kultischen und sozialen Prohibitiven auf (vgl. 220); der heuristische Wert der These, daß durch die priesterlich-laizistische Zusammensetzung des Obergerichts eine Erklärung für die Verbindung von sakralem und weltlichem Recht ermöglicht wird, scheint ihm, der sich viel zu sehr auf die rein literarische Ebene beschränkt, entgangen zu sein.

[170] So deute ich die nur hier im AT vorkommende Wendung „an jedem Ort, an dem ich meinen Namen nenne" (*'azkīr 'et-šĕmī*). Daß hier eine Beschränkung des Kultes auf die „irgendwie durch die Gottheit selbst zu ihrem Dienst ausersehen betrachtete" Stätten vorliegt, hat schon J.Wellhausen, Prolegomena, 29, gesehen. L.Schwienhorst-Schönberger, Bundesbuch, 41; 287f., erkennt mit Recht darin eine „kultreformierende Bewegung" in der Nachfolge Hoseas, die auf die dtn. Kultzentralisation hinführt. Wenn er fortfährt „Politisch ist sie eher mit einer im einzelnen allerdings schwer zu bestimmenden 'Kultreform' des Hiskija zu verbinden" (298), kommt er der hier vertretenen Hypothese sehr nahe. Allerdings schreckt er gleich wieder

altären, um auch den geringsten Anstoß zu sexuellen Obszönitäten im Kultbetrieb zu vermeiden (20,26). Es bedroht jeden, der einem anderen Gott als Jahwe allein opfert, mit dem Bann, d.h. mit dem Tod und dem Einzug seines Vermögens (22,19),[171] und es untersagt, den Namen anderer Götter im Jahwekult überhaupt nur zu erwähnen (23,13b).[172]

Diese ersten und noch sehr konkreten Formulierungen des Fremdgötter- und Bilderverbots zielen eindeutig auf eine normierende Kontrolle über die bestehenden Heiligtümer. Mit ihrer Initiative wollen die Gesetzgeber den Jahwekult auf eindeutig ausgewiesene Jahweheiligtümer einschränken, den lokalen kultischen Wildwuchs beseitigen, die bis dahin übliche subsidiäre Verehrung anderer Götter und Göttinnen neben Jahwe an den Dorfheiligtümern verhindern, um eine bis dahin nicht gekannte Exklusivität der Jahweverehrung zu sichern und Jahwe vor kultischer Manipulation zu bewahren. Diese in ihrer Stellung hervorgehobenen kultisch-religiösen Gebote passen somit sehr wohl zu den spärlichen Nachrichten, die wir über die kultische Seite der hiskianischen Reform besitzen. Damit ist die These bestätigt, daß das Bundesbuch die rechtliche Basis für die hiskianische Reform bildet.[173]

---

vor dieser historischen Konkretion zurück: „Damit soll nicht die These vertreten werden, Hiskija habe eine Kultreform im engeren Sinne durchgeführt" (Anm.61).

171 Dies ist in jedem Fall gemeint, egal ob man mit Sam. „andere Götter" liest, oder V.19b in MT „außer für Jahwe allein" für eine spezifizierende Glosse hält, vgl. L.Schwienhorst-Schönberger, Bundesbuch, 316–322; die mißverständliche Formulierung V.19a fände eine Erklärung, wenn man annimmt, daß das Verbot von vornherein auf den Kult an Jahwekultstätten gemünzt war, so daß *'ělōhīm* „Götter" ohne weitere Näherbestimmung subsidiär neben Jahwe verehrte Götter meinten.

172 Die Wendung *hizkīr 'et-šem* „den Namen (Gottes) erwähnen", die mit Jahwes Deklaration seines Namens in Ex 20,24 korrespondiert, kommt so nur noch 2.Sam 18,18; Ps 45,18; Jes 26,13 vor. Die erstgenannte Stelle zeigt vielleicht am deutlichsten, was gemeint ist: Absalom beklagt, daß er keinen Sohn hat, der seinen Namen erwähnt und damit sein Andenken am Leben erhält. Durch das Verbot, die Namen der anderen Götter auszusprechen, sollen diese in Vergessenheit geraten und absterben.

173 Y.Osumi, Bundesbuch, 177–182, meint, meine These ablehnen zu müssen, obgleich er immerhin seine erste Redaktionsschicht in die Zeit Hiskias datiert, zu der er auch das Altargesetz (Ex 20,24–26) und das Fremdgötterverbot (Ex 22,19) zählt. Y.Osumi weist vor allem auf den Widerspruch hin, daß der dtr. Bericht über die Kultreform nur „Kultpolemik gegen den politischen Synkretismus in einer außenpolitischen Krise" enthalte, diese aber keineswegs den „Schwerpunkt des Bundesbuches" bilde (179). Dazu ist zu sagen: Erstens ist im dtr. Bericht 2.Kön 18,4 vom „politischen Synkretismus" nicht die Rede; die Maßnahmen Hiskias richten sich gegen innerisraelitische kultische Mißstände. Zweitens sagt die Tatsache, daß das DtrG nur von der kultischen Seite der hiskianischen Reform berichtet, nichts darüber aus, daß sie nicht auch eine soziale Seite hatte. Beim dtr. Bericht über die josianische Reform (2.Kön 23) findet sich die gleiche Verengung der Perspektive auf die kultische Seite; dennoch war sie, wie wir aus dem Dtn wissen, ganz wesentlich auch eine soziale Reform. Drittens unterschätzt Y.Osumi – z.T. bedingt durch seine fragwürdigen literarkritischen Operationen – wesentlich den kultreformerischen Impetus des Bundesbuches; S. 161 sieht er zwar durchaus, daß sich Ex 20,24 in der Nähe des dtn. Zentralisationsgesetzes befindet, doch unter den „Indizien für den historischen Ort" (156ff.) taucht diese Einsicht nicht mehr auf. Es geht im Bundesbuch, selbst in der Reduktion Osumis, keineswegs nur um „das Problem der sozialen Gerechtigkeit"

Andere abgrenzende kultische Gebote und Gesetze, etwa das Gesetz gegen Zauberei (22,17), Sodomie (22,18) und verschiedene Speisegebote (22,30; 23,19b) kommen hinzu, auch wenn die aktuellen Auseinandersetzungen, um die es bei ihnen ging, für uns im dunkeln bleiben. Klar ist jedoch das Gesamtziel der religiös-kultischen Reform: Israel als Kultgemeinde eindeutig Jahwe zuzuordnen und von der Umwelt abzugrenzen (22,30: „heilige Männer seid ihr mir").

Neben den religiös-kultischen Reformbemühungen versuchte das Bundesbuch, der schlimmsten sozialen Mißstände der Zeit Herr zu werden: Mit einer Zusammenfassung des Prozeßrechts ging es gegen die grassierende Parteilichkeit und Bestechlichkeit in den Torgerichten vor (23,1–8, vgl. Jes 5,23; Am 2,6),[174] gegen das Einreißen einer laxen Sühnegeldpraxis (vgl. Ex 21,30), welche die Reichen begünstigte (Am 5,12), bestand es unter Rückgriff auf das Talionsprinzip (Ex 21,23b-25) auf der Angemessenheit der Schadensersatzleistung[175] und verbot den Mißbrauch der Asylfunktion des Heiligtums (21,14). Mit dem Anspruch göttlicher Autorität griff das Obergericht auch materialiter in das Gewohnheitsrecht der Ortsgemeinde ein; und dabei lag ihm besonders das im 8.Jh. bedrückend gewordene Phänomen der Schuld- und Dauersklaverei[176] am Herzen: Es

---

(220), und es reagiert keineswegs nur auf die soziale Anklage der Propheten des 8.Jhs., sei es nun des Amos (so Y.Osumi, a.a.O., 167–177) oder Jesajas, sondern eben auch auf die religiöse Hoseas, vgl. L.Schwienhorst-Schönberger, Bundesbuch, 297f. Wenn Y.Osumi, a.a.O., 182, formuliert: „Ihr (sc. der 2.P.Sg.Schicht) Bezug auf die hiskianische Reform ist zwar nicht völlig auszuschließen, jedoch nicht nachweisbar", so möchte ich zurückfragen, was denn der heuristische Wert seiner mindestens ebenso fraglichen literarkritischen Hypothese sein soll, wenn er sie in irgendeinem luftleeren Raum der „hiskianisch-nachhiskianischen Zeit" hängen läßt, ohne auch nur die geringste Anstrengung zu unternehmen, die Träger der Überlieferung namhaft zu machen. Oder sollte er – wenn man einmal seine schwebenden Andeutungen, a.a.O., 219f., auf die Ebene der sozialgeschichtlichen Realität herunterholen darf – wirklich meinen, daß ein informeller Anhängerkreis um die Amosüberlieferung sozusagen privat – unter Verwendung offizieller Materialien aus dem Jerusalemer Obergericht – einen rein utopischen Entwurf für eine bessere Gesellschaftsordnung durchgespielt hat, der einige Jahrzehnte später rein zufällig – noch dazu unter dem sicher nicht gerade reformfreudigen König Manasse – zur gottesdienstlichen Lesung avancierte?

[174] Die unterschiedliche Perspektive zwischen den Propheten und den Gesetzgebern wird allerdings darin deutlich, daß letztere sich bemüßigt fühlen, auch die Bevorzugung der Armen im Gericht zu verbieten (Ex 23,3).

[175] Vgl. zur ausgedehnten Diskussion über das *jus talionis*, die hier nicht ausgebreitet werden kann, H.W.Jüngling, Auge; F.Crüsemann, Auge; L.Schwienhorst-Schönberger, 85–128. Ich nehme hiermit die Erkenntnis Crüsemanns (a.a.O., 418ff.) über die sozialkritische Funktion der Talionsformel auf, meine aber, daß er über das Ziel hinausschießt, wenn er meint, V.24f. fordere gegen den Kontext (vgl. V.26f.) die physische *talio* (Spiegelstrafe o.ä.). Die Wendung *nātan x taḥat x* „x geben um x" (V.23b) hat, wie H.-W.Jüngling, Auge, 18–20, gezeigt hat, in der geprägten juristischen Formel *x kīma x nadānu* aus dem akkadischen Bereich eine direkte Parallele, und diese „wird weithin in Zusammenhängen gebraucht, die Ersatzleistungen vorsehen … Immer jedoch scheint sie den Gesichtspunkt der Gleichheit hervorzuheben"; ähnlich auch L.Schwienhorst-Schönberger, a.a.O., 101–105. Der Versuch einer Anwendung auf Körperstrafen findet sich erst in Dtn 19,19 und Lev 24,17–22.

[176] S.o. 250f.

schuf ein regelrechtes Schuldsklavengesetz (Ex 21,2–11), um die verheerende Rechtspraxis in diesem Bereich zumindest zu normieren und Rechtswillkür einzuschränken. Die Freilassung der Schuldsklaven wurde unabhängig von der Höhe der Schuld in Anlehnung an den kultischen 7-Jahres-Rhythmus (vgl. 23,10f.) einheitlich auf maximal sechs Jahre begrenzt und weitere Haftungsansprüche ausdrücklich ausgeschlossen (21,2).[177] Die eherechtliche Stellung verkaufter Mädchen,[178] die nur zu häufig in der Familie des Darleihers als Mätressen von Vater und Sohn herumgestoßen wurden (Am 2,7), wurde geklärt und festgeschrieben (Ex 21,7–11). Und der Rechtsgrundsatz, daß ein Sklave Besitz seines Herrn sei und er mit ihm darum machen könne, was er wolle (21,21), wurde zumindest für die Fälle von Totschlag und schwerer Körperverletzung außer Kraft gesetzt: Der Totschläger seines Sklaven sollte wie der eines Freien der Blutrache ausgeliefert werden (V.20). Schließlich sollten die Sklaven und Sklavinnen, denen ihr Herr eine Auge oder einen Zahn ausgeschlagen hatte, für die erlittene Körperverletzung die Freiheit erhalten (21,26f.).

Darüber hinaus versuchten die Reformer, durch religiös begründete Verbote die schlechte soziale Position der gesellschaftlichen Randgruppen zu bessern: Der reichen Oberschicht wurde verboten, die von ihr abhängigen grundbesitzlosen Fremden sowie Witwen und Waisen zu unterdrücken (22,20f.; 23,9),[179] für Kleinkredite an Arme Zinsen zu nehmen (22,24) und dem völlig Überschuldeten auch noch den Mantel zu pfänden (22,25; vgl. Am 2,8). Interessant dabei sind nun die massiven religiösen Motivationen, die sie ihren sozialen Forderungen beigaben: Die Reformer wiesen die Oberschicht mit Nachdruck darauf hin, daß Jahwe das Klagegeschrei der unterdrückten Randgruppen ganz sicher erhören und ihr mit gleicher Münze heimzahlen werde (22,22.26), weil er ein gnädiger Gott sei (V.26: *hannūn ʾănī*). Den Angesprochenen wurde vor Augen gehalten, daß Israel einmal selber Fremdling in Ägypten gewesen war und sie deswegen doch wissen mußten, wie es den Flüchtlingen aus dem Nordreich zumute war (22,20;

---

177 Daß es sich in Ex 21,2 6 nicht um eine seit jeher bestehende Rechtspraxis, sondern um ein neues Reformgesetz handelt, das die im 9./8.Jh. eingerissenen Mißstände einzuschränken sucht, wird auch von L.Schwienhorst-Schönberger, Bundesbuch, 312f., und Y.Osumi, Bundesbuch, 162, gesehen. Ersterer nimmt das gleiche auch für die die Sklaven betreffenden Regelungen 21,20f.26f. an.

178 Es handelt sich wohl um ein Kreditgeschäft mit dem Brautpreis, den ein verarmter Vater beim „Verkauf" seiner noch kleinen Tochter zwecks späterer Heirat vorzeitig ausbezahlt bekam.

179 Zu den Witwen und Waisen vgl. Jes 1,23; 10,1f. u.ö.; dagegen tauchen die Fremden in der Sozialkritik der Propheten des 8.Jhs. noch nicht auf, wohl aber dann in der des 7./6.Jhs. (Jer 7,6; 14,8; 22,3; Ez 14,7; 22,7.29; 47,22f.) und im Dtn (10,18f.; 24,17 u.ö.). Dies zeigt, daß es sich um ein neues Problem handelt, das erst nach 722 virulent wurde. Dieser Befund ist kein Argument gegen die Datierung des Bundesbuches in das Ende des 8.Jhs. (gegen Y.Osumi, Bundesbuch, 178), da Micha, der wohl der einzige ist, der sich von den Propheten des 8.Jhs. um diese Zeit noch zu sozialen Mißständen äußerte, generell keine Einzelgruppen des unterdrückten Volkes differenziert.

23,9). Hier werden somit erstmals kultische[180] und geschichtliche Traditionen[181] der Jahwereligion direkt für die Weiterentwicklung des israelitischen Rechtsempfindens fruchtbar gemacht: Jahwe, der gnädige Gott, der Israel aus der Unterdrückung befreite, steht an der Seite der Unterdrückten und verteidigt gegen die Unterdrücker ihre elementaren Lebensrechte.

Es ist deswegen nur konsequent, wenn die Reformer versuchten, über eine Neuinterpretation alter kultischer Institutionen einen Beitrag zur Erleichterung der Lage der Unterschicht zu leisten: Sie gaben dem alten Tabu-Brauch der Ackerbrache alle sieben Jahre, der ursprünglich die Segenskraft des Bodens sichern sollte, eine neue soziale Ausrichtung: Der Wildwuchs dieses Jahres sollte den Armen für ihre Ernährung zur Verfügung stehen. Dieser erste Ansatz zu einer Armenfürsorge erhält dadurch eine durchaus ernstzunehmende Bedeutung, daß auch die Erträge der Weinberge und Ölbaumanlagen des siebten Jahres in die Regelung einbezogen wurden (23,10f.). Und die alte Tabu-Institution des wöchtentlichen Ruhetages[182] wurde so uminterpretiert, daß an ihm nicht nur die domestizierten Arbeitstiere, sondern auch die abhängigen Arbeitskräfte, die Sklaven und die Fremden, Erholung finden sollten (23,12).

Die hiskianische Reform war also keineswegs nur eine kultische, sondern auch eine soziale Reform. Ihre beiden Aspekte hatten das Ziel, angesichts der Verunsicherung, die der Untergang des Nordreiches ausgelöst hatte, den Zusammenhalt der judäischen Gesellschaft zu stärken. Wohl war diese Reform noch nicht allzu weitgehend, vor allem in sozialer Hinsicht konnte sie das Auseinanderdriften der Gesellschaft nicht beseitigen, sondern nur einige Dämme gegen die schlimmsten Mißbräuche aufrichten; aber stellt man in Rechnung, daß sie von oben ausging und nur vom König und einem kleinen Kreis der Oberschicht um das Jerusalemer Obergericht getragen wurde, so ist doch ihr Impetus ganz beachtlich. In ihr kündigte sich eine Entwicklung an, die für die weitere Sozial- und Religionsgeschichte Israels von großer Bedeutung werden sollte: eine Aufspaltung der Oberschicht in einen Teil, der clever und unsentimental seine eigenen Interessen verfolgte, und einen – anfangs noch sehr kleinen – Teil, der aus Sorge um den Bestand des Ganzen um einen gesellschaftlichen Ausgleich bemüht war.[183] Letzterer wurde Träger einer kultischen und sozialen Gesetzgebung, die in mehrfachen Anläufen immer wieder versuchte, eine Gesellschaft zu schaffen, die dem Anspruch Jahwes, dem Retter aus der ägyptischen Fron, mehr entsprach.

---

[180] Vgl. die offensichtlich kultische Prädikation Jahwes *'el rahūm wĕḥannūn* Ex 34,6; Ps 86,15; 103,8; 111,4; 112,4; 145,8; Neh 9,31; 2.Chr 30,9; Jon 4,2; Joel 2,13.

[181] Zur Exodusprädikation vgl. Ex 32,1.4; 1.Kön 12,28 und dann häufig in dtn. Geboten und Gesetzen: Dtn 5,6; 15,15; 24,18.22 u.ö.

[182] Zu seiner ursprünglichen Funktion s.o. 155f.; zur späteren Verbindung mit dem Sabbat s.u. 424.

[183] S.u. 364f.; 542ff.

3.7 Familiäre Frömmigkeit in der späten Königszeit

N.AVIGAD, A Seal of 'Manasseh Son of the King', IEJ 13, 1963, 133-136. – M.COGAN, Imperialism and Religion. Assyria, Juda and Israel in the Eighth and Seventh Centuries B.C.E., SBLMS 19, 1974. – M.DELCOR, Le culte de la „Reine du Ciel" selon Jer 7,18; 44,17-19.25 et ses survivantes, Von Kanaan bis Kerala, FS J.P.M. van der Ploeg, AOAT 211, 1982, 101-122. – K.DELLER, Rez.: R.de Vaux, Les sacrifices de l'Ancient Testament 1964, Or N.S. 34, 1965, 382-386. – H.DONNER, Die Schwellenhüpfer. Beobachtungen zu Zephanja 1,8f., JSS 15, 1970, 42-55. – J.EBACH/U.RÜTERSWÖRDEN, ADRMLK. „Moloch" und BA'AL ADR. Eine Notiz zum Problem der Moloch-Verehrung im alten Israel, FS C.F.A.Schaeffer, UF 11, 1979, 219-226. – O.EISSFELDT, Adrammelek und Demarus (1953), Kleine Schriften III, 1966, 335-339. – DERS., Molk als Opferbegriff im Punischen und Hebräischen und das Ende des Gottes Moloch, BRA 3, 1935. – H.F.FUHS, 'ābar, TWAT V, 1986, 1015-1033. – A.GIANTO, Some Notes on Mulk Inscription from Nebi Yunis (RES 367), Bibl. 68, 1987, 397-401. – G.C.HEIDER, The Cult of Molek. A Reassessment, JSOT.S 43, 1985. – S.HERRMANN, Jeremia, BK XII, 1986ff. – H.IRSIGLER, Gottesgericht und Jahwetag. Die Komposition Zef 1,1-2,3, untersucht auf der Grundlage der Literarkritik des Zefanjabuches, ATSAT 3, 1977. – O.KAISER, Den Erstgeborenen deiner Söhne sollst du mir geben. Erwägungen zum Kinderopfer im Alten Testament, ders. (Hrsg.), Denkender Glaube, FS C.H.Ratschow, 1976, 24-48. – K.KOCH, Aschera als Himmelskönigin von Jerusalem, UF 20, 1988, 97-120. – B.LANDSBERGER/H.TADMOR, Fragments of Clay Liver Models from Hazor, IEJ 14, 1964, 201-218. – J.LUST, The Cult of Molek/Milchom. Some Remarks on G.Heider's Monograph, EThL 63, 1987, 361-366. – W.MAYER, Untersuchungen zur Formensprache der babylonischen „Gebetsbeschwörungen", StP.SM 5, 1976. – J.W.MCKAY, Religion in Juda under the Assyrians 732-609 B.C., SBT SS 26, 1973. – P.G.MOSCA, Child Sacrifice in Canaanite and Israelite Religion. A Study in Mulk and mlk, Ph.D.dissertation, Harvard, 1975. – H.-P.MÜLLER, molek, TWAT IV, 1984, 957-968. – S.M.OLYAN, Some Observations Concerning the Identity of the Queen of Heaven, UF 19, 1987, 161-174. – DERS., The Cultic Confessions of Jer 2,27a, ZAW 99, 1987, 254-259. – D.PLATEROTI, Zum Gebrauch des Wortes MLK im Alten Testament, VT 28, 1978, 286-300. – W.RÖLLIG, Kinderopfer, RLA V, 1980, 601-602. – M.-J.SEUX, Hymnes et prières aux dieux de Babylonie et d'Assyrie, 1976. – K.SEYBOLD, Satirische Prophetie. Studien zum Buch Zephanja, SBS 120, 1985. – H.SPIECKERMANN, Juda unter Assur in der Sargonidenzeit, FRLANT 129, 1982. – L.STAGER, Child Sacrifice at Carthage – Religious Rite or Population Control, BAR 10, 1984, 31-51. – R.DE VAUX, Les sacrifices de l'Ancient Testament, CRB 1, 1964. – M.WEINFELD, The Worship of Molech and of the Queen of Heaven and its Background, UF 4, 1972, 133-154. –

Die zahlreichen religiösen und politischen Auseinandersetzungen, die in der Königszeit geführt wurden, betrafen über weite Strecken nur die offizielle Religion und den offiziellen Kult der Großgruppe. Die Frömmigkeit der familiären Kleingruppe blieb von ihnen über die längste Zeit – sofern erkennbar – weitgehend unberührt. Das heißt, die persönliche Frömmigkeit paßte sich wohl der jeweiligen religionsgeschichtlichen Großwetterlage an, ohne aber in ihrem Kern davon tangiert zu sein. Das änderte sich erkennbar erst in der späten Königszeit, als sich einerseits besonders die Frömmigkeit in den israelitischen Familien unter der langanhaltenden assyrischen Besatzungszeit verstärkt fremdreligiösem Einfluß öffnete und andererseits unter den verschärften Normenvorstellungen der offiziellen Jahwereligion der religionsinterne Pluralismus selber in die Kritik geriet.

Die Entwicklung ist von zwei gegenläufigen Tendenzen bestimmt: Auf der einen Seite rückte der Nationalgott Jahwe immer selbstverständlicher in die Stellung des Familiengottes ein. Die Jahwe-haltigen Personennamen, die in der frühen Königszeit nur etwa 25% ausgemacht hatten, steigerten ihren Anteil in der späten Königszeit auf ca. 80%; den gleichen Eindruck vermitteln auch die Belege aus den Siegeln und Inschriften dieser Zeit.[1] Vorreiter dieser Entwicklung war besonders im Südreich die Königsfamilie, die sich ja auch in der offiziellen Königstheologie in einem besonders engen Verhältnis zu Jahwe stehen sah: Ab Salomo tragen fast alle judäischen Könige Jahwe-haltige Namen, und Jahwe galt als persönlicher Gott der davidischen Dynastie (2.Kön 20,5), was nicht ausschloß, daß noch im 9.Jh. die Königinmutter Maacha ein Aschera-Bild anfertigen ließ (1.Kön 15,13) und sich Ahasja nach einem schweren Unfall an den Baal von Ekron mit einer Orakelanfrage wandte (2.Kön 1).

Doch wie wenig man diese Entwicklung in der Familienreligion im Sinne einer immer exklusiver werdenden Jahweverehrung interpretieren darf, zeigt auf der anderen Seite die Tatsache, daß der religionsinterne Pluralismus im 7.Jh. nicht nur fortbestand, sondern sich sogar eher noch verschärfte: Gegen Ende des Jahrhunderts konnte Jeremia den Bewohnern des ehemaligen Nordreiches[2] vorwerfen, sie würden sich in ihren privaten Nöten vertrauensvoll an Holz und Stein, d.h. fremde Götter(-bilder) wenden und nur bei nationalen Katastrophen Jahwe um Rettung anflehen (Jer 2,27.28a).[3] Das

---

[1] S.o. 147.

[2] Daß die Sammlung Jer 2,5–4,2 ursprünglich an die israelitische Bevölkerung des ehemaligen Nordreiches gerichtet war, die mit dem Zerfall des assyrischen Weltreiches wieder frei wurde, habe ich andernorts gezeigt (Jer 2–6 [3.9], 25ff.).

[3] Vgl. R.Albertz, Weltschöpfung (2.4), 37f.; 152ff. Daß Jeremia hier einen Bruch zwischen der persönlichen Frömmigkeit und der offiziellen Jahwereligion aufweisen will, wird in der Auslegung der Stelle meist übersehen (vgl. etwa S.Herrmann, Jeremia, 146ff.; S.M.Olyan, Confessions), zeigt sich aber an der Differenz zwischen den zitierten sing. Bekenntnissen der Zuversicht aus der Klage des einzelnen in V.27a: „Mein Vater bist du (doch)!" bzw. „Du hast mich (doch) geboren!" (vgl. Ps 22,10f.; Jes 64,7 [schon plur. übertragen]; auch Ps 2,7; 89,27) und der plur. Bitte aus der Klage des Volkes: „Steh auf und hilf uns!" in V.27b. Bei „Holz (*'ēṣ*) und Stein (*'eben*)" hat man immer wieder an die Ascheren und Mazzeben der Dorfheiligtümer gedacht (so auch S.M.Olyan, a.a.O., 255ff.), doch spricht dagegen neben der anderen Terminologie und dem Umstand, daß die familiäre Klagezeremonie meist im Hauskult stattfand (s.o. 152f.), vor allem die Schwierigkeit, daß Jeremia dann die männliche Schöpfungsaussage auf die Aschera und die weibliche auf Jahwe bzw. eine andere männliche Gottheit bezogen hätte. Daß dies als bewußte „ironische" Verdrehung gemeint sei, wie S.M.Olyan u.a. vermuten, läßt der Text nicht erkennen. So wird man an Götterbilder zu denken haben, deren Material Jeremia polemisch mit den Göttern identifiziert. Daß es sich dabei, jedenfalls nach dem Urteil Jeremias, um fremde Götter handelt, legt die Formulierung: „Wo sind deine Götter, die du

heißt, der religionsinterne Pluralismus hatte hier sogar synkretistische Dimensionen angenommen.

Diese Entwicklung hängt ursächlich mit der langanhaltenden assyrischen Besatzungszeit zusammen: In ihren Provinzen auf dem Gebiet des ehemaligen Nordreiches hatten die Assyrer durch ihre Deportationspolitik eine synkretistische Situation geschaffen: Anstelle der deportierten Israeliten wurden verschiedene Bevölkerungsgruppen aus Babylonien und Syrien angesiedelt, die ihre Götter und Kultbräuche mitbrachten (2.Kön 17,29–31). Wohl wurde – abgesehen von dem assyrischen Staatskult – der Landesgott Jahwe weiter offiziell in Bethel verehrt (V.25–28), aber neben fremdländischen Göttern vor allem im privaten Bereich (V.32f.). Es hat nun den Anschein, daß sich die verbliebenen israelitischen Familien auf ihre pluralistische religiöse Umgebung einließen und die Götter und Göttinnen ihrer Nachbarn mit in ihre persönliche Frömmigkeit einbezogen.

Obgleich das Südreich noch von solchen Bevölkerungsverschiebungen verschont blieb, kam es in ihm zu durchaus vergleichbaren Erscheinungen. Schon Ahas hatte bei seiner Unterwerfung unter Tiglat-Pileser den Jerusalemer Tempel dem assyrischen Staatskult geöffnet (2.Kön 16,10–16);[4] wahrscheinlich war es Hiskia gelungen, im Zuge seiner Reform diesen fremdreligiösen Einfluß kurzzeitig wieder zurückzudrängen, doch mit dem Scheitern seines Aufstandes 701 wurde Juda wieder assyrischer Vasallenstaat, und unter der langen Regierungszeit seines Nachfolgers Manasse war auch das Südreich voll der kulturellen und religiösen Infiltration aus dem Norden ausgesetzt. Dabei ist keineswegs sicher, daß die Assyrer gegenüber ihrem judäischen Vasallen eine aggressive Religionspolitik betrieben, wie das andernorts durchaus belegt ist.[5] Wohl kann man vermuten, daß die

dir gemacht hast?" in V.28a nahe (V.28b ist eine nachträgliche Aktualisierung auf Verhältnisse in Juda), auch wenn die Betroffenen wahrscheinlich anderer Meinung waren. Insofern geht die Argumentation S.M.Olyans, Jeremia polemisiere nicht gegen eine „kanaanäische", sondern „jahwistische" Kultpraxis, an der wirklichen Auseinandersetzung vorbei. Richtig ist allerdings, daß der Text das Nebeneinander einer männlichen und weiblichen Gottheit in der privaten Frömmigkeit widerspiegelt, s.o. 131ff.; vgl. auch die Verehrung der Himmelskönigin (Jer 7,18; 44,15–19), die ebenfalls die synkretistische Dimension des religionsinternen Pluralismus dieser Epoche verdeutlicht.

[4] Leider ist der Text aus begreiflichen apologetischen Gründen bewußt undeutlich gehalten bzw. an der entscheidenen Stelle V.15 Ende verunstaltet worden (vgl. das unklare und bis heute nicht befriedigend gedeutete *lĕbaqqer*); doch hat H.Spieckermann, Juda, 362–369, gute Gründe dafür genannt, daß Ahas den alten Brandopferaltar, den er nach der generösen Stiftung eines neuen an die Nordseite des Tempels versetzen ließ, für den assyrischen Staatskult nutzen wollte, ohne den Jahwekult zu sehr in Mitleidenschaft zu ziehen.

[5] Während M.Noth, Geschichte, 240, noch ganz selbstverständlich von der These ausging: „Eine politische Oberherrschaft verlangte im alten Orient die Aufnahme des offiziellen Staatskultes, nicht an Stelle, aber neben den angestammten Kulten", haben J.W.McKay, Religion, und M.Cogan, Imperialism, eine aggressive Religionspolitik der Assyrer gegen die von ihnen unterworfenen Völkerschaften mehr oder minder bestritten. Dabei wollte ersterer generell nur einige Ausnahmen gelten lassen (a.a.O., 65f.), während letzterer zwischen unterschiedlichen Graden der Abhängigkeit differenzierte: Nur in den assyrischen Provinzen hätten die Assyrer

Assyrer von ihm die Berücksichtigung der wichtigsten assyrischen Götter im Jerusalemer Kult verlangten, und aus dem Bericht von der Kultreform Josias ist auch das Eindringen – wenn auch anderer – assyrischer Kultbräuche in den Jerusalemer Tempel direkt bezeugt,[6] dennoch scheint dieser mehr oder weniger aufoktroyierte Synkretismus auf der Ebene der offiziellen Religion kaum ernsthafte Konflikte heraufbeschworen zu haben. Das mag daran liegen, daß die Jerusalemer Tempelpriesterschaft, die durch die hiskianische Reform zu einem stärkeren theologischen Selbstbewußtsein gekommen war, wohl bereit war, mit der Besatzungsmacht kultische Kompromisse einzugehen, aber doch darauf achtete, den offiziellen Jahwekult separat zu halten und es nicht zu synkretistischen Verschmelzungen kommen zu lassen.

Die eigentlich synkretistischen Prozesse des 7.Jhs. liefen auch im Südreich nicht auf der Ebene der offiziellen Religion, sondern der privaten Frömmigkeit.[7] Es ist erstaunlich zu sehen, daß sich die judäische Bevölkerung nicht etwa gegen die fremdreligiösen Bräuche und Vorstellungen ihrer Besatzer abschottete, sondern sie freiwillig und geradezu begeistert übernahm. Vor allem für die Bevölkerung der Hauptstadt, die direkt in Kontakt mit assyrischen Soldaten, Verwaltungsbeamten und Kaufleuten kam, und hier wiederum besonders für die Oberschicht scheint es ausgesprochen attraktiv gewesen zu sein, sich nicht nur assyrisch zu kleiden (Zeph 1,8), sondern ihre familiären Kultbräuche assyrischen Gewohnheiten anzupassen.

Besonders anziehend scheint vor allem das assyrisch-babylonische Orakel- und Beschwörungswesen gewesen zu sein, das in Mesopotamien eine sehr viel höhere Differenzierung und Professionalisierung als in Israel erreicht hatte.[8] In diesem Zusammenhang sind auch die Kultstätten auf den

---

den Bewohnern die Durchführung des Reichskultes abverlangt, nicht jedoch in den Vasallenstaaten (a.a.O., 49ff.). Dagegen hat H.Spieckermann, Juda, 322–362, das – zugegeben „rare" – Material vor allem aus den assyrischen Königsinschriften einer erneuten Untersuchung unterzogen und kommt zu dem Ergebnis, daß es durchaus Eingriffe der Assyrer in die Kulte der unterworfenen Völker, die auf eine erzwungene Verehrung assyrischer Götter hinausliefen, gegeben hat, und zwar nicht nur in den Provinzen, sondern auch in den Vasallenstaaten, so z.B. durch Tiglat-Pileser III. in Gaza (a.a.O., 325ff.).

[6] Vgl. die Gestirnsverehrung 2.Kön 23,5 und die Pferde für den Sonnengott Schamasch V.11.

[7] Diese Differenzierung auf der Linie des religionsinternen Pluralismus vermag meiner Meinung nach den Hiatus zwischen dem häufig vermuteten assyrischen Einfluß auf den Staatskult, der außer 2.Kön 16,10–16 kaum Spuren in den Texten hinterlassen hat, und den im AT tatsächlich kritisierten Mißständen während der Manasse-Zeit, auf den J.W.McKay, Religion, 67ff., hingewiesen hat, zu erklären; einige Andeutungen in dieser Richtung macht schon H.Spieckermann, Juda, 377f., der aber ansonsten auf die Verzeichnung des Bildes durch die dtr. Überlieferung abhebt. M.Cogan, Imperialism, 94f., spricht von einer „quiet, complacent assimilation" in kosmopolitischer Atmosphäre, ohne verschiedene Ebenen der Religion zu unterscheiden.

[8] Vgl. die Berufsstände des *barû* „Seher, Opferschaupriester" und *āšipu* „Exorzist, Beschwörungspriester" sowie die ausgedehnte Fachliteratur, die die sumerisch-babylonische Zivilisation

Hausdächern zu interpretieren, die in dieser Zeit in Jerusalem üblich wurden (Zeph 1,5; 2.Kön 23,12; Jer 19,13; 32,29). Das heißt, man verlegte den familiären Kultschrein, der sich vorher z.B. neben der Haustür befand,[9] auf das Flachdach seines Hauses, weil hier nach assyrisch-babylonischem Brauch die kasuellen Bittzeremonien samt den sie begleitenden Beschwörungsriten gerne stattfanden.[10] Dies hing mit dem astralen Charakter der babylonisch-assyrischen Religion zusammen, in der die Götter direkt mit bestimmten Gestirnen identifiziert wurden. Die Rituale fanden darum häufig bei Nacht oder Sonnenaufgang statt.[11] Von den prophetischen und dtr. Kritikern dieser Privatkulte wird darum der pauschale Vorwurf der Gestirnsanbetung erhoben (Zeph 1,5; Jer 19,13, 32,29), doch muß dies nicht unbedingt der Fall gewesen sein; es ging den Familien auch bei diesen Kulten primär – wie schon seit alters – um die Heilung eines erkrankten Mitgliedes. Aber immerhin bekamen ältere astrale Elemente, die der Jahwereligion einst in der Jerusalemer Kulttradition zugewachsen waren,[12] für den einzelnen eine neue religiöse und kultische Relevanz. Typische Kulthandlungen bei diesen familiären Zeremonien waren Räucheropfer (*qāṭar* pi.) und Libation (*nāsak* hi.: Jer 19,13; 32,29; vgl. 44,17ff.), die auch in babylonisch-assyrischen Gebetsbeschwörungsritualen häufig erwähnt sind,[13] aber wahrscheinlich schon früher in Israel hier üblich waren.[14]

Neben den Beschwörungsriten gewann auch die hochentwickelte babylonisch-assyrische instrumentelle Mantik in Juda ausgesprochene Popularität. Wenn Zephanja den Jerusalemern im Zusammenhang seiner Anklage gegen den „Gestirnskult" auf den Dächern vorwirft, sie würden Jahwe nicht mehr

---

zur Omendeutung verschiedenster Techniken und zur magisch-religiösen Abwehr und Behandlung unterschiedlichster Gefahren und Nöte hervorgebracht hat. Einen kleinen Eindruck verschafft die Auswahl in TUAT II/1 und 2, vgl. auch H.Spieckermanns materialreiche Darstellung der „Spätform der neuassyrischen Religion" (Juda, 227–306). Ob dagegen seine Einschätzung, daß die tiefe Durchdringung des alltäglichen und öffentlichen Lebens vom Vorzeichen- und Beschwörungswesen auf eine „Daseinsangst" der Assyrer schließen lasse, berechtigt ist, wage ich zu bezweifeln. Jedenfalls sollte man vor einem aufgeklärt-protestantischen Vorurteil auf der Hut sein!

[9] So etwa bei dem in Megiddo aufgefundenen Hauskult aus dem 10.Jh., s.o. 151. Daß es auch noch in der Eisen IIC-Zeit Hauskulte gegeben hat, ist aus Aschdod, *'Ēn-Gēv,* Ekron und Jerusalem archäologisch belegt, s. H.Weippert, Palästina, 623; 628f.

[10] Vgl. M.Weinfeld, Worship, 151ff.; E.Gerstenberger, Mensch (2.4), 83; weitere Belege AHw 1434f., s.v. *ūru* „Dach".

[11] Vgl. W.Mayer, Untersuchungen, 180f.

[12] S.o. 207.

[13] Vgl. E.Gerstenberger, Mensch (3.4), 88f., und AHw s.v. *nignaqqu* „Räucherbecken" und *naqû* „libieren". Vier Räucheraltäre, die im Unterschied zum älteren „Hörner-Typ" (s.o. 151) einen polygonalen Rand haben, sind aus dem Schutt der 587 zerstörten Häuser am Hang des Südosthügels in Jerusalem gefunden worden, vgl. H.Weippert, Palästina, 628f. Seit dem 7.Jh. fanden Räucherkästchen weite Verbreitung, die zumindest indirekt auf kulturellen Einfluß Mesopotamiens zurückgehen, vgl. W.Zwickel, Räucherkult (2.4), 74ff.; H.Weippert, a.a.O., 716f.

[14] S.o. 152.

befragen (Zeph 1,6), dann scheint dieser auch etwas mit Orakelanfragen zu tun gehabt zu haben.[15] Man könnte z.B. an astronomische Omina denken, die bei den Assyrern eine große Rolle spielten.[16] Sehr wahrscheinlich hat die auflebende Verehrung des Sonnengottes Schamasch etwas mit der Orakelpraxis zu tun, denn dieser galt neben Adad in Mesopotamien als der typische Orakelgott.[17] Schamasch war in der Ikonographie das Pferd zugeordnet.[18] Wie die Stiftung von Pferden und Wagen für Schamasch, die seinen Weg über den Himmel symbolisieren sollten, beweist, fand diese Orakelpraxis auch im Jerusalemer Kult Aufnahme (2.Kön 23,11).[19] Sie wurde aber offenbar besonders gerne von Privatleuten in Anspruch genommen, um sich Prognosen für die Probleme des Alltags geben zu lassen. Darauf weisen nicht nur die in Jerusalem und anderswo gefundenen Pferde-Terrakotten, die eine Sonnenscheibe zwischen den Ohren tragen[20] und die bei solchen privaten Orakelanfragen gestiftet sein könnten, sondern darauf weist auch die eigenartige Nachricht, daß Manasse Altäre (*mizbĕḥōt*) für das „Himmelsheer" (*ṣĕba' haššāmajim*) in *beiden* Vorhöfen des Tempels hat errichten lassen (2.Kön 21,5), d.h. auch in dem äußeren Vorhof, zu dem das Volk freien Zutritt hatte. Ich möchte dies als eine Maßnahme ansehen, der Jerusalemer Bevölkerung Leberschau-Omina nach babylonisch-assyrischem Vorbild, die kasuelle Schlachtungen nötig machten, zu ermöglichen.[21] Sind es doch gerade die Eingeweide- und speziell die Leberschau an geopferten Schafen (Extispizin) gewesen, für die Schamasch ganz besonders zuständig war.[22]

---

15 Die Authentizität von V.6 wird allerdings bezweifelt, vgl. H.Irsigler, Gottesgericht, 103; 109. K.Seybold, Prophetie, 19; 76–78; 85, rechnet Zeph 1,4–6 insgesamt der dtr. Redaktion des Buches zu. Doch selbst wenn er Recht haben sollte, ist der zeitliche Abstand dieser Redaktion von den Ereignissen nicht so gewaltig, daß man ihr eine im Groben zutreffende Erinnerung an die Verhältnisse des 7.Jhs. generell absprechen müßte.

16 Vgl. die große Serie *Enūma Anu Enlil* und H.Spieckermann, Juda, 257 ff.

17 Vgl. K.L.Tallqvist, Götterepitheta, 458, und z.B. den großen Schamasch-Hymnus, BWL 134 f., Z.149–155. In der Gattung der *ikribu*-Gebete wird standardisiert Schamasch als „Herr der Entscheidung" und Adad als „Herr der Opferschau" vom Opferschaupriester bzw. Anfragenden um Beistand bei der Eingeweideschau angefleht, vgl. M.-J.Seux, Hymnes, 28 ff.; 467 ff., und H.Spieckermann, Juda, 236 ff.

18 Zu den allerdings etwas spärlichen Nachweisen s. a.a.O., 251, und S.Schroer, Bilder (2.1), 288 ff.; kritisch dazu K.Koch, Aschera, 115, Anm.71.

19 Ähnlich auch H.Spieckermann, Juda, 245, der allerdings mehr an das Bedürfnis der assyrischen Besatzungsmacht denkt, in Juda die Möglichkeit zum Einholen von Orakeln zu haben. Darüber hinaus erwägt er eine intercessorische Funktion der Pferde (251 f.) und schlägt vor, den Wagen als Standarten-Wagen zu deuten, der die Präsenz assyrischer Götter, möglicherweise des Reichsgottes Assur, im Jerusalemer Kult sicherstellen sollte (253 ff.).

20 T.A.Holland, Study (3.3), 149; S.Schroer, Bilder (2.1), 297 f.; H.Weippert, Palästina, 629.

21 Daß die Leberschau als typisches Kennzeichen der babylonischen Religion in Israel bekannt war, zeigt Ez 21,26. Die in Palästina gefundenen Lebermodelle aus Hazor und Megiddo gehören allerdings schon der späten Bronzezeit an, vgl. B.Landsberger/H.Tadmor, Fragments.

22 Vgl. etwa die Schlußbitte eines *ikribu*-Gebetes: „Ich habe dich angerufen, Schamasch, […] bin an dich herangetreten. Durch die Überprüfung seiner Eingeweide, durch das Lamm, das ich weihe, gib mir eine unzweideutige Antwort!", vgl. M.-J.Seux, Hymnes, 471; SAHG 275.

Hinweise auf einen nächtlichen Mondkult unter offenem Himmel bietet eine Gruppe von Siegeln, die Beterfiguren vor einer Mondsichel-Standarte abbilden.[23] Auch der Mondgott Sin hatte mit dem Orakelwesen zu tun, wie sein Epitheton *mukallim ittāti* „der die Vorzeichen zeigt" beweist.[24] Da jedoch auf einem der Siegel deutlich ein Musikant abgebildet ist, scheint es sich eher um allgemeinere Kultfeiern zu handeln. Das Original einer bronzenen Mondsichel, die einmal als Standartenaufsatz diente, wurde auf dem *Tell-eš-Šerī'a* (Gerar), Stratum VI (7./6.Jh.), gefunden. Sie hat nahe Parallelen in Nordsyrien, wo der Sin-Kult beheimatet war (Harran) und zu dieser Zeit eine neue Blüte erlebte. So ist der Mondkult ein Beispiel dafür, daß mit der assyrischen Besatzung keineswegs nur babylonische, sondern auch starke aramäische religiöse Einflüsse nach Juda strömten.

Vielleicht darf man sogar in den Zeph 1,4 und 2.Kön 23,5 im Zusammenhang mit dem „Gestirnskult" genannten „Götzenpriestern" (*kĕmārīm*) ausländische (assyrische oder aramäische) Fachleute sehen,[25] die über das komplizierte Berufswissen eines babylonischen *barû* („Opferschau-Priester") oder *āšipu* („Beschwörungspriester, Exorzist") verfügten und die von den judäischen Familien für ihre Orakelanfragen und zur Durchführung der Beschwörungsrituale in Anspruch genommen wurden. Der vor allem private Bedarf an wirkungsmächtigen assyrischen Ritualen schuf in Juda eine neue Klasse von Kultfachmännern.

Im Rahmen dieser familiär-religiösen Anleihen an assyrisch-aramäische Kultpraktiken ist nun auch der umstrittene „Moloch-Kult" auf dem Tofet im Ben-Hinnom-Tal südlich von Jerusalem zu sehen, der für das 7. und 6.Jh. belegt ist.[26]

Die weitläufige Diskussion kann hier nicht im einzelnen aufgerollt werden, vgl. dazu den ausführlichen Forschungsabriß von G.C.Heider, Cult, 1–92. Zur groben Orientierung lassen sich drei Positionen unterscheiden:

1. Die traditionelle Position sieht im „Moloch-Kult" Kinderopfer für eine kanaanäische Gottheit. Es handele sich um einen alten Brauch, wie das Gebot zur Opferung der Erstgeburt (Ex 22,28f.; 34,19f. u.ö.) und gelegentliche Vorkommen (Gen 22; Ri 11,30ff.; 2.Kön 3,27) zeigten, der unter phönizischem Einfluß im 8./7.Jh. wieder aufgelebt sei, vgl. H.Ringgren, Geschichte, 159; G.Fohrer, Geschichte, 39f.; R.de Vaux, Sacrifices, 58–81.

Auch die neueste Arbeit zum Thema von G.C.Heider, Cult, kehrt zu dieser Position zurück. Hatte man zuvor die verschiedensten Götter hinter dem Epitheton Molek/Melek („König") vermutet (Melqart, Milkom, Aschtar u.a.) so vertritt er die These, daß es sich um einen Kult für den Unterweltsgott Malik handele, der

---

[23] S. H.Weippert, Palästina, 627f., mit Abbildungen. Vgl. auch das Siegel des „Manasse, Sohn des Königs", das neben einem Stern eine Mondsichel zeigt, s. N.Avigad, Seal, 133.

[24] K.L.Tallqvist, Götterepitheta, 446.

[25] Vgl. die positive Konnotation des KMR-Titels im Aramäischen; in KAI 225,1f.; 226,1f. aus dem syrischen Nerab (7.Jh.) bezeichnen sich mit ihm zwei Priester des Mondgottes; zur Verbindung mit akk. *kumru/kumirtu* s. H.Spieckermann, Juda, 85f.

[26] Lev 18,21a; 20,2–5; Dtn 12,31; 18,10; 2.Kön 16,3; 17,17.31; 21,6; 23,10; Jes 30,33; 57,5; Jer 7,31; 19,5; 32,35; Ez 16,20f.; 20,31; 23,37.39; Ps 106,37f. Dagegen wird 1.Kön 11,7 Moloch fälschlicherweise im MT mit dem ammonitischen Gott Milkom identifiziert.

in Ebla, Mari, Ugarit u.a. belegt sei (93–194). Für die Deutung als Kinderopfer verweist er auf die archäologische Evidenz der Urnenfriedhöfe im Bereich punischer Siedlungsgebiete in Nordafrika, Sardinien und Sizilien (196 ff.), insbesondere auf ein Relief am Turm von Pozo Moro in Spanien, das seiner Meinung nach ein Kultmahl mit Kinderopfern darstelle (189 ff.). Nach Heider waren diese Kinderopfer für Malik ein freiwilliger volkstümlicher Kult in der Nähe der Totenverehrung mit klaren Verbindungen zur Nekromantik (406 f.); letzteres folgert er aus Lev 20,1–6; Dtn 18,10 f.

Die Hauptschwierigkeit, mit der dieser Auslegungstyp zu kämpfen hat, ist sein Defizit, keine Antwort auf die beiden Fragen zu bieten, warum erstens der „Molek-Kult", wenn er denn alter „kanaanäischer Herkunft" sein soll, in den Texten erst im 7.Jh. massiv auftaucht – G.C.Heider spricht a.a.O., 404, zutreffend von einem „disturbing lack of attestations for a very long period" – und warum es zweitens während der Zeit assyrischer Besatzung in Juda ausgerechnet einen starken phönizischen Einfluß gegeben haben soll. Speziell zu Heider ist anzumerken, daß die Bezeugung des Gottes Malik schon an sich recht dürftig ist und daß in seinem Kult auch nicht ein einziges Kinderopfer nachgewiesen werden kann. Eine Verbindung zwischen ihm und dem Götterpaar Baal-Hammon und Tinnit, denen auf den punischen Stelen die Kinderopfer meist dargebracht werden (vgl. TUAT II,4, 606–620), ist nicht erkennbar.

2. Die zweite Position ist von O.Eißfeldt 1935 in die Forschung eingeführt worden: Er bestritt, daß „Molek" ursprünglich eine Gottesbezeichnung sei, und deutete den Begriff als Opferterminus (Molk, 36–40), da der Begriff *molk* „Darbringung bzw. das Dargebrachte" auf punischen Votivstelen häufig das Kinder- bzw. dessen tierische Ersatzopfer bezeichne (a.a.O., 1–30). Damit wurde das Kinderopfer – wiewohl einmal von den Kanaanäern übernommen – zu einem israelitischen, Jahwe geltenden Kultbrauch (55), der erst ab der josianischen Zeit verboten und dadurch als Fremdkult denunziert wurde, daß man den Opferterminus zu einer Gottesbezeichnung uminterpretierte (40–45; 62 ff.).

Obgleich längst aufgezeigt wurde, daß die Deutung Eißfeldts zu seltsam tautologischen Wendungen führt und daß Stellen wie Lev 20,5 „hinter dem Molek herhuren"; Dtn 12,31; 2.Kön 17,31; Jer 19,5; 32,35 nahelegen, *lammolek* als göttlichen Adressaten des Ritus zu verstehen,[27] wird Eißfeldts These bis in die jüngste Zeit immer wieder erneuert (P.G.Mosca, Child; H.-P.Müller, molek). Ihre Faszination liegt wohl darin, daß sie meint, eine philologische Brücke zwischen dem AT und den einzigen sicher nachgewiesenen Kinderopfern im punischen Bereich herstellen zu können. Da es aber bis jetzt nur einen einzigen und zudem noch späten und unsicheren Beleg für *molk* im phönizischen Kernland gibt (Inschrift aus *Nebi-Junis* aus dem 3./2.Jh.v.Chr.),[28] scheint die ganze verzweigte *molk*-Opferterminologie eher eine punische Sonderentwicklung zu sein, zumal sie erst 200 Jahre nach der phönizischen Kolonisierung des westlichen Mittelmeerraums auftaucht.[29] Dem Einwand,

[27] Vgl. z.B. J.Ebach/U.Rüterswörden, ADRMLK, 222 f.; J.Lust, Cult, 363; G.C.Heider, Cult, 242 ff.

[28] Vgl. die jüngste Bearbeitung von A.Gianto, Notes.

[29] Vgl. G.C.Heider, Cult, 188; 198 f. Die früheste Bezeugung des Terminus *molk* findet sich auf einer Stele in Malta aus dem 6.Jh., dort allerdings ohne den Kontext von Urnengräbern. Heider weist auch darauf hin, daß das Kinderopfer keineswegs in allen punischen Siedlungsgebieten üblich war, es fehlt z.B. in Zypern und Spanien (202, Anm. 418).

daß auch diese Position nicht die plötzliche Bezeugung des „Molek-Kultes" während der assyrischen Besatzungszeit erklären kann, versucht H.-P.Müller, a.a.O., 967, dadurch zu entgehen, daß er alle Belege als Rückprojektion exilisch-nachexilischer Mißstände interpretiert, die durch die „phönizische Unterwanderung Judas" in dieser Zeit eingerissen seien. Doch sprechen dagegen Jer 7,31; 19,1 ff.; Jes 30,33 (Assur-Redaktion).[30]

3. Die dritte Position ist von M.Weinfeld 1969 ff. in die Debatte eingeführt worden. Sie ist die einzige, die den „Molek-Kult" in Juda auf dem Hintergrund der auch sonst erkennbaren massiven assyrisch-aramäischen Einflüsse des ausgehenden 8. und 7.Jhs. zu erklären sucht. Weinfeld versteht „Molek" als ein nach *bošet* „Schande" verballhorntes Gottesepitheton *melek* „König"; dieses wiederum bringt er mit dem Gott Adad-milki „König Adad" in Verbindung, dessen Verehrung sich nicht nur aus Personennamen des nordsyrischen Raumes nachweisen,[31] sondern für den sich aus neuassyrischen Rechtsurkunden zudem auch noch ein Kultbrauch wahrscheinlich machen läßt, der enge sachliche und terminologische Parallelen zum „Molek-Kult" biete (Worship, 144–149): So heißt es in einer Strafklausel für den Vertragsbrüchigen: „Seinen Sohn wird er für Adad-milki[32] verbrennen (*šarāpu*),[33] seine älteste Tochter wird er zusammen mit 2 Sutu Zedernharz für Belet-Seri verbrennen (*qalû*)." Oder: „Seine sieben Söhne wird er vor Adad verbrennen und seine sieben Töchter wird er als Kultprostituierte (*ḫarimtu*) an Ischtar preisgeben (*ramû*)"[34] u.ä. Wie es u.a. der zuletzt genannte Beleg nahelegt, plädiert M.Weinfeld im Anschluß an K.Deller dafür, das „Verbrennen" nicht wörtlich, sondern im Sinne einer rituellen Übereignung der Kinder an die Gottheit zu verstehen, was auch dem Verständnis des „Molek-Kultes" bei den Rabbinen entspreche (140 ff.). Schließlich verweist er auf 2.Kön 17,31, wo das Eindringen des syrisch-assyrischen Kultbrauches nach Palästina direkt bezeugt sei (145).

Trotz der Konvergenz einer Vielzahl von Beobachtungen wurde die These Weinfelds häufig leichthin beiseitegeschoben, weil man sie als apologetisch verdächtigte.[35] So hielt man die Angabe 2.Kön 17,31 einfach für eine „freierfundene Unterstellung" und beharrte auf einem wörtlichen Verständnis.[36] Doch mehren sich inzwischen die Voten, daß die hebräische Terminologie differenzierter beurteilt werden muß und ihre Ausdeutung auf eine reale Opferung von Kindern nicht mehr als gesichert

---

30 Vgl. auch die berechtigte Kritik von K.Koch, Aschera, 115, Anm. 69.

31 Vgl. O.Eißfeldt, Adrammelek, 335; K.Deller, Or 34, 382 f.; Deller hat wahrscheinlich gemacht, daß sich die Belege für Adad-milki vermehren lassen, wenn man berücksichtigt, daß die Schreibung *[d]X X* mit einem Zwischenraum zwischen den beiden Winkelhaken nicht auf Schamasch, sondern auf Adad-milki (*[d]X.UMUN*) zu beziehen ist.

32 Im Text geschrieben ist *[d]XXX*, K.Deller hat a.a.O., 384, gute Gründe geltend gemacht, dies entsprechend der eindeutigen Schreibungen für Adad in parallelen Klauseln (*[d]IM*) in die Lesung *[d]X.MAN* = Adad-milki aufzuspalten.

33 Vgl. *śārap* in Dtn 12,31; 2.Kön 17,31; Jer 7,31.

34 Das akk. Verb entspricht wie das in einem weiteren Beleg verwendete *wašāru* D „aufgeben" dem hebr. *'ābar hi.* „übergehen lassen" Lev 18,21; Dtn 18,10; 2.Kön 23,10 u.ö.; auch zu *nātan* „geben" (Lev 18,21; 20,2–4) gibt es in den assyrischen Klauseln eine Parallele (*nadānu*), s. die Aufstellungen der Formeln bei K.Deller, Or 34, 383 f.; M.Weinfeld, Worship, 144 f. Einen weiteren Vergleichspunkt bietet der in den Klauseln genannte heilige Bezirk (*ḫamru*) des Adad zum biblischen Tofet.

35 Vgl. die Diskussion bei G.C.Heider, Cult, 66–91.

36 So O.Kaiser, Erstgeborene, 36 f.

angesehen werden kann.[37] Immerhin ist die These Weinfelds die einzige, die den „Molek-Kult" mit einem Kultbrauch für einen ganz bestimmten Gott, der zudem sowohl außer- als auch innerbiblisch belegt ist, verbinden kann und der in das kulturelle Ambiente des 7.Jhs. paßt.

Folgt man der These M.Weinfelds, dann hat es sich beim „Molek-Kult" nicht um Kinderopfer gehandelt, auch wenn dies die wilde prophetische und dtr. Polemik dagegen z.T. glauben machen will.[38] Kinderopfer sind in Mesopotamien überhaupt nicht[39] und in Syrien-Palästina nicht mit Sicherheit bezeugt.[40] Die einzige krasse Ausnahme bilden einige punische Siedlungsgebiete in Nordafrika, Sardinien und Sizilien, doch scheint es sich hier um eine Sonderentwicklung zu handeln, die immer noch Rätsel aufgibt.[41] Die unpolemische Wendung *nātan mizzar'ō lammolek* „von seinem Samen dem Molek geben" (Lev 20,2.3.4; vgl. 18,21) läßt unvoreingenommen an eine Übergabe von Kindern an eine Gottheit denken (vgl. Ex 22,28b), und der eigenartige Ausdruck „Söhne und Töchter durchs Feuer gehen lassen" (*he'ĕbīr ... bā'ēš*) bezeichnet in diesem Zusammenhang am ehesten einen Reinigungsritus, mit dem die Kinder der Gottheit geweiht wurden.[42] Es geht also nicht um Kinderopfer, sondern um eine religiöse Weihe oder Dedikation von Kindern.

Solche rituelle Kinderweihe läßt sich nun nahtlos aus dem assyrisch-aramäischen Traditionsbereich herleiten: Denn erstens ist ein ähnlicher Brauch, bezogen auf den Wettergott Adad bzw. Adadmilki und seine Begleiterin Bēlet-Ṣēri bzw. Ischtar, in assyrischen Vertragstexten des 9.-7.Jhs. bezeugt,[43] und zweitens berichtet 2.Kön 17,31 explizit, daß die von den Assyrern im Nordreich angesiedelten wahrscheinlich aramäischen Sepharwiten[44] ihre Kinder auf diese Weise dem Gott Adrammelek und der Göttin

---

[37] Vgl. D.Plateroti, 298f.; J.Lust, Cult, 361f.; H.-F.Fuhs, 'ābar, 1025f.

[38] Vgl. Stellen mit *śārap bā'ēš* „im Feuer verbrennen" Dtn 12,31; 2.Kön 17,31; Jer 7,31; 19,5; mit *šāḥāṭ* „schlachten" Ez 16,21; 23,39; Jes 57,5; mit *lĕ'āklā* „zur Speise" Ez 16,20; 23,37 mit *zābaḥ* „opfern" Ez 16,20; Ps 106,38; mit *'ōlā* „als Brandopfer" Jer 19,5 (Text?). Man muß bei diesen Vorwürfen, die bis in die Nähe des Kannibalismus gehen, berücksichtigen, daß rituelle Manipulationen an kleinen Kindern, noch dazu wenn es sich um Fremdbräuche handelt, schnell unter den Verdacht des Kindermordes geraten.

[39] Vgl. W.Röllig, Kinderopfer, 601, und die negativen Ergebnisse bei G.C.Heider, Cult, 101; 149; 164ff.; 210.

[40] Vgl. a.a.O., 210–222; die Evidenz wird von Heider allein durch Rückprojektion der punischen Befunde auf Syrien-Palästina gewonnen.

[41] L.Stager, Sacrifice, 50, hat die erwägenswerte These aufgestellt, daß es sich um eine „fromme" Form der Geburtenkontrolle gehandelt hat, mit der die vermögenden Familien ihren Besitz zusammenhalten wollten.

[42] Dtn 18,10; 2.Kön 16,3; 17,17; 21,6; 23,10; Ez 20,31; ohne *'ēš* „Feuer" Jer 32,35; mit *nātan* „geben" Lev 18,21; vgl. Ez 16,21; 20,31.

[43] Vgl. K.Deller, Or 34, 383f.; M.Weinfeld, Worship, 144f., u.o. den Exkurs.

[44] Zuweilen hat man ihre Herkunft aus dem babylonischen Sippar angenommen, doch ist eher an den in Ez 47,16 genannten Ort Sibraim zu denken, der zwischen Hamat und Damaskus gelegen haben muß.

Anammelek geweiht haben sollen. Hinter diesen Gottesbezeichnungen hat man schon seit langem Adadmilki und seine Begleiterin vermutet.[45]

Damit wird nun auch deutlich, wer sich hinter dem „*molek*" (Lev 18,21; 20,3 ff.; 2.Kön 23,10; Jer 32,35) verbirgt; es ist niemand anders als der aramäisch-assyrische Wettergott Adad, dessen in diesem Traditionsbereich übliches Epitheton *melek* („König") unter Verwendung der Vokale von *bošet* („Schande") von den Tradenten bewußt entstellt worden ist.[46] Wir haben es also bei diesen Kinderweihungen mit einem Adad-Jahwe-Synkretismus zu tun, der auf der Ebene der familiären Frömmigkeit vollzogen worden ist. Dabei trat dem König Adad auch in der judäischen Religiosität eine Begleiterin, die Himmelskönigin (*malkat haššāmajim*), zur Seite, deren familiäre Verehrung mehrfach in der späten Königszeit bezeugt ist (Jer 7,18; 44,15–19; vgl. Am 5,26). Damit ist eine Ischtargestalt gemeint, die in der babylonisch-assyrischen Religion durch den Abendstern repräsentiert wird.[47] Das heißt, über die männlich-weibliche Götterzweiheit Jahwe und Aschera der älteren persönlichen Frömmigkeit lagerte sich unter assyrischem Einfluß im 7.Jh. die neue von Adad und Ischtar.[48]

---

[45] Vgl. O.Eißfeldt, Adrammelek, 335 f.; das *resch* ist Schreibfehler für das *dalet*. Anammelek ist die assimilierte Form von Anat-melek. Etwas schwierig ist dabei der maskuline Königstitel zu deuten, vgl. M.Weinfeld, Worship, 149. Eißfeldt, a.a.O., 339, denkt an Anat des Melek = Adad. Anat repräsentiert die jugendliche, kämpferische Göttin und läßt sich unschwer mit Ischtar gleichen.

[46] Die ursprüngliche Vokalisation ist vielleicht noch Jes 30,33 belegt; weitere Belege für den Adadmilki-Kult liegen wahrscheinlich in Am 5,26; Zeph 1,5 vor. Wenn es Zeph 1,5 im Zusammenhang der Polemik gegen den Gestirnskult heißt, die Judäer würden „bei ihrem König" schwören, dann ist nicht der irdische König gemeint, sondern eben „König Adad". Der sekundäre Vers Am 5,26 wird gerne auf die „assyrischen Gestirnsgötter" Sakkut und Kewan gedeutet (vgl. Šurpu II,180: *[d]SAG.KUD...[d]SAG.UŠ = kajjamānu*, eine Bezeichnung des Planeten Saturn). Doch ist der Saturn der einzige Planet, der nicht mit einem der großen babylonisch-assyrischen Götter verbunden worden ist; er spielt daher in der Religion kaum eine Rolle, vgl. H.M.Barstad, Polemics (3.6), 123 ff.; S.Schroer, Bilder (2.1), 267–272. So hat die These von M.Weinfeld viel für sich, daß der Vers gegen eine Prozession Adadmilkis und seiner Begleiterin, der Himmelskönigin Ischtar, polemisiert (Worship, 149 f.). Er ist dann zu übersetzen: Ihr tragt den Schrein (lies *sukkat* mit LXX) eures Königs (Adad) und das (Sternen)-Gebäck (lies *kēwān*, vgl. Jer 7,18) [eure Götterbilder], den Stern eures Gottes, die ihr euch gemacht habt.

[47] Vgl. die Epitheta Ischtars *šarrat šamē* „Königin des Himmels", *bēlit šamē* „Herrin des Himmels" und *šarrat šamāmi u kakkabāni* „Königin des Himmels und der Sterne" (K.L.Tallqvist, Götterepitheta, 64; 239) und M.Delcor, Culte, 109 ff.; U.Winter, Frau (2.3), 564 ff.; 574 f., die allerdings beide betonen, daß in der Himmelskönigin verschiedene weibliche Gottheiten zusammengeflossen sein können. Das Targum zu Jer identifiziert die Himmelskönigin regelrecht mit dem Planeten Venus, vgl. M.Delcor, Culte, 114. Für eine Gleichsetzung mit Aschtarte (*'Aštart Šamêm*) plädiert S.M.Olyan, Oberservations, 174; eine Identität mit der 2.Kön 23,4 genannten Aschera von Jerusalem möchte K.Koch, Aschera, 109 ff., nachweisen.

[48] So im Anschluß an M.Weinfeld, Worship, 149 ff., dem u.a. U.Winter, Frau (2.3), 566 f.; 574 folgt. Vgl. auch das Hervortreten des Astralcharakters der weiblichen Gottheit in der neuassyrischen und syrisch-palästinischen Glyptik, auf den U.Winter, a.a.O., 458 f. (Abb. 501–105), und S.Schroer, Bilder (2.1), 276 (Abb. 97 f.), hingewiesen haben.

Welches Ziel die judäischen Familien mit der Weihung ihrer Söhne und Töchter für Jahwe/Adad und Ischtar verfolgten und was mit den Kindern geschah, wird aus der polemischen Darstellung der erhaltenen Texte nicht klar. Die assyrischen Parallelen legen nahe, daß aus den so Geweihten Priester bzw. Priesterinnen oder niederes Kultpersonal wie männliche und weibliche Kultprostituierte wurden.[49] Ein ähnlicher Vorgang war 1.Sam 1 für Samuel geschildert worden, und man könnte fragen, ob nicht auch jetzt ein in der Not der Kinderlosigkeit abgelegtes Gelübde im Hintergrund dieser Dedikationen stand. Die Weihung des Kindes sollte dann die Dankbarkeit für die glückliche Geburt ausdrücken und die weitere Fruchtbarkeit der Frau und den Segen für die Familie sichern. Auch könnte man fragen, ob hier nicht eine Revitalisierung des alten Brauchs vorliegt, Jahwe den Erstgeborenen zu „opfern" (Ex 13,12f., mit *heʿĕbīr*; 22,28 mit *nātan*), der allerdings in der Jahwereligion längst durch ein Tieropfer abgelöst worden war (Ex 34,20).[50] Wenn Ezechiel diesen alten Brauch als ein schlechtes Gebot Jahwes ansieht, mit dem er Israel strafen und absichtlich in weitere Sünde habe hineinführen wollen (20,25f.), dann hat er möglicherweise den Umstand vor Augen, daß dieses Gebot einen Ansatzpunkt für den Synkretismus seiner Zeit bot.

Setzt man diesen Zusammenhang voraus, dann wird die kultische Problematik des neu aufgekommenen Brauchs deutlich: Das Erstgeburtsgebot hatte nur männliche Erstgeborene im Sinn, und das gleiche galt ja auch für die Weihung Samuels. Dem entspricht, daß der offizielle Jahwekult immer nur männliche Priester zugelassen hat. Die unter assyrischem Einfluß aufkommenden Weihungen umfaßten dagegen Söhne und Töchter, weil es in Mesopotamien auch Priesterinnen gab. Es entstand somit durch die familiäre Kultpraktik weibliches Kultpersonal, für das der offizielle Jahwekult keine Verwendung hatte.[51] Und auch gegen den dauernden Zustrom niederen männlichen Kultpersonals wird sich die eingesessene Jahwepriesterschaft gewehrt haben (Dtn 23,18b). Mir scheint, daß hier die eigentlichen Konfliktpunkte lagen, die diesen durchaus fromm gemeinten neuen familiären Brauch völlig in Mißkredit geraten ließen. Ein so aufgeblähtes Kultpersonal, wie es für assyrische Tempel üblich war, konnte man sich unter den bescheidenen wirtschaftlichen Bedingungen des Südreiches nicht leisten.

---

[49] So heißt es in einer Penalklausel: „Er wird sieben Priester und Priesterinnen an Adad, der in Kubail wohnt, übergeben und sieben männliche und sieben weibliche Kultprostituierte an Ischtar, die in Arbail wohnt", vgl. M.Weinfeld, Worship, 144f.

[50] Die Beteuerung Jahwes in Jer 7,31; 19,5; 32,35 „was ich euch nicht geboten habe und mir nicht eingefallen ist", läßt erstens erkennen, daß die Angeredeten offenbar meinten, ein frommes Werk zu tun, und setzt zweitens voraus, daß sie meinen konnten, damit ein Jahwe-Gebot zu erfüllen. Allerdings ist der „Molek-Kult" nicht auf den erstgeborenen Sohn beschränkt, sondern schließt auch Töchter mit ein.

[51] Vgl. Dtn 23,18a, aber auch die Qedeschen der Aschera/Ischtar, die in der Tempelweberei beschäftigt waren, 2.Kön 23,7.

Die Verehrung einer weiblichen Gottheit neben Jahwe scheint unter dem Einfluß der assyrischen Ischtargestalt in den israelitischen Familien noch einmal ausgesprochen populär geworden zu sein. Neue Bräuche kamen auf, an denen sich nach Jer 7,18 alle Familienmitglieder mit Eifer beteiligten: Einer dieser Bräuche war es, Ischtar Aschenkuchen (*kawwānīm*) in Form eines Sternes zu backen (7,18; 44,19; vgl. Am 5,26cj).[52] Das heißt, die astrale Konkretisierung der Göttin im Abendstern gab ihrem Kult neuen Auftrieb. Ein anderer Brauch war es, das Symbol Jahwe/Adads und das Sternensymbol Ischtars in einem hölzernen Schrein durch die Straßen zu tragen (Am 5,26).[53] Besonders beliebt war diese Verehrung offenbar bei den weiblichen Mitgliedern der Familie. Sie hatten in der Göttin eine direkte Ansprechpartnerin, an die sie sich in den kleinen Nöten des Alltags wendeten, wenn es darum ging, daß alle satt zu essen hatten, Wohlstand zu sichern und Unglück von der Familie abzuhalten (Jer 44,15–19); und wie früher durch Aschera so kam ihnen Jahwe nun durch Ischtar, deren Symbol sie am Abendhimmel aufgehen sahen, ganz nah. Wie tief diese Frömmigkeit gerade bei den Frauen verankert war, zeigt ihr Protest gegen Jeremia, in dem sie ihre Not nach der Katastrophe 587 mit der alleinigen Jahweverehrung infolge der dtn. Reform in Verbindung brachten. Die Abkehr von Ischtar und die radikale Exklusivität Jahwes auch auf der Ebene der familiären Frömmigkeit hatte sich nach ihrer Ansicht nicht ausgezahlt.[54]

So nahm der religionsinterne Pluralismus in der späten Königszeit die Ausmaße eines regelrechten Synkretismus an, der den notgedrungenen diplomatischen Synkretismus auf offizieller Ebene bei weitem übertraf. Es ist darum nicht verwunderlich, daß der bis dahin geduldete Pluralismus ein Hauptzielpunkt der dtn./dtr. Polemik und Reformanliegen wurde. Wenn die Jahwereligion erneuert werden sollte, dann konnte man die religiösen Vorstellungen und kultischen Gebräuche auf familiärer Ebene nicht mehr unkontrolliert lassen, sondern mußte dieses Einfallstor des Synkretismus schließen.[55]

---

52 Lies in Am 5,26 statt *kijjūn kēwān*. Aschekuchen (akk.: *kamān tumri*) sind auch im Babylonischen – wenn auch nicht ausschließlich – im Kult der Ischtar erwähnt, vgl. M.Delcor, Culte, 105f.; M.Weinfeld, Worship, 152. Ob die Scheiben, die eine Anzahl von Frauen Terrakotten vor der Brust tragen, mit diesen Kuchen in Verbindung zu bringen sind, wie U.Winter, Frau (2.3), 262f.; 568f., und S.Schroer, Bilder (2.1), 278ff., vorschlagen, ist unsicher, vgl. H.Weippert, Palästina, 448f.; 630.

53 Vgl. die obige Rekonstruktion des textlich schwierigen Verses.

54 Eine ähnliche Interpretation des Kultes der Himmelsgöttin als Ausdruck der „Volksfrömmigkeit" unterhalb der offiziellen Jahwereligion hat auch M.Rose, Ausschließlichkeitsanspruch (3.8), 257–263, vorgetragen. Wenn U.Winter, Frau (2.3), 565; 575f., diese religionsinterne Differenzierung dadurch zu relativieren sucht, indem er auf die „rituelle" Ausformung babylonisch-assyrischer Gebetsbeschwörungen und die in ihnen begegnende Anrufung der „höchsten Götter als persönliche Schutzgottheiten" hinweist, dann verkennt er die Tatsache, daß auch im babylonisch-assyrischen Raum die Gebetsbeschwörungen private kasuelle Kulte neben dem offiziellen Tempelkult waren und sich die Funktion der „großen" Götter auf dieser familiären Ebene von der offiziellen charakteristisch unterscheidet.

55 S.u. 327ff.

Es scheint aber nun so zu sein, daß diese starke kulturelle und religiöse Anpassung an die assyrische Besatzungsmacht nicht alle judäischen Familien in gleichem Maße betraf. Die Polemik Zephanjas läßt noch erkennen, daß sich vor allem die Familien der Jerusalemer Oberschicht bis hinauf in die Königsfamilie, die dauernd mit den Assyrern zu tun hatten, begeistert dem fremdkulturellen Einfluß öffneten.[56] Dagegen hielten offenbar Unterschichtfamilien, vor allem auf dem Lande, stärker an den alten Formen der familiären Religiosität fest. So bekommt der Begriff *'ānaw/'ānī*, der bei den Propheten des 8.Jhs. eine rein soziale Bedeutung hatte, bei Zephanja gegen Ende des 7.Jhs. einen religiösen Nebensinn: Die Armen werden potentiell zu den Frommen des Landes (*'anwē hā'āreṣ*), die als die letzte noch verbliebene Bevölkerungsgruppe vom Propheten aufgefordert werden kann, Jahwe, sein Recht (*mišpaṭ*), Gerechtigkeit (*ṣedeq*) und Demut (*'ănāwā*) zu suchen (Zeph 2,1–3 vgl. 3,11 ff.).[57] Damit kündigte sich erstmals die Verknüpfung von sozialem und religiösem Bruch in der israelitischen Gesellschaft an, die in der Folgezeit große Bedeutung bekommen sollte.[58]

3.8 Die deuteronomische Reformbewegung

R.Abba, Priests and Levites in Deuteronomy, VT 27, 1977, 257–267. – R.Albertz, Hintergrund und Bedeutung des Elterngebots im Dekalog, ZAW 90, 1978, 348–374. – A.Alt, Die Heimat des Deuteronomiums, Ders., Kleine Schriften zur Geschichte des Volkes Israel II, 1953, 250–275. – M.Anbar, The Story about the Building of an Altar on Mount Ebal. The History of its Composition and the Question of the Centralization of the Cult, N.Lohfink (Hrsg.), Das Deuteronomium, BEThL 68, 1985, 304–309. – G.Braulik, Das Deuteronomium und die Geburt des Monotheismus (1984), ders., Studien zur Theologie des Deuteronomiums, SBA 2, 1988, 257–300. – Ders., Deuteronomium 1–16,17, Die neue Echter Bibel 15, 1986. – Ders., Die Ausdrücke für „Gesetz" im Buch Deuteronomium (1970), Studien zur Theologie, a.a.O., 11–38. – Ders., Die deuteronomischen Gesetze und der Dekalog. Studien zum Aufbau von Deuteronomium 12–26, SBS 145, 1991. – Ders., Die Freude des Festes. Das Kultverständnis des Deuteronomiums – die älteste biblische

---

[56] Vgl. K.Seybold, Prophetie, 27; zum möglichen assyrischen Ursprung des Zeph 1,9 kritisierten „Schwellenhüpfens" s. H.Donner, Schwellenhüpfer, 53 ff. Es handelt sich um einen abergläubischen Brauch, bestimmte Türschwellen nicht zu berühren, da man in ihnen den Sitz numinoser Mächte vermutet.

[57] K.Seybold, Prophetie, 35 ff., hat überzeugend gezeigt, daß Zeph 2,1 f. auf die armen Leute zu beziehen ist; er übersetzt: „Bückt euch und sammelt (Stroh), Volk, das kein Silber schlägt!" (vgl. 110; *niksaf* denominiert von *kesef* „Silber, Geld"). Allerdings hält er die Fortsetzung V.2b-3 für eine exilische Bearbeitung (a.a.O., 87). Wenn er Recht hat, würde die oben genannte Entwicklung erst etwas später zu datieren sein. Eine vergleichbare Verbindung von sozialer und religiöser Spaltung der Gesellschaft läßt sich aber auch schon ab 609 bei Jeremia aufzeigen, s.u. 364 f.

[58] S.u. 541 ff.

Festtheorie (1983), Studien zur Theologie, a.a.O., 161–218. – DERS., Leidensgedächtnisfeier und Freudenfest. „Volkes Liturgie" nach dem deuteronomischen Festkalender, Studien zur Theologie, a.a.O., 95–121. – J.BUCHOLZ, Die Ältesten im Deuteronomium, Göttinger Theologische Arbeiten 36, 1988. – A.CHOLEWIŃSKI, Heiligkeitsgesetz und Deuteronomium. Eine vergleichende Studie, AnBib 66, 1976. – D.L.CHRISTENSEN, Zephaniah 2:4–15: A Theological Basis of Josiah's Program of Political Expansion, CBQ 46, 1984, 669–682. – W.E.CLABURN, The Fiscal Basis of Josiah's Reforms, JBL 92, 1973, 11–22. – R.E.CLEMENTS, Deuteronomy and Jerusalem Cult Tradition, VT 15, 1965, 300–312. – F.CRÜSEMANN, Bewahrung der Freiheit. Das Thema des Dekalogs in sozialgeschichtlicher Perspektive, KT 78, 1983. – DERS., „...damit er dich segne in allem Tun deiner Hand..." (Dtn 14,29). Die Produktionsverhältnisse der späten Königszeit, dargestellt am Ostrakon von Meṣad Ḥashavjahu, und die Sozialgesetzgebung des Deuteronomiums, L.u.W.Schottroff (Hrsg.), Mitarbeiter der Schöpfung. Bibel und Arbeitswelt, 1983, 72–103. – P.DIEPOLD, Israels Land, BWANT 95, 1972. – W.DIETRICH, „...den Armen das Evangelium verkünden". Vom befreienden Sinn biblischer Gesetze, ThZ 41, 1985, 31–43. – F.DUMMERMUTH, Zur deuteronomischen Kulttheologie, ZAW 70, 1958, 59–98. – J.A.EMERTON, Priests and Levites in Deuteronomy. An Examination of Dr.G.E.Wright's Theory, VT 12, 1962, 129–138. – R.FRANKENA, The Vassal Treaties of Esarhaddon and the Dating of Deuteronomy, OTS 14, 1965, 122–164. – K.GALLING, Die Erwählungstraditionen Israels, BZAW 48, 1928. – E.GERSTENBERGER, Wesen und Herkunft des „apodiktischen Rechts", WMANT 20, 1965. – A.GRAUPNER, Zum Verhältnis der beiden Dekalogfassungen Ex 20 und Dtn 5, ZAW 99, 1987, 308–329. – H.GRESSMANN, Josia und das Deuteronomium, ZAW 42, 1924, 313–327. – J.HALBE, Passa-Massot im deuteronomischen Festkalender, ZAW 87, 1975, 147–168. – S.HERRMANN, Die konstruktive Restauration. Das Deuteronomium als Mitte biblischer Theologie, H.W.Wolff (Hrsg.), Probleme biblischer Theologie, FS G.v.Rad, 1971, 155–170. – P.HÖFFKEN, Eine Bemerkung zum religionsgeschichtlichen Hintergrund von Dtn 6,4, BZ N.F. 28, 1984, 88–93. – G.HÖLSCHER, Komposition und Ursprung des Deuteronomiums, ZAW 40, 1922, 161–255. – H.-D.HOFFMANN, Reform und Reformen. Untersuchungen zu einem Grundthema der deuteronomistischen Geschichtsschreibung, AThANT 66, 1980. – L.J.HOPPE, The Levitical Origins of Deuteronomy Reconsidered, BR 27, 1982, 27–36. – F.HORST, Das Privilegrecht Jahwes (1930), ders., Gottes Recht. Studien zum Recht im Alten Testament, TB 12, 1961, 17–154. – F.-L.HOSSFELD, Der Dekalog. Seine späten Fassungen, die originale Komposition und seine Vorstufen, OBO 45, 1982. – O.KAISER, Einleitung in das Alte Testament, 5.Aufl. 1984. – DERS., Literaturgeschichte, Biblische I, TRE XXI, 1991, 306ff. – E.KUTSCH, Verheißung und Gesetz. Untersuchungen zum sogenannten „Bund" im Alten Testament, BZAW 131, 1972. – P.LAAF, Die Pascha-Feier Israels. Eine literarkritische und überlieferungsgeschichtliche Studie, BBB 36, 1970. – B.LANG, George Orwell im gelobten Land. Das Buch Deuteronomium und der Geist kirchlicher Kontrolle, E.W.Zeeden/P.Th.Lang (Hrsg.), Kirche und Visitation, Tübinger Beiträge zur Geschichtsforschung 14, 1984, 21–35. – A.LEMAIRE, Le Décalogue: Essai d'histoire de la rédaction, FS H.Cazelles, AOAT 212, 1981, 259–295. – N.P.LEMCHE, The Manumission of Slaves – the Fallow Year – the Sabbatical Year – the Yobel Year, VT 16, 1976, 38–59. – CHR.LEVIN, Der Dekalog am Sinai, VT 35, 1985, 165–191. – DERS., Die Verheißung des neuen Bundes in ihrem theologiegeschichtlichen Zusammenhang, FRLANT 137, 1985. – DERS., Joschija im deuteronomistischen Geschichtswerk, ZAW 96, 1984,

351–371. – N.Lohfink, Das deuteronomische Gesetz in der Endgestalt – Entwurf einer Gesellschaft ohne marginale Gruppen, BN 51, 1990, 25–40. – Ders., Der junge Jeremia als Propagandist und Poet. Zum Grundstock von Jer 30–31, P.-M.Bogaert (ed.), Le livre de Jérémie. Le prophète et son milieu. Les Oracles et leur transmission, BEThL 54 1981, 351–368. – Ders., Die Bundesurkunde des Königs Josias (Eine Frage an die Deuteronomiumforschung) (1963), ders., Studien zum Deuteronomium und zur deuteronomistischen Literatur I, SBA 8, 1990, 99–165. – Ders., Die Gattung der „Historischen Kurzgeschichte" in den letzten Jahren von Juda und in der Zeit des Babylonischen Exils, ZAW 90, 1978, 319–347. – Ders., Die Geschichte des Pentateuch und der Krieg, ders. (Hrsg.), Gewalt und Gewaltlosigkeit im Alten Testament, QD 96, 1983, 51–110. – Ders., Die These vom deuteronomischen Dekaloganfang – ein fragwürdiges Ergebnis atomistischer Sprachstatistik (1977), Studien, a.a.O., 363–378. – Ders., The Cult Reform of Josiah of Juda: 2 Kings 22–23 as a Source for the History of Religion, P.D.Miller/P.D.Hanson/S.D.McBrider (ed.), Ancient Israelite Religion, FS F.M.Cross, 1987, 459–475. – Ders., Zur neueren Diskussion über 2 Kön 22–23, ders. (Hrsg.), Das Deuteronomium. Entstehung, Gestalt, Botschaft, BEThL 68, 1985, 24–48. – R.P.Merendino, Das deuteronomische Gesetz. Eine literarkritische, gattungs- und überlieferungsgeschichtliche Untersuchung zu Dtn 12–26, BBB 31, 1969. – Ders., Dt 27,1–8. Eine literarkritische und überlieferungsgeschichtliche Untersuchung, BZ N.F. 24, 1980, 194–207. – W.L.Moran, The Ancient Near Eastern Background of the Love of God in Deuteronomy, CBQ 25, 1963, 77–87. – E.Nicholson, The Centralisation of the Cult in Deuteronomy, VT 13, 1963, 380–389. – N.M.Nicolsky, Pascha im Kulte des jerusalemischen Tempels, ZAW 45, 1927, 171–190. – E.Nielsen, Die Zehn Gebote. Eine traditionsgeschichtliche Skizze, AThD 8, 1965. – M.Noth, Die Gesetze im Pentateuch. Ihre Voraussetzungen und ihr Sinn (1940), ders., Gesammelte Studien zum Alten Testament, TB 6, 3.Aufl. 1966, 9–141. – Th.Oestreicher, Das deuteronomische Grundgesetz, BFChTh.M 27/4, 1923. – L.Perlitt, Bundestheologie im Alten Testament, WMANT 36, 1969. – H.D.Preuss, Deuteronomium, EdF 164, 1982. – G.v.Rad, Das fünfte Buch Mose. Deuteronomium, ATD 8, 2.Aufl. 1968. – Ders., Das Gottesvolk im Deuteronomium (1929), ders., Gesammelte Studien zum Alten Testament II, TB 48, 1973, 9–108. – Ders., Deuteronomium-Studien (1947), Studien, a.a.O., 109–153. – R.Rendtorff, Die Erwählung Israels als Thema der deuteronomischen Theologie, J.Jeremias/L.Perlitt (Hrsg.), Die Botschaft und die Boten, FS H.W.Wolff, 1981, 75–86. – G.Ries, Lastenfreiheit, RLA VI, 1980–83, 508–511. – Th.Römer, Israels Väter. Untersuchungen zur Väterthematik im Deuteronomium und in der deuteronomistischen Tradition, OBO 99, 1990. – L.Rost, Das kleine geschichtliche Credo (1956), ders., Das kleine Credo und andere Studien zum Alten Testament, 1965, 11–25. – M.Rose, Der Ausschließlichkeitsanspruch Jahwes. Deuteronomische Schultheologie und Volksfrömmigkeit in der späten Königszeit, BWANT 106, 1975. – U.Rüterswörden, Von der politischen Gemeinschaft zur Gemeinde. Studien zu Dt 16,18–18,22, BBB 65, 1987. – J.Scharbert, Jeremia und die Reform des Joschija, P.-M.Bogaert, (s. N.Lohfink) a.a.O., 40–57. – Ders., Zefanja und die Reform des Joschija, FS J.Schreiner, 1982, 237–254. – R.Schmitt, Exodus und Passah. Ihr Zusammenhang im Alten Testament, OBO 7, 1975. – H.Seebass u.a., bāḥar, TWAT I, 1973, 592–608. – G.Seitz, Redaktionsgeschtliche Studien zum Deuteronomium, BWANT 93, 1971. – H.Spieckermann, Josia, TRE XVII, 1988, 264–267. – Ders., Juda und Assur in der Sargonidenzeit, FRLANT 129, 1982. – J.J.Stamm, Der Dekalog im

Lichte der neueren Forschung, 2.Aufl. 1962. – M.Weinfeld, bĕrīt, TWAT I, 1973, 781–808. – Ders., Cult Centralization in Israel in the Light of a Neo-Babylonian Analogy, JNES 23, 1964, 202–212. – Ders., Deuteronomy and the Deuteronomic School, 1972. – Ders., 'Justice and Righteousness' in Ancient Israel against the Background of „Social Reforms" in the Ancient Near East, H.-J.Nissen/J.Renger (Hrsg.), Mesopotamien und seine Nachbarn, Berliner Beiträge zum Vorderen Orient I,2, 1982, 491–530. – H.Weippert, „Der Ort, den Jahwe erwählen wird, um dort seinen Namen wohnen zu lassen". Die Geschichte einer alttestamentlichen Formel, BZ N.F. 24, 1980, 76–84. – G.E.Wright, The Levites in Deuteronomy, VT 4, 1954, 325–330. – E.Würthwein, Der 'amm ha'arez im Alten Testament, BWANT IV/17, 1936. – Ders., Die Josianische Reform und das Deuteronomium, ZThK 73, 1976, 365–423. – H.J.Zobel, Hosea und das Deuteronomium. Erwägungen eines Alttestamentlers zum Thema „Sprache und Theologie", ThLZ 110, 1983, 14–24. –

Mit der Mitte des 7.Jhs. war der Höhepunkt der assyrischen Machtentfaltung überschritten, und das durch seine extensive Kriegsführung ausgeblutete Riesenreich erlebt in den folgenden Jahrzehnten einen erstaunlich raschen Niedergang. Nach dem Tode des letzten großen Assyrerkönigs Assurbanipal (626) in Bruderkriege verstrickt, geriet es unter den Druck der aufsteigenden Meder und Neubabylonier; schon 614 fiel Assur, 612 die Hauptstadt Ninive, und 606 ging schließlich auch noch das letzte Restreich in Haran unter.

Seit dem Beginn der 30er Jahre verloren die Assyrer sukzessive ihre Kontrolle über ihre Vasallen und Provinzen in Palästina. Damit bot sich für Juda erstmals nach einer 60jährigen Besatzungszeit wieder die Chance für eine politischen Neubeginn und damit auch die Möglichkeit, das unter Hiskia begonnene, aber schon 701 steckengebliebene Reformwerk nach langer Unterbrechung auf einer neuen Basis fortzusetzen.

3.81 Hintergründe und Ziele der „josianischen" Reform

Während sich von der hiskianischen Reform in der Überlieferung nur wenige Spuren erhalten haben, die sich erst hypothetisch zu einem größeren Gesamtbild zusammensetzen lassen, besitzen wir für die Reform, die gemeinhin als die josianische bezeichnet wird, einen ausführlichen dtr. Bericht (2.Kön 22f.). Nach ihm soll der König Josia, der 639 von einer Gruppe, die *'am hā'āreṣ* („Volk des Landes") genannt wird, als Achtjähriger auf den Thron gehoben worden war (21,24), im Jahre 622 von einem bei Bauarbeiten im Tempel zufällig aufgefundenen, abgeblich von Mose (vgl. 23,25) stammenden Gesetzbuch Kenntnis erhalten und auf seiner Grundlage eine umfassende Kultreform durchgeführt haben, die nicht nur den Jerusalemer Tempel von allen fremdreligiösen, d.h. vor allem assyrischen Einflüssen reinigte (23,4.6f.11),[1] sondern auch alle übrigen Kulthöhen in Juda beseitigte

[1] Daß „Baal, Aschera und das ganze Himmelsheer", deren „Geräte" nach 2.Kön 23,4 aus dem Hekal des Jerusalemer Tempels entfernt worden sein sollen, assyrische Götter (Asur und

(V.8.13 f.)[2] und die eingerissenen privaten synkretistischen Riten ihrer Basis beraubte (V.5.10.12).[3] Schließlich habe er, über das judäische Gebiet ausgreifend, das alte Reichsheiligtum von Bethel, ja, sogar auch allen anderen Kultstätten des ehemaligen Nordreiches zerstört (V.15–20).[4]

Wegen der Radikalität der geschilderten Maßnahmen ist die Historizität dieses Bericht zuweilen angezweifelt worden,[5] doch auch wenn an ihm einiges deutlich legendär ist (z.B. der Buchfund) und er manches aus der Sicht der späteren Tradenten generalisiert und zusammengefaßt hat, was sich in Wahrheit über einen längeren Zeitraum hinzog, so sind doch viele Details unerfindlich[6] und die Gesamtintention der Kultzentralisation und die Durchsetzung einer exklusiven Jahweverehrung nicht zu bestreiten.[7] Zum einen fußen die dtr. Verfasser bei ihrer Darstellung wahrscheinlich zu einem erheblichen Teil auf älteren Quellen, die vielleicht bis in die Josia-Zeit zu-

---

Ischtar) im Gewande kanaanäischer Bezeichnung meinen, wird seit H.Greßmann, Josia, 321 ff., immer wieder vermutet und durch die genannten astrale Elemente nahegelegt; vgl. die ähnlich strukturierte häufige Wendung „Asur, Ischtar und die großen Götter“ in den Inschriften Aschurbanipals u.a., auf die K.Koch, Aschera (3.7), 116, verweist (VAB 7,2, 6 f., Z.76; 64 f., Z.104; 68 f.; Z.17.30 u.ö.); K.Koch denkt an eine Kontamination Asurs mit Baal-Schamem. Daß sich hinter der V.6 f. genannten Aschera und ihren Verehrerinnen, den Qedeschen, die Himmelskönigin Ischtar verbirgt, hat H.Spieckermann, Juda, 218 f., wahrscheinlich gemacht. Eindeutig ist der assyrische Einfluß bei den Pferden und Wagen für den Sonnengott Schamasch V.11.

2 V.8a geht es allgemein um die Provinzheiligtümer; V.8b um ein bestimmtes Tor-Heiligtum in Jerusalem; häufig konjiziert man *bāmot haššěʿārīm* „Torhöhen“ in *bāmot haśśeʿīrīm* „Höhen der Bocksgeister“, die in Lev 17,7; Jes 13,21; 34,14; 2.Chr 11,15 belegt sind. Doch könnte für MT der archäologische Befund in Dan sprechen, wo sich im E IIB-Stadttor ein Podest mit 4 verzierten Ständer-Basen (für einen Baldachin?) befand, das sich durchaus als ein Kultschrein deuten läßt, vgl. H.Weippert, Palästina, 553. V.13 f. geht es um die als Folge diplomatischen Synkretismus' von Salomo eingerichteten Kulte für Aschtarte, Kamosch und Milkom (1.Kön 11,5.7); ob sie bis in die Zeit Josias noch Bestand hatten, sei dahingestellt, s.o. 228 f.

3 Daß es sich bei den von Josia V.5 beseitigten *kěmārīm* um ausländische Experten für Divination, insbesondere Gestirns-Omina handelt, hat H.Spieckermann, Juda, 85 ff.; 271 ff., wahrscheinlich gemacht und wird durch den aus dem Akk. übernommenen Fachterminus *mazzālot = manzalātu/mazzalātu* „Konstellationen“ nahegelegt; dazu s.o. 297. Desgleichen dienten die Altäre „in den beiden Vorhöfen“ (V.12) wahrscheinlich privaten Leberomina, s.o. 296. Zur „Kinderweihung“ auf dem Tofet (V.10) s.o. 299 f.

4 Letzeres ist wohl eine dtr. Übertreibung; dagegen scheint mir die Zerstörung des „Altars von Bethel“ (V.15–18) durchaus glaubwürdig, da ohne jeglichen Anlaß die Prophetenerzählung 1.Kön 13,13–31*+2.Kön 23,16–18, die die Dtr hier auslegen, wohl kaum entstanden wäre; vgl. auch H.Donner, Geschichte, 348, gegen H.Spieckermann, Juda, 112 ff.

5 So etwa E.Würthwein, Reform, 417 ff.; Könige II (3.5), 462 ff.; O.Kaiser, Einleitung, 123 f.; Chr.Levin, Joschija, 353 ff.

6 Etwa die „Götzenpriester“ (*kěmārīm*) und „Konstellationen“ (*mazzālot*) V.5; die Qedeschen-Häuser V.7; der heilige Schrein in einem Jerusalemer Tor V.8b; die Pferde und Wagen für Schamasch V.11; letztere werden sogar von E.Würthwein, Könige II (3.5), 459, als historische Reminiszenz anerkannt.

7 Vgl. die neuesten Untersuchungen von N.Lohfink, Cult, 465 ff.; H.Spieckermann, Juda, 53; 76; 79–130; 378 ff., und die Diskussion bei H.D.Preuß, Deuteronomium, 9 ff. Trotz kritischer Zurückhaltung kommt auch H.-D.Hoffmann, Reform, 269, zu dem Urteil, daß der Bericht „die historische Grundtendenz jener Josia-Zeit richtig wiedergibt.“

rückgehen,[8] zum anderen muß man sich klarmachen, daß sie kaum mehr als 80 Jahre von den Ereignissen getrennt sind und damit für ein Publikum schreiben, dessen Eltern bzw. Großeltern die Maßnahmen Josias noch selber erlebt haben.[9]

Eine genauere Einschätzung der josianischen Kultreform wird allerdings erst möglich, wenn die Identität des Gesetzbuches, das die Basis für sie abgab, geklärt ist. Für die Verfasser von 2.Kön 22f. scheint die Sache klar gewesen zu sein: Das Buch, das sie „Gesetzbuch" (*sēfer hattōrā*: 2.Kön 22,8.11), Bundesbuch (*sēfer habbĕrīt*: 23,2.21) oder Gesetz des Mose" (*tōrat mošē*: 23,25) nennen, ist für sie eindeutig das Deuteronomium.[10] So hat die alte, von W.M.L.de Wette schon 1805/6 aufgestellte These immer noch viel

---

[8] Zur umfangreichen Forschungsgeschichte von 2.Kön 22f. vgl. H.Spieckermann, 17–30; N.Lohfink, Diskussion. Sie kann hier nur in einigen Linien skizziert werden: Th.Oestreicher, Grundgesetz, 12–60, nahm aufgrund stilistischer Unterschiede zwei verwendete Quellen an, eine „Erzählung von der Gesetzesauffindung" (22,3–23,3.16–18.20–24) und einen „Reformbericht" (23,4–14.15.19). Ihm sind viele gefolgt, wobei allerdings in der Abgrenzung (Buchfundbericht nur bis 23,3?) und im Ausmaß der dtr. Bearbeitungen bis heute kein Konsens erreicht ist. N.Lohfink, Bundesurkunde, 103ff., rechnete mit einem Fundbericht, den er lieber „Bundesschlußerzählung" nennen möchte (Kurzgeschichte, 322), der 2.Kön 22,3–23,3.21–23 (vgl. die Gliederungssignale: „der König schickte" 22,3; 23,1 und „der König befahl" 22,12; 23,21) umfaßt habe und in den Umkreis der Jeremiaerzählungen gehöre (a.a.O., 320ff.); vgl. die ähnlichen Akteure aus der Linie der Schafaniden und die antitypische Entsprechung 2.Kön 22,10f. und Jer 36,23f. Dieser Fundbericht enthalte keinerlei Reformmaßnahmen, was für die historische Rekonstruktion Schwierigkeiten bereite, doch wendet sich N.Lohfink gegen die Konsequenz E.Würthweins, Reform, 409ff., deren Historizität deswegen generell zu leugnen. Vielmehr habe der Dtr (bei ihm Dtr I im F.M.Cross-Modell des DtrG) unter Verwendung älterer durchaus zutreffender Nachrichten den Reformbericht weithin selber formuliert (Cult, 464ff.) und über 23,4 mit dem Fundbericht verklammert. Dagegen haben – u.a. wegen der Verklammerung 23,4 – H.-D.Hoffmann, Reform, 200, und H.Spieckermann, Juda, 153ff., die Scheidung von Fund- und Reformbericht aufgegeben. Während ersterer es bei dtr. Kompositionsstufe bewenden läßt, rekonstruiert letzterer redaktionskritisch einen noch vorexilischen Grundbestand (RB), der wieder weite Teile des Fundberichtes umfaßt und in den ersten Teil des Reformberichtes hineinreicht (22,1.3–5[6]7–12.13–20*; 23,1–3*.5–6*.7a.8a.19f.12*.29f.). Allerdings wird die Zusammengehörigkeit der älteren Reformnotizen untereinander und mit dem Fundbericht von H.Spieckermann nicht erwiesen. So möchte ich vorschlagen, die ältere Quelle in 22,2–11.12–23,4*.20b-23 zu suchen (vgl. Tragen des Staubes nach Bethel 23,4b; Rückkehr von Bethel V.20b, obgleich V.15 ein Ortswechsel nach Bethel fehlt), die als einzige Reformmaßnahme die Reinigung des Jerusalemer Tempels als Vorbereitung für das Passafest enthielt; sie stammt – wegen der Nähe zu den Jeremia-Erzählungen – aber wohl erst aus der frühexilischen Zeit. Diese Grunderzählung ist dann meiner Meinung nach von dtr. Autoren durch weitere Mitteilungen über Reformmaßnahmen Josias ergänzt und über 23,24 verklammert worden.

[9] So mit Recht R.Perlitt, Bundestheologie, 8; H.D.Preuß, Deuteronomium, 9; H.Spieckermann, Josia, 266; R.Kessler, Staat (3.6), 220, Anm. 7.

[10] Vgl. *sēfer hattōrā* im Schlußabschnitt des Dtn 28,61; 29,20; 31,(24).26; 30,10; und dann im DtrG Jos 1,8; 8,34; der Begriff *sēfer mošē* begegnet so noch nicht im Dtn, sondern erst im DtrG (Jos 8,31f.; 23,6; 1.Kön 2,3; 2.Kön 14,6; vgl. *sēfer tōrat mošē* in Jos 8,31), hat aber Stellen wie Dtn 4,44; 31,9; 33,4 zur Voraussetzung. Dagegen hat der Begriff *sēfer habbĕrīt* nicht Schule gemacht, er begegnet nur noch in Ex 24,7 und bezeichnet dort das „Bundesbuch" Ex 20,22ff., das aber in der Sinaiperikope das dtn. Gesetz vertritt; nach E.Blum, Komposition (2.2), 91f.; 99, gehört Ex 24,3–8 zu K^D.

für sich, daß eine Urform des Deuteronomiums, besonders des dtn. Gesetzeskorpus (Dtn 12–26) die Programmschrift für die josianische Reform abgegeben habe,[11] noch dazu hinsichtlich wesentlicher Programmpunkte, etwa der Zerstörung der Kulthöhen (Dtn 12), Mazzeben und Ascheren (16,21) oder Beseitigung assyrischer Gestirnskulte (17,3) und Kinderweihriten (18,10) klare Übereinstimmungen bestehen[12] und sich die wenigen Differenzen[13] relativ einfach erklären lassen.

Auf der Basis dieser Hypothese läßt sich nun erkennen, daß die sog. josianische Reform weit mehr als eine bloße Kultreform war: Sie war zugleich eine breite nationale, soziale und religiöse Erneuerungsbewegung, welche die historische Chance, die das Zurückweichen der assyrischen Fremdmacht bot, entschlossen zu einer völligen Neukonstituierung des israelitischen Staates nutzen wollte.

Mit der Datierung eines wesentlichen Bestandes des Dtn in die josianische Zeit fällt – insbesondere seit die Existenz der vorexilischen Pentateuchquellen J und E nicht mehr vorausgesetzt werden kann – die wichtigste Entscheidung bei der Rekonstruktion der israelitischen Religionsgeschichte. Darum sei hier kurz auf die Argumente eingegangen, die gegen sie vorgebracht wurden. Gegen die These W.M.L.de Wettes hat vor allem G.Hölscher, den „ideologischen Charakter der deuteronomischen Gesetzgebung", etwa von Dtn 13,1 ff.; 16,18 oder 17,14 ff. herausgestellt, der zeige, „daß sie nicht im vorexilischen Juda entstanden ist, sondern in die Zeit nach dem Fall gehört" (Komposition, 228). Das Dtn sei – ähnlich wie Ez 40 ff. – ein „ideales Programm ... für den Wiederaufbau des neuen Israel" nach dem Exil (229) und etwa um 500 verfaßt (247). Im einzelnen glaubt er nachweisen zu können, daß weder Jeremia noch Ezechiel etwas von einer Reform im Sinne des Dtn wüßten (233 ff.). O.Kaiser hielt diese Argumente für so gewichtig,[14] daß er ihnen in seiner Einleitung, 132 ff., einen mächtigen Resonanzboden verschaffte und selber für eine Spätdatierung bis hinab in die frühnachexilische Zeit plädierte: „Man wird sich also mit dem Gedanken vertraut machen müssen, bei einer Rekonstruktion der Literatur- und Religionsgeschichte ohne die Hypothese einer von König Josia aufgrund des Deuteronomiums durchgeführten Reform auszukommen" (134). In ähnliche Richtung gehen auch die Überlegungen von E.Würthwein, Reform, 418 ff.; er hält etwa die Kultzentralisation für eine „Notwendigkeit der exilischen Zeit."

Doch sind die Argumente Hölschers und seiner Nachfolger kaum stichhaltig. Der „ideologische" oder besser utopische Charakter mancher Gesetze des Dtn hängt einfach mit dessen Funktion als Reformgesetzgebung zusammen, des Königs- oder Richtergesetzes (17,14 ff.; 16,18) etwa mit einer klaren königskritischen Tendenz. Und daß die Kultzentralisation nicht aus der Exils-, sondern nur aus der „letzte(n)

[11] Vgl. dazu im einzelnen die Forschungsberichte von H.D.Preuß, Deuteronomium, 5 f.; 27; H.Spieckermann, Juda, 17 ff.; so auch Ders., Josia, 266. Die Identifikation ist so offensichtlich, daß sie schon von verschiedenen Kirchenvätern (z.B Hieronymos; Chrysostomos) erwogen worden ist.

[12] Vgl. die Aufstellung bei H.D.Preuß, Deuteronomium, 4 f.

[13] So bes. zwischen 2.Kön 23,9 und Dtn 18,6–8, s. dazu H.Spieckermann, Juda, 96 ff. und u. 345 f.

[14] Vgl. aber deren weitgehende Widerlegung schon durch H.Greßmann, Josia, 331 ff. u.a.

Blütezeit Judas vor 609" erklärt werden kann, erkennt sogar Chr.Levin, Joschija, 351 ff., an, obgleich er die Historizität von 2.Kön 22f. leugnet. War doch in frühnachexilischer Zeit die Kultzentralisation keineswegs mehr umkämpft, wie Würthwein und Kaiser glauben machen wollen; sie wurde vielmehr sowohl von der Deuterojesaja- als auch der Ezechielschule in spätexilischer Zeit als völlig selbstverständlich vorausgesetzt (vgl. Jes 52,7 ff.; Ez 40 ff.).

Die immer wieder kolportierte Behauptung, Jeremia wisse nichts von der josianischen Reform, beruht auf einer schlechten Jeremia-Exegese. Seine ihr scheinbar widersprechende religiöse Anklage in Jer 2–3 bezieht sich auf das ehemalige Nordreich;[15] seine Verkündigung an das Südreich nach 609, die sich in Jer 4,3–6,30; 8,4 ff. u.a. findet, zeichnet sich dagegen gerade durch das Fehlen der Synkretismus-Anklage aus.[16] Zudem redet Jeremia explizit von einer schriftlichen *tōrat jhwh* („Gesetz Jahwes": 8,8) bzw. einem *mišpaṭ jhwh/'ĕlōhīm* („Recht Jahwes/Gottes": 8,7; 5,4 f.); und er wirft der judäischen Oberschicht bzw. den Schreibern vor, es nach dem Tode Josias zu verfälschen oder nicht mehr zu kennen. Was läge näher, als dabei an das Dtn zu denken?[17] In Jer 31,2–6 propagiert der Prophet die Kultzentralisation gegenüber den Brüdern im Norden; in 22,15 lobt er Josias soziales Engagement für das Recht der Armen, was der Sozialgesetzgebung des Dtn entspricht; in 4,10 reflektiert er die enttäuschten Heilshoffnungen, die die Reform begleiteten; und Jer 44,18 belegt aus der Rückschau direkt den Synkretismus-Verzicht, der den judäischen Familien in der josianischen Zeit abverlangt wurde. Die Jeremia-Prophetie paßt somit völlig in das Reformklima, das jedoch mit dem Tode Josias großenteils zusammenbrach.[18] Schwieriger ist es, Ezechiels Anklage in Ez 8,5–18 zu deuten;[19] doch da diese erst aus dem Jahr 592 stammt, ist es durchaus möglich, daß erneut synkretistische Bräuche oder doch als solche deutbare eingedrungen waren, wie es dann auch für die Exilszeit belegt ist.[20]

Offensichtlich hat sich auch O.Kaiser durch die neueren Untersuchungen, die die josianische Datierung des Dtn stützen, beeindrucken lassen; in seiner jüngsten Stellungnahme beharrt er nicht mehr darauf, daß „das Deuteronomium als Ganzes in der Exilszeit anzusetzen" sei, möchte aber mit einem Fortschreibungsprozeß bis in das frühe 5.Jh. rechnen (Literaturgeschichte, 315). Für die Endgestalt gehen jetzt auch N.Lohfink, Endgestalt, 40, G.Braulik, Gesetze, 116 f., bis in das späte 6.Jh. hinab. Doch abgesehen davon, daß ihr zeitlicher Fixpunkt, nämlich die behauptete frühexilische Entstehung der Ämtergesetze Dtn 16,18–18,22 (N.Lohfink, Sicherung, 313 f.) keineswegs gesichert ist,[21] bleibt das literaturgeschichtliche Problem, wie eine über die Mitte des 6.Jhs. hinausgehende dtn. Traditionsbildung mit der dann einsetzenden Entstehung des DtrG, die das Dtn schon als relativ feste Größe voraus-

---

[15] S. dazu R.Albertz, Jer 2–6 (3.9), 25 ff.

[16] Einzige Ausnahme ist Jer 2,28b, wenn es sich um einen Nachtrag von Jeremia aus dieser Zeit handelt. Möglich ist aber auch eine dtr. Herkunft. G.Hölscher, Komposition, 238, verweist noch auf Jer 13,27 und 18,15 (!); doch in 13,27 ist wie in 4,30 nicht die religiöse, sondern eine erneute politische Anbiederung Judas gemeint. 18,13–15 erinnert stark an die Frühzeitverkündigung gegen den Synkretismus im Norden (vgl. Israel-Anrede).

[17] So nach vielen älteren Exegeten wieder M.Weinfeld, Deuteronomy, 158 f.

[18] S. im einzelnen u. 361 ff.

[19] Vgl. im einzelnen u. 362; 367.

[20] S.u. 384; 394 f.

[21] S. U.Rüterswörden, Gemeinschaft, 89 ff., der in ihnen noch eine vorexilische Schicht herausarbeitet.

setzt, vermittelt werden kann. Alles schöbe sich bei solchen Spätdatierungen in der frühnachexilischen Zeit zusammen, wobei bedacht werden muß, daß der Zeitraum kaum noch weiter nach hinten ausgeweitet werden kann, weil die Ausarbeitung des Pentateuch, die wiederum das DtrG voraussetzt, spätestens am Anfang des 5.Jhs. einsetzt.[22] Aus solchen übergeordneten Gesichtspunkten ist ein Ende der dtn. Traditionsbildung etwa in der Mitte des 6.Jhs. wahrscheinlich.

Schwieriger ist zu bestimmen, wieweit die dtn. Traditionsbildung zurückreicht. Seit A.Alt, Heimat, 262 ff., ist es lange Zeit üblich geworden, bis in die Zeit Hiskias hinaufzugehen und für die Entstehung des Dtn nordisraelitische Gruppen nach 722 namhaft zu machen.[23] Doch läßt sich das Aufgreifen ursprünglich nordisraelitischer Traditionen auch aus Juda erklären[24] und – abgesehen von der Fiktion des Buchfundes in 2.Kön 22[25] – spricht nichts dafür, allzuweit vor 622 hinabzugehen. Im Gegenteil, die Gemeinsamkeiten, aber auch die deutlichen Differenzen zum Bundesbuch aus der hiskianischen Reform[26] sprechen dafür, daß es sich um eine neue Traditionsbildung handelt,[27] die wohl Verbindungen zur hiskianischen Reformphase hat – wie sich zeigen wird, das Jerusalemer Obergericht –, aber erst unter Josia in Gang kam. Die 18 Jahre seiner Regierung vor 622 unter der Vormundschaft Schafans und Hilkias reichen als „Vorlauf" für die Entstehung einer ersten Fassung des Dtn völlig aus.[28] Es gibt also gute Gründe, die dtn. Traditionsbildung in den Zeitraum von den 30er Jahren des 7.Jhs. bis in die Mitte des 6.Jhs. zu datieren.

Fast unmöglich ist es allerdings, in der heutigen Forschungslage, in der noch kein Konsens über das literarische Wachstum des Dtn in Sicht ist,[29] eine Aussage darüber zu machen, welchen genauen Umfang das Dtn in der Reformperiode von 622–609 hatte. Ich denke bei meinen folgenden Ausführungen an einen Umfang von Dtn 6–28* abzüglich eindeutig späterer Bearbeitungen.[30] Doch hat diese literarische Unsicherheit keine allzu große sachliche Bedeutung, da die Traditionsbildung in der Reformperiode wohl in sehr schnellem Rhythmus geschah und bis in die frühexilische Zeit hinein weitgehend in derselben Trägergruppe erfolgte.

---

[22] S.u. 503 f.

[23] Vgl. die Autoren bis hin zu M.Weinfeld, Emergence, 83 ff., bei H.D.Preuß, Deuteronomium, 30 f., und sein Urteil: „Um die Herleitung des Dtn.s aus dem Nordreich ist es wohl mit Recht stiller geworden."

[24] Dazu s. 349 f.

[25] Die für authentisch gehaltene Fiktion brachte N.Lohfink, Bundesurkunde, 149 ff., dazu, ein altes Dokument aus der „Bundesinstitution" anzunehmen, das seine wesentliche Bearbeitung unter Hiskia bekommen habe; ähnlich auch noch G.Braulik, Deuteronomium I, 10. Doch die Annahme einer solchen institutionellen Kontinuität macht es eher noch schwieriger zu erklären, warum ein so wichtiges Dokument unter Manasse einfach vergessen gewesen sein sollte.

[26] S.o. 280 ff.

[27] Dies hat feinfühlig auch G.v.Rad, Gottesvolk, 19 ff.; Buch, 8 f., gespürt, wenn er trotz konstatierter 50% Übereinstimmung der Rechtsmaterialien mit dem Bundesbuch das Dtn nicht einfach in eine direkte Traditionslinie mit ihm stellen will.

[28] Ich kehre damit zur klassischen Ausformung der Theorie durch J.Wellhausen, Prolegomena, 9; 13 f., zurück.

[29] Vgl. dazu die Forschungsübersicht bei H.D.Preuß, Deuteronomium, 33–45.

[30] Zur vorläufigen Orientierung verweise ich auf die „Schichten"-Tabelle bei H.D.Preuß, Deuteronomium, 46–61, insbesondere auf die „Schichten" I-III, obgleich damit sicher noch lange nicht das letzte Wort gesprochen ist.

Damit erhebt sich die Frage, wer Träger einer so umfassenden und radikalen Reform gewesen sein kann.[31] Daß diese kaum von Josia alleine durchgesetzt werden konnte,[32] ja, der König nicht einmal ihre treibende Kraft gewesen ist, geht schon allein aus der ausgesprochen königskritischen dtn. Gesetzgebung hervor (Dtn 17,14–20).[33] Wenn man dazu noch berücksichtigt, daß Josia schon als 8jähriges Kind auf den Thron gehoben wurde, dann wird endgültig deutlich, daß die Initiative zu dieser Reform von anderen Gruppen ausging, die sich des jungen Königs nur zur Durchsetzung ihrer eigenen Ziele bedienten.

Hier ist erst einmal der *'am hā'āreṣ* zu nennen, der angesichts der Palastrevolte gegen den Manasse-Sohn Amon in die Thronfolge eingriff und Josia zum König machte (2.Kön 21,23 f.). Es handelt sich dabei um eine politisch aktiv werdende Mittelschicht der grundbesitzenden Bauern Judas,[34] die sich in Nachfolge der Versammlung der wehrfähigen Männer der vorstaatlichen und frühen Königszeit mit dem Königshaus gegen die destruktive Oberschicht der Hauptstadt verbündete. Die politische Destabilisierung, die sich im Mord am assyrerergebenen Manasse-Sohn ankündigte, wird durch diese Gruppe im Keim erstickt, indem die Königsmörder erschlagen werden. Es geht der freien Bauernschaft Judas offensichtlich darum, Machtkämpfe rivalisierender Hofparteien, wie sie das Nordreich in seinen letzten Jahren erschütterten, von vornherein zu verhindern und die Chance, welche die Verschiebung der internationalen Kräfteverhältnisse bot, nicht wieder durch kurzfristige Schaukelpolitik, z.B. eine Anlehnung an Ägypten, zu verspielen, sondern zu einer tiefgreifenden nationalen Erneuerung zu nutzen. Das Ein-

---

[31] Die Frage nach der Trägergruppe ist lange Zeit von der These G.v.Rads, Studien, 143–150; Deuteronomium, 16 ff., überschattet gewesen, daß die Autoren des Dtn unter den „Landleviten" zu suchen sind, vgl. die Forschungsdiskussion bei H.D.Preuß, Deuteronomium, 30 f., und H.Spieckermann, Juda, 22 ff. Doch kann diese These heute als widerlegt gelten: Abgesehen von dem Problem, ob die nachexilisch belegte Lehrtätigkeit der Leviten (Neh 8 u.ö.) einfach auf die vorexilische Zeit projiziert werden darf (s. M.Weinfeld, Deuteronomy, 53 ff.), ist nicht einzusehen, warum gerade die Gruppe die Zentralisation des Kultes gefordert haben soll, die durch sie in ihrer Existenz gefährdet wurde, vgl. L.J.Hoppe, Origins, 30 ff.; H.Spieckermann, Juda, 24; 156. Allerdings war G.v.Rad teilweise auf dem richtigen Weg, wenn er die Leviten als „Sprecher" einer breiteren Bewegung ansah, in der der *'am hā'āreṣ*, die freie konservative Landbevölkerung Judas, eine wesentliche Rolle spielte (a.a.O., 145 ff.).

[32] Die neueren Ansätze zur Trägerfrage gehen denn auch von einer Koalition unterschiedlicher Gruppen aus, s. bes. F.Crüsemann, Tun, 99–102; R.Kessler, Staat (3.6), 228, im Anschluß an ähnliche Überlegungen, die schon M.Weber, Judentum, 196 f., geäußert hatte.

[33] Das gilt selbst dann, wenn das dtn. Königsgesetz wirklich, wie H.D.Preuß, Deuteronomium, 55; 137, u.a. meinen, erst „dtr." sein sollte, da es den gleichen königskritischen Geist wie andere – unbestritten alte Texte wie Dtn 16,18 – atmet, s.u. 350 f. Doch habe ich an der Zuordnung meine Zweifel; das DtrG steht dem davidischen Königtum wieder deutlich positiver gegenüber als das Dtn (s. R.Albertz, Intentionen [4.2], 40 ff.), auch U.Rüterswörden, Gemeinschaft, 50 ff.; 89 ff., hat immerhin einen vorexilischen Kern herausarbeitet.

[34] Vgl. dazu immer noch grundlegend E.Würthwein, Der 'amm ha'arez. Die Charakterisierung als Mittelschicht übernehme ich von H.Reviv, Structure (2.3), 145 f.; aus einem Mittelschichtsbewußtsein ist die dtn. Idee von der Einheit des Gottesvolkes am besten erklärbar.

greifen für das angeschlagene Davidshaus soll zugleich den alten tribalen Traum einer „konstitutionellen Monarchie“ verwirklichen.[35]

Diese politische Aktivität des *'am hā'āreṣ* hätte aber kaum Aussicht auf einen längerfristigen Erfolg gehabt, wenn sie nicht durch einen Teil der Jerusalemer Oberschicht abgestützt worden wäre. Wenn der Bericht 2.Kön 22 ausführlich der zentralen Rolle gedenkt, welche der Schreiber Schafan und der Oberpriester Hilkia bei der „Auffindung“ des Gesetzbuches gespielt haben, dann weist er damit auf die entscheidenden politischen und intellektuellen Trägergruppen der Reform hin: eine Gruppe einflußreicher, weisheitlich geschulter Hofbeamten und ein Großteil der Jerusalemer Tempelpriesterschaft.[36]

Es ist zu vermuten, daß Schafan, dessen Söhne und Enkel bis hin zum Statthalter Gedalja die Politik der letzten Jahrzehnte Judas entscheidend mitbestimmten, der Erzieher des jungen Josia war, ihn im Sinne der Reformideen prägte und bis zu seiner Volljährigkeit für ihn das politische Geschäft ausübte.

Die vielen weisheitlichen Elemente im Dtn, auf die vor allem M.Weinfeld hingewiesen hat,[37] machen es sogar durchaus wahrscheinlich, daß Schafan und der Schreiber-Zirkel um ihn herum ganz wesentlich an der Konzipierung und Abfassung der dtn. Reformgesetzgebung beteiligt waren.[38] Dafür spricht auch, daß Jeremia, der in seiner Frühzeit begeistert für die Reform eingetreten war, nach deren Scheitern im Jahr 609 Klage darüber erhebt, daß der „Lügengriffel der Schreiber“ das „Gesetz Jahwes“ verfälscht habe

---

[35] S.o. 185; vgl. N.Lohfink, Sicherung, 315. Man kann hinsichtlich der dtn. Ämtergesetze (Dtn 16,18–18,22) von einer regelrechten „Gewaltenteilung“ sprechen (a.a.O., 321).

[36] Vgl. die ähnlichen Überlegungen von F.Crüsemann, Tun, 100f.; allerdings meint Crüsemann, „daß eine einmalige Koalition von bestimmten, eher niedrigen Jerusalemer Priester- und vor allem Levitenkreisen mit den führenden Schichten der freien ländlichen Bauernbevölkerung vorliegt“, die sich gegen die „hauptstädtische Oberschicht von Beamten, Höflingen, Händlern, aber auch der obersten Priestergruppen“ formierte, und sieht Hilkia und die reformfreudige Beamtenschaft um die Schafan-Familie erst mit der Revolte, die den Manasse-Sohn Amon stürzte, an die Macht gekommen. Doch müssen sowohl die Hilkiaden als auch die Schafaniden eindeutig der hauptstädtischen Oberschicht zugerechnet werden, vgl. zu ersteren Jes 22,20–23 und deren spätere Karriere als Haupt der nationalistischen Partei (s.u. 367 und Chr.Hardmeier, Prophetie [3.9], 443ff.), zu letzteren deren Einfluß selbst noch unter Jojakim (Jer 26,24; 36,9ff., s.u. 363f.), so auch R.Kessler, Staat (3.6), 227f. Der scheinbare Widerspruch löst sich auf, wenn man annimmt, daß sich die Oberschicht angesichts der ökonomischen Krise seit dem ausgehenden 8.Jh. politisch in ein sozial und ein unsozial gesinntes Lager aufgespalten hatte (s.o. 364f.) und Hilkia und Schafan ersterem angehörten. Anders als Crüsemann rechne ich zu dieser Zeit nicht mehr mit der Existenz einer nennenswerten Gruppe von Leviten, dazu s.u. 344f.

[37] Deuteronomy, 260–319.

[38] A.a.O., 8f.; 158ff.; 177f. Die These findet wachsende Zustimmung, vgl. H.D.Preuß, Deuteronomium, 31f. N.Lohfink, Kurzgeschichte, 337ff., meint, daß auch der Buchfundbericht 2.Kön 22f.* aus dem Umfeld der Schafanfamilie stammt. Nach meiner Ansicht ging auch der Flügel der dtr. Bewegung, der sich um das Jerememiabuch scharte, aus ihr hervor, s.u. 391.

(Jer 8,8 f.),[39] und enttäuscht feststellt, daß selbst die Oberschichtkreise, die doch eigentlich das „Recht ihres Gottes" kennen müßten, es nicht mehr konsequent vertreten (Jer 5,5).[40] Wenn Jeremia dennoch später immer wieder von Mitgliedern der Schafan-Familie geschützt wurde (Jer 26,24; 36,9 ff.; 40,7 ff.), dann wird deutlich, daß man ihn von seiten der Reform-Beamtengruppe weiterhin als Verbündeten betrachtete. Hier wird ganz deutlich: Die dtn. Reform war eine Reform von oben, hinter ihr stand maßgeblich eine weisheitlich geschulte Aristokratengruppe, die sich von dem Großteil der anpassungsfreudigen und auf ihren wirtschaftlichen Vorteil bedachten judäischen Aristokratie getrennt hatte, um aus Sorge um den Bestand des Ganzen für eine Veränderung von Staat und Gesellschaft zu kämpfen, die aber nichtsdestoweniger nach dem Tode Josias verwässernde Kompromisse eingehen mußte.

Verbündet mit dieser Beamtengruppe waren Hilkia und der hinter ihm stehende Teil der Jerusalemer Priesterschaft.[41] Ihr Interesse war es, das Zurückweichen der assyrischen Vorherrschaft zu einer konsequenten Zurückdrängung fremdreligiöser Einflüsse zu nutzen. Dabei profitierten sie unmittelbar von der Reformidee einer Beschränkung des Jahwekultes auf Jerusalem; alle Abgaben und Opfer des Landes flossen nur ihnen allein zu.

---

[39] Da J.Scharbert Jer 8,8 f. noch in die Zeit vor 609 datiert, kommt er zu dem Ergebnis, daß Jeremia „im ganzen der Reform zumindest äußerst skeptisch gegenüber" stand (Jeremia, 57; vgl. 52 f.), muß dann aber aufgrund von Jer 30 f.* einräumen, daß er nicht „völlig frei von nationalistischen Illusionen" gewesen sei (57), und kann nur mühsam erklären, warum sich trotz aller Skepsis später eine Freundschaft zu den Schafaniden habe entwickeln können (54). Es kommt sehr auf eine richtige Datierung der Belege an, um ein stimmiges Gesamtbild entwerfen zu können.

[40] Wenn hier anders als in Zeph 2,1–3 und in den späteren Psalmen (s.u. 545) die Frommen nicht unter den „kleinen Leuten" (Jer 5,4: *dallīm*), sondern gerade bei den „Großen" (*gĕdōlīm*) gesucht werden, dann ist das nur aus der besonderen sozialen Konstellation der dtn. Reformbewegung zu erklären, vgl. R.Albertz, Jer 2–6 (3.9), 41 f. J.Scharbert, Jeremia, 44, bringt sich um ein erhellendes Verständnis von Jer 5,1–6, weil er den Text noch auf die Zustände vor der Reform bezieht.

[41] E.Blum, Komposition (2.2), 342, Anm. 31, hat zu meiner Zurechnung eines Teils der Tempelpriesterschaft eingewandt, dagegen spreche schon „die starke 'levitische' Schlagseite des deuteronomischen Gesetzes." Einmal vorausgesetzt, daß er damit nicht fragwürdige Theorien über den „Heiligen Krieg" meint, die noch G.v.Rad, Studien, 143 ff., bei seiner These eines levitischen Ursprungs leiteten, sondern die besondere Fürsorge für die Leviten, so ist nicht einzusehen, warum verantwortungsbewußte Jerusalemer Priester sich nicht auch um karitative Hilfe für ihre durch die Kultzentralisation arbeitslos gewordenen Kollegen auf dem Lande gekümmert haben sollen. Der Bericht 2.Kön 22 f., der Hilkia führend beteiligt, verdient jedenfalls mehr Vertrauen als die luftigen Hypothesen über die vorexilischen Leviten. Richtig ist allerdings, daß sich diese stark von Laientheologen inspirierte Priestergruppe in Sprache und Denken deutlich von der Reformpriesterschaft, die sich später im Exil ausbildete (Ez, P), unterscheidet. Aber warum soll es nicht weisheitlich aufgeklärte Priesterfamilien neben stärker am alten rituellen Berufswissen orientierten gegeben haben? Vielleicht erklärt sich so auch die boshafte Bemerkung gegen die Schafaniden in Ez 8,11, obgleich Ezechiel außenpolitisch an der gleichen Front wie diese kämpfte, s.u. 368 f. Mit „traditionsbewußten Priestern" neben „weltgewandten Hofbeamten" rechnet auch G.Braulik, Leidensgedächtnisfeier, 97, im „Autorenteam, von dem das Deuteronomium verfaßt sein dürfte."

Unterstützung erhielt die Reformbewegung schließlich von einzelnen Propheten. 2.Kön 22,14ff. erwähnt eine Prophetin Hulda in der Jerusalemer Neustadt, von deren genauer Funktion wir jedoch infolge dtr. Übermalung nichts wissen. Deutlicher ist schon die Rolle Zephanjas, der gegen assyrische Riten unter der Jerusalemer Oberschicht zu Felde zog (Zeph 1,4ff.) und mit seinen Völkersprüchen die territoriale Expansion Josias unterstützte (2,4ff.).[42] Nationale Unterstützung erhielt die Bewegung auch von einem Schülerkreis um die Jesajaprophetie, welche in Josia einen neuen David sah und von ihm die Restitution des davidischen Großreiches erwartete (Jes 8,23aß-9,6).[43] Der engagierteste Propagandist der dtn. Reform war jedoch der junge Jeremia, der wiederum dem Hosea-Schülerkreis nahestand. Dieser wurde nicht müde, in seiner Frühzeit (627–609) vom heimatlichen Anatot im nördlichen judäischen Grenzgebiet aus ganz im Sinne Hoseas die Brüder im ehemaligen Nordreich aufzufordern, jetzt endlich die Konsequenzen aus dem staatlichen Untergang 722 zu ziehen, dem Synkretismus und der Anlehnung an fremde Großmächte abzuschwören und zu Jahwe zurückzukehren (Jer 2,4–4,2).[44] Er sah jetzt die von Hosea in Aussicht genommene Zuwendung Jahwes nach der langen Zeit des Gerichts gekommen (3,22ff.; 31,18–20)[45] und erwartete sogar die Rückkehr der nach Assyrien Deportierten (31,15–17). Damit propagierte Jeremia zumindest den kultischen Anschluß des Nordreiches an Juda, den auch Josia durch die Zerstörung von Bethel erzwingen wollte. Die nordisraelitische Bevölkerung sollte nach Jerusalem wallfahren, um hier an dem einzigen legitimen Jahwekult teilzunehmen (31,4–6).[46] Dies schloß aber wohl – unter den damaligen Bedingungen der Nationalreligion – einen politischen Anschluß mit ein, wie ihn Josia verfolgte.[47] Wenn dieser sich weit im Norden in

---

[42] Vgl. D.L.Christensen, Zephaniah, 672ff.; J.Scharbert, Zefanja, 248f.; kritisch dagegen K.Seybold, Prophetie (3.7), 75–81.

[43] Vgl. H.Barth, Jesaja-Worte (3.9), 141–177; 239–275.

[44] Daß Jer 2,4–3,5.19–4,2 wie Jer 30f.* die Nordreichverkündigung Jeremias aus seiner Frühzeit enthält (vgl. die Adressaten „Israel", „Haus Israel" o.ä.: 2,4.14.26.31; 3,20f.; 4,1), habe ich andernorts nachgewiesen (Jer 2–6 [3.9], 25ff.). Traditionell bezieht man Jer 2–6 mit seiner Synkretismusanklage auf die Zeit vor der Reform (627–622) und muß dann annehmen, daß Jeremia während ihrer Zeit geschwiegen habe; doch ganz abgesehen von der Absurdität der Annahme eines solchen „prophetischen Winterschlafs" bleibt für eine Verkündigung vor 622 kaum Zeit, da die Promulgation des dtn. Gesetzes in diesem Jahr ganz sicher einen längeren Vorlauf gehabt hat.

[45] Vgl. die wörtlichen Übereinstimmungen zwischen Jer 3,22a und dem späten Wort aus dem Hoseakreis Hos 14,2.5;

[46] Ein weiterer versteckter Bezug auf den Zion liegt in Jer 31,21 vor, doch ist die Authentizität des Verses nicht völlig sicher; auch in 3,22 ist eine solche Wallfahrt zum Zion gemeint, wie sie dann ja auch zumindest teilweise stattfand (vgl. Jer 41,5ff.). Es besteht darum überhaupt kein Anlaß, diese Bezüge auf Jerusalem als spätere Zutaten anzusehen (gegen J.Scharbert, Jeremia, 52). N.Lohfink, Jeremia, 367, kann sogar aufgrund seiner Verkündigung in Jer 30,5–7.12–15.18–20; 31,2–6.15–17.18–20.21f. den Propheten als regelrechten „Propagandisten des Königs Joschija" bezeichnen.

[47] So in leichter Korrektur meiner Ausführungen in Jer 2–6 (3.9), 44. Wenn J.Scharbert, Jeremia, 56, formuliert, Jeremia habe keinen Zweifel gelassen, „daß er die politisch-nationa-

Megiddo 609 dem Pharao Necho in den Weg stellte, dann um eine Restitution eines selbständigen Nordreiches mit ägyptischer Unterstützung zu verhindern. Jedenfalls warnte auch Jeremia die Bevölkerung des ehemaligen Nordreiches davor, durch Wiederaufnahme der alten Schaukelpolitik die Chance für eine religiöse und nationale Rückbesinnung zu verspielen (2,36f.). Wenn Jeremia sich nach dem Tod Josias in Megiddo ein Stück weit von der Reformbewegung trennte und ein neues Gericht Jahwes über Juda heraufziehen sah, dann tat er dies vor allem deswegen, weil trotz der durchaus geglückten Kultreform die von ihr intendierte soziale und staatliche Erneuerung Judas ins Stocken geriet und unter Jojakim ganz aufgegeben wurde.[48]

Die dtn. Reformbewegung konnte sich somit in der Zeit von ca. 630–609 auf eine breite Trägerschaft in der judäischen Gesellschaft stützen; sie bestand aus einer großen Koalition zwischen Teilen der Jerusalemer Beamtenschaft, der Jerusalemer Priester, der judäischen Mittelschicht, einzelnen Propheten und dem davidischen Königshaus. Nur so ist es zu erklären, daß die gesellschaftliche Akzeptanz der z.T. einschneidenden Reformmaßnahmen relativ groß war, aber auch, daß diese Koalition angesichts der durchaus vorhandenen unterschiedlichen Einzelinteressen der beteiligten Gruppen unter gewandelten politischen Bedingungen relativ schnell auseinanderbrach.

Die verschiedenen Trägergruppen arbeiteten aber nicht nur informell zusammen, sondern hatten ein institutionelles Zentrum. Dieses war wie schon bei der hiskianischen Reform das Jerusalemer Obergericht (2.Chr 19,8 ff.),[49] das nicht zufällig im Dtn erstmals in einem Gesetzeskorpus erwähnt wird und dessen Kompetenzen gegenüber der Ortsgerichtsbarkeit ausdrücklich festgeschrieben werden (Dtn 17,8–13): In schwierigen Rechtsfällen sollen sich die örtlichen Gerichte an das Obergericht wenden, das aus Priestern und weltlichen Richtern besteht; der Rechtsfindung des Gremiums, sei es nun der priesterlichen Weisung oder der richterlichen Gesetzesinterpretation, ist von den Ortsgerichten wortwörtlich und unbedingt Folge zu leisten (V.8–11). Zuwiderhandeln wird sogar mit der Todesstrafe bedroht (V.12). Mit den V.9 erwähnten „levitischen Priestern" (*kohănīm halĕwijjīm*) sind Angehörige der Jerusalemer Tempelpriesterschaft gemeint,[50] mit dem parallel dazu genannten „Richter" (*šōfeṭ*) sehr wahrscheinlich Repräsentanten der Reform-Beamtenschaft, die entweder die an dieser Stelle früher tätigen Laienrichter[51] ersetzen oder an ihre Stelle treten. Damit haben wir im Je-

---

listische Ausrichtung der Reform mißbilligt", dann entspringt solches Urteil eher dem Anliegen, den geschätzten Propheten aus den politischen Händeln herauszuhalten, als dem biblischen Text.

48 S. im einzelnen u. 362.

49 Dazu s.o. 286. Diese These, die sich bezüglich des Bundesbuches schon bewährt hat, ist, soweit ich sehe, auf das Deuteronomium bezogen noch nicht vertreten worden.

50 Vgl. V.12 „der Priester, der (in der Position) steht, um dort den kultischen Dienst an Jahwe, deinem Gott, zu versehen" und u. 343ff.

51 Vgl. die Familienhäupter (*rā'šē hā'ābōt*) in 2.Chr 19,8, die in der nachexilischen Terminologie die Ältesten (*zĕqānīm*) vertreten.

rusalemer Obergericht eine Institution vor uns, in der die Reformflügel von Priester- und Beamtenschaft bei der Rechtsfindung und Fortschreibung des Rechts im Sinne der Reform zusammenarbeiten. Der *'am hā'āreṣ* war daran vielleicht durch Delegierte beteiligt; seine Aufgabe lag aber bestimmt darin, mit dafür zu sorgen, daß die Reformgesetzgebung des Obergerichts auf Ortsebene durchgesetzt wurde. Seinem Interesse entsprach es, daß die dtn. Gesetzgebung die Kompetenzen der Ältesten in den Ortsgerichten erweiterte und deren Stellung durch Zuordnung geschulter Richter stärkte.[52]

Berücksichtigt man nun, daß im Dtn religiös-kultisches, staatliches und bürgerliches Recht eng miteinander verklammert sind und daß für die Annahme der Weisungen und Gesetzesinterpretationen des Obergerichts auf ganz ähnliche Weise geworben und gedroht wird wie für den Gehorsam gegenüber den Geboten und Gesetzen des Dtn überhaupt,[53] dann ist es durchaus wahrscheinlich, daß die gesamte dtn. Reformgesetzgebung dem Jerusalemer Obergericht entstammt. Das ganze dtn. Gesetz läßt sich als umfassende Legalinterpretation älterer Rechtsüberlieferung,[54] deren Fortschreibung und Vereinheitlichung verstehen. Mit dieser Annahme erklären sich nicht nur die Gemeinsamkeiten mit dem Bundesbuch, etwa die Weiterentwicklung der kultischen und sozialen Gesetzgebung, die noch stärker

---

[52] Zur Stellung der Ältesten vgl. Dtn 19,1–13; 21,1–9.18–21; 22,13–21; 25,5–10; sie wird gestärkt gegenüber richterlicher Gewalt des Familienvaters und der lokalen Priester, was von J.Bucholz, Älteste, 60ff., übersehen wird. Zu den Richtern vgl. Dtn 16,18; 19,17f.; 21,2; 25,1–3; sie wirken z.T. mit den Ältesten zusammen (21,2), erhalten aber klare eigene Zuständigkeit, um Übergriffe in deren Kompetenz zu vermeiden, vgl. R.Kessler, Staat (3.6), 230. Aus dieser Stärkung der Funktion der Ältesten zu schließen, sie alleine hätten das Dtn verfaßt (so. L.J.Hoppe, Origins, 33f.), geht zu weit.

[53] Zu *wĕšāmartā la'ăśōt* „du sollst halten um zu tun" in Dtn 17,10 vgl. Dtn 6,3; pl. 5,1.32; 11,32; juss. 13,1; dazu „du sollst halten und tun" 16,12; 26,16; pl. 4,6; 7,12. Zu *lō' tāsūr min … jāmīn ūśĕmō'l* „du sollst nicht von…weichen nach rechts oder links" in Dtn 17,11 vgl. Dtn 17,20; 28,14; pl. 5,32 und dann Jos 1,7; 23,6. Die Weisung des Obergerichts wird als Belehrung (*jārā* hi.) verstanden (Dtn 17,10f.), wie das ganze Dtn von einem pädagogischen Impuls durchzogen ist (vgl. Dtn 4,1.5.10.14; 5,31; 6,1; 11,19; 20,18; 31,19.22; und u.). Der Ungehorsam gegenüber der Anordnung des Obergerichts wäre Vermessenheit (*zādōn, zūd*) wie die des Propheten, der ohne Auftrag Gottes prophezeit. Und derjenige, der die Weisung des Obergerichts mißachtet, soll auf die gleiche Weise aus Israel ausgerottet werden (17,12: *bi'ar min*) wie die Übertreter zentraler dtn. Gesetze (13,6; 17,7; 19,13; 21,21; 22,21f.; 24,7). U.Rüterswörden, Gemeinschaft, 47; 107f., möchte aufgrund der genannten Parallelen zu Dtn 17,11, die er pauschal für jung hält, diesen Vers seiner „exilischen Überarbeitung" zuweisen. Doch ist erstens fraglich, ob die von ihm beobachteten stilistischen Differenzen ausreichen, einen literarkritischen Bruch zu verifizieren, und zweitens entspricht der von ihm im Anschluß an N.Lohfink, Sicherung, 319f., unterstellte Sinn, „das Obergericht solle schwierige Fälle … von der Tora her", d.h. vom Dekalog bzw. dtn. Gesetz her, lösen, nicht dem Wortlaut des Textes. Das Obergericht erläßt vielmehr Tora (*hattōrā 'ăšer jōrūkā*)! Und wenn Lohfink und Rüterswörden aufgrund der Dignität, die hier der Einzelweisung des Obergerichts eingeräumt wird, zu der Überzeugung gelangen, es müsse mit *tōrā* eigentlich der Dekalog oder das ganze dtn. Gesetz gemeint sein, dann spricht dies noch einmal dafür, daß für den Autor, der V.11 formuliert hat, die Rechtsschöpfung des Obergerichts und die dtn. Gesetze identisch sind.

[54] Diese war von Chr.Macholz, Geschichte (3.6), 329, als eine Aufgabe des Obergerichts bestimmt worden.

fortgeschrittene Auflösung der Rechtsformen (Wenn-du-Stil u.a.) und vermehrte paränetische Durchdringung des Gesetzesmaterials, sondern auch die nicht zu übersehenden Unterschiede: Beschränkte sich das Obergericht aus Priestern und Ältesten zur Zeit Hiskias noch auf eine Neuordnung des kultischen und bürgerlichen Rechts, so weitet das Dtn seine Reformgesetzgebung auf den staatlichen Bereich aus.[55] Dies hat ursächlich damit zu tun, daß nun hohe Staatsbeamte in das Obergericht einrücken.

Damit hängt eine weitere institutionelle Differenz zusammen: Zu Josaphats und Hiskias Zeiten war das Obergericht noch ein königliches Gericht gewesen, unter Josia jedoch emanzipierte sich das Obergericht von der königlichen Aufsicht. Es sprach dem Königtum nicht nur das Recht ab, Richter einzusetzen (Dtn 16,18),[56] sondern machte sich sogar anheischig, aufgrund eigener Vollmacht alle wesentlichen staatlichen Institutionen, den Kult, das Priestertum, die Rechtsprechung, die Kriegsführung, ja sogar das Königtum neu zu regeln.

Das heißt, die dtn. Reformbewegung stand wohl in einer institutionellen und sachlichen Kontinuität zur hiskianischen Reform, doch bekam sie vor allem durch die Einbeziehung einflußreicher Kreise innerhalb der Beamtenschaft eine viel größere Breitenwirkung und gesellschaftliche Durchschlagskraft. Anders als das Bundesbuch, das für die Verlesung im Gottesdienst konzipiert wurde, sollte das Dtn Staatsgesetz sein,[57] auf das sich alle gesellschaftlichen Gruppen einschließlich des Königs in einem öffentlich rechtlichen Akt, einem förmlichen Bundesschluß analog zu den assyrischen Vasallenverträgen verpflichteten (2.Kön 23,1-3).[58]

Entsprechend diesen weitgesteckten Zielen begleitete die dtn. Reformbewegung die Gesetzgebungsarbeit des Obergerichts mit einer breiten Öffentlichkeitsarbeit, die weit über die der hiskianischen Reform hinausging. Immer wieder ist im Dtn davon die Rede, daß die Israeliten etwas lernen

---

[55] Man kann in Dtn 16,18-18,22 von einem regelrechten „Verfassungsentwurf" sprechen. Hinzu kommt auch noch die Regelung des Asylrechts (Dtn 19) und des Kriegswesens (Dtn 20).

[56] Vgl. Chr.Macholz, Geschichte (3.6), 333 ff.

[57] Um diese ältere schon von W.M.L.de Wette geäußerte Einschätzung kommt man trotz der Kritik, die daran erhoben wurde, wohl nicht herum, vgl. zur Diskussion H.Spieckermann, Juda, 24, und M.Noths etwas komplizierte Erwägungen in diese Richtung (Gesetze, 58-67). Daß das Dtn ein Reformgesetz war, das die Gesellschaft verändern wollte, spricht nicht dagegen. Eben deswegen benötigte der König zu seiner Inkraftsetzung die Zustimmung der Betroffenen (2.Kön 23,3).

[58] Daß dieser förmliche Selbstverpflichtungsakt Josias und des Volkes, der nach 2.Kön 23,1-3 im Tempel vor Jahwe geschah, als historisch anzusehen ist, hat noch einmal R.Kessler, Staat (3.6), 220, betont. Erhellend ist dabei die Parallele zu Jer 34,8 ff., der von Zedekia initiierten Selbstverpflichtung der Jerusalemer Oberschicht, ihre Sklaven freizulassen, auf die er a.a.O., 222 ff., hinweist. Erst nach dem Scheitern der staatlichen Promulgation 609 und dem Untergang des Staates 587 versuchten die Dtr, das Dtn im Kult heimisch zu machen und durch regelmäßige Verlesung erneut langsam allgemeine Akzeptanz zu verschaffen; vgl. Dtn 31,9-13.

sollen,[59] vor allem, „Jahwe zu fürchten";[60] das heißt aber, die dtn. Reformer sahen ihre ganze Gesetzgebung auch als Bildungsarbeit an, als Einübung in das rechte Gottesverhältnis.[61] Wenn man dazu noch berücksichtigt, wie sie die wichtigsten Gebote pädagogisch umsichtig, für jedermann an den zehn Fingern abzählbar, im Dekalog zusammenstellten[62] und in ihren Paränesen nicht müde wurden, wortreich und in immer wieder gleichen oder ähnlichen Wendungen ihren Hörern die Einhaltung der Gebote und Gesetze einzuschärfen, dann kann man geradezu von einer volksmissionarischen Bewegung sprechen, welche die Reformgesetzgebung des Obergerichts abstützte und in allen gesellschaftlichen Gruppen um Zustimmung für sie warb.

Auf welche Autorität aber konnte sich eine solche vom Königtum emanzipierte Rechtfindungsbehörde berufen, die oberste Zuständigkeit für alle Bereiche des gesellschaftlichen Lebens beanspruchte? Diese mußte ja nach Lage der Dinge jenseits der bestehenden Institutionen liegen, die gerade verändert werden sollten. So griffen die Führungszirkel der Reformbewegung – angeregt durch die von Hosea und seinen Schülern eingeleitete Rückbesinnung auf die Frühzeit der Jahwereligion – auf die Gestalt des Mose zurück,[63] der ja noch priesterliche, prophetische und politische Funktionen auf sich vereinigte. Wie Mose das Volk in der Frühzeit durch Jahwes Verheißung und Weisung geleitet hatte, so wollten die Reformer das Israel ihrer Zeit durch ihre Gesetzgebung wieder auf den rechten Weg bringen. Sie sahen sich und ihr Tun in unmittelbarer Kontinuität zum Wirken Moses, der nach ihrer Meinung seine Autorität an sie, die Priester, Richter und Weisen delegiert habe (Dtn 1,13–17; 24,8f.; vgl. Ex 18,13–27); sie verstanden ihre Reformgesetzgebung als Ausformulierung des Vermächtnisses Moses, ihr Gesetzeswerk war eigentlich sein Gesetz.[64] So gingen die Reformer dazu über, das gesamte dtn. Gesetz als Gesetz des Mose zu stilisieren, das dieser Israel kurz vor seinem Tode für das Leben im Kulturland hinterlassen habe (Dtn 4,44ff.).

Auf diesem Hintergrund wird nun auch die eigenartige Konzeption von der zufälligen Auffindung des dtn. Gesetzbuches im Tempel erklärlich. Sie

---

[59] Vgl. mit *lāmad* „lernen" Dtn 5,1; 14,23; 17,19; neg. 18,9; und dann 4,10; 31,12f.; mit *šāma'* „hören" 13,12; 17,13; 19,20; 21,21.

[60] Vgl. *jārē' jhwh* o.ä. Dtn 6,2.13.24; 8,6; 10,12.20; 13,5; 14,23; 17,19; 28,58; und dann 4,10; 31,12f.

[61] Vgl. dazu bes. M.Weinfeld, Deuteronomy, 274ff.; 298ff.; S. 298 spricht er von einem „strong didactic temper" des Dtn, das „with a pedagogical aim in mind" komponiert wurde, vgl. H.D.Preuß, Deuteronomium, 88f.

[62] Vgl. E.Nielsen, Gebote, 13–15; zum ganzen s.u. 333ff.

[63] Vgl. Hos 12,14 und o. 241.

[64] Schon F.Crüsemann, Bundesbuch (3.6), 40, hat darauf hingewiesen, daß Ex 18,13–27 die mosaische Autorität des Obergerichts begründen wolle und Dtn 17,10–13 die gleiche Autorität wie die des Mose für seine Entscheidungen in Anspruch nehme. „Seine Kompetenz gleicht also der des Mose bzw. des Deuteronomiums selbst." Nur passen diese Überlegungen noch nicht ganz für das Bundesbuch, das sich als Gottesrede gibt, sondern genau erst für das Dtn, das als Moserede stilisiert ist.

entspricht dem konservativen Anstrich der ganzen Reform: Die Autorität des Mose, die für das Reformgesetz aus dem 7.Jh. in Anspruch genommen wurde, machte aus ihm auch materialiter eine uralte Urkunde, die lange Zeit in Vergessenheit geraten sei, wodurch die Verirrungen, die Israel in seiner staatlichen Geschichte nach Meinung der Reformer durchlaufen hatte, verständlich wurden. Mit der „Auffindung des Gesetzbuches" wurde Israel endlich wieder mit dem Vermächtnis des Mose konfrontiert und hatte die Chance, seine ganze verfehlte staatliche Geschichte rückgängig zu machen. Der Aufbruch nach vorne war nach Meinung der Reformbewegung – ganz im Sinne der Geschichtssicht Hoseas – eine Rückkehr zu den Anfängen. Das staatliche Israel des 7.Jhs. wurde in dieser Konzeption noch einmal hypothetisch in die Frühzeit vor der Einwanderung nach Palästina versetzt und aufgerufen, jetzt eine Gesellschaftsordnung zu verwirklichen, die dem anfänglichen Gottesverhältnis besser entsprach.

3.82 Der Kampf gegen offiziellen Synkretismus und Polyjahwismus

Anknüpfend an Hosea und die in Anfängen steckengebliebene hiskianische Reform, ging die erste Hauptstoßrichtung der dtn. Bewegung dahin, nach der Befreiung von der assyrischen Vorherrschaft die Ausschließlichkeit und Einheit der Jahweverehrung in allen Bereichen der judäischen Gesellschaft durchzusetzen. „Höre Israel, Jahwe unser Gott, Jahwe ist einer!" (Dtn 6,4),[65] lautete die Reformparole, die der Bevölkerung in öffentlichen Kundgebungen immer wieder eingehämmert wurde (vgl. 20,2).[66] Damit war zweierlei gesagt: 1. Jahwe, der Gott Israels, ist für Israel der einzige Gott,[67] er läßt sich nicht mit der Verehrung anderer Götter und Göttinnen kombinieren und synkretistisch in ein Pantheon einbauen (Monolatrie); und 2. Jahwe, der Gott Israels, ist für ganz Israel ein und derselbe Gott, er kann nicht in verschiedene lokale Kultformen, etwa als Jahwe-Zebaoth von Jerusalem, als Jahwe von Bethel, Samaria oder Hebron aufgespalten werden

---

[65] Folgende Übersetzungen des wichtigen Satzes „*jhwh 'elohenu jhwh 'eḥād*" sind möglich: 1. „Jahwe ist unser Gott. Jahwe ist einer", 2. Jahwe ist unser Gott, (nämlich) Jahwe als einer, 3. Jahwe, unser Gott, Jahwe ist einer" und 4. „Jahwe, unser Gott, ist ein Jahwe". *'eḥād* „eins, einer" hat dabei den Sinn eines „einzigen", vgl. G.Braulik, Monotheismus, 261. Dagegen ausgeschlossen ist „Jahwe ist unser Gott, Jahwe allein" (Luther-Bibel, G.v.Rad, Deuteronomium, 45, u.a.), da *'eḥād* im Hebräischen nicht adverbiell gebraucht wird, für „allein" müßte *lĕbad* + suff. (vgl. 2.Kön 19,15) stehen, vgl. dazu M.Rose, Ausschließlichkeit, 134ff. Da „dein Gott" neben Jahwe im dtn. Sprachgebrauch sonst immer Apposition ist, kommen nur die Möglichkeiten 3 und 4 ernsthaft in Frage.

[66] Dtn 6,4f. war vielleicht mal Einleitung der ersten Fassung des Dtn von 622, die über 6,6–9.20–24 unmittelbar zur ältesten Form des Zentralisationsgesetzes 12,13ff. hinführte, vgl. H.D.Preuß, Deuteronomium, 19; ähnlich G.Braulik, Monotheismus, 261.

[67] Vgl. die dem entsprechende ungeteilte Liebe Israels zu ihm in 6,5. Aufgrund des Kontextes entscheidet sich G.Braulik, Monotheismus, 261–264, für diese Interpretation, hält die Formulierung aber auch für die 2. Aussage offen.

(Monojahwismus).[68] Beide Maximen der Formel sind funktional auf die religiös-nationalen Erneuerungsbestrebungen der Josiazeit bezogen: Die Einzigkeit Jahwes sollte die Identität Israels gegen alle fremdkulturellen Einflüsse von außen, die Einheit Jahwes das Zusammengehörigkeitsgefühl der Nation nach innen jenseits aller geschichtlich gewachsenen Differenzen sichern.

Die institutionelle Maßnahme, mit der diese beiden Anliegen auf der Ebene der offiziellen Religion durchgesetzt wurden, war vor allem die sog. „Kultzentralisation", die deswegen nicht zufällig an der Spitze der dtn. Reformgesetze steht (Dtn 12).[69] Sie beinhaltete nicht weniger als die Beschränkung der kultischen Jahweverehrung allein auf den Jerusalemer Tempel. Jeglicher Opferkult – besonders die Darbringung des für den offiziellen Kult typischen Brandopfers (*'ōlā*) – außerhalb von Jerusalem wurde verboten (V.13f.), alle regelmäßigen und kasuellen privaten Opfergaben durften nur noch im Heiligtum der Hauptstadt dargebracht werden (V.17f.). Dies bedeutete faktisch die Außerbetriebsetzung aller anderen lokalen Heiligtümer, auch wenn deren Zerstörung erst in einer späteren Schicht des Gesetzes (V.2f.) explizit gefordert wird. Schließlich wird auch schon in den älteren Partien des dtn. Gesetzes die Errichtung der typischen Symbole der Kulthöhen, Mazzeben und Ascheren verboten (Dtn 16,21f.)[70]

Man hat immer wieder gefragt, was die dtn. Reformer zu einem solch radikalen Einschnitt in den Kultbetrieb ihrer Zeit bewogen haben mag, welcher der Bevölkerung zumutete, jahrhundertealte kultische Gewohnheiten aufzugeben.[71] Aus dem Postulat der ausschließlichen Jahweverehrung allein muß ja nicht notwendigerweise die Exklusivität eines einzigen Kultortes folgen. Hier ist einmal zu bedenken, daß im Gefolge der Kultkritik Hoseas schon in der hiskianischen Reform gerade die Kulthöhen mit ihrem populistischen Kult als Einfallstor des Synkretismus gegolten hatten. Die Abschaffung der Provinzheiligtümer ist somit erst einmal als eine radikale Schutzmaßnahme zu verstehen, um fremdreligiöse Einflüsse zu unterbinden und eine lückenlose Kontrolle über den Jahwekult ausüben zu können.

---

[68] Dafür plädieren im Anschluß an W.F.Bade nach der Auffindung der Texte von *Kuntillet 'Ajrud* (s.o. 132f.) H.Donner, Götter (3.4), 50, und P.Höffken, Bemerkungen. M.Rose, Ausschließlichkeit, 136; 139–142, hält wie ich beide Aussagen für intendiert.

[69] Die literarischen Verhältnisse von Dtn 12,2–13,1 sind weitgehend geklärt: Die älteste Fassung liegt in V.13–19 vor, wobei vielleicht die alte Einleitung verlorengegangen ist. Sie erhielt (wahrscheinlich noch vor 609, vgl. A.Cholewiński, Heiligkeitsgesetz, 153; M.Rose, Ausschließlichkeit, 90) eine einschränkende Kommentierung in V.20–27(28). In V.8–12 wurde die im Gesetz vollzogene Neuregelung geschichtlich situiert (Gültigkeit ab Salomo); in V.2–7 und 29–13,1 erhielt das Ganze einen dtr. Rahmen, der die Abgrenzung von den fremden Völkern hervorhebt, vgl. G.Seitz, Studien, 206–212; A.Cholewiński, a.a.O., 149–178; M.Rose, a.a.O., 59–76; G.Braulik, Gesetze, 23–31.

[70] Vgl. M.Rose, Ausschließlichkeit, 50–59, der hier sogar einen vordtn. Bestand zu finden meint. Doch von wann sollte er stammen? Das Bundesbuch aus der hiskianischen Reform hat jedenfalls noch nicht diese Kultsymbolik der Provinzheiligtümer im Visier, s.o. 286f.

[71] Vgl. die ältere Diskussion bei E.Nicholson, Centralisation, 380ff.

Doch war ja auch der Jerusalemer Kult gegen synkretistische Einsprengsel nicht gefeit gewesen, und eine bessere Kontrolle über die anderen Jahweheiligtümer hätte sich auch auf andere Weise erreichen lassen. Wenn die Reformer dennoch nicht den Weg der Reinigung, sondern der Abschaffung aller Provinzheiligtümer gingen, dann müssen hier noch weitere Interessen wirksam gewesen sein: Zu denken ist erstens an das politische Interesse Josias und der Beamtenschaft, die gesamte Bevölkerung des in Aussicht genommenen neuen Großreiches fester an die Hauptstadt zu binden. Der Polyjahwismus an den verschiedenen Kultorten begünstigte nicht nur religiöse, sondern auch politische Sonderentwicklungen in einem aufgrund seiner geographischen Struktur immer schon zur Dezentralität neigenden Lande. Immerhin hatte der Ausbau Bethels zum Reichsheiligtum die politische Trennung des Nordens endgültig zementiert. Die Zerstörung Bethels und anderer Provinzheiligtümer durch Josia verfolgte darum den Zweck, die gesamte israelitische Bevölkerung im Süden wie im Norden zu zwingen, mehrmals im Jahr nach Jerusalem zu kommen und so die Einheit der Nation zu stärken.[72] Zu beachten ist allerdings, daß diese Bemühungen nicht mit einer Stärkung der politischen Zentralgewalt einhergingen. Die Kultzentralisation ist vielmehr der Versuch, die Einheit des Reiches nicht mehr durch den harten Zwang einer starken königlichen Zentralgewalt, sondern durch die gemeinsame Verehrung des einen Gottes und religiöse Überzeugungsarbeit zu begründen.[73]

Als zweites sind – und sicher nicht zu knapp – die Eigeninteressen der Jerusalemer Tempelpriesterschaft in Anschlag zu bringen. Für sie, die ja auch zum Trägerkreis der Reform gehörte, bot die Kultzentralisation die Möglichkeit, sich praktisch eine Monopolstellung mit traumhaften Privilegien zu schaffen. Der gesamte Strom der Opfergaben des Landes floß nun ihr allein zu. Aufgrund der sprunghaft ansteigenden Opferanteile war es ihr leicht möglich, auf Grundbesitz zu verzichten, um sich allein ihren priesterlichen und theologischen Aufgaben zu widmen (Dtn 18,1–3). Wie stark die Eigeninteressen, die hier ins Spiel kamen, tatsächlich waren, kann man daraus ersehen, daß die ursprüngliche Reformabsicht, den arbeitslos gewordenen Landpriestern, sofern sie wollten, in Jerusalem die gleiche Rangstellung im Kult und bei der Verteilung der Opferanteile einzuräumen (18,6–8), nicht durchgesetzt werden konnte (2.Kön 23,8 f.). Neben den Priestern profitierte natürlich auch die gesamte Bevölkerung der Hauptstadt von dem jetzt einsetzenden Wallfahrtsbetrieb.[74]

---

[72] Die politische Abzweckung wird von M.Weinfeld, Cult, 204 ff.; E.Nicholson, Centralisation, 384 ff.; Chr.Levin, Joschija, 352, mit Recht betont, schließt aber meiner Meinung nach die religiös-kultpolitische nicht aus. Die neubabylonische Analogie aus der Regierungszeit Nabonids – er ließ Götterfiguren aus anderen Städten nach Babylon schaffen, um diese in der persischen Bedrohung an die Hauptstadt zu binden – paßt denn auch, wie Weinfeld, a.a.O., 205 ff., selber sieht, mehr auf Hiskia als Josia.

[73] Ähnlich G.Braulik, Freude, 167; 198 f.; Leidensgedächtnisfeier, 97.

[74] W.E.Claburn, Basis, 15 ff., betont sehr stark den finanziellen Aspekt, allerdings unter

Schließlich ist drittens noch das Interesse der weisheitlich geprägten Beamtenschaft an einer Reduzierung des Kultbetriebes zu nennen.[75] Die Kultzentralisation schränkte wegen der nun erheblich größer gewordenen Entfernung zum Heiligtum die Möglichkeit zu kultischen Verrichtungen stark ein, wovon besonders die familiären und dörflichen *zebaḥ*-Feiern betroffen waren, die jetzt nur noch — wenn überhaupt — im Rahmen der drei großen Wallfahrtsfeste zum Tragen kommen konnten.[76] War bis dahin jedes Schlachten eines Tieres ein Gottesdienst gewesen, so geben die dtn. Reformer bewußt das profane Schlachten frei (12,15f.). Diese weitgehende Entsakralisierung des alltäglichen Lebens ist gewollt. Die Weisheitstradition stand ja traditionell dem Kultbetrieb eher distanziert gegenüber, besonders da, wo er sich aufblähte und zur äußerlichen Farce wurde (Prov 21,3; Koh 4,17; JesSir 34,21–24; 35,1–5). So war gerade der weltliche Flügel der dtn. Reformbewegung auf eine Verinnerlichung der Gottesbeziehung (Dtn 6,5) und ihre ethische Bewährung in allen Bereichen des gesellschaftlichen Alltags aus, er hatte gar kein direktes kultisches Interesse und stand in dieser Frage den Gerichtspropheten mit ihrer Kultkritik näher als den priesterlichen Reformkollegen.[77] Wenn in Dtn 12,20–27 das profane Schlachten wieder eingeschränkt und nur noch den entfernt von Jerusalem Wohnenden anempfohlen wird, offensichtlich weil die Priesterschaft um den ordnungsgemäßen Vollzug des Schächt-Ritus besorgt war (V.23–25), dann wird daran deutlich, wie unterschiedlich die Interessen der beiden Reformflügel an dieser Stelle waren.[78] Was für den

---

der Perspektive fiskalischer staatlicher Interessen, die sogar eine antilevitische Tendenz gehabt hätten. Dem kann ich nicht zustimmen; die Neuordnung des Zehnten etwa zeigt, daß der König zugunsten kultischer und sozialer Zwecke faktisch auf eine Einnahmequelle verzichtet, vgl. F.Crüsemann, Tun, 90f., und u. 337f.

[75] Dies hat vor allem M.Weinfeld herausgearbeitet, vgl. Cult, 212; Deuteronomy, 190; 210ff.; er kann sogar den Begriff „secularization" dafür verwenden. Aber etwa auch G.v.Rad, Gottesvolk, 42, sprach schon von einer „scharfe(n) Reduktion des Kultwesens".

[76] In der ersten Fassung des Zentralisationsgesetzes Dtn 12,13–19 werden die *zebaḥ*-Opfer gar nicht mehr erwähnt; genannt werden als offizielles Opfer das Brandopfer (V.13f.) und an privaten Opfern die Zehntopfer, tierische Erstlingsopfer, Gelübdeopfer und freiwillige Opfer (V.17). Letztere konnten natürlich die Gestalt einer Mahlopferfeier (*zebaḥ*) haben, dennoch hat F.Horst, Privilegrecht, 22, grundsätzlich recht, wenn er formuliert: „Der Verfasser dieses Abschnittes hat in der Konsequenz seiner Zentralisationsforderung den Terminus *zābaḥ* (in verbaler Bedeutung) so säkularisiert, daß es für ihn *zĕbāḥîm* von sakralem Charakter überhaupt nicht mehr geben konnte"; ähnlich auch A.Cholewiński, Heiligkeitsgesetz, 155. Statt dessen wird das Verb *zābaḥ* vom Vf. des Textes in V.15 für die Profanschlachtung verwendet.

[77] So wird der eigenartige Widerspruch erklärbar, den schon G.v.Rad, Gottesvolk, 43, notiert hatte: „Einerseits gebietet das Dt. eindringlichst die Durchführung der Zentralisation, anderseits wird, nachdem mit großer Pleophorie deren Wichtigkeit dargetan ist, verblüffend wenig Positives über den eigentlich zu vollziehenden Kult ausgesagt."

[78] F.Horst, Privilegrecht, 24, spricht zutreffend von einem „Kompromiß" „zwischen der alten Anschauung von den *zĕbāḥîm* und der radikalen Neuerung von V.13–18." Daß V.20–27 gegen M.Rose, Ausschließlichkeit, 70f., in diesem Sinne zu deuten sind, hat A.Cholewiński, Heiligkeitsgesetz, 160ff., dadurch wahrscheinlich gemacht, daß er nachweisen konnte, daß das spätere priesterliche Gesetz Lev 17,1–14 versucht, den Kompromiß noch weiter gegen die dtn. Neuregelung zurückzudrehen und das profane Schlachten wieder zu verbieten.

Priester-Flügel eine problematische Folge der Kultzentralisation war, war für den Beamten-Flügel ein begrüßter Nebeneffekt. In der Reformidee der Kultzentralisation verband sich somit ein ganzes Geflecht unterschiedlicher, aber in der Konsequenz einheitlicher Interessen. Es ist darum kein Wunder, daß dieser Teil des Reformwerkes voll realisiert werden konnte.

Die Kultzentralisation griff tief in das bisherige kultische Brauchtum ein und machte damit eine ganze Reihe kultischer Neuregelungen nötig: Die Zehntabgabe wurde an das Zentralheiligtum verpflanzt und nur in jedem dritten Jahr mit einer neuen karitativen Abzweckung in den einzelnen Ortschaften belassen; wegen Transportschwierigkeiten wurde eine Umwandlung in Geld zugelassen, was den Handel in der Hauptstadt begünstigte (14,22–29; 26,12–15). Die Umlenkung der Erstlinge nach Jerusalem machte eine Neuregelung bei den tierischen Erstgeburten notwendig, weil diese nicht mehr direkt nach der Geburt dargebracht werden konnten. Es wurde bestimmt, daß sie erst einmal nur Gott geweiht wurden und keine Arbeit verrichten durften, bevor man sie bei einem Jahresfest darbrachte. Fehlerhafte Tiere wurden zum profanen Verzehr freigegeben (15,19–22).[79] Das traditionell familiäre Passafest wurde zum Wallfahrtsfest umgewandelt und mit dem Mazzot-Fest verbunden (Dtn 16,1–8).[80] Dem Wegfall des lokalen Heiligtums als Asylstätte suchte man damit zu begegnen, daß man die Einrichtung dreier Asylstädte anordnete; damit wurde die Asylfunktion vom heiligen Ort getrennt (Dtn 19). Und schließlich bildeten die arbeitslos gewordenen Provinzpriester („Leviten") ein bedeutendes soziales Problem, dem man durch karitative Maßnahmen beizukommen suchte.[81]

Neben diesem Herzstück der Reform sind noch einige weitere Einzelmaßnahmen zur Eindämmung des offiziellen Synkretismus zu nennen. Wie schon in der hiskianischen Reform wurden Gottesbilder, ja in einem spä-

---

79 Vgl. F.Horst, Privilegrecht, 103–105.

80 Die literarischen Verhältnisse von Dtn 16,1–8 sind stark umstritten. Die Mazzot-Regelung V.3aβ-4a scheint die Passa-Regelung zu unterbrechen; außerdem steht V.8 (6 Tage Mazzot-Essen, Verbleiben am Heiligtum) im Widerspruch zu V.3aβ und V.7b. Grob gesagt, werden in der Forschung zwei Modelle diskutiert: Entweder man betrachtet V.3aβ-4a und V.8 als literarische Ergänzungen (so etwa G.v.Rad, Deuteronomium, 80; A.Cholewinski, Heiligkeitsgesetz, 178 ff.; R.Schmitt, Exodus, 65 ff., vgl. das syntaktisch schwierige *'ālāw* in V.3aβ, das sich auf V.2 zurückbezieht), oder aber man sieht in diesen und möglicherweise noch anderen Versteilen (1aαb) Elemente eines verwendeten älteren Mazzot-Gesetzes, so R.P.Merendino, Gesetz, 123 ff.; P.Laaf, Pascha, 73 ff.; 126 ff.; J.Halbe, Passa, 154 ff.; E.Otto, pāsaḥ (2.1), 670 f. Nach der ersten Rekonstruktion hätten die dtn. Reformer zuerst das Mazzot-Fest durch das Passafest ersetzen wollen, mußten dann aber Kompromisse mit der älteren Kultpraxis schließen und das Mazzotfest schrittweise wieder einführen (so A.Cholewiński u.a.); nach der zweiten wollten sie Passa und Mazzot zu einem neuen Doppelfest am Heiligtum zusammenfügen, wobei das 7tägige Mazzenessen zuerst wohl als Wallfahrtsritus auf der Rückwanderung nach dem nächtlichen Passamahl gedacht war (vgl. V.7b), später aber durch V.8 wieder zu einem 7tägigen Fest am Tempel zurückverwandelt wurde (so J.Halbe, a.a.O., 165 ff.). In beiden Fällen ist in der spannungsreichen Textstruktur – ähnlich wie beim Zentralisationsgesetz Dtn 12 – ein Streit zwischen den Reformfraktionen erkennbar.

81 S.u. 345 f.

teren Stadium sogar sämtliche bildlichen Darstellungen im Jahwekult verboten (Dtn 5,8); dieses galt auch für die Gottessymbole Mazzebe und Aschere (16,21 f.). Die Tempelprostitution wurde abgeschafft (23,18 f. vgl. 2.Kön 23,7), der „Gestirnskult“ und d.h. das assyrische Omen- und Beschwörungswesen aus dem Tempelbereich verbannt (2.Kön 23,5.11 vgl. Dtn 17,3; 18,9–14). Dem diplomatischen Synkretismus suchte man dadurch zu begegnen, daß dem König verboten wurde, viele Frauen zu nehmen (17,17).

Wie entschlossen man war, jede Form von Synkretismus von nun an zu bekämpfen, zeigt das 13. Kapitel des Deuteronomiums. Auf der Ebene der offiziellen Religion[82] wollte man nicht einmal davor zurückschrecken, eine Stadt, in der sich eine synkretistische Jahweverehrung breitgemacht hatte, zu bannen, d.h. ihre Bewohner zu töten und sie zu verbrennen, um sie als unbewohnten Ruinenhügel liegenzulassen (V.13–19);[83] für eine Nation, die ihre Einheit und Identität religiös definieren wollte, war ein solcher regionaler Synkretismus nicht mehr tragbar. Wieweit solche Maßnahmen praktikabel waren oder nur der Abschreckung dienen sollten, sei dahingestellt.[84]

Der verbissene Kampf um die Reinheit und Einheit der Jahwereligion hatte nun aber auch eine schroffe Abgrenzung nach außen zur Folge. Die Erfahrung unter der 60jährigen assyrischen Besatzungszeit, daß die Bedrohung der Jahwereligion vor allem durch fremdreligiöse Einflüsse von außen kam, wurde generalisiert und zu einem religiösen Feindbild, daß sich die Jahwereligion schon immer, seit der Einwanderung in Palästina, in einem nicht enden wollenden Kampf den verderblichen Einflüssen der „kanaanäischen Ureinwohner“ habe erwehren müssen, verdichtet.[85] Alles, was die dtn. Reformer als Fehlentwicklungen der Jahwereligion betrachteten, galt in ihren Augen pauschal als „kanaanäisches Erbe“, egal wodurch es konkret verursacht war. Alles Fremde wurde als Bedrohung der ausschließlichen Jahweverehrung verstanden. Die politische Konsequenz konnte für sie darum nur lauten: ein Verbot der politischen Bündnisse mit allen „Kanaanäern“, d.h. allen fremden Bevölkerungsgruppen, die innerhalb oder in der Nähe des von den Reformern beanspruchten Staatsgebietes wohnten (Ex 34,11–14; Dtn 7,1 f.[5]), und ein Gebot, alle fremden Städte im Umkreis des

---

[82] Zu den die Ebene der persönlichen Frömmigkeit betreffenden Teilen Dtn 13,2–6.7–12 und 17,2–7 s.u. 329.

[83] Die literarische Gestalt des Kapitels ist umstritten, vgl. H.D.Preuß, Deuteronomium, 52 f.; 134; M.Rose, Ausschließlichkeit, 19–50. Ich halte in dem genannten Textteil nur V.18 f. für dtr.

[84] Für G.Hölscher, Komposition, 193, ist der Abschnitt ein Musterbeispiel für die „rein theorethische Art der deuteronomischen Gesetzgebung.“ Die gewaltsame Logik wird erklärlich, wenn man erkennt, daß sich die Dtn in Kap.13 an den Sanktionsmechanismen der altorientalischen Vasallenverträge orientieren, vgl. M.Weinfeld, Deuteronomy, 98 f. Eine zu V.16 vergleichbare Androhung der militärischen Abstrafung einer aufrührerischen Stadt findet sich etwa in der *Sfire*-Inschrift, KAI 224,12 f.

[85] Vgl. schon die pauschale Polemik Hoseas, die innerisraelitische Mißstände als „baalistisch“ denunziert, s.o. 271 f. Das Problem ist nur, daß in der Forschung dieses Feindbild immer wieder für ein zutreffendes Bild der religionsgeschichtlichen Entwicklung gehalten wird.

eigenen Siedlungsgebietes im Kriegsfall schonungslos zu zerstören (Dtn 20,15–18); politische Agreements waren nur mit entfernten Städten vorstellbar (V.10–14).[86] Israel mußte sich nach Meinung der Reformer als „heiliges Volk" verstehen, das Jahwe von allen Völkern ausgesondert habe (7,6; 14,2.21; 26,19; 28,9), wenn es nach einem Jahrhundert der politischen Anlehnung an die umliegenden Mächte die Chance für einen nationalen und religiösen Neuanfang haben sollte.[87] Die Rückbesinnung auf das eigene exklusive Gottesverhältnis hatte somit unter den Bedingungen der Staatlichkeit durchaus grausame und aus heutiger Sicht nicht unproblematische Konsequenzen.[88]

3.83 Der Kampf gegen privaten Synkretismus und religionsinternen Pluralismus

Die familiäre Frömmigkeit, die fast die ganze vorexilische Zeit über eine von den Trägern der offiziellen Jahwereligion kaum beachtete Sonderexistenz geführt hatte, war im 7.Jh. in besonders starkem Maße dem assyrischen Einfluß ausgesetzt gewesen.[89] So ist es verständlich, daß sich die dtn. Reformer intensiv ihr zuwenden mußten, wenn sie ihren Kampf um die Reinheit und Einheit der Jahwereligion nicht auf halber Strecke verlieren wollten. Ein religionsinterner Pluralismus derartigen Ausmaßes, der dazu geführt hatte, daß in den Familien andere Götter angebetet und assyrische Beschwörungsriten vollzogen wurden, mußte von den geschärften theologi-

---

[86] Die literarische Bewertung von Dtn 7 und 20 ist stark umstritten, häufig weist man Dtn 20,15–17, aber auch Dtn 7 mehr oder minder dtr. Bearbeitungen zu; vgl. M.Rose, Ausschließlichkeit, 111–123, zur Diskussion H.D.Preuß, Deuteronomium, 139f. Zu bedenken ist jedoch, daß die V.15–17 singularisch formuliert sind und darum eher eine frühe Ergänzung des Kriegsgesetzes darstellen. Ähnliches gilt auch für Dtn 7,1–2. Da die spätere dtr. Kriegstheorie sicher nicht aus dem Nichts entstanden ist, halte ich es durchaus für wahrscheinlich, daß ihre Ansätze noch in der Spätzeit Josias entwickelt worden sind, um dessen auf Wiederherstellung eines unabhängigen davidischen Reiches zielende Expansionspolitik religiös zu rechtfertigen, vgl. die z.T. ähnlichen Überlegungen von N.Lohfink, Schichten, 65–75.

[87] Dabei könnte die Betonung der Exodustradition und ihre Hervorkehrung im neuen offiziellen Jerusalemer Staatskult (Passa-Mazzot-Fest: 2.Kön 23,21–23; Dtn 16,1–8) etwas mit der antiägyptischen Außenpolitik Josias zu tun haben (vgl. 2.Kön 23,29f.; Dtn 17,16), die in jedem Fall verhindern wollte, daß Israel seine Unabhängigkeit nach dem Zusammenbrechen der assyrischen Großmacht durch Anlehnung an Ägypten erkauft, vgl. N.M.Nicolsky, Pascha, 184ff. (sicher übertrieben!); R.Schmitt, Exodus, 75f.; G.Braulik, Leidensgedächtnisfeier, 99. Zur antiägyptischen und probabylonischen Option der späteren Reste der Reformbewegung s.u. 367ff.

[88] M.Weinfeld, Deuteronomy, 92–100, und B.Lang, Orwell, 29–31, haben darauf aufmerksam gemacht, daß die Schärfe der religiösen Abgrenzung mit rechtlichen und militärischen Mitteln daher rührt, daß die dtn. Reformer die Vorstellungen der altorientalischen Staatsverträge auf das Gottesverhältnis Israels übertrugen. Das Loyalitätsverhältnis Israels gegenüber Jahwe sollte ihrer Meinung nach genauso drakonisch gesichert werden wie das der Vasallen gegenüber dem Großkönig; vgl. etwa die engen Parallelen zwischen dem Vasallenvertrag Asarhaddons mit den Medern (§ 10, TUAT I,2, 163) und Dtn 13,2ff.

[89] S.o. 294ff.

schen Kriterien der Reformer her als völlig untragbar erscheinen: Ihre Reformparole: „Jahwe, unser Gott, Jahwe ist einer!", implizierte selbstverständlich, daß auch in den Familien niemand anders als Jahwe allein verehrt werden könne und daß der hier verehrte Jahwe mit dem Gott Israels identisch sein müsse. Auch wenn der Realisierung dieser Maxime strukturelle religionssoziologische Grenzen gesetzt waren, mußte somit die dtn. Reformbewegung bemüht sein, den privaten Synkretismus zu beseitigen und die familiäre Frömmigkeit möglichst eng an die offizielle Jahwereligion anzubinden.[90]

Es ist darum nicht zufällig, daß sich die meisten kultischen Verbote des Deuteronomiums gegen Kleinkultriten richten, die entweder von der Familie vollzogen oder doch von ihr in Anspruch genommen wurden. Diese richten sich vor allem gegen die weitgefächerten Omenpraktiken und Beschwörungsriten, wie sie besonders durch den Einfluß von Assyrern in Israel heimisch geworden waren (Dtn 18,10b-14). In die gleiche Richtung geht die Androhung der Todesstrafe durch Steinigung für den „Gestirnskult" (17,2-7).[91] Es ist sicher kein Zufall, daß die Gesetzgeber gerade in der Mantik die wichtigste Gefahr für den Abfall von Jahwe im privaten Bereich sahen: Omenexperten (genannt sind Propheten und Traumdeuter), die aufgrund irgendwelcher Vorzeichen Klienten weismachen wollen, sie müßten zur Abwendung einer Gefahr bestimmte andere Götter verehren, werden mit der Todesstrafe bedroht (13,2-6). Verboten wird auch die mit dem Adadkult eingedrungene Kinderweihung (18,10a),[92] dazu bestimmte Trauerbräuche (14,1f.),[93] Speisen (14,3-21a)[94] und Zubereitungsarten (14,21b).[95]

---

[90] Vgl. zum Folgenden R.Albertz, Frömmigkeit, 169-176. M.Rose, Ausschließlichkeit, 1-8, sieht zwar auch die „dtn. Schultheologie" in Auseinandersetzung mit der „Volksfrömmigkeit", doch versteht er darunter in Anlehnung an H.Ringgren jede Art von „volkstümlicher synkretistischer Religion", ohne diese nach Trägergruppen zu differenzieren. So kann er auch die altorientalische Kriegstheologie (113) oder sogar die offizielle Zionstheologie (249) der „Volksfrömmigkeit" zuordnen, was nicht nur schief ist, sondern auch ganz unterschiedliche Vorgänge wie den Disput zwischen ausformulierten Theologien und die theologische Klärung und Durchdringung weithin unreflektierter privater Frömmigkeit miteinander vermengt.

[91] S.o. 295f.

[92] S.o. 297ff.

[93] Es geht um das „Einschnitte-Machen" und Scheren einer Stirnglatze vgl. Jes 22,12; Jer 16,6. Ersteres hatte schon Hosea (7,14) als fremdreligiös denunziert, s.o. 371f.

[94] Häufig hält man den Katalog der unreinen Tiere für eine priesterliche Interpolation (vgl. Lev 11,2b-23). Doch ist er voll integriert (vgl. H.Braulik, Gesetze, 34), und man wird ihn besser als übernommene alte Priesterbelehrung (Ders., Deuteronomium, 107) erklären, die auf eine gemeinsame Quelle mit Lev 11 zurückgeht. Das wäre ein weiterer Beleg dafür, daß in der Reformgruppe Priester mitarbeiteten und ihr Berufswissen einbrachten. Wenn die dtn. Gesetzgebung, die sonst nicht an kultischen Details interessiert ist, gerade an dieser Stelle ins Detail geht, dann spricht daraus das Interesse, die Lebensgewohnheiten des einzelnen so klar zu normieren, daß er sich tagtäglich seiner Sonderstellung als Jahweverehrer und Angehöriger des Volkes Israel bewußt bleibt. Zur Bedeutung der Speisegebote im Exil s.u. 423.

[95] Vgl. Ex 23,19; 34,26.

Wie schwierig das Vorhaben gewesen sein muß, im Bereich der familiären Frömmigkeit eine hier bis dahin völlig unbekannte exklusive Jahweverehrung durchzusetzen, macht die rigide Bestimmung Dtn 13,7–12 deutlich:[96] Sie fordert für den Fall, daß ein Familienmitglied oder ein guter Freund jemand zu einer synkretistischen Gottesverehrung verführen will, die Betroffenen auf, jegliche Familiensolidarität hintanzustellen und den Täter anzuzeigen. Jeder einzelne wird somit dafür verantwortlich gemacht, daß in seiner Familie und in seinem Freundeskreis die alleinige Jahweverehrung praktiziert wird, und die gesamte Ortsgemeinde hat sich an der Ausmerzung eines überführten Götzendieners durch Steinigung zu beteiligen (V.10f.). Daß hier der Gesinnungsschnüffelei und böswilligen Denunziation Tür und Tor offenstand,[97] zeigt die Verfahrensregelung Dtn 17,2–7, keine Verurteilung mehr aufgrund der Aussage nur eines Zeugen vorzunehmen.

Betroffen von dieser strengen Überwachung, in die nun die familiäre Frömmigkeit geriet, war natürlich vor allem der Brauch, neben Jahwe noch eine weibliche Begleiterin anzubeten, wie es im gesamten antiken Vorderen Orient gang und gäbe war; diese war in älterer Zeit Aschera gewesen,[98] die unter assyrischem Einfluß durch eine Ischtargestalt („Himmelskönigin") ersetzt wurde.[99] Wie Josia die Aschera/Ischtar-Verehrung im Jerusalemer Tempel beseitigte (2.Kön 23,6f.), so ist es den dtn. Reformern offensichtlich gelungen, durch Überwachung und Überzeugungsarbeit die judäischen Familien zu bewegen, die Ischtar-Verehrung aufzugeben, was besonders den Frauen nicht leichtgefallen ist (Jer 44,18). Wenn ihnen damit kein durchschlagender Erfolg beschieden war, sondern die Ischtar-Verehrung nach 587 unter den nach Ägypten geflohenen Judäern wieder auflebte und in der jüdischen Militärkolonie von Elephantine noch Ende des 5.Jhs. eine Göttin Anat-Jaho[100] bzw. Anat-Bethel[101] verehrt wurde, dann zeigt das nur noch einmal, wie tief verankert dieser Brauch ganz besonders in der familiären Religiosität war.

Durch die Kultzentralisation wurde der familiäre Kleinkult ganz erheblich eingeschränkt; bis auf die kasuelle Bittzeremonie, die wahrscheinlich weiter am häuslichen Schrein vollzogen werden konnte, waren alle kasuellen Kultveranstaltungen der Familie betroffen, die am örtlichen Heiligtum stattgefunden hatten und auf dessen örtliche Nähe angewiesen waren: Das gilt vor

---

[96] Die literarische Einheitlichkeit ist umstritten, vgl. M.Rose, Ausschließlichkeit, 45f.; H.D.Preuß, Deuteronomium, 52f.; doch haben die Überarbeitungsspuren den Gehalt des Gesetzes nicht verändert. Welchen Sinn es haben soll, bei einem so typisch dtn. Gesetz einen vordtn. Grundbestand herauszuarbeiten, was M.Rose unternimmt, kann ich nicht erkennen.

[97] Vgl. dazu die zu Recht kritischen Anmerkungen von B.Lang, Orwell, 24ff., der den Vergleich mit der Inquisition zieht.

[98] S.o. 133f.

[99] S.o. 301.

[100] Vgl. AP 44,3 in einem Eid neben Jaho und dem vergöttlichten Tempel an dritter Stelle.

[101] So in der Tempelspendenliste AP 22,125 neben Jaho und Eschembethel, dazu s.u. 381. Ein Personenname *'ntj* „Anat-gehörig" o.ä. ist in der Liste Z.108 belegt.

allem für die verschiedenen Mahlopferfeiern (*zebaḥ*): das *zebaḥ hattōdā* nach der Genesung eines Familienmitgliedes im Kreis der Familie und Nachbarn, das Schlachtopfer aufgrund von Gelübden[102] und das *zebaḥ hajjāmīm* im Kreis der Sippe bzw. der Dorfgemeinschaft.[103] Alle diese Opfer waren nur noch am meist erheblich weiter entfernten Zentralheiligtum möglich, was ihre Darbringung auf wenige Male im Jahr beschränkte (vor allem während der Jahresfeste) und in der Folge davon ganz sicher reduzierte. Damit verlor die Familie ein gutes Stück ihrer kultischen Autonomie und die Ortsgemeinde die Möglichkeit häufiger kultischer Integration. Wenn die Deuteronomiker so stark die Freude bei den zentralen Gottesdiensten betonen, dann nicht zuletzt darum, weil sie der Familie und der Ortsgemeinde fast jede Möglichkeit des fröhlichen gottesdienstlichen Feierns genommen haben.[104] Das profane Schlachten, das weitgehend an die Stelle des *zebaḥ*-Opfers trat, konnte die entstandene Lücke anfangs sicher nur unvollkommen ausfüllen.

Die teilweise kultische Entmündigung der Familie und die damit verbundene Lockerung der kultischen Einbettung des alltäglichen Lebens waren von den Reformern, besonders von ihrem weisheitlichen Flügel bewußt gewollt. Sie standen für sie im Dienst einer Verinnerlichung und ethischen Durchdringung der israelitischen Gottesbeziehung auf allen Ebenen und im Zusammenhang damit im Dienst einer stärkeren Verklammerung von persönlicher Frömmigkeit und offizieller Religion.

Zuerst zur Verinnerlichung:[105] Die Gottesbeziehung Israels sollte sich nach Meinung der dtn. Reformer nicht in äußerlichen kultischen Veranstaltungen erschöpfen, sondern der Zuwendung des einen Gottes Jahwe zu Israel sollte eine ganz persönliche ungeteilte Zuneigung des Volkes entsprechen (Dtn 6,4f.). Doch wenn die dtn. Prediger formulieren:

> Du sollst Jahwe, deinen Gott, lieben (*'āhab*) mit ganzem Herzen,
> mit ganzer Seele und mit ganzem Vermögen,

dann reden sie damit jeden einzelnen israelitischen Hausvater an. Sie knüpfen hiermit einmal an die emotionale Sprache Hoseas an,[106] nehmen aber auch die Sprache der persönlichen Frömmigkeit auf: So persönlich,

---

[102] Vgl. die ausdrückliche Warnung vor Gelübden in Dtn 23,22–24, die zeigt, daß die dtn. Reformer das familiäre *zebaḥ* bewußt einschränken wollten.

[103] S.o. 154f.

[104] Daß die Freude beim zentralen Gottesdienst einen Ersatz für den verlorenen „orgiastischen Jubel" „kanaanäischer Fruchtbarkeitskulte" liefern soll, wie G.Braulik, Freude, 171ff., behauptet, wage ich zu bezweifeln.

[105] Diese hat vor allem G.v.Rad, Gottesvolk, 15f., herausgestellt.

[106] Zur Liebe Israels zu Gott vgl. Dtn 5,10; 7,9; 10,12; 11,1.13.22; 13,4; 19,9; 30,6.16.20; vgl. Hos 2,7; 4,18; 9,1.10 allerdings bezogen auf „die Götzen"; zur Liebe Jahwes gegenüber Israel vgl. Dtn 4,37; 7,8.13; 10,15; 23,6 und Hos 11,1ff.; 14,5; dazu die Symbolhandlungen 1,2; 3,1–4, vgl. dazu im einzelnen H.-J.Zobel, Hosea, 16ff.; 22ff. Daneben ist das Dtn auch von der Sprache der assyrischen Staatsverträge beeinflußt, die das unbedingte Loyalitätsverhältnis des Vasallen zum Großkönig gerne als „Lieben" (*ramû*) bezeichnen, s. dazu L.Moran, Background.

von „meinem" bzw. „deinem Gott", hatte man bis dato nur im familiären Bereich vom Gott der Familie bzw. des einzelnen gesprochen.[107] Diese ganz persönliche, von einem engen Vertrauensverhältnis getragene Gottesbeziehung der familiären Religiosität wird von den Deuteronomikern auf ganz Israel ausgeweitet;[108] gleichzeitig bekommt damit die Gottesbeziehung eines jeden einzelnen Anteil an der Ausschließlichkeit des Verhältnisses zwischen Jahwe und Israel, die diesem bis dahin fremd war.[109] Die persönliche Gottesbeziehung erhält damit den Charakter einer engen emotionalen, innerlich bejahten Bindung; sie ist für die Deuteronomiker die Basis, von der aus eine ethische Neuorientierung des einzelnen erfolgen und von der aus eine Veränderung der Gesellschaft herbeigeführt werden soll.

Sodann zur ethischen Durchdringung der Gottesbeziehung: Anstelle der reduzierten kultischen Verpflichtung weisen die Reformer den einzelnen mit großem Nachdruck auf die ethische Verpflichtung hin, die aus ihrer persönlichen Beziehung zu Jahwe entspringt. Der gesellschaftliche Alltag ist der Ort, wo sie zum ständigen Gottesdienst aufgerufen sind. Es war davon die Rede gewesen, daß die persönliche Gottesbeziehung des einzelnen weitgehend unbedingt gewesen war: Schutz und Segen Gottes für den einzelnen waren letztlich in dessen Erschaffung begründet und hingen nicht primär von seinem Verhalten ab.[110] Auch die Deuteronomiker kennen ein solches unbedingtes Segenshandeln Jahwes am einzelnen, das dem einen mehr und dem anderen weniger Wohlstand verleiht (12,7.15; 14,24; 15,14; 16,10.17), aber dieses beinhaltet für sie die Verpflichtung, Bedürftigen davon etwas abzugeben! Meist reden sie jedoch von einem bedingten Segenshandeln Jahwes, und zwar in paränetischen Einschüben, mit denen sie jedem einzelnen israelitischen Hausvater die Befolgung ihrer Reformgesetze ans Herz legen wollen:[111] Halte dich daran, „damit du lange lebst" (5,16; 22,7; 25,15),[112] „damit du am Leben bleibst" (16,20),[113] „damit es dir gut geht" (5,16;

---

[107] So begegnet „mein Gott" 29mal in den 39 Klagen des einzelnen (Ps 3,8; 5,3; 7,2.4; 13,4; 22,2.3.11 u.ö.); im Heilsorakel etwa Jes 41,10.13: 43,3; 44,17; vgl. dazu R.Albertz, Frömmigkeit, 32–37.

[108] Die Apposition „dein Gott" begegnet im Dtn über 200mal; aus seiner Stilisierung als Anrede an Israel heraus ist „mein Gott" kaum zu erwarten, begegnet aber doch einige Male: Dtn 4,5; 18,16; 26,14.

[109] In der Psalmen beschwört das Bekenntnis der Zuversicht des einzelnen „Du bist (doch) mein Gott" das urtümliche Vertrauensverhältnis zwischen dem Beter und seinem Gott (z.B. Ps 22,11), während in pluralischen Bekenntnissen des Volkes „Du bist unser Gott" die Abgrenzung von anderen Göttern und Völkern vollzogen wird (vgl. etwa Jer 3,22), vgl. R.Albertz, Frömmigkeit, 33ff. Der übertragene Sprachgebrauch des Dtn zeigt sich nun darin, daß hier zwischen singularischer und pluralischer Prädikation (dein/euer Gott) kein Bedeutungsunterschied mehr zu erkennen ist; es ist immer zugleich die enge Bindung Jahwes an Israel und die Abgrenzung von allen anderen Gottesbeziehungen gemeint.

[110] S.o. 146.

[111] In den von N.Lohfink, Hauptgebot, 81–85, so genannten „Segenshinweisen"; vgl. im einzelnen dazu R.Albertz, Frömmigkeit, 170–174.

[112] Meist mit *he'ĕrīk jāmīm* o.ä., vgl. außerdem Dtn 4,40; 5,33; 6,2; 11,9.21; 17,20.

[113] Mit *ḥājā* o.ä., vgl. Dtn 4,1; 8,1; 30,6,19.20.

12,25.28; 22,7; vgl. 19,13)[114] oder noch expliziter „damit Jahwe, dein Gott, dich segne bei allem, was du unternimmst" (14,29; 15,10.18; 16,15; 23,21; 24,19).[115] Die Deuteronomiker knüpfen somit bewußt an die Erfahrung von Gottes Segen und Schutz im persönlichen Lebensbereich an,[116] machen sie aber ausdrücklich von der Einhaltung der Gebote und Gesetze abhängig. Sie wollen damit ihren Adressaten beibringen: Glück, Wohlstand, langes Leben, worum es auch in eurer persönlichen Gottesbeziehung so zentral geht, sind nicht einfach selbstverständlich, sondern an die Einhaltung ethischer Normen gebunden.

An einigen Stellen sind diese sog. „Segenshinweise" noch durch eine adverbiale Bestimmung erweitert: „in dem Lande, das Jahwe, dein Gott, dir gegeben hat" (5,16; 25,15; vgl. 23,21).[117] In ihnen weiten die Deuteronomiker den Blick wieder bewußt vom Geschick des einzelnen auf das ganze Volk aus. Sie weisen damit jeden einzelnen Israeliten unmißverständlich auf die geschichtliche Basis seines Wohlstandes hin: Nur deswegen kann er Jahwes Segen teilhaftig werden, weil dieser zuvor Israel das Land geschenkt hat. Mit diesem generalisierenden Rückgriff auf die alte Erinnerung, daß die Exodusgruppe nicht immer schon in Palästina ansässig war, sondern ihren Lebensraum erst im Zuge ihrer Befreiung aus der ägyptischen Fron von Jahwe erhalten hatte, decken die dtn. Reformer nicht nur – ganz im Sinne Hoseas[118] – den Geschenkcharakter der göttlichen Segensgüter auf, sondern binden auch die tief im Anthropologischen verankerte persönliche Frömmigkeit an die besondere Befreiungsgeschichte Jahwes mit seinem Volk. Nur innerhalb des geschichtlich begründeten exklusiven Gottesverhältnisses Israels kann auch der einzelne Israelit Glück und Segen finden.

Um diese Einsicht jedem Israeliten in Fleisch und Blut übergehen zu lassen, müssen die dtn. Reformer darum bemüht sein, ihre Sicht der religiösen Gründungsgeschichte Israels in der Familie selbst zu verankern. Es war schon davon die Rede gewesen, daß die politischen Befreiungserfahrungen, welche die Exodusgruppe mit Jahwe gemacht hatte, in der familiären Religiosität kaum eine Rolle spielten.[119] Wohl gedachte man des Exodus seit alters im Mazzotfest, und wohl hatte die Exodustradition in einigen geschichtlichen Phasen wie etwa im Jerobeamaufstand revolutionäre Kraft entfalten können,[120] aber damit war sie doch primär eine Sache des offiziellen Kults und des politischen Lebens geblieben. Im Raum der Familie

---

[114] Mit *jāṭab lĕ* o.ä., vgl. Dtn 4,40; 5,29.33; 6,3.18; 10,13.

[115] Mit *bērek*; vgl. auch die ausgeführten Segensverheißungen Dtn 28,3ff.; 7,12ff.

[116] Vgl. zum Nachweis R.Albertz, Frömmigkeit, 171f.

[117] Vgl. noch Dtn 4,40; 5,33; 11,9.21; 30,18.20. Aufgrund dieser Näherbestimmung hat man die Segenshinweise zuweilen rein politisch deuten wollen, etwa das „lange Leben" auf Israels Existenz im Lande. Doch spricht schon dagegen, daß sie auch fehlen kann, vgl. 6,2; 22,7; 24,19 und im einzelnen R.Albertz, Frömmigkeit, 171.

[118] S.o. 273f.

[119] S.o. 144f.

[120] S.o. 217f.

und des alltäglichen Lebens hatte man dagegen seine eigenen religiösen Erfahrungen, auf die man sich stützen konnte. Aber eben dies sollte nach dem Willen der dtn. Reformer nun anders werden: So entwickeln sie im Anschluß an die Konzeption Hoseas kleine heilsgeschichtliche Kompendien, welche die komplizierte Frühgeschichte Israels auf die eine Linie vom Exodus zur Landnahme reduzieren (6,21–24; 26,5–10). Damit wollen sie den Familienvätern eine Handreichung geben, damit sie ihren Kindern von dieser Geschichte erzählen können, wenn die Frage nach dem Woher bestimmter Gebote und Bräuche aufkommt (6,20). Ja, die Erinnerung an die Rettungsgeschichte des Volkes soll zeichenhaft quasi körperlich an Händen und Stirn des einzelnen und an seine Lebenswelt (Türpfosten) befestigt werden (6,8f.; 11,18.20), damit er sie nie vergißt und sie seinen täglichen Lebensrhythmus begleitet (6,7; 11,19). Und schließlich verankern die Deuteronomiker das Bekenntnis zu Jahwe, dem Befreier aus Ägypten, in den beiden wichtigsten familiären Kultfeiern, dem Passafest (Dtn 16,1–8),[121] das mit dem Mazzotfest verbunden wird (vgl. Ex 13,3–10), und der Darbringung der Erstlinge (Dtn 26,1–11).[122] Im Rezitieren des „geschichtlichen Credos" soll jeder Familienvater die Einsicht in den Zusammenhang, der zwischen der Befreiungsgeschichte Jahwes mit Israel und dem Segen Jahwes für seine Familie besteht, alljährlich immer wieder neu einüben.

Als ausgereiftestes Beispiel religiöser Laienunterweisung der dtn. Reformbewegung darf sicherlich der Dekalog gelten (Dtn 5,6–21; vgl. Ex 20,2–17).

---

[121] Vgl. dazu bes. R.Schmitt, Exodus, 69; 75, und G.Braulik, Leidensgedächtnisfeier, 101–108. Wegen der starken Hervorkehrung der kultdramatischen Vergegenwärtigung der Leiden (s. das „Leidensbrot" und die Fluchtartigkeit des Aufbruchs in V.3) will Braulik die dtn. Passa-Mazzotfeier als „Leidensgedächtnisfeier" (107), als „Inbegriff des Unterwegsseins" begreifen und streitet einen Bezug auf „die Befreiung aus der Knechtschaft" ab (106). Doch ist dies wohl eine künstliche Unterscheidung, da andere dtn. Texte die Herausführung aus Ägypten explizit als Befreiung verstehen (z.B. Dtn 15,15; 24,18.22). R.Schmitt, Exodus, 69, betont zu Recht, daß „die historisierende Beziehung des Passah auf den Exodus...in dieser ausdrücklichen Form erst hier herausgestellt" wird. Da der Text Ex 12,21ff., den man in der Vergangenheit gerne für eine frühe Verbindung von Exodus und Passa in Anspruch nahm („J"), sich inzwischen als ein Einschub in die Auszugsgeschichte erwiesen hat, der erst in frühnachexilischer Zeit eingefügt wurde (s.o. 61), ist es durchaus wahrscheinlich, daß diese Ausdeutung des alten familiären Passaritus auf das Grunddatum der offiziellen dtn. Theologie überhaupt erst von der dtn. Reformbewegung im Zuge seiner Umorganisation als offizielles Wallfahrtsfest vollzogen worden ist.

[122] Während G.v.Rad, Deuteronomium, 114 u.a., im von ihm so genannten „Kleinen geschichtlichen Credo" Dtn 26,5–10 noch ein Überlieferungsstück „von großer Altertümlichkeit" sehen wollte, hat erstmals L.Rost, Credo, 12ff., den dtn./dtr. Charakter vieler seiner Formulierungen nachgewiesen (älter höchstens V.5aβb.10). Es handelt sich somit um ein zusammenfassendes Geschichtskompendium, das in der Reformbewegung selber verfaßt worden ist. In neuerer Zeit mehren sich die Stimmen, den ganzen Text Dtn 26,1–11 als dtr. einzustufen und in die Exilszeit zu verlegen, vgl. H.D.Preuß, Deuteronomium, 144–147; doch macht die Annahme, daß die Reformer einen Bekenntnistext ausgerechnet für eine Kulthandlung entworfen hätten, die zu ihrer Zeit nicht mehr vollzogen werden konnte, Schwierigkeiten; warum haben sie dann nicht etwa die Sabbatfeier gewählt? So halte ich den Text für spätvorexilisch.

Datierung und Herkunft eines so gewichtigen alttestamentlichen Textes, wie ihn der Dekalog darstellt, sind naturgemäß heftig umstritten. Die Diskussion kann nicht im einzelnen aufgerollt werden, hier nur einige Hinweise zur Orientierung: Während sich schon J.Wellhausen von der zu seiner Zeit noch üblichen Vorstellung einer mosaischen Verfasserschaft löste (Prolegomena, 342; 392f.) und einer Entstehung im 7.Jh. unter Manasse zuneigte (Geschichte, 127), glaubte die kult- und formgeschichtlich argumentierende Forschung, die von etwa 1910 bis 1960 die Szene beherrschte, eine „Urform" des Dekaloges rekonstruieren zu können, die bis in die frühen und frühesten Epochen Israels zurückginge (H.Greßmann, H.Schmidt, z.T. S.Mowinckel, G.v.Rad, K.Rabast u.a.).[123] Inzwischen ist das Pendel wieder zurückgeschlagen: Die neueren Arbeiten zum Dekalog konvergieren trotz vieler Differenzen im Detail in der Ansicht, daß die maßgebliche Gestalt des Dekalogs – unbeschadet z.T. älterer Einzelelemente – im 7. oder 6.Jh. entstanden sei. Für eine frühdtn. Ansetzung noch vor 622 plädieren etwa N.Lohfink, These, 378, und F.Crüsemann, Bewahrung, 26; für eine frühdtr. bis dtr. Ansetzung hat sich F.-L.Hoßfeld, Dekalog, 283f., ausgesprochen, der mehrere literarische Schichten unterscheiden möchte.[124] Doch berücksichtigt man den Hinweis von L.Perlitt, daß der Dekalog für den spätdtn. bzw. frühdtr. Autor von Dtn 5 offenbar schon eine zitable Größe darstellt (Bundestheologie, 77ff.; 101),[125] dann geht er doch wahrscheinlich mindestens in die Zeit der josianischen Reform zurück. Dies gilt allerdings nicht für das umfangreiche Sabbatgebot (Dtn 5,12–15), das wohl insgesamt erst in der Exilszeit eingeschoben wurde (vgl. F.-L.Hoßfeld, a.a.O., 33–57; 247–252).[126]

Die Herkunft des Dekalog aus dem Umfeld der dtn. Reformbewegung zeigt sich nicht nur in seinem dtn. „Sprachkleid" (vgl. L.Perlitt, a.a.O., 86) und seiner großen Nähe zur dtn. Theologie,[127] sondern läßt sich auch noch durch zwei überlieferungsgeschichtliche Indizien stützen: 1. Nur in Dtn 5 ist der Dekalog fest in seinem Kontext verankert, dagegen wurde er in Ex 19f. deutlich erst literarisch sekundär eingeschoben.[128] 2. Wahrscheinlich stellt die in Dtn 5,6–21 bewahrte Textform –

---

[123] S. dazu den Forschungsüberblick von J.J.Stamm, Dekalog, 15–36; eine typische Arbeit in dieser Richtung stammt von E.Nielsen, Gebote, ein letzter Versuch von A.Lemaire, Essai.

[124] Zur frühdtr. Grundschicht rechnet er Dtn 5,6–8a*.9b*.10a.17–21*; die Aussonderung des Sabbatgebotes ist überzeugend; doch wenn er auch das Namens- und Elterngebot erst der dtr. Fassung zuordnen will, dann bleibt er in seiner Argumentation viel zu sehr auf der literarischen Ebene stehen.

[125] Vgl. nur die Ein- und Ausleitung Dtn 5,4f.22 und die sing. Dekaloganrede, die sich vom plur. formulierten Rahmen abhebt.

[126] S.u. 425. Dadurch hat der Dekalog in der Dtn-Fassung jetzt 11 Gebote, was in der Exodusfassung durch Zusammenfassung der beiden letzten ausglichen wurde.

[127] Vgl. dazu die Nachweise bei L.Perlitt, Bundestheologie, 83ff.; N.Lohfink, These, 364, etwa die Bezeichnung Ägyptens als *bēt ʿăbādîm* Dtn 5,6 mit Ex 13,3.14; Dtn 6,12; 7,8; 8,14; 13,6.11 und dann Jos 24,17; Ri 6,8; Jer 34,13; den Segenshinweis Dtn 5,16b mit Dtn 4,40; 5,29.33; 6,18; 12,25.28; 22,7 u.a.m. N.Lohfink, a.a.O., 365, hat gegen diese Nachweise zwar nicht ganz zu Unrecht den Vorwurf einer „atomistischen Sprachstatistik" erhoben, doch auch sein Versuch, umgekehrt die Abhängigkeit der dtn./dtr. Texte vom Dekalog nachzuweisen, geht nicht voll auf. An theologischen Entsprechungen sei nur auf die Hervorkehrung des Exodus und besonders die Betonung des Fremdgötter- und Bilderverbotes im durchkomponierten Kopfteil des Dekaloges (V.6–10) hingewiesen.

[128] Der Dekalog Ex 20,1–17 unterbricht die Theophanieerzählung Ex 19,1–19; 20,18–21. Im jetzigen Text steht er völlig deplaciert, da Mose nach 19,20–25 schon wieder vom Sinai herabgestiegen ist. Wahrscheinlich fehlt darum in der Einleitung 20,1 jeder Adressat. Aber

auch abgesehen vom Sabbatgebot – gegenüber Ex 20,1–17 die ältere Fassung dar.[129] D.h. selbst wenn der Dekalog nicht von genau denselben Autoren stammen sollte, die Dtn 6–28* verfaßten, oder noch in einer Zeit etwas vor der josianischen Reform entstanden wäre, wofür einige wenige terminologische und sachliche Differenzen sprechen könnten,[130] erhielt er doch erstmalig und allein im Verlauf der dtn. Reformbewegung die entscheidende Bedeutung, die ihn zu ihrem zentralen Bezugstext aufsteigen ließ.[131] In unzähligen Laienunterweisungen erfolgreich verwendet, verdrängte er das Bundesbuch der hiskianischen Reform aus der gottesdienstlichen Lesung[132] und wurde schließlich auch literarisch als Gottes grundlegende Offenbarung an Israel dem dtn. Gesetz vorgeordnet.

Anknüpfend an Gebote, die schon seit langem in der familiären Erziehung zu Hause waren (bes. Dtn 5,16–20),[133] schufen die dtn. Theologen unter Hinzufügung weiterer kultischer und religiöser Anweisungen in ihm ein kleines katechismusartiges Kompendium, mit dem sie jedem israelitischen Hausvater

---

selbst wenn 19,20–25 ein noch späterer priesterlicher Einschub ist, fehlt dem Dekalog immer noch eine organische szenische Einbindung. So spricht viel dafür, daß der Zweitakt von Offenbarung des Dekalogs und des Bundesbuches in Ex 19ff. erst nachträglich nach dem Modell von Dtn 5+12ff. hergestellt worden ist. Das schließt nicht aus, daß dem Vf. von Dtn 5 eine Theophanie-Erzählung, die auf das Bundesbuch führte (s.o. 89), vorgegeben war; zu den komplizierten überlieferungsgeschichtlichen Zusammenhängen zwischen Dtn 5 und Ex 19f. vgl. E.Blum, Studien (2.2), 37ff. Die gegenteilige These von Chr.Levin, Dekalog, 187ff., der Dekalog bilde in Ex 19f. den überlieferungsgeschichtlichen Kern, um den die Theophanieerzählung herumgelagert wurde, ist reine Spekulation und entzieht sich methodischer Nachprüfbarkeit.

129 So F.-L.Hoßfeld, Dekalog, 21–162; dagegen jetzt A.Graupner, Verhältnis, bes. 321ff., doch kaum überzeugend. Die eigenartige Formulierung des letzten Gebotes läßt sich sehr wohl aus dem Zwang erklären, nach der Einfügung des Sabbatgebotes (!) wieder eine Zehnzahl von Geboten zu schaffen.

130 Vgl. *'al pānaj* „mir ins Angesicht" in Dtn 5,7, das im Dtn nicht vorkommt (höchstens 7,10); die Langform *'ānokī* „ich" Dtn 5,6.9 statt der Kurzform *'ănī* „ich" im Dtn; die Differenz die zwischen der kollektiven Vergeltungsvorstellung Dtn 5,9f. und der individualisierenden Interpretation Dtn 7,8b-11 besteht. Allerdings liegt kein Widerspruch vor, da sich das Verbot von Sippenhaft im Strafvollzug in Dtn 24,16 auf einer anderen Ebene bewegt als die göttliche Vergeltung; bei letzterer kennt auch das Dtn kollektive Strafvorstellungen (z.B. 28,32). Die übrigen Argumente, die F.Crüsemann, Bewahrung, 25f., nennt, lassen sich entkräften: Daß der Sabbat im Dtn keine Rolle spielt, macht keine Schwierigkeit mehr, wenn das Sabbatgebot erst exilischer Herkunft ist. Daß das Dtn „Predigten" über den Dekalog enthält (s.u.), sagt nur aus, daß er den Vfn. der späteren dtn. Schichten bekannt war, nichts darüber, wer ihn verfaßt hat. Das letzte zuweilen vorgebrachte Argument, der Dekalog berücksichtige die Kultzentralisation nicht, ist deswegen nicht stichhaltig, weil diese eine kultpolitische Maßnahme darstellt, die nicht in die Zuständigkeit des im Dekalog angeredeten Hausvaters fällt.

131 Vgl. die Rückbezüge auf ihn in den dtn. Einleitungsreden: Dtn 4,15–20; 6,12–15; 7,4.8–11; 8,14.19 und im Gesetz 13,3ff. (N.Lohfink, These, 366ff.); dazu den Versuch, ab einem bestimmten Stadium der Überlieferung das dtn. Gesetz ungefähr nach der Abfolge des Dekalogs zu ordnen (G.Braulik, Gesetze, 21ff.).

132 S.o. 285f.

133 Vgl. E.Gerstenberger, Wesen, 110ff.; für das Elterngebot habe ich dies im einzelnen nachgewiesen (Elterngebot, 356ff.); zu der Kurzreihe „morden, ehebrechen stehlen" in Dtn 5,17–19 vgl. die Aufnahme ähnlicher Reihenbildung in die prophetische Anklage Hos 4,2; Jer 7,9. Doch deswegen Jer 7,9 zur literarischen „Keimzelle" des Dekalogs zu machen, wie Chr.Levin, Verheißung, 92f., es will, entbehrt jeder formkritischen Methodik.

nicht nur eine leicht memorierbare Zusammenstellung der wichtigsten Grundnormen, sondern auch eine knappe Zusammenfassung ihrer theologischen Reformkonzeption an die Hand geben. Letztere zeigt sich besonders deutlich im durchkomponierten Eingangsteil des Dekalogs (5,6–10): Dieser bestimmt das Gottesverhältnis Israels als ein geschichtlich-dialogisches: Es ist begründet durch die Rettungstat Jahwes, mit der er Israel aus dem ägyptischen Sklavenhaus befreite (V.6); damit hat sich Jahwe an Israel gebunden („dein Gott") und fordert es besonders im Fremdgötter- und Bilderverbot auf, sich ebenfalls ganz und gar an ihn zu binden. Mit seinem Gehorsam gegenüber Jahwes Gebot antwortet Israel auf die seine Existenz begründende Rettungstat Jahwes in der Vergangenheit; der Gebotsgehorsam und vor allem die ausschließliche Jahweverehrung ist Dankbarkeit gegenüber dem Retter (V.7–9a). Und auf den Gehorsam bzw. Ungehorsam Israels antwortet Jahwe wiederum mit Treueerweis bzw. strafender Heimsuchung in der Zukunft (V.9b-10). Der Retter aus Ägypten ist zugleich ein „eifersüchtiger Gott" (V.9b),[134] der – wie schon Hosea und Jesaja aufgedeckt hatten – aus gekränkter Liebe straft.

Die pädagogische Zielrichtung dieser Konzeption wird vor allem in ihrer durchgängigen Stilisierung als Du-Anrede erkennbar: Gesprochen wird von Israel und seiner Geschichte, seiner Vergangenheit und seiner Zukunft (Dtn 5,6.9bf.), angesprochen jedoch wird mit dem „Du" jeder Israelit, an den sich die Gebote Jahwes richten: Es findet eine paränetisch gewollte Verschmelzung von Volkes- und Einzelschicksal statt: Jeder Israelit – so wird behauptet – war in Ägypten und wurde von Jahwe dort befreit, jeder Israelit ist aufgerufen, sich zu entscheiden, ob er im Gehorsam gegenüber Jahwe in der ihm geschenkten Freiheit bleiben will,[135] und von der Entscheidung jedes Israeliten hängt das Schicksal des Volkes in der Zukunft ab. Die religionsinternen Differenzen zwischen persönlicher Frömmigkeit und offizieller Religion werden damit bewußt eingeebnet; Jahwe, der Retter aus Ägypten, ist nicht nur der Gott Israels, sondern auch der persönliche Gott („dein Gott") eines jeden einzelnen.

Durch die theologische Rahmung werden von den dtn. Reformern Fremdgötter- und Bilderverbot als die über die Zukunft Israels und das Schicksal eines jeden einzelnen entscheidenden Gebote herausgehoben. Dabei entspricht es ihrem Anliegen der Verinnerlichung der israelitischen Gottesbeziehung, daß das Fremdgötterverbot nicht mehr allein auf die kultische Gottesverehrung beschränkt bleibt. Die bewußt allgemein gehaltene Formulierung: „Du sollst keine anderen Götter haben mir ins Angesicht",[136]

---

[134] Vgl. Ex 34,14; Jos 24,19; Dtn 4,24; 6,15; Nah 1,2.; macht man sich frei von der Ansicht, daß es sich in Ex 34,11b-26 um altes „Privilegrecht Jahwes" handelt (s. E.Blum, Studien [2.2], 67ff.; 369ff., gegen J.Halbe, Privilegrecht [2.2], 134ff.; 316ff.), dann ist diese Prädikation erst nach Hosea im 7.Jh. entstanden und gehört in den weiteren Umkreis der dtn. Theologie. Wie gut sie hier hineinpaßt, zeigt G.Braulik, Monotheismus, 264–268.

[135] Vgl. F.Crüsemann, Bewahrung, 32ff.; 82ff.

[136] Zu den Interpretationsmöglichkeiten von *'al pānaj* „gegen mein Angesicht", „unter meinen Augen", „mir gegenüber", „auf meine Kosten" vgl. F.Crüsemann, Bewahrung, 42f.

schließt die gesamte Gottesbeziehung ein: Jede Hinwendung zu einem anderen Gott, und geschähe sie nur in Gedanken, wäre ein Schlag ins Angesicht Jahwes, der selbst in das Verborgene des Herzens blickt. Entsprechend der erlebten Gefährdungssituation, in welche gerade die familiäre Frömmigkeit im 7.Jh. geriet, werden in der dtn. Formulierung des Gebots die anderen Götter durchaus noch als wirksame Mächte begriffen. Erst in der spätexilischen Zeit, als der Kampf um die alleinige Jahweverehrung weitgehend entschieden war, werden sie zu machtlosen Götzen zusammensinken (Lev 19,4a; 26,1). Interessant ist auch, daß für die Deuteronomiker Fremdgötter- und Bilderverbot fast identisch sind; eine Verwendung von Kultbildern, selbst wenn sie Jahwe gelten sollen, ist für sie eo ipso Fremdgötterkult. Auch damit soll gerade der schwer kontrollierbaren Religiosität in den Familien – man denke nur an die Aschtarte-Figuren und die Sternenkuchen für Ischtar – eine klare Grenze gezogen werden.

So haben die dtn. Reformer aus den Erfahrungen mit dem privaten Synkretismus im 7.Jh. heraus die familiäre Religiosität an die kurze Leine gelegt. Sie haben sich als erste in der Religionsgeschichte Israels dem Problem des religionsinternen Pluralismus gestellt und die persönliche Frömmigkeit von ihrer neu konzipierten Religion Israels her theologisch zu durchdringen gesucht. Sie fügten ihr dabei eine geschichtstheologische und ethische Komponente ein, die sie bis dahin nicht gehabt hatte. Sie versuchten aber auch, von der persönlichen Gotteserfahrung her der offiziellen Jahwereligion als ganzer eine neue Innerlichkeit zu vermitteln. So kommt es, daß sich seit der späten Königszeit familiäre Frömmigkeit und offizielle Religion sehr viel enger nebeneinander entwickelten, als dies davor der Fall gewesen war.

3.84 Die Eindämmung gesellschaftlicher Mißstände

Neben der religiös-kultischen verfolgte die dtn. Reform eine soziale Zielrichtung. Auch in dieser Hinsicht wurden Ansätze der hiskianischen Reform aufgenommen und konsequent weiterentwickelt. Vor allem wohl die Beamtengruppe innerhalb der Reformbewegung war entschlossen, durch z.T. massive Eingriffe in die Rechte der Besitzenden den verhängnisvollen Verarmungsprozeß in der judäischen Gesellschaft endlich abzustoppen und das Elend der inzwischen breiten landbesitzlosen Unterschicht durch organisierte Hilfe zu mildern.

Ein Grund für die Zementierung der sozialen Aufspaltung der Gesellschaft im rauhen Verdrängungswettbewerb seit dem 8.Jh. waren die staatlichen Abgaben (Zehnte) und Dienstverpflichtungen (Fron- und Wehrdienst) gewesen, welche die kleinbäuerlichen Familien mit ihren geringen Rücklagen und begrenzten Arbeitskräften im Vergleich zu den Großgrundbesitzern überproportional belasteten.[137] Den dtn. Gesetzgebern war darum an einer Reduktion der staatlichen Lasten gelegen: Sie schafften den Zehnten als

[137] S.o. 249.

Königssteuer ganz ab;[138] statt dessen sollte der Zehnte zweier Jahre nach ihrem Willen vom Überbringer selbst im Zentralheiligtum verzehrt werden (Dtn 14,23.26) und ihm damit die Finanzierung seiner – unter Umständen gestiegenen – Kosten für die Wallfahrtsgottesdienste in Jerusalem erleichtern. Nur der Zehnte jedes dritten Jahres war noch eine wirkliche Abgabe,[139] sie sollte aber nicht mehr den staatlichen Finanzbedarf decken, sondern gezielt der Armenversorgung in den Ortschaften dienen (14,28 f.; 26,12–14). Praktisch bedeutete dies eine Reduktion der Steuerbelastung um zwei Drittel. Desgleichen schränkten die Gesetzgeber die Wehrpflicht ein: Junge Männer, die gerade dabei waren, sich eine Existenz und eine Familie aufzubauen, sollten generell von der Verpflichtung zur Heerfolge befreit werden (20,5–7); außerdem sollte jeder, der sich fürchtete, den Wehrdienst verweigern können (20,8). Schließlich versuchten die Gesetzgeber die Verpflichtung zu staatlicher Zwangsarbeit dadurch auf ein Mindestmaß zu reduzieren, daß sie dem König nahelegten, auf Luxus in der Hofhaltung zu verzichten und die aufwendige Streitwagentruppe in Grenzen zu halten (17,16 f.).[140]

Der Hauptgrund für die Verelendung der Kleinbauern-Schicht war allerdings das antike Kreditwesen mit seinem extensiven Pfand- und Haftungsrecht gewesen.[141] Es ist darum kein Zufall, daß die dtn. Gesetzgeber ihre Reformbemühungen vor allem darauf konzentrierten.[142] So schränkten sie das Recht des Pfandnehmers über das Bundesbuch hinaus weiter ein: Es wird nicht nur verboten, den Mantel des Armen über Nacht zu

---

[138] So im Anschluß an F.Crüsemann, Tun, 89–91, unter der Voraussetzung, daß der vorexilische Zehnte eine Königssteuer war (vgl. 1.Sam 8,15.17); in Gen 28,22; Am 4,4 ist zwar ein Zehnter als Abgabe für Bethel und in Gen 14,20 ein solcher für Jerusalem erwähnt, F.Crüsemann, Zehnte (3.1), 24 ff., hat aber – auch durch Analogien aus der Umwelt – wahrscheinlich gemacht, daß damit kein zusätzlicher Tempelzehnt gemeint ist, sondern daß es sich um die gleiche staatliche Abgabe handelt, die nur durch die Staatsheiligtümer eingezogen wird.

[139] Daß die dtn. Gesetzgeber dies wirklich so meinen, zeigt sich daran, daß sie nur dieses dritte Jahr „Zehntjahr" (*šĕnat hammaʿăšer*) nennen (Dtn 26,12).

[140] Das eigenartige Verbot in V.16, das Volk wieder nach Ägypten zu führen, läßt sich wohl kaum, wie F.Crüsemann, Tun, 92, vorschlägt, im Sinne einer Abschaffung der Fronarbeit verstehen, da der Kontext die Vergrößerung der Streitwagentruppe im Auge hat. Es geht somit wie in Jes 30,1 ff.; 31,1 ff. u.ö. um Militärbündnisse mit Ägypten.

[141] S.o. 250 f.

[142] Man kann hier nicht, wie N.Lohfink, Gesetz, 36, es tut, von einer Reduzierung des Armenrechts sprechen, weil es nur noch die Vorgänge umfasse, „die mit dem Verschuldungsprozeß zusammenhängen." Denn erstens ist dieser die zentrale Bedrohung der wirtschaftlich Schwächeren seit dem 8.Jh. Und zweitens irrt Lohfink, wenn er a.a.O., 29 ff., meint, das Dtn würde neu zwischen den „Armen" (*ʾebjōn, ʿānī*), die von Verschuldung bedroht sind, und den notorischen Almosenempfängern, den „Witwen und Waisen" unterscheiden. Dies ist aber nicht der Fall. Vielmehr bezeichnen *ʾebjōn* und *ʿānī* im Dtn (15,4.7.7.9.11.11; 24,12.14.15) genauso wie bei den Propheten des 8. und 7.Jhs. den noch grundbesitzenden, aber von sozialem Abstieg bedrohten Kleinbauern (s.o. 249), der von den grundbesitzlosen Witwen und Waisen klar unterschieden wird. Erst in der nachexilischen Zeit ist die Verarmung ersterer so manifest, daß sie mit letzteren gleichgeordnet werden (gegen N.Lohfink, a.a.O., 29, vgl. R.Albertz, Hintergrund [5.4], 364).

pfänden (Dtn 24,12 f.), sondern auch das Kleid der Witwe (24,17); es wird untersagt, die „Handmühle“, d.h. die Reibesteine, die man zur täglichen Brotbereitung brauchte, als Pfand zu nehmen, weil man damit das Leben pfänden würde (24,6). Ebenso wird dem Gläubiger verboten, in das Haus des Schuldners einzudringen, um sich ihm passende Pfänder herauszuholen; er muß das akzeptieren, was ihm der Schuldner herausbringt (24,10 f.). Hier wird deutlich das Bemühen spürbar, auch dem überschuldeten Mitbürger noch einen Rest von Lebensrecht und Menschenwürde zu sichern. Das Verbot des Leihens auf Zinsen, das Ex 22,24 noch auf die Armen eingeschränkt war,[143] wird auf alle Israeliten ausgeweitet (Dtn 23,20), zugelassen wird diese sozial schädlichste Form des Darlehensgeschäfts nur noch gegenüber Ausländern.

Der weitgehendste Eingriff in das Kreditwesen geschah mit der Schaffung der neuen Institution der Schemitta (Dtn 15,1–11):[144] Alle sieben Jahre sollte nach dem Willen der Reformgesetzgeber eine öffentliche „Loslassung“ (*šĕmiṭṭā*) für Jahwe ausgerufen werden (*qārā'*: V.2bβ), bei der alle Kreditgeber auf alle ihre Forderungen gegenüber ihren Schuldnern verzichteten, d.h. sowohl auf die Rückzahlung der Schuldsumme als auch auf ihre Zugriffsrechte auf den Besitz (Pfand, Pfandnutzung) und die Person des Schuldners (Schuldsklaverei).[145] Allgemeine Lasten- und Sklavenbefreiungen sind auch sonst im antiken Vorderen Orient durchaus üblich gewesen; so sind uns z.B. aus Mesopotamien königliche *andurāru-*, *mīšaru-*Verfügungen o.ä. bezeugt, durch die ein Herrscher – z.B. bei seinem Regierungsantritt – die soziale Lage seiner Untergebenen bessern

---

[143] Ursprünglich stand in Ex 22,24 nur *'et-he'ānī* „dem Armen“; das konkurrierende Objekt *'et-'ammī* ist eine nachträgliche Ausweitung des Gebots im Sinne des Dtn.

[144] Das Gesetz V.1–3 und die Paränese V.7–11 gehören sachlich zusammen und stehen sich auch literarisch nicht sehr fern. Dagegen ist V.4–6 ein deutlich späterer Einschub (s. den Widerspruch zwischen V.4 und V.11), vgl. H.D.Preuß, Deuteronomium, 53; 135. Eine weitere literarische Aufspaltung, wie sie z.B. F.Horst, Privilegrecht, 89 ff., und R.P.Merendino, Gesetz, 106 ff., vornehmen, empfiehlt sich nicht.

[145] So auch F.Horst, Privilegrecht, 84 ff.: *maššē* (von der Wurzel *nāšā'*) bezeichnet nach ihm Darlehen mit ausdrücklicher „Haftungsvereinbarung“; zur Diskussion vgl. A.Cholewiński, Heiligkeitsgesetz, 218 f. Unsicherheiten kamen durch den etwas schwierigen masoretischen Text von V.2a auf: „Loslassen soll jeder Herr das Darlehen seiner Hand, das er seinem Nächsten geliehen hat!“ Es fehlt bei dieser Lesung ein Attribut zu *ba'al*, das aus dem „Herrn“ den „Herrn des Darlehens = Gläubiger“ (*ba'al maššē*) macht; und was soll mit „Handdarlehen“ gemeint sein? Zur Lösung des ersten Problems hat man häufig ein Attribut (*maššē 'et*) ergänzt (z.B. R.P.Merendino, Gesetz, 108 f.), zur Lösung des letzteren sind die verschiedensten Vorschläge gemacht worden, ohne daß einer befriedigt hätte, denn in V.3 ist *jad* „Hand“ nicht auf *maššē* „Darlehen“, sondern auf *šāmaṭ* bezogen: „Was dir bei deinem Bruder gehört, davon sollst du deine Hand loslassen.“ Eine Lösung beider Probleme scheint jetzt M.Weinfeld, Justice, 498 f., gefunden zu haben: *maššē* ist Attribut zu *ba'al*; *jādō* Objekt zu *šamōṭ* im Sinne von „sein Anspruch, Zugriffsrecht“; der Relativsatz V.2aβ ist entsprechend der relativischen Klauseln in babylonischen *mīšaru*-Edikten zu V.2b zu ziehen. Er übersetzt: „every creditor shall remit his claim, whoever claims from his neighbor shall not sue his neighbor or kinsmen ...“ (497). Damit ist auch die häufig diskutierte Frage, ob es sich um einen Schuldenerlaß oder einen Schuldaufschub handelt, im Sinne der ersten Alternative entschieden.

wollte.[146] Diese Institution war auch in Juda nicht unbekannt: Jer 34 berichtet von einer Sklavenbefreiung (*dĕror*) des Königs Zedekia, zu der er die Jerusalemer Oberschicht förmlich vor Jahwe im Tempel verpflichtet;[147] und in die gleiche Tradition gehört auch noch der Schuldenerlaß, den der Statthalter Nehemia in frühnachexilischer Zeit durchführen läßt (Neh 5).

Die dtn. Reformer knüpften an diese königliche Rechtspraxis an, trennten sie aber von der Institution des Königtums. Statt dessen griffen sie auf den kultischen Brauch der Ackerbrache zurück, dem ja schon in der hiskianischen Reform eine soziale Abzweckung gegeben worden war (Ex 23,10f.), und setzen an die Stelle eines Verzichts auf ackerbäuerliche Nutzung (*šāmaṭ*) den Verzicht auf Schuldforderungen. Indem sie den für die einzelnen Felder unterschiedlich ablaufenden Siebenjahresrhythmus der Ackerbrache zu einer allgemein gültigen Siebenjahresperiode der Schemitta umgestalteten,[148] gaben sie damit dem öffentlichen Schuldenerlaß eine von der Huld des Königs unabhängige Automatik und schufen den verarmten Mitbürgern so etwas wie einen Rechtsanspruch auf Entschuldung. Wenn man schon das harte antike Kreditrecht nicht abschaffen konnte, so sollten dessen verheerende Auswirkungen jedenfalls regelmäßig alle sieben Jahre abgestoppt werden. Auch diese weitreichende finanzielle Entlastung der verarmenden Unterschicht war allerdings auf Volksangehörige beschränkt; sie galt nicht gegenüber Fremden (Dtn 15,3).

Die dtn. Reformer waren sich dabei durchaus bewußt, daß ihr massiver Eingriff in die Besitzrechte der Oberschicht auf erheblichen Widerstand stoßen würde; die starre zeitliche Festlegung des Schuldenerlasses konnte z.B. dazu führen, daß kurz vor dem Erlaß-Jahr keine Kredite mehr an Arme gegeben wurden (V.9). Darum versuchten die Reformer, dieser Gefahr durch eindringliche religiöse Mahnungen und Warnungen zu begegnen (V.7–11). Sie appellierten an die Solidarität der Oberschicht gegenüber ihrem armen „Bruder" (7.9.11), sie machten sie darauf aufmerksam, daß Jah-

---

[146] Vgl. etwa das berühmte *mīšarum*-Edikt des altbabylonischen Herrschers Ammiṣaduqa (ANET 526–528); der gleiche Brauch ist aber auch noch in mittelbabylonischer (*zakûtu*; in Nuzi: *šudûtu*) und neuassyrischer Zeit (*šubarû* u.a.) bezeugt, s. dazu M.Weinfeld, Justice, 492ff.; G.Ries, Lastenfreiheit; und den Nachklang Est 2,18. Auch im ugaritischen und hethitischen Bereich gab es solche Lastenbefreiungen.

[147] Der Akt wird von dtr. Redaktoren des Jeremiabuches in V.14 erst nachträglich mit dem dtn. Schemitta- und Schuldsklavengesetz (Dtn 15,1ff.12ff.) in Verbindung gebracht. Darum ist die These von N.P.Lemche, Manumission, 57, ganz unwahrscheinlich, das dtn. Schemitta-Gesetz sei erst von den Dtr aus Jer 34 herausgesponnen. Lemche erkennt wie viele andere nicht, daß in Jer 34 eine außergewöhnliche (Belagerung Jerusalems!), vom König initiierte Lastenbefreiung vorliegt, die von der regelmäßig arbeitenden Schemitta-Institution zu unterscheiden ist.

[148] Die häufig diskutierte Frage, ob ein auf die einzelnen Schuldverhältnisse bezogener oder ein allgemeiner Sieben-Jahresrhythmus gemeint sei (vgl. A.Cholewiński, Heiligkeitsgesetz, 221), wird durch V.2bβ „man hat eine Schemitta für Jahwe ausgerufen" im Sinne der zweiten Alternative entschieden; auch die Probleme, die V.9ff. ansprechen, können eigentlich nur entstehen, wenn das Schemitta-Jahr allgemein feststeht, so auch W.Dietrich, Armen, 37; 38f.

we solche Hartherzigkeit als Sünde ahnden wird (V.9b), und sie stellten ihr für den Fall des generösen Besitzverzichts Gottes Segen und Glück in Aussicht (V.10).[149]

Des weiteren bemühten sich die Deuteronomiker, die soziale Lage derjenigen zu bessern, die das Kreditrecht um ihre Persönlichkeitsrechte oder ihren Grundbesitz gebracht hatte: der Schuldsklaven und der Lohnarbeiter. Für viele verarmte Kleinbauern war es offensichtlich immer schwieriger geworden, nach abgeleisteter Schuldsklaverei von sechs Jahren, die das Bundesbuch (Ex 21,2–6) als Höchstgrenze festgesetzt hatte, wieder wirtschaftlich Fuß zu fassen; viele zogen es darum vor, auf die Freilassung zu verzichten und Dauersklaven zu werden (Dtn 15,16).[150] Dieser Entwicklung suchten die Reformer dadurch entgegenzuwirken, daß sie für die Auszahlung eines Startkapitals an den zu Entlassenden warben (V.13f.). Damit war der Grundgedanke der Schuldsklaverei, bei der ja der Schuldner seine Schuld abarbeiten sollte, eigentlich auf den Kopf gestellt, der Schuldsklave sollte jetzt – wie andere abhängige Arbeitskräfte auch – noch etwas für seine Arbeit verdienen.[151] So scheuten sich die Reformer denn auch, die Höhe des Verdienstes festzulegen und in eine eindeutige gesetzliche Regelung zu fassen.[152] Um so mehr versuchten sie, durch theologische Motivation Zustimmung für ihren Reformvorschlag zu finden:[153] Der Herr der Sklaven sollte sich daran erinnern, daß er selber einmal Sklave in Ägypten gewesen ist und von Jahwe befreit wurde (V.15), sein Reichtum, vom dem er etwas abgibt, ist Gottes Segen (V.14b), und Jahwe wird ihn für seinen Besitzverzicht erneut mit Segen überschütten (V.18).

---

[149] Die Paränese Dtn 15,7–11 macht auf der einen Seite deutlich, daß die dtn. Gesetzgeber nicht einfach eine Utopie in die Welt setzen wollten (G.Hölscher, Komposition, 195, sprach von „weltfremden Idealismus"), sondern um deren reale Umsetzung besorgt waren; vielleicht setzt sie schon erste enttäuschende Erfahrungen mit dem Reformgesetz voraus. Sie zeigt aber auf der anderen Seite, wie beharrlich die „Eigengesetzlichkeiten" des wirtschaftlichen Lebens schon damals waren; die Gesetzgeber scheuen davor zurück, Strafbestimmungen für verweigerte Kredite zu formulieren, sondern belassen es beim religiösen Appell. Ein wichtiges mögliches Ziel der Gesetzgebung benennt F.Crüsemann, Tun, 94: Es fördert „gezielte und massive, aber kurzfristig angelegte Hilfe, die...aktuell wieder aus der Notlage heraushalf...Unterbunden aber war damit vor allem die professionelle, d.h. längerfristig auf Abhängigkeit und Schuldsklaverei zielende 'Hilfe' von Großgrundbesitzern und Geldleihern."

[150] Dtn 15,16 motiviert den Wunsch des Schuldsklaven, auf Dauer bei seinem Herrn zu bleiben, nicht wie Ex 21,5 mit der Liebe zu Frau und Kindern, die er bei der Entlassung aufgeben müßte, sondern allein mit der guten Behandlung durch den Herrn.

[151] Vgl. den V.18 angestellten Vergleich mit dem Verdienst eines Lohnarbeiters.

[152] Dies ist wieder ein Hinweis darauf, daß es den Reformern um reale Umsetzbarkeit ging trotz entgegenstehender wirtschaftlicher Interessen der Reichen. N.P.Lemche, Manumission, 45, meint, das Gesetz würde – angewendet – ein Proletariat schaffen; doch genau das Gegenteil ist seine Absicht. Von „theoretischer Verstiegenheit dieser Gesetzgebung" (so G.Hölscher, Komposition, 197) kann man nur reden, wenn man die sechs Jahre Schuldknechtschaft mit dem siebenjährigen Schemitta-Rhythmus gleichsetzt, doch davon ist im Text keine Rede.

[153] Es geht nicht an, diese Motivationen herauszustreichen und anderen Schichten zuzuordnen, wie F.Horst, Privilegrecht, 94–103, und R.P.Merendino, Gesetz, 113f., es tun. Der Text ist einheitlich, vgl. H.D.Preuß, Deuteronomium, 53.

Hier wird das ganze Panorama der theologischen Argumente sichtbar, mit dem die Deuteronomiker eine neue soziale Verantwortung der Oberschicht in der sozialen Krise ihrer Zeit begründen wollten: Reichtum ist Segen Gottes und impliziert somit eine soziale Verpflichtung (14,24; 16,10.15), Reichtum für die Zukunft ist nur durch freiwilligen und freudig bejahten Besitzverzicht in der Gegenwart zu sichern (14,29; 15,10; 16,15; 23,21; 24,19), und die religiösen Befreiungstraditionen Israels verpflichten jeden Israeliten, sich aus Dankbarkeit für die geschenkte Freiheit für die versklavten und entrechteten Mitbürger einzusetzen (16,12; 24,18.22).

Von dieser grundsätzlichen theologischen Position her wäre es konsequent gewesen, die Abschaffung der Schuldsklaverei zu verlangen. Wenn Jahwe Israel aus dem Lande Ägypten befreit hatte (*pādā*: 15,15; 24,18), dann konnte eigentlich kein Israelit mehr Sklave eines anderen sein. In der Tat ist die Entwicklung später in diese Richtung gelaufen;[154] in der Zeit der dtn. Reform besaßen solche theologischen Motivationen ganz offensichtlich nicht die Überzeugungskraft, um die wirtschaftlichen Zwänge im Kreditwesen aufzusprengen. Doch immerhin haben die Deuteronomiker durch das Verbot, entlaufene Sklaven ihrem Herrn auszuliefern (Dtn 23,16f.),[155] die Fremd- und Schuldsklaverei schon ganz erheblich eingeschränkt.[156]

Der Lohnarbeiter (*śākīr*) taucht erst im Dtn als eigene soziale Gruppe auf (Dtn 15,18; 24,14f.); seine Existenz ist wahrscheinlich ein Kennzeichen der fortgeschrittenen sozialen Krise, in deren Verlauf immer mehr Kleinbauern ihren Grundbesitz verloren und sich für Tage oder Stunden zur abhängigen Arbeit verdingen mußten, um ihren Lebensunterhalt zu fristen. Die Reformgesetzgeber ordneten zu ihrem Schutze an, daß ihnen in ihrer völlig ungesicherten Lage der Lohn für ihre Arbeit jeden Abend ausgezahlt werden muß (24,14f.).

Die dtn. Reformer beschränkten sich nun aber keineswegs darauf, die verheerenden Auswirkungen des Kreditrechts einzudämmen, sondern sie machten sich auch daran, erstmals in der israelitischen Geschichte eine regelrechte Armenversorgung zu organisieren. Bis dahin war die Familie das einzige „soziale Netz" der israelitischen Gesellschaft gewesen. Die hohen Solidaritätsverpflichtungen innerhalb der Familie hatten allerdings zur Folge, daß das soziale Verantwortungsgefühl des einzelnen meist schon an der Grenze der Familie, spätestens aber der Sippe endete. Es hat sogar den Anschein, daß die fortschreitende Verstädterung und der verschärfte Ver-

---

[154] In Lev 25,39–43 wird die Schuldsklaverei unter Israeliten endgültig in eine Art abhängiger Arbeit mit Lohn und vollen Persönlichkeitsrechten umgestaltet, vgl. A.Cholewiński, Heiligkeitsgesetz, 237.

[155] Mit Recht formuliert F.Crüsemann, Tun, 95: „Diese Bestimmung dürfte in ihrer Wirkung für die soziale Realität der Sklaverei, d.h. für die Behandlung der Sklaven von kaum zu überschätzender Bedeutung gewesen sein."

[156] Vgl. auch das Bemühen, kriegsgefangenen Frauen in Dtn 21,10–14 einen menschenwürdigen Übergang in ihren neuen Status als Sklavin oder Nebenfrau eines Israeliten zu sichern.

drängungswettbewerb in der späten Königszeit noch einmal zur Schrumpfung der verwandtschaftlichen Solidarität geführt haben. Witwen und ihre unmündigen Waisen wurden immer häufiger von der Sippe des Mannes rücksichtslos von ihrem Acker gedrängt (Mi 2,8 ff.) und standen nun völlig mittellos da; die ebenfalls grundbesitzlosen Fremden wurden offenbar immer seltener von den Familien in ein festes Schutzverhältnis übernommen.[157] Jedenfalls scheint sich die Lage dieser beiden Gruppen in der späten Königszeit so verschlechtert zu haben, daß es nicht mehr ausreichte, sie vor Übergriffen und Rechtswillkür zu schützen (Dtn 24,17); sie mußten wirtschaftlich gestützt werden.

Zu diesen traditionellen *personae miserae* kam infolge der dtn. Kultreform eine dritte Gruppe hinzu: die arbeitslos gewordenen Priester der Provinzheiligtümer. Die Deuteronomiker nennen sie Leviten. Diese Terminologie ist jedoch interpretationsbedürftig und hat zur Verwirrung Anlaß gegeben.

Das Deuteronomium geht auf der einen Seite davon aus, daß alle Priester Leviten sind und der alten Levitenregel der Grundbesitzlosigkeit unterliegen (Dtn 18,1),[158] auf der anderen Seite unterscheidet es deutlich zwei Gruppen von Leviten: Erstens kennt es die vereinzelten Leviten (*hallĕwī* immer im sing.!), „die in deinen Toren bzw. deiner Mitte wohnen" (12,12.18; 16,11.14; 26,12), keinen Grundbesitz haben (14,27.29) und sich im Rechtsstatus eines Fremdlings (*ger*) befinden (18,6). Sie üben in den Ortschaften keine priesterliche Tätigkeit aus, von der sie sich ernähren könnten, und sind deswegen auf Almosen angewiesen (12,12.18; 14,27.29; 16,11.14; 26,11.12.13). Dtn 18,6–8 räumt ihnen allerdings die Möglichkeit ein, wenn sie wollen, an das Jerusalemer Heiligtum zu kommen, um dort Priesterdienst zu tun[159] und gleiche Versorgung wie die dort tätigen Priesterkollegen (*'ehāw hallĕwijjīm*: „seine Brüder, die Leviten") zu bekommen.[160]

Daneben gibt es für das Dtn zweitens die Leviten, die in Jerusalem Dienst tun (18,7) oder sonstige kultische oder rechtliche Funktionen ausüben; sie werden meist levitische Priester genannt (*hakkohănīm hallĕwijjīm*: 17,9.18; 18,1; 24,8; vgl. 21,5) und in bezug auf sie wird gesagt, daß die Söhne Levis (21,5), oder der Stamm Levi

---

[157] Hinweise darauf könnten sein, daß der Fremdling (*ger*) im Dtn nicht bei den kasuellen familiären Opfermahlzeiten (12,11 f.18 f.) auftaucht und daß in 26,11 von einer Beteiligung des Fremden „in deiner Mitte" die Rede ist, d.h. keine direkte lokale Bindung oder Bekanntschaft mit dem Betreffenden mehr vorausgesetzt zu sein scheint.

[158] „Nicht sei den levitischen Priestern (*lakkohănīm hallĕwijjīm*; wörtlich: "den Priestern, den Leviten"), d.h. dem ganzen Stamm Levi (*kål-šebeṭ lĕwī*), Anteil und Erbbesitz in Israel." Daß „der ganze Stamm Levi" syntaktisch Apposition und kein zweites Subjekt ist, hat J.A.Emerton, Priests, 133 f., gegen G.E.Wright, Levites, 326, wahrscheinlich gemacht.

[159] Die Behauptung von R.Abba, Priests, 265 f., es handele sich nicht um vollen Priesterdienst, ist aus der nachexilischen Analogie gewonnen und entspricht nicht der Aussage des Textes in Dtn 18,7: *šēret bĕšem jhwh* „im Namen Jahwes Kult-Dienst verrichten" bezeichnet auch sonst im Dtn den Priesterdienst in Jerusalem (vgl. 17,12cj; 18,5; vgl. 10,8; 21,5), und das zusätzliche *'āmad* „Stehen (vor Jahwe)" in 17,12 und 18,5 bezeichnet demgegenüber keinen signifikanten Unterschied, zumal es in Dtn 10,8 auf alle Leviten bezogen ist. Die Auffassung, die H.Spieckermann, Juda, 97 f., wieder aufgegriffen hat, daß Dtn 18,6–8 nur gelegentlichen Priesterdienst bei vorübergehenden Aufenthalten der Landleviten in Jerusalem meine, ist zwar möglich, steht aber nicht explizit im Text.

[160] Leider ist der Versteil 18,8b verstümmelt und unübersetzbar.

(18,5; vgl. 10,8) zum ewigen Priesterdienst aus allen Stämmen Israels erwählt sind. Dabei macht der Textzusammenhang von Dtn 17,8–13 und 18,1–5 deutlich, daß diese zweite Gruppe faktisch mit einer dritten, den Priestern (*kohēn*) des Jerusalemer Tempels (17,12; 18,3; 19,17; 20,2; 26,3 f.) identisch ist.

Wie ist dieser komplexe Befund zu deuten? Die klassisch gewordene Theorie ging davon aus, daß für das Dtn – im Gegensatz zu Ez 44,9–16 und dem priesterschriftlichen Pentateuch – Leviten und Priester noch identisch sind und erstere erst durch die Weigerung der Jerusalemer Priester, sie gleichberechtigt zuzulassen, in jene inferiore Stellung als *clerus minor* herabgedrückt wurden, in der wir sie in nachexilischer Zeit vorfinden.[161] Dagegen hatte G.E.Wright, Levites, 327 ff., auf den oben benannten Differenzen zwischen zwei Gruppen von „Leviten" insistiert und wollte „client-Levites", denen er mit G.v.Rad Lehrfunktionen zuschrieb, vom „altar-clergy" unterscheiden (ähnlich R.Abba, Priest), womit die nachexilische Differenzierung präludiert werde. Doch hat dagegen J.A.Emerton, Priests, 134 ff., mit Recht eingewandt, daß das Dtn die Befähigung aller Leviten zum Priesterdienst voraussetze und offensichtlich erst die Kultzentralisation einen Teil von ihnen um ihren Status gebracht habe.

Die Kontroverse wird noch komplizierter, wenn man die dtn. Sicht in die reale Geschichte der Leviten einordnen möchte. Denn ihre Voraussetzung, daß die Jerusalemer Priester Leviten gewesen seien, stimmt mit den geschichtlichen Gegebenheiten nicht überein. Das Jerusalemer Priesterprivileg hatten die Zadokiden, die keine Leviten waren;[162] und daß diese sich als Leviten verstanden, ist – abgesehen vom Dtn – frühestens aus der späten Exilszeit bezeugt (Ez 43,19; 44,15). A.H.J.Gunneweg, Leviten, 129 ff., sieht sich denn auch gezwungen, Dtn 18,6–8 gegen den Wortlaut (vgl. V.7b!) als bloßen Anspruch der Leviten auf das Jerusalemer Priesteramt umzudeuten, um die dtn. Auffassung überhaupt mit der Realgeschichte in Beziehung setzen zu können.[163] Er muß dann aber eingestehen, daß Josia keineswegs die Jerusalemer Priesterschaft durch Leviten ersetzt habe, und bleibt schließlich die Antwort auf die Frage schuldig, wie ein solcher total gescheiterter levitischer Anspruch „mit einer theoretischen Levitisierung der Priester" in nachexilischer Zeit enden konnte (134). Der theoretische Charakter des levitischen Anspruchs wird auch von vielen anderen herausgestellt.[164]

Doch löst sich meiner Meinung nach der scheinbare Widerspruch zur geschichtlichen Wirklichkeit relativ einfach, wenn man erkennt, daß nicht der bisher angenommene „levitische Anspruch", sondern die dtn. Levitenvorstellung als solche theoretisch ist. Diese tut nämlich so, als seien alle israelitischen Priester Leviten gewesen,

---

[161] Vgl. J.Wellhausen, Prolegomena, 139 f.

[162] S.o. 194.

[163] Vgl. seine gewundene Argumentation: „Natürlich wäre es möglich, von der rein für sich betrachteten Stelle Dt 18,6–8 aus zu der Annahme zu gelangen, am Zentralheiligtum seien eh und je Leviten als Priester angestellt gewesen; Dt 18,7b scheint das ja vorauszusetzen. Da sich aber das Faktum nirgends wahrscheinlich machen läßt, die älteren levitischen und priesterlichen Überlieferungen vielmehr das genaue Gegenteil lehren..., wird man die hier untersuchte Anordnung nur auf diesem weiteren Hintergrunde deuten dürfen" (130), d.h. „in Wirklichkeit geht es in dieser Anordnung nicht um eine Gleichberechtigung – und überhaupt nicht um eine Gleichberechtigung ehemaliger Höhenpriester –, sondern um das *šēret* der Leviten als solches: alle Leviten sollen...am idealen Zentralheiligtum...zum priesterlichen Dienst berechtigt sein" (129).

[164] Vgl. z.B. A.Cody, Priesterhood (3.3), 133 f.; D.Kellermann, lēwī (2.2), 513.

was historisch nicht zutrifft. Die reale Lage war vielmehr durch ein konkurrierendes Nebeneinander ganz verschiedener lokaler Priestergeschlechter gekennzeichnet: der Eliden in Silo, der Aaroniden in Bethel und der Zadokiden in Jerusalem. Glaubwürdige Zeugnisse für die wirklichen Leviten, die wandernde Priestergenossenschaften bildeten, gibt es nur aus der vorstaatlichen Zeit. So konnte etwa ein Levit, dessen Geschlecht sich auf Mose zurückführte (Ri 18,30), im Heiligtum von Dan Fuß fassen (17 f.).[165] Doch ist es wahrscheinlich, daß der Einfluß dieser frühen levitischen Genossenschaften mit dem Aufkommen des Staatskultes und seiner beamteten Priesterschaften in der Königszeit generell zurückging. Wenn die dtn. Reformer an deren Ende auf den Nimbus dieser altertümlichen Leviten zurückgriffen, dann war das von vornherein ein Archaismus, der nur noch wenig mit der Realität zu tun hatte.

Erkennt man die Künstlichkeit dieser Vorstellung, dann entwirrt sich die oben dargestellte Terminologie mit einem Schlag: „Levit" wird im Dtn als Oberbegriff für zwei völlig verschiedene Gruppen verwendet: die Zadokiden in Jerusalem (Gruppe 2), die dort ihren angestammten Priesterdienst ausübten, und die Priester an der Provinzheiligtümern, die durch die Kultzentralisation ihre Arbeit weitgehend verloren hatten und deren Versorgung neu geregelt werden mußte (Gruppe 1). Geschichtlich hatten erstere nachweislich gar nichts, letztere höchstens in Einzelfällen, die wir mangels Quellen nicht mehr erkennen können, mit echten levitischen Geschlechtern etwas zu tun. Wenn die dtn. Theologen dennoch die beiden völlig verschiedenen Gruppen unter der archaisierenden Fiktion einer gemeinsamen levitischen Herkunft zusammenbanden, dann verfolgten sie damit das Ziel, gegen die Realität eine der Einheit des Jahwekultes entsprechende Einheit der Jahwepriesterschaft zu konstituieren.

Erst von dieser begrifflichen Klarstellung her wird auch die spätere Geschichte der israelitischen Priesterschaft voll verständlich: Da den Landpriestern entgegen der dtn. Reformabsicht von den Zadokiden die Gleichstellung am Jerusalemer Zentralheiligtum versagt wurde (2.Kön 23,9; Ez 44,10 ff.), entstand aus ihrer Gruppe seit exilischer Zeit ein *clerus minor*, die späteren Leviten.[166] Gleichzeitig hielten jedoch sowohl die Zadokiden als auch die Landpriester-Nachfahren an der dtn. Fiktion ihrer gemeinsamen „levitischen" Herkunft fest und bauten diese genealogisch zu gewaltigen Abstammungstheorien aus, wie sie uns dann im priesterschriftlichen Pentateuch[167] und in der Chronik[168] vorliegen.

Die Deuteronomiker benutzten also den Begriff „Levit" als eine archaische Chiffre, um die Einheit der lokal unterschiedlichen Priesterfamilien ihrer Zeit zu betonen: Alle waren Leviten, sowohl die Jerusalemer Priester („levitische Priester") als auch die Priester in den übrigen Ortschaften („der Levit, der in deinen Toren ist").

Mit dieser Sicht wollten die Reformer nicht nur die Einheit des Jahwekultes herausstreichen, sondern auch ein soziales Netz für die durch dessen Zentralisierung ihrer Arbeit beraubten und in ihrer Versorgung bedrohten Landpriester ausspannen. Diese sollten als „Leviten" ihre religiöse Würde behalten. Und die Reformer wurden nicht müde, den Prinzipalen der Ortschaften „ihren

[165] S.o. 93 ff.
[166] S.u. 451 ff.
[167] S.u. 525 ff.
[168] S.u. 611 f.

Leviten" an Herz zu legen, daß sie ihn bei allen familiären Opfermahlen beteiligten (Dtn 12,12.18: 14,26f.; 16,11,14). Die ursprüngliche dtn. Reformabsicht ging sogar soweit, dem „Landleviten", sofern er es wollte, neben ihren „levitischen Brüdern" in Jerusalem den Opferdienst und den gleichen Zugang zu den priesterlichen Opferanteilen zu ermöglichen (Dtn 18,6–8). Diese wahrscheinlich vom laizistischen Flügel der Reformer ersonnene Regelung, der aber doch zumindest ein Teil der Jerusalemer Reformpriester zugestimmt haben muß, belegt eindrucksvoll, welche Vision an kollegialer Solidarität die Leviten-Konzeption aus sich heraussetzen konnte.

Wenn diese weitherzige Regelung nach Ausweis von 2.Kön 23,9 dennoch scheiterte, dann zeigt dies nur, daß es sich um eine äußert prekäre Einigung zwischen den Reformflügeln gehandelt haben muß, der die Mehrheit der Jerusalemer Priesterschaft im weiteren Verlauf der Reform die Gefolgschaft versagte. Nicht nur daß sie ihr Eigeninteresse nicht mehr gewahrt sah, möglicherweise hielt sie auch die gerade gewonnene Reinheit des Jahwekultes wieder für gefährdet. Wenn der spätere dtr. Bericht 2.Kön.23,9 die „levitischen Brüder" vom Lande als „Höhenpriester" denunziert (2.Kön 23,9) und die exilische Ezechielschule, die sich aus dem konservativ-ritualistisch eingestellten Teil der Jerusalemer Priesterschaft rekrutierte, ihnen vorwirft, sie hätten mit ihrem Götzenkult Israel in Sünde geführt (Ez 44,12), dann werden damit vielleicht die theologischen Vorbehalte erkennbar, welche die siegreiche Gegenfraktion auch schon in josianischer Zeit – zu recht, oder vorgeschoben – gegen eine volle Integration der Landpriesterschaft vorgebracht hatte.[169]

Die durch die Kultreform hervorgerufene soziale Notlage der „Landleviten" mag den Deuteronomikern den Anlaß geliefert haben, eine regelrechte Armenfürsorge für alle grundbesitzlosen Gruppen zu organisieren. Dazu beschritten sie drei Wege:

Erstens verboten sie die Nachlese bei der Ernte und wiesen alle Früchte, die auf den Äckern, Weinbergen und Olivenbaumplantagen stehen- oder hängenblieben, Fremdling, Witwe und Waise zu (Dtn 24,19–22). Möglicherweise knüpften die Reformer damit schon an einen älteren Tabu-Brauch an (vgl. Lev 19,9f.), doch lassen die umfangreichen theologischen Motivationen erkennen,[170] daß sie damit den Grundbesitzern, vor allem beim Wein- und Olivenanbau, nicht unerhebliche Ernteeinbußen zumuteten.

---

[169] Die sachliche Klärung, daß mit dem „Levit in deinen Toren" keine wirklichen Leviten, sondern die Landpriester gemeint sind, und die Einsicht, daß der Begriff „Höhenpriester" in 2.Kön 23,9 polemisch gebraucht wird, machen die seit A.H.J.Gunneweg, Leviten, 119ff., verbreiteten Argumente (vgl. H.D.Preuß, Deuteronomium, 5; 137) gegen einen Bezug dieses Textes auf Dtn 18,6–8 gegenstandslos. Die Vermutung von N.Lohfink, Sicherung, 314, und G.Braulik, Freude, 202, mit Dtn 18,6–8 werde ein späterer, zur josianischen Zeit noch unbekannter levitischer Anspruch formuliert, ist apologetische Spekulation. Auch die Erwägung von H.Spieckermann, Juda, 98, Josia sei mit der „Massenübersiedlung levitischer Priester nach Jerusalem" über die dtn. Regelung hinausgegangen, ist gezwungen und überflüssig.

[170] S. den Segenshinweis V.19 und das Exodusmotiv V.22.

Zweitens warben die Deuteronomiker dafür, die gottesdienstlichen Opfermahlfeiern der Familie für die armen Bevölkerungsgruppen zu öffnen. Ausgenommen blieben allein das traditionell familiäre Passamahl und die Darbringung der Tiererstlinge (Dtn 16,1–8; 15,20);[171] zu allen anderen Opfermahlfeiern am zentralen Heiligtum sollten dagegen die Familien die „Leviten" ihres Ortes mitnehmen und mitfeiern lassen (12,11 f.18; 14,26 f.; 16,11.14; 26,11). Bei der Darbringung der Pflanzenerstlinge sollte darüber hinaus auch noch der Fremdling miteinbezogen (26,11) und schließlich bei den großen fröhlichen Mahlopferfeiern am Wochen- und Herbstfest zusätzlich noch die Witwen und Waisen aus dem Heimatort mitversorgt werden (Dtn 16,11.14). Diese kultische Armenversorgung hatte für die Deuteronomiker erhebliche theologische und pädagogische Bedeutung: Sie diente ihnen zur Einübung einer religiös begründeten Solidarität, die über die natürliche Gruppengrenze der Familie hinausging. Jedenfalls im Gottesdienst, in den freudigen Festessen vor Jahwe, sollte die soziale Aufspaltung der israelitischen Gesellschaft aufhören, hier jedenfalls sollte das eine befreite solidarische Gottesvolk seinem Gott gegenübertreten.[172]

Drittens fügten die Deuteronomiker dem noch eine spezielle Armenversorgung hinzu, die überfamiliär auf Ortsebene geregelt werden sollte: Sie bestimmten, daß die Zehntabgabe, die normalerweise an das zentrale Heiligtum abzuführen war, in jedem dritten Jahr in den Wohnorten bleiben und an die Leviten, Fremdlinge, Witwen und Waisen verteilt werden solle (14,28 f.; 26,12 f.). Auch dieser Armenzehnt galt wie der Tempelzehnt als heilige Weihgabe (26,12–14), die dem Verzehr durch andere Personen entzogen war. Dadurch war seine dezentrale Verwaltung ohne Inanspruchnahme staatlicher Zwangsmittel vor Mißbrauch geschützt. Es handelt sich somit um den ersten Schritt zu einer institutionellen Regelung, die den grundbesitzlosen Gruppen, unabhängig von dem Wohlwollen der Besitzenden, einen regelrechten Versorgungsanspruch einräumte.

Die Sozialgesetzgebung der dtn. Reformbewegung trägt somit ausgesprochen humane Züge.[173] So schroff, ja sogar grausam von ihr im religiös-kultischen Teil der Reform die Abgrenzung nach außen vollzogen wurde, so integrativ war die Zielrichtung nach innen. Dem einen Gott Jahwe sollte das eine, ungeteilte Gottesvolk entsprechen (Dtn 7,6; 14,2; 26,18; 28,9); deswegen war es für die dtn. Theologen so wichtig, die bestehenden Klassengegensätze der judäischen Gesellschaft zu überwinden und vor allem die Oberschicht auf eine neue soziale Solidarität mit den wirtschaftlich schwächeren „Brüdern" einzuschwören.[174]

---

[171] Bei ersterem wirkte sicher noch sein familiärer Charakter nach, dem eine Öffnung nicht zur Familie Gehöriger entgegenstand; bei letzterer wird man wohl einfach in Rechnung stellen müssen, daß ein neugeborenes Tier kaum für mehr als die Familie reichte.

[172] Ähnlich G.Braulik, Freude, 206 ff.

[173] M.Weinfeld, Deuteronomy, 282–297, spricht von einem regelrechten „Humanism" des dtn. Gesetzes.

Man hat gerade der Sozialgesetzgebung des Deuteronomiums immer wieder einen utopischen Charakter bescheinigt und ihre Praktikabilität bezweifelt.[175] Dazu ist zu bemerken: Ohne Utopie ist keine Reformbewegung, noch dazu keine so stark religiös motivierte wie die dtn., denkbar.[176] Hier wurde ja nicht weniger als der Versuch unternommen, eine schon relativ komplizierte Gesellschaftsordnung vom Befreiungsimpuls her, der der Jahwereligion in ihren Anfängen innewohnte, aufzubrechen und zu verändern. Nirgendwann sonst in der israelitischen Geschichte hat die Jahwereligion eine derartige gesellschaftliche Kraft entwickelt wie in dieser Bewegung. Wenn die soziale Seite des dtn. Programms kaum durchgesetzt werden konnte, dann lag das nicht in erster Linie an ihrer mangelnden Praktikabilität, sondern am Widerstand eines Großteils der judäischen Oberschicht, der nach dem frühen Tod Josias im Jahr 609 den schon erreichten nationalen Konsens aufkündigte und wieder allein auf den eigenen Vorteil bedacht war.[177] Hätten die dtn. Reformer für ihr gesellschaftliches Umerziehungsprogramm mehr Zeit gehabt, als ihnen tatsächlich zur Verfügung stand (kaum mehr als ein Jahrzehnt!), hätten sie auf den weiteren Verlauf der gesellschaftlichen Entwicklung sicher einen größeren Einfluß gewonnen. Die Grenze der hier projektierten Sozialreform lag sicherlich in der Tatsache, daß es sich um eine Reform von oben handelte und den Trägern der Bewegung aus Oberschicht- und Mittelschichtkreisen trotz aller Solidarisierung mit der Unterschicht nicht daran gelegen sein konnte, die betroffene Unterschicht selbst zu ihrer Befreiung zu aktivieren. Aber immerhin, daß der Jahwereligion in der Zukunft dieser starke Zug zur sozialen Solidarität mit den Schwachen anhaftete[178] bis hin zum breit gefächerten frühjüdischen Almosenwesen, ist nicht zuletzt ein Verdienst der dtn. Bewegung.

3.85 Die Synthese von vorstaatlicher und staatlicher Religion

Die dtn. Bewegung hat nun aber keineswegs nur praktische religiös-kultische und soziale Reformziele verfolgt, sondern auch eine intensive theologische Arbeit geleistet, die neben den paränetischen Partien der Reformgesetze vor allem in den sog. „Einleitungsreden" des Deuteronomiums (6–11) ihren Niederschlag gefunden hat.[179] Man kann ohne Übertreibung sagen, daß die Deuteronomiker überhaupt den ersten begrifflich und ge-

---

[174] Vgl. die solidarisierende Rede von „deinem Bruder" (*'āḥīkā*) Dtn 15,3.7.9.11.12; 22,1.1.2.3.4; 23,20.21; 25,3; „deine Brüder" (*'āḥêkā*) 15,7; „sein Bruder" (*'āḥīw*) 15,2; 19,18.19.

[175] So G.Hölscher, Komposition, 193; 195; 197; 228f.; 230, kann er geradezu von einer „'messianischen' Wiederherstellung Israels" als Absicht des Dtn sprechen.

[176] Vgl. hierzu die bedenkenswerten Überlegungen von F.Crüsemann, Tun, 96–99.

[177] Vgl. etwa Jer 5,26–29; 6,6bf.; 8,13f.; 22,13–17 u.ö..

[178] Die soziale Frage sollte in der Krise des 5.Jhs. sogar den Rang einer Bekenntnisfrage bekommen, s.u. 543ff.

[179] Leider ist ihre literarische Einordnung noch immer sehr umstritten, s. die Diskussion bei H.D.Preuß, Deuteronomium, 93–102; eindeutig später sind meiner Meinung nach Dtn 9,7–10,11.

danklich durchstrukturierten theologischen Gesamtentwurf der Jahwereligion geschaffen haben.[180] Der gewaltige Aufschwung, den die theologische Arbeit damit in Israel nahm, ist wohl nur dadurch zu erklären, daß sich neben den Priestern und Ältesten erstmals auch eine Gruppe intellektuell geschulter Beamter mit der religiösen Tradition beschäftigte.

Die dtn. Theologie läßt sich als groß angelegte Vermittlungstheologie charakterisieren.[181] Dies hängt einmal mit der breit gefächerten Trägerschaft der dtn. Bewegung zusammen, die Priester und Beamte, Älteste und Propheten umfaßte, ein andermal mit dem Ziel der Reform, alle Gruppen der israelitischen Gesellschaft religiös zu einen. Waren die bisherigen theologischen Entwürfe auf der Ebene der offiziellen Religion immer nur von einzelnen Gruppen entwickelt und getragen worden: die davidische Königstheologie und Jerusalemer Tempeltheologie von den Hoftheologen und der Tempelpriesterschaft oder prophetische Alternativ-Theologien von prophetischen Oppositionszirkeln wie z.B. dem Hoseakreis, so beanspruchten die Deuteronomiker nicht weniger, als eine offizielle Theologie für ganz Israel zu schaffen, die für jedermann akzeptabel war und von allen getragen werden konnte. Der Anspruch, sich für die Gesamtgesellschaft zu halten und für das Ganze sprechen zu können, ist ja typisch für die Mentalität der Mittelschicht, der ein Teil des dtn. Trägerkreises (*'am hā'āreṣ*) zuzurechnen ist.[182]

Die dtn. Theologie ist darum von einer Fülle von Synthesen bestimmt: Religionsgeschichtliche Entwicklungen der staatlichen Zeit wie die Jerusalemer Königs- und Tempeltheologie wurden aufgegriffen, aber eng mit vorstaatlichen Jahwetraditionen verknüpft und z.T. erheblich zurückgeschnitten. Das machte diese Theologie für konservativ eingestellte Kreise auf dem Land und staatskritische Oppositionsgruppen annehmbar. Der kultische Führungsanspruch des Jerusalemer Tempels, der aus der Zionstheologie entsprang, wurde aufgenommen, ja sogar noch verstärkt, aber er wurde bewußt mit Heiligtumstraditionen aus dem Nordreich komplementiert (Sichem, Gilgal).[183] Das sollte den Brüdern aus dem Norden, die man ja in das neue

---

180 So mit Recht S.Herrmann, Restauration, 166ff.; dies Urteil wird noch berechtigter, seit mehr als fraglich ist, daß es einen älteren jahwistisch-elohistischen Gesamtentwurf der Gründungsgeschichte Israels gegeben hat.

181 G.v.Rad, Gottesvolk, 66, sprach schon „von der vereinheitlichenden Tendenz des Dt.'s"; seiner Meinung nach ist „das Dt. überhaupt als ein in der Mitte der israelitischen Religionsgeschichte liegender Brennpunkt anzusehen, der die einzelnen Strahlen nahezu aller alttestamentlicher Theologumena in sich in einem vorher und nachher nie wieder erreichten Gleichgewicht ineinander verbindet." Doch da er noch mit einer ungebrochenen Fortexistenz vorstaatlicher Jahwetraditionen rechnete (vgl. das „Kleine geschichtliche Credo", „Jahwist" u.a.), konnte er die ungeheure Neuerung, die diese theologische Vermittlung für die Religionsgeschichte Israels bedeutete, noch nicht angemessen würdigen.

182 Zu dieser Einschätzung vgl. H.Reviv, Structure (2.3), 145f.

183 So am deutlichsten Dtn 27. In V.1–3 und V.4.8 liegen zwei parallele Traditionen der Errichtung von Kultsteinen vor, wobei die zweite explizit in den Raum Sichem (Ebal, oder ist doch mit Sam. Garizim zu lesen?), die erste, da der Jordandurchzug angesprochen ist, wahrscheinlich nach Gilgal weist (vgl. Jos 4,19f.). Die ehemaligen Kultobjekte werden im Text

Israel einbeziehen wollte, die Annahme dieser Theologie erleichtern.[184] Geschichts-, Kult- und Gesetzestradition wurden eng miteinander verknüpft, um damit alle, die für die Fortentwicklung der Jahwereligion und der israelitischen Gesellschaft Verantwortung trugen, die Priester, Richter, Ältesten und Propheten, zusammenzubinden. Ja, man kann sagen, daß der gesamte Rückgriff auf die Frühgeschichte Israels, die Ausarbeitung einer allen gemeinsamen Gründungsgeschichte und die Konzeption eines in der Frühzeit als Einheit agierenden Israel, den die dtn. Theologen in Aufnahme der Geschichtssicht des Hosea-Kreises vollzogen,[185] dem Ziel entsprang, allen Gruppen ihrer Gesellschaft eine integrative theologische Basis anzubieten.

Einige der angesprochenen theologischen Synthesen sollen im Folgenden weiter entfaltet werden: Die erste betrifft die Jerusalemer Königstheologie. Das Königsgesetz Dtn 17,14–20[186] nimmt insofern das Postulat der altorientalischen und davidischen Königstheologie auf, daß der König als von Jahwe erwählt gilt (*bāḥar*: V.15) und damit in einer besonderen Beziehung zu Gott steht,[187] doch so gut wie alle politischen und sakralen Kompetenzen, welche die Königstheologie daraus ableitete, werden negiert. Das ganze Königsgesetz ist von Verboten bestimmt, die als Reflex der negativen Erfahrungen, die man mit dem Königtum gemacht hatte, festhalten, was der König alles nicht machen darf:[188] Er darf sich nicht viele Streitwagen an-

---

allerdings zu steinernen Zeugen des dtn. Gesetzes uminterpretiert. Doch kamen die dtn. Theologen den Brüdern im Norden insoweit entgegen, daß sie in dieser Klammer sogar den Altar des Heiligtums von Sichem (V.5–7) auf der Grundlage des Altargesetzes im Bundesbuch (Ex 20,24–26), das noch mehrere legitime Jahwe-Kultstätten kannte, als vorübergehenden (!) Ort der Jahwevehrung in der Frühzeit Israels akzeptierten. Ebal und Garizim wurden dann noch als Ort einer Segens- und Fluchhandlung gewürdigt (V.11–26). Mit dem Zentralisationsgesetz ist dieses erstaunliche Zugeständnis theologisch so vermittelt, daß dessen Gültigkeit auf die Zeit nach dem Tempelbau Salomos eingeschränkt wird (12,8–12). Kap. 27 gehört sicher nicht zur frühesten Schicht der dtn. Traditionsbildung, da es den Zusammenhang von Dtn 26 und 28 unterbricht und von Mose in der 3.Pers. spricht (V.1.9.11), wird aber von DtrG vorausgesetzt (Jos 8,30–33), vgl. zum ganzen H.D.Preuß, Deuteronomium, 149f.; M.Anbar, Story. Denkbar wäre für einen solchen Ausgleichsversuch etwa die Gedalja-Zeit (vgl. Jer 41,5). Zu einer anderen literarischen und geschichtlichen Einordnung kommt R.P.Merendino, Dt 27, 197ff.; er will die Verse 1a*.3b.5a.7 in die hiskianische, 2–3a.8 in die josianische Zeit setzen.

184 Die wichtigsten Belege, die man für eine nordisraelitische Herkunft des Dtn geltend machen wollte, sind somit, wie M.Weinfeld, Deuteronomy, 166, Anm. 3, zu Recht feststellt, „a desire of *rapprochement* with the northern tribes and their traditions."

185 S.o. 373f.

186 Während H.D.Preuß, Deuteronomium, 137, es für „rein dtr" erklären möchte, hat N.Lohfink, Sicherung, 313f., für eine frühexilische Ansetzung plädiert. Dagegen hat U.Rüterswörden, Gemeinschaft, 50–66; 102ff., gute Gründe dafür geltend gemacht, daß zumindest ein Kern (V.14f.16–17*.20) noch in die vorexilische Zeit gehört.

187 Vgl. Ps 47,5(?); 89,4.20; und dann in älteren Vermittlungstheologien: 1.Sam 10,24; 16,8.9.10; 2.Sam 6,21; 16,18; später dtr. 1.Kön 8,16. Dagegen werden die massiven Aussagen der Gottessohnschaft u.ä. (s.o. 175f.) nicht übernommen. Daß das Volk bei der Krönung mitbeteiligt wird, hat nichts mit angeblichen Nordreichstraditionen zu tun (so etwa A.Alt, Heimat, 263ff.), sondern war zur Zeit Josias Anspruch und sogar Praxis der Reformfraktion (vgl. 2.Kön 21,24; 23,30).

188 Die Einschätzung von M.Weinfeld, Deuteronomy, 168f., Dtn 17,14ff. habe eine positive

schaffen und damit seine militärische Machtbasis extensiv erweitern (Dtn 17,16aα_1), er darf keine militärpolitischen Bündnisse mit Ägypten schließen und damit die verhängnisvolle Schaukelpolitik fortsetzen (V.16a$\alpha_2\beta$),[189] ihm wird verboten, sich viele Frauen zuzulegen und damit dem diplomatischen Synkretismus Vorschub zu leisten (V.17a),[190] und untersagt, sich persönlich zu bereichern, um damit das Land mit Fron und Steuern zu belasten (V.17b; vgl. Jer 22,13–17). Das Eigentümliche dieses Gesetzes wird erst deutlich, wenn man es mit den Dogmen der Königstheologie vergleicht:[191] Der König ist nicht mehr Weltherrscher, die Verantwortung für die Kriegsführung soll nach dtn. Ansicht vielmehr zumindest teilweise auf Priester (*kohēn*), Beamte (*šoṭĕrīm*) und Heerführer (*śāre ṣĕbāʼōt*) übertragen werden (Dtn 20,1–9). Die Deuteronomiker wollen in ihrem Kriegsgesetz bewußt wieder an die milizionäre Kriegsführung der vorstaatlichen Zeit anknüpfen und damit auch die Kriegsziele wieder stärker an die Interessen des Volkes binden.[192]

Der König ist auch nicht mehr Rechtshelfer; das Recht, Richter einzusetzen, wird ihm entzogen (Dtn 16,18) und seine Rechtskompetenz vom unabhängigen Obergericht wahrgenommen (17,8–13).[193] Und schließlich ist der König auch nicht mehr Segensmittler. Der göttliche Segen für Israel hängt allein an der Erfüllung des Gesetzes (Dtn 7,12–16; 28), nicht mehr an der Person und dem Wirken des Königs. Der König ist nach dtn. Ansicht somit nicht mehr der entscheidende Heilsgarant Israels, als den ihn die Königstheologie ausgegeben hatte. Dem Königtum wird jede sakrale Dignität abgesprochen. Er hat für die Gottesbeziehung Israels überhaupt keine Funktion mehr; diese ist vielmehr völlig unabhängig vom Königtum begründet, und zwar direkt und unmittelbar.[194] Indem die Deuteronomiker auch den König ihrem Reformgesetz unterstellen und ihn mahnen, fleißig darin zu lesen und daraus zu lernen (17,18f.), binden sie auch seine besondere Gottesbeziehung, die sie nicht leugnen, in die Beziehung Jahwes zu Israel ein und behaften sie mit den gleichen ethischen Forderungen.[195] Eine macht-

---

Stellung zum Königtum und die negativen Einschränkungen seien nur als Kritik an Salomo gemeint, ist so sicher nicht richtig.

[189] Vgl. Jes 30,1ff.; 31,1ff. u.ö., s.o. 262f. Nach U.Rüterswörden, Gemeinschaft, 60, handelt es sich um einen Nachtrag; syntaktisch fällt allerdings nur V.16b (plur.) heraus.

[190] S.o. 228f.

[191] S.o. 181ff.

[192] S.o. 124 und 174.

[193] So auch Chr.Macholz, Geschichte (3.6), 335; N.Lohfink, Sicherung, 315; U.Rüterswörden, Gemeinschaft, 12f.; 100.

[194] S. zu diesem Streitpunkt o. 184f.; 187; 189f. Vgl. die vielleicht auch in diese Zeit gehörende Stufe der Natan-Verheißung 2.Sam 7,8–9.12.14–15.(16), welche die Gottessohnschaft des Königs in V.14 bewußt dem Bundesverhältnis Israels angleicht, s.o. 180f.

[195] U.Rüterswörden, Gemeinschaft, 62ff., möchte vor allem aus terminologischen Erwägungen V.18f. als einen dtr. Einschub ansehen und die ursprüngliche Verpflichtung auf die V.16f.* genannten Prohibitive beschränken (vgl. *hammiṣwā* in V.20). Doch da die josianische Reform mit einem schriftlichen Gesetzbuch startete, bestehen hinsichtlich der Formulierung „Abschrift dieser Tora in ein Buch" (*mišnē hattōrā hazzōʼt ʻal sēfer*) in V.18 sachlich keine Bedenken; im Gegenteil, wichtige Einschränkungen, die der König zu akzeptieren hatte, stehen außerhalb des Königsge-

politische Vereinnahmung Jahwes durch das Königtum ist damit unmöglich gemacht. Der König ist nach dtn. Konzeption kein absoluter Monarch mehr, sondern *primus inter pares* (vgl. 17,15); die Untertanen sind seine „Brüder", und er wird gewarnt, sich über sie zu erheben (V.20). Mit seiner Bindung an das Gesetz wollen die dtn. Reformer eine Art konstitutionelle Monarchie schaffen, wie sie schon den frühen königskritischen Gruppen vorgeschwebt hatte,[196] aber nicht verwirklicht werden konnte.

Die zweite theologische Synthese betrifft die Jerusalemer Heiligtumstheologie. Mit der sog. „Zentralisationsformel", die in ihrer Kurzform lautet: „der Ort, den Jahwe,(dein Gott,) erwählt hat" (*hammāqōm 'ăšer jibḥar jhwh* [*'ĕlōhēkā bō*]),[197] nehmen die dtn. Theologen den von der Zionstheologie vertretenen Anspruch positiv auf, daß Jahwe sich auf ganz besondere Weise an das Jerusalemer Heiligtum gebunden habe.[198] Doch brechen sie die mythische Identifikation Jahwes mit seiner „Gottesstadt" zu einer geschichtlichen Erwählungstat (*bāḥar*) auf[199] und lösen diese aus der politischen und theologischen Umklammerung durch das Königtum.[200] Im Unterschied zur Zionstheologie hat für sie diese Bindung Jahwes an den Zion nicht mehr den Rang einer die Gottesbeziehung Israels konstituierenden Heilstat.[201] Diese ist nach ihrer Auffassung längst im Exodus geschehen, und nur innerhalb der dort vollzogenen Erwählung Israels (Dtn 7,6; 14,2) findet auch die Erwählung des

---

setzes (16,18; 17,8ff.; 20,1ff.). Wenn das Dtn als Staatsgesetz konzipiert war (vgl. 2.Kön 23,1–3), dann mußte natürlich der König von vornherein diesem Gesetz unterstellt werden.

[196] S.o. 186f.; U.Rüterswörden, Gemeinschaft, 102ff., hat darauf hingewiesen, daß die hier vorgenommene „Depotenzierung des Königtums" nicht ohne Analogien in der griechischen Verfassungsgeschichte ist. So utopisch, wie manche denken, war also das dtn. Königsgesetz keineswegs!

[197] Vgl. Dtn 12,14.18.26; 14,25; 15,20; 16,7.15.16; 17,8.10; 18,6; vgl. 31,11; Jos 9,27. Obgleich Jerusalem – der mosaischen Fiktion entsprechend – im Dtn nirgends genannt wird und theoretisch auch ein distributives Verständnis („je der Ort") möglich sein mag, ist es müßig, nach einem älteren – noch nicht streng zentralistischen – Gebrauch der Formel Ausschau zu halten (z.B. R.P.Merendino, Gesetz, 384: Hervorhebung des Wallfahrtsortes) oder sie mit anderen Heiligtümern (z.B. F.Dummermuth, Kulttheologie, 89ff.: Bethel) zu verbinden. Die Formel ist erst dtn. belegt, im Kontext eindeutig auf ein einziges Heiligtum festgelegt und im DtrG klar auf Jerusalem bezogen. Wie eine Formulierung aussieht, die noch mit mehreren offiziell zugelassenen Jahwe-Heiligtümern rechnet, zeigt Ex 20,24b. Zur Diskussion vgl. T.N.D.Mettinger, Dethronement, 42–45.

[198] S. 207ff. Daß die Dtn durchaus an die Jerusalemer Kulttheologie anknüpfen und die Interessen Josias verfolgen, ist immer einmal wieder notiert worden, vgl. etwa R.E.Clements, Deuteronomy, 303f.; H.Weippert, Ort, 92.

[199] Die Identifikation Jahwes mit Jerusalem (Ps 46,5f.; 48,2f.14f. u.ö.) wird in der Zionstheologie zuweilen in den Rang einer bewußten göttlichen Entscheidung gehoben (Ps 76,3; 132,11a.14), aber wohl erst dtn./dtr. als Erwählung (*bāḥar*) interpretiert: Ps 78,68f. steht der dtr. Theologie nahe, Ps 132,11b-13 ist ein dtr. Einschub (vgl. E.-J.Waschke, Verhältnis [3.2], 172ff.). Häufig findet sich dann die Erwählungsvorstellung – auf die Stadt Jerusalem bezogen – im DtrG: 1.Kön 8,16.44.48; 11,13.32.36; 14,21; 2.Kön 21,7; 23,27.

[200] Vgl. Ps 132 und o. 193ff.; der Jerusalemer Zentralkult hat im Dtn nicht mehr das Gepräge eines Staatskults, sondern ist Sache des ganzen Volkes und der Priester. Das wird im DtrG wieder anders gesehen werden, s.u. 412f.

[201] S.o. 207f.

Zion ihren Platz. Sie ist ein Akt der Pädagogik Jahwes in der Geschichte mit seinem Volk und verändert nur die Form der kultischen Jahweverehrung, nicht aber die Gottesbeziehung als ganze (12,8–12). Eine ähnliche Vorordnung der Exodus- vor die Zionstheologie findet sich auch in dem Psalm Ex 15,1–18*, der gut aus der Zeit der josianischen Reform stammen könnte.[202]

Wie die Langform der sog. „Zentralisationsformel" (+ „um seinen Namen dort wohnen zu lassen": *lešakken šemō šām*)[203] zeigt, sind die dtn. Theologen daneben auch darum bemüht, die massive kultische Vereinnahmung Jahwes, die von der Zionstheologie vorgenommen worden war, aufzulockern.[204] Jahwe wohnt (*šākan*) nicht mehr direkt auf dem Zion, wie die Zionstheologie behauptet hatte,[205] sondern nur noch sein Name (*šem*); nur in seinem Namen, den er Israel in der Rettungsverheißung in Ägypten und bei der Gebotsverkündigung auf dem Horeb offenbart hat (Dtn 5,6), ist Jahwe Israel in Jerusalem kultisch gegenwärtig. Damit bekommt die kultische Gottesgegenwart, die in der Zionstheologie völlig ungeschichtlich und unbedingt gegeben war, von vornherein eine geschichtliche und ethische Dimension.[206]

In die gleiche Richtung weist die Uminterpretation der Lade, die in der dtn./dtr. Theologie vollzogen worden ist. Sie, die einmal die kultische Anwesenheit Jahwes im Jerusalemer Tempel begründet hatte, wird nun zum Behälter für den Dekalog gemacht (Dtn 10,1 ff.; vgl. 1.Kön 8,9.21); nur in Verbindung mit seinen Geboten ist Jahwe für Israel auch kultisch gegenwärtig. Dagegen wurde der mit der Lade verbundene Kerubenthron fast bis zur Unkenntlichkeit unterdrückt[207] und die Vorstellung vom inmitten seines

---

[202] Zu einer ähnlichen Ansetzung kommt T.N.D.Mettinger, Dethronement, 75 f., mit Hinweis auf die in diesem Psalm einerseits vorausgesetzte Zionstheologie (V.17 „Ort für dein Thronen"; V.18 Königtum Jahwes), die andererseits entmythisiert und geschichtlich mit dem Exodus verschränkt wird (vgl. das Ineinander von Schilfmeerrettung und Chaoskampf in V.5.8 u.a.). Allerdings ist die Datierung des Textes äußerst umstritten, sie reicht vom 12. bis ins 5.Jh., zur Diskussion vgl. E.Zenger, Tradition, 456 ff., der sich selber für eine exilische Ansetzung seiner literarkritisch reduzierten Hauptstufe entscheidet (473 f.).

[203] Vgl. Dtn 12,11; 14,23; 16,2.6.11; 26,2; daneben Jer 7,12; Neh 1,9.

[204] So die traditionelle Interpretation (vgl. etwa G.v.Rad, Studien, 138; M.Weinfeld, Deuteronomy, 191–199), die nach einigen Bestreitungen von T.N.D.Mettinger, Dethronement, 38–79, mit Recht wieder erneuert worden ist. Seiner Meinung nach wurde allerdings diese Namenstheologie erst nach der Plünderung des Tempels 597/8 entwickelt und fand ihre volle Entfaltung nach dessen Zerstörung 587/6 im DtrG (s. a.a.O., 61 ff.).

[205] Vgl. Ps 46,5; 76,3; 84,2; 132,7; 1.Kön 8,12; Jes 8,18 u.ö., s.o. 207 ff. Nach F.Dummermuth, Kulttheologie, 74; 78 f., soll diese *šem*-Theologie in Bethel als Ersatz für die hier fehlende Lade als Garant göttlicher Anwesenheit geschaffen worden sein, was nur auf dem Hintergrund der vorausgesetzten nordisraelitischen Herkunft irgendeine Plausibilität hat. Belegt ist uns die massive Wohnvorstellung nur in Jerusalem.

[206] Diesen Aspekt möchte ich neben der zweifellos auch gegebenen Transzendierung (vgl. T.N.D.Mettinger, Dethronement, 46 ff., u.a.) betonen; letztere stand für das Dtn, wie die Verwendung der traditionellen Formel „vor dem Angesicht Jahwes essen o.ä." zeigt (Dtn 12,7.12.18; 14,23.26; 15,20; 16,11), noch nicht so im Vordergrund wie später für das DtrG (vgl. 1.Kön 8,27).

[207] Vgl. die Beschreibung der Keruben in 1.Kön 6,23–28, die absichtlich so undeutlich gehalten ist, daß man kaum noch erkennt, daß sie einen Thronsessel bildeten, s.o. 198.

Hofstaates thronenden Gottkönigs Jahwe-Zebaoth fast ganz gemieden.[208] Die dtr. Nachfolger der dtn. Reformer werden dann in der Zurücknahme der kultischen Vereinnahmung Jahwes noch einen Schritt weitergehen: Für sie, die die Zerstörung des Tempels 587 schon hinter sich haben, hat Jahwe seinen Namen in Jerusalem nur hingesetzt (*śīm*: Dtn 12,5.21; 14,24)[209] bzw. über dem Tempel ausgerufen (*qārā'*: Jer 7,10.14.30; 32,34; 34,15; 1.Kön 8,43).

Mit diesen beiden Synthesen haben die dtn. Theologen zwei wesentliche religionsgeschichtliche Entwicklungen, welche die Jahwereligion in der frühen Königszeit durchgemacht hat, nach 400 Jahren staatlicher Geschichte teilweise wieder zurückgenommen. Die gefährlichen Identifikationen Jahwes mit Staatsmacht und Staatskult, welche in der Jerusalemer Königs- und Tempeltheologie vollzogen worden waren, wurden von ihnen – sicher nicht unbeeinflußt von den prophetisch verkündeten schroffen Distanzierungen Jahwes[210] – als theologischer Irrtum erkannt und darum ganz erheblich gelockert. Erst in dieser korrigierten und reduzierten Form waren für sie Königs- und Tempeltheologie mit der Jahwereligion vereinbar. Der populistische Grundzug und die antiherrschaftliche Tendenz, die dieser Religion von Anfang an innewohnten, hatten sich damit einmal mehr gegen die machtpolitische Vereinnahmung Jahwes Geltung verschafft.

Während die dtn. Theologen die staatlichen Heilstraditionen ganz erheblich beschnitten, räumten sie den vorstaatlichen Jahweüberlieferungen eine bis dahin nicht dagewesene zentrale Stellung ein. Erst durch sie rückte der Exodus, der besonders im Südreich von Königs- und Zionstheologie ganz an den Rand gedrängt worden war, zum entscheidenden Grunddatum der Religionsgeschichte Israels auf.[211] Wenn damit in Anknüpfung an den Nordreich-Propheten Hosea gerade der religiösen Tradition, die einmal den Befreiungskampf der Nordstämme gegen das salomonische Reich getragen hatte und dann im – nun durch Josia zerstörten – Reichsheiligtum von Bethel besonders gepflegt wurde,[212] auch für Juda die zentrale Heilsbedeutung beigemessen wurde, dann hat dies wiederum mit dem Anliegen der dtn. Theologen zu tun, einen tragfähigen theologischen Kompromiß zu finden, dem auch die Brüder aus dem Norden zustimmen konnten.

---

[208] Der Titel Jahwe-Zebaoth begegnet im Dtn gar nicht, im DtrG ganze 15mal (dagegen „Gott Israels" 68mal), dazu meist in Bindung an aufgenommenes Traditionsmaterial, vgl. T.N.D.Mettinger, Dethronement, 12; 52. Aufgrund dieses Befundes kommt Mettinger zu seiner These, daß die dtn./dtr. *šem*-Theologie eine bewußte theologische Korrektur der Zebaoth-Theologie darstelle (50 u.ö.).

[209] Vgl. 1.Kön 9,3; 2.Kön 21,7 auf den Tempel, 1.Kön 11,36; 14,21; 2.Kön 21,4 auf die Stadt Jerusalem bezogen.

[210] S.o. 276.

[211] Vgl. die Fülle der Rückbezüge in den verschiedensten Kontexten und Gattungen: Dtn 5,6; 6,12.21; 7,8; 8,14; 13,6.11; 15,15; 16,1.3.6.12; 20,1; 23,5; 24,9.18.22; 26,8 u.ö.

[212] Vgl. 1.Kön 12,28 und o. 217ff.

Doch nicht nur der Rückgriff selbst, sondern auch die Ausformulierung der Frühzeittraditionen durch die dtn. Theologen ist deutlich von dem Willen nach einer theologischen und begrifflichen Synthese bestimmt: Väter-, Exodus- und Landnahmetraditionen werden von ihnen in einen kohärenten geschichtlichen Bogen zusammengefügt, die Offenbarung am Sinai/Horeb streng auf die Gebots- und Gesetzesverkündigung bezogen und beides, geschichtliche Heilstradition und Gesetzestradition, eng miteinander verknüpft. Die Deuteronomiker präsentieren zum ersten Mal das Bild einer einheitlichen, zusammenhängenden Frühgeschichte, an der Israel von Anfang an als ganzes beteiligt war. Die theologische Synthese, die sie hiermit leisten, wird besonders an zwei Begriffen deutlich, die sie neu einführen, am Begriff der Erwählung und am Begriff des Bundes.

Zuerst zur Erwählung:[213] Daß Jahwe zu Israel in einer besonderen Beziehung steht, war eine Überzeugung, die bis in die Anfänge der Religion Israels zurückgeht. Sie war so lange kein Problem, solange der Wirkungsbereich Jahwes auf Israel beschränkt blieb, wie es in der vorstaatlichen Zeit der Fall gewesen war (vgl. z.B. noch 1.Sam 26,19); es galt der Grundsatz: Jeder Gott hatte sein Volk, so Jahwe Israel (Dtn 32,8f.; Ri 11,24). Doch was wurde aus dieser besonderen Beziehung, nachdem Jahwe in der staatlichen Zeit zum König der Götter, König über alle Völker und universalen Weltschöpfer aufgestiegen war wie etwa in der Jerusalemer Tempeltheologie?[214] Wie waren die Universalität Jahwes und seine partikulare Bindung an Israel zusammen denkbar?[215] Das war das theologische Problem, vor das sich die dtn. Theologen gestellt sahen.

Eine mögliche Konsequenz wäre es gewesen, die Gottesbeziehung Israels nach außen hin zu öffnen; und dies war in der Zionstheologie durchaus geschehen: Nach ihr regierte Jahwe vom Zion aus die Völkerwelt, die Gottesbeziehung lief hier über den heiligen Ort und den König und ließ für eine spezifische Beziehung Jahwes zu Israel wenig Raum. Man erwartete vielmehr, daß auch Abgesandte anderer Völker dem König der Völker auf dem Zion huldigen würden (Ps 47,10). Aber eine solche universalisierende Öffnung, die in der Königszeit immer wieder die Möglichkeit zu synkretistischen Kompromissen geboten hatte,[216] mußten die dtn. Theologen ge-

---

[213] Zur älteren Literatur s. H.Seebaß, bāḥar, 592; dazu R.Rendtorff, Erwählung, dem ich wesentliche Einsichten im Folgenden verdanke.

[214] S.o. 203ff.

[215] Während K.Galling, Erwählungstraditionen, 2, noch ganz allgemein „die Verbundenheit des israelitischen Volkes mit Jahwe" als „Erwählung" verstand, hat H.Seebaß, bāḥar, 603, erkannt, daß *bāḥar* „als Terminus der Volkserwählung...unter dem Zeichen des Universalismus" steht. Doch meinte Seebaß noch, den dtn. Sprachgebrauch aus der älteren Hymnentradition (etwa Ps 117 [ohne Begriff!]; 33,12 [sicher später!]) ableiten zu können (606). Erst R.Rendtorff, Erwählung, 83, hat klargestellt, daß der zwischen der Universalität Jahwes und seiner partikularen Bindung vermittelnde Erwählungsbegriff „als ein ganz spezifisches Element deuteronomischer Theologie" anzusehen ist.

[216] S.o. 228f.; 230f.

rade verhindern, wollten sie das Gottesverhältnis Israels sogar noch exklusiver fassen, als es in der Frühzeit Israels je gewesen war.[217] Die theologische Lösung fanden sie in der Vorstellung von der Erwählung (*bāḥar*), die sie von der Königstheologie[218] auf ganz Israel übertrugen: Jahwe, der als universaler Weltschöpfer Verfügungsgewalt über alles hat, was es im Himmel und auf Erden gibt (Dtn 10,14), hat sich aus allen Völkern in der Landverheißung an die Väter und in der Herausführung aus Ägypten nur dieses eine Volk Israel zum Eigentumsvolk (*'am sĕgullā*) erwählt (Dtn 4,37; 7,6f.; 10,15; vgl. 14,1f.; 26,19).[219] Dies hat er nicht wegen irgendwelcher Vorzüge Israels getan (7,7), sondern aus freier Entscheidung, allein aus Liebe (4,37; 7,8; 10,15 vgl. Hosea), und daran, daß er es tun konnte und getan hat, soll Israel erkennen, daß er der wahre und überragende Gott ist (7,9; 10,17; 4,39). Die partikulare Bindung des universalen Gottes ist damit, so verkündeten die dtn. Theologen, gottgewollt; sie ist nicht etwa eine Einschränkung seines Wirkungsbereichs, sondern geradezu Beweis seiner überlegenen Göttlichkeit.

Indem die dtn. Theologen die Befreiung aus Ägypten als Erwählung interpretierten, verstärkten sie zugleich den exklusiven Charakter der israelitischen Gottesbeziehung und gaben ihr eine positive Funktion: Als aus allen Völkern erwähltes Volk ist Israel ein heiliges Volk (7,6; 14,2.21; 26,19; 28,9), das von allen Völkern getrennt ist und in dieser Sonderstellung zu ihnen gerade seine Bestimmung findet. Der in der unverdienten Erwählung erfahrenen liebenden Zuwendung Jahwes soll die ungeteilte liebende Hinwendung Israels entsprechen, die sich im Gehorsam gegenüber Gottes Geboten und Gesetzen äußert (7,10f.; 10,12f.; 4,40). Nur innerhalb seiner besonderen, herausgehobenen Gottesbeziehung kann Israel dem wahren und universalen Gott begegnen.

Der zweite Begriff, den die Deuteronomiker zur Verknüpfung und theologischen Ausdeutung der religiösen Frühzeittraditionen einführten, ist der des Bundes (*bĕrīt*).[220] Es handelt sich hierbei nicht um einen religiösen,

---

[217] Es ging den dtn. Theologen also nicht nur um die Beantwortung der Frage, „wie Jahwe der Schöpfer der Welt und 'König der Völker', zugleich der Gott Israels bleiben kann" (so R.Rendtorff, Erwählung, 86), sondern auch um den Ausschluß der durchaus verlockenden Alternative, welche die universale Gottesvorstellung bot.

[218] So auch L.Perlitt, Bundestheologie, 57. Nur in der Vorstellung von der Erwählung des Königs ist der theologische Gebrauch von *bāḥar* schon in vordtn. Zeit fest verankert, vgl. 1.Sam 10,24; 16,8–10; 2.Sam 6,21 u.ö., dazu – vielleicht als einzigen bis in die davidische Zeit zurückgehenden Beleg – den Namen des Davidsohnes *Jibḥar* 2.Sam 5,15, s.o. 189 und 175f. Dagegen ist die Erwählung von Priester (Num 16,5.7; 17,20; Dtn 18,5; 21,5; 1.Sam 2,28) und heiligem Ort (Dtn 12,5 u.ö.; Ps 78,68f.; 132,13f., s.o.) erst eine aus der theologischen Systematisierung des Dtn entspringende Vorstellung.

[219] R.Rendtorff, Erwählung, 82, hat mit Recht festgestellt, daß nicht – wie üblich – Dtn 7,6f., sondern Dtn 10,14f. (vgl. etwas später 4,37ff.) als *locus classicus* der dtn. Erwählungstheologie zu gelten hat.

[220] Zum Bedeutungsspektrum von *bĕrīt*, das sowohl die Selbstverpflichtung, die Fremdverpflichtung als auch die gegenseitige Verpflichtung umfassen kann, s. E.Kutsch, Verheißung,

sondern um einen politischen Begriff,[221] den die dtn. Theologen auf das Gottesverhältnis Israels übertragen. Nun ist es schon immer aufgefallen, daß das Dtn in seinem Aufbau, vor allem in seinem Abschluß mit Segen und Fluch (Dtn 28) an die altorientalischen Staatsverträge erinnert.[222] Früher hat man eine Beeinflussung von den hethitischen Verträgen des 2.Jts. her annehmen wollen, doch liegt es heute, seit es ziemlich sicher ist, daß die religiöse Bundesvorstellung in Israel erst eine dtn. Innovation ist,[223] viel näher, an die assyrischen Vasallenverträge zu denken, mit denen Juda im 7.Jh. unmittelbar zu tun hatte. Ja, motivliche und terminologische Entsprechungen zwischen dem Dtn und den *adê*-Verträgen Asarhaddons und Assurbanipals machen es relativ wahrscheinlich, daß die königlichen Schreiber, die mit zu den Trägern der dtn. Reform rechneten, unmittelbare Kenntnis der assyrischen Vasallenverträge mit Juda hatten. So kann man annehmen, daß es die gerade erlebte und erlittene assyrische Vertragspraxis war, welche die Deuteronomiker dazu inspirierte, das von ihnen erneuerte Gottesverhältnis Israels nach Analogie eines Vasallenvertrages aufzufassen. Nachdem der assyrische Großkönig ausfiel, trat gleichsam Jahwe als der eigentliche König Israels an seine Stelle.[224] Ursprüngliches Ziel dieser Übertragung war es, dem erneuerten Gottesverhältnis Israels auf der Grundlage des dtn. Reformgesetzes einen öffentlich-rechtlichen Charakter zu geben. Wie ein Vasallenverhältnis sollte es durch einen symbolischen Vertragsschluß, d.h. durch die Proklamation wechselseitiger Selbstverpflichtungen öffentlich bekräftigt werden können (vgl. 2.Kön 23,1–3; Dtn 26,16–19). Wie schon beim Vasallenvertrag handelte es sich erst recht beim religiösen Bund nicht um ein Abkommen zwischen gleichen Partnern; es war allein Jahwe, der die Vertragsbedingungen vorgab, Israel konnte in den ihm gewährten Bund nur noch zustimmend eintreten (2.Kön 23,3; Dtn 29,11).

6–27; dort auch S.1–6 eine Übersicht über die Forschungsgeschichte. Zu den Bedeutungen von *bĕrīt* im Dtn s. G.Braulik, 15–17.

221 S. z.B. Gen 26,28; 31,44; Jos 9,15; 1.Sam 11,1; 2.Sam 3,12f.; 5,3; 1.Kön 5,26; 15,19; 20,34; 2.Kön 11,4; Jes 28,15.18; Hos 10,4; 12,2; vgl. dazu E.Kutsch, Verheißung, 53–65.

222 Zusammenfassend dazu D.J.McCarthy, Treaty (2.2).

223 Vgl. die Nachweise von L.Perlitt, Bundestheologie, 2f.; 129ff.; 279ff., und E.Kutsch, 66–92. Stellt man in Rechnung, daß auch Gen 15,18; Ex 19,5; 24,7f.; 34,27f.; Jos 7,11.15 nach neuerer Einsicht kaum, wie noch E.Kutsch meinte, vordtn. anzusetzen sind, dann bleibt als einzig möglicher vordtn. Beleg nur Hos 8,1b übrig. Für diesen hat L.Perlitt, Bundestheologie, 146ff., eine dtr. Herkunft wahrscheinlich gemacht. Die Interpretation der Natanverheißung als *bĕrīt* (Ps 89,4f.29.35.40; 2.Sam 23,5; Jes 55,3; Jer 33,21) stammt sehr wahrscheinlich auch erst frühestens aus der dtn. Zeit.

224 Vgl. dazu die Parallelen, die R.Frankena, Vassal-Treaties, 134ff., zusammengestellt hat. Schlagend sind vor allem die Parallelen zwischen Dtn 28,20–57 und den Vasallenverträgen Asarhaddons zur Sicherung der Thronnachfolge (TUAT I,2, 169ff., Z.414–452), die an eine literarische Abhängigkeit denken lassen, vgl. auch M.Weinfeld, Deuteronomy, 116ff.; bĕrīt, 796f. Wie stark die theologische Dimension dieser politischen Verträge betont wurde, zeigt die Tatsache, daß Asarhaddon sie mit den Siegeln des Gottes Assur versehen ließ. Es gab in Assyrien auch *adê*-Verträge zwischen dem König und seinem eigenen Volk, die strukturell der dtn. Übertragung noch genauer entsprechen. Vielleicht war auch diese Form in Juda bekannt.

Diese aus der aktuellen Reformarbeit gewonnene Vorstellung eines symbolischen Bundes zwischen Jahwe und Israel haben die dtn. Theologen nun auch zur Interpretation der religiösen Frühzeittraditionen verwendet. So wird verständlich, daß sie im Dtn den Begriff bei ihren Hörern offensichtlich als schon bekannt voraussetzen und in der Auswahl dessen, welche Elemente der Frühzeitüberlieferung sie mit dem Bundesbegriff behaften, durchaus schwanken können. Da ist es einmal die Landverheißung an die Erzväter, welche die dtn. Theologen als Schwur oder Bund, d.h. in diesem Fall als feierliche Selbstverpflichtung Jahwes interpretieren (Dtn 7,8 f.12b; 8,18). Das Reden von Landverheißung an die Erzväter war wahrscheinlich schon etwas früher nach dem Fall des Nordreiches aufgekommen,[225] um angesichts der zutage getretenen Bedrohung des Landbesitzes sich dessen religiös zu versichern. Die dtn. Theologen verstärkten nun diese Tendenz, indem sie den Landbesitz Israels zum Gegenstand einer quasi juristischen Selbstverpflichtung Jahwes gegenüber den Vätern machten.[226] Das Land wurde damit in ihrer Theologie zu einer zentralen Heilsgabe; wohl war diese nicht selbstverständlich, aber Israel konnte sich ihrer sicher sein, solange es seinerseits bereit war, seinen Teil der Selbstverpflichtung zu übernehmen und die Gebote und Gesetze zu halten (7,12 ff.; 8,11 ff.).[227] Neben der Väterverheißung konnte aber auch die Befreiung aus Ägypten als der Punkt in der Frühgeschichte Israels angesehen werden, an dem die Bundestreue Jahwes erkennbar wurde (7,8 f.); auch diese ist reziprok und gilt denen, die Jahwe lieben und seine Gebote halten.

Einen förmlichen Bundesschluß zwischen Jahwe und Israel verankerten die dtn. Theologen jedoch an zwei anderen Stellen der Überlieferung: Als erstes interpretierten sie die Sinaitheophanie, die in der älteren Tradition auf die Begründung des Gottesdienstes hinauslief, zu einem Bundesschluß um (Dtn 5,2 f.).[228] Zum Inhalt dieser Horeb-*bĕrīt* machten sie den Dekalog, d.h. das knappe Kompendium ihrer Theologie und der wichtigsten Forderungen der Reformbewegung, das sie zur allgemeinen Laienunterweisung geschaffen hatten.[229] Damit erhielt der Dekalog eine hohe Autorität, er

---

225 Vgl. die älteste Schicht der Landverheißung an die Erzväter Gen 13,15.17; 28,13, welche die kompositionelle Klammer der ersten „'vordeuteronomistischen' Komposition der Vätergeschichte" bilden, so E.Blum, Komposition (2.1), 290–297.

226 Vgl. die charakteristisch dtn. Fassung der Landverheißung als „Schwur": Dtn 6,10.18.23; 7,13; 8,1; 9,5; 10,11; 11,9.21; 26,3.15; 28,11; dtr.: 1,8; 19,8; 31,7; 34,4. Th.Römer, Väter, 12–271, möchte trotz der expliziten Namensnennungen in Dtn 1,8; 6,10; 9,5,; 9,27; 29,12; 30,20; 34,4, die er für nachdtr. Einschübe hält, den Bezug der Landschwüre auf die Erzväter bestreiten; seiner Meinung nach sei die Exodusgeneration gemeint. Doch auch wenn man zugeben muß, daß die Übergänge teilweise fließend sind (z.B. Dtn 7,8 f.), so unterstützt die Einsicht, daß sich die Landverheißungsthematik schon vordtn. an den Erzvätern festmachte, die traditionelle Deutung. Daß die dtn. Theologen schon über die Exodusereignisse zurückblickten, belegt auch Dtn 26,5.

227 Vgl. P.Diepold, Land, 76 ff.

228 Vgl. die späteren Stellen auf dieser Linie: Dtn 4,13.23; 9,9.11.15; 10,8; 28,69b; 29,24; 31,9.16.20.25.26.

wurde zur Gründungsurkunde des Bundes, die Israel direkt von Jahwe aus der Offenbarung heraus für alle Zeiten übergeben worden war. Seine Prädikationen (5,6.9f.) repräsentierten die Selbstverpflichtung Gottes, seine Gebote die Verpflichtung, die Israel zu übernehmen hatte. Mit dieser Neuinterpretation leiteten die dtn. Theologen eine weitreichende Entwicklung ein, in deren Gefolge fast die gesamte Gesetzestradition am Sinai verankert wurde.

Als zweites schufen sie oder auch ihre dtr. Nachfolger die Tradition des Moabbundes (Dtn 28,69; 29),[230] mit dem auch das dtn. Gesetz, das als Abschiedsrede des Mose kurz vor der Einwanderung konzipiert war, zur Urkunde eines Bundesschlusses in der Frühgeschichte wurde. Beide Bundesschlüsse wurden so miteinander ausgeglichen, daß Jahwe am Horeb nach der Verkündigung des Dekalogs an das ganze Volk das dtn. Gesetz allein an Mose offenbart habe, der es dem Volk später für das Leben im Kulturland vermitteln sollte (5,23–31). Durch den Eintritt in die Moab-*bĕrīt*, die ihm Jahwe auf der Grundlage des dtn. Gesetzes gewährte, wurde Israel endgültig zu Jahwes Volk und Jahwe zu seinem Gott (29,11f.).[231] Damit bekam auch der Bundesschluß Josias (2.Kön 23,1–3) sein Pendant in der Gründungsgeschichte.[232]

Die dtr. Nachfolger der dtn. Reformer haben dann schließlich noch eine ständige Erneuerung des anfänglichen Bundesschlusses beim Herbstfest des Schemitta-Jahres konzipiert (Dtn 31,9–13), bei dem das ganze Dtn regelmäßig verlesen werden sollte, doch ist unsicher, ob sie sich damit durchsetzen konnten. Obgleich es immer wieder behauptet wird, ist ein „Bundeserneuerungsfest“ als ständig geübte Kultpraxis im Alten Testament nicht nachweisbar.[233] Die von den Dtr angemahnte Verlesung der Tora wird vielmehr erst sehr viel später zur Praxis des Synagogengottesdienstes hinführen.[234]

Mit der Bundesvorstellung waren die dtn. Theologen somit in der Lage, die gesamte Gottesbeziehung Israels in Geschichte und Gegenwart auf einen einzigen Begriff zu bringen. Mit ihm ließen sich nicht nur die geschichtlichen Heilstraditionen der Frühzeit vereinigen, sondern auch die neu ge-

---

[229] S.o. 333ff.

[230] Die Gerichtskatechese 29,21–27 ist klar von der exilischen Gegenwart aus formuliert; doch ist umstritten, ob das Kapitel einen älteren Grundbestand enthält, vgl. H.D.Preuß, Deuteronomium, 157ff.

[231] *bĕrīt* hat in Dtn 29,8.11.13.20, wie die parallele *'ālā* „Fluch“ verdeutlicht, die Bedeutung von „Eid unter Selbstverfluchung“, vgl. G.Braulik, Ausdrücke, 16.

[232] Ähnlich auch N.Lohfink, Diskussion, 40.

[233] Die auf S.Mowinckel (1922) zurückgehende Hypothese wurde von G.v.Rad und – etwas anders – von A.Alt und A.Weiser mächtig ausgebaut und hat bis in die 60er Jahre viele Nachfolger gefunden, vgl. die Diskussion bei E.Kutsch, Verheißung, 156ff., und die schon sehr zurückhaltend formulierte Zustimmung von M.Weinfeld, bĕrīt, 793ff. Sie darf nach der ausführlichen Widerlegung von E.Kutsch, a.a.O., 162; 173, und L.Perlitt, Bundestheologie, 121ff., als erledigt gelten.

[234] So auch L.Perlitt, Bundestheologie, 128; H.D.Preuß, Deuteronomium, 163.

schaffene Gesetzestradition eng damit verbinden. Vergangenheit und Gegenwart fielen in diesem Begriff zusammen, am Horeb wurde mit jeder gegenwärtigen Generation von neuem der Bundesschluß vollzogen (Dtn 5,2f.).

Die Zusammenfassung der gesamten religiösen Tradition unter einem einzigen Begriff hat dieser in der Folgezeit eine erhöhte Durchschlagskraft gegeben, was nicht unerheblich zum Überleben Israels nach Wegfall der staatlichen Einheit beigetragen hat. Mit dem Bundesbegriff drückten die dtn. Theologen der Gottesbeziehung Israels für alle Zukunft einen unverwechselbaren rechtlichen Stempel auf. Daß eine solche rechtliche Strukturierung des Gottesverhältnisses auch nicht ganz unproblematisch war, weil die Zuwendung Gottes ja nicht etwas war, was Israel rechtlich einklagen konnte, sollte sich erst später herausstellen. Doch wenn sich die Religion Israels und des Judentums in der weiteren Zukunft zu einer Religion entwickeln sollte, in der weder der König noch der Kult, sondern die Tora und damit ein Buch im Mittelpunkt der Gottesbeziehung steht, dann geht dies wesentlich auf die korrigierenden Synthesen zurück, welche die dtn. Theologen am Ende der Königszeit erarbeitet haben.[235]

3.9 Die politischen und theologischen Auseinandersetzungen nach dem Tode Josias

R.Albertz, Jer 2–6 und die Frühzeitverkündigung Jeremias, ZAW 94, 2983, 30-47. – K.Baltzer, Das Ende des Staates Juda und die Messiasfrage, R.Rendtorff/K.Koch (Hrsg.), Studien der alttestamentlichen Überlieferungen, 1961, 33–43. – H.Barth, Die Jesajaworte der Josiazeit. Israel und Assur als Thema einer produktiven Neuinterpretation der Jesajaüberlieferung, WMANT 48, 1977. – H.J.Boecker, Redeformen des Rechtslebens im Alten Testament, WMANT 14, 2.Aufl. 1970. – Chr.Hardmeier, Prophetie im Streit vor dem Untergang Judas. Erzählkommunikative Studien zur Entstehungssituation der Jesaja- und Jeremiaerzählungen in II Reg 18–20 und Jer 37–40, BZAW 187, 1989. – F.L.Hossfeld/I.Meyer, Der Prophet vor dem Tribunal. Neuer Auslegungsversuch von Jer 26, ZAW 86, 1974, 30-50. – J.Kegler, Prophetisches Reden und politische Praxis Jeremias. Beobachtungen zu Jer 26 und 36, W.Schottroff/W.Stegemann (Hrsg.), Der Gott der kleinen Leute, Bd. 1, 1979, 67–79. – E.Kutsch, Die chronologischen Daten des Ezechielbuches, OBO 62, 1985. – B.Lang, Kein Aufstand in Jerusalem. Die Politik des Propheten Ezechiel, 1978. – B.O.Long, Social Dimension of Prophetic Conflict, Semeia 21, 1981, 31–53. – A.Malamat, The Twilight of Judah. In the Egyptian-Babylonian Maelstrom, VT.S 28, 1975, 123–145. – H.-P.Stähli, Solare Elemente im Jahweglauben des Alten Testaments, OBO 66, 1985. –

[235] So auch mit Recht M.Weinfeld, Cult, 212; Deuteronomy, 44; S.Herrmann, Restauration, 165.

Der Tod Josias im Jahre 609 markiert einen tiefen Einschnitt in der politischen und religiösen Geschichte Israels. Die großen Hoffnungen auf eine nationale, gesellschaftliche und religiöse Erneuerung, welche die dtn. Reformbewegung getragen hatten, zerstieben unter dem Druck der ägyptischen und neubabylonischen Expansion, und der judäische Staat taumelte innerlich zerrissen in erstaunlich kurzer Zeit seinem Untergang entgegen: 597 erfolgte die erste Exilierung, die Juda schon eines Großteils seiner Führungsschicht beraubte, 587 die zweite Exilierung und die Zerstörung der Hauptstadt. So leiten diese letzten zwei Jahrzehnte der vorexilischen Geschichte schon die nächste Epoche, die Exilszeit ein.

3.91 Der Zusammenbruch der deuteronomischen Reformbewegung

Die religiöse Irritation, welche der Tod Josias in Megiddo auslöste, ist kaum zu überschätzen. Der Prophet Jeremia, der gerade noch die Expansionspolitik Josias mit seiner Heilsverkündigung begleitet hatte,[1] spricht sicher nicht nur seine eigene Enttäuschung, sondern die vieler Träger der Reformbewegung aus, wenn er klagt:

Jer 4,10 Ach, Herr Jahwe,
wahrhaftig schwer hast du 'uns' getäuscht,
indem du sagtest: „Heil wird euch werden".
Doch nun geht uns das Schwert an die Kehle!

War mit dem Verlust der Symbolfigur der dtn. Reform auch das ganze Reformwerk in Frage gestellt? Ja, konnte man in dem unerwarteten Tod des jungen Königs nicht sogar ein göttliches Votum gegen die eingeleiteten kultischen und gesellschaftlichen Veränderungen sehen?

Doch so schnell wollte die Reformkoalition nicht aufgeben. Die Versammlung der freien Bauernschaft Judas (*'am hā'āreṣ*), die schon Josia auf den Thron gesetzt hatte, salbte unter Umgehung der normalen Erbfolge einen jüngeren Sohn Josias, Joahas, zum König, offensichtlich weil er die Garantie zur Fortsetzung der Reformpolitik bot (2.Kön 23,29f.). Doch eben dies war für Pharao Necho nicht akzeptabel; die Fortsetzung einer auf nationale Erneuerung Judas ausgerichteten Politik lag nicht im Interesse Ägyptens, das sich selber daranmachte, das assyrische Erbe in Palästina anzutreten. So wurde Joahas von Necho kurzerhand beseitigt. Statt seiner setzte er den in der Erbfolge übergangenen Josiasohn Jojakim auf den Thron; und dieser rächte sich bitter an der Reformpartei, indem er den von den Ägyptern auferlegten Tribut nicht aus der Staatskasse bezahlte, sondern bei der freien Bauernschaft eintrieb (2.Kön 23,34–37).

Es ist diese zwar von außen induzierte, aber von Jojakim und seinen Anhängern bereitwillig aufgegriffene Entsolidarisierung der judäischen Gesellschaft gewesen, welche die dtn. Reform in den folgenden Jahren ägyp-

---

[1] Vgl. R.Albertz, Jer 2–6, 44f. und o. 316.

tischer und babylonischer Vasallität zum großen Teil scheitern und die Koalition ihrer Trägergruppe auseinanderbrechen ließ. Weitgehend unbestritten blieb nur die kultpolitische Seite der Reform, die Zentralisierung des Jahwekultes und die Zurückschneidung des Synkretismus, auch wenn es einige gab, die auch diese für einen Fehler hielten.[2] Dagegen scheiterte so gut wie ganz die soziale Seite der Reform: Nachdem mit Jojakim der König aus der Reformkoalition ausgebrochen war, wieder in die Prachtentfaltung früherer Könige zurückfiel und nicht einmal davor zurückschreckte, dazu seine Untertanen in Staatsfron zu pressen (Jer 22,13ff.), ließen sich auch weite Teile der Aristokratie, welche die sozialen Reformvorhaben der Deuteronomiker schon immer mit Argwohn betrachtet hatten, nicht mehr halten: Zur Sicherung ihres eigenen Vorteils bedienten sie sich erneut, ohne Rücksicht auf die sozialen Folgen zu nehmen, der alten Unterdrückungsmechanismen gegen die ärmeren Bevölkerungsgruppen (Jer 5,26–28; 6,6f.). Die soziale Anklage, die nach 609 in der Verkündigung Jeremias wieder anhebt, zeichnet das Bild einer bis in ihre Grundfesten zerrütteten Gesellschaft (vgl. *šeber*: Jer 6,14), in der durch alle Schichten hindurch hemmungslose Gewinnsucht, Gewalt, Betrug und Verleumdung zu Maximen des alltäglichen Umgangs werden (5,8; 6,13f.28; 7,9; 9,1–5.7). Und selbst wenn man berücksichtigt, daß damit keine objektive Beschreibung der damaligen Gesellschaft gegeben ist, sondern die verzweifelte Stellungnahme eines tief enttäuschten Reformanhängers, so kann man sich doch des Eindrucks nicht erwehren, daß der Damm einer religiös motivierten Solidarität, den die dtn. Reformer gegen die Welle der zerstörerischen gesellschaftlichen Kräfte aufzuschütten gehofft hatten, sich nicht als haltbar genug erwies, sondern unter dem Druck der aufgestauten Gruppeninteressen weitgehend fortgespült wurde. Die kurze Zeit von etwas mehr als einem Jahrzehnt, die den Reformern zur Verfügung stand, hatte ganz offensichtlich nicht ausgereicht, um die theologische Gesellschaftskonzeption im Herzen und im Verstand der maßgeblichen Teile der Bevölkerung tief genug zu verankern.

Der wieder aufflammende Sozialkonflikt ließ nun auch die in der Reformkoalition verbundenen Gruppen aufgrund ihrer unterschiedlichen In-

---

[2] So auf der Ebene der persönlichen Frömmigkeit explizit Jer 44,15–19 und in polemischer Verkehrung der offiziellen Tempeltheologie 2.Kön 18,22, dazu s.u. 371. Auf eine weitgehende Realisierung der josianischen Kultreform weist das Fehlen der Synkretismusanklage in der Verkündigung Jeremias nach 609 (Kap. 4,3ff.) im Unterschied zur Frühzeitverkündigung (2,4–4,2). Ein Problem stellen allerdings die Anklagen dar, die Ezechiel etwas später wieder gegen fremdreligiöse Kultpraktiken im Tempel erhebt (8,5–18). Die vier als Vision stilisierten Schilderungen sind im einzelnen schwer zu deuten und möglicherweise bewußt polemisch überzeichnet. Bei den ersten dreien handelt es sich um private Praktiken, die nicht zum offiziellen Tempelkult gehören, bei der vierten wahrscheinlich um ein Element solarer Gottesverehrung, das durchaus als bislang akzeptierter Bestandteil der Jerusalemer Jahwe-Verehrung angesehen werden kann; vgl. dazu H.-P.Stähli, Solare Elemente, bes. 45ff. Als Anlehnung an speziell ägyptische Kultbräuche, die vielleicht mit der „Wallfahrt" Psammetichs II. nach Byblos 592/1 zusammenhängen, deutet A.Malamat, Twilight, 140–142 die von Ezechiel angegriffenen Zustände.

teressenlage schnell wieder auseinanderbrechen. Als erstes zeigte sich, daß die Mehrheit der Jerusalemer Priesterschaft mit der erfolgten Kultzentralisation ihre Interessen als erfüllt betrachtete und darum keinen Grund sah, sich für die darüber hinausgehenden Reformziele zu engagieren. Im Gegenteil, sie zog sich wieder auf die Jerusalemer Kulttheologie älterer Konvenienz zurück, indem sie der durch die politische Krisensituation verunsicherten Bevölkerung ganz massiv die Anwesenheit Jahwes auf dem Zion als beruhigende Heilsgarantie anbot (Jer 7,4).[3] Der gereinigte Jahwekult, so meinten sie, würde trotz aller Schwierigkeiten dem Staat eine heilvolle Zukunft garantieren. Jeremia bezichtigte darum die Priester und Tempelpropheten der Lüge (*šeqer*: 6,13), mit der sie das soziale Fehlverhalten sogar noch bestätigen (23,14) und das Zerbrechen gesellschaftlicher Solidarität fromm übertünchen würden (6,14). Seiner Meinung nach ließen die Priester mit dieser auf den Kult reduzierten Theologie den Tempel zu einer „Räuberhöhle" verkommen, die das schreiende soziale Unrecht zudecke (7,11). Es ist ein Zeichen für die inzwischen eingetretene Entsolidarisierung zwischen den ehemaligen Verbündeten der Reformbewegung, daß die Priesterschaft auf solche Kritik mit mehr oder minder offener Feindschaft reagierte[4] und auch nicht davor zurückschreckte, Jeremia durch Beugehaft und Folter davon abzubringen (20,1–6).

Die zweite Gruppe, die ganz wesentlich zur Konzipierung und Durchsetzung des Reformwerkes beigetragen hatte, die königlichen Hofbeamten, spaltete sich unter Jojakim in zwei konkurrierende Fraktionen auf. Die eine unterstützte die selbstherrliche, unsoziale Politik Jojakims bedingungslos und war bereit, jede prophetische Kritik dagegen gewaltsam zu unterbinden (Jer 26,20–24; 36,26). Die andere Fraktion, in welcher die Söhne und Enkel des Schreibers Schafan den Ton angaben,[5] versuchte in vorsichtiger Opposition zum König, zumindest punktuell korrigierend auf dessen Politik im Sinne der Reform einzuwirken. Sie hielt weiter Kontakt zu Jeremia, dem früheren Weggefährten der Reformbewegung, auch als dieser sich zum radikalen Kritiker gewandelt hatte, stellte sich schützend vor ihn (Jer 26,24; 36,19) und suchte seine Gerichtsverkündigung für ihre politischen Ziele zu nutzen.

---

[3] Damit wurde allerdings die Korrektur, welche die dtn. Theologen an der Zionstheologie vorgenommen hatten (dazu s.o. 253f.), teilweise wieder rückgängig gemacht.

[4] Die in Jer 26 geschilderte Auseinandersetzung ist in dieser Form wohl unhistorisch (vgl. F.L.Hoßfeld-I.Mayer, Prophet, 44f.), sie erinnert aber generell die Feindschaft der Priester und Tempelpropheten gegen Jeremia.

[5] Genannt werden Achikam (2.Kön 22,12; Jer 26,24), Elasa (Jer 29,3), Gemarjahu (Jer 36,10.12.25) und dessen Sohn Michajahu (Jer 36,11); von Gemarjahu ben Schafan wurde jüngst ein Siegelabdruck in Jerusalem gefunden (vgl. IEJ 36, 1986, 29). Interessant ist, daß es auch Beamte wie Elnatan ben Achbor gab, die zwischen beiden Fraktionen hin und herpendelten (vgl. Jer 36,12.25 mit 26,22). Achbor war wie Schafan auch an der josianischen Reform beteiligt gewesen (2.Kön 22,12).

Doch wie gering die tatsächlichen Einflußmöglichkeiten dieser Beamtengruppe unter Jojakim geworden waren, zeigt ein Ereignis aus dem Jahr 604: Jeremia hatte unter dem Eindruck der Schlacht von Karkemisch im Jahr 605 seine gesamte Verkündigung aufgeschrieben, um sie jetzt, da sich die Vorherrschaft der Neubabylonier über ganz Syrien-Palästina abzuzeichnen schien, der judäischen Bevölkerung als letzte, geballte, ultimative Warnung zu Gehör zu bringen. Der Schafanide Gemarjahu verschaffte Baruch, dem Vertrauten Jeremias, die Möglichkeit zur öffentlichen Verlesung der Schriftrolle im Tempel (Jer 36,10) und erreichte, die übrigen Mitglieder der Gruppe davon zu überzeugen, die Rolle Jeremias für eine Demarche an den König zu nutzen, um durch sie eine Wende seiner unheilvollen Politik durchzusetzen. Doch das Unternehmen schlägt fehl: Der König läßt sich auch von der Ankündigung eines drohenden Untergangs nicht beeindrucken; eiskalt zerstört er die Schriftrolle und befiehlt Vertretern der Gegenfraktion, deren Autoren festzunehmen (36,21–26).

Die Spaltung, die bei den Hofbeamten manifest wird, hat wahrscheinlich die gesamte städtische Aristokratie und auch die judäischen Grundbesitzer (*'am hā'āreṣ*) durchzogen.[6] Auszugehen ist von der Beobachtung, daß Jeremia die raffgierigen und unsolidarischen Reichen erstmals mit dem Titel *rĕšā'īm* „Frevler, Gottlose" belegt (5,26; vgl. 12,1). Meinte *rāšā'* ursprünglich den konkret vom Gericht schuldig Gesprochenen,[7] so wird hier der Plural erstmals zu einer polemisch verurteilenden Gruppenbezeichnung verallgemeinert, die dann die nachexilische Literatur durchzieht. Die Funktion dieses neuen Sprachgebrauchs ist es, eine Gruppe aus der Gemeinschaft polemisch auszugrenzen: Jeremia meint, die Oberschichtangehörigen, die sich so unsozial verhalten, verurteilen sich selbst, auch dann, wenn sie vor Gericht scheinbar recht bekommen (vgl. 5,28); sie stellen sich außerhalb der Gemeinschaft, ja, nimmt man die religiöse Konnotation von *rĕšā'īm* hinzu, auch außerhalb des Gottesverhältnisses.

Damit weist aber dieser Sprachgebrauch auf eine klare, begrifflich scharf abgrenzbare Aufspaltung der grundbesitzenden Ober- und Mittelschicht in zwei sich befehdende Gruppen, wie sie erst durch die religiöse Sozialgesetzgebung der hiskianischen und deuteronomischen Reform möglich geworden ist. Es gibt eine – wahrscheinlich kleinere – Gruppe, die sich trotz aller Schwierigkeiten weiter darum bemüht, den religiösen Solidaritätsverpflichtungen im dtn. Gesetz nachzukommen, und es gibt eine zweite – wahrscheinlich größere – Gruppe, die sich um diese Verpflichtungen nicht schert, sondern clever und unsentimental auf den eigenen wirtschaftlichen Vorteil bedacht ist. Und eben dafür wird sie von den Anhängern der Reform

---

[6] Vgl. die Vorwürfe, die in Ez 22,29 gegen den *'am hā'āreṣ* erhoben werden; negativ beurteilen ihn auch Jer 1,18; 34,19 (JerD). Wenn Nebukadnezar 2.Kön 25,19 60 Männer des *'am hā'āreṣ* hinrichten läßt, dann scheinen sich diese auf die antibabylonische Gegenseite der Reformpartei geschlagen zu haben.

[7] Ex 23,1; Dtn 25,1; 1.Kön 8,31f. und H.J.Boecker, Redeformen, 122ff.

mit dem Schimpfwort „*rĕšāʿīm*" belegt. Das heißt, gerade weil die religiös normierte Sozialgesetzgebung des Bundesbuches und des Deuteronomiums nicht gesamtgesellschaftlich durchgesetzt werden konnte, wurde sie zu einem Kampfmittel in der gesellschaftlichen Auseinandersetzung und verfestigte die soziale Spaltung. Diese hier erstmals gegen Ende der vorexilischen Zeit auftretende Aufspaltung der Oberschicht wird dann in der nachexilischen Epoche zu einer bestimmenden Erscheinung der frühjüdischen Gesellschaft werden.[8]

Schließlich bleibt noch auf die Rolle Jeremias als ehemaligen Parteigängers der dtn. Reformbewegung einzugehen. Jeremia machte der Tod Josias schlagartig bewußt, daß sich der Zorn Jahwes entgegen seiner eigenen voraufgegangenen Verkündigung immer noch nicht von Juda gewandt hatte (Jer 4,8). Die hoffnungsvolle Zeit unter Josia war nur ein Zwischenspiel gewesen. Hellsichtig sah Jeremia Jahwe eine große militärische Bedrohung von Norden her, d.h. durch das gerade erst erstarkende neubabylonische Reich, heraufführen (1,14f.; 4,5–31; 5,15–17; 6,1–8.22–26), aber noch glaubte er an eine Chance, das drohende Unheil durch eine entschlossene Umkehr abzuwenden (4,14; 5,1; 6,8). Diese schien ihm um so eher möglich, als das Volk durch die Ausformulierung der dtn. Theologie und Gesetze wußte, was Wissen um Gott (4,22; 22,15ff.) bedeutete bzw. wie der von Gott gewollte Lebenswandel und von ihm geforderte Rechtsanspruch aussah (*derek jhwh, mišpaṭ ʾĕlōhīm*: 5,4f.). Doch an dieser Stelle erlebte Jeremia eine ganze Kette von Enttäuschungen: In den rücksichtslosen Verteilungskämpfen, die unter Jojakim erneut ausbrachen, fand er niemanden mehr in Jerusalem, der das Recht (*mišpāṭ*) tat, geschweige denn an Wahrhaftigkeit (*ʾĕmūnā*) interessiert war (5,1). Wohl schwor man im Namen Jahwes und nicht anderer Götter – insofern hat die religiöse Erziehungsarbeit der dtn. Reform etwas geleistet –, aber diese scheinbare Rechtgläubigkeit verhinderte nicht, daß es sich dabei um Meineide handelte (5,2.30f.). Jeremia mußte sich eingestehen, daß die Erneuerung der Jahwereligion, für die auch er sich in der Reformbewegung eingesetzt hatte, nicht tief genug gegangen war: Sie war nur ein – dünner – Firnis, unter dem die alten zerstörerischen Verhaltensmuster fröhliche Urstände feierten. Weder der gereinigte offizielle Jahwekult (6,20; 7,1–15) noch die alleinige Jahweverehrung auf privater Ebene (5,2) wirkten sich auf das soziale Verhalten aus.

Doch Jeremia gab noch nicht auf; er war bereit, diese Diskrepanz auf das Konto der Unbildung des niederen Volkes zu buchen, das möglicherweise von der dtn. Erziehungsarbeit nicht erreicht worden sei (5,4). Darum wandte er sich an die Oberschicht, die doch zu einem großen Teil selber Träger der Reformarbeit gewesen war (5,5). Doch wieder wurde er enttäuscht: Auch sie, die es besser hätten wissen können, scherten sich nicht mehr um das „Recht ihres Gottes", hatten die „Fesseln zerrissen", d.h. die

---

[8] S.u. 541ff.; 597ff.

religiösen Selbstbeschränkungen, die ihnen das dtn. Gesetz insbesondere im sozialen Bereich auferlegt hatte (5,5). Der im Deuteronomium aufgedeckte „uralte Weg", um das Glück des Volkes in Zukunft zu sichern (6,16), und die warnenden Rufe der früheren Propheten (6,17) waren nicht mehr gefragt. Ja, Jeremia mußte sogar feststellen, daß selbst die Gruppe von Hofbeamten, welche bei der Abfassung des dtn. Gesetzes (*tōrat jhwh*) maßgeblich beteiligt war, dieses zur theoretischen Selbstbestätigung eigener theologischer Kompetenz verkommen ließ und damit sein eigentliches Anliegen, die gesellschaftliche Praxis nach dem Willen Gottes zu verändern, verfälschte (8,8). Damit hatte auch sie faktisch das Wort Gottes verworfen (8,9). So kam Jeremia schließlich zu dem vernichtenden Urteil, daß diese kopflose und zerrüttete Gesellschaft von Jahwe insgesamt verworfen und dem Untergang geweiht war (6,30).

Jeremia distanzierte sich somit schließlich von der zerfallenden dtn. Reformbewegung. Auch wenn die Beziehungen zur Reformfraktion innerhalb der Beamtenschaft nie ganz abrissen, war er doch nicht bereit, deren Kompromißpolitik, zu der sie sich unter Jojakim gezwungen sah, mitzumachen. Vielleicht hatte er gehofft, daß die Gruppe um die Schafaniden sich offen gegen Jojakim an die Spitze einer Erneuerungsbewegung gestellt hätte, aber dazu hätte sie ihre gesellschaftliche Position aufs Spiel setzen müssen, und dazu war sie wohl nicht bereit. Ihr war es erst einmal genug, die richtige Theologie zu besitzen, aber sie scheute das letzte Risiko, sie gegen den drohenden Niedergang gesellschaftlich umzusetzen. So deckt das weitgehende Scheitern der dtn. Reform ihre entscheidende Schwäche auf, die einstmals ihre Stärke gewesen war: daß es sich um ein Reformunternehmen von oben handelte. Die Oberschichtbindung, die einst seine Durchsetzung so begünstigt hatte, erwies sich nun unter veränderten politischen Bedingungen, in denen ein Eintreten für die Reform ihren Trägern eine hohe Risikobereitschaft abverlangt hätte, als unüberwindliche Grenze.

3.92 Der Streit um die politische Option Judas angesichts der neubabylonischen Expansion

Mit der neubabylonischen Expansion nach Syrien und Palästina, die nach der Schlacht von Karkemisch 605 anhob, wurden die sozialen und innenpolitischen Auseinandersetzungen zunehmend von einem immer heftiger werdenden Streit um die richtige außenpolitische Orientierung Judas überlagert. Nach dem kurzen Zwischenspiel ägyptischer Vasallität (609–605) hatte sich Jojakim schon 604 der Übermacht des babylonischen Königs Nebukadnezars unterwerfen müssen. Doch dabei blieb es nicht; kaum zeigte die babylonische Vormacht erste militärische Schwächen, fiel Jojakim in der Hoffnung auf ägyptische Unterstützung schon drei Jahre später von den Babyloniern wieder ab. Die Strafaktion Nebukadnezars ließ nicht lange auf sich warten; nur die rechtzeitige Übergabe Jerusalems am 16.3.597 durch Jojakims Sohn Jojachin konnte die Zerstörung der Stadt noch einmal verhindern. Jojachin und ein großer Teil der städtischen Oberschicht wurden nach Babylonien deportiert.

Schon im Vorfeld dieser ersten Exilierung waren die politischen Entscheidungen auch von theologischen Stellungnahmen begleitet gewesen. So hatte Jeremia vor der Wiederaufnahme der illusionären Schaukelpolitik, die schon zum Untergang des Nordreiches geführt hatte, mehrfach gewarnt (Jer 4,30; 13,20–22) und zur Übergabe der Stadt aufgefordert (13,18 f.). Der eigentliche theologische Streit begann aber erst nach dieser ersten nationalen Katastrophe.

Nachdem Nebukadnezar Zedekia, einen weiteren Sohn Josias, zum Vasallenkönig des judäischen Reststaates eingesetzt hatte, kam es schon im Jahr 594 zur erneuten antibabylonischen Konspiration in Jerusalem, an der sich mehrere Kleinstaaten der Region beteiligten. Dabei wird zum ersten Mal eine national-religiöse Partei sicher greifbar, welche sich mit der 597 von der durch die babylonische Vormacht geschaffenen politischen Realität nicht abfinden konnte und die dafür plädierte, sie durch ein Militärbündnis mit Ägypten so schnell wie möglich zu revidieren. Kopf dieser Partei war die Tempelpriesterschaft unter der Leitung des Oberpriesters Seraja, einem Enkel Hilkias;[9] ihr Sprachrohr bildete eine Reihe von Tempelpropheten wie Hananja in Jerusalem (Jer 28) oder wie Zedekia, Ahab (29,21 f.) und Schemaja (29,31) unter den Exilierten.[10] Und ihr politischer Arm bestand aus einer Gruppe von Hofbeamten in Jerusalem, unter denen sich besonders die Familie Malkija (Jer 21,1; 38,1.6) und die Familie Schelemja (Jer 37,3.13; vgl. 36,26) hervortaten, wobei man annehmen kann, daß diese Gruppe auch bei den deportierten Oberschichtangehörigen ihre Sympathisanten fand. Dieser einflußreichen national-religiösen Partei standen als Opposition die Reste der Reformfraktion unter Leitung der Schafaniden gegenüber, zu der auch die Propheten Jeremia und Ezechiel gehörten.[11] Diese Parteiung war grundsätzlich probabylonisch eingestellt.[12]

---

[9] 1.Chr 5,39f.; Esr 7,1 überliefern die Filiation Hilkia, Asarja, Seraja. Großvater Hilkia hatte noch zu den Trägern der josianischen Reform gehört. In Jer 36,26 ist ein Seraja ben Asriel erwähnt; sollten beide Personen identisch sein, dann hätte Seraja schon vor seiner Priesterzeit in Opposition zur Reformgruppe um die Schafaniden gestanden. Aber auch wenn dies nicht der Fall ist, läßt sich seine national-religiöse Zuordnung aus der Hinrichtung durch Nebukadnezar 2.Kön 25,18 erschließen. Der zweite Priester Zefanja scheint zwar vor Jeremia einen gewissen Respekt gehabt zu haben, ist aber immerhin Ansprechpartner der exilischen Nationalisten (Jer 29,25; vgl. 21,1; 37,3) und wird ebenfalls hingerichtet. Erbitterter Gegner Jeremias ist der Priester Paschhur ben Immer (Jer 20,.1), dasselbe gilt für seinen weltlichen Sohn (Jer 38,1).

[10] Zedekia war wahrscheinlich Bruder des zweiten Jerusalemer Priesters.

[11] Ein Problem bei dieser Zuordnung bleibt allerdings die Tatsache, daß Ez 8,11 – möglicherweise literarisch sekundär – einen Sohn Schafans unter die götzendienerischen Ältesten einreiht. Kam es hier nachträglich zu einer Distanzierung der Reformpriesterschaft um Ezechiel von den Reform-Laien? Anlaß könnte die Besitzumverteilung unter Gedalja sein, die Ezechiel verurteilt hat (11,14–21; 33,23–29). Dazu s.u. 373; 429f.

[12] Vgl. die Einsetzung Gedaljas zum babylonischen Statthalter (Jer 40,7); schon Josia war ja antiägyptisch eingestellt gewesen.

Der erste große Eklat zwischen den beiden Parteien erfolgte 594. Während die Diplomaten der umliegenden Staaten in Jerusalem über antibabylonische Maßnahmen berieten, ging Jeremia provozierend mit einem Joch auf dem Nacken durch die Straßen, um gegen diese Politik zu demonstrieren (Jer 27,1–3). Dabei verkündete er öffentlich im Namen Jahwes, daß nur der Kleinstaat eine Überlebenschance habe, der sich dem babylonischen Joch unterwerfe (27,11). Darauf ließ die national-religiöse Partei ebenso provokativ den Propheten Hananja auftreten, der ebenfalls im Namen Jahwes die baldige Rückführung der geraubten Tempelgeräte und die Heimkehr Jojachins und der Exilierten ankündigte (28,1–4). Zur Bekräftigung seiner Heilsverkündigung nahm er im Tempel Jeremia das Joch von der Schulter und zerbrach es (28,10f.), um ihn vor aller Öffentlichkeit zu blamieren. Das prophetische Gotteswort wurde zum Kampfmittel, mit dem politische Gruppierungen um die richtige außenpolitische Option stritten. Mit dieser politischen Funktionalisierung verlor es aber auch ein Stück weit seine Eindeutigkeit und Glaubwürdigkeit.

Auch unter den Exilierten verbreitete sich, geschürt von der national-religiösen Partei, in der Folgezeit eine glühende Hoffnung auf baldige Rückkehr. Um diese zu dämpfen, schrieb Jeremia den Exilierten einen Brief, in dem er ihnen riet, sich auf längere Zeit in Babylonien einzurichten. Ja, er forderte sie sogar auf, für ihre babylonischen Feinde zu beten, und stellt ihnen für diesen Fall den Segen Gottes in Aussicht (29,1–7). Der Brief rief unter den National-Religiösen helle Empörung hervor, und einer ihrer Wortführer verlangte vom Jerusalemer Priester Zefanja, endlich seine Aufsichtspflicht über Jeremia wahrzunehmen (29,24–29). Die hier an der Wende zum Exil erstmals formulierte Einsicht, daß Jahwe Israel auch fern in der Fremde Heil schaffen könne und daß dieses Heil über Israel hinaus die feindliche heidnische Umwelt mit umgreife, war den Nationalisten völlig unbegreiflich und konnte ihrer Meinung nach nur von einem Verrückten stammen (*'īš měšuggā'*: 29,26).

In die Zeit grassierender nationaler Heilshoffnungen unter den Exilierten fiel auch die Berufung des Propheten Ezechiel (593), der 597 mit nach Babylonien deportiert worden war. Obwohl selber Priester, distanzierte er sich von den Erwartungen der Mehrzahl seiner Kollegen, indem ihm visionär klar wurde, daß deren kult-theologische Basis längst entschwunden war: Meinte nämlich die national gesinnte Priesterschaft ganz in den Bahnen der Zionstheologie, daß die Anwesenheit Jahwes auf dem Zion die Unverletzbarkeit Jerusalems garantiere, so sah Ezechiel den in seiner Herrlichkeit thronenden Jahwe aus dem Jerusalemer Tempel ausziehen (Ez 11) und in Babylonien erscheinen (1–3). Seines kultischen Schutzes beraubt, war seiner Meinung nach der Reststaat in Juda hoffnungslos dem Untergang ausgeliefert; und Ezechiel wurde nicht müde, diese seine desillusionierende Einsicht unter den national Hochgestimmten durch drastische propagandistische Zeichenhandlungen zu verbreiten (4; 5; 12). Die politischen Ziele der national-religiösen Partei würden seiner Ansicht nach nicht nur deswegen scheitern, weil Ägypten sich als schwacher und unzuverlässiger Verbündeter erweisen werde (29,6 f.), sondern auch darum, weil Zedekia diese Politik nur durch Aufkündigung seines vor Jahwe geschworenen Vasalleneides realisieren könne (17,4–21). Ezechiel sieht somit Jahwe nicht bedingungslos auf seiten Israels stehen, sondern als Hüter der vor ihm geschlossenen internationalen Verträge. Vertragsbruch gegenüber den Babyloniern (*mārad*: 17,15) ist für Ezechiel sakralrechtliche Pflichtverletzung (*mā'al*: 17,20) bzw. Treuebruch (*mārad*: 2,3)[13] gegenüber Gott und wird deswegen von ihm geahndet (17,19–21).

Doch trotz dieser massiven theologischen Propaganda Ezechiels und Jeremias hatte die national-religiöse Partei erst einmal Erfolg. Sie konnte Einfluß auf die Politik des von Hause aus probabylonisch orientierten, aber um seine Legitimität ringenden Königs Zedekia gewinnen. Wann dieser sich – längere Zeit zwischen seinen pro- und antibabylonischen Beraterfraktionen hin-und herschwankend[14] – endgültig für den Aufstand gegen die babylonische Vormacht entschieden hat, wissen wir nicht genau, wir wissen nur, daß die zu erwartende Strafaktion Nebukadnezars kaum lange danach am 15.1.588[15] mit der Aufnahme der Belagerung Jerusalems begann.

Doch damit war der politische und theologische Streit noch immer nicht entschieden. Der Aufmarsch eines ägyptischen Entsatzheeres zwang die Babylonier, die Belagerung im Frühsommer 588 wieder abzubrechen. Eine heftige Debatte um die Bedeutung dieses Vorgangs brach auf: War der Abzug der Anfang einer grundsätzlichen Wende der politischen Kräfteverhältnisse oder nur eine kurze Episode auf dem Weg in den Untergang?

Jeremia nahm eindeutig im zweiten Sinne Stellung. Als der in seiner antibabylonischen Option immer noch nicht ganz sichere König Zedekia ihn um eine Jahwebefragung nachsuchte, kündigte er klipp und klar die Rückkehr der Babylonier, die Wiederaufnahme der Belagerung und die Eroberung und die Zerstörung der Stadt an (Jer 37,3–8).

Wenn nun Jeremia in diesem Zusammenhang die Vertreter der nationalreligiösen Beamtenfraktion vor der Illusion warnt, die Babylonier seien endgültig abgezogen (37,9), dann wird daraus erkennbar, daß sie bzw. die ihnen nahestehenden Propheten (37,19) genau diese Auffassung vertraten.[16] Indirekt bezeugt das auch ihr Vorgehen gegen Jeremia: Empört darüber,

---

[13] Es handelt sich um einen *terminus technicus* des Völkerrechts; zum ganzen vgl. B.Lang, Kein Aufstand, 50 ff.

[14] Vgl. die Reise Zedekias nach Babylon (Jer 51,59) mitten in der Zeit der Konspiration; wenn in Jer 29,3 Elasa ben Schafan und Gemarjahu ben Hilkia gemeinsam zu einer diplomatischen Mission nach Babylon gesandt werden, dann sieht das wie ein politischer Kompromiß Zedekias zwischen der Hilkiaden- und Schafaniden-Partei aus.

[15] Die genaue Datierung ist umstritten; ich nehme hier den Vorschlag von E.Kutsch, Chronologische Daten, auf, der von C.Hardmeier, Prophetie, 247 ff., weiter ausgebaut worden ist. Eine davon abweichende Chronologie hat A.Malamat, Twilight, 144 f. vorgelegt.

[16] Darauf weist auch die Tatsache, daß die während der Belagerung beschlossene Sklavenbefreiung (*dĕror*) in der Belagerungspause wieder rückgängig gemacht wird (Jer 34,8 ff.).

daß er, ihr alter Gegner, sich selbst in dieser Situation aufkeimender Hoffnung immer noch weigerte, fürbittend für die nationale Erhebung Partei zu ergreifen (37,3), nahmen sie ihn bei nächster Gelegenheit als Überläufer zu den Babyloniern fest (37,13) und ließen ihn in einer Zisterne verschwinden. Seine Gottesworte waren ihrer Meinung nach schlichtweg Feindpropaganda, mit der er nur die Wehrkraft zersetzen wolle (38,4). Und so forderten sie, ihn zum Tode zu verurteilen.

Die theologische Argumentation der national-religiösen Partei läßt sich nun noch sehr viel genauer beschreiben, wenn C.Hardmeier mit seiner ansprechenden Hypothese recht hat, daß die Hiskia-Erzählung (2.Kön 18,9–19,7.32aβ-34.8–9a.36aβ-37) einen Propagandatext dieser Gruppe aus der Zeit der Belagerungspause darstellt.[17] In bewußter Angleichung an die Situation und die Diskussionslage vom Sommer 588 wird anhand eines geschichtlichen Beispiels demonstriert, wie schon damals, im Jahre 701, Jerusalem wunderbar durch Jahwe gerettet wurde, weil der assyrische Belagerer auf die Nachricht eines ägyptischen Angriffs abmarschieren mußte (2.Kön 19,8f. par Jer 37,5.11).[18] Dieser Abmarsch – so wird in legendärer Ausdeutung der Ermordung Sanheribs im Jahr 681 behauptet – war damals endgültig. Damit sollen die Hoffnungen, die die national-religiöse Partei mit dem Abzug der Babylonier verband, geschichtlich abgestützt werden. Doch damit nicht genug! Weil diese Hoffnungen umstritten sind, werden in der Tendenzerzählung wesentliche Elemente der Verkündigung Ezechiels und Jeremias, die ihnen widersprachen – so etwa, daß das Vertrauen auf die ägyptische Militärmacht falsch und unbegründet sei (2.Kön 18,20.24f. vgl. Ez 29,6), daß Jahwe selber den feindlichen König beauftragt habe, Juda zu vernichten (18,25 vgl. Jer 38,29f. u.a.) oder daß Jahwe dazu auffordere, zu den Feinden überzulaufen (18,31–32 vgl. Jer 38,2.17f.) –, dem assyrischen Heerführer Rabsake in den Mund gelegt und damit explizit als üble Feindpropaganda denunziert. Die Erzählung stellt es sogar so dar, als ob diese Feindpropaganda die eigentliche Bedrohung Jerusalems sei, mit der die Belagerten mürbe gemacht werden sollen, und es darum allein darauf ankomme, daß ihr niemand – auch der König nicht – Gehör schenke (2.Kön 18,26f.36; 19,3f.). In polemischer Überzeichnung will somit die national-religiöse Partei die Verkündigung Jeremias und Ezechiels als gefährliche Gotteslästerung (19,4) brandmarken, die Zedekia abwehren oder – noch besser – unterbinden soll.

---

[17] Prophetie, bes. 287ff. Die These scheint mir grundsätzlich überzeugend, auch wenn die Bezüge zwischen 2.Kön 18f. und Jer 37,3ff. vielleicht nicht so direkt auszudeuten sind, wie Hardmeier es tut.

[18] Genannt wird Tirhaka, der erst von 689–663 regierte. Möglicherweise ist an seinen Sieg von 673 über die Assyrer gedacht. Die Erzählung zieht also schon aus dem Rückblick historisch weit auseinanderliegende Daten zu einer idealtypischen Szene für die eigene Gegenwart zusammen.

Für ihre eigene Heilsprophetie beruft sich die national-religiöse Gruppierung statt dessen auf den Propheten Jesaja: In Antithese zu Jeremia (Jer 37,3–9) hat Jesaja ihrer Meinung nach in vergleichbarer geschichtlicher Situation der Bitte des Königs, Fürbitte für den bedrohten Rest des Volkes einzulegen, entsprochen (2.Kön 19,1–6). Er hat im Gegensatz zu ihm den endgültigen Abzug der Feinde angekündigt (19,7; vgl. Jer 37,7f.) und die göttliche Rettung der Stadt versichert (2.Kön 19,32aβ-34). Damit hat nach Meinung der National-Religiösen Gott selber die gegen ihn gerichteten Lästerungen (19,6) – sprich die Verkündigung Jeremias – widerlegt.

Fragt man nach der theologischen Basis dieser polemischen Argumentation, so stößt man wieder auf die Jerusalemer Zionstheologie, die aus der Anwesenheit Jahwes auf dem Zion seine unbedingte Schutzgarantie für die Gottesstadt ableitete (2.Kön 19,32aβ-34).[19] Allerdings wird auch die josianische Kultreform bejaht (18,22) und ähnlich wie in der dtn. Theologie von der Einzigkeit Jahwes und der Nichtigkeit anderer Götter ausgegangen (18,33–35). Dies bestätigt nicht nur die oben geäußerte Ansicht,[20] daß die kultische Seite der dtn. Reform durchaus einen breiten gesellschaftlichen Konsens auch unter der Priesterschaft und ihren national-religiösen Gesinnungsgenossen gefunden hatte, sondern bedeutet auch, daß es zwischen den sich bekämpfenden Parteien durchaus auch gemeinsame theologische Überzeugungen gab. Der Dissens zu Jeremia lag vor allem darin, daß dieser Jahwes Bindung an seinen Tempel vom sozialen Verhalten abhängig (Jer 7,1–15*) und sein Heilshandeln nicht total auf Israel beschränkt sah (Jer 29,7).

Es verwundert auf den ersten Blick, daß sich die national-religiöse Partei zur Stützung ihrer Ansichten ausgerechnet auf den Propheten Jesaja beruft, der die Aufstandspolitik Hiskias und das damit verbundene Vertrauen auf die ägyptische Militärmacht genauso scharf geißeln konnte (Jes 30,1ff.; 31,1 u.ö.),[21] wie dies Ezechiel gegenüber Zedekia getan hat. Dabei muß man nun aber berücksichtigen, daß die Jesajaprophetie schon in der Josiazeit eine heilsprophetische Interpretation erfahren hatte,[22] welche mit dem Niedergang des assyrischen Reiches die Gerichtsprophetie Jesajas an ihr Ende gekommen sah und seine vorsichtigen, auf den Zion (28,16f.) und den König (11,1–5) konzentrierten Heilserwartungen auf die nationale Erneuerung unter Josia deutete (Jes 9,1–6) und weiter fortschrieb. Auf einen Vers dieser heilsprophetischen Nachinterpretation Jesajas (31,5) griff man in der polemischen Erzählung gegen die Gerichtspropheten der eigenen Gegenwart zurück (2.Kön 19,34), um deren aktuelle Prophetie zu widerlegen.

---

[19] Vgl. Ps 48,4ff. u.ö.; Klgl 4,12 und speziell Jes 31,5. Die zweite Begründung, „um Davids, meines Knechtes willen", ist vielleicht dtr. Zusatz.

[20] S.o. 315.

[21] S.o. 262f.

[22] Vgl. den Nachweis einer „Assurredaktion" aus der Josiazeit durch H.Barth, Jesaja-Worte, bes. 203ff.

Damit stoßen wir aber auf eine tiefgreifende Differenz in der Einschätzung der eigenen geschichtlichen Epoche zwischen den beiden Parteien: Für Jeremia brach mit dem Tode Josias eine neue Zeit des Gerichts herein (Jer 4,8), neues Heil konnte es für ihn erst nach Vollendung des Gerichts, dem Untergang des seiner Meinung nach zerrütteten Staates geben (Jer 29,7; 32,15). Für die national-religiöse Gruppierung, die sich auf Jesaja berief, lag das Gericht schon in der Vergangenheit; mit der Erneuerung des Jerusalemer Kultes unter Josia war eine neue Zeit des Heils angebrochen; diese konnte zwar durch die inzwischen hereingebrochenen Schicksalsschläge verdunkelt werden, aber sie mußte, so meinte man, jetzt endlich mit dem Abzug der Babylonier zum Durchbruch kommen (2.Kön 19,3).

Der politische und theologische Streit des Sommers und Herbstes 588 wurde erst durch den weiteren Fortgang der Geschichte entschieden. Das ägyptische Entsatzheer brachte keine Wende; die Babylonier nahmen die Belagerung Jerusalems wieder auf. Am 29. Juli 587 wurde die Stadt erobert und einen Monat später systematisch verwüstet. Jeremia hatte recht behalten.

3.93 Der gescheiterte Reformversuch Gedaljas

Die tiefe Zerrissenheit der Führungsschicht in den beiden letzten Jahrzehnten Judas hatte nach 587 noch ein kurzes Nachspiel, das häufig unterschätzt wird. Die Babylonier waren über den internen Parteienstreit offensichtlich glänzend informiert, denn sie wußten bei ihrer Strafaktion sehr genau zu differenzieren: Hart abgeurteilt wurden von ihnen vor allem die Wortführer und Handlanger der national-religiösen Partei (2.Kön 25,18–21),[23] während sich die Anhänger der probabylonischen Oppositionspartei durchaus des Wohlwollens der Besatzungsmacht erfreuen konnten: Jeremia wurde von einem babylonischen Offizier aus seiner Gefangenschaft befreit (Jer 39,3.14), ihm wurde sogar eine Apanage in Babylonien angeboten (40,4–6), die er jedoch ablehnte und so vor aller Welt deutlich machte, daß er kein babylonischer Agent gewesen war. Wichtiger als diese Geste war jedoch die Tatsache, daß die Babylonier ein Mitglied der oppositionellen Reformbeamtenschaft, den Schafaniden Gedalja, zum Statthalter über Juda einsetzten (40,7). Dies bedeutet nicht weniger, als daß die Babylonier den ernsthaften Versuch unternahmen, nach der weitgehenden Entmachtung der Nationalisten mit Hilfe der Reformpartei in dem verwüsteten Land erneut eigenstaatliche Strukturen – allerdings unter ihrer Oberherrschaft – aufzubauen.

Damit eröffnete sich für die Reformpartei nach langen Jahren der Opposition zum ersten Mal nach dem Tod Josias wieder die Möglichkeit zu politischer Wirksamkeit. Und eine Reihe von Indizien spricht dafür, daß

---

[23] Es sind dies neben Zedekia und dessen Söhnen (2.Kön 25,6 f.) die beiden Priester Seraja und Zefanja, priesterliche und königliche Funktionsträger und ein Teil des *'am hā'āreṣ*.

die Gruppe um Gedalja und Jeremia entschlossen war, die Zerstörung der alten national-staatlichen Strukturen und Machtverhältnisse zu nutzen, um mit Hilfe der Babylonier den Teil des dtn. Reformwerkes zu verwirklichen, der zuvor gescheitert war: die Sozialreform. Und die Besatzungsmacht scheint durchaus bereit gewesen zu sein, dabei mitzuhelfen: Sie wies die arme landlose Bevölkerung in die verlassenen Güter der Ober- und Mittelschicht ein (Jer 39,10; vgl. 2.Kön 25,12) und sorgte durch diese Umverteilung des Landbesitzes nicht nur für die Sicherung der öffentlichen Ordnung, sondern auch für einen sozialpolitischen Ausgleich, wie er den dtn. Reformern vorgeschwebt hatte. Auf der gleichen Linie billigte Gedalja ausdrücklich die gewaltsame Besetzung von verlassenen Ortschaften durch die Flüchtlingsgruppen, die sich aus den umliegenden Ländern wieder bei ihm sammelten (Jer 40,10). Die Einbringung der Ernte, d.h. die Sicherung der materiellen Lebensgrundlage der vorwiegend ärmlichen Bevölkerung (40,7) war wichtiger als die Aufrechterhaltung der Rechtstitel der exilierten Oberschicht (40,10).[24] Und wenn es Jer 40,12 heißt, daß die Ernte ungewöhnlich hoch ausfiel, dann soll damit betont werden, daß auf diesem egalisierenden gesellschaftlichen Neuanfang ganz offensichtlich der Segen Gottes lag.

Dennoch scheiterte dieser vielversprechende Reformversuch schon nach zwei Monaten, als Gedalja durch Ismael, einen Heerführer, der aus einer Nebenlinie des Königshauses stammte und zu den Großen Zedekias gehört hatte, ermordet wurde (41,1f.). Er scheiterte an der Unduldsamkeit eines Nationalisten, der sich noch immer ein Gemeinwesen ohne eigenes Königtum und ohne königliche Privilegien nicht vorstellen konnte; er scheiterte aber auch an dem Idealismus Gedaljas, der sich – entsprechend der dtn. Zielvorstellung, alle Gruppen der Gesellschaft zu einem solidarischen Volk zu versöhnen – weigerte, die ihm hinterbrachten Morddrohungen ernst zu nehmen (40,15f.) und sein Gesellschaftsexperiment mit Waffengewalt zu verteidigen. Wohl wissen wir nicht, was aus diesem Experiment geworden wäre, wenn es Zeit gehabt hätte, sich länger zu entwickeln. Möglicherweise hätte die israelitische Sozial- und Religionsgeschichte einen völlig anderen Verlauf genommen. Aber wir wissen, daß das Experiment von vielen Zeitgenossen mit großen Hoffnungen begleitet worden sein muß, denn noch in frühnachexilischer Zeit wurde der Gedaljaermordung in einem besonderen Fastengottesdienst gedacht (Sach 7,5; 8,19). Erst durch sie brach die Linie der Staatlichkeit Israels nach etwas mehr als 400 Jahren völlig ab. Über Volk und Land senkte sich das Dunkel der Exilszeit.

---

[24] Die Verbitterung, die diese Umverteilung ihrer Güter unter den Exilierten auslöste, zeigt Ez 11,14–21; 33,23–29.

Claus Westermann

Wurzeln der Weisheit

Die ältesten Sprüche Israels und anderer Völker. 186 Seiten, kart. ISBN 3-525-51673-8

Eine grundlegend neue Auslegung der alttestamentlichen Sprüche von der ältesten Volksweisheit Israels und anderer früher Völker her.
Die Wurzeln der Weisheit des frühen Volkes Israel reichen tief in den Boden mündlicher Überlieferung, die von Geschlecht zu Geschlecht in der leicht behältlichen Form kurzer Sprüche weitergegeben wurde.
Diese bargen in sich Erfahrungen und Beobachtungen, die einmal geholfen haben, den Weg gemeinsamen Lebens Schritt für Schritt zu finden und zu verstehen.
Es ist erstaunlich, wie viele dieser Sprüche ihre Weisheit bis in die Gegenwart bewahrt haben, welche Frische sie ausstrahlen, auch in Witz und Humor. Ihr universaler Zug begründet ihre Nähe zu der Spruchweisheit vieler archaischer Völker über die ganze Erde hin.

Klaas A. Smelik

Historische Dokumente aus dem alten Israel

Übersetzt von Helga Weippert. (Kleine Vandenhoeck-Reihe, Bd. 1528). 167 Seiten mit zahlreichen Abbildungen, kart. ISBN 3-525-33536-9. Geb. ISBN 3-525-53581-3

„Während der letzten Jahrzehnte wurde in Israel und Jordanien eine große Zahl von Funden gemacht, die ein neues Licht auf manche Berichte der Bibel und die Geschichte des alten Israel werfen. Ihr Inhalt ist jedoch der Allgemeinheit weithin unbekannt. Dem Verfasser gelingt es in einer sehr spannenden und lebendigen Darstellung, die wichtigsten dieser aufgefundenen Texte aus dem Zeitraum von 1000–500 v. Chr. vorzustellen und ihre historische Bedeutung aufzuzeigen. Dazu gehören der Kalender von Geser, eine Bauinschrift des moabitischen Königs Mesa, Inschriften, die im Zusammenhang mit dem Tunnelbau des Königs Hiskia stehen, ferner eine Bileam-Inschrift mit bisher unbekannten Worten des Propheten, ein Siegel Baruchs, des Schreibers, der dem Propheten Jeremias diente, und andere. Nach einleitenden Vorbemerkungen über die verwendete Schrift, deren Übersetzung und das Schreibmaterial gibt der Verfasser Aufschluß über den historischen Zusammenhang der Texte und zieht entsprechende Schlüsse, die sich daraus für den Kult und Glauben Israels ergeben."

Saat

Georg Strecker (Hg.)

Das Land Israel in biblischer Zeit

Jerusalem-Symposium 1981 der hebräischen Universität und der Georg-August-Universität. Vorwort von Norbert Kamp. (Göttinger Theologische Arbeiten, Bd. 25). VIII, 223 Seiten, kart. ISBN 3-525-87378-6

Die historische und exegetische Frage nach dem Verständnis des Landes Israel war Gegenstand des Symposiums, das im September 1981 im Rahmen der Partnerschaft der Universität Göttingen und der Hebräischen Universität in Jerusalem veranstaltet wurde. Der vorliegende Band bringt die damals gehaltenen Vorträge in bearbeiteter und erweiterter Form. Die Verfasser stellen sich dem Problem des Landes Israel von den kanaanäischen Anfängen bis zur rabbinischen und judenchristlichen Überlieferung, von den Religionen bis zum Christentum. Vierzehn Beiträge durchleuchten facettenreich den historischen Hintergrund.

Vandenhoeck & Ruprecht · Göttingen und Zürich